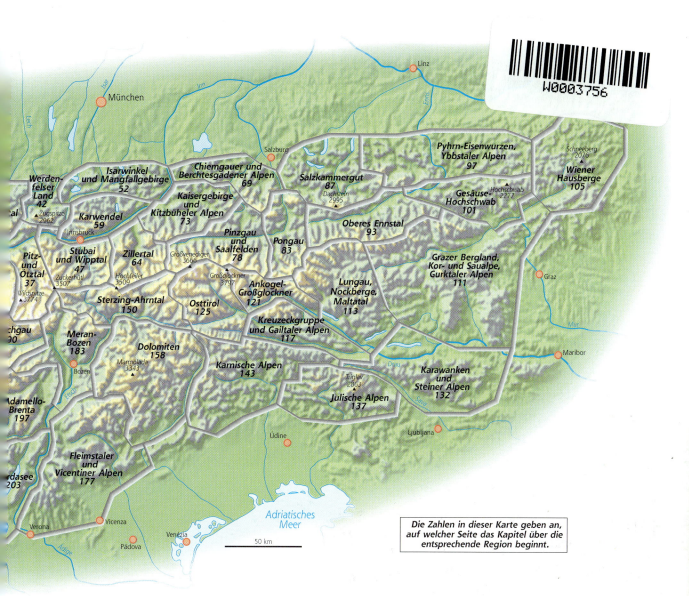

München

Linz

W0003756

Isar

Inn

Enns

Salzburg

Pyhrn-Eisenwurzen,
Ybbstaler Alpen
97

Schneeberg
2076

Wiener
Hausberge
105

Werden-
felser
Land
42

Isarwinkel
und Mangfallgebirge
52

Chiemgauer und
Berchtesgadener Alpen
69

Salzkammergut
87

Dachstein
2995

Gesäuse-
Hochschwab
101

Hochschwab
2277

▲Zugspitze
2962

Karwendel
59

Kaisergebirge
und
Kitzbüheler Alpen
73

Oberes Ennstal
93

Innsbruck

Pitz-
und
Ötztal
37

Stubai
und Wipptal
47

Zillertal
64

Großvenediger
3666

Pinzgau
und
Saalfelden
78

Pongau
83

Grazer Bergland,
Kor- und Saualpe,
Gurktaler Alpen
111

Graz

Zuckerhütl
3507

Hochfeiler
3509

Großglockner
3797

Ankogel-
Großglockner
121

Lungau,
Nockberge,
Maltatal
113

Wildspitze
▲3774

Sterzing-Ahrntal
150

Osttirol
125

Mur

...chgau
..90

Kreuzeckgruppe
und Gailtaler Alpen
117

Maribor

Meran-
Bozen
183

Dolomiten
158

Karnische Alpen
143

Drau

Karawanken
und
Steiner Alpen
132

Marmolada
3343

Triglav
2863

Bozen

Etsch

Julische Alpen
137

Sava

Adamello-
Brenta
197

Ljubljana

Fleimstaler
und
Vicentiner Alpen
177

Udine

...rdasee
203

Adriatisches
Meer

Verona

Vicenza

Adige

Pàdova

Venézia

50 km

Die Zahlen in dieser Karte geben an,
auf welcher Seite das Kapitel über die
entsprechende Region beginnt.

HÜSLERS

BERG
WANDER
ATLAS

ALPEN

Einband-Titel: Faszinierende Urlandschaft der Lechtaler Alpen.
Am Weg von der Gufelseescharte zur Kogelseespitze.
Einband-Rückseite: Über den Wolken: an der »Strada delle Gallerie«
in Pasubio-Massiv.

Eine Produktion des Bruckmann-Teams, München

Umschlaggestaltung: Andrea Pfeifer, München
Lektorat: Dr. Gerhard Hirtlreiter
Layout/Typografie: Catherine Avak, München
DTP-Produktion: AVAK Publikationsdesign, München
Kartographie: Ingenieurbüro für Kartographie C. Rolle, Holzkirchen

Bildnachweis: Günther Auferbauer, Graz: 111; Wolfgang Heitzmann, Linz:
92, 96, 117, 120; Dr. Gerhard Hirtlreiter, Rosenheim: 23, 28, 41, 42, 46, 59, 69,
72, 116, 130, 131; Franz Hofstätter, München: 14, 188; Bernd Ritschel, Kochel:
64; Christian Rolle, Holzkirchen: 37, 72, 78, 79, 221, 235, 263, 279.
Alle übrigen Fotos: Hildegard und Eugen E. Hüsler, Dietramszell.

Alle Angaben dieses Werkes wurden vom Autor sorgfältig recherchiert und
auf den aktuellen Stand gebracht sowie vom Verlag auf Stimmigkeit überprüft. Für die Richtigkeit der Angaben kann jedoch keine Haftung übernommen werden. Für Hinweise und Anregungen sind wir jederzeit dankbar.
Bitte richten Sie diese direkt an den Autor: Eugen E. Hüsler, Ostener Straße 5,
D-83623 Dietramszell, Tel./Fax 0 80 27/13 69.

Gedruckt auf chlorfrei gebleichtem Papier

Die Deutsche Bibliothek – CIP-Einheitsaufnahme
Hüsler Eugen E.:
Hüslers Bergwander-Atlas Alpen – 2000 Tourenvorschläge, alle Alpenregionen / Eugen E. Hüsler. – München: Bruckmann 1999 (Outdoor-Atlas)
ISBN 3-7654-3434-5

© 1999, 2000, 2002 Bruckmann Verlag GmbH, München
Alle Rechte vorbehalten
Projektmanagement/Herstellung: Bruckmann, München
Printed in Italy by STIGE S.p.A.
ISBN 3-7654-3434-5

Inhalt

Vorwort **8**

Einführung: Die Alpen **10**
Ein weites Feld 10

Lang, lang ist's her **11**
Eisige Zeiten 11 · *Fünfhundert Millionen Jahre auf
einen Blick* 11

Lebendige Natur **12**
Was da so kreucht und fleucht 12 · Ein paar Alpenbewohner,
vierbeinige und andere 12 · *Schwammerl* 12 · Bunte kleine
Sehenswürdigkeiten 13

Straßen, Wege **14**
Wanderwege 14 · Wohin des Weges? 14 · Gesicherte Steige 14
Muß es wirklich das Auto sein? 14 · Unheiliges Erbe 15
Fernwanderwege 15 · Gute Nacht, bonne nuit! 15 · Naturparks 15 · *Einige der wichtigsten Naturparks der Alpen* 15

Gehen wir wandern! **16**
Fehlt noch was? 16 · Richtig wandern 16 · Mit Kindern
unterwegs 16 · Sonne oder Regen? 17 · Alpines Notsignal 17
Ein Wort zum Umweltschutz 17
Grün – Blau – Rot: Die Schwierigkeitsskala 17

2000 Wandertage in den Alpen

Zwischen Bodensee und Wien 18

Vorarlberg **19**
Vom Bodensee bis zum Silvrettaeis

▶ **ALLE TOUREN**
Bregenzerwald 20
Rheingau, Walgau, Montafon 21

▶ **FAVORITEN** *Die Rätikon-Höhenwege 23* · Kanisfluh 23
Braunarlspitze 23 · Spusagang 24 · Schweizer Lücke 24

Bergsteigen spielerisch.
Der Autor bei seiner liebsten
(Neben-) Beschäftigung.

Das Allgäu 25
Grauer Fels über grünen Wiesen

►ALLE TOUREN 26

►FAVORITEN Hoher Ifen 28 · *Laufbacher Eck* 28
Landsberger Hütte – Rauhhorn 28 · *KulturLandschaftsWeg Hindelang* 28

Das Lechtal 29
Wilde Gipfel über (noch) ungezähmtem Fluß

►ALLE TOUREN 30

►FAVORITEN Thaneller 32 · Kogelseespitze 32
Der »Lechtaler Höhenweg« 32

Rund um Landeck 33
Zwischen Arlberg und Reschenpaß

►ALLE TOUREN 34

►FAVORITEN Jamtal 36 · Goldseen und Bergkastlspitze 36

Imst, Pitz- und Ötztal 37
**Vom grünen Inntal zu den Gletschern
des Alpenhauptkamms**

►ALLE TOUREN
Imst 38
Pitztal 38
Ötztal 39

►FAVORITEN Imster Höhenweg 41 · Cottbuser Höhenweg und Fuldaer Höhenweg 41 · Panoramaweg Tiefen-
bach-Vent 41

Werdenfelser Land 42
Im Bann der Zugspitze

►ALLE TOUREN 44

►FAVORITEN Hennenkopf 46 · Schellschlicht 46
Höllental 46 · *Von Hütte zu Hütte* 46

Stubai & Wipptal 47
**Von der Tiroler Landeshauptstadt bis
zum Zuckerhütl**

►ALLE TOUREN
Sellrain 48
Stubaital 48
Wipptal 49

►FAVORITEN Mairspitze 50 · *Der Stubaier Höhenweg* 50 · Kirchdachspitze 51 · Obernberger Tribulaun 51
Der Habicht 51

Inhalt

Isarwinkel & Mangfallgebirge 52
Balkone am Alpenrand

►ALLE TOUREN
Walchenseeberge, Isarwinkel 54
Tegernseer, Schlierseer & Bayrischzeller Berge 55

►FAVORITEN Heimgarten 57 · Benediktenwand 57
Risserkogel 57 · Wendelstein 57

Karwendel, Rofan 59
Lange Täler und hohe Wände

►ALLE TOUREN
Karwendel 60
Achensee, Rofan 61

►FAVORITEN Falkenhütte und Steinfalk 62 · Schöttelkarspitze 63 · Freiungen-Höhenweg 63 · Guffert 63
Bike und Hike 63

Das Zillertal 64
Kontraste zwischen Inn und Alpenhauptkamm

►ALLE TOUREN 66

►FAVORITEN Gamshütte – Wildschrofen 68
Hoher Riffler 68 · *Berliner Höhenweg* 68

Berchtesgadener & Chiemgauer
Alpen 69
Bayerische Bilderbuchlandschaften

►ALLE TOUREN
Chiemgauer Alpen 70
Berchtesgadener Alpen 71

►FAVORITEN Hochstaufen und Zwiesel 72 · Gotzenalm 72

Kaiser, Loferer Steinberge
und Kitzbüheler Alpen 73
Grauer Fels oder grüne Wiesen: der Tiroler Osten

►ALLE TOUREN
Kaisergebirge 74
Loferer Steinberge 74
Kitzbüheler Alpen 75

►FAVORITEN Hintere Goinger Halt 76 · Loferer Steinberge 76 · Großer Rettenstein 77 · Wildseeloder und
»Fieberbrunner Höhenweg« 77 · *Wilder-Kaiser-Steig* 77

Der Pinzgau & Saalfelden 78
Grasberge, Steinberge und Tauerneis

►ALLE TOUREN
Pinzgau 80
Rund um Saalfelden 81

►FAVORITEN Krimmler Wasserfälle und Tauernhaus 82
Naturfreundehaus und Tauerngold-Rundwanderweg 82
Pinzgauer Spaziergang 82

Inhalt

Der Pongau 83
Zwischen Tauernkamm und Hochkönig

► ALLE TOUREN 84

► FAVORITEN Hoher Tauern 86 · Hochkönig 86
Raucheck 86 · *Von Alm zu Alm im Großarltal 86*

Das Salzkammergut 87
Postkartenidylle zwischen Mondsee und Dachstein

► ALLE TOUREN
Westliches Salzkammergut 88
Steierisches Salzkammergut 90

► FAVORITEN Sparber 91 · Brennerin 91 · Rund um den
Gosaukamm 91 · Heilbronner Kreuz 92 · Trisselwand 92
Hallstatt – ein geschichtsträchtiger Ort 92

Oberes Ennstal 93
Dachstein und Niedere Tauern

► ALLE TOUREN
Dachstein 94
Niedere Tauern 95

► FAVORITEN Hofpürglhütte und Rötelstein 96
Grimming 96 · Großer Bösenstein 96 · *Von Hütte zu Hütte
durch die Niederen Tauern 96 · Hoher Dachstein 96*

Pyhrn-Eisenwurzen,
Ybbstaler Alpen 97
Ganz vorn – oder weit hinten?

► ALLE TOUREN 98

► FAVORITEN Warscheneck 100 · Ötscher 100
Nationalpark Kalkalpen 100

Gesäuse und Hochschwab 101
Berge zwischen Pyhrnpaß und Steirischem Seeberg

► ALLE TOUREN
Ennstaler Alpen 102
Hochschwab 103

► FAVORITEN Wasserfallweg und Planspitze 104
Pfaffenstein 104 · Hochschwab 104 · *Gesäusehütten-
Rundwanderweg 104*

Wiener Hausberge 105
Rax, Schneeberg & Co

► ALLE TOUREN 106

► FAVORITEN Herminensteig 108 · Großes Höllental 109
Schneealpe 109 · *Semmering-Bahnwanderweg 109*

Zwischen Graz und Comer See   110

Im Südosten der Alpen 111
**Höhen zwischen dem Grazer Bergland
und den Gurktaler Alpen**
Lavanttaler Höhenweg 111

► ALLE TOUREN 112

Lungau, Nockberge & Maltatal 113
Schroffe Tauerngipfel und runde »Nocken«

► ALLE TOUREN
Lungau, Nockberge 114
Maltatal 115

► FAVORITEN Preber 116 · Wintertaler Nock 116
Zwischenelendscharte 116 · *Nationalpark Nockberge 116*

Kreuzeckgruppe & Gailtaler
Alpen 117
Zwischen Möll-, Drau- und Gailtal

► ALLE TOUREN
Gailtaler Alpen 118
Kreuzeck 119

► FAVORITEN Reißkofel 120 · Polinik 120
Das Kreuzeck-Trekking 120

Vom Ankogel zum Großglockner .. 121
Berge und Täler südlich des Alpenhauptkamms

► ALLE TOUREN 122

► FAVORITEN Hindenburghöhe 124 · Alpinsteig 124
Salmhütte 124 *Tauern-Höhenweg 124*

Osttirol 125
Dolomitzacken und Tauerneis

► **ALLE TOUREN**
Lienzer Dolomiten, Drautal 126
Schobergruppe, Deferegger Alpen, Tauern 127

► **FAVORITEN** Rudl-Eller-Weg und Karlsbader Hütte 130
Schleinitz 130 · Glorer Hütte – Stüdlhütte 130
Prägratener Höhenweg 131 · *Lasörling-Höhenweg 131*

Karawanken & Steiner Alpen 132
Berge zwischen Klagenfurter Becken und Savetal

► **ALLE TOUREN**
Karawanken 134
Steiner Alpen 135

► **FAVORITEN** Uschowa-Felsentore 136 · Hochstuhl 136
Karawankenwanderweg 136

Die Julischen Alpen 137
Hinter den sieben Bergen

► **ALLE TOUREN**
Julijske Alpe (Slowenien) 138
Alpi Giulie (Italien) 139

► **FAVORITEN** Das Sieben-Seen-Tal 141 · Bovški Gamsovec 141 · *Von Hütte zu Hütte 141* · Jôf di Montasio 142
Via Alta 142 · *Slowenische Bergtransversale 142*

Die Karnischen Alpen 143
Karnischer Hauptkamm und Berge der Càrnia

► **ALLE TOUREN**
Karnischer Hauptkamm 144
Karnische Alpen, Voralpen 145

► **FAVORITEN** Roßkofel 148 · Hoher Trieb 148
Rund um den Monte Ciavenis 148 · Sentiero Corbellini 149
Der Karnische Höhenweg 149

Südseite des Alpenhauptkamms .. 150
Stubaier und Zillertaler Alpen, Rieserfernergruppe

► **ALLE TOUREN**
Sterzing und Umgebung 152
Pfunderer Tal, Tauferer-Ahrntal 153
Antholzer Tal, Gsieser Tal 155

► **FAVORITEN** Pflerscher Höhenweg 156 · Kellerbauer-
weg 156 · *Bergbau am Schneeberg und im Ahrntal 156*
Waldner See und Rauhkofel 157 · Vegetationsweg 157
Pfunderer Höhenweg 157

Die Dolomiten 158
Traumberge zwischen Eisack und Piave

Südtiroler Dolmiten 160

► **ALLE TOUREN**
Latemar, Rosengarten, Grödner Berge, Villnöß 160
Gadertal/Hochabtei, Pragser und Sextener Dolomiten .. 162

► **FAVORITEN** Rifugio Torre di Pisa 165 · Rosengartenrunde 166 · Col de la Pieres 166 · Heiligkreuzkofel 166
Hochalpenkopf 166 · Drei-Zinnen-Hütte – Zsigmondyhütte 167 · *Dolomiten-Höhenwege 167*

Belluneser und Trientiner Dolomiten 168

► **ALLE TOUREN**
Piavetal, Ampezzaner Dolomiten 168
Zoldano, Cordèvole 169
Fassatal, Pala 172

► **FAVORITEN** Sentiero Bonacossa 174 · Rund um die
Drei Zinnen 174 · Rund um die Tofana di Rozes 175
Rund um den Monte Pelmo 175 · Piz Boè 175 · Passo
Pradidali – Passo di Ball 176

Fleimstaler & Vicentiner Alpen 177
Zwischen Dolomiten und Poebene

► **ALLE TOUREN**
Fleimstaler Alpen 178
Vicentiner Alpen 179
Pasubio, Monti Lessini 180

► **FAVORITEN** Sasso Rotto 181 · Val Scura 181
Bondone 181 · Becco di Filadonna 182 · Strada
delle Gallerie 182 · *Translagorai 182*

Täler & Berge um Bozen und Meran 183
Von den Gletschergipfeln des Nordens zu den Weinbergen des Unterlands

► **ALLE TOUREN**
Sarntaler Alpen, Meran, Ulten 184
Unterland 186

► **FAVORITEN** Kassianspitze 188 · Spronser Seenplatte 188 · *Die Sarntaler »Hufeisentour« 188*
Hasenöhrl 189 · Gantkofel 189 · *Meraner Höhenweg 189*

Vinschgau 190
Uraltes Kulturland zwischen Ortler und Ötztaler Alpen

► **ALLE TOUREN**
Untervinschgau 192
Obervinschgau 193

► **FAVORITEN** Meraner Höhenweg 195
Hintere Schöntaufspitze 195 · St. Martin im
Kofel 195 · Piz Lat 196

Ortler, Adamello-Presanella und Brenta 197
Gletscherberge und Dolomitzinnen

► **ALLE TOUREN** 198

► **FAVORITEN** Baita Rododendro 201 · Waalwege im
Val Tovel 201 · Sella del Montòz 202 · Passo dei Pozzi 202
Giro dei Cinque Laghi 202 · Rifugio Brentei 202

Gardasee 203
Berge rund um den Benacus

► **ALLE TOUREN** 204

► **FAVORITEN** Monte Cadria 206 · Cima SAT 206
Monte Altissimo di Nago 206

Inhalt

Das Veltlin 207
Unbekanntes Tal zwischen den höchsten
Gipfeln der Ostalpen

► ALLE TOUREN 208

► FAVORITEN Bivacco Molteni 210 · Rifugio Pizzini 210
Alta via della Valcamonica 210

Bergamasker Alpen 211
Berge und Täler zwischen Adamello und Grigne

► ALLE TOUREN 212

► FAVORITEN Passo del Cristallo 214 · Monte Alben 214
Grotta dei Pagani 214 · *Sentiero delle Oróbie 214 · Alta
via dell'Adamello 214*

Rund um den Comer See 215
Von der Brianza bis zum Splügenpaß

► ALLE TOUREN 216

► FAVORITEN Grignetta 218 · Monte Legnone 219
Piz Spadolazzo 219

Zwischen Bodensee und Riviera   220

Berge zwischen Bodensee & Pizol 221
Appenzell, Obertoggenburg, Walensee,
St. Galler Rheintal und Liechtenstein

► ALLE TOUREN 222

► FAVORITEN Hoher Kasten – Fälensee 225 · Säntis 225
Fünf-Seen-Wanderung 226 · Fürstensteig – Drei
Schwestern 226 · *Toggenburger Höhenweg 225*

Nord- und Mittelbünden 227
Täler und Berge zwischen Prättigau und Hinterrhein

► ALLE TOUREN
Prättigau, Davos 228
Rund um Chur, Arosa 229
Albula, Oberhalbstein 230
Thusis, Rheinwald 230
Flims, Oberland 231

► FAVORITEN Falknis 233 · Über den Fergenkamm 233
Senda Sursilvana 233 · Tälifurgga 234 · Ruinaulta 234
Panixer Talschlußwanderung 234

Das Engadin 235
Traumlandschaft zwischen Silvretta und Bernina

► ALLE TOUREN
Unterengadin, Val Müstair 236
Oberengadin, Puschlav, Bergell 237

► FAVORITEN Lai Blau 239 · Murtèrgrat 239
Val Mora 239 · Coazhütte 239 · Piz Lunghin 240

Das Glarnerland 241
Vom Walensee zum Tödi

► ALLE TOUREN 242

► FAVORIT Fridolinshütte – Ochsenstock 243

Zentralschweiz 244
Vom Vierwaldstätter See bis zum Gotthard
Der »Weg der Schweiz« 245

► ALLE TOUREN 246

► FAVORITEN Großer Mythen 249 · Rigi Hochflue 249
Vier-Seen-Wanderung 250 · Brienzer Rothorn 250

Das Tessin 251
Vom Luganer See bis hinauf zum Alpenhauptkamm

► ALLE TOUREN
Sotto Ceneri 252
Sopra Ceneri 252

► FAVORITEN Monte San Salvatore – Morcote 255
Üsser See 255 · Capanna Cadlimo – Val Piora 256
Strada Alta 256

Berner Oberland 257
Eiger, Mönch und Jungfrau

► ALLE TOUREN
Haslital, Brienzer See 258
Lütschinentäler 259
Thuner See, Kander- und Engstligental 260
Simmental, Saanenland 261

► FAVORITEN Furtwangsattel 262 · Faulhorn 262
Hockenhorn 263 · First 263 · *Simmentaler Hausweg 263*
Ammertenspitz 264 · *Hintere Gasse 264*

Die Piemonteser Alpen 285
Täler und Berge zwischen Gran Paradiso und Ligurischen Alpen

► **ALLE TOUREN**
Cottische Alpen 286
Seealpen, Ligurische Alpen 288

► **FAVORITEN** Rocciamelone 289 · Colle della Cavalla 290 · Monte Scaletta 290 · Rifugio Questa – Colle del Valasco 290 · Lago Bianco – Rifugio Pagarì 290 *Sentiero Roberto Cavallero 290*

Hochsavoyen 292
Vom Genfer See zum Mont Blanc

► **ALLE TOUREN** 294

► **FAVORITEN** Roc d'Enfer 296 · Grand Balcon 296 La Belle Etoile 296 · *Tour du Mont Blanc 296*

Täler und Berge in Savoyen 297
Chambéry, die Tarentaise und die Maurienne

► **ALLE TOUREN**
Rund um Chambéry, Albertville, Beaufortin 298
Tarentaise 298
Maurienne 298

► **FAVORITEN** Croix du Nivolet 300 · Lancebranlette 300 *Für Gipfelstürmer 300*

Rund um Grenoble 301
Vom Chartreuse-Massiv bis zur Meije

► **ALLE TOUREN**
Chartreuse, Belledonne 302
Oisans 302
Dévoluy, Trièves 303
Vercors 303

► **FAVORITEN** Tête de la Maye 304 · Rund um den Mont Aiguille 304 · *La Grande Traversée du Vercors 304*

Alpes du Sud 305
Von Briançon bis zu den Seealpen

► **ALLE TOUREN**
Briançonnais, Queyras 306
Rund um Gap 307
Ubaye 307
Rund um Digne, Verdon 308
Seealpen 309

► **FAVORITEN** Sommet du Charra 310 · Mortice Nord 310 · Sentier Martel 311 · Mont Pelat 311 · Vallée des Merveilles 312

Das Wallis 265
Vom Rhonegletscher zum Genfer See

► **ALLE TOUREN**
Goms, Aletsch, Simplon 266
Vispertäler 267
Lötschental, Val d'Anniviers 268
Montana, Val d'Hérens 270
Rund um Martigny 270

► **FAVORITEN** Aletschwald – Märjelensee 272 Höhenweg Grächen – Zermatt 272 · Baltschiedertal 272 Cabane des Aiguilles Rouges 273 · Dent de Morcles 273 *Stockalperweg 273*

Lago Maggiore & Valli d'Ossola ... 274
Vom »Lago mediterrano« ins eisige Hochgebirge

Solo per esperti: der Sentiero Bovè 275

► **ALLE TOUREN**
Lago Maggiore 276
Valli d'Ossola, Val Sesia 276

► **FAVORITEN** Cima Sasso 278 · Pizzo Castello 278

Das Aostatal 279
Zwischen Walliser Alpen, Mont Blanc und Gran Paradiso

► **ALLE TOUREN**
Walliser Alpen 280
Mont Blanc, Grajische Alpen 281
Gran Paradiso 282

► **FAVORITEN** Testa Grigia 283 · *Burgenwandern im Aostatal 283* · Monte Zerbion 284 · Mont Chétif 284 Col Lauson 284 · *Alta via No. 1 284*

Register 313

Vorwort

Wir Menschen sind Fußgänger, alle, von Natur aus. Unsere Vor-
fahren wanderten umher auf der Suche nach Nahrung, sie orga-
nisierten riesige Trecks, um in klimatisch günstigere Regionen zu
gelangen, die Geschichtsbücher sind voll von Kriegszügen, die
über halbe Kontinente führten.

Der moderne Wanderer ist da, obwohl er auch öfters in »Heer-
scharen« auftritt, viel friedlicher. Eroberungen plant er allerdings ebenfalls: Gipfel, sie sind seine bevorzugten Ziele – oben
sein, noch so ein alter Menschheitstraum.

Reisen, unterwegs sein. Das macht heute für viele Lebensqualität
aus; wer kennt nicht das geflügelte Wort von den »kostbarsten
Wochen des Jahres«? Unsere Erde ist geschrumpft, Marco Polo
war Jahre unterwegs ins Reich der Mitte, für den Trekker von
heute liegen gerade zwölf Stunden zwischen dem Berliner All-
tagsgrau und der Landung am Kathmandu Airport.

Times are changing, das merken auch die Hoteliers in den Alpen,
denen die (Sommer-) Gäste davonlaufen. Auf den Kanarischen
Inseln ist das Wetter halt besser, die meisten Gipfel sind zwar
nicht so hoch, die Preise dafür (meistens) niedriger. Und die Alpen, die kennt ja eh' schon jede/r …

Die Alpen? Die Drei Zinnen vielleicht, ein paar Karwendelberge,
den Wilden Kaiser und das Surfparadies Gardasee. Doch wer war
schon in den Monti Lessini unterwegs, wer kennt die Südtäler der
Bergamasker Alpen, ist rund um den Monviso gewandert? In den
wilden, macchiaverwachsenen Talgräben der Càrnia vergißt man
schnell, daß Venedig keine 100 Kilometer entfernt ist, und auf
den abenteuerlichen Wegen des Sopra Ceneri wird eine unterge-
gangene (Bauern-)Kultur wieder lebendig; die Alpes du Sud mit
ihren kahlen Fels- und Schutthängen, den abgrundtiefen
Schluchten erinnern an Landstriche jenseits des Mittelmeers.

Die Alpen, sie sind weit größer, interessanter und vielgestaltiger
als ihre Klischees. Matterhorn und Königssee, St. Moritz und Kitzbühel, Jungfraujoch und Gardasee – nicht mehr als ein paar bunte Tupfer im größten europäischen Gebirge. Einige hundert Millionen Jahre alt sind viele Gesteine der Alpen, seit Jahrtausenden
besiedelt und mancherorts entvölkert, bis zu den Gipfeln hinauf
voller Geschichte und Geschichten. Kultur und Historie, Vergan-
genes und Zukunft: die Alpen als Spiegel unserer Kultur. Und wie
anders als »per pedes« kann man sie besser kennenlernen, im
Takt der Schritte, langsam, nachdenklich auch. Denn so manches ist leichtfertig zerstört worden in den letzten Jahrzehnten,
einem »Fortschritt« geopfert, von dem wir bloß wissen, daß er
fort führt. Wohin?

Die Alpen sind unser Gebirge, inmitten Europas gelegen, kein
unentdecktes Paradies am Ende der Welt. Doch wir wissen:
Abenteuer beginnen im Kopf. Also dann – viel Spaß auf 2000 Wegen zwischen Luzern und Wien, zwischen Graz und Marseille!

Dietramszell, Frühling 2000
Eugen E. Hüsler

Wanderland Alpen.
Am Karnischen Hauptkamm.

DIE ALPEN

Alpen, das größte Hochgebirge Europas, zieht in weitem Bogen vom Golf von Genua bis zur Donau bei Wien, rund 1200 km lang, 150 bis 200 km breit. Die höchsten Erhebungen (Mont Blanc, 4807 m; Monte Rosa, 4634 m) liegen im Westen; höchste Gipfel der Ostalpen sind Bernina (4049 m), Ortler (3905 m) und Großglockner (3797 m), höchster deutscher Gipfel ist die Zugspitze (2962 m). Mit 24 km längster Gletscher der Alpen ist der Aletschgletscher. Die Schneegrenze (oberhalb der mehr Schnee fällt als taut und sich damit Gletscher bilden) liegt in den Randgebieten bei 2600–2700 m, im Innern der Alpen bei 2800–3100 m.

Ein weites Feld

So etwa könnte ein Lexikoneintrag lauten, ergänzt vielleicht um ein paar Angaben über die geographische Gliederung der Alpen, über Gewässer, Pflanzen und Tiere. Einiges zum Thema Alpen hat auch die Schule, Fach Erdkunde, beigesteuert, und die Sport- und Sensationsspalten der Zeitungen versorgen uns regelmäßig mit Stichwörtern zum Thema: die »Streif« bei Kitzbühel, Tunnelbrand unter dem Mont Blanc, Skifliegen in Planica, Lawinenabgänge in Galtür, Stau am Brenner usw.

Ein Puzzle an Bildern, Informationen, angereichert durch eigene Erinnerungen an den einen oder anderen Urlaub im »Playground of Europe«, wie Leslie Stephen die Alpen vor 150 Jahren nannte. Damals war Reisen noch eine elitäre Angelegenheit, nur wenigen vorbehalten. Der von König Edward VII. geadelte Theologe und Bergsteiger würde seinen »Spielplatz« heute wohl kaum mehr wiedererkennen. Er reiste noch mit der Kutsche, wanderte in Täler, durch die sich heute ein endloser blecherner Tatzelwurm zwängt, übernachtet wurde im Heu oder unter freiem Himmel – Alpenvereins-»Hotels« gab's natürlich noch nicht. »Spielplatz« und riesiger Freizeitpark sind die Alpen längst, und das in einem Ausmaß, von dem Sir Leslie nicht einmal geträumt haben mag. Trotzdem, jene »weißen Flecken«, fast unbekanntes Land, vom Massentourismus übersehene oder gemiedene Winkel, die gibt es auch heute noch in den Alpen, und zwar nicht wenige. Das liegt einerseits an der Größe des Reviers, aber auch an wirtschaftlichen und sozialen Umwälzungen, die zur Entvölkerung ganzer Landstriche vorab im Westteil des Gebirges führten. Fast zwei Drittel so groß wie das heutige Deutschland sind die Alpen, dabei jedoch viel kleinräumiger gegliedert; von Wien aus zeigen sich die ersten Zweitausender am Horizont, und der letzte Dreitausender im Südwesten ist keine fünfzig Kilometer vom Badestrand der Riviera entfernt. Linz ist von Grenoble so weit weg wie Berlin von Mailand; Österreich und die Schweiz liegen zu großen Teilen innerhalb der Alpen.

Faszinierendes Hochgebirge. Gletscherbegehungen sind für den Bergwanderer zwar tabu, doch mancher Weg führt ganz nahe an diese eisigen Wunder der Alpen heran. Blick von der Coazhütte auf den zerklüfteten Roseggletscher (Engadin).

Steter Tropfen … Das Wasser »nagt« an den Bergen, unermüdlich. Hangerosion in den Seealpen.

LANG, LANG IST'S HER

Jeder Blick auf die Alpen ist auch ein Blick zurück, zurück in die Erdgeschichte. Rund 100 Millionen Jahre sind vergangen, seit die ersten Gesteinspakete der heutigen Alpen aus dem Meer aufgetaucht sind, nicht gerade viel im Vergleich zum Alter des blauen Planeten: geschätzte fünf Milliarden Jahre.

Millionen, Milliarden. Astronomische Zahlen, bei denen man sich vorkommt wie ein Spaziergänger auf dem Weg zum Mond: schwer vorstellbar! Doch an solche Zahlen, Zeiträume muß sich gewöhnen, wer die Alpen und ihre Entstehung begreifen will. Auch um zu verstehen, daß ein Ende dieser Entwicklung keineswegs in Sicht ist. Die Alpen leben und wachsen weiter; jedes Jahr werden sie um etwa einen Millimeter höher. Auf ein Jahrtausend gerechnet ergibt das bereits einen Meter, in anderthalb Millionen Jahren wäre das Matterhorn glatt ein Sechstausender.

Doch was treibt sie in die Höhe, was hat sie überhaupt entstehen lassen, die Berge? Verantwortlich dafür ist die »Haut« unserer Erde, vergleichsweise dünn und keineswegs so solide, wie sie uns meistens vorkommt. Nicht nur, daß sie gelegentlich bebt und Magma ausspuckt: Die Kontinente verändern ganz langsam aber stetig ihre Lage zueinander. Afrika und Europa kommen sich seit etwa 100 Millionen Jahren kontinuierlich näher. Dieser Zeitlupen-Zusammenprall hat die Alpen entstehen lassen, hat Felsschichten zu Bergen angehoben, riesige Gesteinspakete gefaltet wie ein Tischtuch, das zusammengeschoben wird. Die Alpen als kontinentale Knautschzone …

Alpinen Faltenwurf kennt natürlich jeder Bergsteiger. Im Kaisergebirge beispielsweise folgen viele Kletterrouten den senkrecht gestellten Schichten. Und wer durch die Lechtaler Alpen wandert oder aus dem Grödner Tal aufs Puez-Plateau hinaufsteigt, der fühlt sich geradezu in eine erdgeschichtliche »Großbaustelle« versetzt. In dieser Kulisse chaotisch durcheinander gewürfelter Felsen, zerborstener Grate und mächtiger Geröllströme versteht man, daß Natur nie »fertig« ist, daß es weder »ewiges Eis« noch unverrückbare Gipfel gibt.

Nicht jedem Bergsteiger dürfte allerdings bewußt sein, daß er

etwa in den Dolomiten auf dem verfestigten »Bodensatz« eines urzeitlichen Meeres herumspaziert. Wer's nicht glaubt, braucht bloß Gesteinsbruchstücke genauer anschauen, um mit etwas Glück Beweise zu entdecken: Ammoniten, Muscheln, Schnecken, Korallen, Kopffüßer, Seeigel. Deponiert wurden die meisten vor gut 200 Millionen Jahren auf dem Meeresgrund; unter dem Gewicht immer neuer Ablagerungen wurden sie allmählich verfestigt, sprich: versteinert.

Schichten, meterdick oder auch ganz dünn, verbogen, gefaltet und schräggestellt, sie sind typisch für Sedimentgesteine, und so mancher Weg verläuft über jene Absätze, die durch unterschiedlich starke Verwitterung entstanden sind. Riffkalken fehlt diese Schichtung: Der Langkofel beispielsweise, berühmter Dolomitengipfel und Wahrzeichen Grödens, ist ein während der alpinen Gebirgsbildung ans Tageslicht gefördertes urzeitliches Korallenriff. Wie so etwas vor Jahrmillionen ausgeschaut hat, läßt sich heute vor Australien am Great Barrier Riff besichtigen: abtauchen in die Erdgeschichte. Aber Vorsicht, im pazifischen Wasser schwimmen nicht nur bunte Zierfische!

Eisige Zeiten

Nichts hat die Alpen so rücksichtslos-gründlich bearbeitet wie das Eis. Was wäre das Oberengadin ohne seine Seen, wo bliebe der mediterrane Zauber von Locarno ohne den Lago Maggiore? Die Gletscher, unter deren Last die Alpen eine Million Jahre lang ächzten, haben die Seebecken ausgetieft, die Täler »geweitet« und so – nach ihrem Rückzug in höhere Regionen – Raum geschaffen für menschliche Siedlungen.

Als riesiger weißer Mantel bedeckte das Eis einst die Alpen bis weit ins Vorland, zuletzt bei der Würmeiszeit vor nur 18 000 Jahren. Der Rhonegletscher war während der Rißeiszeit rund 25 000 Quadratkilometer groß. Geblieben ist davon ein Rest von gerade noch 15 Quadratkilometern, Tendenz abnehmend!

➡ Alpenländer: Deutschland, Frankreich, Italien, Liechtenstein, Monaco, Österreich, Schweiz, Slowenien
➡ Höchster Gipfel: Mont Blanc (4807 m)
➡ Wichtigste Alpenflüsse: Aare, Drau, Durance, Enns, Etsch, Inn, Isère, Rhein, Rhone

Fünfhundert Millionen Jahre auf einen Blick

- Vor einer halben Milliarde Jahren entwickelten sich die ersten Gesteine, die man heute im alpinen Grundgebirge findet. Dabei entstanden u. a. Gneise, Marmor, Kalksilikate, Serpentinit und Granit.
- Zwischen Afrika und Europa bildete sich vor 230 Millionen Jahren ein Urmeer (Tethys). Auf seinem Grund wurden die unterschiedlichsten Sedimente abgelagert und allmählich zu Stein, v. a. Kalk- und Dolomitgesteinen, verfestigt.
- Vor knapp 100 Millionen Jahren setzte die alpine Gebirgsbildung ein: Afrika bewegte sich auf Europa zu, wodurch der für Hebung/Faltung notwendige Druck entstand. Den letzten, entscheidenden »Stoß« erhielten die Alpen vor etwa sieben Millionen Jahren.
- Für den »Endschliff« des Gebirges sorgten die Gletscher. Eis- und (wärmere) Zwischeneiszeiten wechselten sich ab, beginnend vor gut 2 Millionen Jahren bis zum letzten großen Eisvorstoß vor 18 000 Jahren.

LEBENDIGE NATUR

Was da so kreucht und fleucht

Zum »Erlebnis Berge« gehören natürlich auch die Alpenbewohner, und dabei denke ich jetzt nicht an Ladiner, Walliser oder Savoyards, sondern an die Tiere. Sie in »freier Wildbahn« zu beobachten, ist immer wieder ein Erlebnis, egal, ob es sich um einen bunten, durch die Lüfte gaukelnden Schmetterling oder um ein Gemsrudel handelt. Wer freut sich nicht über den lauten Warnpfiff eines Murmeltiers, steht mucksmäuschen still am Weg, wenn sich zufällig ein paar Steinhühner in der Nähe niedergelassen haben, gut getarnt zwischen Steinen?

Immer wieder ein Erlebnis: Begegnung mit freilebenden Alpentieren. Gemsen kann man in vielen Gegenden der Alpen, vorwiegend oberhalb der Waldgrenze, beobachten.

Durch den Rückzug des Menschen aus größeren Alpenregionen, aber auch dank der Schaffung von Schutzzonen erobern sich viele Tierarten ihren ursprünglichen Lebensraum langsam zurück. Bestes Beispiel: Der Steinbock, einst bis auf einen Restbestand am Gran Paradiso ausgerottet, ist heute wieder in zahlreichen Alpenregionen zuhause. Auch Schlangen, früher von den Hirten wo immer möglich ausgerottet, begegnet man (vor allem in tieferen Lagen der Alpensüdseite) wieder recht häufig. Sogar der Wolf kommt vereinzelt zurück; erst im Winter 1998/99 wurde in den Walliser Alpen ein Canis lupus erlegt. Der Braunbär, der vor einigen Jahren nur noch in Slowenien und mit ein paar wenigen Exemplaren im Adamello (italienische Alpen) vorkam, lebt in geringer Population mittlerweile auch wieder in Teilen Süd- und Ostösterreichs. Der Luchs – vor wenigen Jahrzehnten angesiedelt – ist u. a. in den Schweizer Alpen wieder heimisch geworden. Gleiches gilt für den Bartgeier, einst ebenfalls ausgerottet, aber inzwischen wieder in mehreren Regionen der Alpen zu beobachten.

Ein paar Alpenbewohner, vierbeinige und andere

➡ **Gemse** (Rupicapra rupicapra), Schulterhöhe 75 cm; sehr guter Kletterer, meist oberhalb der Waldgrenze anzutreffen, oft in Rudeln. Warnlaut: pfiffartiges Luftausstoßen.

➡ **Mufflon** (Ovis musimon), Schulterhöhe 75 cm; Männchen mit auffallend großen Kreisbogenhörnern, in Bergwäldern zuhause, vor allem in den Südwestalpen. Warnlaut: wie Gemse.

➡ **Wildschwein** (Sus scrofa), Schulterhöhe bis knapp ein Meter; Fell langborstig, Männchen mit auffallenden, vorstehenden Hauern. Vor allem in Wäldern der Haute Provence und der Seealpen anzutreffen (frz. sanglier).

➡ **Murmeltier** (Marmota marmota), bis 50 cm lang; lebt in größeren Kolonien an steinigen Wiesenhängen oberhalb der Baumgrenze. Winterschlaf von Ende Oktober bis Anfang April. Warnlaut: greller Pfiff.

➡ **Steinadler** (Aquila chrysaëtos), Spannweite bis 2 m, Gefieder dunkelbraun, vorzüglicher Gleiter. Baut seinen Horst in Nischen und auf Vorsprünge steiler Felsflanken. Nicht häufig, aber in vielen Regionen der Alpen heimisch.

➡ **Auerhuhn** (Tetrao urogallus), schwerfälliger, großer Vogel, fliegt mit polterndem Geräusch auf. Männchen mit dunklem Gefieder, blaugrün glänzender Brust und abgerundetem Schwanz, bis 1,5 m Spannweite, Weibchen wesentlich kleiner.

➡ **Äskulapnatter** (Elaphe longissima), größte Schlange in den Alpen, bis zwei Meter lang. Oberseite glänzend braun, oft im Geäst von Bäumen und Büschen anzutreffen. Vor allem in den Ost- und Südalpen heimisch, ungiftig.

➡ **Kreuzotter** (Vipera berus), 60 bis 80 cm lang (Weibchen meist größer), gehört zu den Vipern; Färbung stark variierend, mit auffallendem Zick-Zack-Band am Rücken. Meistverbreitete Giftschlange Europas. Seltener, aber ebenfalls giftig ist die in den Süd- und Westalpen vorkommende Aspisviper (Vipera aspis).

➡ **Smaragdeidechse** (Lacerta viridis), bis 40 cm lang, liebt sonnig-trockene Buschhänge bis 1300 m. Oberseite grün, beim Männchen mit feinen dunklen Punkten und (während der Paarungszeit) leuchtend blauer Kehle.

➡ **Feuersalamander** (Salamandra salamandra), bis 25 cm lang, schwarz mit gelben/orangegelben Flecken. In feuchten, schattigen Schlupfwinkeln bis gegen 1500 m.

➡ **Hirschkäfer** (Lucanus cervus), bis 8 cm lang, Männchen mit auffallendem »Geweih«. Lebt in warmen Laubwäldern, vorzugsweise Eichen.

➡ **Gottesanbeterin** (Mantis religiosa), 4 bis 7,5 cm (Weibchen größer als Männchen) lang, mit auffallendem vorderem Fang-

Schwammerl

Sehr beliebt, vor allem in Italien, ist das Sammeln von Pilzen. In den meisten Gegenden ist es allerdings längst reglementiert, teilweise auch schon verboten, um die Bestände zu schützen. Wer die wichtigste Zutat zu seiner Pasta con Funghi selber beibringen will, informiert sich vorher beim örtlichen Verkehrsverein über die geltenden Bestimmungen.

beinpaar, vom August bis Herbst an sonnigen Buschhängen, vor allem in den Seeregionen der Alpensüdseite.

➡ Zecke (Ixodes ricinus), 2,5 bis 4 mm lang, blutsaugend, satt bis 11 mm lang. Zecken können eine bakterielle Infektion verursachen (Borreliose). Im Osten der Alpen (unter 500 m) können Zecken darüber hinaus einen gefährlichen Virus übertragen (FSME, Impfung empfehlenswert).

➡ Schwalbenschwanz (Papilio machaon), bis 4,5 cm; Flügel schwefelgelb, rundum mit breitem, gelbgeflecktem Rand, Hinterflügel mit rotem Augenfleck; steigt in den Alpen bis 2000 m hinauf.

➡ Bachforelle (Salmo trutta fario), gehört zur Familie der Lachsfische, bis 40 cm lang, in Gebirgsbächen oft wesentlich kleiner. Körper langgestreckt, Schnauze stumpf, sehr unterschiedlich gefärbt, Flanken mit schwarzen und roten, hellumrandeten Punkten. Standfisch, bis etwa 2500 m, mit eigenem Jagdrevier.

Bunte kleine Sehenswürdigkeiten

Daß man Alpenblumen zwar anschauen und fotografieren kann, aber nicht gleich rupfen soll, dürfte sich inzwischen sogar in den alpenfernsten Winkeln herumgesprochen haben. Das Edelweiß

Was wären die Berge ohne ihre Blumen? Die südlichen Kalkalpen zeichnen sich durch eine besonders artenreiche, üppige Flora aus, mit zahlreichen Endemiten. Im Steilfels sitzen die fast stengellosen Blütenbouquets der Dolomiten-Glockenblume (Campanula morettiana). Verbreitung: Dolomiten und angrenzendes Venetien, 1500–2300 m, blüht August/September.

an der Höfats ist ungleich schöner als die kümmerlich-vertrocknete Trophäe am Tirolerhut. Und die Zeiten, als Kinder noch Alpenrosenbüsche an den Paßstraßen verkauften, sind auch längst vorbei.

Schlicht faszinierend ist die Vielfalt der alpinen Flora, mitunter versetzt auch ihre Üppigkeit in Erstaunen: Bergflanken voller blühender Narzissen im Frühling an der Golica (Kahlberg), wie Unkraut wucherndes Edelweiß in den Karnischen Alpen. Überhaupt ist die Alpensüdseite das Dorado der Blumenliebhaber; hier kann man mit etwas Glück auch den einen oder anderen Endemiten entdecken. Vor allem am Monte Baldo, der seit jeher als »Giardino botanico di Europa« gilt, aber auch an anderen höhergelegenen Standorten, die während der Eiszeit von den Gletscherströmen verschont blieben.

STRASSEN, WEGE

Das alpine Wegnetz ist fast so alt wie die Siedlungsgeschichte des größten europäischen Gebirges. Neu ist lediglich das Ausmaß der Mobilität: Wo früher ein paar Säumer oder Pilger unterwegs waren, rauscht heute tausendfach der Autoverkehr, Schienenstränge verbinden die großen Städte beiderseits der Alpen. Diese Verkehrserschließung erst hat den Massentourismus in Gang gebracht, zusammen mit einem relativen Wohlstand in den Alpenländern und vor allem in den Anrainerregionen. Hier interessieren Autobahn und TGV allerdings weniger als die schmalen, oft sehr alten, manchmal aber auch neu angelegten Pfade:

Ganz wichtig auf Bergwanderungen:
gute Wegmarkierungen.

Wanderwege

Ihr Netz bemißt sich alpenweit auf (mindestens) ein paar 10 000 Kilometer, die unmarkierten Wege nicht einmal mitgerechnet. Und sie haben sehr unterschiedliche Väter: Vielfach waren es Bauern oder Jäger, die – oft unter erheblichen Mühen – Steige anlegten. Vor allem in Grenzregionen hinterließ der Erste Weltkrieg ein verästeltes System von Front- und Nachschubwegen, von denen viele touristisch genutzt werden. Und dann haben vor allem auch die alpinen Vereine viel zur Erschließung der Alpen beigetragen, Hüttenzugänge angelegt und viele Gipfelsteige, oft in felsigem Gelände, gebaut. Sie betreuen heute die meisten Bergwege, mitunter zusammen mit regionalen Tourismusorganisationen.

Wohin des Weges?

Wichtig für den Ortsunkundigen sind Wegweiser (= Wegzeiger) und Markierungen, an denen er sich orientieren kann, die ihm die Wegsuche erleichtern. Und da macht man halt ganz unterschiedliche Erfahrungen – auch schlechtere. Ist etwa in der Schweiz das gesamte Wegnetz einheitlich (gelb, rot-weiß, blau-weiß) bezeichnet, finden sich an allen Weggabelungen Hinweisschilder, so kann man in einigen bayrischen Voralpenregionen schon einmal vom richtigen Pfad abkommen – mangels ausreichender Bezeichnungen.

Überwiegend gut markiert sind die Bergwege in Österreich, wo man allerdings auch schon zu viel des Guten (?) wollte und sogar kurzzeitig vierstellige Telefon-, pardon: Wegnummern plante. Die Slowenen hätscheln ihr kleines Alpenrevier mit Hingabe, was sich auch in überwiegend zuverlässigen Markierungen ausdrückt; das gleiche gilt für die italienischen Alpen. Besonders hervorzuheben sind dabei die Arbeitsgebiete des Südtiroler Alpenvereins und der SAT, des Trienter Bergsteigerverbands. Als problematischer erweisen sich die Verhältnisse in manchen Alpenrandgebieten, etwa rund um die großen Seen. Trifft man beispielsweise in den Grigne (Comer See) auf ein hervorragend markiertes und bestens gepflegtes Wegnetz, ist man dagegen im Hinterland des Lago Maggiore und auch am Gardasee oft auf seinen Spürsinn angewiesen. Markierungen: Fehlanzeige.

In Frankreich sind die »Sentiers de Grande Randonnée« (Fernwanderwege) durchwegs bestens (rot-weiß) bezeichnet, das übrige Wegnetz wird von den verschiedensten Organisationen betreut, mit entsprechend unterschiedlichem Ergebnis.

Gesicherte Steige

Viele Höhen- und Gipfelwege sind auf kürzeren Abschnitten mit Sicherungen versehen (Drahtseile, Ketten, Leitern), die eine Begehung erleichtern sollen. Mitunter sind am Beginn solcher Routen entsprechende Warnhinweise angebracht (Nur für Bergerfahrene! Alpiner Steig).

Wer sich auf solche Routen wagt, sollte auf jeden Fall einige Bergerfahrung besitzen und natürlich schwindelfrei sein. Eine besondere Ausrüstung ist nicht erforderlich; die benötigt aber auf jeden Fall, wer richtige Klettersteige oder Vie Ferrate begehen will. Dabei handelt es sich um Kletterrouten, die mit Fixseilen, Eisenhaken und Leitern gangbar gemacht worden sind. Teilweise extrem ausgesetzt; nichts für Wanderer!

Muß es wirklich das Auto sein? Eine umweltfreundliche Alternative

Urlaub, Ferien – das heißt auch Entspannung, streßfreie Tage, erholsames Erleben. Und auf vielbefahrenen Straßen ist so etwas ja nur bedingt möglich, oft mit nerviger Parkplatzsuche und Kolonnenfahren verbunden. Also warum nicht für einmal aufs eigene Vehikel verzichten, die Möglichkeiten des öffentlichen Verkehrs nutzen? Ganz leicht geht das in der Schweiz (die Eidgenossen sind ein Volk von Bahnfahrern), wo Eisenbahn- und Busfahrpläne bestens aufeinander abgestimmt sind, man selbst das kleinste Bergnest noch rechtzeitig für die Tour per Postauto (Linienbus) erreicht. Manche Regionen bieten auch Urlaubsabonnements, die beliebig viele Fahrten mit

Schiff, Bahn, Bus und Bergbahn einschließen; für besonders beliebte Wanderungen werden spezielle Rundfahrtbillets angeboten. Nachahmenswerte Initiativen gibt es auch in Österreich; hier ist beispielsweise der Lungauer Tälerbus zu nennen. Viele Hotels organisieren Busfahrten für ihre wandernden Gäste; bei der DB und der ÖBB gibt es Infoblätter zum Thema »Wandern mit der Bahn«.

▶ **Unser Service zum Thema:** Alle mit Bahn, Bus oder Schiff erreichbaren Wander-Startpunkte sind in den Tabellen mit � gekennzeichnet. Geht man bei einer Bergbahn los, steht das Zeichen 🚠.

Eine der zahlreichen Hütten in den
Brenta-Dolomiten: das Rifugio Brentei.

Alle Vie ferrate und gesicherten Steige der Alpen finden sich in
»Hüslers Klettersteigatlas Alpen« (Bruckmann, 3. Auflage 1999).
Mittlerweile gibt es zwischen Wien und Nizza etwa 600 Anlagen
dieser Art.

Unheiliges Erbe

Geschichte hinterläßt Spuren, Kriege sowieso und nicht nur in
den Köpfen der Menschen. Wer etwa an der ehemaligen Süd-
grenze der österreichischen Monarchie unterwegs ist, stößt noch
heute überall auf Relikte des Gebirgskrieges 1915–17: Unter-
stände, Schützengräben, Kavernen, oft tief in den Fels geschlagen. Und Wege. Wie ein dichtes Netz überziehen sie die Höhen
um den obersten Gardasee, den Pasubiostock, das Hochplateau
der »Sette Comuni«, der Sieben Gemeinden. Auch in den Dolomiten und am Karnischen Hauptkamm wandert man oft auf den
kunstvoll angelegten Maultierpfaden.
Die Westgrenze Italiens erhielt unter dem faschistischen Regime
Mussolinis ebenfalls ein militärisches Wegnetz, das heute von
Bikern und Wanderern gleichermaßen genutzt wird. So besaß
beispielsweise die Gipfelfestung auf dem 3131 Meter hohe Mont
Chaberton einst eine Zufahrt! Und in den Seealpen (Alpes Mariti-
mes/Alpi Maritime) wartet die Grenzkammstraße mit der wohl
längsten (und härtesten) Bikerstrecke auf: von Tende bis Venti-
miglia etwa 120 Kilometer über 15 (!) Pässe!

Fernwanderwege

Ein ganzes Netz von Fernwanderwegen durchzieht die Alpen; als
Publikumsmagneten kann man aber nur wenige bezeichnen. Beliebt sind etwa die »Dolomiten-Höhenwege« oder der GTA in den
italienischen Westalpen; andere Projekte, hoffnungsvoll gestar-
tet, erwiesen sich bald einmal als Totgeburten. Es würde zu weit
führen, hier all die Weit- und Fernwanderwege aufzuzählen. Bei
den einzelnen Alpenregionen ist auf besonders lohnende mehr-
tägige Unternehmungen (meistens von Hütte zu Hütte) hinge-
wiesen.

Gute Nacht, bonne nuit!

Wer mit großem Rucksack unterwegs ist, plant meistens eine
oder mehrere Hüttenübernachtungen, sofern er nicht lieber
gleich unterm Sternenhimmel schläft (was seinen besonderen
Reiz hat). Insgesamt gibt es in den Alpen etwa 4000 Berghütten
von Alpenvereinen und privaten Besitzern. Manche sind eher
Berghotels mit Komfort, andere wieder einfache Bergsteigerun-
terkünfte; die (in der Regel stets offenen) Biwakschachteln bieten meistens nicht viel mehr als ein Dach über dem Kopf und ein
paar Liegen, auf die man seine müden Knochen betten kann. Al-
penvereinsmitglieder genießen auf ihren Hütten (und jenen anderer alpiner Vereine) bei der Lagerzuteilung Vorrecht, bezahlen
auch ermäßigte Preise. Voranmeldung ist, zumindest auf den
stärker frequentierten Hütten, unbedingt empfehlenswert;
Schlafsack-Inlet obligatorisch.

Naturparks

Der älteste alpine Naturpark, der schweizerische Nationalpark
im Unterengadin, hatte US-Vorbilder; er wurde 1914 gegründet
zu dem Zweck, die Berglandschaft vor menschlichen Eingriffen
zu schützen. Die Schutzbestimmungen gelten als sehr rigoros
(ein Verlassen der wenigen markierten Wege beispielsweise ist
strikt untersagt), was man von jüngeren Parks nicht durchwegs
behaupten kann. Als ein Nachteil für so manches Schutzgebiet
hat sich gerade die bewahrte, »heile« Natur erwiesen: sie zieht
das Publikum in Massen an. Was wiederum den Druck auf das
sehr sensible ökologische Gleichgewicht erhöht. Und außerhalb
der Parks (die manchmal ohnehin nur Alibifunktion erfüllen)
wird munter weitergebaut, geplant und betoniert …

Einige der wichtigsten Natur-
parks der Alpen

- Schweizerischer Nationalpark im Unterengadin, 169 Quadratkilometer groß; Betreten nur auf wenigen bezeichneten
  Wegen gestattet. Wildbeobachtungen.

- Nationalpark Berchtesgaden in den Bayerischen Alpen,
  210 Quadratkilometer groß, 1978 gegründet.

- Nationalpark Hohe Tauern, z. Zt. 1040 Quadratkilometer
  groß; unter absolutem Schutz stehen allerdings nur kleine
  Kerngebiete.

- Nationalpark Stilfser Joch, ältester italienischer Nationalpark, 1935 im Ortlermassiv gegründet, erst vor ein paar
  Jahren erweitert, durch touristische Einrichtungen insbe-
  sondere in den Randzonen erheblich gefährdet.

- Parco Nazionale della Val Grande, jüngster italienischer
  Nationalpark im Hinterland des Lago Maggiore, praktisch
  unzugängliches Gebirgsrevier.

- Parc National de Mercantour in den französischen Seealpen, 280 Quadratkilometer groß, grenzt an den neuen
  italienischen Argentera-Naturpark. Reicher Tierbestand
  (u. a. Mufflons, Steinböcke), im Vallée des Merveilles bedeutende prähistorische Felsbilder). Durch den geplanten
  Bau einer internationalen Straßenverbindung (Straßentun-
  nel Le Boréon – Valdieri) zwischen Cúneo und Nizza gefährdet.

- Triglav-Nationalpark in Slowenien, 1981 gegründet und
  später um große Teile der Julischen Alpen erweitert, reiche
  Flora, viele Steinböcke.

GEHEN WIR WANDERN!

Es ist kein Geheimnis, daß wandern der Gesundheit dient, Kreislauf, Bewegungsapparat und Muskulatur fit hält – und darüber hinaus auch die Seele füttert. Wie anders ließen sich die vielen »Lebenslänglichen« erklären, die es immer wieder hinaus in die Natur zieht, in die Berge, auf die Gipfel? Ihnen braucht man auch kaum mehr etwas über die notwendige Ausrüstung, das richtige Verhalten zu erzählen. Sie haben sie sich in vielen Sommern erworben: die Bergerfahrung.

Fehlt noch etwas?

Wer ins Gebirge geht, zu Fuß unterwegs ist zwischen Tal und Gipfel, braucht natürlich ein Minimum an Ausrüstung. Nicht unbedingt Seil und Pickel, aber ein paar Dinge gehören auf jeden Fall in den Rucksack, weil Schlechtwetter (manchmal von Schnee und dichtem Nebel begleitet) den Wanderer genauso erwischen kann wie den Kletterer. Also: Einen Anorak, besser noch die altmodische Pellerine, einpacken, dazu Pullover, Wäsche zum Wechseln, evtl. Handschuhe. Wer größere Touren unternimmt, sollte auch die Möglichkeit eines unfreiwilligen Biwaks unter freiem Himmel (Biwaksack) ins Kalkül ziehen. Und dann sind da noch ein paar Dinge, die sich leicht im Rucksack verstauen lassen und nicht fehlen sollten: Taschenlampe, Apotheke (Pflaster), Taschenmesser, Papiere (nicht im Auto zurücklassen!), Landkarte und Führer. Und natürlich eine ordentliche Brotzeit (da hat jede/r so sein persönliches Rezept) sowie Getränke gegen den großen Durst (aber keine Dosen …).

Wichtigster Ausrüstungsgegenstand sind die Schuhe, und die müssen nicht nur ausreichend Halt auf oft steinigen Wegen vermitteln, sie sollen auch bequem sein. Wer wandert schon gern auf (schmerzhaften) Blasen? Im allgemeinen genügen feste, über den Knöchel reichende Wander- oder Trekkingschuhe, vorzugsweise Modelle, an die sich Leichtsteigeisen (Grödel) befestigen lassen.

Teleskopstöcke erleichtern vor allem das Bergabgehen, reduzieren die Belastung der Gelenke. Wenig Sinn macht allerdings ihr übertriebener Einsatz. Der Mensch ist nun mal ein Zweibeiner, und beispielsweise in Blockwerk oder bei leichten Felspassagen sind die Stöcke eher hinderlich als nützlich.

Richtig wandern

Die Erfahrung macht's! Dieser Satz gilt auch fürs Wandern im Gebirge; Trittsicherheit stellt sich durch Übung ein, wer viel unterwegs ist, lernt dazu. Man muß einfach ein paarmal im losen Geröll ausrutschen und unsanft auf dem Hintern landen, sich verlaufen oder die richtige Abzweigung im Gelände übersehen. Und wer einmal in ein richtiges Gewitter geraten ist, wird hinterher viel sorgfältiger auf Anzeichen für eine Wetterverschlechterung achten. Eine Gefahr, die man nie ganz ausschließen kann, ist Steinschlag. Zu vielen Unfällen haben schon harte Altschneefelder geführt (Leichtsteigeisen).

Mit Kindern unterwegs

Kinder sind weit leistungsfähiger, als besorgte Eltern annehmen, doch verlieren sie mitunter rasch die Lust, was dann zu wenig erfreulichen Konflikten in der Familie oder Gruppe führen kann. Eine Regel, die immer gilt: Abwechslung oder – neudeutsch ge-

Viele Wanderrouten unserer Zeit wurden einst als Grenz-, Front- oder Nachschubwege erbaut, wie hier im Naturpark Argentera in den italienischen Seealpen.

Hinauf, hinüber oder hinab? Am Rocchetta-Massiv
über dem Gardasee kann man sich kaum verlaufen.

sagt – Action. Nichts ist verhängnisvoller für eine Familienwanderung als Langeweile. Kinder wollen etwas erleben, ihnen genügt in der Regel der Leistungsnachweis – ich war am Gipfel! – nicht. Darin unterscheiden sie sich ganz wesentlich von den zielorientierten Erwachsenen. Also keine zu langen Touren planen und nicht vergessen: Eine lustige Brotzeit auf der Hütte hat schon manchen Wandertag gerettet. In ausgesetztem Gelände nimmt man kleinere Kinder an eine kurze Reepschnur.

Sonne oder Regen?

Wetterfrösche behaupten ja immer wieder, Meteorologie sei eine Wissenschaft. Kann sein, eine exakte ist es auf keinen Fall – und schon gar nicht im Gebirge. Vorhersagen sind deshalb zwar wichtig (Radio, TV), müssen aber nicht unbedingt zutreffen. Leider kann man immer wieder beobachten, wie wenig von Wanderern und Bergsteigern auf die aktuelle Wetterentwicklung geachtet wird. Was statistisch längst bewiesen ist, wird von vielen einfach nicht wahrgenommen: Das Wetter ist der größte Risikofaktor bei Bergwanderungen!

Ein strahlend schöner früher Morgen bietet keine Gewähr, daß es den ganzen Tag über sonnig bleibt, daß weder Gewitter noch Regen oder Schnee drohen. Als Vorboten einer Wetterverschlechterung gelten Morgenrot, fallender Luftdruck (läßt sich am Höhenmesser ablesen), bestimmte Wolkenbilder (z.B. Föhnfische und von Westen aufziehende Federwolken), Halo-Erscheinungen (weiter, regenbogenfarbiger Ring um die Sonne, Nebensonnen). Bilden sich bereits am Vormittag Haufenwolken, die rasch zu mächtigen Türmen anwachsen, sind Schauer, Blitz und Donner zu erwarten.

Grundsätzlich gilt bei einer Wetterverschlechterung: lieber einmal zu oft umkehren!

Alpines Notsignal

In einer ernsten Notlage kann mit diesem Signal Hilfe herbeigerufen werden: sechs akustische oder optische Zeichen pro Minute. Antwort: drei Signale pro Minute.

Jeder Wanderer oder Bergsteiger, der das Notsignal vernimmt, ist im Rahmen seiner Möglichkeiten zur Hilfeleistung verpflichtet. Muß die Bergrettung auf der Hütte oder im Tal alarmiert werden, sind präzise Angaben von größter Wichtigkeit:

➡ Was ist passiert (Art des Unfalls, Zahl der Verletzten, evtl. Art der Verletzungen)?
➡ Wo ist es passiert (genaue Ortsangabe)?
➡ Wann war der Unfall (Zeitpunkt des Unglücks)?
➡ Wie sieht es am Unfallort aus (Gelände, Wetter, Sichtweite)?
➡ Wer macht Meldung (Personalien)?

Ein Wort zum Umweltschutz

Über die Belastungen, denen die Alpen als »Playground of Europe« ausgesetzt sind, muß an dieser Stelle nichts weiter gesagt werden. Von den Besuchermassen darf man wohl nur bedingt erwarten, daß sie – entgegen sonstiger Gewohnheiten – das Naturwunder Alpen nicht bloß konsumieren, sondern als Individuum sinnvoll erleben. Diese Erkenntnis entbindet aber gerade den Naturfreund keineswegs von der Mitverantwortung gegenüber seinen Bergen. Also zumindest dafür sorgen, daß der Müllhaufen nicht weiter anwächst! Was bereits herumliegt, braucht nicht ansteckend zu wirken, im Gegenteil: Ich habe es mir zur Gewohnheit gemacht, nicht nur die eigenen Abfälle, sondern auf jeder Tour zumindest ein zurückgebliebenes Exponat unserer Wegwerfgesellschaft wieder hinab ins Tal mitzunehmen. Diese winzige »Mühe«, praktiziert von all jenen, die sich als Bergfreunde fühlen, müßte eigentlich erfreulich reinigende Wirkungen auf Gipfeln und an Wegrändern zeigen …

> ### Grün – Blau – Rot:
> ### Die Schwierigkeitsskala
>
> Schwierigkeiten auf Wanderungen werden oft sehr subjektiv wahrgenommen; da spielen Faktoren wie Angst, Müdigkeit, fehlende Erfahrung eine große Rolle. Während manche auf ausgesetzten Passagen rasch ein mulmiges Gefühl beschleicht, fühlen sich andere im losen Geröll unsicher. Den Blick in die Tiefe mögen ohnehin nicht alle, was aber sehr viel öfter mit (normaler) Angst als mit echten Schwindelgefühlen zu tun hat.
>
> Die vorgestellten Wanderungen sind in drei Kategorien gegliedert und im Text entsprechend farbig markiert: grün, blau, rot.
>
> **Grün** Gebahnte Wege, weder ausgesetzte Passagen noch lange Steigungen, Gehzeit höchstens vier Stunden.
>
> **Blau** Längere Touren mit größeren Höhenunterschieden, überwiegend auf Bergwegen, aber auch mit Passagen im Geröll oder Schnee, teilweise leicht ausgesetzt. Kurze gesicherte Stellen.
>
> **Rot** Rauhe Bergpfade, längere weglose Passagen, insgesamt anstrengende Touren, die Bergerfahrung verlangen. Kletterei in leichtester Form (maximal Schwierigkei I–II der Alpenskala), gesicherte, auch sehr exponierte Stellen. Querung abschüssiger Schneefelder; Ausrüstung fallweise um Helm und Leichtsteigeisen ergänzen.

Zwischen Boden-
see und Wien

Vorarlberg
Vom Bodensee bis zum Silvrettaeis

Salzachtal und Hochkönig
vom Grieskar aus (Tennengebirge).

Ein kurzer Blick auf die Landkarte macht es deutlich: ganz schön gebirgig, das »Ländle«. Flach ist eigentlich nur das Rheintal zwischen Feldkirch und dem Bodensee; der Rest – hügelig bis hochalpin. Sanftgewellt und in freundlichem Grün zeigt sich der nördliche Bregenzerwald, doch schon hinter Bezau gerät vermehrt Felsgrau ins Bild, und Schröcken liegt bereits »mitten im Gebirg«. Zu den Luxusherbergen und Skipisten von Lech und Zürs ist es nicht mehr weit.

Auch wer durch den Walgau anreist, bei Feldkirch das Rheintal verläßt, bekommt bald Alpines zu Gesicht: den hohen Bergkranz des Großen Walsertals, später dann die Gipfel links und rechts des Klostertals. Bei Bludenz öffnet sich von Süden das Brandner Tal, effektvoll abgeschlossen von der Schesaplana (2964 m).

Das touristische »Herz« Vorarlbergs schlägt im Montafon, hier verzeichnet die Statistik die meisten Besucher. Entsprechend gut »erschlossen« sind die Berge am Oberlauf der Ill und ihrer Zuflüsse: viele Hütten, im Sommer bewirtschaftet, und ein dichtes Wegnetz. Dazu Straßen und zahlreiche »Aufstiegshilfen«, nicht wenige eine Erbschaft der Ill-Kraftwerke. Mit ihren Stauseen und Werksanlagen prägen sie noch heute das Tal, auch wirtschaftlich. Wer kann sich die Paßstrecke der »Silvretta-Hochalpenstraße« ohne den milchiggrünen, fast zwei Kilometer langen Silvretta-Stausee vorstellen, wer weiß, daß es sich beim Lüner See um ein hochgestautes natürliches Gewässer handelt?

Berühmtes Gipfelpaar
in der Silvretta: Seehorn
und Großlitzner.

Führer & Landkarten

Die Popularität der Ferienregion spiegelt sich auch im Bücherregal wider: Da entdeckt man eine Vielzahl von Bildbänden und Führern. Eher auf Bergsteiger und Kletterer zugeschnitten sind die bewährten AV-Führer; eine Vielzahl von Wandervorschlägen finden sich in den roten Rother-Führern »Vorarlberg«, »Bregenzerwald«, »Bodensee bis Brandnertal« und »Montafon«. Ausführlich über Tourenmöglichkeiten im Rätikon und in der Silvretta informiert der Bergwanderführer »Silvretta-Rätikon« von Eugen E. Hüsler, erschienen bei Bruckmann. Auch an Kartenmaterial herrscht kein Mangel; das gesamte Gebiet wird von Freytag & Berndt-Karten im Maßstab 1:50 000 abgedeckt (364 »Bregenzerwald«, 371 »Bludenz-Klostertal-Brandnertal-Montafon«, 372 »Arlberggebiet-Paznaun-Verwall«, 373 »Silvretta-Piz Buin«); wer's genauer möchte, greift zur Österreichischen Karte 1:25 000 (Blätter 82, 83, 111, 112, 113, 141, 142, 143, 169). Für die Silvrettagruppe gibt es zudem eine AV-Karte, ebenfalls im Maßstab 1:25 000.

Alle Wanderungen auf einen Blick

Tourenziel/Charakteristik	Ausgangspunkt	Wegverlauf & Gehzeit	Markierung	Einkehr am Weg
Bregenzerwald				
01 Hochhäderich, 1566 m Westpfeiler der Nagelfluhkette, die sich bis in die Gegend von Sonthofen hinzieht. Beliebter Wander- und Skiberg.	Hittisau (790 m, 🚌) am Nordrand des Bregenzerwaldes.	Hittisau – Gfäll (802 m) – Gehrenalpe (1354 m) – Hochhäderich (2½ Std.) – Urschlaboden – Leckner Tal – Hittisau (4½ Std.)	Rot-weiße Mark., Abstieg teilweise auf Straßen	Gh. Hoch-Hädrich (1540 m) am Gipfel
02 Hittisberg, 1328 m »Inselberg« zwischen den Tälern der Bolgenach und der Subersach. An der Rappenfluh interessante Nagelfluhformationen.	Hittisau (790 m, 🚌) am Nordrand des Bregenzerwaldes.	Hittisau – Stöcken (922 m) – Rappenfluh (Abstecher) – Hittisberg (2¼ Std.) – Hittisbergalpen – Bütscheln – Hittisau (4 Std.)	Rot-weiß markierte Wege, Abstecher zur Rappenfluh rot	–
03 Feuerstätterkopf, 1645 m Hübscher Aussichtspunkt zwischen Balderschwanger Tal und dem Massiv des Hohen Ifen.	Sibratsgfäll (929 m, 🚌), 8 km von Hittisau.	Sibratsgfäll – Hocheggalpe (1291 m) – Feuerstätterkopf (2¼ Std.) – Lustenauer Rieslalpe (1256 m) – Rindberg – Sibratsgfäll (4 Std.)	Wege blau-weiß bez.	Jausenstation Riesalpe (1256 m)
04 Winterstaude, 1877 m Hausberg von Bezau, ein mächtiger, langgestreckter Bergstock, dessen hoher Kamm den vorderen Bregenzerwald beherrschend überragt. Am »Hasenstrick« ausgesetzte Passage (Drahtseile).	🚡 Baumgartenhöhe (1620 m), Bergstation der Bezauer Seilbahn.	Baumgartenhöhe – Hintere Niedere (1711 m) – Winterstaude (2 Std.) – Lingenauere-Alpe – Wildmoosalpe – Bezau (650 m; 4½ Std.)	Gelb-rot mit Nr. 123 bez., rot-weiß mit Nr. 123A	–
05 Kanisfluh, 2044 m Schönster Gipfel des Bregenzerwaldes, mit gewaltigem Nordabsturz und »weicher« Rückseite – und stimmungsvoller Aussicht.	🚡 Bergstation der Mellauer Bergbahn (Roßstelle-Alpe, 1390 m), Talstation Mellau (688 m, 🚌).	Roßstelle-Alpe – Kanisalpe (1463 m) – Kanisfluh (Holenke; 2¼ Std.) – Hofstetten (1192 m) – Mellau (688 m; 5 Std.)	Rot-weiß bez. Wege	Mellauer Seilbahn, Bergstation
06 Mittagsfluh, 1637 m Markanter Gipfel nördlich über Au, vom Liegstein phantastischer Tiefblick zur Bregenzerach.	Rehmen (824 m), Ortsteil von Au (791 m, 🚌), 44 km von Dornbirn.	Rehmen – Obere Sattelalpe – Liegstein/Mittagsfluh (2½ Std.) – Obere Sattelalpe – Stoggenalpen – Rehmen (4¾ Std.)	Rot mark. Wege	–
07 Damülser Rundtour; Hochblanken, 2068 m Aussichtsreiche Kammwanderung über dem Damülser Skirevier.	🚡 Bergstation der Sesselbahn Uga (1840 m). Damüls (1428 m, 🚌) liegt an der Strecke Rankweil – Furkajoch (1769 m) – Au (39 km).	Ugaalpe – Hochblanken (1¼ Std.) – Sünser Kopf (2032 m) – Sünser Joch (2¾ Std.) – Sieben Hügel – Sunnegg – Damüls (4 Std.); mit Mittagspitze (2095 m) etwa 1 Std. mehr	Rot-weiß und blau-weiß bez. Wege	Jausenstation Sunnegg
08 Fürggele, 2145 m – Biberacher Hütte, 1846 m Große Runde zwischen Hochkünzel- und Braunarlspitze (2649 m); wer in der Biberacher Hütte übernachtet, kann die Tour leicht mit einer Gipfelbesteigung verbinden.	Schröcken (1269 m, 🚌), Ferienort im hintersten Bregenzerwald.	Schröcken – Fürggele (2¾ Std.) – Litehütte (1836 m) – Biberacher Hütte (4¼ Std.) – Bregenzerach (5¾ Std., 🚌) – Schröcken (6½ Std.)	Bis zum Fürggele gelb-rot, weiter rot-weiß Mark.	Biberacher Hütte (1846 m)
09 Karhorn, 2416 m Abwechslungsreiche, aber recht anstrengende Runde über dem Hochtannbergpaß. Im Panorama fallen neben vielen schönen Bergen auch weniger ansprechende Eingriffe des (Ski-)Winterbetriebes auf.	Kalbelesee bzw. Hochtannbergpaß (1679 m), je etwa 5 km von Schröcken bzw. Warth, 🚌.	Kalbelesee – Salobersattel (1792 m) – Warther Horn (2256 m) – Karhorn (3 Std.) – Auenfeldsattel (1710 m) – Körbersee (1656 m; 5¼ Std.) – Kalbelesee (6 Std.). Bei Benützung der Jägeralpbahn etwa 4½ Std.	Durchwegs ordentlich mark. Wege	Hotel/Restaurant Körbersee
10 Widderstein, 2533 m Der mächtige, freistehende »Stein« beherrscht die Paßregion des Hochtannbergs – für erfahrene, trittsichere Bergwanderer eine echte Herausforderung. Einige Sicherungen.	Hochtannbergpaß (1679 m), je etwa 5 km von Schröcken bzw. Warth, 🚌.	Hochtannbergpaß – Widdersteinhütte (2009 m) – Widderstein (3 Std.); Abstieg auf dem gleichen Weg (gesamt 4¾ Std.)	Gute farbige Mark.	Widdersteinhütte (2009 m)
11 Oberlech – Bürstegg, 1719 m – Warth Höhenspaziergang ohne größere Steigungen. Bürstegg ist eine malerische alte Walsersiedlung.	🚡 Bergstation der Seilbahn Oberlech (1669 m), Talstation in Lech (1444 m, 🚌).	Oberlech – Auenfeldsattel (1710 m) – Bürstegg (1¾ Std.) – Wannenkopf (1941 m) – Warth (1495 m; 3¾ Std., 🚌)	Durchwegs gut bez. Wege	–
12 Braunarlspitze, 2649 m Großes Gipfelziel, nicht ganz leicht. Der Aufstieg führt durch felsiges Gelände, die Rundschau ist einfach formidabel!	🚡 Bergstation der Seilbahn Oberlech (1669 m), Talstation in Lech (1444 m, 🚌).	Oberlech – Gipslöcher (sehenswert!) – »Theodor-Praßler-Weg« – Braunarlspitze (4½ Std.) – Göppinger Hütte (5¾ Std.) – Unteres Älpele (1562 m; 7 Std., 🚌)	Gut markierte Höhen- und Bergwege	Göppinger Hütte (2245 m), bew. Mitte Juni bis Anfang Oktober

Alle Wanderungen auf einen Blick

Tourenziel/Charakteristik	Ausgangspunkt	Wegverlauf & Gehzeit	Markierung	Einkehr am Weg
13 Göppinger Hütte, 2245 m Höhenwanderung vor einer beeindruckenden Felskulisse; sehr sonnig.	Formarinalpe (1871 m), 12 km von Lech, Verkehr reglementiert. Wanderbus.	Formarinalpe – Johanneskanzel (2365 m) – Göppinger Hütte (4 Std.) – Unteres Älpele (1562 m; 5¼ Std., 🚌)	AV-Weg 601 rot-weiß, Hüttenweg gut bez.	Göppinger Hütte (2245 m)
14 Gehrengrat, 2439 m Abwechslungsreiche, wegen abschüssigem Grashang auch anspruchsvolle Höhenroute. Faszinierendes Karstgebiet (»Steinernes Meer«), überraschende Fern- und Tiefblicke, zwei Seen. Nicht bei Schnee oder Nässe gehen!	Spullersee (1827 m), 12 km von Lech, Verkehr reglementiert. Wanderbus.	Spullersee – Gehrengrat (2 Std.) – Freiburger Hütte – Formarinalpe (1871 m; 4 Std., 🚌)	Rot-weiß mark. Bergwege, AV-Nr. 601	Freiburger Hütte (1918 m)
15 Rund um die Rote Wand Die Rote Wand (2704 m) ist der Berg schlechthin zwischen Bregenzerwald und Klostertal, ein mächtiger, isoliert aufragender Klotz. Man kann ihn auf guten Wegen umwandern – oder ihm gleich aufs Haupt steigen (AV-Steig, 3½ Std. ab Formarinalpe, nur für erfahrene Berggänger!).	Formarinalpe (1871 m, 12 km von Lech, Verkehr reglementiert, Wanderbus	Formarinalpe – Lange Furka – Laguzalpe (2¼ Std.) – Sättele (1737 m) – Klesenzaalpe – Obergschröf (ca. 2090 m; 5 Std.) – Formarinalpe (6 Std.)	Rot-weiße Mark.	Laguzalpe (1584 m) und Klesenzaalpe (1589 m)

Rheintal, Walgau, Montafon

Tourenziel/Charakteristik	Ausgangspunkt	Wegverlauf & Gehzeit	Markierung	Einkehr am Weg
16 Staufen, 1465 m – Rappenlochschlucht Auf den Berg und in den Berg! So das Motto dieser Runde, die über den Dornbirner Hausberg in die beeindruckende Klamm führt.	🚠 Bergstation der Karren-Seilbahn (971 m), Talstation in Dornbirn (442 m, 🚌).	Karren – Staufen (1½ Std.) – Schuttannen (1150 m) – Spatenbachalpe (842 m) – Rappenloch – Gütle – Fußenegg (637 m) – Dornbirn (4¼ Std.)	Gut mark. Wege, Nrn. 23, 24, 19, 3	Panoramarestaurant, Schuttannen, Rappenloch, Gh. Gütle
17 Hohe Kugel, 1645 m Beliebtes Wanderziel über dem Rheintal. Trittsicherheit für den schrofigen Gipfelaufbau (Drahtseil).	Ebnit (1088 m, 🚌), alte Walsersiedlung, 12 km ab Dornbirn.	Ebnit – Emser Hütte – Hohe Kugel (2 Std.) – Staffelalpe – Ebnit (3¼ Std.)	Mark. Wege	Emser Hütte (1272 m) am Strahlkopf
18 Hoher Freschen, 2004 m Berühmter Aussichtsberg zwischen Bregenzerwald und Großem Walsertal; auf verschiedenen Wegen erreichbar. Trittsicherheit erforderlich; an den Graten einige Sicherungen. Bei Nässe nicht empfehlenswert.	Ebnit (1088 m, 🚌), alte Walsersiedlung, 12 km ab Dornbirn.	Ebnit – Valorsalpe (1302 m) – Valüragrat – Hoher Freschen (4¾ Std.) – Binnelalpe – Ebnit (7½ Std.)	Weg 27 im Ebniter Tal, AV-Mark. 201A und 201	Freschenhaus (1840 m), 20 min. südlich unter dem Gipfel
19 Hoher Freschen, 2004 m Weniger weit, auch leichter ist der Weg aus dem Laternser Tal auf den Hohen Freschen, vor allem bei Benützung des 🚠 Liftes zur Gapfohlalpe (1572 m).	Bad Laterns (1147 m, 🚌) an der Straße zum Furkajoch.	Bad Laterns – Untere Saluveralpe (1565 m) – Freschenhaus (1840 m; 2¾ Std.) – Hoher Freschen (3¼ Std.); Abstieg auf dem gleichen Weg (gesamt 5½ Std.)	Rot-weiße Mark.	Freschenhaus (1840 m)
20 Hochgerach, 1985 m Leicht erreichbarer Aussichtsgipfel zwischen dem Laternser Tal und dem Walgau.	🚠 Bergstation (1340 m) der Schnifiser Bergbahn; Talstation in Schnifis (657 m, 🚌).	Schnifiserberg – Älpele – Hochgerach (2 Std.) – Äußere Alpila (1535 m) – Schnifiserberg (3¼ Std.)	Rot-weiße Mark.	Bergstation, Älpele
21 Wangspitze, 1873 m Große Wanderrunde abseits der ausgetretenen Pfade. Die Wangspitze bietet ein stimmungsvolles Panorama, Naturschutzgebiet Gadental.	Buchboden (910 m, 🚌) im innersten Walsertal, 18 km von Thüringen.	Buchboden – Rindereralpe (1242 m; 1½ Std.) – Matonajöchle (1790 m) – Wangspitze (3½ Std.) – Bad Rothenbrunnen (1010 m) – Buchboden (5½ Std.)	Rot, rot-weiß mark. Wege	Gh. Bad Rothenbrunnen (1010 m)
22 Gurtisspitze, 1778 m Aussichtsgipfel über dem Walgau, von Gurtis aus leicht zu besteigen.	Gurtis (904 m, 🚌), in schöner Terrassenlage oberhalb von Frastanz, 6 km.	Gurtis – Bazoralpe (1406 m) – Gurtisspitze (2½ Std.) – Sattelalpe (1383 m) – Gurtis (4 Std.)	Rot-weiß mark. Wege	Bazoralpe (1406 m)
23 Hoher Frassen, 1979 m Natürlich ist der Bludenzer Hausberg ein beliebtes Wanderziel, zumal eine Seilschwebebahn den Anstieg auf die Hälfte reduziert.	🚠 Bergstation der Muttersberg-Seilbahn (1402 m); Talstation Bludenz (588 m, 🚌).	Seilbahnstation – Frassenhütte (1725 m) – Hoher Frassen (1¾ Std.) – Tiefenseesattel (1562 m) – Bludenz (4¾ Std.)	AV-Nr. 633, rot-weiß mark. Gipfelweg	Madeisastüble (Seilbahn), Frassenhütte (1725 m)

28.7.05

schön

Alle Wanderungen auf einen Blick				
Tourenziel/Charakteristik	**Ausgangspunkt**	**Wegverlauf & Gehzeit**	**Markierung**	**Einkehr am Weg**
24 Schillerkopf, 2006 m Abwechslungsreiche Runde über dem Eingang ins Brandner Tal. Am felsigen Gipfel Trittsicherheit erforderlich.	🚠 Bürserberg, Bergstation des Sesselliftes (1170 m) oder Bürser Ortsteil Dunza (Zufahrt bis Ronasäge, 1230 m).	Dunza – Schillersattel (1847 m) – Schillerkopf (2¾ Std.) – Dunza (4½ Std.)	Rot-weiße Farbmark.	In der Umgebung der Liftstation
25 Kaltenberghütte, 2089 m Beliebte Hüttenwanderung, herrlicher Blick auf das Klostertal und die Kletterzacken um die Grubenspitze (2569 m).	Stuben (1407 m, 🚌), höchstgelegener Flecken im Klostertal, an der Arlbergroute.	Stuben – Stubner See – Kaltenberghütte (2½ Std.) – Bludenzer Alpe – Langen/Stuben (4 Std./5 Std.)	Mark. 25, 24 und 1	Kaltenberghütte (2089 m)
26 Spusagang, 2237 m Alpine Runde für ausdauernde, trittsichere Bergwanderer. Am Spusagang große Kulisse.	🚠 Bergstation des Sesselliftes Brand – Niggenkopf (1589 m). Nach Brand (1037 m, 🚌) kommt man von Bludenz via Bürserberg, 11 km.	Niggenkopf – Amatschonjoch (2028 m) – Setschalpe (3½ Std.) – »Spusagang« – Oberzalimscharte (5¼ Std.) – Oberzalimhütte (6 Std.) – Brand (7½ Std.)	Gut bez. Wege	Niggenkopf, Oberzalimhütte (1889 m)
27 Schesaplana, 2964 m Höchster (und meistbesuchter) Gipfel im Rätikon mit relativ leichtem Zugang (für Trittsichere) und immensem Panorama.	🚠 Bergstation der Lüner-See-Seilbahn (1979 m). Zufahrt von Bludenz via Brand (1037 m), 17 km, 🚌.	Lüner See – Totalphütte (1½ Std.) – Schesaplana (3¼ Std.); Abstieg auf dem gleichen Weg (gesamt 5¼ Std.)	Vielbegangener, gut bez. Weg, AV-Nr. 102	Totalphütte (2381 m), Douglass-Hütte (1980 m) am Lüner See
28 Geißspitze, 2334 m Beliebte Wanderrunde über dem Gauer Tal, mit packenden Blicken auf den Rätikon-Hauptkamm. Trittsicherheit an der Geißspitze!	🚠 Bergstation der Golmerjoch-Gondelbahn (1890 m); Talstation Latschau (983 m, 🚌).	Golmerjoch – »Golmer Höhenweg« – Geißspitze (2¾ Std.) – Lindauer Hütte (3¾ Std.) – Gauer Tal – Latschau (5½ Std.)	»Golmer Höhenweg« blau-weiß, Geißspitzsteig rot-weiß-blau bez.	Golmerjoch, Lindauer Hütte (1744 m, Alpengarten)
29 Tilisunahütte, 2208 m Auch ohne eine Besteigung der Sulzfluh (2817 m; 3¼ Std. hin und zurück) bietet diese Runde zwischen Rätikonkalk und Silvrettagneis viel Interessantes.	🚠 Bergstation des Sesselliftes nach Grabs (1393 m), Talstation Tschagguns (687 m, 🚌).	Grabs – Alpilaalpe (1686 m) – Schwarzhornsattel (2166 m) – Tilisunahütte (3 Std.) – Gampadelsalpe (1363 m) – Tschagguns (6 Std.)	Anstieg rot mark., Abstieg teilweise Straßen	Grabs; Tilisunahütte (2208 m), bew. Mitte Juni bis Mitte Okt.
30 Itonskopf, 2089 m Kurz oder lang? Das ist hier die Frage: hinauf bis zum Endpunkt des Monteneu-Sträßchens (kleine Runde, 1½ Std.) oder ab Bartholomäberg unter Einbeziehung des Geologischen Lehrpfades.	Bartholomäberg (1087 m, 🚌), Terrassensiedlung 5 km ab Schruns.	Bartholomäberg – Rellseck (1487 m; 1½ Std.) – Itonskopf (3½ Std.) – Ganzaleita – Fritzensee (1440 m) – Bartholomäberg (6¼ Std.)	Bestens mark., 24 Schautafeln	Gh. Rellseck (1487 m)
31 Versettla-Höhenweg Beliebte Kamm- und Höhenwanderung in der »grünen« Silvretta, mit weiter Aussicht über die Montafoner Gebirgskulisse.	🚠 Bergstation der Versettlabahn (2010 m), Talstation Gaschurn (979 m, 🚌).	Seilbahnstation – Versettla (2372 m) – Matschuner Joch (2390 m, 2½ Std.) – Novatal – Seilbahnstation (4 Std.)	Rot-weiß mark. Wege	Versettlabahn
32 Rund um den Hochmaderer Große Runde, auch ohne Abstecher auf den Hochmaderer (1¾ Std., markiert, aber nur für Geübte) sehr lohnend.	🚠 Bergstation der Vermuntbahn (1732 m); alternativ Vermunt-Stausee.	Seilbahnstation – Schafbodenjöchli (2330 m; 2 Std.) – Innere Alpila – Hochmadererjoch (2505 m; 4¼ Std.) – Vermunt-Stausee (5¾ Std.) – Vermuntstollen – Seilbahn (6 ¾ Std.)	Rot und rot-weiß bez. Wege	Vermuntbahn
33 Schweizer Lücke, 2744 m Hochalpine Eindrücke zwischen Garnera und Vermunt, bei der mehrere, meist harmlose Gletscher traversiert werden. Nur für Bergerfahrene, Steinschlaggefahr zwischen Schweizer Lücke und Kromer Lücke (2729 m).	Vermunt-Stausee (1747 m, 🚌) an der mautpflichtigen »Silvretta-Hochalpenstraße«, 10 km ab Partenen.	Vermunt-Stausee – Hochmadererjoch (2¼ Std.) – Tübinger Hütte (3½ Std.) – Plattenjoch (2728 m) – Schweizer Lücke (2744 m) – Saarbrücker Hütte (6¼ Std.) – Vermunt-Stausee (7¾ Std.)	AV-Wege, rot-weiß bez.	Tübinger Hütte (2191 m), Saarbrücker Hütte (2538 m)
34 Klostertal; Rote Furka, 2688 m Talwanderung zu einem der schönsten Logenplätze in der Silvretta.	Bielerhöhe (2037 m, 🚌), Scheitelhöhe der »Silvretta-Hochalpenstraße« am Silvretta-Stausee.	Bielerhöhe – Rote Furka (3 Std.); Abstieg auf dem gleichen Weg (gesamt 5 Std.)	Mark. rot-weiß und rot	(Klostertaler Hütte, 2362 m, nur für Selbstversorger!)
35 Rund um das Hohe Rad, 2934 m Wanderklassiker über dem Silvretta-Stausee, am Gipfel ganz leichte Kletterei (I). Großes Panorama.	Bielerhöhe (2037 m, 🚌), Scheitelhöhe der mautpflichtigen »Silvretta-Hochalpenstraße« am gleichnamigen Stausee.	Bielerhöhe – Radschulter (2697 m; 2¼ Std.) – Hohes Rad (3 Std.) – Radsattel (2652 m) – Wiesbadener Hütte (4¼ Std.) – Bielerhöhe (6¼ Std.)	Rot bzw. rot-weiß mark.	Wiesbadener Hütte (2443 m)

Meine Favoriten

Die Rätikon-Höhenwege

Im Rätikon gibt's nicht bloß schöne Gipfel und einladende Hütten, sondern auch zwei Höhenwege, die dem Hauptkamm des Massivs auf der Nord- bzw. Südseite folgen: eine Einladung zum Weit-Wandern. Ein paar Tage oben sein, Natur hautnah erleben und den Alltag zurücklassen, Schritt für Schritt. Mein Vorschlag für eine Fünf-Tage-Tour: *1. Tag:* Älpli (1801 m) – Iljes – Heidbühel – Schesaplanahaus (1908 m), 4½ Std. *2. Tag:* Schesaplanahaus – Golrosa – Garschinahütte (2236 m) – Tilisunahütte (2208 m), 6 Std. *3. Tag:* Tilisunahütte – Sulzfluh (2817 m) – Lindauer Hütte – Öfenpaß – Douglasshütte (2180 m), 8 Std. *4. Tag:* Douglasshütte – Schesaplana (2964 m) – Pfälzer Hütte (2108 m), 7 Std. *5. Tag:* Pfälzer Hütte – Malbun (1602 m). Trittsicherheit und Ausdauer unerläßlich, einige gesicherte Passagen. Bergfahrt mit der Älpli-Seilbahn unbedingt reservieren; Tel. 081/322 47 64.

05 Kanisfluh, 2044 m
Was für ein Profil!

Der Berg hat Statur, kein Zweifel, doch halt auch eine weiche Rückseite. Was aus dem Tal der Bregenzer Ach, etwa von Mellau aus, ganz und gar abweisend erscheint – fast tausend Meter hoch ragt der Fels in den Himmel –, erweist sich als »Potemkinsches Dorf«. Das stört den Wanderer nicht, wird die Fluh dadurch erst zu einem Ziel für ihn, und der Blick hinab, über den monumentalen Nordabsturz, ist ja mindestens so beeindruckend wie die Postkartenansicht aus dem Tal!

➡ Gut die Hälfte des beachtlichen Höhenunterschiedes zwischen Tal und Gipfel nimmt die Mellauer-Seilbahn den Gipfelstürmern ab: in ein paar Minuten schwebt die Gondel hinauf ins weitläufige Almgelände. Das quert man dann ansteigend nach Osten hin, gut markiert. Ein schmaler Weg führt hinter der Wurzachalm (1622 m) links in die harmlose Südflanke der Kanisfluh. Über steinige Grashänge geht's aufwärts, vorbei an der Einmündung eines Pfades, der vom Gasthaus Edelweiß (1441 m) heraufkommt (alternativer Zugang von Au), in die flache Senke zwischen Stoß und Holenke (2044 m) und am Kamm entlang östlich zum Gipfel.

12 Braunarlspitze, 2649 m
Über den Lechquellen

Höhenluft und Gipfelglück. Das bietet diese (recht anspruchsvolle) Tour im Lechquellenmassiv. Was bedeutet: viel packende Gebirgsbilder und an der Braunarlspitze ein Panorama von immenser Weite, das bei guter Sicht bis in die Berner Alpen reicht. Die zeigen sich allerdings nur ganz selten – wen wundert's bei einer Distanz von 200 Kilometer –, dafür ist die gastliche Göppinger Hütte (2245 m) am Abstieg auch bei Nebel kaum zu verfehlen. Architektur, alpine, gibt's auch zum Auftakt, vor allem moderne Chalets und Liftstation am Weg von Oberlech hinauf gegen den Butzen, und da wird man sich so seine Gedanken über den landschaftsfressenden Skisport machen.*

➡ Die Wanderung führt von der Seilbahn in Oberlech zunächst westlich aus dem Siedlungsbereich heraus, an den Gipslöchern vorbei und unter dem Zuger Hochlicht über die Steinmähder hinauf gegen den Butzensattel (2204 m). Nun über Schrofen steil bergan zur Butzenschulter, wo der AV-Weg in die felsdurchsetzte Südflanke des Braunarlstocks quert. Leicht abwärts zur Abzweigung des Gipfelsteigs (ca. 2330 m): im Zickzack über einen Schuttkegel, dann (frischeren) Markierungen folgend über rauhe Felspartien kraxelnd zum Ostgrat und knapp links von ihm zum höchsten Punkt. Zurück zur Verzweigung und weiter auf dem aussichtsreichen Höhenweg (»Theodor-Praßler-Steig«) in leichtem Auf und Ab zur Göppinger Hütte (2245 m). Abstieg zum Lech auf vielbegangenem Weg über das Obere Älpele (1770 m). Zurück nach Lech mit dem Wanderbus oder auf dem schönen Talweg abseits der Straße.

Der Weg zur Braunarlspitze führt an den interessanten Gipslöchern vorbei.

Meine Favoriten

26 Spusagang, 2237 m

Im Schatten der Schesaplana

Daß mir die Runde über den Spusagang so gut gefällt, hat nichts mit dem etwas kuriosen Namen zu tun, der auf eine uralte »Romeo-und-Julia-Geschichte« aus dem Brandner Tal zurückgeht (rätoromanisch »spusa« = Braut). Vielmehr ist es die Fülle schönster Bergbilder, ihr Kontrastreichtum, der so fasziniert. Den Auftakt macht eine Paßwanderung, die mehr Höhenspaziergang ist und viel Aussicht bietet, erst ins Brandnertal, dann weit übers Gamperdonatal hinaus. Packend der Aufstieg in grandios-felsiger Kulisse über den Spusagang, eher gemütlich der Abstieg zur gastlichen Oberzalimhütte (1889 m).

➡ Von der Liftstation am Niggenkopf (1589 m) zunächst kräftig bergan, dann flacher am Grat und schließlich hinauf ins Amatschonjoch (2028 m). Aus dem Wiesensattel links auf schmaler Spur quer durch die abschüssigen Grashänge unter der Windeggerspitze (2331 m) und dem Blankuskopf, dabei allmählich an Höhe verlierend. Von der Setschalpe (1722 m) nicht hinab zum Nenzinger Himmel, sondern auf einer breiten Piste in leichtem Gegenanstieg um das felsige Otterkirchle (1964 m) herum zur Abzweigung des Spusagang-Steigs. Aufstieg erst durch lichten Wald, dann im Zickzack über einen gewaltigen Schuttkegel. Anschließend links in die Felsen und am »Spusagang« überraschend leicht hinauf zum Grat. Jenseits der Oberzalimscharte (2237 m) hinab zur Oberzalimhütte und auf dem Alpsträßchen hinaus nach Brand (1037 m).

33 Schweizer Lücke, 2744 m

Das große Silvretta-Erlebnis

Hochgebirge pur gibt's auf dieser Runde, aber auch viel Auf und Ab, quer durch Felsen, über kleine Gletscher. Ein Glanzpunkt ist der unvergleichliche Blick auf das Gipfelduo Großlitzner-Großes Seehorn (3121 m), stimmungsvoll die Hangwanderung hoch über dem inneren Garneratal zur Tübinger Hütte. Und schließlich das »Schartenhüpfen« zwischen Fels und Firn, mit packenden Tiefblicken ins Vermunt: Plattenjoch – Schweizer Lücke – Mittelrücken – Kromer Lücke. Silvretta, hautnah erlebt.

➡ Vom Vermunt-Stausee (1747 m) erst auf der Schotterpiste, dann auf einem schmalen Weg durch das Maderneratäli hinauf zum Hochmadererjoch (2505 m). Dahinter etwas rauh abwärts ins Gatschettatäli; bei der Weggabelung hält man sich links: »Tübinger Hütte«. Der Weg läuft hoch über dem Garnerabach talein, senkt sich schließlich zu dem bereits von weitem sichtbaren Schutzhaus.

Hinter der Hütte zunächst auf einem überwachsenen Moränenrücken bergan, dann am Rand des fast verschwundenen Plattengletschers über Geröll ins oberste Schneebecken und ins Plattenjoch (2728 m; rechts ½ Std. zur Westlichen Plattenspitze, 2883 m – lohnend!). Nun fast eben über harmlose Felsen hinüber zur Schweizer Lücke (2744 m) und jenseits hinab auf den gleichnamigen kleinen Gletscher. Auf deutlicher Spur leicht ansteigend zum Mittelrücken; dahinter steil abwärts auf den Firn und in einem leichten Linksbogen (große Steinschlaggefahr!) in die Kromer Lücke (2729 m). Hier kommt die Saarbrücker Hütte ins Blickfeld: erst im Zickzack hinab, dann unter den Felsen des Kleinlitzner (2783 m) hinüber zum Schutzhaus. Beim weiteren Abstieg zum Stausee kann man die Kehren der häßlichen Piste teilweise abkürzen.

> Die Zimba (2643 m), ein eleganter Felsgipfel, wird oft als »Montafoner Matterhorn« bezeichnet. Leichtester Anstieg aus dem Zimbajoch über den Westgrat, Schwierigkeitsgrad II und III der Alpenskala.

Der »Spusagang« vermittelt einen überraschend leichten Anstieg durch die zerklüfteten Westabstürze am Panüeler Kopf.

Das Allgäu
Grauer Fels über grünen Wiesen

Auch wenn die Hauptgipfel der Allgäuer Alpen bereits beachtliche Höhen erreichen, so ist das »Alp-Gau« doch vor allem eine grüne Bergregion, gibt es doch hier mehr Wiesen als Fels. Manche davon sind allerdings so steil, daß der Bergwanderer sie besser meidet (Höfats). Einen freundlichen Mix aus Grün und Grau bieten die nördlichen Vorberge, durchwegs sehr lohnende Aussichtswarten. Blickfang im Panorama fast aller Gipfel zwischen der Nagelfluhkette und dem Grünten ist der Allgäuer Hauptkamm, der das Tal im Süden so markant alpin abriegelt. Weit offen ist dagegen der Zugang von Norden, und das macht nicht nur Freude: Stau auf der Autobahnanfahrt, Blechlawinen in den Dörfern, Abgasschwaden über dem grünen Tal. Immerhin: In Hindelang und Oberstdorf etwa bemüht man sich redlich um die (heikle) Balance zwischen Business und Natur, Erschließung und Verzicht. Denn auch hier – das hat man erkannt – wachsen höchstens die Gipfel, nicht aber die Bäume in den Himmel!

A propos Bäume: Waldreich ist das Allgäu ja nicht gerade, doch das hat einen anderen Grund. Seit Jahrhunderten wird Milchwirtschaft betrieben, was großflächige Rodungen bedingte. Ein Ergebnis: der berühmte Allgäuer Käse!

Blick vom Widderstein hinab und hinaus ins Kleine Walsertal.

Führer & Landkarten

Die Beliebtheit der Alpenregion läßt sich auch am Führerangebot ablesen. Umfassende Darstellungen bieten der AV- und der Gebietsführer »Allgäuer Alpen«, beide von Dieter Seibert (Bergverlag Rother). Seibert ist auch Autor der handlichen Rother-Wanderführer »Allgäu 1« und »Allgäu 2«, Herbert Mayr beschreibt »Allgäuer Wanderberge« (ebenfalls bei Rother). Wandern & Erleben kann man mit Bernhard Irlingers Führer »Allgäu«, erschienen bei Bruckmann.

Die gesamten Allgäuer Alpen deckt die vom Bayerischen Landesvermessungsamt herausgegebene Karte ab, benutzerfreundlich gestaltet ist auch die Freytag & Berndt WK 363 »Oberstdorf-Kleines Walsertal-Sonthofen« (beide 1:50 000). Im Maßstab 1:25 000 gehalten sind die AV-Karten »Allgäuer-Lechtaler Alpen« (zwei Blätter).

Alle Wanderungen auf einen Blick

Tourenziel/Charakteristik	Ausgangspunkt	Wegverlauf & Gehzeit	Markierung	Einkehr am Weg
01 Stuiben, 1749 m Aussichtsreiche, nur wenig anstrengende Höhen- und Gipfelwanderung. Am Stuiben leichte Felspassagen (Drahtseile).	🚡 Bergstation der Mittagberg-Sesselbahn (1451 m), Talstation Immenstadt (728 m, 🚉).	Mittagberg – Steineberg (1683 m) – Stuiben (2½ Std.) – Mittelbergalp (3¼ Std.) – Immenstadt (728 m; 4½ Std.)	Ordentlich mark. Wege	Mittagberg
02 Hochgrat, 1834 m, und Rindalphorn, 1821 m Kammwanderung über die höchsten Erhebungen der Nagelfluhkette mit herrlichen Fernblicken. Trittsicherheit.	🚡 Bergstation (1704 m) der Hochgratbahn. Gästebus ab Oberstaufen (791 m, 🚉) zur Talstation.	Seilbahnstation – Hochgrat (½ Std.) – Brunnenauscharte (1626 m) – Rindalphorn (1½ Std.) – Brunnenauscharte – Talstation Hochgratbahn (856 m; 3¾ Std.)	Gut bez., Abschnitte verschiedener Weitwanderwege	Hochgratbahn
03 Siplingerkopf, 1745 m, und Höllritzereck, 1669 m Abwechslungsreiche, recht lange Kammwanderung über insgesamt vier Nagelfluhgipfel. Trittsicherheit, nicht bei Nässe!	Balderschwang (1044 m), das »oberbayrische Sibirien«, 12 km von Hittisau, 21 km von Oberstdorf.	Balderschwang – Obere Balderschwanger Alpe (1205 m) – Heidenkopf (1685 m) – Siplingerkopf (2½ Std.) – Bleicherhorn (1669 m) – Höllritzereck (3¾ Std.) – Schwabenhof – Balderschwang (5½ Std.)	Gut bez., am Grat »Oberallgäuer Rundwanderweg«	–
04 Über die Hörner; Weiherkopf, 1665 m Ein Kenner hat die Hörner als »Skiberge im Sommerschlaf« bezeichnet – eine recht zutreffende Bezeichnung, doch lohnt sich die Überschreitung des langen, mehrgipfligen Kamms auch im Sommer.	Ofterschwang (864 m, 🚉), 6 km westlich von Sonthofen.	Ofterschwang – Allgäuer Berghof (1 Std.) – »Panoramaweg« – Weiherkopf (3½ Std.) – Großer Ochsenkopf (4½ Std.) – Gh. Schwaben – Bolsterlang (892 m; 6¼ Std., 🚉)	Mark. Wege, Hinweisschilder	Allgäuer Berghof (1206 m), Gh. Schwaben (1510 m)
05 Besler, 1679 m Mittelgebirgsrunde mit felsigem Höhepunkt. Für den gesicherten Steig durch die Nordabstürze des Besler ist etwas Bergerfahrung unerläßlich (kann umgangen werden, mark.). Beim Rückweg: Besuch der Sturmannshöhle!	Obermaiselstein (859 m, 🚉), westlich von Fischen.	Obermaiselstein – »Königsweg« – Nordwandsteig – Besler (3 Std.) – Freyburger Alp – Obermaiselstein (6 Std.)	Mark. Wege	Freyburger Alp, Gh. Sturmannshöhle
06 Hoher Ifen, 2230 m Sein markantes Profil ist ein Wahrzeichen des Allgäus, der »Gottesacker« die größte Karsthochfläche der Region. Nur für Bergerfahrene, nicht bei Schneelage (Klüfte, Dolinen) oder Nebel!	🚡 Bergstation des Ifen-Sesselliftes. Zufahrt zur Talstation ab Riezlern (1086 m, 🚉).	Ifenhütte – Hoher Ifen (1¾ Std.) – Gottesacker – Windeggsattel (1752 m; 4 Std.) – Riezlern (6 Std.)	Am »Gottesacker« gut auf Mark. achten!	Ifenhütte (1586 m)
07 Grünhorn, 2039 m Gemütliche Kammwanderung mit viel Aussicht. Schmale Steige, bei Nässe nicht ratsam.	🚡 Bergstation der Walmendinger-Horn-Bahn (1990 m), Talstation Mittelberg (1215 m, 🚉).	Walmendinger Horn – Ochsenhofer Köpfe (1950 m) – Ochsenhofer Scharte (1850 m) – Grünhorn (2½ Std.) – Starzeljoch (1867 m) – Baad (1244 m; 4 Std., 🚉)	Mark. Wege	Walmendinger Horn
08 Rund um den Widderstein Lange, recht anstrengende Rundtour über dem innersten Kleinwalsertal, in Verbindung mit einer Besteigung des ➡ Widdersteins (2533 m) großes Tagespensum.	Baad (1244 m, 🚉) im innersten Kleinwalsertal, 15 km ab Oberstdorf.	Baad – Bärgunthütte – Hochalppaß (1938 m) – Widdersteinhütte (3¼ Std.) – Hintere Gemstelhütte – Innerbödmen (5½ Std., 🚉) – Baad (Straße; 6¼ Std.)	Gut bez. Wege	Bärgunthütte (1391 m), Widdersteinhütte (2009 m), Hintere Gemstelhütte (1320 m)
09 Krumbacher Höhenweg Großzügige Runde mit Aussicht auf fast alle Allgäuer Gipfel. Ausdauer unerläßlich, für den Abstieg aus der Kemptner Scharte auch Schwindelfreiheit.	🚡 Bergstation (1949 m) der Kanzelwand-Seilbahn, Talstation Riezlern (1086 m, 🚉).	Seilbahnstation – Kanzelwand (2059 m) – Kühgundalpe (1754 m) – Roßgundscharte (2005 m; 2 Std.) – Mindelheimer Hütte (4¼ Std.) – Kemptner Scharte (2108 m) – Mittelberg (1215 m; 6¾ Std., 🚉)	Gut bez. Wege	Kanzelwandbahn, Mindelheimer Hütte (2013 m), Fluchtalpe (1390 m), Wiesalpe (1298 m)
10 Fellhornkamm Eine der beliebtesten Höhenwanderungen im Allgäu; Aufstieg per Bahn. Tolle Aussicht, ab Frühsommer ungewöhnlich reiche Flora.	🚡 Bergstation (1949 m) der Kanzelwand-Seilbahn, Talstation Riezlern (1086 m, 🚉).	Seilbahnstation – Fellhorn (2039 m) – Söllereck (1703 m) – Schönblick (1350 m; 3¼ Std.) – Riezlern (4½ Std.)	Mark., vielbegangene Wege	Kanzelwandbahn, Fellhorn, am Schönblick und am Weg ins Tal
11 Rappenseehütte, 2091 m Beliebte Hüttentour, aber auch recht weit. Die meisten Besucher nächtigen in dem großen Haus und gehen andertags auf den »Heilbronner Höhenweg« (➡ »Hüslers Klettersteigatlas Alpen«).	Oberstdorf (813 m, 🚉), berühmter Ferienort im Tal der Iller. Parkplatz bei der Talstation der Fellhornbahn; Bus bis Birgsau (949 m).	Birgsau – Einödsbach (1114 m; 1 Std.) – Rappenseehütte (4 Std.); Abstieg auf dem gleichen Weg (gesamt 6¾ Std.)	Mark. Wege	Birgsau, Rappenseehütte (2091 m), Enzianhütte (1780 m)
12 Waltenberger Haus, 2084 m Schön gelegene, gemütliche Alpenvereinshütte über dem Bacherloch.	Oberstdorf (813 m, 🚉), berühmter Ferienort im Tal der Iller.	Birgsau – Einödsbach (1114 m; 1 Std.) – Waltenberger Haus (3½ Std.); Abstieg auf dem gleichen Weg (gesamt 6 Std.)	Mark. Bergwege	Waltenberger Haus (2084 m)

Alle Wanderungen auf einen Blick

Tourenziel/Charakteristik	Ausgangspunkt	Wegverlauf & Gehzeit	Markierung	Einkehr am Weg
13 Rund um die Höfats Große Runde um den berühmtesten (und steilsten) Grasberg der Ostalpen. Abwechslungsreiche Tour: Flora, malerisches Hölltobel, Stuiben-Wasserfall. Ausdauer erforderlich.	Oberstdorf (813 m, 🚂), berühmter Ferienort im Tal der Iller. Parkplatz Nebelhornbahn.	Oberstdorf – Hölltobel – Gerstruben (1¾ Std.) – Älpelesattel (1780 m; 3½ Std.) – Gh. Oytal – Oberstdorf (6¼ Std.)	Mark. 10, 16, 14	Gerstruben (1154 m), Dietersbachalpe (1325 m), Käseralpe (1405 m), Gh. Oytal (1009 m)
14 Laufbacher Eck, 2178 m Aussichtsreiche Höhenwanderung auf teilweise schmalen Wegen, faszinierend die Ausblicke auf Höfats und Hochvogel. Vorsicht beim Abstieg vom Laufbacher Eck!	🚠 Bergstation (1929 m) der Nebelhornbahn, Talstation Oberstdorf (813 m, 🚂).	Nebelhornbahn – Laufbacher Eck (2½ Std.) – Zwerchwand (ca. 1820 m) – Himmeleck (2007 m; 3½ Std.) – Käseralpe – Oytal – Oberstdorf (6¼ Std.)	AV-Mark. 428 bis Zwerchwand	Edmund-Probst-Haus (1932 m), 2 min. von der Nebelhornbahn; Käseralpe (1405 m), Gh. Oytal (1009 m)
15 Großer Daumen, 2280 m Dank der Nebelhornbahn ist der Weg auf den Großen Daumen und zur großen Aussicht nicht mehr allzu weit – und entsprechend populär.	🚠 Bergstation (1929 m) der Nebelhorn-Seilbahn, Talstation Oberstdorf (813 m, 🚂).	Nebelhornbahn – Koblat – Großer Daumen (2¼ Std.); Abstieg auf dem gleichen Weg (gesamt 4 Std.)	Bez. Bergweg	Edmund-Probst-Haus (1932 m)
16 Rubihorn, 1957 m Hausberg von Oberstdorf, bietet packende Tiefblicke auf das Illertal.	🚠 Mittelstation der Nebelhornbahn auf der Seealpe (1280 m), Talstation Oberstdorf (813 m, 🚂).	Seealpe – Roßbichl – Rubihorn (2 Std.) – Unterer Gaisalpsee (1509 m) – Gh. Gaisalpe – Oberstdorf (4½ Std.)	Mark. Wege	Gh. Gaisalpe (1165 m)
17 Höhenweg Hindelang – Oberstdorf Fast schon ein Weit-Wanderweg: in sechs Stunden über die Sonnenköpfe nach Oberstdorf. Aussicht, Blumen!	🚠 Bergstation (1320 m) der Sesselbahn Hornalpe, Talstation Hindelang (825 m, 🚂).	Hornalpe – Straußbergalpe – Sonnenköpfe (Schnippenkopf, 1833 m; 3½ Std.) – Gh. Gaisalpe (5 Std.) – Oberstdorf (813 m; 6½ Std., 🚂)	Rot mark.	Hornalpe, Straußbergalpe (1227 m), Gh. Gaisalpe (1165 m)
18 Breitenberg, 1893 m Beliebtes Gipfelziel über dem inneren Ostrachtal. Trittsicherheit erforderlich.	Hinterstein (866 m, 🚂), 7 km von Hindelang.	Hinterstein – Älpealpe (1499 m) – Breitenberg (3¼ Std.) – Häblesgund – Hinterstein (5½ Std.)	Rot mark.	–
19 Prinz-Luitpold-Haus, 1846 m Leichte Hüttenwanderung, Anfahrt zum Giebelhaus per Bus oder mit dem Radl.	Giebelhaus (1067 m, 🚂), 10 km von Hinterstein (für Motorfahrzeuge gesperrt).	Giebelhaus – Prinz-Luitpold-Haus (2¾ Std.); Abstieg auf dem gleichen Weg (gesamt 4½ Std.)	Gut mark.	Giebelhaus, Prinz-Luitpold-Haus (1846 m)
20 Grünten, 1738 m Seilbahnberg über dem Eingang ins Oberallgäu mit abwechslungsreichem Zugang über die Südflanke.	Burgberg (752 m, 🚂) nordöstlich von Sonthofen.	Burgberg – Wustbachschlucht – Grünten (2¾ Std.) – Alpe Kehr (1082 m) – Burgberg (5 Std.), mit Umweg via Starzlachklamm ¾ Std. mehr.	Rote Mark.	Grüntenhaus (1535 m), Mittlere Schwandalp (1319 m), Alpe Kehr, Gh. Alpenblick
21 Hirschberg, 1458 m, und Spieser, 1649 m Beliebte Frühlings- und Herbstwanderziele, im Hirschbachtobel erdgeschichtlicher Lehrpfad.	Hindelang (825 m, 🚂) an der Strecke Sonthofen – Oberjoch.	Hindelang – Hirschbachtobel – Hirschberg (2 Std.) – Spieser (3¼ Std.) – Oberjoch (1136 m; 4½ Std., 🚂)	Gut mark. Wege	Hirschalpe (1493 m)
22 Einstein, 1866 m Freistehender felsiger Gipfel im »Niemandsland« zwischen Allgäuer und Tannheimer Bergen. Trittsicherheit im Gipfelbereich.	Berg, Weiler bei Tannheim (1097 m, 🚂).	Berg – Einstein (2 Std.). Abstieg auf dem gleichen Weg (gesamt 3¼ Std.)	Rot bez.	–
23 Tannheimer Höhenweg; Aggenstein 1987 m Abwechslungsreiche Panoramawanderung mit felsigem Gipfelfinale (Drahtseile). Etwas Bergerfahrung unerläßlich.	🚠 Bergstation des Sesselliftes am Füssener Jöchl (1818 m), Talstation Grän (1138 m, 🚂).	Füssener Jöchl – Vilser Jöchl – Bad Kissinger Hütte (2 Std.) – Aggenstein (2¾ Std.) – Bad Kissinger Hütte – Grän (4¾ Std.)	AV-Mark. 414, 411	Am Füssener Jöchl, Bad Kissinger Hütte (ehem. Pfrontener Hütte, 1788 m)
24 Ponten, 2045 m Bschießer (2000 m) und Ponten: Gipfelzwillinge zwischen Tannheimer Tal und Ostrachtal. Alpine Wege.	Schattwald (1072 m, 🚂) im Tannheimer Tal.	Schattwald – Stuibental – Ponten (2¾ Std.) – Zirlesegg (1872 m; 3¼ Std.) – Pontental – Schattwald (4¾ Std.)	Örtliche Mark. 74, 71	–
25 Landsberger Hütte – Rauhhorn, 2241 m Große Runde über dem idyllischen Vilsalpsee. Am Rauhhorn leichte Kletterei – reizvoll aber nur für Geübte (kann östlich umgangen werden)!	Vilsalpsee (1165 m, 🚂), 4 km südlich von Tannheim. Zufahrt nur bis 10 Uhr für private Motorfahrzeuge gestattet, sonst mit Bus.	Vilsalpsee – Landsberger Hütte (2 Std.) – Hintere Schafwanne (4¾ Std.) – Rauhhorn (5¾ Std.) – Vilsalpe (8 Std.) – Vilsalpsee (8½ Std.). Ohne Rauhhorn 7 Std.	Rot mark., AV-Nrn. 425, 421, 423, 424	Landsberger Hütte (1805 m), Vilsalpe (1178 m)

Meine Favoriten

06 Hoher Ifen, 2230 m
Über den Acker aus Stein

Sein Profil, die felsig-steile Stirn, ist es, die neugierig macht, seine Rückseite, der »Gottesacker«, bildet die eigentliche Sensation der Tour: ein riesiges Karrenplateau, in Jahrtausenden vom Wasser bearbeitet, zerfurcht, da und dort fein ziseliert, mit bodenlos tiefen Gräben. Dazwischen grünt es schüchtern, belegen Farbtupfer, daß dieses »steinerne Meer« nicht ganz ohne Leben ist. Auch nicht ganz ungefährlich, vor allem, wenn Schnee die Spalten zudeckt oder Nebel die Sicht auf ein paar Meter reduziert.

➡ Von der Liftstation auf vielbegangenem Weg bergan in die von Felstrümmern übersäte Ifenmulde, dann links über Geröll in Kehren aufwärts gegen den Felsfuß. Mit Drahtseilhilfe ist die Schwachstelle in der gelbbraunen Ifenwand bald überwunden; weiter rechts über die ausgedehnte grüne Gipfelschräge zum Kreuz.
Zurück bis zum Felsfuß, dann links in einem Bogen hinüber gegen das Hahnenköpfle (2143 m). Nun nördlich über den »Gottesacker«, wobei Markierungsstangen die Richtung weisen. Von der (längst verfallenen) Gottesackeralpe Gegensteigung zu der in die Oberen Gottesackerwände eingekerbte Torkopfscharte (1967 m). Dahinter über Schutt hinab, am markanten Felsen des Torkopfs (1926 m) vorbei und zum Windeggsattel (1752 m). Rechts auf bezeichnetem Weg durchs Mahdtal hinab, vorbei an dem über 70 Meter tiefen Schlund des Höllochs, und zurück nach Riezlern.

Rappensee und Kleiner Rappenkopf, rechts im Hintergrund der Widderstein.

14 Laufbacher Eck, 2178 m
Allgäuer Alpenpanorama

Ein richtiger Gipfel ist das Laufbacher Eck gar nicht, doch das stört hier keineswegs, denn am Höhenweg von der Nebelhornbahn herüber kommen fast alle Allgäuer Berge ins Bild, zuletzt auch die elegante Pyramide des Hochvogels (2592 m). Blickfang ist aber erst einmal die steile, mehrgipflige Pyramide der Höfats (2258 m), in deren Flanken das Edelweiß blüht. Die weißen Sterne kann man aber auch am Weg übers Laufbacher Eck bewundern, nebst vielen anderen Vertretern der alpinen Flora.

➡ Von der Nebelhornbahn (1929 m) zunächst in die kleine Senke zwischen Zeiger (1994 m) und Hüttenkopf, dann am Kamm entlang, mit Tiefblick auf den Seealpsee. Im grasigen Schochen (2100 m) biegen Grat und Weg nach Osten ab; hinter dem Lachenkopf zeigt sich das Laufbacher Eck, höchster Punkt der Tour. Dahinter leitet die Wegspur abwärts (Vorsicht, wenn noch Schnee liegt!) zur Verzweigung über der Zwerchwand (ca. 1820 m). Hier rechts hinauf ins Himmeleck (2007 m), das den Übergang ins Oytal vermittelt. Dann unter den Westwänden der beiden Wilden (2379 m) abwärts zur Käseralpe (1405 m) und schließlich auf bequemen Wegen durch das Tal hinaus nach Oberstdorf.

25 Landsberger Hütte – Rauhhorn, 2241 m
Zum Felsenthron über dem Vilsalpsee

Der Höhenunterschied zwischen dem Vilsalpsee und dem Gipfelkreuz am Rauhhorn beträgt »nur« gut tausend Meter, doch das sollte niemand täuschen: Die Runde hat es in sich, das ständige Auf und Ab verlangt eine ordentliche Kondition, am Gipfel ist der Weg wirklich »rauh«, und der Abstieg zum See geht ganz schön in die Gelenke, wird bei Nässe auch zur unangenehmen Rutschpartie. Das Rauhorn kann man allerdings auf dem »Jubiläumsweg« ostseitig umgehen, wodurch sich die Gehzeit um etwa 1½ Stunden, die Schwierigkeit ganz entscheidend verringert. Am Rauhhorn einige leichte Kletterstellen (I+), ein kleiner Überhang ist durch ein Fixseil entschärft.

➡Vom Parkplatz 10 Min. am Ostufer des Vilsalpsees (1165 m) entlang, dann bergan zum (aufgestauten) Traualpsee und über einen Felsriegel zur Landsberger Hütte (1805 m). Westlich in die Senke zwischen Steinkarspitze und Roter Spitze (2130 m). Nun in einem weiten Bogen – erst ab-, zuletzt wieder kurz ansteigend – hoch über der Kastenalpe zur Grenzscharte (1926 m) unter dem Kirchendach. Hübscher Blick auf den dunklen Schrecksee mit seinem Inselchen. Auf dem »Jubiläumsweg« um das Kugelhorn herum in den Grateinschnitt vor dem Rauhhorn. Hier gabelt sich die Route: Gipfelstürmer mit sicherem Tritt bleiben am Grat; wer's gemütlicher mag, folgt weiter dem »Jubiläumsweg«. In der Vorderen Schafwanne treffen die beiden Wege zusammen; auf etwas rauhem Pfad steigt man ab zur Vilsalpe am oberen Ende des Vilsalpsees (1168 m). Nun am Westufer zurück zum Ausgangspunkt.

Das Lechtal

Wilde Gipfel über (noch) ungezähmtem Fluß

Kontraste. Sie prägen das Lechtal, noch stärker als andere nordalpine Bergregionen. Das Entrée markieren die Märchenschlösser des Bayernkönigs, am oberen Ende setzen die mondän-übergroßen Hotelchalets von Lech und Zürs, mit verkabelten Hängen rundum, ganz andere Akzente. Dazwischen:

Bauern- und Bergwelt, dazu ein Fluß, der (noch) weitgehend ungezähmt in seinem mächtigen Geröllbett fließt. Ungezähmte Natur auch über den Seitentälern. Da glaubt man sich beim Anblick mancher Berge auf eine alpine Großbaustelle versetzt, so »unfertig«, chaotisch wirken sie in ihrer Gesteinsvielfalt, bunt und zusammengewürfelt. Tief eingerissene, von Lawinenzügen gezeichnete Talgräben lassen die Gipfel höher, die Wege beschwerlicher erscheinen. Kein Zufall, daß man zwischen Namlos und Kaisers weder Pistenautobahnen noch Seilbahnmasten entdeckt – aber viel Natur erleben kann, Schritt für Schritt.

Bedrohte Natur

Der Lech gehört zu den letzten relativ unberührten Gebirgsflüssen der Nordalpen; mit seinen naturbelassenen Uferstreifen ist er Lebensraum für viele Pflanzen und Tiere. Bedroht ist dieses einzigartige, unbedingt schützenswerte Biotop durch Pläne, im Lechtal und seinen Seitentälern mehrere Wasserkraftwerke zu errichten.

Elegantes Felsprofil über dem obersten Lechtal: der Biberkopf.

Führer & Landkarten

Umfassende Informationen über das Lechtal und seine Tourenmöglichkeiten vermittelt der AV-Führer »Lechtaler Alpen« sowie der Gebietsführer gleichen Titels; Dieter Seiberts kleiner Führer »Allgäu 3« enthält zahlreiche Wandervorschläge aus den Lechtaler Bergen.
Das Kartenblatt 351 »Lechtaler Alpen-Allgäuer Alpen« von Freytag & Berndt deckt fast die gesamte Region ab, Anschluß nach Nordosten liefert 352 »Ehrwald-Lermoos-Reutte-Tannheimer Tal«. Wer lieber die Österreichische Karte zur Hand nimmt (1:50 000 bzw. 1:25 000), benötigt die Blätter 84, 85, 113, 114, 115, 143, 144. Der Alpenverein hat zwei Blätter herausgebracht: »Allgäuer-Lechtaler Alpen« (West und Ost).

Alle Wanderungen auf einen Blick

Tourenziel/Charakteristik	Ausgangspunkt	Wegverlauf & Gehzeit	Markierung	Einkehr am Weg
01 Rund um den Geiselstein Abwechslungsreiche Wanderung in den nordwestlichen Ammergauer Alpen, mit Einblicken in die Kletterwände des Geiselsteins.	Kenzenhütte (1285 m), 12 km von Halblech (825 m, 🚌); Zufahrt nur mit Kleinbus.	Kenzenhütte – Kenzensattel (1650 m) – Geiselsteinjoch (1729 m) – Kenzenhütte (3 Std.)	Mark. Wege	Kenzenhütte (1285 m)
02 Tegelberg – Branderschrofen, 1880 m Vielbesuchte Aussichtsberge am Alpenrand; der Abstecher zum Branderschrofen verlangt Bergerfahrung (gesicherte Felspassagen). Beim Abstieg herrliche Tiefblicke auf Neuschwanstein.	🚠 Bergstation (1720 m) der Tegelberg-Seilbahn, Talstation Hohenschwangau (810 m, 🚌).	Tegelberg – Branderschrofen – Tegelberg (¾ Std.) – Pöllatschlucht – Hohenschwangau (Seilbahnstation, 3 Std.)	Gut mark. Wege	Tegelberghaus (1707 m)
03 Alpsee und Königsschlösser Hier wandelt man auf den Spuren des Bayernkönigs Ludwig II., die Berge sind vor allem romantische Kulisse. Besichtigung von Neuschwanstein und Hohenschwangau.	Hohenschwangau (810 m, 🚌) östlich von Füssen.	Hohenschwangau – Pöllatschlucht – Marienbrücke – rund um den Alpsee – Hohenschwangau (2 bis 2½ Std.)	Wegzeiger, mark.	Hohenschwangau
04 Burg Falkenstein, 1268 m Abwechslungsreiche Seen- und Kammwanderung zwischen Füssen und Pfronten; packende Tiefblicke vom Zirmgrat.	Füssen (808 m, 🚌), Zentrum des Ostallgäus.	Füssen – Kobelsee – Alatsee (865 m; 1 Std.) – Saloberalpe – Zirmgrat (1292 m; 2½ Std.) – Ruine Falkenstein (3½ Std.) – Pfronten (882 m; 5 Std., 🚌)	Örtliche Mark., Wegweiser	Gh. Alatsee, Saloberalpe (1089 m), Falkenstein
05 Vilser Kegel, 1831 m Auf kleinen Wegen um und auf den »Kegel«, Trittsicherheit erforderlich.	Vils (826 m, 🚌), Tiroler Städtchen zwischen Pfronten und Füssen.	Vils – Hundsarschjoch (1600 m) – Vilser Kegel (3 Std.) – Vilser Alpe – Vils (5 Std.)	Örtliche Mark. 23, AV-Nr. 412	Vilser Alpe (1228 m)
06 Säuling, 2047 m Alpines Wahrzeichen des untersten Lechtals mit großem Panorama. Oberhalb der Hütte abschüssige Felspartien (teilweise Drahtseile, nur für Geübte).	Pflach (840 m, 🚌), Dörfchen an der Strecke Füssen – Reutte.	Pflach – Säulinghaus (1693 m; 2½ Std.) – Säuling (3½ Std.); Abstieg auf dem gleichen Weg (gesamt 5½ Std.)	Örtliche Mark. 28	Säulinghaus (1693 m)
07 Rund um die Gehrenspitze »Schartenhüpfen« im Osten der Tannheimer Berge mit wenig Steigung, aber viel Aussicht.	🚠 Bergstation (1733 m) der Reuttener Bergbahn. Talstation 4 km südwestlich von Reutte bei Höfen (868 m, 🚌).	Seilbahnstation – Hahnenkamm (1938 m) – Tiefjoch (1701 m; 1 Std.) – Sabachjoch (1860 m; 1¾ Std.) – Sabachhütte (1563 m) – Schallerkapelle (3¼ Std.) – Reutte/Höfen (5¼ Std.)	AV-Mark. 418, 413, örtliche Mark.	Seilbahnstation
08 Thaneller, 2341 m Bekannter Aussichtsgipfel mit anspruchsvollem Nordanstieg. Er setzt Bergerfahrung voraus (kurze gesicherte Passagen, leichter Fels).	Heiterwang (994 m, 🚌) an der Strecke Reutte – Lermoos.	Heiterwang – Kärlestal – Thaneller (4 Std.) – Berwang (1342 m; 5¾ Std., 🚌)	AV-Nr. 611, rot-weiß	–
09 Hintere Tarrentonalpe, 1519 m Wenig anstrengende Talwanderung zum weiten Almboden am Fuß der zerklüfteten Heiterwand.	Mitteregg (1349 m), 6 km südwestlich von Berwang (1342 m, 🚌).	Mitteregg – Hintere Tarrentonalpe (2¼ Std.); Rückweg auf der gleichen Route (gesamt 4¼ Std.)	Mark. Weg	Hintere Tarrentonalpe (1519 m)
10 Roter Stein, 2366 m Gipfelrunde im Süden von Berwang. Vom Roten Stein weite Rundschau, unterwegs teilweise schmale Pfade.	Berwang (1342 m, 🚌), Ferienort 5 km von Bichlbach.	Berwang – Älpele (1663 m) – Roter Stein (3 Std.) – Bichlbächler Jöchle (1943 m; 4 Std.) – Bichlbächle (1278 m; 5½ Std.) – Berwang (6¾ Std.)	AV-Nr. 612, 618; örtliche Mark.	Gh. Bergmandl (Bichlbächle)
11 Galtjoch, 2109 m Almwanderung mit Gipfelabstecher im Osten der Liegfeistgruppe.	Rinnen (1262 m, 🚌) an der Strecke Berwang – Namlos.	Rinnen – Ehenbichler Alpe – (1¾ Std.) – Galtjoch (3½ Std.) – Raazalpe (4½ Std.) – Rotlech-Stausee (5½ Std.) – Rinnen (6½ Std.)	AV-Mark. 613, 614, 613A	Ehenbichler Alpe, Raazalpe (1736 m)
12 Gaichtspitze, 1986 m Aussichtskanzel über dem Lechtal, bietet packende Einblicke ins Kletterrevier der Tannheimer Berge.	Gaichtpaß (1093 m, 🚌) an der Strecke Weißenbach – Tannheimer Tal.	Gaichtpaß – Gaichtspitze (2¾ Std.) – Gaichtpaßstraße – Weißenbach/Gaichtpaß (4½ Std.)	Örtliche Mark. 47, 46	–
13 Nesselwängler Scharte, 2007 m Wanderung in die »Dolomitenlandschaft« der Tannheimer; für alpin Erfahrene ist auch eine Besteigung der Köllenspitze (Kellespitze, 2238 m) möglich. Abstieg bei Nässe unangenehm!	Nesselwängle (1136 m, 🚌), Ferienort an der Strecke Weißenbach – Tannheim.	Nesselwängle – Gimpelhaus (1½ Std.) – Nesselwängler Scharte (2¾ Std.) – Sabachjoch (1860 m) – Nesselwängle (5 Std.)	AV-Mark. 415, 419, 416	Gimpelhaus (1659 m)

Alle Wanderungen auf einen Blick

Tourenziel/Charakteristik	Ausgangspunkt	Wegverlauf & Gehzeit	Markierung	Einkehr am Weg
14 Rote Flüh, 2108 m Bekannter Klettergipfel in den Tannheimer Bergen mit verhältnismäßig »weicher« Rückseite. Trittsicherheit unerläßlich (gesicherte Passagen).	Nesselwängle (1136 m, 🚌), Ferienort an der Strecke Weißenbach – Tannheim.	Nesselwängle – Gimpelhaus (1½ Std.) – Rote Flüh (3 Std.) – Tannheimer Hütte – Nesselwängle (5¼ Std.)	AV-Mark. 415, 417, 416	Gimpelhaus (1659 m), Tannheimer Hütte (1713 m)
15 Krinnenspitze, 2000 m Aussichtswarte gegenüber den Tannheimer Kletterzacken, am Ostgrat Trittsicherheit erforderlich.	🚡 Bergstation (1506 m) der Sesselbahn Krinnenalpe; Talstation Nesselwängle (1136 m, 🚌).	Krinnenalpe – »Gamsbocksteig« – Krinnenspitze (1½ Std.) – Nesselwängler Edenalpe (2¼ Std.) – Nesselwängle (3¼ Std.)	Örtliche Mark. 19, 14, 11	Edenalpe (1672 m), Krinnenalpe (1527 m)
16 Namloser Wetterspitze, 2553 m Große Gipfelrunde, Ausdauer erforderlich. Von der Wetterspitze faszinierendes Panorama, in Fallerschein Ausblick auf die trostlose Zukunft so mancher Alp: Touristen statt Kühe…	Namlos (1225 m), Weiler an der Strecke Stanzach – Berwang.	Namlos – Staffalle (1831 m; 2¼ Std.) – Grubigjoch (2185 m) – Wetterspitze (4½ Std.) – Fallerschein (1302 m; 6¾ Std.) – Namlos (7¾ Std.)	AV-Nr. 616, 617	Anhalter Hütte (2038 m, 20 Min. von Staffalle), bew. Juni bis Sept.
17 Kanzberg, 2009 m Aussichtsreiche Höhenwanderung im hintersten Hinterhornbachtal. Kleiner Abstecher zur Jochspitze (2332 m; ½ Std.) möglich.	Hinterhornbach (1101 m, 🚌), 7 km von Vorderhornbach im Lechtal.	Hinterhornbach – Kanzberg (2½ Std.) – Hornbachjoch (3½ Std.) – Jochbachalp (1273 m) – Hinterhornbach (5¼ Std.)	Örtliche Bez., Abstieg AV-Nr. 431	–
18 Rund um die Dremelspitze Über hohe Scharten pur aus dem Parzinn zum Steinsee und zurück: große Lechtaler Berglandschaft. Trittsicherheit unerläßlich!	Boden (1356 m) im Bschlaber Tal, an der Straße über das Hahntennjoch.	Boden – Hanauer Hütte (2 Std.) – Westliche Dremelscharte (2435 m; 3½ Std.) – Steinsee (2222 m) – Östliche Dremelscharte (2470 m; 5 Std.) – Hanauer Hütte – Boden (7½ Std.)	AV-Mark. 601, 621	Hanauer Hütte (1922 m), bew. Mitte Juni bis Sept.
19 Kogelseespitze, 2647 m Lange und anstrengende Tour um und auf die Kogelseespitze. Abstiege ins Parzinn und nach Gramais teilweise rauh (Trittsicherheit).	Gramais (1356 m), winziges Bergdörfchen, 8 km von Häselgehr (1006 m, 🚌). Parkmöglichkeit vor dem Ort und am Weg zum Sattele.	Gramais – Kogelseescharte (3¼ Std.) – Gufelseescharte (4 Std.) – Kogelseespitze (4¾ Std.) – Gufelseescharte (5¼ Std.) – Gramais (7½ Std.)	AV-Mark. 624, 621, 626	–
20 Rotwand, 2262 m Abwechslungsreiche Runde unter der Hornbachkette. An der Rotwand leichte Felsen, oben prächtige Rundschau.	Elbigenalp (1039 m, 🚌) im Lechtal.	Elbigenalp – Rotwand (3 Std.) – Balschtesattel (3¼ Std.) – Barthhütte (4¾ Std.) – Elbigenalp (6½ Std.)	AV-Mark., örtliche Bez.	Hermann-von-Barth-Hütte (2129 m)
21 Oberlahmsjöchl, 2505 m Lechtaler Alpen pur auf dieser Runde: Lawinenhänge, buntes Gesteinsdurcheinander, zerklüftete Gipfel.	Madau (1310 m), 8 km von Bach (1066 m, 🚌). Nach Madau nur mit dem Taxi oder (besser) per Bike!	Madau – Parseiertal (bis 1723 m) – Memminger Hütte (4 Std.) – Oberlahmsjöchl (4¾ Std.) – Röttal – Madau (7 Std.)	Mark. Wege, teilweise AV-Nrn.	Memminger Hütte (2242 m), bew. Ende Juni bis Sept.
22 Jöchlspitze, 2226 m Aussichtsreiche Gipfel- und Höhenwanderung, bei Nässe nicht ratsam, Aufstieg sehr sonnig.	Holzgau (1114 m, 🚌) im Lechtal.	Holzgau – Jöchlspitze (3¼ Std.) – Mutte – Bernhardseck (4¾ Std.) – Obergiblen (1062 m; 6¼ Std., 🚌)	Bez. Wege	Gh. Bernhardseck (1812 m)
23 Rund um den Stanskogel Abwechslungsreiche Runde am Lechtaler Hauptkamm.	Kaisers (1518 m), 5 km von Steeg (1124 m, 🚌).	Kaisers – Kaiserjochhaus (2¾ Std.) – Leutkircher Hütte (4¾ Std.) – Bodenalpe (1554 m) – Kaisers (7 Std.)	AV-Mark. 641, 601, 642	Kaiserjochhaus (2310 m), Leutkircher Hütte (2261 m)
24 Biberkopf, 2599 m Recht anspruchsvolle Tour zur Rappenseehütte. Gute Kondition unerläßlich, anregende Kletterei (I) am nur sparsam gesicherten Gipfel – nur für Geübte!	Lechleiten (1518 m), Weiler im obersten Lechtal gegenüber von Warth (1495 m, 🚌).	Lechleiten – Biberkopf (3 Std.) – Rappenseehütte (5 Std.) – Obere Biberalpe – Lechleiten (7 Std.)	AV-Mark. 439	Rappenseehütte (2091 m)
25 Wösterhorn, 2310 m Lohnender, mit wenig Mühe erreichbarer Aussichtsgipfel über Lech.	🚡 Bergstation (2355 m) der Rüfikopf-Seilbahn, Talstation Lech (1444 m, 🚌).	Rüfikopf – »Friedrich-Mayer-Weg« – Wösterhorn (2¼ Std.) – Oberstubenbach – Lech (4½ Std.)	Bez. Wege, teils AV-Mark.	Rüfikopf

Meine Favoriten

08 Thaneller, 2341 m
Steilwandwandern

Wie kaum ein anderer Lechtaler Berg steht er frei über den Tälern, eine Aussichtswarte par excellence. Und eine vielbesuchte dazu, schlängelt sich von Berwang aus doch ein markierter Wanderpfad für jedermann/frau durch die sonnige Südflanke hinauf zum Kreuz und zur großen Aussicht. Da kommen auch jene Gipfelstürmer an, die den Aufstieg über die Nordflanke nehmen. Die wirkt vom Tal aus zwar recht schauerlich, doch das geübte Auge registriert eine deutliche Gliederung der Felsen, entdeckt Bandsysteme. Ihnen folgt der »Werner-Rietzler-Steig«, gut markiert und nur an ganz wenigen Stellen gesichert: gerade richtig für erfahrene Berggänger mit einem leichten Hang zum Adventure!

➡ Der Aufstieg beginnt nordwestlich von Heiterwang, bei der Talstation des Schleppliftes. Hier auf markierter Spur ins Tälchen des Kärlesbachs und in ihm aufwärts, erst einer Schotterpiste folgend, dann im Zickzack südlich bergan. Dabei rücken die Felsen allmählich näher, bis man schließlich am Einstieg (ca. 1900 m) steht. »Für Geübte« vermerkt ein Schildchen lakonisch, und das stimmt auch. Ein paar Haken helfen über gestufte Felsen auf das Bandsystem,

das die ganze Nordflanke des Thaneller durchzieht. Man verfolgt es, ab und zu ein »Stockwerk« ansteigend, nach links bis in die Nordflanke. Hier über Schrofen und leichte Felsen aufwärts zum Grat und an ihm zum großen Gipfelkreuz. – Abstieg südlich nach Berwang.

18 Kogelseespitze
Lechtaler Alpen total

In den Lechtalern verdient so manche Tour das Prädikat »einzigartig«. Das liegt an der sprichwörtlichen Vielgestaltigkeit dieses Gebirges, da läßt sich kaum ein Tal, kein Gipfel mit dem andern vergleichen. Auch auf der Runde über die Kogelseespitze. Allein schon die Seen, jeder ein Juwel für sich, und dann der »schönste alpine Mittelscheitel« (am Felsklotz des Vorderen Gufelkopfs) oder der tiefe, wilde Graben des Gramaistals. Da verwundert es nur wenig, daß die Gufelalpe auch heute noch vom Stanzer Tal aus bestoßen wird: Nur von Süden kommt das Vieh überhaupt auf diese Murmeltierwiesen!

➡ Die große Runde beginnt mit dem Aufstieg zum Kogelsee (2171 m), der in einer überraschend weiten Karmulde liegt. Dahinter in Serpentinen weiter bergan, zuletzt etwas mühsam in die Kogelseescharte (2497 m), wo sich ein bezaubernder Blick ins Parzinn mit seinen Seeaugen und den bizarr-aufgesteilten Dolomitzinnen auftut. Man steigt bis zum oberen See ab, biegt dann in die deutliche, aber unmarkierte Spur ein, die am milchiggrünen Gewässer vorbeiläuft und unterhalb der Gufelseescharte in den von der Hanauer Hütte heraufkommenden Steig mündet. In der Scharte ist dann das nächste »Wouwwh!« fällig, und ganz oben, an der Kogelseespitze verbinden sich all die Bilder zum faszinierenden Panorama, das weit über die Lechtaler Alpen hinausreicht. Der ordentlich markierte Abstieg beginnt recht gemütlich, führt am Gufelsee vorbei zu den grünen Böden der Hinteren Gufel. Nach einer aussichtsreichen Querung geht's zunehmend steiler, teilweise unangenehm schottrig, bergab. Drunten am »Branntweinboden« wird aus der Rutschpartie wieder eine (gemütliche) Wanderung: hinaus und zurück nach Gramais.

Kunst am Berg? Eigenwilliger »Scheitel« am Vorderen Gufelkopf; im Vordergrund der Gufelsee.

Rund um Landeck

Zwischen Arlberg und Reschenpaß

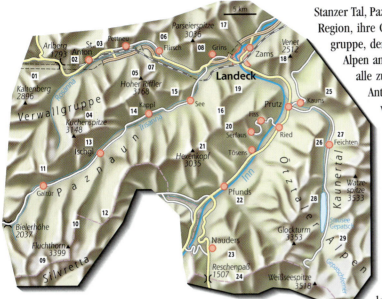

Stanzer Tal, Paznaun, Inn- und Kaunertal heißen die Täler dieser Region, ihre Gipfel gehören den Lechtaler Alpen, der Verwallgruppe, der Silvretta, der Samnaungruppe und den Ötztaler Alpen an. Zentrum ist Landeck, in dessen Nähe die Täler alle zusammenlaufen, wichtigste Touristenorte sind St. Anton am Arlberg und Ischgl. Ein Gebiet fast so groß wie Vorarlberg, überwiegend hochalpin, von Dreitausendern umrahmt, nach Süden bis zum Alpenhauptkamm reichend. Und eine Region so vielgestaltig wie ihre Tourenmöglichkeiten: einsame Hochtäler, kaum besuchte Gipfel, aber auch dem Kommerz geopferte Bergnatur. Arlberg und Reschen sind die beiden großen, historischen Paßübergänge nach Westen und Süden, nach Vorarlberg und in den Süden Tirols. Letzterer wurde bereits von den Römern als »Via Claudia Augusta« ausgebaut; St. Anton verdankt seinen Aufstieg vom Bauerndorf zum Ski-Mekka vor allem der 1884 eröffneten Arlberg-Eisenbahnlinie.

Die Wanderung ins Jamtal und hinauf zum Kronenjoch vermittelt eine Vielzahl beeindruckender Bilder. Blick auf den Vorderen Satzgrat und die Madlenerspitze (2969 m).

Führer & Landkarten

Über die verschiedenen Gebirgsgruppen der Region gibt es reichlich Führerliteratur. Auf die Bedürfnisse des Bergwanderers zugeschnitten sind die roten Rother: »Arlberg-Paznaun« und »Kaunertal-Oberinntal« (mit teilweise etwas eigenwilliger Tourenauswahl). Zuverlässige Führung durch die Lechtaler Alpen bietet der neue AV-Führer von Dieter Seibert (Rother).
Praktisch das gesamte Tourengebiet decken zwei Kartenblätter von Freytag & Berndt ab (1:50 000): 372 »Arlberggebiet-Paznaun-Verwallgruppe«, 253 »Landeck-Reschenpaß-Kaunertal«. Wer lieber zur amtlichen Österreichischen Karte (1:25 000 oder 1:50 000) greift, benötigt die Kartenblätter 143, 144, 145, 170, 171, 172. Fünf AV-Kartenblätter decken Teile der Region ab, alle im Maßstab 1:25 000: »Silvrettagruppe«, »Lechtaler Alpen-Arlberggebiet«, »Weißkugel«, »Kaunergrat-Geigenkamm« und »Nauderer Berge«.

Alle Wanderungen auf einen Blick

Tourenziel/Charakteristik	Ausgangspunkt	Wegverlauf & Gehzeit	Markierung	Einkehr am Weg
01 Kaltenberghütte, 2089 m Abwechslungsreiche Höhen- und Hüttenwanderung über dem Arlberg.	St. Christoph am Arlberg (1765 m, 🚌), unterhalb der Arlberg-Paßhöhe (1793 m), 7 km von St. Anton.	Arlberg – »Berggeistweg« – Maroijöchle (2380 m; 3 Std.) – Kaltenberghütte (3½ Std.) – Stubigeralpe – St. Christoph (5½ Std.)	Mark. Wege	Kaltenberghütte (2089 m)
02 Arlberg, 1793 m Auf dem historischen Paßweg von St. Jakob auf den Arlberg.	St. Jakob am Arlberg (1297 m, 🚌), Ortsteil Gand.	Gand – »Sonnenweg« – Moos – »Maienweg« – St. Christoph am Arlberg (1765 m; 4 Std., 🚌)	Bez. Wege	Im Siedlungsgebiet von St. Anton
03 Leutkircher Hütte, 2261 m Aussichtsreiche, wenig beschwerliche Höhenwanderung am Hauptkamm der Lechtaler Alpen entlang. Kurze, leichte Felspassagen .	🚠 Zwischenstation (2646 m) der Valluga-Seilschwebebahn, Talstation St. Anton (1284 m, 🚌).	Seilbahn – Valfagehrjoch (2543 m) – Leutkircher Hütte (2½ Std.) – St. Anton (4½ Std.)	AV-Mark. 601, 642	Leutkircher Hütte (2261 m)
04 Darmstädter Hütte, 2384 m Ausgedehnte Wanderung auf bequemen Wegen. Großartig der Talschluß mit zwei der höchsten Gipfel des Verwall.	St. Anton am Arlberg (1284 m, 🚌).	St. Anton – Roßfallalpe (2¼ Std.) – Darmstädter Hütte (4 Std.); Abstieg auf dem gleichen Weg (gesamt 7 Std.)	AV-Mark. 513	Darmstädter Hütte (2384 m), Roßfallalpe
05 Hoher Riffler, 3168 m Große Gipfeltour, mit Nächtigung in der Edmund-Graf-Hütte weniger anstrengend. Markierter Steig.	Pettneu am Arlberg (1222 m, 🚌).	Pettneu – Malfonalpe (2 Std.) – Edmund-Graf-Hütte (3½ Std.) – Hoher Riffler (6 Std.); Abstieg auf dem gleichen Weg (gesamt 10 Std.)	AV-Mark. 511	Edmund-Graf-Hütte (2375 m), bw. Ende Juni bis Sept.
06 Ansbacher Hütte, 2376 m Teilweise recht steile Runde zu einem Aussichtsbalkon über dem Stanzer Tal.	Flirsch (1154 m, 🚌) an der Arlbergstrecke.	Flirsch – Fritzhütte (1¾ Std.) – Ansbacher Hütte (3½ Std.) – Flirsch (5½ Std.)	AV-Mark. 633, örtliche Bez.	Ansbacher Hütte (2376 m)
07 Ganatschalpe, 1854 m Almwanderung am Fuß des Hohen Riffler.	Flirsch (1154 m, 🚌) an der Arlbergstrecke.	Flirsch – »In der Wanne« – Ganatschalpe (2¾ Std.) – Flirsch (4½ Std.).	Örtliche Mark.	Ganatschalpe (1854 m)
08 Augsburger Hütte, 2289 m Mehr als nur Zwischenstation auf dem Weg zur Parseierspitze (3008 m): einer der schönsten Aussichtspunkte in der Landecker Gegend! Steiler, »heißer« Aufstieg.	Grins (1006 m, 🚌) westlich von Landeck, oberhalb der Arlbergstrecke.	Grins – Homers Kreuz – Augsburger Hütte (4 Std.) – Ochsenberghütte (1875 m) – Grins (6½ Std.)	AV-Mark. 634, örtliche Bez. 41	Augsburger Hütte (2289 m)
09 Jamtal; Grenzeckkopf, 3047 m Lange, aber wenig schwierige Wanderung vor großer Kulisse.	Scheibenalm (1835 m) im Jamtal, Zufahrt ab Galtür (1584 m, 🚌) 5 km (Fahrverbot zwischen 9 und 17 Uhr).	Scheibenalm – Jamtalhütte (1¼ Std.) – Kronenjoch (4 Std.) – Grenzeckkopf – Futschölpaß (5 Std.) – Jamtalhütte (7 Std.) – Scheibenalm (8 Std.)	Bis auf Kammweg ordentlich mark.	Scheibenalm, Jamtalhütte (2165 m), bew. Ende Juni bis Anfang Okt.
10 Ritzenjoch, 2687 m Talwanderung in der östlichen Silvretta mit recht anhänglichem Finale.	Lareinalpe (1860 m), Zufahrt ab Galtür-Tschafein (1544 m, 🚌), 5 km (Fahrverbot von 9 bis 17 Uhr).	Lareinalpe – Zollhütte (2133 m; 1½ Std.) – Ritzenjoch (3 Std.); Abstieg auf dem gleichen Weg (gesamt 5 Std.)	AV-Mark. 311	Lareinalpe (1860 m)
11 Gaisspitze, 2779 m Schöner Aussichtspunkt über dem Paznaun, mit Prachtblick in die Silvretta.	Mathon (1454 m, 🚌) im Paznaun, zwischen Ischgl und Galtür.	Mathon – Friedrichshafener Hütte (2 Std.) – Gaishorn (4 Std.); Abstieg auf dem gleichen Weg (gesamt 6½ Std.)	AV-Mark. 515, 502A	Friedrichshafener Hütte (2138 m)
12 Fuorcla da Val Gronda, 2752 m »Grenzwanderung« im und über dem Fimbertal. Die Heidelberger Hütte steht (als einziges AV-Haus) auf Schweizer Boden. Ischgl – Heidelberger Hütte: Kulturwanderweg Fimba.	Gh. Bodenalpe (1842 m), Zufahrt ab Ischgl (1376 m, 🚌), 7 km (von 9 bis 17 Uhr Fahrverbot).	Bodenalpe – Heidelberger Hütte (2 Std.) – Fuorcla da Val Gronda (3½ Std.) – Zeblasjoch (2539 m, 4¼ Std.) – Bodenalpe (5¾ Std.)	AV-Mark. 302, 712	Gh. Bodenalpe, Heidelberger Hütte (2264 m)
13 Madleinsee, 2437 m Fern vom Ischgler Seilbahnrummel: die Wanderung zum stimmungsvollen Bergsee.	Ischgl (1376 m, 🚌), an der Strecke Landeck – Bielerhöhe.	Ischgl – Madleinalpe – Madleinsee (3½ Std.); Abstieg auf dem gleichen Weg (gesamt 6 Std.)	AV-Mark. 502	–
14 Kappeler Kopf, 2404 m Aussichtspunkt über dem mittleren Paznaun. Wer höher hinaus will, kann sich die Kreuzjochspitze (2919 m) vornehmen (2 Std., bez., nur für Geübte).	🚠 Bergstation (1830 m) der Dias-Seilbahn, Talstation Kappl (1256 m, 🚌).	Diasalpe – Niederelbehütte (1¾ Std.) – Kappeler Kopf (2½ Std.) – Riepasee – Kappl (5 Std.)	AV-Mark. 512, örtliche Bez. 4	Diasalpe, Niederelbehütte (2310 m)
15 Pezinerspitze, 2550 m Faszinierender »Guck-ins-Land« über dem Zusammenfluß von Rosanna und Trisanna. Besteigung alternativ (und kürzer) von Langesthei (1485 m) möglich.	See im Paznaun (1056 m, 🚌), an der Strecke Landeck - Ischgl.	See – Schrofen (1502 m; 1¼ Std.) – Langestheier Alpe – Pezinerspitze (4½ Std.) – Gh. Fernblick (7 Std.) – See (8 Std.)	Örtliche Mark. 34	Gh. Fernblick

Alle Wanderungen auf einen Blick

Tourenziel/Charakteristik	Ausgangspunkt	Wegverlauf & Gehzeit	Markierung	Einkehr am Weg
16 Rotpleiskopf, 2936 m Hausberg der Ascher Hütte und »Fast-Drei-tausender« mit weitreichender Rundschau.	Bergstation (1787 m) der Medrigalpe-Gondelbahn, Talstation See (1056 m, 🚌).	Medrigalpe – Ascher Hütte (1½ Std.) – Spinnscharte (2681 m; 2¾ Std.) – Rotpleiskopf (3¾ Std.) – Südgrat – Ascher Hütte (5 Std.) – Medrigalpe (6 Std.)	Bez. Wege	Medrigalpe, Ascher Hütte (2256 m)
17 Zammer Loch Wanderung in den schaurig-wilden Graben des Lochbachs. Im Sommer heiß!	Zams (767 m, 🚌), Nachbarort von Landeck.	Zams – Zammer Loch – Jagdhütte (1581 m; 3 Std.); Abstieg auf dem gleichen Weg (gesamt 5¼ Std.)	AV-Mark. 631	–
18 Venetberg, 2512 m Landecker Hausberg und eine Aussichtswarte ersten Ranges.	Bergstation der Venet-Seilschwebebahn am Krahberg (2202 m), Talstation Zams (767 m, 🚌).	Krahberg – Venet (Glanderspitz, 2512 m; 1 Std.) – Plamun – St. Georgen (1192 m) – Landeck (5 Std.)	Örtliche Mark. 5	Krahberg
19 Thialkopf, 2398 m Ausläufer der Samnaunberge, der dank seiner exponierten Lage über dem Zusammenfluß von Inn und Sanna packende Tiefblicke bietet. Ausdauer notwendig.	Landeck (807 m, 🚌), verkehrsgeplagtes Städtchen am Inn.	Landeck – Perfuchsberg – Zirmegg (2073 m; 4 Std.) – Thialkopf (5 Std.) – Hochgallmigg (7¼ Std.) – Landeck (8½ Std.)	Örtliche Mark. 18	In Hochgallmigg (1218 m)
20 Blankaseen – Planskopf, 2804 m Seenwanderung mit Gipfelfinale, läßt sich über Brunnenkopf (2682 m) verlängern.	Kölner Haus (1965 m) an der Bergstation der Komperdell-Seilbahn, Talstation in Serfaus (1429 m, 🚌).	Kölner Haus – Furglersee – Blankasee – Planskopf (2¾ Std.) – Komperdell – Kölner Haus (4½ Std.)	Mark. Wege	Kölner Haus (1965 m)
21 Furgler, 3004 m Großes Gipfelziel mit weitem Panorama, Überschreitung auf mark. Wegen. Trittsicherheit, ganz leichte Felspassagen.	Bergstation der Komperdell-Seilbahn, Talstation in Serfaus (1429 m, 🚌).	Kölner Haus – Schneid (2429 m) – Furgler (3¼ Std.) – Furglerjoch (2748 m) – Kölner Haus (5½ Std.)	Mark. Wege	Kölner Haus (1965 m)
22 Radurschlschlucht Abwechslungsreiche Runde im Mündungsbereich des Pfunder Tals.	Pfunds (970 m, 🚌) an der Strecke Landeck – Reschenpaß.	Pfunds – Radurschlschlucht – Greit (1407 m) – Pfunds (2½ Std.)	Mark. Wege	Gh. Berghof in Greit
23 Nauderer Höhenweg Aussichtsreiche, wenig beschwerliche Höhenrunde auf gut markierten Wegen. Im Frühsommer üppige Flora.	Bergstation der Bergkastlboden-Gondelbahn (2170 m), Talstation Nauders (1394 m, 🚌).	Bergkastlboden – »Nauderer Höhenweg« – Labaunalpe (1977 m; 5 Std.) – Nauders (6½ Std.)	Örtliche Mark. 22, 30, 14	Bergkastlboden, Partitschalm (1650 m)
24 Goldseen und Bergkastlspitze, 2912 m Seen- und Gipfeltour mit leicht felsigem Finale. Großes Panorama von der Bergkastlspitze.	Bergstation der Bergkastlboden-Gondelbahn (2170 m), Talstation Nauders (1394 m, 🚌).	Bergkastlboden – Goldseen (2585 m; 1¾ Std.) – Bergkastlspitze (2¾ Std.) – Goldseen – Goldseehütte – Nauders (5½ Std.)	Örtliche Mark. 33, 20	Bergkastlboden, Goldseehütte (1870 m)
25 Hohe Aifner Spitze, 2779 m Nördlicher Eckpfeiler des Kaunergrats, sehr schöner Aussichtsberg mit zwei mark. Anstiegen.	Kaunerberg (Prantach, 1330 m, 🚌), Streusiedlung über dem untersten Kaunertal. Im Sommer Wanderbus zur Aifner Alpe.	Kaunerberg – Aifner Alpe (2 Std.) – Aifner Spitze (2558 m; 4 Std.) – Hohe Aifner Spitze (5 Std.) – Brauneben – Kaunerberg (8 Std.)	Örtliche Mark. 3, 2	Jausenstation Aifner Alpe (1980 m)
26 Thomas-Penz-Höhenweg Neu angelegter Höhenweg an der linken Steilflanke des Kaunertals. Im Sommer Wanderbus zur Langetsbergalpe.	Feichten (1287 m, 🚌) im Kaunertal, 12 km von Prutz.	Feichten – Vergötschen (½ Std.) – Langetsbergalpe (2½ Std.) – »Thomas-Penz-Höhenweg« – Kaunertalstraße – Feichten (6½ Std.)	Örtliche Mark. 3, 50, 10	Langetsbergalpe (1903 m)
27 Dr.-Angerer-Höhenweg Ostseitiges Pendant zum »Thomas-Penz-Höhenweg«, mehrere gesicherte Passagen. Nur für bergerfahrene Wanderer, bei Nässe nicht ratsam.	Bei Feichten-Unterhäuser (1270 m, 🚌).	Unterhäuser – Gsallalpe (1970 m; 2 Std.) – »Dr.-Angerer-Höhenweg« – Lückle (2220 m) – Gallruttalpe (1980 m; 4¾ Std.) – Falkaunsalpe (5½ Std.) – Nufels (1275 m; 7 Std.)	Örtliche Mark.	Falkaunsalpe (1962 m)
28 Kreuzjöchl, 2639 m Aussichtsreiche Höhenwanderung über dem Gepatsch-Stausee.	Kaunertaler Gletscherstraße, 🚌 an der Staumauer (1772 m) des Gepatschsees, 10 km ab Feichten.	Staumauer – Nassereinalpe (1¼ Std.) – Kreuzjöchl (3¼ Std.) – Fissladalpe – Kaunertaler Gletscherstraße (Bushalt »Am See«, 1509 m; 5½ Std.)	Mark. 29, 28	Jausenstationen Nassereinalpe (2041 m) und Fissladalpe (1988 m)
29 Ölgrubenjoch, 3044 m Hochalpiner Übergang zum Taschachhaus, markierter, gletscherfreier Weg bis in die Scharte.	»Gepatschhaus« (ca. 1920 m, 🚌) an der mautpflichtigen Kaunertaler Gletscherstraße, 17 km ab Feichten.	Gletscherstraße – Ölgrubenjoch (3½ Std.); Abstieg auf dem gleichen Weg (gesamt 6 Std.)	AV-Nr. 924	–

Meine Favoriten

09 Jamtal; Grenzeckkopf, 3047 m

Erdgeschichte, erwandert am Weg ins Jamtal

Eine Tour für Liebhaber großer Landschaften – und dazu eine Lehrstunde in Sachen Klimaerwärmung. Wer über die schier endlosen Wälle alter und jüngerer Moränen hinauf zum Kronenjoch (2974 m) gewandert ist, im Blick die kümmerlichen Gletscherreste unter den Fluchthörnern (3399 m) und am Augstenberg, der ahnt, wie so manche Hochalpenlandschaft in wenigen Jahrzehnten ausschauen könnte. Am Grat, der über den Grenzeckkopf in den Futschölpaß (2768 m) läuft und – nomen est omen! – gleichzeitig Grenze zwischen Tirol und Graubünden, zwischen Österreich und der Schweiz ist, gibt's dann viel Fernsicht, südlich übers untere Engadin und seine Gipfel hinweg immerhin bis zum Ortler. Und der wird sein Firnkleid wohl nicht so bald ablegen.

➡ Erstes Etappenziel ist die Jamtalhütte (2165 m), frequentierter Tourenstützpunkt in der östlichen Silvretta. Der Weg zum Kronenjoch führt, mäßig steigend, vom Schutzhaus zunächst ins Tal des Futschölbachs, dann über Schotterböden und Geröllhänge hinauf in die Grenzscharte. Nun rechts auf deutlicher Spur, aber ohne Markierung, aufwärts zur Bischofsspitze (3029 m) und hinüber zum Grenzeckkopf (Piz Faschalba). Weiter westlich, stets am Kamm entlang und hinunter in den Futschölpaß (2768 m).

Ab hier gibt es wieder Farbtupfer, die durch das offene Gelände hinableiten zum Anstiegsweg, auf den man wenig oberhalb des »Finanzersteins« (2476 m) stößt.

Wer noch Zeit und Lust hat, sollte beim Rückweg den kleinen Abstecher von der Jamtalhütte in Richtung Jamtalferner unternehmen, vielleicht bis zum Aussichtspunkt am Steinmannli (2353 m), etwa eine halbe Stunde. Großartig der stark vergletscherte Talschluß mit der Dreiländerspitze (3197 m).

24 Goldseen und Bergkastlspitze, 2912 m

In die Nauderer Berge

Gold gibt's an den beiden Karseen nicht, und was im Panorama der Bergkastlspitze glänzt, ist auch kein Edelmetall, sondern Firn und Eis. Doch obwohl die benachbarte Plamorder Spitze (2982 m) den Blick nach Süden, in den Vinschgau, etwas einschränkt, bietet der Gipfel eine bemerkenswerte Rundschau, die von der Silvretta bis zu den Firnhäuptern der Ötztaler Alpen reicht.

➡ Die Gipfeltour führt vom Bergkastlboden zunächst ins Ganderbild, dann »Beim Stein« über eine markante Talstufe zu den beiden dunklen Goldseen. Am Abfluß des oberen Sees (2585 m) wendet sich die markierte Spur nach Westen. Unter dem Ostgrat steigt man über einen schrofendurchsetzten Hang bergan, zuletzt am sichernden Drahtseil unschwierig zum Gipfelkreuz.

Beliebtes Nauderer Wanderziel: die Goldseen am Fuß der Bergkastlspitze.

Imst, Pitz- & Ötztal

Vom grünen Inn zu den Gletschern des Alpenhauptkamms

Ötztaler Alpen. Da denkt man zunächst einmal an firngleißende Grate, hohe Gipfel, an Gletschereis, dunklen Fels; kurzum: an hochalpines Bergsteigen: dreitausend und drüber. Aber natürlich sind Pitz- und Ötztal auch lohnende Wanderreviere, mit Zielen bis hinauf in die Regionen des »ewigen« Schnees. Der wiederum gab 1991 einen vor 5300 Jahren erfrorenen Alpenwanderer frei, den »Ötzi«, der heute – makabrerweise – als Mumie im eigens eingerichteten Museum in Bozen zu besichtigen ist.

Der Schnee hat den einst mausarmen Tälern Wohlstand gebracht, allerdings (auch) auf Kosten des sensiblen Ökosystems Hochgebirge. Im Sommer wird wohl kaum ein Naturfreund von den mit Eisenmasten gespickten, kreuz und quer verdrahteten und von Planierraupen malträtierten Berghängen ums Rettenbachtal oder bei Obergurgl begeistert sein. Da gibt es zwischen Imst und dem höchsten Gipfel Tirols, der Wildspitze (3769 m), ungleich schönere Wanderreviere, beispielsweise das Taschachtal, die Venter Gegend oder das Sulztal. Und nicht zu vergessen Imst, das klassische Tor zum Pitztal, mit seinen Bergen. Sie liegen zwar nördlich der Zentralalpen, doch wer den Tschirgant bestiegen hat oder auf dem »Imster Höhenweg« unterwegs war, der weiß, wohin man halt immer schaut, schauen muß: in die Ötztaler Alpen, die sich, tief gestaffelt, im Süden aufbauen.

Führer & Landkarten

Umfassend über die Region informiert der AV-Führer »Ötztaler Alpen« (Bergverlag Rother); der Wanderer nimmt eher einen der im gleichen Verlag erschienen kleinen Führer zur Hand: »Pitztal«, »Ötztal«, beide von H. und W. Klier. Die Ötztaler Alpen von Imst bis zum Alpenhauptkamm deckt das Kartenblatt »Ötztal-Pitztal-Wildspitze« von Freytag & Berndt (1:50 000) ab. Wer lieber die amtlichen Karten benützt (1:25 000 bzw. 1:50 000), benötigt die Blätter 145, 146, 172, 173, 174. Im Maßstab 1:25 000 gehalten sind die AV-Karten über die Ötztaler Alpen.

Ötztaler Hochalpen: Langtaler und Gurgler Ferner vom Weg zum Ramolhaus.

Alle Wanderungen auf einen Blick

Tourenziel/Charakteristik	Ausgangspunkt	Wegverlauf & Gehzeit	Markierung	Einkehr am Weg
Imst				
01 Rosengartenschlucht Kleine Runde durch die malerische, 1,5 km lange Klamm des Schinderbachs.	Johanneskirche in Imst (827 m, 🚌).	Imst – Rosengartenschlucht – Hochimst (1050 m; 1½ Std.) – Wetterkreuz – Imst (2¾ Std.)	Örtliche Mark. 11	In Hochimst
02 Imster Höhenweg Anspruchsvolle Kammwanderung mit kurzen gesicherten Passagen. Teilweise steiles Schrofengelände, Bergerfahrung unerläßlich. Nur bei sicherem Wetter gehen!	🚠 Bergstation (2030 m) der Imster Bergbahnen am Vorderen Alpljoch, Talstation Hochimst (1050 m, 🚌).	Liftstation – Pleiskopf (2560 m; 2 Std.) – »Imster Höhenweg« – Laggers (2328 m; 4½ Std.) – Hochimst (7 Std.)	Rot-weiß mark., AV-Nr. 622	Drischlhütte, etwas unterhalb der Liftstation
03 Muttekopf, 2774 m Hauptgipfel der östlichen Lechtaler Alpen, bietet ein großes Panorama. Trittsicherheit erforderlich.	🚠 Zwischenstation (1491 m) der Imster Bergbahnen auf der Untermarkter Alm; alternativ auch Obermarkter Alm (Zufahrt von Imst, etwa 8 km; nur vor 8 Uhr und nach 17 Uhr gestattet).	Untermarkter Alm – Muttekopfhütte (1½ Std.) – Muttekopf (3¾ Std.); Abstieg auf dem gleichen Weg (gesamt 6¼ Std.)	Mark. Wege	Muttekopfhütte (1934 m), Latschenhütte (1623 m)
04 Tschirgant, 2370 m Je nach Blickwinkel elegantes Felsdreieck oder massig-langgestreckter Bergrücken. Steile Bergwege, Ausdauer erforderlich.	Karrösten (918 m, 🚌), kleines Dorf südöstlich von Imst.	Karrösten – Karröstenalpe (1½ Std.) – Westgratroute – Tschirgant (4½ Std.) – Nordostgrat – Karröstenalpe – Karrösten (7¼ Std.)	Mark. Wege	Karröstenalpe (1467 m)
05 Muthenaualm, 1739 m Abwechslungsreiche Wanderrunde an der Westflanke des Wannig (2493 m). Ausdauernde besteigen den Gipfel in etwa 5 Std. (ab Nassereith, mark.).	Nassereith (838 m, 🚌), Ferienort an der Strecke Imst – Fernpaß.	Nassereith – Adlerhorst (1011 m) – Muthenaualm (3 Std.) – Fernpaßstraße – Nassereith (5¼ Std.)	Rot-weiß mark.	Muthenaualm (Nassereither Alm, 1739 m)
06 Wankspitze, 2209 m Logenplatz über dem Mieminger Mittelgebirgsplateau. (Nordgrat-Ferrata ➡ »Hüslers Klettersteigatlas Alpen«).	Gh. Arzkasten (1151 m) nordwestlich von Obsteig (991 m, 🚌). Zufahrt 3 km.	Gh. Arzkasten – Lehnberghaus – Wankspitze (3 Std.); Abstieg auf dem gleichen Weg (gesamt 5 Std.)	AV-Mark. 812, örtliche Bez. 22	Gh. Arzkasten, Lehnberghaus (1554 m)
Pitztal				
07 Venet; Wannejöchl, 2497 m Große Wanderrunde über dem untersten Pitztal, mit weiter Gipfelschau. Verschiedene Varianten möglich.	Wenns (982 m, 🚌) im untersten Pitztal. Zufahrt von Imst.	Wenns – Larcheralpe (2½ Std.) – Wannejöchl (4¼ Std.) – Venetalphütte (5½ Std.) – Wenns (7 Std.).	Mark. 12, 10, 11, 8	Larcheralpe (1814 m), Venetalphütte (1994 m)
08 Hochzeiger, 2560 m Vielbesuchte Aussichtswarte über dem unteren Pitztal.	🚠 Bergstation (2020 m) der Hochzeiger-Gondelbahn. Ab Wenns/Jerzens im Sommer Wanderbus zur Talstation (1468 m).	Bergstation – Hochzeiger (1½ Std.) – Zollberg (2225 m) – Ebni – Talstation (3½ Std.)	Mark. 14, 11	Seilbahnstation
09 Wildgrat, 2971 m Recht anspruchsvolle Gipfeltour im nördlichen Geigenkamm, Bergerfahrung unerläßlich. Für Konditionsstarke in Verbindung mit einer Hochzeiger-Überschreitung (1 Std. zusätzlich).	🚠 Bergstation (2020 m) der Hochzeiger-Gondelbahn. Ab Wenns/Jerzens im Sommer Wanderbus zur Talstation (1468 m).	Bergstation – Zollkreuz – Großsee (2416 m; 2¼ Std.) – Wildgrat (3½ Std.) – Zollkreuz – Zollberg – Ebni – Talstation (6½ Std.)	AV-Mark. 912, örtliche Bez. 11	Seilbahnstation
10 Brechsee, 2145 m Rundwanderung am Kaunergrat, abseits ausgetretener Pfade.	Zaunhof (1265 m, 🚌), Ortsteil von St. Leonhard im Pitztal.	Zaunhof – Söllbergalpe (2 Std.) – Brechsee (3 Std.) – Mauchelealpe – Rehwald – Zaunhof (5 Std.)	Mark. Wege	Söllbergalpe (1849 m), Mauchelealpe
11 Schwarzenbergalpen; Am Gampen, 2266 m Wanderrunde auf kühn angelegten, steilen Almwegen (gesicherte Passagen). Nur für geübte Berggänger, keinesfalls bei Nässe gehen!	St. Leonhard im Pitztal (1366 m), Ortsteil Enger, 🚌.	Enger – Äußere Schwarzenbergalpe (2120 m; 2¼ Std.) – Am Gampen – Innere Schwarzenbergalpe (2080 m; 3¾ Std.) – St. Leonhard (5¼ Std.)	Mark. Wege	–
12 Rappenkopf, 2320 m Kleiner Gupf mit traumhaftem Tiefblick, dazu schöne Sicht auf den Geigenkamm.	St. Leonhard im Pitztal (1366 m, 🚌).	St. Leonhard – Arzler Alpl (1¾ Std.) – Rappenkopf (Rundweg, 3¼ Std.) – Arzler Alpl (4 Std.) – St. Leonhard (5 Std.)	Mark. Wege	Arzler Alpl (1870 m)

Alle Wanderungen auf einen Blick

Tourenziel/Charakteristik	Ausgangspunkt	Wegverlauf & Gehzeit	Markierung	Einkehr am Weg
13 Rüsselsheimer Weg; Rötkarljoch, 2709 m Große Hochsommerrunde am Geigenkamm, läßt sich mit einer Besteigung der Hohen Geige (3393 m) verbinden (ab Chemnitzer Hütte 3 Std., AV-Mark.). Nördlich des Rötkarljochs steile Rinne (Kettensicherung).	Plangeross (1612 m, 🚌), Weiler im hinteren Pitztal.	Plangeross – Chemnitzer Hütte (2 Std.) – Gahwinden (2648 m; 3 Std.) – Rötkarljoch (4 Std.) – Trenkwald (1501 m; 7 Std., 🚌)	AV-Mark. 911, 916; örtliche Bez. 6	Chemnitzer Hütte (2328 m)
14 Cottbuser Höhenweg Landschaftlich sehr reizvoller Höhenweg mit einigen nicht ganz einfachen Passagen (Eisenbügel, Drahtseile). Nur für Geübte!	🚠 Bergstation (2291 m) der Riffelsee-Gondelbahn, Talstation Mandarfen (1675 m, 🚌).	Riffelsee (2232 m) – »Cottbuser Höhenweg« – Plangerosstal (2½ Std.) – Plangeross (4 Std., 🚌)	AV-Mark. 926, 927	Riffelseehütte (2289 m)
15 Fuldaer Höhenweg Höhen- und Hüttenwanderung zum Taschachhaus, mit packendem Gletscherblick-Finale.	🚠 Bergstation (2291 m) der Riffelsee-Gondelbahn, Talstation Mandarfen (1675 m, 🚌).	Riffelsee (2232 m) – »Fuldaer Höhenweg« – Taschachhaus (3¼ Std.) – Taschachtal – Mandarfen (5½ Std.)	AV-Mark. 925, 924	Taschachhaus (2432 m), bew. Mitte Juni bis Ende Sept.

Ötztal

Tourenziel/Charakteristik	Ausgangspunkt	Wegverlauf & Gehzeit	Markierung	Einkehr am Weg
16 Wetterkreuz, 2591 m Packender Aussichtspunkt hoch über der Mündung des Ötztals, ab Hochoetz vergleichsweise kurzer Anstieg.	🚠 Bergstation der Hochoetz-Sesselbahn (2020 m), Talstation Oetz (812 m, 🚌).	Hochoetz – Wetterkreuz (2 Std.) – Acherbergalm (3¼ Std.) – Seite (Liftzwischenstation, 1420 m; 4¼ Std.)	AV-Mark. 148, 149, 147	Bielefelder Hütte (2112 m)
17 Armelenhütte, 1747 m Abwechslungsreiche Runde zwischen Oetz, dem Piburger(Bade)see und der mächtigen Armelenwand.	Oetz (812 m, 🚌), großer Ferienort im untersten Ötztal.	Oetz – Piburger See (914 m; 30 min.) – Armelenhütte (3 Std.) – Tumpen (4¾ Std.) – Oetz (5¾ Std.)	Mark. Wege	Armelenhütte (1747 m); in Tumpen
18 Erlanger Hütte, 2550 m Ziemlich anspruchsvolle Hüttenrunde, läßt sich bei einer Übernachtung um die (lohnende) Besteigung des Wildgrats erweitern (ab Erlanger Hütte 1¾ Std., mark.).	Vordere Leierstalalm (1798 m; Kleinbus ab Umhausen) oder Umhausen (1031 m, 🚌) im Ötztal.	Vordere Leierstalalm – Erlanger Hütte (2¼ Std.) – Gehsteigalm (4¾ Std.) – Ötztal – Umhausen 7¼ Std.). Ab Umhausen 9¾ Std.	AV-Mark. 913, 902A	Erlanger Hütte (2550 m), bew. Ende Juni bis Mitte Sept.
19 Narrenkogel, 2309 m Abwechslungsreiche Runde, verlangt Ausdauer und einen sicheren Tritt (läßt sich auch verkürzen).	Umhausen (1031 m, 🚌) im Ötztal, evtl. auch Niederthai (1538 m, 🚌), 7,5 km ab Umhausen.	Umhausen – Wolfsegg (1680 m) – Niederthai (2½ Std.) – Bergle – Narrenkogel (4½ Std.) – Bichl – Stuibenfall – Umhausen (7½ Std.)	Mark. Wege	In Niederthai, Stuibenfall, Stuiböbele
20 Guben-Schweinfurter-Hütte, 2034 m Gemütliche Tal- und Hüttenwanderung.	Niederthai (1538 m, 🚌) im Horlachtal, 7,5 km von Umhausen.	Niederthai – Guben-Schweinfurter-Hütte (2 Std.); Abstieg auf dem gleichen Weg (gesamt 3½ Std.)	AV-Mark. 142	Guben-Schweinfurter-Hütte (2034 m), Larstighof (1777 m)
21 Grastalsee und Hemerkogel, 2759 m Tolle Runde für trittsichere und ausdauernde Berggänger, vom Hemerkogel packende Tiefblicke ins Ötztal.	Niederthai (1538 m, 🚌) im Horlachtal, 7,5 km von Umhausen.	Niederthai – Grastalsee (2533 m; 3 Std.) – Hemerkogel (4 Std.) – Hemerachalm (1859 m) – Niederthai (6½ Std.)	Mark. Wege	–
22 Gänsekragen, 2914 m Schöne Hütten- und Gipfelwanderung. Vom Gänsekragen tolle Rundschau, Trittsicherheit erforderlich.	Gries (1569 m, 🚌) im Sulztal, 5 km von Längenfeld.	Gries – Winnebachseehütte (2¼ Std.) – Gänsekragen (4 Std.); Abstieg auf dem gleichen Weg (gesamt 6¾ Std.)	AV-Mark. 141, ab Hütte ohne Nr.	Winnebachseehütte (2361 m)
23 Amberger Hütte, 2136 m Wenig anstrengende Hüttenwanderung.	Gries (1569 m, 🚌) im Sulztal, 5 km von Längenfeld.	Gries – Amberger Hütte (2½ Std.); Abstieg auf dem gleichen Weg (gesamt 4¼ Std.)	AV-Mark. 131	Amberger Hütte (2136 m), Sulztalalm (1898 m)
24 Hauersee, 2380 m, und Hohe Eggen, 2328 m Abwechslungsreiche Runde am Geigenkamm. Biwak am Hauersee (unbewirtschaftet).	Längenfeld (1180 m, 🚌), Ferienort im Ötztal.	Längenfeld – Lehn (1159 m) – Stabelealm (2½ Std.) – Hohe Eggen – Hauersee (4 Std.) – Hauertal – Längenfeld (6½ Std.).	Mark. Wege	Stabelealm (1908 m), Innerbergalm
25 Äußerer Hahlkogel, 2655 m Felsiger Gipfel hoch über Huben. Trittsicherheit und Kondition erforderlich, teilweise rauhe Wege.	Huben (1189 m, 🚌) im Ötztal.	Huben – Hahlkogelhütte (2½ Std.) – Äußerer Hahlkogel (4 Std.) – Großeben (4¾ Std.) – Vordere Pollesalm (6¼ Std.) – Huben (7¼ Std.)	Örtliche Mark.	Hahlkogelhütte (2042 m)

Alle Wanderungen auf einen Blick

Tourenziel/Charakteristik	Ausgangspunkt	Wegverlauf & Gehzeit	Markierung	Einkehr am Weg
26 Kleblealm, 1983 m Leichte Wanderrunde an der Mündung des Windachtals mit viel Aussicht und Einkehrgelegenheiten. Sehr schön der Blick durch das Venter Tal auf die Kreuzspitze (3495 m).	Sölden (1368 m, 🚌), frequentierter Urlaubsort im inneren Ötztal.	Sölden – Moos – Brunnenbergalm (1¾ Std.) – Windachtal – Kleblealm (3 Std.) – Schmiedhof – Sölden (4¼ Std.)	Mark. Wege	Brunnenbergalm (1972 m), Kleblealm, Stallwiesalm
27 Hochstubaihütte, 3174 m Hochalpine Tour, mit Nächtigung in der Gletscherregion – ein Erlebnis der Extraklasse. Bergerfahrung und eine gute Kondition unerläßlich, gesicherte Passagen. Von der Hochstubaihütte überwältigender Gipfel- und Gletscherblick; ganz nah der Windacher Daunkogel (3348 m).	Sölden (1368 m, 🚌), frequentierter Urlaubsort im inneren Ötztal.	Sölden – Fiegls Gasthaus (2¼ Std.) – »Himmelsleiter« – Hochstubaihütte (5¾ Std.) – Laubkarscharte (2759 m) – Kleblealm (8¼ Std.) – Sölden (9½ Std.)	Gut bez. Wege	Fiegls Gasthaus (1956 m); Hochstubaihütte (3174 m), bew. Juli bis Mitte Sept.; Kleblealm (1983 m)
28 Brunnenkogelhaus, 2738 m Große Runde über dem unteren Windachtal; vom Brunnenkogelhaus Dreitausenderparade, mit Hüttennacht noch schöner.	Sölden (1368 m, 🚌), frequentierter Urlaubsort im inneren Ötztal.	Sölden – Brunnenbergalm (1¾ Std.) – Brunnenkogelhaus (4 Std.) – Fiegls Gasthaus (6 Std.) – Sölden (7½ Std.).	AV-Mark. 171, 172, 102	Brunnenkogelhaus (2738 m), bew. Ende Juni bis Sept.; Fiegls Gasthaus (1956 m), Brunnenbergalm
29 Dr.-Bachmann-Weg Gemütliche Höhenwanderung ab Hochsölden: eine kleine Reise in die (bäuerliche) Vergangenheit des Tals. Weniger schön die »Fun-Landschaft« rund um Hochsölden und das Rettenbachtal.	🚡 Bergstation des Hochsölden-Sesselliftes (2083 m), Talstation Sölden (1368 m, 🚌).	Hochsölden – Bergler See (2456 m; 2¼ Std.) – Gransteiner Bergalm (1988 m) – Hochwald (1670 m; 3¾ Std.) – Sölden (4¾ Std.)	Örtliche Mark. 35A	Hochsölden, Hochwald, Gransteiner (1469 m)
30 Söldener Grieskogel, 2911 m Schroffer Gipfel nordwestlich über Sölden, einige leichte Felspassagen (Sicherungen).	🚡 Bergstation des Hochsölden-Sesselliftes (2083 m), Talstation Sölden (1368 m, 🚌). Zufahrtsstraße, 7,5 km.	Hochsölden – Grieskogel (2¼ Std.); Abstieg auf dem gleichen Weg (gesamt 4 Std.)	Örtliche Mark. 33	Hochsölden
31 Panoramaweg Tiefenbach – Vent Neuer Höhenweg an der linken Flanke des Venter Tals; Trittsicherheit erforderlich. Herrliche Hochgebirgsbilder.	Parkplatz Skigebiet Tiefenbachgletscher (2780 m, 🚌 Bus von Sölden).	Tiefenbach – Panoramaweg – Vent (4 Std., 🚌 Bus nach Sölden)	Rote Mark.	In Vent (1895 m)
32 Wildes Mannle, 3023 m Toller »Guck-ins-Land« hoch über Vent, gut mit Abstecher zur Breslauer Hütte zu verbinden. Evtl. per 🚡 Wildspitz-Sessellift bis Stablein.	Vent (1895 m, 🚌) Bergsteigerdorf im gleichnamigen Tal, 17 km von Sölden.	Vent – Stablein (2356 m; 1¼ Std.) – Wildes Mannle (3¼ Std.) – Breslauer Hütte (3¾ Std.) – Vent (5½ Std.)	Mark. Wege	Breslauer Hütte (2844 m)
33 Vernagthütte, 2755 m Ötztaler Hochalpen pur bietet die Höhenwanderung über den »Seuffertweg« zur Vernagthütte.	🚡 Bergstation des Wildspitz-Sesselliftes (Stablein, 2356 m), Talstation Vent (1895 m, 🚌).	Stablein – Breslauer Hütte (1½ Std.) – Vernagthütte (4¼ Std.) – Vent (6¾ Std.)	AV-Mark. 919, 920	Breslauer Hütte (2844 m), Vernagthütte (2755 m)
34 Kreuzspitze, 3455 m Für Wanderer, die in den Ötztalern ganz hoch hinaus wollen, ist die Kreuzspitze das richtige Ziel, sicheres Wetter vorausgesetzt. Weitere Bedingungen: eine sehr gute Kondition und Trittsicherheit.	Vent (1895 m, 🚌), Bergsteigerdorf im gleichnamigen Tal, 17 km von Sölden.	Vent – Martin-Busch-Hütte (2¾ Std.) – Kreuzspitze (5½ Std.); Abstieg auf dem gleichen Weg (gesamt 9½ Std.)	AV-Nr. 923, ab Hütte rot bez.	Martin-Busch-Hütte (2501 m), bew. Ende Juni bis Ende Sept.
35 Sonnbergalm, 2510 m Sonnige Höhenwanderung über die Gurgler Seenplatte. Wenig Anstrengung – viel Aussicht.	Obergurgl (1907 m, 🚌), bekannter Wintersportplatz im hintersten Ötztal.	Obergurgl – Sonnbergalm (1½ Std.) – Küppelehütte (2303 m; 2½ Std.) – Obergurgl (3¼ Std.)	Örtliche Mark. 38, 37	–
36 Ramolhaus, 3005 m Eine große Ötztaler Alpenschau bietet diese recht lange Hüttenwanderung. Faszinierend die Aussicht auf den Langtaler und den Gurgler Ferner.	Obergurgl (1907 m, 🚌), Wintersportplatz im hintersten Ötztal.	Obergurgl – Ramolhaus (4 Std.); Abstieg auf dem gleichen Weg (2½ Std.). Gesamt 6½ Std.	AV-Mark. 902	Ramolhaus (3005 m)

Meine Favoriten

02 Imster Höhenweg
Hoch über dem Tal des Inn

Unter Kennern gilt die an einigen Stellen gesicherte Höhenroute als echtes »Schmankerl«. Sie folgt dem langgestreckten Larsenngrat vom Pleiskopf (2560 m) bis zum Laggers (2328 m), dessen Gipfelkreuz unmittelbar über dem Inntal steht. Was für eine Schau! Die muß man sich allerdings erst verdienen, auf der langen Kammwanderung mit ihrem Auf und Ab und einigen etwas heiklen Passagen in den abschüssigen Steilflanken. Da ist ein sicherer Tritt besonders wichtig. Der Abstieg lädt dann ein zum Schlendern und Schauen, bis die Schatten drüben am Tschirgant allmählich länger werden. Doch dann ist man schon unten in Imst und läßt die Tour in einem Gastgarten Revue passieren: schön war's!

➤ Von der Liftstation am Kamm zum Hinteren Alpljoch (2425 m), dann kurz bergab und zum Ostgrat des Pleiskopfs (2560 m). Über eine Felsbarriere hilft solides Eisen (Leiter) hinweg, über Bänder und kleine Steilaufschwünge gewinnt man den Gipfel. Hier links leicht zum Ödkarlekopf (2565 m), dann mit einigem Auf und Ab rechts des Larsenngrates durch abschüssige, mit Felszacken besetzte Steilflanken, zuletzt wieder ganz bequem am breiten Wiesenrücken zum Laggers (2328 m). Hier beginnt der lange Abstieg hinaus nach Hochimst.

14 Cottbuser Höhenweg und 15 Fuldaer Höhenweg
Höhenrausch

Anderthalb-Tage-Tour. – Diese beiden Höhenwege gehören gewiß zu den schönsten in den Tiroler Hochalpen; begeht man sie in Folge, ist das Erlebnis Ötztaler Alpen total. Die Tour startet mit einem schweißtreibenden Anstieg, wird unter dem Brandkogel fast zum Klettersteig, samt einigen luftigen Passagen, ehe der Riffelsee einen idyllischen Kontrastpunkt setzt. Der »Fuldaer Höhenweg« ist dann vor allem ein Schaupfad mit packendem Gletscherblick als Finale.

➤ Von Plangeross auf steilem Zickzackweg im Wald bergan, vorbei am Wasserfall des Lussbachs, und talein über die Plangerossalpe zur Abzweigung des »Cottbuser Höhenweges« (2452 m). Nun leicht fallend an steilem Hang wieder talauswärts zu einem grasigen Kopf unter dem Steinkogel. Hier beginnt der spannendste Wegabschnitt: ein rüdes Auf und Ab quer durch felsiges Gelände, mehrfach mit Drahtseilen und Eisenbügeln gesichert, dazu packende Tief- und Fernblicke. Mit dem Abstieg zum Riffelsee (2232 m) wird aus dem »Fast-Klettersteig« wieder ein Wanderweg, der sich dann, die Höhe in etwa haltend, hoch an der orographisch linken Flanke des Taschachtals fortsetzt: ein dreistündiges Schauerlebnis. – Abstieg vom Taschachhaus auf dem Talweg.

31 Panoramaweg Tiefenbach – Vent
Einsichten und Aussichten

Noch ein Höhenweg, ein ganz neuer, in die Steilhänge des Venter Tals trassiert, wenig anstrengend, aber – der Name sagt es zu Recht – mit viel Aussicht, vor allem auf den Ramolkamm mit seinen Dreitausendern. Was für ein Kontrast zu dem verwüsteten Skirevier rund um Rettenbach- und Tiefenbachferner! Fast könnte man meinen, die (Alpen-) Welt im Venter Tal wäre noch ganz heil.

➤ In wenigen Minuten läßt man die trostlose Szenerie von Tiefenbach (2793 m) hinter sich. Der gut markierte Höhenweg führt, erst kurz ansteigend, über einen Schrofenrücken ins Seiterkar, dann weiter zum Mutboden. Aus dem Weißkar wandert man in einem weiten Bogen hinaus zu einem besonders schönen Ausguck unter dem felsigen Ostgrat des Weißkarkogels (2996 m). Ziemlich genau im Süden zeigt sich der hohe Firndom des Similaun (3599 m). Nun über die (da und dort recht feuchten) Böden des Sonnbergs leicht abwärts und zuletzt auf einer Erschließungsstraße hinein nach Vent.

Geologische »Großbaustelle« Lechtaler Alpen: der Muttekopf (2774 m).

Werdenfelser Land

Im Bann der Zugspitze

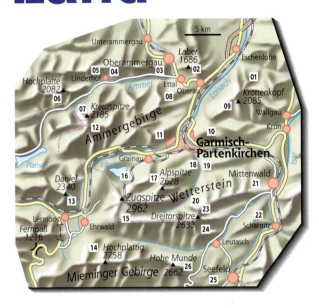

Garmisch-Partenkirchen, Werdenfelser Land. Da denken Bergfreunde natürlich gleich an die Zugspitze, den Top-Gipfel Deutschlands, fast 3000 Meter hoch und Blickfang auf den meisten Wanderungen zwischen der Isar und dem Plansee. Ob man auf die Hohe Kisten steigt, den Schellschlicht als Tourenziel nimmt oder den Pürschling ansteuert, stets dominiert er felsigriesig das Panorama mit seinem unverwechselbaren Profil.

Für den Wanderer ist die Zugspitze, wie die meisten Felsgipfel des Wettersteinmassivs, vor allem attraktive Kulisse; seine schönsten Ziele liegen davor, darunter: Balkone zum Hochgebirge. Davon gibt es hier viele, und einige erreicht man ganz bequem per Seilbahn. Das wiederum eröffnet vielfältige Möglichkeiten zu wenig anstrengenden Bergabwanderungen, in aller Regel mit Aussicht und Einkehrgelegenheit.

Neben dem mit olympischen Weihen versehenen Garmisch-Partenkirchen sind Oberammergau, Mittenwald und die Leutasch sowie die Ortschaften des Ehrwalder Beckens wichtige Zentren der Zugspitzregion.

Von der Sonnenspitze: der Seebensee, beliebtes Wanderziel am Weg zur Coburger Hütte.

Grandioses Spektakel: die Partnachklamm bei Garmisch-Partenkirchen.

Führer & Landkarten

Aus Mangel an verläßlichen Führern wird sich im Werdenfelser Land niemand zwischen Tal und Gipfel verlaufen. Bei Rother sind gleich mehrere Titel erschienen: »Rund um die Zugspitze«, »Seefeld-Leutasch«, dazu von einem der besten Gebietskenner »Wetterstein und Mieminger Kette«. Eine Wanderkarte der gesamten Region ist die Freytag & Berndt WK 322 »Wetterstein-Karwendel«, topographisch genau die Karte »Karwendel-Werdenfelser Land« des Bayerischen Landesvermessungsamtes, ebenfalls im Maßstab 1:50 000. Daneben gibt es auch noch drei AV-Karten im Maßstab 1:25 000 über Wetterstein- und Mieminger gebirge: West, Mitte und Ost.

Alle Wanderungen auf einen Blick

Tourenziel/Charakteristik	Ausgangspunkt	Wegverlauf & Gehzeit	Markierung	Einkehr am Weg
01 Hohe Kisten, 1922 m Anspruchsvolle Gipfeltour, Abstieg ins Archtal mit ein paar heiklen Passagen; Trittsicherheit.	Eschenlohe (639 m, 🚉), kleiner Ferienort an der Loisach.	Eschenlohe – Brandeck – Pustertal (2¼ Std.) – Hohe Kisten (4 Std.) – Archtal – Eschenlohe (6½ Std.)	Aufstiegsweg ordentlich, Abstieg spärlich markiert	–
02 Laberberg, 1686 m Gemütliche Höhen- und Bergabwanderung; Erfahrene unternehmen den Abstecher aufs Ettaler Manndl (Mini-Klettersteig).	🚠 Bergstation der Laberbahn (1683 m), Talstation Oberammergau (837 m, 🚉).	Laberjoch – Ettaler Manndl (Abzw. zum Gipfel) – Soilesee (1398 m) – Oberammergau (2½ Std.)	Rot-weiße Mark., AV-Nr. 246	Laberbahn
03 Kofel, 1342 m Kleine Gipfeltour mit felsigem Finale (Drahtseile) und anschließender Höhen- bzw. Bergabwanderung.	Oberammergau (837 m, 🚉), bekannter oberbayerischer Passionsspielort.	Oberammergau – Kofel (1½ Std.) – »Königssteig« – Kolbensattel (1276 m) – Oberammergau (3¾ bis 4 Std.)	Rot und rot-weiß	Kolbensattelhütte (1270 m), Gh. Kolbenalm (890 m)
04 Pürschling, 1566 m Abwechslungsreiche Höhenwanderung, am Zackengrat zum Sonnenberg schmaler Steig. Trittsicherheit!	🚠 Bergstation der Kolbensesselbahn (1276 m), Talstation Oberammergau (837 m, 🚉).	Kolbensattel – Pürschling (1¼ Std.) – Sonnenberggrat (1556 m) – Oberammergau (3¾ Std.)	AV-Mark. 233, am Sonnenberggrat rote Bez.	Pürschlinghaus (1550 m), Gh. Kolbenalm (890 m)
05 Hennenkopf, 1768 m Aussichtsreiche Höhenwanderung am Klammspitzkamm. Schön angelegter Steig, vom Hennenkopf alternativ auch Weiterweg über das Laubeneck (1758 m) möglich.	Großer, gebührenpflichtiger Parkplatz bei Schloß Linderhof (943 m, 🚉); Zufahrt ab Oberammergau 14 km.	Linderhof – Brunnenkopfhäuser (2 Std.) – Hennenkopf (3¼ Std.) – Abzweig unter Laubeneck (ca. 1450 m; 4½ Std.) – Linderhof (5½ Std.)	Ordentlich bez. Wege, AV-Nr. 231, 201, 232	Brunnenkopfhäuser (1602 m)
06 Krähe, 2012 m Große, sehr abwechslungsreiche Runde. Ganz Ausdauernde und Geübte beziehen die Hochplatte, 2082 m, ein (Überschreitung vom Weitalpjoch zum Fensterl, leichtes Felsgelände, Drahtseile, zusätzlich gut 1Std.)	Hotel Ammerwald (1100 m) an der Strecke Linderhof – Plansee.	Hotel Ammerwald – Roggental – Fensterl (1916 m) – Krähe (3 Std.) – Gabelschrofenscharte – Straußbergsattel – Hotel Ammerwald (5½ Std.)	Mark. Wege, AV-Nrn. 211, 216, 217	Hotel Ammerwald (1100 m)
07 Kreuzspitze, 2185 m Ein Hauptgipfel der Ammergauer Alpen. Aufstieg durch das Hochrießkar mark., am Gipfelaufbau sicherer Tritt notwendig.	An der Straße Linderhof – Plansee, Parkplatz gleich hinter der Landesgrenze (Brücke). Von Ettal 17,5 km.	Parkplatz (1082 m) – Hochgrießkar – Kreuzspitze (3½ Std.); Abstieg auf dem gleichen Weg (gesamt 5¾ Std.)	Mark. Weg, AV-Nr. 241	–
08 Notkarspitze, 1889 m Hübscher Aussichtsberg über dem Klosterdorf Ettal. Anstieg im unteren Teil schattig.	Ettaler Sattel (880 m, 🚉), kleiner Parkplatz an der B 23.	Ettaler Sattel – Ziegelspitz (1719 m) – Notkarspitze (3 Std.) – Ettaler Mühle (854 m, 4¾ Std.) – Ettaler Sattel (5¼ Std.)	Mark. Steige, AV-Nrn. 264, 262	Ettaler Mühle.
09 Hoher Fricken, 1940 m Viel Aussicht, aber auch packende Einblicke in den wilden Graben der Kuhflucht-Wasserfälle bietet die Überschreitung des Hohen Fricken. Sehr steiler Aufstieg, bei Nässe nicht ratsam, Trittsicherheit.	Farchant (671 m, 🚉), Nachbargemeinde von Garmisch-Partenkirchen im Loisachtal. Parkplatz im Ortsteil Mühldörfl.	Mühldörfl – Hoher Fricken (3½ Std.) – Predigtstuhl (1279 m) – Farchant (6 Std.)	Ordentlich Mark. Wege	Esterbergalm (1264 m, 15 Min. östlich des Predigtstuhls)
10 Wank, 1780 m Gemütliche Bergabwanderung auf ordentlichen Wegen. Tiefblicke auf Garmisch-Partenkirchen, schönes Panorama.	🚠 Bergstation der Wank-Gipfelseilbahn, Talstation im Norden von Garmisch-Partenkirchen (707 m, 🚉).	Wank – Eckenhütte (1060 m) – Garmisch-Partenkirchen (2½ Std.)	Gut bez. Wege, mark. WS und F5, AV-Nr. 411	Wh. Gamshütte (920 m)
11 Kramerspitz, 1985 m Die Kramer-Überschreitung gehört zweifellos zu den »Wanderklassikern« von Garmisch-Partenkirchen. Im Gipfelbereich reichlich Geröll, einige Passagen sind etwas ausgesetzt. Packender Blick zur Zugspitze.	Garmisch-Partenkirchen (707 m, 🚉), Parkplatz bei der Bayernhalle.	Garmisch – Wh. St. Martin – Felsenkanzel (1238 m) – Kramerspitz (3¾ Std.) – Stepbergalm (4¾ Std.) – Garmisch (6½ Std.)	Ordentlich mark., AV-Nummer 255, 259	Wh. St. Martin (1030 m), Stepbergalm (1583 m)
12 Schellschlicht, 2053 m Sehr schöne Überschreitung auf teilweise schmalen und steilen Wegen. Am Aufstieg eine gesicherte Passage, im Abstieg einige etwas heikle Schrofen. Großer Zugspitzblick.	Griesen (816 m, 🚉), ehemaliges Zollamt an der Straße von Garmisch-Partenkirchen nach Ehrwald.	Griesen – Schellalm (1479 m) – Schellschlicht (3¾ Std.) – Sunkensattel (1672 m) – Griesen (6½ Std.)	Aufstiegsweg gut, Abstieg im Wald teilweise sehr sparsam mark.	Griesen (816 m)
13 Daniel, 2340 m Höchster Gipfel der Ammergauer Alpen, wegen der großartigen Aussicht, auf das Ehrwalder Becken und die Zugspitze, viel besucht.	Bahnhof Ehrwald (964 m, 🚉) der Linie Garmisch – Reutte.	Bahnhof – Duftelalpe – Daniel (4 Std.), Abstieg auf dem gleichen Weg (alternativ Fahrweg; gesamt 6½ Std.)	AV-Mark. 693, ab Duftelalpe örtliche Mark. 4	Duftelalpe (1496 m)

Alle Wanderungen auf einen Blick

Tourenziel/Charakteristik	Ausgangspunkt	Wegverlauf & Gehzeit	Markierung	Einkehr am Weg
14 Coburger Hütte, 1917 m Im Süden von Ehrwald lockt den Kraxler die elegante Felspyramide der Sonnenspitze (2417 m), doch ist auch die Hütte am malerischen Drachensee (1874 m) ein dankbares Tourenziel. Abstieg über den »Hohen Gang« mit Sicherungen, Trittsicherheit unerläßlich!	🚡 Bergstation der Ehrwalder-Alm-Gondelbahn (1502 m), Talstation Ehrwald (994 m, 🚌).	Ehrwalder Alm – Seebensee (1657 m) – Coburger Hütte (2½ Std.) – Seebensee – »Hoher Gang« – Ehrwald (4½ Std.)	Gut mark. Wege	Coburger Hütte (1917 m)
15 Zugspitze, 2962 m, – Gatterl Große Bergabwanderung über das Zugspitzplatt zur Ehrwalder Alm bzw. nach Ehrwald. Rauhe Pfade, nur bei sicherem Wetter (kein Nebel am Platt!) gehen. Kurze gesicherte Passagen am Zugspitzgrat und am Gatterl.	Bergstation der neuen Ehrwalder Zugspitzbahn (2950 m), Talstation (1228 m, 🚌) bei Ehrwald.	Zugspitze (2962 m) – Platt – Knorrhütte (1½ Std.) – Gatterl (2 Std.) – Ehrwalder Alm (1502 m; 3½ Std.) – Ehrwald (4¾ Std.)	Ordentlich mark. Wege, AV-Nrn. 801, 815	Zugspitze, Knorrhütte (2051 m), Ehrwalder Alm (1502 m)
16 Eibsee, 973 m Sehr beliebte Rundwanderung für jedermann/frau.	Eibsee (980 m, 🚌), Station der Zugspitzbahn und Straßenendpunkt, 10 km ab Garmisch-Partenkirchen.	Eibsee – Uferweg – Eibsee (1¾ Std.) – Hammersbach (3¼ Std.) – Rießersee (785 m) – Garmisch (4½ Std.)	Wegweiser, teilweise mangelhafte Mark.	Diverse Ausflugslokale am Weg
17 Osterfelderkopf, 2050 m – Höllental Abwechslungsreiche Bergabwanderung; beim Abstieg über den »Rinderweg« Blick zur Zugspitze. Naturwunder Höllentalklamm.	Bergstation der Garmischer Alpspitzbahn (2050 m) am Osterfelderkopf, Talstation bei Garmisch (707 m, 🚌).	Osterfelder – »Rinderweg« – Höllentalangerhütte (1387 m, 1½ Std.) – Höllentalklamm – Hammersbach (3 Std., 🚌) – Talstation Alpspitzbahn (3½ Std.)	Gut mark. Wege	Höllentalangerhütte (1379 m)
18 Kreuzeck – Partnachklamm Zunächst bequem auf den Berg, dann mit viel Aussicht bergab und schließlich in die zweite große Klamm des Wettersteins.	🚡 Bergstation der Kreuzeckbahn (1650 m), Talstation bei Garmisch (707 m, 🚌).	Kreuzeck – Hochalm (½ Std.) – Stuibenwand (1¼ Std.) – Gh. Partnachalm (990 m; 2¾ Std.) – Partnachklamm – Partenkirchen (4 Std.)	Partnachklamm im Frühling gelegentlich gesperrt (Schneeschmelze)	Hochalm, Gh. Partnachalm (990 m)
19 Partnachklamm – Eckbauer, 1237 m Packende Einblicke (Partnachklamm) und hübsche Aussicht (Eckbauer) bietet diese Runde, die sich mit der 🚡 Eckbauer-Seilbahn auch halbieren läßt.	Olympia-Skistadion in Partenkirchen (707 m, 🚌).	Partenkirchen – Partnachklamm – Graseck (1 Std.) – Eckbauer (2 Std.) – Wamberg (996 m; 2¾ Std.) – Partenkirchen (3½ Std.)	Mark., vielbegangene Wege	Mehrere Gasthäuser am Weg
20 Schachen, 1866 m Sehr lange, recht anspruchsvolle Runde ins Herz des Wettersteingebirges. Das Jagdhaus auf dem Schachen wurde unter dem Bayernkönig Ludwig II. erbaut.	Olympia-Skistadion in Partenkirchen (707 m, 🚌).	Partenkirchen – Gh. Partnachalm (1 Std.) – Bockhütte (3 Std.) – Schachen (5½ Std.) – »Königsweg« – »Kälberweg« – Partnachklamm – Partenkirchen (8 Std.)	Gut bez. Wege, örtliche Mark., AV-Nr. 801, 842	Gh. Partnachalm (990 m); Bockhütte (1052 m); Schachenhaus (1866 m).
21 Kranzberg – Grünkopf, 1588 m Abwechslungsreiche Seen- und Gipfelrunde vor großer Kulisse. Für den Rückweg gibt es verschiedene Varianten; Abstieg vom Grünkopf recht steil.	🚡 Bergstation der Kranzbergbahn (1391 m), Talstation Mittenwald (912 m, 🚌).	Kranzberg – Ferchensee (¾ Std.) – Grünkopf (2¼ Std.) – Ederkanzel (1184 m; 3 Std.) – Lautersee (3½ Std.) – Mittenwald (4 Std.)	Ordentlich mark. Wege	Mehrere Gh. an der Runde
22 Große Arnspitze, 2196 m Höchster Punkt des »Inselberges« zwischen Karwendel und Wetterstein mit entsprechend reizvoller Aussicht. Im Gipfelbereich Geröll und leichte Schrofen.	Leutasch, Ortsteil Burggraben (1028 m, 🚌), 5 km von Mittenwald.	Burggraben – Riedbergscharte (1454 m; 1¼ Std.) – Große Arnspitze (3¾ Std.); Abstieg auf dem gleichen Weg (gesamt 6¼ Std.)	Bez. Steig, örtliche Mark. 20	–
23 Meilerhütte, 2375 m Die Wanderung durch Bergltal hinauf zum Leutascher Platt vermittelt ein gutes Bild vom Wettersteinmassiv	Leutasch, Ortsteil Reindlau (1070 m, 🚌), etwa auf halber Strecke zwischen Mittenwald und Seefeld.	Reindlau – Schönegg (1824 m; 2¼ Std.) – Meilerhütte (4 Std.); Abstieg auf dem gleichen Weg (gesamt 6½ Std.)	AV-Weg 801	Meilerhütte (2375 m)
24 Gehrenspitze, 2367 m Lohnender Aussichtsgipfel, Besteigung läßt sich gut mit der Überschreitung des Scharnitzjochs verbinden. Direktabstieg nach Leutasch-Gasse heikel, nicht ratsam!	Leutasch, Ortsteil Gasse (1115 m, 🚌), 8 km von Seefeld.	Gasse – Lehner – Scharnitzjoch (2048 m; 3 Std.) – Gehrenspitze (4 Std.) – Scharnitzjoch (4¾ Std.) – Wangalm (1751 m) – Leutasch (6 Std.)	Mark. Wege, AV-Nr. 817	Wangalm (1751 m)
25 Wildmoosalm, 1314 m Gemütliche Seenrunde auf dem bewaldeten Mittelgebirgsplateau westlich von Seefeld.	Mösern (1206 m, 🚌), Ferienort an der Strecke Telfs – Seefeld.	Mösern – Möserer See – »Pirschsteig« – Lottensee – Wildmoossee – Wildmoosalm (2 Std.) – »Blattsteig« – Mösern (3¼ Std.)	Mark. 2, 2a, 3, 63, 60	Mehrere Gasthöfe an der Runde
26 Hohe Munde, 2592 m (Ostgipfel) Nicht erst seit dem Theaterspektakel von Felix Mitterer ein beliebtes Gipfelziel.	Bergstation des Mundeliftes (1605 m), Talstation Leutasch-Moos (1170 m, 🚌).	Liftstation – Hohe Munde (2¾ Std.) – Rauthhütte (4½ Std.) – Moos (5½ Std.)	Mark. Bergwege, örtliche Bez. 8	Rauthhütte (1605 m) beim Mundelift

Meine Favoriten

05 Hennenkopf, 1768 m
Aussichtsbalkon vor dem Wetterstein

*Daß gerade Schloß Linderhof Ausgangs-
und Endpunkt der Wanderrunde über
den Hennenkopf ist, stört keineswegs;
nach dem Bergauf-Bergab ist ja durchaus
ein Kunstgenuß erlaubt: Kontraste. Zum
Blick in die Ferne also ein Blick zurück
in die bayerische Geschichte. Den muß
man dann allerdings mit ungleich mehr
Menschen teilen als die große Rundschau
vom Hennenkopf, doch ins Schwärmen
geraten manche auch ob der »märchen-
haften« Architektur Ludwigs II.*

➡ Von Linderhof auf dem alten Reitweg im
Wald bergan zum Kamm (Verzweigung),
dann links zu den bereits sichtbaren Brun-
nenkopfhäusern (1602 m). Zurück zur
Weggabelung und auf den Höhenweg, der
durch die steilen Südhänge des Kammes
zwischen Klammspitz und Pürschling führt.
Kurzer Abstecher auf schmalem Steig über
einen Grashang und durch ein kleines Felslabyrinth zum Hennenkopf, ½ Std. hin und
zurück. Weiter auf dem aussichtsreichen
Höhenweg bis in die Mulde (ca. 1450 m)
unter dem Laubeneck; hier rechts und
durch den Linderwald hinab nach Linderhof.

12 Schellschlicht, 2053 m
Stille Wege – großes Panorama

*Daß die benachbarte Kreuzspitze gut 100
Meter höher ist, mindert das Panorama
vom Schellschlicht nur marginal und be-
einträchtigt den herrlichen Blick zur
Zugspitze (2962 m) überhaupt nicht.
Den darf man bereits während des lan-*

gen Aufstiegs genießen, der bei der ehemaligen Schellalm aus dem Wald kommt
und dann über das Brandjoch (1957 m)
– weitgehend am Grat entlang – zum
Gipfel führt. Beim Abstieg über den Sun-
kensattel fasziniert vor allem der wilde
Graben der Schellaine, der sich an seiner
Mündung zu einer richtigen Klamm verengt.*

➡ Vom ehemaligen Zollamt Griesen
(816 m) auf Schotterpiste nördlich taleinwärts, über den Sunkenbach und dann
rechts in den Wald. Auf solider Brücke über
die Klamm der Schellaine und im Zickzack
angenehm schattig hinauf zum Schelleck.
Von der ehemaligen Schellalm (1479 m)
mit zunehmend freier Sicht am breiten
Rücken weiter bergan. Am Hohen Brand
(1764 m) kurze gesicherte Passage, ab
Brandjoch schöne Kammwanderung, die –
zuletzt über eine kleine Felsstufe – zum
Gipfelkreuz führt.
Der Abstiegsweg folgt zunächst dem Ostgrat, weicht dann in die sonnseitige

Steilflanke aus. Hier etwas heikel über ein
paar Gräben, ehe ein Gegenanstieg zurück
zum Kamm leitet. Hinunter in den Sunken-
sattel (1762 m), anschließend im Wechsel
von Zickzack- und Flachstücken hoch über
dem Graben der Schellaine talauswärts. Bei
der bereits erwähnten Brücke stößt man
wieder auf den Anstiegsweg.

17 Höllental
Zugspitzblick und Höllen-schlund

*Darf's für einmal eine Bergabwanderung
sein? Schauen, nicht schinden? Den Berg-
aufpart übernimmt die Alpspitzbahn:
knapp 10 Minuten bis zum Osterfelderkopf. Umso mehr Zeit bleibt dann am
Rückweg, gerade richtig für Genießer.
Die können sich an der Zugspitze
(2962 m) und dem zerklüfteten Waxen-
steinkamm kaum sattsehen, erleben das
alpine Ambiente der Höllentalangerhütte
bei einer bayerischen Brotzeit und bestaunen beim Abstieg nach Hammersbach in der Höllentalschlucht das Ergebnis von vielen Jahrtausenden
unermüdlicher Wasserarbeit.*

➡ Von der Seilbahnstation zunächst kurz
Richtung Alpspitze, dann rechts hinauf in
die nahe Rinderscharte. Dahinter auf
ordentlichem Bergweg mit packenden
Blicken zur Zugspitze bergab ins Höllental.
Von der Höllentalangerhütte (1379 m) talauswärts und durch die wilde Höllentalklamm nach Hammersbach. Hier entweder
zu Fuß oder mit der Zugspitzbahn zurück
zur Talstation der Alpspitz-Seilschwebe-
bahn.

> ## Von Hütte zu Hütte
> Vier Wandertage im Wetterstein
> Keinen (großen) Gipfel, dafür aber eine Fülle schönster
> Wettersteinbilder bietet diese Runde um und über den
> Wettersteinkamm. Durchwegs markierte Bergwege, am Anstieg
> aus dem Reintal zum Schachen ein paar (leichte) gesicherte
> Passagen. Vorsicht bei Nebel auf dem Zugspitzplatt!
> *1. Tag:* Leutasch – Scharnitzjoch (2048 m) – Wettersteinhütte
> (1717 m), etwa 4 Std.
> *2. Tag:* Wettersteinhütte – Rotmoosalm (1904 m) – Gatterl –
> Knorrhütte (2051 m), 6 bis 6½ Std.
> *3. Tag:* Knorrhütte – Reintalangerhütte (1370 m) – Bockhütte
> (1052 m) – Schachenhaus (1866 m), 4½ bis 5 Std.
> *4. Tag:* Schachenhaus – Meilerhütte (2375 m) – Bergltal –
> Leutasch, 4 Std.

Grenzenlose Weite im Zugspitz-Horizont:
Blick nach Osten über Alpspitze, Guffert und
Kaisergebirge bis zu den Steinbergen.

Stubai & Wipptal

Von der Tiroler Landeshauptstadt bis zum Zuckerhütl

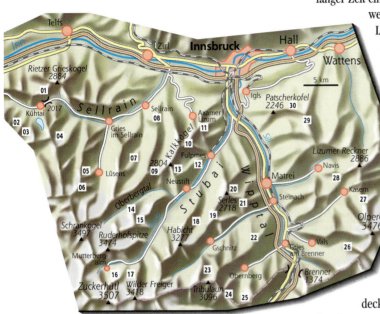

Heute ist schwer vorstellbar, daß das Stubai vor noch gar nicht so langer Zeit ein armes Alpental war, weitab der großen Verkehrswege. Die Reichen dieser Welt dinierten in St. Moritz, Lieschen Müller verbrachte ihren Sommerurlaub an der Adria – im Stubai weidete das Vieh. Erst spät kam touristisches Leben ins Tal, und in der Goldgräberstimmung der sechziger und siebziger Jahre fand man hier endgültig Anschluß an die großen Urlaubsregionen: Staus und Lärm entlang der Brennerautobahn, viel Alpenbarock im Tal und ganz hinten ein großes (Ganzjahres-) Skigebiet.

Geblieben ist die Landschaft, vielschichtig, buchstäblich vom Inntal bis zu den Gletschern des Alpenhauptkamms reichend: heller, zu bizarren Zacken verwitternder Kalk neben dunklen Gneisen, Almengrün vor gleißendem Firn. Wer zwischen Kühtai und dem Wipptal mit offenen Augen wandert, wird so manch »unberührten« Winkel entdecken, und sich vielleicht wundern, daß man mitten im Sommer auf einem schönen Stubaier Gipfel ganz allein sein kann.

Eis- und Felslandschaft am Stubaier Hauptkamm: die Zunge des Wilder-Freiger-Ferners und der von dessen Seitenmoräne aufgestaute Grünausee.

Führer & Landkarten

Umfassend über die Stubaier Alpen informiert der AV-Führer; für den Wanderer nützlich sind die Führer »Stubai« und »Rund um Innsbruck«, alle beim Bergverlag Rother.
Die gesamte Region wird von der Freytag & Berndt-Karte 241 »Innsbruck-Stubai-Sellrain-Brenner« abgedeckt. Genauer ist die Österreichische Karte 1:25 000: Blätter 146, 147, 148, 174, 175. Im Maßstab 1:50 000 ist beim AV eine Karte »Innsbruck« erschienen, im Maßstab 1:25 000 gibt es zwei AV-Kartenblätter: »Sellrain« und »Hochstubai«.

Alle Wanderungen auf einen Blick

Tourenziel/Charakteristik	Ausgangspunkt	Wegverlauf & Gehzeit	Markierung	Einkehr am Weg
Sellrain				
01 Pirchkogel, 2828 m Lohnender Aussichtsgipfel über dem Kühtai.	Hotelsiedlung Kühtai (2017 m, 🚌) am Straßenübergang von Oetz ins Sellrain.	Kühtai – Pirchkogel (2½ Std.), Abstieg auf dem gleichen Weg (gesamt 4 Std.)	Ordentlich mark. Weg, AV-Nr. 151	–
02 Mittertaler Scharte, 2631 m Große Runde unter dem Acherkogel (3007 m), mit packenden Tiefblicken ins Ötztal und ins obere Inntal. Ausdauer erforderlich.	Dortmunder Hütte (1949 m, 🚌) bzw. Speicher Längenfeld westlich unterhalb von Kühtai an der Straße nach Oetz.	Speicher Längenfeld – Mittertaler Scharte (2½ Std.) – Wetterkreuz (2591 m; 3¼ Std.) – Obere Issalm – Speicher Längenfeld (5¼ Std.)	AV-Wege 148 und 149, rot-weiß bez.	Dortmunder Hütte (1949 m)
03 Längental; Niederreichscharte, 2729 m Talwanderung in alpiner Kulisse, läßt sich nach Belieben ausdehnen. An der Scharte stößt man auf den »Wilhelm-Oltrogge-Weg«.	Dortmunder Hütte (1949 m, 🚌) westlich unterhalb der Hotelsiedlung Kühtai.	Dortmunder Hütte – Längental – Niederreichscharte (3½ Std.); Abstieg auf dem gleichen Weg (gesamt 6 Std.)	Bis zum »Talschluß« (ca. 2 Std.) rote und blaue Mark.	Dortmunder Hütte (1949 m)
04 Kraspessee, 2549 m Wanderung zu dem in einen urtümlich-wilden Talschluß eingebetteten Bergsee. Oberhalb vom Muggenbichl felsige Passage.	Haggen (1646 m, 🚌), Weiler an der Straße aus dem Sellrain nach Kühtai.	Haggen – Kraspessee (2½ Std.), Abstieg auf dem gleichen Weg (gesamt 4¼ Std.)	Ordentlich bez. Weg	–
05 Zischgeles, 3004 m Bekannter Aussichts- und Skiberg mit zwei markierten Anstiegen von Praxmar aus. Trittsicherheit, am Gipfel leichte Felsen.	Praxmar (1689 m, 🚌) im Lüsenstal, Zufahrt von Gries im Sellrain, 7 km.	Praxmar – Dreizeiger – Zischgeles (4 Std.) – Sattelloch – Praxmar (6½ Std.)	Örtliche Mark. 31, 32	–
06 Westfalenhaus, 2276 m Hüttenwanderung vor hochalpiner Kulisse.	Lüsens (1634 m, 🚌) im gleichnamigen Tal, Zufahrt von Gries im Sellrain, 8 km.	Lüsens – Westfalenhaus (2¼ Std.) – Längentaler Alm (1989 m) – Fernauboden – Lüsens (4 Std.)	Aufstieg AV-Nr. 141, Abstieg Nr. 34	Westfalenhaus (2276 m)
07 Potsdamer Hütte, 2009 m Gemütliche Runde im Fotschertal.	Gh. Bergheim (1464 m) in der Fotsch, schmale Zufahrt von Sellrain (5 km, 🚌).	Gh. Bergheim – Furggesalm (1938 m; 1¼ Std.) – Potsdamer Hütte (2½ Std.) – Kaseralm – Gh. Bergheim (4 Std.)	Mark. Wege, Abstieg AV-Nr. 118	Gh. Bergheim (1464 m), Potsdamer Hütte (2009 m)
08 Salfains, 2000 m Tal- und Höhenwanderung zu einem hübschen Aussichtspunkt über dem Senderstal. Bis Kaserl Straßenhatscher.	Obergrinzens (948 m, 🚌), 12 km westlich von Innsbruck.	Obergrinzens – Senderstal – Kaserl (1427 m; 1½ Std.) – Salfains (3¼ Std.) – Obergrinzens (5½ Std.)	Ordentlich mark. Wege	–
09 Seejöchl, 2518 m – Sendersjöchl Aussichtsreiche Runde über dem innersten Senderstal, faszinierend die »Dolomitzacken« der Kalkkögel. Im Süden markant der Habicht.	Kemater Alm (1673 m), 6 km von Grinzens auf schmaler Straße (Maut).	Kemater Alm – Adolf-Pichler-Hütte (¾ Std.) – Seejöchl (2½ Std.) – Sendersjöchl (2477 m; 3½ Std.) – Kemater Alm (5½ Std.)	AV-Mark. 116, 102A, 117	Kemater Alm (1673 m), Adolf-Pichler-Hütte (1977 m)
10 Widdersbergscharte, 2262 m Höhenspaziergang vor den zerklüfteten Felsen der Kalkkögel mit Abstieg in die Axamer Lizum.	🚡 Bergstation der Hoadl-Standseilbahn (2340 m), Talstation Axamer Lizum (1564 m, 🚌), 15 km von Innsbruck.	Hoadl – Widdersbergscharte – Halsl (1992 m; 2 Std.) – Axamer Lizum (2½ Std.)	AV-Mark. 111, örtliche Bez. 16, 19	Hoadl (2340 m)
11 Saile, 2403 m Leichte Gipfelüberschreitung vor den Kalkkögeln mit weiter Sicht übers Inntal hinaus.	🚡 Bergstation der Birgitzköpfl-Sesselbahn (2045 m), Talstation Axamer Lizum (1564 m, 🚌).	Liftstation – Pfriemeswand (2103 m) – Saile (Nockspitze, 1½ Std.) – Halsl (1992 m; 2¼ Std.) – Axamer Lizum (2¾ Std.)	AV-Mark. 111, 112, örtliche Bez. 21, 20, 19	Liftstation
Stubaital				
12 Knappenhütte, 1840 m Das Stubai einst und jetzt: alte Bauernhöfe, Jausenstationen, Aussicht auf die »ewigen« Berge und Tiefblicke in den urbanisierten Talboden.	🚡 Bergstation des Froneben-Sesselliftes (1362 m), Talstation Fulpmes (937 m, 🚌).	Froneben – Galtalm (1634 m) – Knappenhütte (2 Std.) – Purtschell (1297 m) – Fulpmes (4 Std.)	AV-Mark. 116, örtliche Bez. 4, 8, 9	Mehrere Gh. an der Strecke
13 Hoher Burgstall, 2611 m Aussichtreiche Gipfel- und Hüttenwanderung mit langem Abstieg.	🚡 Bergstation der Sessellifte »Schlick 2000« (Kreuzjoch, 2110 m), Talstation Fulpmes (937 m, 🚌).	Kreuzjoch – Sennjoch (2190 m) – Hoher Burgstall (1¾ Std.) – Starkenburger Hütte (2½ Std.) – Knappenhütte (1840 m) – Froneben (5 Std.)	AV-Mark. 115, 116, örtliche Bez. 4	Starkenburger Hütte (2237 m)

Alle Wanderungen auf einen Blick

Tourenziel/Charakteristik	Ausgangspunkt	Wegverlauf & Gehzeit	Markierung	Einkehr am Weg
14 Franz-Senn-Hütte – Alpeiner Ferner, ca. 2600 m Tal- und Hüttenwanderung bis ins innerste, vergletscherte Oberbergtal. Am Weg zur Hütte Naturlehrpfad.	Oberisshütte (1742 m), Endpunkt der von Milders (1026 m, 🚌) ausgehenden Zufahrt, 9 km.	Oberisshütte – Franz-Senn-Hütte (1 Std.) – Alpeiner Ferner (2¾ Std.); Abstieg auf dem gleichen Weg (gesamt 4¾ Std.)	AV-Mark. 131	Oberisshütte, Franz-Senn-Hütte (2149 m)
15 Falbesoner See, 2585 m Herrlich im stark vergletscherten, von hohen Felsgipfeln umrahmten Falbesoner Tal gelegener Bergsee. Aufstieg über die Neue Regensburger Hütte.	Falbeson (1212 m, 🚌), alte Almsiedlung im hinteren Stubaital, 9 km von Neustift.	Falbeson – Neue Regensburger Hütte (3 Std.) – Falbesonsee (4 Std.), Abstieg auf dem gleichen Weg (gesamt 6½ Std.)	AV-Mark. 133, 138	Neue Regensburger Hütte (2287 m), Falbesoner Ochsenalm (1822 m)
16 Großer Trögler, 2902 m Gipfelüberschreitung vor dem Stubaier Hauptkamm mit faszinierenden Ausblicken. Bergerfahrung und Trittsicherheit unerläßlich. Als Alternative bietet sich der (etwas leichtere) Weg übers Beiljoch (2672 m) an.	🚠 Dresdner Hütte (2308 m) an der Zwischenstation der Stubaier Gletscherbahnen, Talstation Mutterbergalm (1721 m, 🚌).	Dresdner Hütte – Großer Trögler (2¼ Std.) – Sulzenauhütte (3½ Std.) – Grabaalm (4¾ Std., 🚌)	Mark. Bergwege	Sulzenauhütte (2191 m), Sulzenaualm
17 Mairspitze, 2780 m Zwei Hütten, stiebende Wasserfälle und Bergseen, ein Gipfel und viel Aussicht auf Grate und Gletscher rund um den Wilden Freiger: eine tolle Wanderrunde!	Bushaltestelle Grabaalm (ca. 1600 m, 🚌) an der Straße zur Mutterbergalm, 16 km von Neustift.	Grabaalm – Sulzenauhütte (2 Std.) – Mairspitze (4¼ Std.) – Nürnberger Hütte (5¼ Std.) – Spitz (1369 m, 7 Std.; 🚌)	AV-Mark. 102, 134	Sulzenaualm. Sulzenauhütte (2191 m), Nürnberger Hütte (2278 m), Bsuchalm (1580 m)
18 Pinnistal Gemütliche Hütten- und Bergabwanderung mit Aussicht zum wuchtigen Habicht (3277 m) und auf die Dolomitwände von Ilmspitze und Kirchdachspitze.	Bergstation des Elfer-Sessel-liftes (1794 m), Talstation Neustift (993 m, 🚌).	Liftstation – Elferhütte (¾ Std.) – Karalm (2 Std.) – Pinnisalm (1560 m) – Neustift (4 Std.)	Gut mark. Wege	Elferhütte (2004 m), Pinnisalm (1560 m), Issenangeralm (1372 m), Herz-ebenalm
19 Kirchdachspitze, 2840 m Eine große Tour für Bergerfahrene! Kurze gesicherte Passagen am »Jubiläumssteig« und am Gipfelaufbau. Ausdauer und ein sicherer Tritt sind unerläßlich.	Pinnisalm (1560 m), etwa 6 km von Neustift (993 m, 🚌), im Sommer Taxifahrten.	Pinnisalm – »Jubiläumssteig« – Kirchdachspitze (3½ Std.) – »Rohrauersteig« – Issenangeralm (6¾ Std.) – Neustift (7½ Std.)	Gut bez. Wege	Issenangeralm (1372 m), Herz-ebenalm

Wipptal

Tourenziel/Charakteristik	Ausgangspunkt	Wegverlauf & Gehzeit	Markierung	Einkehr am Weg
20 Serles, 2718 m Wahrzeichen in der Gebirgskulisse Innsbrucks und eine prächtige Aussichtswarte. Am Gipfel Geröll und leichte Felsen.	Maria Waldrast (1636 m), 7 km von Matrei (Maut-straße), bzw. Bergstation (1625 m) der Serleslifte, Talstation Mieders (952 m, 🚌).	Maria Waldrast – Serlesjöchl (2384 m; 2¼ Std.) – Serles (3¼ Std.); Abstieg auf dem gleichen Weg (gesamt 5¼ Std.)	AV-Mark. 121 bis ins Serlesjöchl	Maria Waldrast
21 Blaser, 2241 m Blumen- und Aussichtsberg im Winkel zwischen Wipp- und unterstem Gschnitztal.	Maria Waldrast (1636 m), 7 km von Matrei (Mautstraße), bzw. »Siebenbrunnenquelle« an der Mautstraße.	Maria Waldrast – Blaserhütte – Blaser (2¼ Std.); Abstieg auf dem gleichen Weg (gesamt 3¾ Std.)	Gut bez. Wege, örtliche Mark. 11	Blaserhütte (2176 m)
22 Nößlachjoch – Trunajoch, 2153 m Aussichtsreiche, wenig beschwerliche Kamm-wanderung.	🚠 Bergstation (2022 m) der Berger-Alm-Lifte, Talstation Steinach (1048 m, 🚌).	Liftstation – Nößlachjoch (2231 m) – Eggerjoch (2133 m) – Lichtsee – Truna-joch (2¾ Std.) – Trunahütte – Trins (1214 m; 4¾ Std., 🚌)	Örtliche Mark. 42, AV-Nr. 125	Berger Alm (2022 m), Trunahütte (1722 m)
23 Gargglerin, 2470 m Ein »Guck-ins-Land« über dem inneren Gschnitztal, wenig besucht. Im Gipfelbereich Trittsicherheit notwendig.	Gschnitz-Obertal (1281 m, 🚌), 14 km von Steinach.	Obertal – Gargglerin (3½ Std.) – Tribulaunhütte (4½ Std.) – Obertal (6 Std.)	Mark. Wege, örtliche Bez. 63, AV-Nr. 127	Tribulaunhütte (2064 m)
24 Obernberger Tribulaun, 2780 m Anspruchsvolle Gipfelrunde mit ganz kurzen, leichten Kletterstellen (I-II) und ein paar gesicherten Passagen. Kondition und Bergerfahrung sind gefordert.	Parkplatz beim Gh. Waldesruh (1440 m, 🚌) im inneren Obernberger Tal, 8 km von Gries.	Gh. Waldesruh – Obernberger See (1590 m; ½ Std.) – Obernberger Tribulaun (3½ Std.) – Roßlauf Nord (2880 m; 4¼ Std.) – Portjoch (2110 m; 6 Std.) – Gh. Waldesruh (8¼ Std.)	Gut bez. Wege, AV-Mark. 129, örtliche Bez. 32, 93	Gh. Waldesruh (1440 m), Gh. Obernberger See (1594 m)
25 Grubenkopf, 2337 m Aussichtsreiche Wiesenwanderung am Grenz-kamm zwischen Nord- und Südtirol.	Parkplatz beim Gh. Waldesruh (1440 m, 🚌) im inneren Obernberger Tal, 8 km von Gries.	Gh. Waldesruh – Obernberger See – Sandjöchl (2166 m; 2¼ Std.) – Geiers-kragen (2309 m) – Grubenkopf (3½ Std.) – Portjoch (4 Std.) – Gh. Waldesruh (6¼ Std.)	Mark. Wege, örtliche Bez. 97, 93A, 93	Gh. Waldesruh (1440 m), Gh. Obernberger See (1594 m)

Alle Wanderungen auf einen Blick

Tourenziel/Charakteristik	Ausgangspunkt	Wegverlauf & Gehzeit	Markierung	Einkehr am Weg
26 Geraer Hütte, 2326 m Hüttenwanderung im Banne des Olperer (3476 m).	Gh. Touristenrast (1345 m, 🚏) im inneren Valser Tal, 8 km von der Brenner-Bundesstraße.	Gh. Touristenrast – Geraer Hütte (3 Std.), Abstieg auf dem gleichen Weg (gesamt 5 Std.)	AV-Mark. 502	Gh. Touristenrast (1345 m), Geraer Hütte (2326 m)
27 Tuxer Joch, 2338 m Kontrastreiche Paßwanderung: aus dem stillen Schmirntal in die Fun-Region unterm Hintertuxer Gletscher.	Kasern (1620 m, 🚏) in Innerschmirn, 12 km von der Brenner-Bundesstraße.	Kasern – Tuxer Joch (2¼ Std.); Abstieg auf dem gleichen Weg (gesamt 3¾ Std.)	AV-Mark. 324	Tuxer-Joch-Hütte (2313 m)
28 Kreuzjöchl, 2536 m Aussichtsreiche Kammwanderung in den »grünen« Tuxer Voralpen.	Navis (1340 m, 🚏), Streu-siedlung im gleichnamigen Tal, 9 km ab Matrei.	Navis – Naviser Hütte (1 Std.) – Kreuz-jöchl (3¼ Std.) – Griffjoch (4 Std.) – Bettlerstiegl (5 Std.) – Naviser Hütte (5¾ Std.) – Navis (6½ Std.)	Mark. Wege, Abstieg AV-Nr. 325	Naviser Hütte (1787 m)
29 Glungezer, 2677 m Bekannter Ski- und Aussichtsberg über dem Inntal. Besonders schön der Blick auf die hohen Grate des Karwendel; im Südwesten die Dreitausender der Stubaier Alpen. Alter-nativ auch Besteigung von der Bergstation der Patscherkofelbahn aus möglich.	🚠 Bergstation der Glungezer-bahn (2059 m), Talstation Tulfes (923 m, 🚏).	Liftstation – Tulfeinalm (2035 m) – Glun-gezer (2 Std.) – »Zirbenweg« – Tulfein-alm – Liftstation (5 Std.)	Mark. Wege, AV-Nr. 333, 350, örtliche Bez. 46	Glungezerhütte (2610 m)
30 Zirbenweg Beliebte, sehr aussichtsreiche Höhenprome-nade über dem Inntal. Herrliche Zirbelkiefer-bestände.	🚠 Bergstation der Patscher-kofelbahn (1970 m), Talsta-tion Igls (893 m, 🚏), Rück-fahrt mit den Glungezerliften und Bus von Tulfes nach Igls.	Patscherkofelbahn – »Zirbenweg« – Tulfeinalm (2035 m) 2½ Std.	AV-Mark. 350	Patscherkofelbahn, Gh. Boscheben (2030 m)

Meine Favoriten

17 Mairspitze, 2780 m

Aussichtsbalkon vor dem Alpenhauptkamm

Obwohl nur ein »Kleiner« vor dem Stu-baier Hauptkamm, bietet die Mairspitze ein überraschend weites, kontrastreiches Panorama mit viel gleißendem Weiß und dunklem Fels. Dazu kontrastiert das Grün des Stubaitals aufs schönste. Nichts zu sehen ist dafür von all dem Eisen und Beton am Stubaier Gletscherskigebiet – aber das wird dem Naturfreund gerade recht sein.
Alternativ kann man den Kammrücken auch etwas weiter südlich, am Niederl (2629 m) überschreiten, doch ist die Scharte nur wenig niedriger und der Weg an dieser Stelle noch etwas schwieriger zu passieren (Drahtseile). Also auf zum Gipfel!

➡ Vom Parkplatz an der Talstraße zunächst über die Ruetz, dann in Kehren an dem be-waldeten Steilhang aufwärts, um das Sulz-egg herum und in den flachen Boden der Sulzenaualm. Hier zeigt sich erstmals kurz der Firnspitz des Wilden Freigers (3418 m). Im Zickzack rechts der felsigen Talstufe, über die das Gletscherwasser herabstiebt, bergan zu der durch einen mächtigen Lawi-nenbrecher geschützten Sulzenauhütte (2191 m). Nun östlich mit leichtem Höhen-verlust in das Vorfeld des Wilder-Freiger-Ferners. An einer Randmoräne aufwärts zum Grünausee (2328 m) und dann über die karg-steinigen Almböden der Grünau weiter bergan. Rechts zweigt der Weg zum Niederl ab; den Markierungen folgend an dem Geröllhang hinauf zum Grat (2743 m), wo der Steig von der Nürnberger Hütte mündet, und nach links zum Gipfel. Östlich über einen felsigen Rücken hinab zum Niederl-Weg und zur Nürnberger Hütte (2278 m). Den Ausklang der Tour bildet dann die Wanderung durchs Langental, zu-letzt auf einer Schotterpiste, hinaus nach Ranalt (Spitz, 1369 m).

Der Stubaier Höhenweg – von Hütte zu Hütte

Wer Hüttenromantik und Sonnenuntergänge von höchster Warte aus liebt, problemlos eine Woche auf TV verzichten kann und nicht so leicht Blasen an den Füßen bekommt, der wird als hochgebirgserfahrener Bergwanderer bestimmt seine Freude am »Stubaier Höhenweg« haben: 120 km und 8000 Höhenmeter. Das reicht locker für mindestens eine ganze Wanderwoche weit weg vom Alltagsstreß, zwischen Zuckerhütl und Kalkkögel.
Die Route. Neustift – Innsbrucker Hütte (2369 m) – Bremer Hütte (2411 m) – Simmingjöchl (2754 m) – Nürnberger Hütte (2278 m) – Niederl (2629 m) – Sulzenauhütte (2191 m) – Dresdner Hütte (2308 m) – Grabangrubennieder (2881 m) – Neue Regensburger Hütte (2287 m) – Schrimmennieder (2714 m) – Franz-Senn-Hütte (2149 m) – Starkenburger Hütte (2237 m) – Neustift.
Detaillierte Infos durch die Tourismusverbände.

Meine Favoriten

19 Kirchdachspitze, 2840 m

Über die Wand – hinauf!

Ein markierter Weg aus dem Pinnistal auf die Kirchdachspitze? Unmöglich! Nun, der erste Blick auf die gewaltige, im Morgenschatten liegende Mauer läßt einen erst einmal leicht frösteln. Doch hinter der Pinnisalm weist ein Schild unmißverständlich nach links: »Kirchdachspitze, nur für Geübte«. Über einen mächtigen Murkegel steigt man ein, links-rechts, und mit zunehmender Höhe wächst die Begeisterung. Spätestens oben am Kamm sind die letzten Zweifel ausgeräumt, und am Gipfel, hoch über den Tälern und vor einem Zackenmeer, ist man dem Bergsteigerhimmel ganz nahe. Nomen est omen!

➡ Von der Pinnisalm (1560 m) kurz talein, dann links über einen Murkegel zur Wand. Der »Jubiläumssteig« schlängelt sich, Wandstufen und Steilabbrüche elegant umgehend, durch die felsige Flanke; einige kurze Passagen sind mit Drahtseilen versehen. Die bereiten aber weit weniger Probleme als die unerbittlich anhaltende kräftige Steigung des Weges: Pausen einlegen. Von der Kammhöhe (2760 m) ist es dann nicht mehr weit zum Gipfelglück: nur noch einige Schrofen und leichte Felsen (Sicherungen) gilt es zu überwinden.

Der Abstieg, zunächst mehr Höhenwanderung, führt an der Ostseite des Grates abwärts zu der Scharte (2428 m) unter der Hammerspitze, nach kurzer, aber ruppiger Gegensteigung durch deren Westflanke. Knapp unterhalb der Hammerscharte stößt man auf den »Rohrauerweg«: gut 1000 Tiefenmeter bis zum Pinnisbach, zahllose Serpentinen, zwei etwas heikle Geröllrinnen (Drahtseile) – und möglicherweise ein veritabler Knieschnackler.

24 Obernberger Tribulaun, 2780 m

Große Runde am Alpenhauptkamm

Sie gehören nicht unbedingt zu den Renommiergipfeln im Stubai, sind eher als alpine Mauerblümchen einzustufen: die Berge rund um den Pflerscher Tribulaun (3096 m). Weder der Obernberger Tribulaun noch der Roßlauf Nord bildet da eine Ausnahme, doch das macht ihre Besteigung ja kaum weniger interessant. Und daß man die große Aussicht in aller Regel höchstens mit ein paar (hungrigen) Dohlen zu teilen hat, stört ebenfalls nicht.

Wanderung oder Hochtour? Der Habicht, 3277 m

Lohnend ist die Tour auf den Habicht natürlich allemal, bei guten äußeren Bedingungen auch nicht besonders schwierig (für erfahrene Berggänger): Mit dem Kleinbus von Neustift-Neder zur Pinnisalm (1560 m), dann in 2½ Std. zur Innsbrucker Hütte (2370 m). Nun über einen vorgelagerten Rücken westlich zum Habicht und mit Hilfe von Seilsicherungen über eine steile Rampe in die Nordostflanke. Man entsteigt ihr am »Köpfl« auf den Rest des Habichtferners. Quer über den Firn zum Gipfelaufbau und über eine Felsstufe und Blockwerk zum Gipfel; 3 Std., markiert.

➡ Die große Runde startet eher gemütlich mit dem knapp halbstündigen Anstieg zum Obernberger See (1590 m). Hier verabschiedet man sich von den Ausflüglern, die den See von nah, das Gipfelkreuz am Tribulaun aus sicherer Entfernung bestaunen. Der 1200-Meter-Anstieg beginnt schattig, wird in den von der Morgensonne aufgeheizten Latschen ziemlich schweißtreibend und führt dann über einen Grashang zu einer ersten Felsstufe (Drahtseile). Wenig unterhalb des Kleinen Tribulaun (2491 m) gewinnt der Weg den breiten Rücken des Bergstocks; nun links und über Geröll und Schrofen zum Gipfelkreuz.

Dahinter leicht abwärts in einen weiten Sattel, nach kurzem Anstieg über einen felsigen Einschnitt hinweg und bergan auf einen unbenannten Buckel (2840 m). Wenig weiter zweigt links das Steiglein zum Roßlauf Nord ab: Schrofen, Blockwerk und ganz oben ein weiter Horizont, bis tief in die Dolomiten, in die Presanella und bis ins Karwendel reichend.

Der Abstieg folgt weitgehend dem Grat, weicht nur gelegentlich in die felsdurchsetzten Flanken aus. Zwei kurze Felsstufen sind abzuklettern (I-II), über eine etwas heikle Passage helfen Drahtseile hinweg. Am Portjoch (2110 m) endet die genußvolle Kammwanderung; links geht's über die Seealm hinunter zum Obernberger See, wo sich die große Runde schließt.

Kleine Schönheiten am Weg zur Mairspitze: eine Wollgraswiese, dazwischen mäandernd ein Wasserlauf.

Isarwinkel & Mangfallgebirge

Balkone am Alpenrand

Wandern zwischen Herzogstand (1731 m) und Wendelstein (1838 m) heißt in aller Regel: nahe dem Alpenrand, dem flachen Land, aber auch nicht weit von den »echten«, den großen Alpengipfeln. Darin liegt der besondere Reiz dieses Tourengebietes, und das wissen natürlich auch die Münchner, die vor allem an den Wochenenden für viel Betrieb sorgen, rund um die freundlichen Voralpenseen, aber auch auf den Wegen und in den Almgaststätten. Erleichtert wird so manche Tour durch Seilbahnanlagen, u. a. am Herzogstand, am Brauneck, am Spitzingsee und am Wendelstein. Touristische Zentren der Region sind Bad Tölz/Lenggries, der Tegernsee mit seinen Uferorten, Schliersee und Bayrischzell. Das Wegnetz ist dicht und vielverzweigt, doch muß man sich halt immer wieder über den lamentablen Zustand so mancher Routenmarkierungen wundern. Aber es ist wohl reines Wunschdenken, an die Verwirklichung einer einheitlichen Signalisierung von Weg und Steg in den bayerischen Voralpen vor dem Jahr 2222 zu glauben.

Besonders reizvoll ist der Kontrast zwischen den eher sanft profilierten, bewaldeten Vorbergen und den schroff-wilden Kalkzacken, die dahinter aufragen, teilweise sogar mit beachtlichen Feslabstürzen aufwarten wie etwa die Benediktenwand, der Roßstein oder die Ruchenköpfe.

Am Alpenrand: Blick vom Herzogstand auf den Kochelsee und hinaus in flache Land.

Ein richtiges Felsennest, aber gemütlich: die Tegernseer Hütte in der Scharte zwischen Roß- und Buchstein.

Führer & Landkarten

Die Wanderführer »Isarwinkel« (Rother) und »Tegernsee« (Kompass), beide von Eugen E. Hüsler, decken die gesamte Region ab. »Wanderberge zwischen Isar und Inn« beschreiben H. Höfler und G. Witt (Bruckmann, München). Viel Wissenswertes findet man in den beiden Wander- und Freizeitführern »Tölzer Land« und »Tegernseer Tal« (Alpen-Verlag).
Ein detailgetreues Bild der Region liefern die beiden Karten »Bad Tölz-Lenggries« und »Mangfallgebirge« des Bayerischen Landesvermessungsamtes (1:50 000); von Kompass gibt es die Blätter »Murnau-Kochel-Staffelsee« (Nr. 7) und »Tegernsee-Schliersee« (Nr. 8).

Alle Wanderungen auf einen Blick

Tourenziel/Charakteristik	Ausgangspunkt	Wegverlauf & Gehzeit	Markierung	Einkehr am Weg
Walchenseeberge, Isarwinkel				
01 Krottenkopf, 2086 m Sehr lange Gipfelwanderung, gute Kondition unerläßlich, evtl. Nächtigung auf der Weilheimer Hütte.	Wallgau (866 m, 🚌) im oberen Isartal, 22 km von Kochel.	Wallgau – Wildsee (2 Std.) – Kühalm (1603 m) – Weilheimer Hütte (4½ Std.) – Krottenkopf (4¾ Std.) – Krüner Alm (6½ Std.) – Wallgau (8¾ Std.)	Mark. ziemlich mangelhaft	Weilheimer Hütte (1946 m), bew. Mai bis Oktober; Krüner Alm (1621 m)
02 Simetsberg, 1840 m Eckpfeiler des waldreichen Estergebirges mit bemerkenswerter Aussicht. Etwas Ausdauer erforderlich.	Einsiedl (805 m, 🚌) am Südwesteck des Walchensees. Parkplatz links der Obernach.	Einsiedl – Simetsberghütte (2¼ Std.) – Simetsberg (3 Std.); Abstieg auf dem gleichen Weg (gesamt 5 Std.)	Mark. Wege	–
03 Heimgarten, 1791 m Beliebte Kammwanderung vom Herzogstand herüber, mit Abstieg zum Walchensee abwechslungsreiche Runde. Trittsicherheit erforderlich (Drahtseile).	Bergstation der Herzogstand-Seilbahn am Fahrenbergkopf (1627 m), Talstation Walchensee (805 m, 🚌).	Seilbahnstation – Herzogstand (1731 m; ½ Std.) – Heimgarten (1½ Std.) – Walchensee (3½ Std.)	AV-Mark. 441 und 445, örtliche Bez. H1, H5	Herzogstandhaus (1573 m), Heimgartenhütte am Gipfel
04 Jochberg, 1565 m Beliebter Halbtagsausflug, vor allem im Frühling und spät im Jahr sehr lohnend.	Scheitelhöhe am Kesselberg (850 m, 🚌), 7 km von Kochel.	Kesselberg – Jochberg (2 Std.); Abstieg auf dem gleichen Weg (gesamt 3¼ Std.)	AV-Mark. 451, örtliche Bez. JO	Jocher Alm (1381 m)
05 Sonnenspitz, 1269 m Hübsche Runde über dem Kochelsee, teilweise recht schmale Steige. Bei Nässe nicht ratsam!	Kochel (605 m, 🚌) am gleichnamigen See.	Kochel – Sonnenspitz (1½ Std.) – Graseck (1284 m) – Geißalm – Kochel (2¾ Std.)	Bez. Wege	–
06 Jochberg, 1565 m Der schönste Weg zum Gipfel! Besonders dankbar im Spätherbst. Kurze Querung unter dem Pfengberg etwas ausgesetzt.	Jachenau (790 m, 🚌), 18 km von Lenggries. Parkplatz unterhalb der Pfarrkirche.	Jachenau – Berg – Jocher Alm (2¼ Std.) – Jochberg (2¾ Std.), Abstieg auf dem gleichen Weg oder durch das Tal der Kleinen Laine (Straßen; gesamt 4¾ Std.)	Mark. Wege	Jocher Alm (1381 m)
07 Hirschhörnlkopf, 1514 m Beliebter »Gupf« über der Jachenau, meist auch im Winter gute Spur. Kammüberschreitung zur Kotalm nicht markiert.	Jachenau (790 m, 🚌), 18 km von Lenggries.	Jachenau – Hirschhörnlkopf (2¼ Std.) – Kotalm (1133 m; 3 Std.) – Jachenau (4¼ Std.)	Bis auf Kammsteig bez.	–
08 Rabenkopf, 1555 m Abwechslungsreiche Gipfelrunde. In der Rappinklamm und am Übergang vom »Kopf« zum Schwarzeck braucht's einen sicheren Tritt. Vorsicht bei Nässe!	Jachenau (790 m, 🚌), 18 km von Lenggries.	Jachenau – Rappinklamm – Staffelalm (1321 m; 2½ Std.) – Rabenkopf (3¼ Std.) – Schwarzeck (1527 m) – Achalaalm (1271 m; 4½ Std.) – Jachenau (6 Std.)	Bez. Wege	–
09 Lainltal-Wasserfall – Benediktenwand, 1800 m Sehr schöner, aber etwas weiter Weg zum Belvedere des Isarwinkels. Läßt sich auch gut mit dem Anstieg über den Langenecksattel und die Bichler Alm kombinieren.	Jachenau (790 m, 🚌), 18 km von Lenggries. Parkplatz unterhalb der Kirche.	Jachenau – Wasserfall (1½ Std.) – Glaswandscharte (2¾ Std.) – Benediktenwand (4 Std.); Abstieg auf dem gleichen Weg (gesamt 7 Std.)	Bez. Weg, ab Glaswandscharte AV-Mark. 451	–
10 Langenecksattel – Benediktenwand, 1800 m Direkter Südanstieg auf den berühmten Aussichtsgipfel, in den Felsen oberhalb der »Höllgrube« ist Trittsicherheit erforderlich.	🚌 Bushaltestelle »Petern« in der Jachenau, 13 km von Lenggries, 5 km vom Dorf Jachenau.	Jachenau – Langenecksattel (1167 m; 1½ Std.) – Bichler Alm (1438 m; 2¾ Std.) – Benediktenwand (3¾ Std.); Abstieg auf dem gleichen Weg (gesamt 6¼ Std.)	Ordentlich bez. Wege	–
11 Brauneck – Benediktenwand, 1800 m Der Isarwinkler Wanderklassiker schlechthin, wenig Steigung, dafür umso mehr Aussicht. An den Achselköpfen (1709 m) und oberhalb des Rotöhrsattels ein paar leichte Felspassagen (Sicherungen).	🚠 Bergstation der Brauneckbahn (1555 m), Talstation Lenggries (679 m, 🚌).	Brauneck – Latschenkopf (1712 m) – Feichtecksattel (1626 m; 1¼ Std.) – Achselköpfe – Benediktenwand (3 Std.) – Feichtecksattel – Quengeralm – Brauneck (5½ Std.)	Mark. Wege, am Kamm AV-Nr. 451	Idealhang-Hütte (1470 m), mehrere Gh. am Brauneck
12 Zwiesel, 1348 m Beliebtes Tölzer Wanderziel, bequem mit der Blombergbahn (¾ Std.), lohnender als Runde von der Waldherralm aus.	Waldherralm (750 m), 2,5 km südwestlich von Wackersberg (748 m, 🚌), 7 km ab Tölz.	Waldherralm – Schnaiteralm – Zwiesel (2 Std.) – Blomberg – Heigelkopf (1205 m) – Waldherralm (3¾ Std.)	Örtliche Mark. B2, B1, Wegweiser	Blomberghaus (1203 m)
13 Lenggrieser Hütte, 1338 m Gemütliche Hüttenrunde über dem Isartal, oft auch im Winter möglich.	Schloß Hohenburg südlich von Lenggries (679 m, 🚌).	Hohenburg – »Grasleitensteig« – Lenggrieser Hütte (2 Std.) – Hirschbachtal – Hohenburg (3½ Std.)	Örtliche Mark. LS2, LS1, AV-Nrn. 621, 612	Lenggrieser Hütte (1338 m)

Alle Wanderungen auf einen Blick

Tourenziel/Charakteristik	Ausgangspunkt	Wegverlauf & Gehzeit	Markierung	Einkehr am Weg
14 Fockenstein, 1564 m – Kampen, 1607 m Große, recht anspruchsvolle Höhenwanderung rund um das Hirschbachtal mit sechsfachem Gipfelglück. Gute Kondition unerläßlich.	Schloß Hohenburg südlich von Lenggries (679 m, 🚌).	Hohenburg – Geierstein (1491 m; 2 Std.) – Fockenstein (3½ Std.) – Hirschtalsattel (4¼ Std.) – Kampengrat – Seekarkreuz (6½ Std.) – Lenggrieser Hütte – Hohenburg (8¼ Std.)	AV-Mark. 611, 614, 622, 621, örtliche Bez.	Lenggrieser Hütte (1338 m)

Tegernseer, Schlierseer & Bayrischzeller Berge

Tourenziel/Charakteristik	Ausgangspunkt	Wegverlauf & Gehzeit	Markierung	Einkehr am Weg
15 Fockenstein, 1564 m Alm-, Höhen- und Gipfelwanderung, teilweise auf breiten Fahrwegen.	Bad Wiessee (749 m, 🚌) am Tegernsee. Parkplatz am Eingang ins Söllbachtal.	Bad Wiessee – Zwergelberg (1113 m) – Auweralm (2½ Std.) – Fockenstein (3½ Std.) – Südgratweg – Auweralm (4¼ Std.) – Zeiselbachtal – Bad Wiessee (5½ Std.)	Aufstieg AV-Nr. 611, örtliche Bez. F2, F1, F	Auweralm (1270 m), Gh. Sonnenbichl
16 Hirschberg, 1668 m Einer der beliebtesten Wanderberge in der Tegernseer Region, Hütte und schönes Panorama inklusive.	Scharling (765 m, 🚌), Weiler an der Strecke Rottach-Egern – Kreuth.	Scharling – Point – Rauheckalm – Hirschberg (2¾ Std.) – Hirschberghaus – Scharling (4¾ Std.)	Örtliche Mark. H2, H	Hirschberghaus (1511 m)
17 Roß- und Buchstein, 1701 m Vielbesuchtes Gipfelduo mit der schönstgelegenen Hütte der bayerischen Voralpen. Am Roßstein gesicherte Passage, Aufstieg zum Gipfel des Buchsteins durch eine steile Felsrinne (I-II, abgeschmierte Felsen).	Gh. Bayerwald (852 m, 🚌) an der Strecke Rottach-Egern – Achenpaß. Parkplatz 300 m westlich an der Bundesstraße.	Bayerwald – Sonnbergalm-Hochleger (1498 m; 1½ Std.) – Roßstein (2½ Std.); Abstieg auf dem nordseitig verlaufenden Gipfelweg (gesamt 4 Std.)	Gut bez. Wege, RB1, RB2	Tegernseer Hütte (1650 m)
18 Blauberge; Halserspitz, 1862 m Große Runde am Blaubergkamm; in der Wolfsschlucht und am Grat einige etwas heikle Passagen, die einen sicheren Tritt verlangen; evtl. gefährliche Altschneefelder!	Wildbad Kreuth (805 m), etwas abseits der Straße Kreuth – Achenpaß gelegen. Parkplatz und 🚌 vor der Brücke über den Weißbach.	Wildbad Kreuth – Wolfsschlucht – Blaubergalm (2½ Std.) – Halserspitz (4½ Std.) – Weißenbachkopf (1352 m) – Wildbad Kreuth (7 Std.)	Mark. Wege	Wh. Siebenhütten (836 m), Blaubergalm
19 Risserkogel, 1826 m Dankbares Gipfelziel, in schneearmen Wintern ist der Aufstieg aus der »Langen Au« herauf meistens gespurt. Große Schau zum Alpenhauptkamm.	Kreuth (783 m, 🚌) an der Strecke Rottach-Egern – Achenpaß. Parkmöglichkeit im Ortsteil Riedlern links des Weißbachs.	Kreuth – Schwaigeralm – »Lange Au« – Ableitenalm (1454 m; 2¾ Std.) – Risserkogel (4¼ Std.) – Grubereck (1664 m; 4¾ Std.) – Kreuth (6¼ Std.)	Örtliche Mark. RK1, RK, WB1	Schwaigeralm
20 Wallberg, 1722 m Seilbahn- und Aussichtsberg über dem Tegernsee, ziemlich verbaut, also nicht gerade das Idealziel für Naturpuristen…	🚠 Bergstation der Wallbergbahn (1624 m), Talstation Rottach-Egern (731 m, 🚌).	Bergstation – Wallberg (¼ Std.) – Wallberghaus (1507 m) – Mooshütte – Talstation (2¼ Std.)	Örtliche Mark. WB	Wallberghaus, Mooshütte
21 Baumgartenschneid, 1448 m Überwiegend schattige Runde über dem Tegernsee.	Tegernsee (747 m, 🚌) am Ostufer des gleichnamigen Voralpensees.	Tegernsee – Neureut (1½ Std.) – Gindelalmschneid (1335 m; 2¼ Std.) – Baumgartenschneid (3¾ Std.) – Wh. Galaun – Pfliegeleck (1106 m) – Tegernsee (5 Std.)	Örtliche Mark. N, N2, B, T4	Neureuthaus (1261 m), Kreuzbergalm (1223 m), Wh. Galaun
22 Bodenschneid, 1667 m Kammwanderung mit viel Aussicht, »Aufstieg« bequem per Sessellift. Alternativ auch vom Spitzingsee aus möglich.	🚠 Bergstation der Suttenbahn beim Stümpflinghaus (1484 m). Talstation bei der Monialm (989 m, 🚌), an der Strecke Rottach-Egern – Valepp.	Stümpflinghaus – Stümpfling (1506 m) – Bodenschneid (1¼ Std.) – Bodenalm – Talstation Suttenbahn (3 Std.)	Mark. Wege	Stümpflinghaus (1484 m)
23 Schinder, 1808 m Markanter Doppelgipfel an der Grenze zwischen Bayern und Tirol. Abstieg zum »Tor« kurz gesichert, Schinderkar nicht ganz einfach (unangenehm steile Geröllreiße).	Forsthaus Valepp (880 m, 🚌), 15 km von Rottach-Egern. Zufahrt von Spitzing nur für Radler gestattet! Parkplatz am Zusammenfluß von Weißer und Roter Valepp.	Valepp – Trausnitzalm – Schinder (2¾ Std.) – Tor – Schinderkar – Valepp (4¾ Std.)	Mark. Wege	Valepp (880 m)
24 Erzherzog-Johann-Klause, 814 m Schattige Tal- und Klammwanderung. Auf der Grund- bzw. Brandenburger Ache wurde bis 1966 Holz getriftet. Teilweise Forstpisten, aber auch schmale, an einigen Stellen gesicherte Wege. Trittsicherheit.	Forsthaus Valepp (880 m, 🚌), 15 km von Rottach-Egern.	Valepp – Erzherzog-Johann-Klause (2 Std.), retour auf dem gleichen Weg (gesamt 4 Std.)	Mark. Wege	Valepp (880 m), Erzherzog-Johann-Klause (814 m)

Alle Wanderungen auf einen Blick

Tourenziel/Charakteristik	Ausgangspunkt	Wegverlauf & Gehzeit	Markierung	Einkehr am Weg
25 Brecherspitz, 1683 m Markanter Gipfel westlich über dem Spitzingsattel, stimmungsvolle Rundschau mit Tiefblicken auf Schliersee und Spitzingsee. Trittsicherheit am Gipfelgrat (Drahtseile).	Neuhaus (801 m, 🚌) südlich des Schliersees, an der Strecke nach Bayrischzell.	Neuhaus – Ankelalm (1311 m; 1¾ Std.) – Nordgrat – Brecherspitz (2¾ Std.) – Freudenreichkapelle – Ankelalm – Neuhaus (4¾ Std.)	Mark. Wege, Bez. SB1	–
26 Aiplspitz, 1759 m Beliebte Gipfelrunde über zwei stattliche Voralpengipfel. Am Aiplspitz leichte Felspassagen (Drahtseile), Jägerkamp leichter.	Spitzingsattel (1127 m, 🚌), Übergang zum Spitzingsee, 9 km ab Schliersee. Großer Parkplatz.	Spitzingsattel – Untere Schönfeldalm (1 Std.) – Aiplspitz (2½ Std.) – Jägerkamp (3¼ Std.) – Jägerbauernalm – Spitzingsattel (4¾ Std.)	Mark. Wege	Schönfeldalm (1420 m), Jägerbauernalm (1544 m)
27 Rotwand, 1884 m Beliebtes Gipfelziel mit bequemem »Zustieg« (Lift) und bezaubernder Rundschau.	🚠 Bergstation der Taubensteinbahn (1613 m), Talstation am Spitzingsee (1084 m, 🚌), 11 km ab Schliersee.	Taubenstein – Rotwand (1 Std.) – Rotwandhaus – Wildfeldalm (1507 m) – Spitzingsee (3¼ Std.)	Mark. SB4	Rotwandhaus (1737 m)
28 Breitenstein, 1575 m Kenner wissen es: Obwohl ganz im Schatten des Wendelsteins stehend, ist auch der »breite« Stein ein lohnendes Wanderziel.	Fischbachau (772 m, 🚌) im Leitzachtal. Wanderparkplatz beim Wallfahrtsort Birkenstein (853 m), 1 km.	Birkenstein – Kesselalm (1¼ Std.) – Hubertushütte – Breitenstein (2¼ Std.) – Bucheralm – Birkenstein (4 Std.)	Mark. Wege, Bez. B4, B4a	Kesselalm (1280 m), Hubertushütte (1542 m), Bucheralm
29 Wendelstein, 1838 m Einer der großen Aussichtsgipfel der Bayerischen Alpen, mit Zahnrad- und Luftseilbahn. Geo-Park (Infos an den Wegen).	Fischbachau (772 m, 🚌) im Leitzachtal. Wanderparkplatz beim Wallfahrtsort Birkenstein (853 m), 1 km.	Birkenstein – Rieder Alm – Wendelsteinhaus – Wendelstein (3¼ Std.) – Reindlerscharte (1418 m) – Elbachalm – Kesselalm – Birkenstein (6 Std.)	Mark. Wege, Bez. B1d, 9d, B12, B4	Wendelsteinhaus (1725 m), Kesselalm (1280 m)
30 Großer Riesenkopf, 1337 m So riesig wie uns der Name weismachen will, ist der »Kopf« nicht, ein lohnendes Wanderziel aber auf jeden Fall. Sehenswert: Petersberg und Ruine Falkenstein.	Flintsbach am Inn (478 m, 🚌).	Flintsbach – Petersberg (1 Std.) – Großer Riesenkopf (2½ Std.) – Asten (3 Std.) – Petersberg – Flintsbach (4½ Std.)	Mark. Wege, Bez. 10	Wh. Asten (1103 m), Gh. Petersberg (848 m)
31 Soinsee – Auerspitz, 1811 m Abwechslungsreiche Runde zum stillen Soinsee und zum Kletterrevier der Ruchenköpfe. Der Auerspitz bietet eine hübsche Rundschau.	Wanderparkplatz »Beim schweren Gatter« (🚌) an der Strecke Bayrischzell – Ursprungpaß.	Ursprungtal – Wh. Sillberg – Soinsee (2¼ Std.) – Kümpflscharte (1695 m; 3¼ Std.) – Auerspitz (3¾ Std.) – Niederhoferalm (1435 m) – Ursprungtal (6 Std.)	Mark. Wege, Nr. B4A, B4, B4B	Rotwandhütte (1737 m, 10 Min. ab Kümpflscharte), Wh. Sillberg
32 Hinteres Sonnwendjoch, 1985 m Natürlich ist der höchste Gipfel der Tegernseer Berge ein beliebtes Tourenziel. Wer die berühmte »Bergesruh'« sucht, wird anderswo eher fündig.	Ackernalm (1383 m), Endpunkt der Mautstraße von Landl (685 m, 🚌), 8 km.	Ackernalm – Bärenbadalm – Hinteres Sonnwendjoch (2 Std.) – Wildenkaralm – Ackernalm (3½ Std.)	Gut bez. Wege	Ackernalm (1383 m)
33 Großer Traithen, 1853 m Beliebte Gipfelüberschreitung in der Sudelfeldregion, bei Nässe teilweise unangenehm rutschige Wege.	Gh. Rosengasse (1090 m) östlich unterhalb des Sudelfeldes; Zufahrt 3,5 km von der Sudelfeldstraße.	Rosengasse – Großer Traithen (2½ Std.) – Himmelmoosalm (3½ Std.) – Seeonalm (1384 m) – Rosengasse (4½ Std.)	AV-Nr. 658, 652, 651	Gh. Rosengasse (1090 m)
34 Trainsjoch, 1708 m Kleineres Gegenüber des Sonnwendjochs: weniger hoch, weniger überlaufen – und trotzdem sehr lohnend.	Parkplatz südlich des Ursprungpasses (839 m, 🚌), am Eingang ins Trockenbachtälchen.	Ursprung – Mariandlalm (1 Std.) – Westgrat – Trainsjoch (2½ Std.) – Mariandlalm (3¼ Std.) – Ursprung (4 Std.)	Rot und blau mark. Wege	Mariandlalm (Obere Trockenbachalm, 1220 m)
35 Jochkopf, 1509 m – Pendling, 1563 m Reizvolle Kammwanderung hoch über dem Inntal, mit fünf (kleinen) Gipfeln und jeder Menge Aussicht. Trittsicherheit erforderlich.	Gh. Schneeberg (952 m) in Thiersee (678 m, 🚌), Zufahrt von der Ortsmitte 3 km.	Schneeberg – Höhlensteinhaus (1½ Std.) – Jochkopf – Heimbergköpfe (1475 m) – Pendling (3½ Std.) – Schneeberg (4¾ Std.)	Teilweise Sträßchen, Kammweg nicht bez.	Höhlensteinhaus (1259 m), Kufsteiner Haus (1537 m) am Pendling
36 Hundalm-Eishöhle und Glemmbachklamm Abwechslungsreiche Runde auf dem Thierseer Mittelgebirge. Führungen in der Eishöhle (Infos in Thiersee). Nasse Füße in der malerischen Klamm nicht auszuschließen. Gipfel statt Höhle: Überschreitung des Hundalmer Jochs (1637 m, mark. Weg).	Hinterthiersee (862 m, 🚌), Zufahrt von Landl bzw. Thiersee.	Hinterthiersee – Köglalm (1359 m) – Eishöhle (1520 m; 2½ Std.) – Buchackeralm – Riedenberg (4 Std.) – Glennbachklamm – Hinterthiersee (6½ Std.)	Mark. Wege	Buchackeralm (1298 m), Riedenberg
37 Brünnstein, 1619 m Beliebtes Gipfelziel: abwechslungsreiche Runde mit felsigem Finale und weitem Panorama. Gipfelsteig nur für Trittsichere (Drahtseile)!	Tatzelwurm (764 m) an der Ostrampe der Sudelfeldstraße. Wanderparkplatz (Zufahrt).	Tatzelwurm – Schoißeralm – Brünnsteinhaus (2 Std.) – Brünnstein (2½ Std.) – Seeonalm – Schoißeralm – Tatzelwurm (4½ Std.)	AV-Nr. 657, 651, 655	Brünnsteinhaus (1342 m)

Meine Favoriten

03 Heimgarten, 1791 m
Oben drüber und hinab

Unbestrittene Nummer eins unter den Ausflugszielen rund um den Walchensee ist der Herzogstand (1731 m) – und das nicht erst seit es eine Bergbahn gibt. Bereits Bayerns Ludwig II. sorgte mit dem Bau des »Reitweges« dafür, daß die erlauchten Herrschaften bequem sitzend zur schönen Aussicht kamen; heute nimmt man die Seilbahn und entschwebt rasch in luftige Höhen. Hinüber zum Pavillon am »Stand« ist es so nur ein Katzensprung. Da warnt dann allerdings ein AV-Schild vor dem Weiterweg: »Nur für Geübte!« – mit Blick auf so manches Schuhwerk nicht grundlos. Der Gratweg – an einigen Stellen gesichert – erweist sich aber als nur wenig schwierig, und drüben am Heimgarten dürfen auch jene, die an den ausgesetzteren Passagen leicht zittrige Knie bekommen haben, aufatmen. Spätestens nach dem zweiten Obstler ist auch das angeschlagene Selbstbewußtsein wiederhergestellt.

➡ Von der Seilbahnstation auf breitem Weg zunächst hinüber zum Herzogstandhaus, dann über ein paar flache Kehren auf den Herzogstand (1731 m). Hier genießt man nicht nur den packenden Blick hinab auf den Kochelsee und hinaus ins Flache, gut einzusehen ist auch der Weg hinüber zum Heimgarten: erst über leichte Schrofen kurz abwärts, dann direkt am schmalen Grat entlang, um eine kreuzgeschmückte Kuppe (1666 m) herum und zuletzt entlang felsiger Abbrüche steil zum Gipfel.

Der Abstieg führt zunächst über die licht bewaldete Südflanke des Heimgarten in einen namenlosen Sattel, dann links um den Rotwandkopf (1519 m) herum und in vielen Kehren an einem allmählich schmaler werdenden Grat bergab. Zuletzt auf einer Waldstraße zurück zum Walchensee.

10/09 Benediktenwand, 1800 m
Auf den Isarwinkler »Rigi«

Mit dem Namen des berühmten Innerschweizer Aussichtsbergs machen ja vor allem die Peißenberger Werbung, für einen echten Vergleich bietet sich aber doch eher die höhere Benediktenwand an. Bergbahnen gibt's auf den Isarwinkler Gipfel zwar keine, dafür gleich mehrere schöne Wege. Beliebt ist die Höhenwanderung vom Seilbahn-Brauneck herüber (→ »Isarwinkel 11«), weil man da schon oben startet; schöner finde ich

die Überschreitung: Aufstieg über die Südflanke, Abstieg zur Glaswandscharte und ins Tal der Großen Laine.

➡ Der Weg aus der Jachenau beginnt mit dem gut einstündigen Anstieg zum Langenecksattel (1167 m). Dahinter geht's weiter auf der breiten Fahrspur, erst flach, dann in ein paar Kehren hinauf zur Bichler Alm (1438 m). Hier endet das Sträßchen; eine dünne Wegspur steigt halblinks gegen die felsigen Südabstürze der »Benewand« an. Sie erweisen sich als verhältnismäßig harmlos (aber ziemlich glattpoliert), und bald schon entsteigt man dem Steilgelände ins Latschendickicht. Ein paar Minuten später ist dann der Gipfel gewonnen; wenig unterhalb steht die (stets offene) Biwakhütte. Latschen dominieren zunächst auch am Abstieg; bei der Abzweigung zur Tutzinger Hütte taucht man ein in den Wald. An der Glaswandscharte links und neben dem Glasbach, der hier über ein paar Treppenstufen hinabstürzt, talauswärts. Letztes Highlight der Tour ist der große Wasserfall; dann wandert man durch das Tal der Laine hinaus nach Jachenau (790 m).

19 Risserkogel, 1826 m
Zur großen Voralpenschau

Noch so ein Gipfel, zu dem man »oben« starten kann. Wer vom Wallberg (→ »Isarwinkel 20«) herüberkommt, genießt viel Aussicht und wird am Alpenlehrpfad über Naturkundliches informiert; am Weg aus dem Tal herauf stehen lediglich ein paar Wegweiser. Dafür lernt man ganz beiläufig, daß auch vergleichsweise »kleine« Gipfel recht hoch sein können.

➡ Eher gemütlich ist der Auftakt zur Wanderrunde: von Kreuth-Riedlern am Weißbach entlang, dann links in die Lange Au. Eine Viertelstunde hinter der Schwaigeralm, bei der Wildfütterung, zweigt der Weg zum Risserkogel ab: im Zickzack über den bewaldeten Hang bergan. Hinter der Ableiten-

alm (1454 m) peilt die markierte Spur den Kamm an; nun rechts am Grat entlang, im Vorblick das Gipfelziel, flankiert von dem jähen Felskamm des Blankensteins (1758 m). Zuletzt über Schrofen zum Gipfelkreuz.
Beim Rückweg folgt man dem Wallberg-Weg bis hinter das Grubereck (1664 m); hier beginnt der Abstieg nach Kreuth, erst etwas rauh, dann wiederholt eine Waldstraße kreuzend.

29 Wendelstein, 1838 m
Berühmtes Panorama

»Wendelstein sonnig, 15 Grad.« Da zieht's die Münchner in Scharen hinaus und hinauf, aus dem Nebelgrau zur großen Aussicht. Entsprechend ist das Gedränge auf der Sonnenterrasse und am Gipfelweg. Wer's ruhiger mag, verzichtet auf die Bahnfahrt (luftig in der Kabine oder in der Zahnradbahn) und startet in Fischbachau zur Wendelsteintour: viel Aussicht, Almwege und Felsensteige – dazu so manch stillen Winkel unterwegs.

➡ Vom Wallfahrtsort Birkenstein auf einem Fahrweg zur Wiesensenke unter dem Rehbichl, dann halblinks im Wald bergan. Oberhalb der Spitzingalm kommt das Gipfelziel ins Bild, aus dieser Perspektive ein wuchtiges Felsprofil. Der Weg steuert den zum Bockstein (1585 m) ziehenden Rücken an und schraubt sich dann in steilen Kehren hinauf zur Bergstation der Luftseilbahn. Hinter dem Wendelsteinhaus (1720 m) beginnt der gut ausgebaute Serpentinenweg zum 360°-Panorama.
Vom Gipfelrundweg bergab in das nordseitige Kar unterhalb der Zeller Scharte, dann hinaus zur Reindleralm. Hier links und unter der Nordwand des Wendelsteins ohne größere Höhenunterschiede hinüber zur Elbachalm. Links um den Schweinsberg (1514 m) herum und schräg abwärts zur Kesselalm (1280 m). Nun auf breitem Fahrweg im Wald hinunter nach Birkenstein.

Auch im Winter gerne besucht: der Risserkogel. Links das Kletterrevier des Blankensteins.

Karwendel, Rofan

Lange Täler und hohe Wände

Jedem Bergsteiger sind die Lalidererwände ein Begriff, und im Talschluß der Eng trifft sich an sonnigen Sommerwochenenden scheinbar ganz München – motorisiert notabene! Das Karwendelhaus ist längst von der Bergsteigerherberge zum Bikertreff mutiert, die Lamsenspitze gehört zu den alpinen Standardzielen zwischen Zugspitze und Kaiser. Doch wer hat schon die Karwinkel über dem Vomper Loch erkundet, wer kennt die hohen Grate über dem Hinterautal?

So teilt das Karwendel halt die Eigenart so vieler Gebirgsgruppen: hier überlaufen, dort einsam, menschenleer. Das hängt natürlich auch mit dem Umstand zusammen, daß Hinterriß die einzige (kleine) Siedlung innerhalb des fast 1000 Quadratkilometer großen Gebirges ist. Südlich fällt das Karwendel mit der Nordkette steil zum Inntal ab; bedeutendste Touristenzentren neben der Tiroler Landeshauptstadt Innsbruck sind Seefeld und Mittenwald im Westen, die Orte am Achensee im Osten.

Letztere bilden auch günstige Ausgangspunkte für Touren im Rofan, das östlich ans Karwendel anschließt. »Klein, aber fein!« heißt hier die Devise: gut ein Dutzend Zweitausender, alle am (markierten) Weg.

Führer & Landkarten

Bei Rother gibt es zwei Führer über das Karwendel, den AV-Führer »Karwendel alpin« und einen Wanderführer. Touren im östlichen Karwendel und im gesamten Rofan enthält der Rother-Wanderführer »Achensee«.
Die gesamte Region wird von den beiden Freytag & Berndt-Karten 323 »Karwendel« und 321 »Achensee-Rofan« abgedeckt; die Karwendelkarte des Bayerischen Landesvermessungsamtes (1:50 000) reicht südlich nur bis zum Hinterautal, das Kerngebiet von Karwendel und Rofan decken die beiden Blätter 118, 119 der Österreichischen Karte ab (1:25 000 bzw. 1:50 000). Besonders genau sind die AV-Karten zum Karwendel im Maßstab 1:25 000. Mehrere Karwendel-Touren finden sich in den »Münchner Wanderbergen« von Siefried Garnweidner (Rother), ebenso in den »Bayerischen Wanderbergen« von H. Höfler und G. Witt (Bruckmann).

Ein schroffer Gipfel mit reichlich Geröll: die Schöttelkarspitze (2050 m).

Heile Bergwelt: Falkenhütte vor den Lalidererwänden.

Alle Wanderungen auf einen Blick

Tourenziel/Charakteristik	Ausgangspunkt	Wegverlauf & Gehzeit	Markierung	Einkehr am Weg
Karwendel				
01 Demeljoch, 1923 m Im Gegensatz zum benachbarten Juifen (1988 m; 3½ Std. von Achental, mark.) weitgehend forststraßenfreier Bergstock über dem Sylvensteinsee.	Fall (772 m, 🚌), Weiler am Sylvensteinsee, 16 km von Lenggries.	Fall – Schürpfeneck (1466 m; 2¾ Std.) – Demeljoch (4¼ Std.) – Dürrnberg-Jagdhütte (5¼ Std.) – Fall (6¾ Std.)	Aufstieg Schürpfeneck unmark., sonst rote Bez.	–
02 Stierjoch, 1908 m Große Wanderrunde mit Steilabstieg ins Krottenbachtal und langem Auslauf. Trittsicherheit, bei Nässe nicht ratsam!	Fall (772 m, 🚌), Weiler am Sylvensteinsee, 16 km von Lenggries.	Fall – Dürrachtal – Lerchkogel-Hochleger (3¼ Std.) – Stierjoch – Delpssee (1590 m; 5 Std.) – Krottenbachtal – Fall (8 Std.)	Mark. Wege	–
03 Schafreuter, 2101 m Wanderklassiker im Vorkarwendel, großes Gipfelpanorama. Auch Direktaufstieg zur Tölzer Hütte (2½ Std., mark.) möglich.	Im Rißtal, 5 km von Vorderriß, unweit der Oswaldhütte (844 m, 🚌).	Rißtal – Moosenalm (2¼ Std.) – Schafreuter (3¾ Std.) – Tölzer Hütte – Moosenalm (5 Std.) – Rißtal (6¼ Std.)	Mark. Wege	Tölzer Hütte (1835 m)
04 Johannestal; Kleiner Ahornboden, 1400 m Gemütliche Talwanderung ins romantische Herz des Karwendels.	Parkplatz und 🚌 an der Rißtalstraße, 3,5 km hinter Hinterriß.	Talstraße – Johannestal – Kleiner Ahornboden (2¾ Std.); Abstieg auf dem gleichen Weg (gesamt 4½ Std.)	AV-Mark. 232	–
05 Lamsenjochhütte – Hahnkampl, 2080 m Beliebte Hüttenwanderung mit kleinem Gipfelabstecher. Für die Überschreitung des Hahnkampl Trittsicherheit erforderlich!	Engalm (1203 m, 🚌) im hintersten Rißtal. Endpunkt der (mautpflichtigen) Talstraße, Riesenparkplatz.	Engalm – Lamsenjochhütte (2½ Std.) – Hahnkampl (3¼ Std.) – Binssattel – Eng (5 Std.)	AV-Mark. 201, am Hahnkampl rote Bez.	Engalm (1203 m), Binsalm, Lamsenjochhütte
06 Falkenhütte – Steinfalk, 2347 m Berühmte Kletterwände (Laliderer), ein gemütliches Haus (Falkenhütte) und ein lohnender Gipfel. Am Steinfalk Trittsicherheit.	Engalm (1203 m, 🚌) im hintersten Rißtal. Endpunkt der (mautpflichtigen) Talstraße, Riesenparkplatz.	Engalm – Hohljoch (1794 m; 1¾ Std.) – Falkenhütte (2½ Std.) – Steinfalk (4¾ Std.). Abstieg auf dem gleichen Weg (gesamt 8 Std.)	AV-Mark. 201, Steinfalk rot bez.	Falkenhütte (1848 m)
07 Schöttelkarspitze, 2050 m Spannende Gipfelüberschreitung zum Soiernkessel mit romantischem Ausklang am »Lakaiensteig«. Trittsicherheit notwendig	Krün (875 m, 🚌), Ferienort im Isartal, an der Strecke Kochel – Mittenwald.	Krün – Seinskopf (1961 m; 3 Std.) – Schöttelkarspitze (4¼ Std.) – Soiernseen (5 Std.) – »Lakaiensteig« – Fischbachalm (6 Std.) – Krün (7¼ Std.)	Rote Mark.	Soiernhaus (1611 m), Fischbachalm
08 Soiernspitze, 2257 m Große Gipfelrunde, die Trittsicherheit und eine ordentliche Kondition verlangt. Im Sommer früher Aufbruch ratsam.	Bei der Isarschleife (Am Horn, 🚌) an der Strecke Krün (4 km) – Mittenwald. Wanderparkplatz	Parkplatz – Ochsenalm (1 Std.) – Grat (3 Std.) – Soiernspitze (5 Std.) – Fereinalm (6½ Std.) – Parkplatz (7¾ Std.)	Bez. Wege	Krinner-Kofler-Hütte (1395 m) auf der Fereinalm
09 Hochlandhütte, 1623 m Abwechslungsreiche Hüttenwanderung, läßt sich als Runde durchführen.	Mittenwald (912 m, 🚌), traditionsreicher Ferienort an der Isar.	Mittenwald – »Ochsenbodensteig« – Hochlandhütte (3 Std.) – Gassellahnbach – Rain-Spazierweg – Mittenwald (5 Std.)	Mark. Wege	Hochlandhütte (1623 m)
10 Lindlähnekopf, 1795 m Hüttentour mit Gipfelabstecher hoch über Mittenwald. Trittsicherheit!	Mittenwald (912 m, 🚌), traditionsreicher Ferienort an der Isar.	Mittenwald – Mittenwalder Hütte (1¾ Std.) – Lindlähnekopf (2¾ Std.); Abstieg auf dem gleichen Weg (4½ Std.)	Mark. Wege	Mittenwalder Hütte (1515 m)
11 Heinrich-Noé-Steig Interessante Höhen- und Bergabwanderung, leicht mit einer Besteigung der Westlichen Karwendelspitze (2384 m) zu verbinden (¾ Std. hin und zurück, mark.). Kurze gesicherte Passagen.	🚡 Bergstation der Karwendel-Seilbahn (2224 m) in der Karwendelgrube, Talstation Mittenwald (912 m, 🚌).	Karwendelgrube – »Heinrich-Noé-Steig« – Brunnsteinhütte (2¼ Std.) – »Leitersteig« – Mittenwald (4 Std.)	Bez. Wege	Brunnsteinhütte (1523 m)
12 Pleisenspitze, 2569 m Westlicher Eckpfeiler des Karwendel-Hauptkamms, für Ausdauernde lohnende Tagestour.	Scharnitz (964 m, 🚌), Tiroler Grenzort an der Strecke Mittenwald – Seefeld.	Scharnitz – Pleisenhütte (3 Std.) – Pleisenspitze (5¼ Std.); Abstieg auf dem gleichen Weg (gesamt 8½ Std.)	Mark. Wege	Pleisenhütte (1757 m)
13 Eppzirler Scharte, 2091 m Tal- und Paßwanderung mit Bahnrückfahrt zum Ausgangspunkt.	Gießenbach (1011 m, 🚌), Häusergruppe knapp 3 km südwestlich von Scharnitz an der Straße nach Seefeld.	Gießenbach – Eppzirler Alm (2½ Std.) – Eppzirler Scharte (4½ Std.) – Solsteinhaus (5 Std.) – Hochzirl (922 m; 6¾ Std., 🚌)	AV-Mark. 212, 213	Eppzirler Alm (1459 m), Solsteinhaus (1806 m)
14 Reither Spitze, 2374 m »Seilbahnwandern« hoch über Seefeld, Ausgangspunkt wahlweise bei der Roßhütte oder am Seefelder Joch.	🚡 Bergstation der Standseilbahn zur Roßhütte (1751 m), Talstation Seefeld (1160 m, 🚌).	Roßhütte – Seefelder Joch (2060 m; 1 Std.) – Seefelder Spitze (2221 m) Reither Spitze (3 Std.) – Nördlinger Hütte – Härmelekopf (Seilbahn, 3½ Std.)	Gut bez. Wege	Nördlinger Hütte (2239 m)

Alle Wanderungen auf einen Blick

Tourenziel/Charakteristik	Ausgangspunkt	Wegverlauf & Gehzeit	Markierung	Einkehr am Weg
15 Freiungen-Höhenweg Klassiker im westlichen Karwendel für Wanderer mit Ausdauer und sicherem Tritt. Bei Überschreitung der Reither Spitze ist man ½ Std länger unterwegs.	Seilbahnstation (2034 m) am Härmelekopf, Talstation Seefeld (1160 m, 🚉).	Seilbahnstation – Nördlinger Hütte (¾ Std.) – »Freiungen-Höhenweg« – Solsteinhaus (5¼ Std.) – Hochzirl (922 m; 7 Std., 🚉, Bahnrückfahrt)	AV-Mark. 211, 213	Nördlinger Hütte (2239 m), Solsteinhaus (1806 m)
16 Großer Solstein, 2541 m Als Tagestour eher für Schnellläufer geeignet! Mit Nächtigung im Solsteinhaus kann man am Nachmittag noch die Erlspitze (2406 m; 1½ Std. ab Hütte) besteigen.	Bahnstation Hochzirl (922 m, 🚉), Zufahrt ab Zirl (2,5 km).	Hochzirl – Solsteinhaus (2½ Std.) – Großer Solstein (4¾ Std.) – Neue Magdeburger Hütte (6¼ Std.) – Hochzirl (8 Std.)	AV-Mark., örtliche Bez. 55, 54	Solsteinhaus (1806 m), bew. Juni bis Mitte Okt.; Neue Magdeburger Hütte (1637 m)
17 Höttinger Alm, 1487 m Leichte Bergabwanderung, mehrere Einkehrmöglichkeiten unterwegs. Etwas für Genießer. Alpenzoo!	Seegrube (1905 m), Zwischenstation der Hafelekar-Seilbahn, Talstation Hungerburg (868 m, 🚉).	Seegrube – Bodensteinalm – Höttinger Alm (1½ Std.) – Hungerburg (868 m; 3 Std.)	Bez. Wege	Bodensteinalm (1661 m), Höttinger Alm (1467 m), evtl. Arzler Alm (1067 m)
18 Goetheweg Aussichtsreicher Höhenweg an der Nordkette; Rückweg/Abstieg über das Kreuzjöchl zur Hungerburg. Einige Fixseile.	Bergstation der Hafelekar-Seilbahn (2269 m), Talstation Hungerburg (868 m, 🚉) bzw. Innsbruck (575 m, 🚉).	Hafelekar – »Goetheweg« – Pfeishütte (2½ Std.) – Kreuzjöchl (2141 m; 3¼ Std.) – Rumer Alm (1243 m) – Hungerburg (868 m; 6 Std.)	AV-Mark. 219, 218	Pfeishütte (1922 m), Vintlalm (1567 m), Rumer Alm (1243 m)
19 Bettelwurfhütte, 2079 m Große Wanderrunde im Halltal, das auf sieben Jahrhunderte Salzbergbau zurückblickt (Museum).	Parkplatz »Bettelwurfeck« (ca. 1060 m) im Halltal, 6 km von Hall (574 m, 🚉). Mautpflichtige Straße.	Parkplatz – Herrenhäuser (1482 m) – Issjöchl (1668 m; 2¼ Std.) – Lafatscher Joch (2081 m; 4 Std.) – Bettelwurfhütte (5½ Std.) – Parkplatz (7¼ Std.)	AV-Mark. 221, 223, 222	Herrrenhaus (1482 m), Bettelwurfhütte (2079 m)
20 Hundskopf, 2243 m Beliebtes Tourenziel mit toller Inntalschau; am Gipfelaufbau leichte Felsen.	Hinterhornalm (1522 m), 12 km von Hall (574 m, 🚉) auf guter Straße (Maut).	Hinterhornalm – Hundskopf (2 Std.); Abstieg auf dem gleichen Weg (gesamt 3¼ Std.).	Rote Mark.	Hinterhornalm (1522 m)
21 Hochnissl, 2547 m Etwas für Dauerläufer, denen erst Touren mit weit über 1500 Steigungsmetern so richtig Spaß machen. Am Grat leichte Felspassagen.	Vomperberg (830 m), Streusiedlung oberhalb von Vomp (563 m, 🚉). Parkmöglichkeit beim Gh. Karwendelrast.	Karwendelrast – Zwerchloch (1030 m; 1½ Std.) – Lamsscharte (2217 m; 5 Std.) – Hochnissl (7 Std.) – Karwendelrast (10 Std.)	AV-Nrn. 224, 226; rote Mark.	Gh. Karwendelrast
22 Stanser Joch, 2102 m Von Maurach auf den Aussichtsbalkon über dem Inntal – und ab Jenbach zurück mit der Ruckel-Zuckel-Dampfbahn!	Maurach (975 m, 🚉), Ferienort am Achensee.	Maurach – Weißenbachhütte – Stanser Joch (3½ Std.) – Weihnachtsegg (1740 m) – Jenbach (6 Std.)	Mark. Wege	Weißenbachhütte
23 Lamsenjochhütte und Lamsenspitze, 2508 m Beliebte Ziele im Osten des Karwendels: Hüttenwanderung für jedermann/frau, Gipfel setzt Schwindelfreiheit und einen sicheren Tritt voraus (Drahtseile).	Gramaialm (1263 m) im Falzthurntal, 9 km ab Pertisau (952 m, 🚉; Mautstraße).	Gramaialm – Lamsenjochhütte (2 Std.) – Lamsscharte – Lamsenspitze (4 Std.); Abstieg auf dem gleichen Weg (gesamt 6¾ Std.)	AV-Mark. 201, rote Bez.	Lamsenjochhütte (1953 m)
24 Sonnjoch, 2457 m Markanter Karwendelgipfel; lohnende Überschreitung für erfahrene Bergwanderer, großes Panorama. Leichte Kletterstellen.	Gramaialm (1263 m) im Falzthurntal, 9 km ab Pertisau (952 m, 🚉; Mautstraße).	Gramaialm – Bärenlahnersattel (1994 m; 2½ Std.) – Sonnjoch (4 Std.) – Gramai-Hochleger (1756 m) – Gramaialm (6½ Std.)	Mark. Steige	Gramaialm (1263 m)
25 Seebergspitze, 2085 Großzügige Kammüberschreitung für Ausdauernde und Trittsichere; packend die Tiefblicke auf den Achensee.	Achensee (934 m, 🚉), Fraktion der Gemeinde Achenkirch, am Nordende des Sees.	Achensee – Seekaralm – Seekarspitze (2053 m; 3 Std.) – Seebergspitze (4 Std.) – Pertisau (6½ Std.).	Mark. Wege	Seekaralm (1500 m)
26 Hochplatte, 1815 m Sie steht zwar im Schatten des benachbarten Juifen (1988 m; 3½ Std. ab Achental, mark.), doch hat die Hochplatte ebenfalls eine hübsche Aussicht zu bieten – und dazu weniger häßliche Forststraßen.	Achenkirch (916 m; 🚉), Talstation der Christlum-Lifte.	Achenkirch – Seewaldhütte (1¾ Std.) – Hochplatte (2½ Std.) – Seewaldhütte – Feichteralm – »Karwendelweg« – Achenkirch (4¾ Std.)	Bez. Wege	Seewaldhütte (1582 m)

Achensee, Rofan

Tourenziel/Charakteristik	Ausgangspunkt	Wegverlauf & Gehzeit	Markierung	Einkehr am Weg
27 Blauberge; Halserspitz, 1862 m Aussichtsreiche Gratwanderung mit recht langem »Anlauf«; Direktaufstieg zur Schönleitenalm kaum markiert, nicht leicht zu finden. Am Grat Trittsicherheit erforderlich.	Köglboden (963 m) an der Strecke Achental – Steinberg.	Köglboden – Schönleitenalm – Blaubergalm (2¾ Std.) – Blauberggrat – Halserspitz (4¾ Std.) – Aschenbrennerhütte (5½ Std.) – Köglboden (7¼ Std.)	Teilweise Straßen, Grat- und Höhenweg bez.	Schönleitenalm, Blaubergalm, Aschenbrennerhütte (Gufferthütte, 1465 m)

Alle Wanderungen auf einen Blick

Tourenziel/Charakteristik	Ausgangspunkt	Wegverlauf & Gehzeit	Markierung	Einkehr am Weg
28 Guffert, 2195 m Sein Profil ist unverwechselbar: eine elegante, freistehende Felspyramide. Die Besteigung verlangt einen sicheren Tritt; in der Nordflanke und am Grat ein paar Sicherungen.	Gh. Bergalm (1029 m, 🚍) an der Strecke Achental – Steinberg.	Gh. Bergalm – Stubaalm (1371 m; 1¼ Std.) – Nordwandsteig – Guffert (4¼ Std.) – Südweg – Gh. Bergalm (6¼ Std.)	Bez. Wege	Gh. Bergeralm (1029 m), Gh. Waldfrieden (997 m)
29 Hochunnutz, 2075 m Aussichtsreiche Überschreitung des Unnutzmassivs. Ausdauer und sicherer Tritt sind unerläßlich, bei Benützung des Sonnbergliftes (1222 m) etwas kürzer.	Achenkirch (916 m, 🚍), Ferienort nördlich des Achensees.	Achenkirch – Zöhreralm (1 Std.) – Hochunnutz (3 Std.) – Vorderunnutz (2078 m; 4 Std.) – Köglalm (5 Std.) – Achenkirch (6 Std.)	Mark. Wege	Zöhreralm (1334 m), Köglalm (1420 m)
30 Hochiss, 2299 m Der höchste Rofangipfel ist ein sehr populäres Gipfelziel, auch des kurzen Anstiegs wegen. Lohnend die Überschreitung mit Abstieg zum Achensee-Ostufer.	🚡 Bergstation der Rofan-Seilbahn bei der Erfurter Hütte (1831 m), Talstation Maurach (975 m, 🚍).	Erfurter Hütte – Hochiss (1½ Std.) – Streichkopfgatterl (2196 m) – Kotalmtörl (1976 m) – Kotalm – Achenseehof (5 Std.)	AV-Mark. 413	Erfurter Hütte (1831 m), Kotalm (1260 m), Achenseehof (936 m)
31 Rofanspitze, 2259 m Etwas für Gipfelsammler: fünf auf einen Streich! Dazu viel Aussicht, packende Tiefblicke und am Sagzahn ein kleines Felsabenteuer (kann umgangen werden).	🚡 Bergstation der Rofan-Seilbahn bei der Erfurter Hütte (1831 m), Talstation Maurach (975 m, 🚍).	Erfurter Hütte – Spieljoch (2236 m) – Rofanspitze (2 Std.) – Sagzahn (2228 m) – Vorderes Sonnwendjoch (2224 m; 3 Std.) – Schermsteinalm – Haidachstellwand (2192 m) – Erfurter Hütte (5¾ Std.)	Gut mark. Wege	Erfurter Hütte (1831 m)
32 Ebner Joch, 1957 m Aussichtskanzel über dem Inntal, der Kernregion des Rofan südlich vorgelagert. Faszinierende Tiefblicke zum Inn und auf den Achensee; am südlichen Horizont die Dreitausender des Alpenhauptkamms (Zillertaler Alpen).	Maurach (975 m, 🚍), Ferienort am Südende des Achensees.	Maurach – Astenau (1½ Std.) – Ebner Joch (3 Std.) – »Hubersteig« – Maurach (5¾ Std.)	Mark. Wege	Gh. Astenau (1482 m)
33 Zireinsee, 1799 m – Bayreuther Hütte, 1576 m Gemütliche Hütten- und Bergabwanderung (vom Zireinsee in 1¼ Std. mark. Steig auf die Rofanspitze, 2259 m,).	🚡 Bergstation der Sonnwendjochbahn (1790 m), Talstation Kramsach (513 m, 🚍).	Liftstation – Zireinsee (¾ Std.) – Bayreuther Hütte (1¾ Std.) – Kramsach (3½ Std.)	Bez. Wege	Liftstation (1790 m), Bayreuther Hütte (1576 m)
34 Voldöppberg, 1510 m Gipfelrunde über dem Inntal, überwiegend schattig, im Sommer aber trotzdem recht warm. Und hinterher ein kühlendes Bad im Reintaler See?	Kramsach (513 m, 🚍) im Inntal.	Kramsach – Frauensee – Voldöppberg (3 Std.) – Berglsteiner See (713 m) – Reintaler See – Kramsach (5½ Std.).	Mark. Wege	Am Reintaler See
35 Heuberg, 1746 m, und Kienberg, 1786 m Zwei Gipfel und viel Aussicht bietet diese Tour im Hinterland von Brandenberg.	Brandenberg (919 m, 🚍), Zufahrt von Kramsach bis zum Gh. Kink (20 Min. vom Ort).	Gh. Kink – Heuberg (1746 m) – Kienberg (2¾ Std.) – Einkehrboden – Oberberg (4¼ Std.) – Gh. Kink (5 Std.)	Bez. Wege, ab Oberberg Straße	Gh. Kink

Meine Favoriten

06 Falkenhütte, 1848 m, und Steinfalk, 2347 m

Berühmte Wände, stiller Gipfel

Ganz zufällig gilt die Eng ja nicht als einer der schönsten Winkel des Karwendels, und ganz früh am Morgen – Tau glitzert auf den Wiesen, die ersten Sonnenstrahlen tasten über Felsgrate – kann man auch hier »heile Bergwelt« erleben. Eine Illusion, wir wissen es, aber eine schöne. Wer nur bis zur Falkenhütte wandert,

muß mit viel Gesellschaft unterwegs rechnen; am Weg zum Steinfalk dagegen ist man auch mitten im Sommer meistens allein: Der Weg zieht sich ganz schön, zuletzt wird's recht felsig, und oben gibt's nur Aussicht und die mitgebrachte Brotzeit.

➡ In zwei Stunden steigt man vom »Almdörfchen« in der Eng hinauf zum Hohljoch (1794 m), wo sich ein erster Blick auf die berühmten Laliderer Wände bietet. Die Wandflucht begleitet den Wanderer dann

bis hinüber zur Falkenhütte, die auf einer kleinen Anhöhe vor dem felsigen Szenario steht.

Der Weiterweg zum Steinfalk – lässig markiert – führt nach Norden, erst links um das Ladizköpfl herum, dann leicht abwärts ins Ladizjöchl (1825 m). Richtig aufwärts geht es erst hinter dem Mahnkopf (2094 m), über Wiesen zum Südgrat des Steinfalk. Nun kurz absteigend links um ein paar Zacken herum, in kurzer, leichter Kletterei zurück zum Grat und auf der Ostseite unter Felsen mühsam zum Gipfel.

Meine Favoriten

07 Schöttelkarspitze, 2050 m

Steiler Zahn, schmale Pfade

Obwohl Seinskopf und Schöttelkarspitze eigentlich bloß Trabanten der (vielbesuchten) Soiernspitze sind, gefällt mir die Tour von Krün über die beiden Gipfel in den Soiernkessel besonders gut: abwechslungsreich und mitunter sogar recht spannend im Wegverlauf, mit viel Aussicht und – nicht zu verachten – zwei Einkehrmöglichkeiten unterwegs. Packend die Tiefblicke vom Seinskopf auf Krün und den Barmsee, idyllisch der Soiernsee, anregend dann die Hangwanderung am »Lakaiensteig« hinaus zur Fischbachalm. Hinweis: Der unmarkierte »Herzogensteig«, Alternative zum Straßenhatscher hinab nach Krün, ist verfallen. Vor einem Begehen wird gewarnt!

➡ Der Aufstieg zum Seinskopf (1961 m) beginnt gleich jenseits der Krüner Isarbrücke: hinauf, im Wald bergan, vorbei am Hüttlegraben, dann steiler zum Nordgrat. Hier bietet sich ein erster Blick auf die zerfurchte Westflanke der Schöttelkarspitze. Weiter rechts des Kamms zur Westschulter des Seinskopfs. Dahinter zunächst bergab, dann hinüber und bergan zum Felderkreuz, wo an einem engen Durchschlupf der Weg zur Schöttelkarspitze abzweigt. Vom Gipfel im Zickzack abwärts in den Soiernkessel mit seinem (zweigeteilten) See. Vom Soiernhaus (1611 m) auf dem teilweise ausgesetzten »Lakaienweg« (Drahtseile) hinaus zur Fischbachalm und dann zurück nach Krün.

15 Freiungen-Höhenweg

Karwendel-Höhenwandern

Höhenwege – wer wüßte es nicht? – haben ihren besonderen Reiz: oben sein, in Gipfelnähe, hoch über den Talniederungen, jede Menge Aussicht genießen. Das alles trifft natürlich auch auf den »Freiungen-Höhenweg« zu, einem Wanderklassiker im Karwendel. Und den Aufstieg übernimmt hier die Seilbahn; unter dem Härmelekopf ensteigt man ausgeruht der Gondel: Auf geht's!

➡ Von der Seilbahnstation auf gutem Weg unter Härmelekopf (2224 m) und Reither Spitze (2374 m) hindurch zur Nördlinger Hütte. Dahinter in einem Bogen hinab zum Ursprungsattel (2096 m) und anschließend unter den bizarren, senkrecht stehenden Kalkschichten der Freiungentürme in die Kuhlochscharte (2171 m). Dahinter über mehrere Gräben (Drahtseile) bergab ins

Höllkar und hinüber zu dem bereits lange sichtbaren Solsteinhaus. Abstieg zur Bahnstation Hochzirl (922 m) auf vielbegangenem Weg durch das Brunntal.

28 Guffert, 2195 m

Klein-Matterhorn überm Achental

Am Guffert kommt man nur schwer vorbei – der (von Westen gesehen) eleganten, freistehenden Felspyramide kann eine Bergsteigerseele auf Dauer einfach nicht widerstehen. Und daß er vergleichsweise leicht zu besteigen ist, tut der Popularität des Gipfels natürlich auch keinen Abbruch. Der kürzeste Weg verläuft von Steinberg über die Südflanke; ungleich schöner (und nur wenig weiter) ist die Rundtour: von Norden hinauf, über die sonnige Südflanke hinab.

➡ Der Aufstieg führt zunächst in einem weiten Bogen um den bewaldeten Sockel des Guffert herum auf die Nordseite. Hier quert er mehrere abschüssige Gräben, in denen sich der Schnee oft bis in den Sommer hinein hält. Oberhalb der Issalm rechts aufwärts zu den Felsen, über einen kurzen Steilaufschwung (Drahtseil, Haken) auf die mächtige Schrofenschräge und im Zickzack zum Kamm. Rechts um einen ersten Aufschwung herum, dann mehr oder weniger entlang der felsigen Gratschneide (einige verlotterte Sicherungen) zum Gipfelkreuz. Am Grat zurück, dann über den breiten Rücken hinab in die Mulde unter dem Guffertstein. Nun erst durch Latschen, dann im Wald abwärts, zuletzt auf einer Forstpiste rechts zum Ausgangspunkt der Runde beim Gh. Bergalm.

Blickfang in der Eng: die Spitzkarspitze (2506 m) mit ihren mächtigen Felsabstürzen.

Das Zillertal

Kontraste zwischen Inn und Alpenhauptkamm

Ganz typisch für die Zillertaler Alpen: die von eiszeitlichen Gletschern tief ausgehobelten »Gründe«. Im Bild die Gunggl.

Das Zillertal und seine Berge: ein Landstrich voller Gegensätze, verkitscht da, urtümlich dort, in Teilen dem Wintertourismus preisgegeben, mit seinen der Energiegewinnung geopferten »Gründen« (Tälern), über denen ungerührt die Dreitausender stehen. Ihnen wurde erst jüngst Ruhe verordnet, eine »Ruhezone Zillertaler Alpen« ins Leben gerufen, was wohl ein weiteres Ausufern der touristischen Erschließung verhindern soll. Ob man drunten im Zillertal, wo mit Events auf der grünen Wiese (»Zillertaler Schürzenjäger« etc.) Massen angelockt werden, wohl gemerkt hat, daß hier Landschaft, hochalpin und einigermaßen unversehrt, Grundlage jeden Geschäftes ist? Und mit diesen »steinigen« Pfunden kann man durchaus wuchern, das wird jeder bestätigen, der sich in den Gründen umgesehen hat, dem Hohen Riffler aufs hohe Haupt gestiegen ist, den Stilluppgrund umwanderte oder frühmorgens von der Terrasse der Kasseler Hütte beobachtet hat, wie die ersten Sonnenstrahlen kleine »Feuerchen« an den hohen, zersplitterten Graten des Floitenkamms entzündeten.

Wichtigste Fremdenorte der Region sind Zell am Ziller, Mayrhofen und Hintertux.

Der Hochfeiler, höchster Zillertaler Gipfel, spiegelt sich im Friesenbergsee.

Führer & Landkarten

Umfassend über die Zillertaler Alpen informiert der AV-Führer (W. Klier), wie dieser beim Bergverlag Rother ist der kleine Wanderführer »Zillertaler Alpen« erschienen. Und richtig Lust aufs Wandern und Bergsteigen zwischen Olperer und Gerlospaß macht das Buch »Zillertaler Alpen« von Bernd Ritschel und Horst Heller (Bergverlag Rother).
Das gesamte Gebiet decken die beiden Freytag & Berndt-Karten 151 »Zillertal-Tuxer Alpen« und 152 »Mayrhofen-Zillertaler Alpen« ab. Wer lieber mit der amtlichen Österreichischen Karte (1:50 000) wandert, benötigt die Blätter 145, 146, 149, 150. Vom Alpenverein gibt es drei Kartenblätter »Zillertaler Alpen« im Maßstab 1:25 000.

Alle Wanderungen auf einen Blick

Tourenziel/Charakteristik	Ausgangspunkt	Wegverlauf & Gehzeit	Markierung	Einkehr am Weg
01 Reither Kogel, 1336 m Hübscher »Guck-ins-Land« über der Mündung des Zillertals. Wer's ganz bequem mag, benützt entweder den Sessellift oder die Straße zum Kerschbaumer Sattel (1111 m).	Reith bei Brixlegg (637 m, 🚋), 2 km südlich von Brixlegg (534 m) gelegenes Dörfchen.	Reith – Hubkapelle – Reither Kogel (2¼ Std.) – Reith (3¾ Std.)	Bez. Wege	Gh. Nisslhof unweit der Liftstation
02 Kellerjoch, 2344 m Vielbesuchter, isoliert über dem Inntal stehender Wander- und Skiberg. Am »Alpinsteig« Trittsicherheit unerläßlich.	🚠 Bergstation (1865 m) der von Fügen (545 m, 🚋) ausgehenden Spieljochbahn.	Spieljoch – »Alpinsteig« – Kellerjochhütte – Kellerjoch (2½ Std.) – Kellerjochhütte – Gartalm-Hochleger (1849 m) – Geolsalm (1733 m) – Spieljoch (4½ Std.)	»Alpinsteig« rot-weiß bez.	Kellerjochhütte (2237 m)
03 Hamberg, 2095 m Rundwanderung über dem Märzengrund, besonders schön im Herbst.	Gattererberg, Streusiedlung über der Mündung des Märzengrundes. Zufahrt von Stumm (556 m, 🚋), Parkmöglichkeit beim Gh. Bergrast (1060 m; 6 km).	Bergrast – Hamberg (3 Std.) – Obweinalm (1548 m) – Inneröfen – Bergrast (6½ Std.)	Bez. Wege	Gh. Bergrast (1060 m).
04 Rastkogel, 2762 m Beliebte Kammwanderung mit großer Zillertaler Gipfelschau; die Umgebung des Penken »schmücken« zahlreiche Liftanlagen und Güterwege.	🚠 Bergstation der Penkenbahn (1762 m), Talstation Mayrhofen (633 m, 🚋).	Seilbahnstation – Gschößberg – Penken (2095 m) – Wanglalm – Rastkogel (4 Std.); Abstieg auf dem gleichen Weg (gesamt 6½ bis 7 Std.)	Bez. Wege	Mehrere Gh. zwischen Seilbahn und Penken
05 Grüblspitze, 2395 m – Ramsjoch, 2508 m Abwechslungsreiche Runde, dank der »Aufstiegshilfe« nur mäßig anstrengend. Panorama mit Gletscherblick, dazu der stimmungsvolle Torsee; alte Höfe in Gemais.	🚠 Bergstation der Eggalm-Gondelbahn (1984 m), Talstation Lanersbach (1281 m, 🚋).	Eggalm – Grüblspitze (1½ Std.) – Ramsjoch (2½ Std.) – Nasse Tux – Gemais – Lanersbach (5½ Std.)	Örtliche Mark.	Eggalm (1984 m)
06 Tettensjoch, 2276 m Almrunde mit Gipfelabstecher, Aufstieg recht steil.	Lanersbach (1281 m, 🚋) im Tuxer Tal.	Lanersbach – Tettensjoch (3 Std.) – Kreuzjoch (2178 m) – Höllensteinhütte – Lanersbach (5½ Std.)	Mark. Wege	Höllensteinhütte (1710 m) mit kleinem Bauernmuseum
07 Wandspitze, 2614 m Abwechslungsreiche Runde über dem inneren Tuxer Tal; im Gschützkar viele Gemsen, üppige Flora.	Hintertux (1493 m, 🚋), Ferienort am Ende der Tuxer Talstraße, knapp 20 km ab Mayrhofen.	Hintertux – Bichlalm – Kellenspitze (2179 m; 2 Std.) – Wandspitze (3½ Std.) – Weitental – Hintertux (5½ Std.)	Örtliche Bez. 31, AV-Nr. 323	Bichlalm (1695 m)
08 Spannagelhaus, 2531 m – Tuxer-Joch-Hütte Große Runde unter dem Olperer mit faszinierenden Hochgebirgsbildern. Weniger schön all die Lifte und Pisten: Fun, fun, fun… Unbedingt besuchenswert: die Spannagelhöhle (Führungen).	Hintertux (1493 m, 🚋), Ferienort am Ende der Tuxer Talstraße, knapp 20 km ab Mayrhofen.	Hintertux – Schraubenfall – Spannagelhaus (3½ Std.) – Tuxer-Joch-Hütte (5 Std.) – Weitental – Hintertux (6¾ Std.)	AV-Mark. 526, 325, 326	Spannagelhaus (2531 m), Tuxer-Joch-Hütte (2313 m)
09 Gamshütte, 1921 m – Wildschrofen Hütten- und Höhenwanderung; faszinierend die Aus- und Tiefblicke vom »Berliner Höhenweg« in mehrere Zillertaler »Gründe«.	Dornauberg (985 m, 🚋) im Zemmgrund, 10 km von Mayrhofen.	Dornauberg – Gamsgrube (½ Std.) – Gamshütte (3¼ Std.) – »Berliner Höhenweg« – Wildschrofen (2145 m; 5 Std.) – Dornauberg (7 Std.).	Rote Mark.	Gamshütte (1921 m), Oberböden (1533 m)
10 Hoher Riffler, 3231 m Leichter Dreitausender, Bergerfahrung, Ausdauer und sicheres Wetter sind aber dennoch Bedingung für die Tour.	Speicher Schlegeis (1782 m, 🚋), Endpunkt der Straße (Maut) durch den Zemmgrund, 23 km ab Mayrhofen.	Speicher Schlegeis – Friesenberghaus (2 Std.) – Hoher Riffler (4½ Std.); Abstieg auf dem gleichen Weg (gesamt 7½ Std.)	AV-Mark. 532, rote Bez.	Dominikushütte (1805 m), Friesenberghaus (2477 m)
11 Olpererhütte, 2388 m Höhen- und Hüttenrunde zwischen Schlegeisstausee und Olperer (3476 m), Abschnitt des »Berliner Höhenweges«.	Speicher Schlegeis (1782 m, 🚋), Endpunkt der Straße durch den Zemmgrund (Maut), 23 km von Mayrhofen.	Speicher Schlegeis – Friesenberghaus (2 Std.) – »Berliner Höhenweg« – Olpererhütte (3½ Std.) – Speicher Schlegeis (5 Std.)	AV-Mark. 532, 526, 502	Dominikushütte (1805 m), Friesenberghaus (2477 m), Olpererhütte (2388 m)
12 Schönbichler Horn, 3134 m Dreitausender am Übergang vom Speicher Schlegeis in den oberen Zemmgrund. Ausdauer und Bergerfahrung notwendig (kurze gesicherte Passagen).	Speicher Schlegeis (1782 m, Mautstraße, 🚋), dorthin vorteilhaft per Bus, das Auto bleibt dann beim Gh. Breitlahner, Endpunkt der Tour.	Speicher Schlegeis – Furtschaglhaus (2¾ Std.) – Schönbichler Horn (5 Std.) – Gh. Alpenrose (7 Std.) – Gh. Breitlahner (1257 m; 8¾ Std., 🚋)	AV-Mark.	Furtschaglhaus (2293 m), Gh. Alpenrose (1873 m), bew. Mitte Mai bis Anfang Okt.; Grawandhütte (1636 m)

Alle Wanderungen auf einen Blick

Tourenziel/Charakteristik	Ausgangspunkt	Wegverlauf & Gehzeit	Markierung	Einkehr am Weg
13 Greizer Hütte, 2227 m Gemütliche Talwanderung in den Floitengrund.	Ginzling (985 m, 🚌), kleiner Flecken im Zemmgrund, 10 km von Mayrhofen.	Ginzling – Greizer Hütte (4 Std.); Abstieg auf dem gleichen Weg (gesamt 6¾ Std.)	AV-Mark. 521	Greizer Hütte (2227 m), Steinbockhaus (1382 m), Tristenbachalm (1177 m)
14 Kasseler Hütte, 2177 m Interessante Runde über dem innersten Stilluppgrund vor großer Gipfelkulisse. Eine gesicherte Passage, Trittsicherheit unerläßlich..	Grüne-Wand-Hütte (1438 m) im Stilluppgrund, Wanderbus ab Mayrhofen oder ab Speicher Stillupp (1116 m).	Grüne-Wand-Hütte – Kasseler Hütte (2 Std.) – Eiskar – Lapenkar (5 Std.) – Grüne-Wand-Hütte (7 Std.)	AV-Mark. 502, 518	Kasseler Hütte (2177 m)
15 Ahornspitze, 2973 m Fast-Dreitausender und großer Aussichtspunkt, bei Benützung der Ahornbahn Tagespensum. Trittsicherheit. Vom Gipfel einmalige Schau über die Zillertaler Alpen und in ihre Gründe; besonders eindrucksvoll die tiefen Gräben von Ziller- und Stilluppgrund.	🚡 Bergstation der Ahornbahn auf der Filzenrast (1960 m), Talstation Mayrhofen (633 m, 🚌).	Filzenrast – Edelhütte (1 Std.) – Ahornspitze (3¼ Std.); Abstieg auf dem gleichen Weg (5½ Std.)	AV-Mark. 514, rote Bez.	Edelhütte (2238 m)
16 Sundergrund Wenig anstrengende Wanderung in das einsame Hochtal.	Gh. In der Au (1265 m, 🚌) im Zillergrund, 10 km ab Mayrhofen (Mautstraße).	In der Au – Kainzenalm – Karboden (1840 m; 2½ Std.); Abstieg auf dem gleichen Weg (gesamt 4 Std.)	Bez. Weg	Gh. In der Au (1265 m)
17 Plauener Hütte, 2373 m – »Hannemannweg« Abwechslungsreiche Runde unter den bizarren Felsbauten der Reichenspitzgruppe (Reichenspitze, 3303 m). Sehr schön der Talschluß mit Rauhkofel (3252 m) und Kleinspitze (3169 m).	Gh. Bärenbad (1450 m) im inneren Zillergrund, 12 km ab Mayrhofen (Mautstraße); Wanderbus bis zum Speicher Zillergründl (1850 m).	Gh. Bärenbad – Speicher Zillergründl (1¼ Std.) – Plauener Hütte (2¾ Std.) – »Hannemannweg« (4 Std.) – Schönangerl – Speicher Zillergründl – Gh. Bärenbad (6¾ Std.)	AV-Mark. 502, 517	Gh. Bärenbad (1450 m), Plauener Hütte (2373 m)
18 Brandberger Kolm, 2700 m Recht anstrengende Tagestour, vom Gipfel packende Rundschau.	Brandberg (1082 m, 🚌), Streusiedlung über dem untersten Zillergrund, 5 km ab Mayrhofen.	Brandberg – Kolmhaus (2¼ Std.) – Brandberger Kolm (4¾ Std.); Abstieg auf dem gleichen Weg (gesamt 7½ Std.)	AV-Mark. 513, rote Bez.	Kolmhaus (1845 m)
19 Hochfeld, 2350 m Aussichtsreiche Kammwanderung über den Tälern der Ziller und des Gerlosbachs. Mehrere Varianten möglich, auch Übergang zum Brandberger Kolm.	🚡 Bergstation der Gerlossteinbahn (1645 m), Talstation Zell am Ziller (Hainzenberg, 🚌).	Seilbahn – Gerlossteinwand (2166 m; 1½ Std.) – Hochfeld (2¼ Std.) – Heimjöchl – Seilbahn (3¾ Std.)	Bez. Wege	Rest. Panorama (1645 m)
20 Kreuzjoch, 2558 m Großzügige Überschreitung ins Gerlostal; großes Panorama vom Gipfel.	🚡 Bergstation der Kreuzkogelbahnen auf der Rosenalm (1730 m), Talstation Zell am Ziller (575 m, 🚌).	Rosenalm – Törljoch (2189 m) – Kreuzjoch (2½ Std.) – Richbergkogel (2278 m) – Gerlostalalm (1756 m) – Gerlos (1245 m; 5½ Std., 🚌)	Örtliche Mark. 10, 9	Rosenalm (1730 m)
21 Seespitz, 2360 m Abwechslungsreiche Runde unter dem Brandberger Kolm. Vom Gipfel hübscher Blick nach Westen, auf die Berge rund um Mayrhofen und das Tuxer Tal.	Gh. Kühle Rast (1191 m, 🚌) an der Strecke Zell am Ziller – Gerlos.	Kühle Rast – Weißbachlalmen – Seespitz (3½ Std.) – Brandbergjoch (2307 m) – Schwarzachgrund – Kühle Rast (6 Std.)	Mark. Wege	Gh. Kühle Rast (1191 m)
22 Arbiskogel, 2048 m Kleine Gipfeltour südlich über Gerlos.	Gerlos (1245 m, 🚌), Ferienort an der Strecke Zell am Ziller – Gerlospaß.	Gerlos – Arbiskogel (2½ Std.) – Lackengrubenalm (1696 m) – Gerlos (4¼ Std.)	Örtliche Mark. 7	–
23 Zittauer Hütte, 2329 m, und Kreuzkogel, 2845 m Großes Alpenpanorama bietet der Ausflug zur Zittauer Hütte am Unteren Wildgerlossee; noch umfassender ist die Schau vom Roßkogel. Am Gipfel Trittsicherheit; weiter sehenswert: Leitenkammerklamm.	Gh. Finkau (1420 m) im Wildgerlostal, Mautstraße, 6 km ab Gerlospaß (1507 m, 🚌).	Finkau – Zittauer Hütte (3¼ Std.) – Kreuzkogel (4¾ Std.); Abstieg auf dem gleichen Weg (7¾ Std.)	AV-Mark. 540	Gh. Finkau (1420 m), Zittauer Hütte (2329 m)

Meine Favoriten

Das »Dach« der Zillertaler Alpen: der Hochfeiler (3509 m), vom Aufstieg zum Friesenberghaus aus gesehen. Im Tal dazwischen (im Bild nicht sichtbar) liegt der Speicher Schlegeis, einer der zahlreichen Stauseen in dieser Alpenregion.

10 Hoher Riffler, 3231 m
Dreitausend und drüber

Natürlich ist der Olperer (3476 m) das Gipfelziel schlechthin im Westen der Zillertaler Alpen – aber halt nicht für Wanderer. Die nehmen sich dafür gerne den Hohen Riffler vor, auch er ein ordentlicher Dreitausender mit großer Rundschau, markiertem Aufstieg und einer Hütte auf halbem Weg.
Als leicht kann man einen Dreitausender – das sei hier in Erinnerung gerufen – nur bei gutem Wetter bezeichnen; bei einem Wettersturz, schlechter Sicht oder gar Schneefall verwandelt sich übersichtliches Gelände schnell in einen Irrgarten, kommt man leicht vom richtigen Weg ab.

➡ Von der Staumauer Schlegeis zunächst kurz bergan zur Dominikushütte, dann rechts über einen Bach und horizontal zu ein paar Kehren, die aus dem Wald hinaufleiten in offenes Almgelände. Am Alblegg kommt das Friesenberghaus ins Blickfeld. Hinter der Hütte führt die markierte Spur in Ostrichtung bergan gegen die Peterscharte; rechts das mit vielen Steinmännern »verzierten« Petersköpfl (2679 m). An der Senke beginnt der langgestreckte Südgrat des Hohen Riffler. Den ersten Steilaufschwung umgeht man links, dann bleibt die Route bis zum Gipfel mehr oder weniger am Grat; Geröll, Schneeflecken und Blockwerk wechseln ab. Oben am Kreuz gibt's die große Rundschau – und drunten im Friesenberghaus die verdiente Brotzeit. Prost!

09 Gamshütte, 1921 m – Wildschrofen
Auf den »Berliner Höhenweg«

Charakteristisch für die Zillertaler Alpen sind ihre tiefen, vom Gletschereis ausgehobelten Trogtäler – die »Gründe«. Die längsten – Zemm-, Stillupp- und Zillergrund – stoßen, im Mündungsbereich schluchtartig verengt, bei Mayrhofen (633 m) zusammen. Einen Kilometer über dem untersten Zemmgrund thront die Gamshütte, Ausgangspunkt des »Berliner Höhenweges«. Der wiederum vermittelt lehrbuchmäßige Talbilder; besonders schön der Blick auf das Profil des Floitengrundes, der vom Großen Löffler (3379 m) markant abgeschlossen wird.

➡ Von Dornauberg-Ginzling wandert man zunächst links des Zemmbachs talauswärts. Beim Gasthaus Gamsgrube (978 m) beginnt der Aufstieg zur Gamshütte, überwiegend schattig, allerdings auch mit wenig Aussicht. Umso mehr zu sehen gibt's dann auf dem »Berliner Höhenweg«, der beim Schutzhaus mit ein paar Kehren startet, dann ohne größere Höhenunterschiede die Karmulden unter den Grinbergspitzen quert, ehe er kurz zu einer winzigen Scharte am Wildschrofengrat (2142 m) ansteigt. Gleich dahinter beginnt der Abstieg, ordentlich bezeichnet, aber zunächst teilweise weglos. Die Wildalpe bleibt rechts; an der Jausenstation Oberböden (1533 m) links in den Wald und auf guten Wegen weiter abwärts in den Zemmgrund.

Berliner Höhenweg

Sieben-Tage-Tour durch die Zillertaler Alpen, Nächtigung jeweils in AV-Hütten. Durchgehend mit 502 bez., hochalpine Steige; einige recht anspruchsvolle, teilweise gesicherte Passagen, z. B. auf dem Teilstück von der Gamshütte zum Friesenberghaus, an der Mörchnerscharte und am »Siebenschneidenweg«. Von allen Hütten Zwischenabstiege möglich.
Wegverlauf: Finkenberg – Gamshütte (1. Tag) – Friesenberghaus (2. Tag) – Furtschaglhaus (3. Tag) – Schönbichler Horn – Berliner Hütte (4. Tag) – Mörchnerscharte – Greizer Hütte (5. Tag) – Lapenscharte – Kasseler Hütte (6. Tag) – »Siebenschneidenweg« – Edelhütte (7. Tag) – Mayrhofen.

Berchtesgadener & Chiemgauer Alpen

Bayerische Bilderbuchlandschaften

Vorstellen muß man den Königssee wohl nicht mehr, so wenig wie die »Märchenschlösser« des unglücklichen Ludwig. See und alte Gemäuer gehören zum Inventar der Bayerischen Alpen, sie locken Touristen in Scharen und aus aller Welt an. So wird eine Fahrt über den »schönsten Alpensee« – Watzmann und Trompetenecho inklusive – gelegentlich zur wenig erbaulichen Veranstaltung. Doch einmal den Massen entkommen, erlebt man die Landschaft in ihrer ganzen Schönheit, wird aus Sightseeing Naturerlebnis, ist man als Wanderer unter seinesgleichen. Und der entdeckt nicht bloß im Berchtesgadener Land

lohnende Ziele; weiter westlich, in den Chiemgauer Bergen, lockt vor allem mancher Voralpengipfel mit einer kontrastreichen, stimmungsvollen Aussicht: hinaus ins flache Land, hinein ins Hochgebirge. Zu so einer Wanderung »auf Bayrisch« gehört neben dem weißblauen Himmel natürlich eine ordentliche Brotzeit mitsamt dem schaumgekrönten Nationalgetränk. Wohl bekomm's! Wichtige touristische Zentren im Osten der Bayerischen Alpen sind neben Berchtesgaden die Kurstadt Bad Reichenhall, Inzell, Ruhpolding und Reit im Winkl. Berühmtester Gipfel der Region ist natürlich der Watzmann (2713 m); in den Chiemgauer Alpen hält das Sonntagshorn (1960 m) den (bescheidenen) Rekord.

Chiemgauer Voralpenidylle:
Doaglalm (Spatenaualm) und Hochries.

Führer & Landkarten

Rother hat in seinem Programm gleich vier Titel über die Region: die beiden kleinen Wanderführer »Chiemgau« und »Berchtesgadener Land«, dann »Berchtesgadener und Chiemgauer Wanderberge« sowie den AV-Führer »Berchtesgadener Alpen«. Bei Bruckmann deckt der Führer »Wanderberge Bayern-Tirol« das Gebiet ab.
Ein genaues Kartenbild der Region liefern die Blätter »Chiemsee« und »Berchtesgadener Alpen« (1:50 000) sowie »Nationalpark Berchtesgaden« (1:25 000) des Bayerischen Landesvermessungsamtes.

Alle Wanderungen auf einen Blick

Tourenziel/Charakteristik	Ausgangspunkt	Wegverlauf & Gehzeit	Markierung	Einkehr am Weg
Chiemgauer Alpen				
01 Heuberg, 1338 m Hübscher mehrgipfliger »Guck-ins-Land« hoch über dem Inntal. Schwindelfreie unternehmen am Drahtseil einen Abstecher auf die felsige Wasserwand (1367 m).	Nußdorf am Inn (486 m, 🚃), Autobahnausfahrt Brannenburg.	Nußdorf – Bichler Alm (1024 m) – Heuberg (2½ Std.) – Wh. Duft (3¾ Std.) – Kirchwald – Nußdorf (5 Std.)	Örtliche Mark. 2, 1	Daffnerwaldalm (1050 m), Wh. Duft (785 m)
02 Hochries, 1568 m Das ganze Jahr über viel besuchtes Gipfelziel am Alpenrand mit 🚡 und zahlreichen Anstiegsvarianten.	Parkplatz Spatenau (740 m) 3 km südlich von Grainbach (684 m, Gemeinde Samerberg).	Parkplatz – Wimmeralm (1151 m) – Hochries (3 Std.) – Karkopf (1496 m) – Alfred-Drexel-Haus – Wh. Spatenau – Parkplatz (5¼ Std.)	Bez. Wege	Hochrieshaus (1568 m), Wh. Spatenau (Doaglalm)
03 Klausenberg, 1548 m Runde in der Mittelgebirgslandschaft zwischen Aschau und der Hochries. Am Grat Klausenberg – Abereck Trittsicherheit notwendig.	Aschau im Chiemgau (615 m, 🚃). Großer Parplatz beim Schloß Hohenaschau (696 m).	Hohenaschau – Klausen (3½ Std.) – Klausenberg (1554 m) – Abereck (1461 m) – Hofalm – Hohenaschau (6 Std.)	Örtliche Mark.	Klausen (1508 m), Hofalm (970 m)
04 Geigelstein, 1808 m Markantes Felsprofil, durch (Ski-)Erschließungspläne in die Schlagzeilen geraten. Von Westen eine lange Tour.	Sachrang (731 m, 🚃), Ferienort im Tal des Prien, an der Strecke Aschau – Niederaudorf.	Sachrang – Priener Hütte (3 Std.) – Geigelstein (4¼ Std.) – Wandberghütte – Wildbichler Alm (1050 m) – Sachrang (7½ Std.)	Örtliche Mark.	Priener Hütte (1411 m), Wandberghütte (1318 m)
05 Kampenwand, 1664 m Blickfang bei der Fahrt über die Salzburger Autobahn, vielbesuchtes Gipfelziel am Alpenrand mit 🚡 ab Aschau. Einige gesicherte Felspassagen (nur für Geübte).	Rottau (538 m, 🚃), Ferienort im Süden des Chiemsees.	Rottau – Schmiedalm (1011 m) – Steinlingalm (3½ Std) – Kampenwand (4 Std.) – Steinlingalm – Rottauer Hinteralm – Rottau (7 Std.)	Örtliche Mark.	Steinlingalm (1448 m).
06 Hochplatte, 1587 m Obwohl etwas im Schatten der (höheren) Kampenwand stehend, lohnt sich die Tour auf die Hochplatte allemal – auch der stimmungsvollen Gipfelschau wegen.	🚡 Bergstation (1050 m) des Hochplatten-Sesselliftes; Talstation bei Niedernfels (Ortsteil von Marquartstein, 546 m, 🚃).	Sessellift – Hochplatte (1¾ Std.) – Staffen-Rundweg – Sessellift – Niedernfels (4½ Std.)	Örtliche Mark. H2, 48, G3	Gh. Staffnalm (1045 m) bei der Liftstation, Piesenhauser-Hochalm (1370 m)
07 Hochgern, 1744 m Markanter Alpenrandgipfel über dem Chiemsee, eine der schönsten Aussichtswarten des Chiemgaus; etwas Ausdauer erforderlich.	Marquartstein (546 m, 🚃), stattlicher Ort an der Straße nach Reit im Winkl.	Marquartstein – Agerschgwendalm – Hochgernhaus (2¾ Std.) – Hochgern (3½ Std.) – Staudacher Alm (1142 m; 4¾ Std.) – Marquartstein (6¾ Std.)	Örtliche Mark.	Agergschwend (1040 m), Hochgernhaus (1461 m)
08 Fellhorn, 1764 m Hausberg von Reit im Winkl mit recht langen, aber eher gemütlichen Anstiegen; Kleinbusse ab Blindau zur Hindenburghütte.	Blindau (721 m), Ortsteil im Süden von Reit im Winkl (695 m, 🚃)	Blindau – Hindenburghütte (1206 m; 1½ Std.) – Straubinger Haus (2¾ Std.) – Fellhorn (3½ Std.) – Klausenbergalm (5½ Std.) – Blindau (6 Std.)	Örtliche Mark. 15, 152, 27	Hindenburghütte, Straubinger Haus
09 Hörndlwand, 1684 m Gurnwandkopf (1691 m) und Hörndlwand bilden die beiden Gipfel des felsigen Bergstocks nordöstlich des seichten Weitsees.	Seehaus (750 m, 🚃) an der Strecke Ruhpolding – Reit im Winkl.	Seehaus – Branderalm (1 Std.) – Hörndlalm (1425 m) – Hörndlwand (3 Std.) – Ostertal – Seehaus (5¼ Std.)	Mark. 46	Seehaus (750 m)
10 Hochfelln, 1664 m Vielbesuchter Aussichtsberg mit Seilbahn und großem (dem schönsten?) Chiemgau-Panorama. Bequemer Anstieg von Ruhpolding, Abstiegsweg bei Nässe unangenehm!	Ruhpolding (655 m, 🚃), bekannter Chiemgauer Ferienort; evtl. auch Egg (810 m), Zufahrt 2,5 km.	Ruhpolding – Egg – Hochfellnweg – Hochfelln (3½ Std.) – Steinbergalm – Bacherwinkl – Ruhpolding (6¼ Std.)	Bez. Wege, Nrn. 6, 61	Hochfellnhaus (1664 m), Brünndlinghaus, Steinbergalm (1002 m)
11 Hinterer Rauschberg, 1671 m, und Streicher, 1594 m Mit seinem markanten Profil beherrscht der Rauschberg den Talkessel von Ruhpolding.	🚡 Bergstation der Rauschbergbahn (1625 m), Talstation 3 km südöstlich von Ruhpolding (655 m, 🚃).	Seilbahn – Rauschberg (¾ Std.) – Rauschbergalm – Streicher (2¼ Std.) – Keitlalm – Sackgrabenalm – Talstation Seilbahn (5 Std.)	Mark. 2, 24, 23, 22, 21	Rauschberghaus (1645 m), Keitlalm (970 m)
12 Ristfeuchthorn, 1569 m Felsdurchsetzter Bergstock über dem Zusammenfluß von Saalach und Weißenbach. Steiler Anstieg, gemütlicher Abstieg und zuletzt wildromantische Klammstrecke.	Schneizlreuth (516 m, 🚃) an der Strecke Bad Reichenhall – Lofer.	Schneizlreuth – Ristfeuchthorn (3¼ Std.) – Weißbach (5 Std.) – Weißbachschlucht – Schneizlreuth (6½ Std.)	Mark. Wege	In Weißbach (603 m)
13 Sonntagshorn, 1960 m Höchster Gipfel der Chiemgauer Alpen und dazu ein Berg mit zwei Gesichtern: einladend die Südflanke, schroff die Nordseite.	Heutal (968 m), Streusiedlung 9 km westlich von Unken (563 m, 🚃), mautpflichtige Zufahrt.	Heutal – Hochalm – Sonntagshorn (2¾ Std.); Abstieg auf dem gleichen Weg (gesamt 5 Std.)	Mark. 19	Hochalm (1460 m)

Alle Wanderungen auf einen Blick

Tourenziel/Charakteristik	Ausgangspunkt	Wegverlauf & Gehzeit	Markierung	Einkehr am Weg
14 Hochstaufen, 1771 m, und Zwiesel, 1782 m Große, anspruchsvolle Runde mit leichten Kletterstellen (I–II) und einigen gesicherten Passagen. Gute Kondition unerläßlich.	Gh. Adlgaß (806 m), 5 km östlich vom Ferienort Inzell (692 m, 🚌). Wanderparkplatz unterhalb des Wirtshauses.	Adlgaß – Hochstaufen (Reichenhaller Haus, 3¼ Std.) – Zwiesel (6 Std.) – Adlgaß (7¾ Std.)	Mark. Wege	Gh. Adlgaß (806 m), Reichenhaller Haus (1750 m), bew. Anfang Mai bis Mitte Okt.
15 Hochstaufen, 1771 m Natürlich wird der Bad Reichenhaller Hausberg meistens von der bekannten Kurstadt aus bestiegen – was im Sommer allerdings recht schweißtreibend ist! Beim Aufstieg über die (felsigen) »Stoanernen Jager« ist Trittsicherheit unerläßlich.	Bad Reichenhall (473 m, 🚌), Kurstadt an der Saalach.	Bad Reichenhall (Staufenbrücke) – Vorderstaufen – Hochstaufen (Reichenhaller Haus, 4 Std.) – Padinger Alm (6½ Std.) – Bad Reichenhall (7¼ Std.)	Mark. Wege	Reichenhaller Haus (1750 m), Padinger Alm (667 m)

Berchtesgadener Alpen

Tourenziel/Charakteristik	Ausgangspunkt	Wegverlauf & Gehzeit	Markierung	Einkehr am Weg
16 Predigtstuhl, 1613 m Über das Lattengebirge, mit oder ohne 🚡, von Bad Reichenhall nach Hallthurm. Bei der »Steinernen Agnes« handelt es sich um eine bizarre Felsgestalt.	Bad Reichenhall (473 m, 🚌), Kurstadt an der Saalach, Bahnhof Kirchberg.	Bad Reichenhall – »Waxriessteig« – Predigtstuhl (3½ Std.) – Hochschlegel (1688 m) – Steinerne Agnes – Rotofensattel – Hallthurm (694 m, 🚆; 6½ Std.)	AV-Mark.	Predigtstuhl-Hotel (1613 m), Gh. Schlegelmulde (1560 m)
17 Neue Traunsteiner Hütte, 1570 m Der »Wachtlersteig« vermittelt leichten, landschaftlich sehr reizvollen Zugang zum Karstplateau der Reiter Alm. Abstieg auf dem gleichen Weg (2½ Std.) oder nördlich nach Schneizlreuth.	Schwarzbachwacht (889 m, 🚌) an der Strecke Schneizlreuth – Ramsau.	Schwarzbachwacht – Neue Traunsteiner Hütte (3½ Std.) – Schrecksattel (1620 m; 4 Std.) – Oberjettenberg (6 Std.) – Schneizlreuth (516 m; 6¾ Std., 🚌)	AV-Mark. 470, 474	Neue Traunsteiner Hütte (1570 m)
18 Blaueishütte, 1651 m In die Felskulisse des Hochkaltermassivs führt diese Hüttentour.	Ramsau (670 m, 🚌), Ferienort knapp 10 km westlich von Berchtesgaden.	Ramsau – Schärtenalm – Blaueishütte (2¾ Std.); Abstieg auf dem gleichen Weg (gesamt 4½ Std.)	AV-Mark. 485	Schärtenalm (1362 m), Blaueishütte (1651 m)
19 Hochalmscharte, 1599 m Tal- und Almwanderung mit packendem Watzmannblick. Für den Aufstieg zur Scharte Trittsicherheit (Drahtseile).	Parkplatz Wimbachbrücke (634 m, 🚌), 7 km westlich von Berchtesgaden.	Wimbachbrücke – Wimbachschloß (1½ Std.) – Hochalmscharte (3½ Std.) – Eckaualm – Wimbachbrücke (5¾ Std.)	AV-Mark. 421, 485	Wimbachschloß (937 m)
20 Toter Mann, 1331 m Vielbesuchter Berchtesgadener Aussichtsgipfel mit 🚡 Sessellift und mehreren markierten Anstiegen.	Ramsau (670 m, 🚌), knapp 10 km westlich von Berchtesgaden.	Ramsau – Schluchtweg – Zipfhäusl – Hirscheck (1242 m; 2½ Std.) – Toter Mann – Söldenköpfl (3¼ Std.) – Soleleitungsweg – Ramsau (4¾ Std.)	Mark. Wege	Mehrere Gasthäuser unterwegs
21 Falzalm, 1625 m, und Archenkanzel, 1346 m Große Runde am Watzmannstock; von der Archenkanzel grandioser Blick auf den Königssee und seine Kulisse. Abstecher zum Watzmannhaus (1928 m; 1½ Std. hin und zurück) möglich.	Parkplatz Wimbachbrücke (634 m, 🚌), 7 km westlich von Berchtesgaden.	Wimbachbrücke – Stubenalm – Falzalm (3 Std.) – Kühroint (4 Std.) – Archenkanzel – Kühroint (4¾ Std.) – Schapbachalm – Wimbachbrücke (7 Std.)	AV-Mark. 441, 442, 443	Kührointhütte (1420 m)
22 Grünstein, 1303 m, und Archenkanzel, 1346 m Abwechslungsreiche Tour über zwei prächtige Aussichtspunkte, Abstieg nach St. Bartholomä steil mit exponierten Passagen.	Königssee (602 m, 🚌) am Nordende des gleichnamigen Sees.	Königssee – Grünstein (2 Std.) – Weiße Wand – Kühroint (3½ Std.) – Archenkanzel – »Rinnkendlsteig« – St. Bartholomä (604 m; 6¼ Std., 🚢)	AV-Mark. 445, 443	Grünsteinhütte (1200 m), Kührointhütte (1420 m), St. Bartholomä
23 Kärlinger Haus, 1630 m Große Wanderrunde am Nordrand des Steinernen Meers; wer eine Übernachtung einplant, kann andertags den Funtenseetauern (2578 m) besteigen (3 Std., mark.).	St. Bartholomä (604 m, am Westufer des Königssees), Anlegestelle für die Schiffe vom Ort Königssee (🚢).	St. Bartholomä – Saugasse – Kärlinger Haus (4 Std.) – Grünsee (1474 m) – »Saggerecksteig« – Saletalm (7½ Std.)	AV-Mark. 412, 416, 422	Kärlinger Haus (1630 m), bew. Pfingsten bis Mitte Okt.; St. Bartholomä, Saletalm
24 Obersee und Röthbach-Wasserfall Beliebte, wenig anstrengende Wanderung.	Saletalm (605 m) am Südufer des Königssees. Schiffsanlegestelle.	Saletalm – Obersee (613 m) – Röthbach-Wasserfall (1½ Std.); Rückweg auf der gleichen Route (gesamt knapp 3 Std.)	AV-Mark. 424	Saletalm (605 m)
25 Gotzenalm, 1685 m Abwechslungsreiche Runde über dem Ostufer des Königssees; faszinierende Blicke auf die Watzmann-Ostwand. Alternativer Ausgangspunkt: Mittelstation der 🚡 Jennerbahn.	Schiffanlegestelle »Kessel« (604 m) am Ostufer des Königssees.	Kessel – Gotzentalalm (1110 m; 1½ Std.) – Gotzenalm (3¼ Std.) – Regenalm (1540 m; 3¾ Std.) – »Kaunersteig« – Saletalm (6 Std.)	AV-Mark. 494, 493, 492	Gotzenalm (1685 m), Saletalm (605 m)

Alle Wanderungen auf einen Blick

Tourenziel/Charakteristik	Ausgangspunkt	Wegverlauf & Gehzeit	Markierung	Einkehr am Weg
26 Schneibstein, 2275 m Alpine Runde (»Kleine Reib'n«) mit hochgelegenem Ausgangspunkt. Bergerfahrung und ein sicherer Tritt unerläßlich.	⛰ Bergstation der Jennerbahn (1802 m), Talstation Königssee (602 m, 🚢) am Nordufer des Sees.	Jenner – Stahlhaus (1728 m) – Schneibstein (2 Std.) – Seeleinsee (1809 m; 3¾ Std.) – Priesbergalm – Jenner-Seilbahn (Mittelstation, 1185 m; 6 Std.)	AV-Mark. 499, 416, 497	Stahlhaus (1728 m), Priesbergalm (1510 m)
27 Jenner, 1874 m Vom Aussichtsgipfel zum großen See: eine gemütliche Bergabwanderung.	⛰ Bergstation der Jenner-Seilbahn (1802 m), Talstation Königssee (602 m, 🚢) am Nordufer des Sees.	Seilbahn – Jennergipfel – Königsbachalm (1200 m; 1¾ Std.) – »Hochbahnweg« – Königssee (3 Std.)	Mark. Wege	Königsbachalm (1200 m)
28 Hoher Göll, 2522 m Großes Gipfelziel über dem Roßfeld, nur für Geübte! Am »Kamin« unterhalb des Nordgrates gesicherte Passage.	Roßfeldstraße, 🚌 bei der Enzianhütte (ca. 1220 m), 9 km von Berchtesgaden.	Roßfeldstraße – Eckersattel (1413 m) – Purtschellerhaus (1½ Std.) – Hoher Göll (4¼ Std.); Abstieg auf dem gleichen Weg (gesamt 7 Std.)	AV-Mark. 451	Purtschellerhaus (1692 m)
29 Kneifelspitze, 1189 m Hübscher »Guck-ins-Land« bei Berchtesgaden, fast das ganze Jahr über erreichbar.	Wallfahrtskirche Maria Gern in Vordergern (730 m, 🚌), 4 km von Berchtesgaden.	Maria Gern – Marxen – Kneifelspitze (1¼ Std.) – Maria Gern (2 Std.)	Bez. Wege	Paulshütte (1189 m)

Meine Favoriten

14 Hochstaufen, 1771 m, und Zwiesel, 1791 m
Oben drüber

Hausberg von Bad Reichenhall ist der Hochstaufen, und die Standardtour beginnt denn auch drunten an der Saalach. Oben auf der Terrasse der Gipfelhütte herrscht bei Schönwetter mitunter ein ordentliches Gedränge, dafür ist man auf der Kammroute zum Zwiesel meistens allein: zu weit, zu anspruchsvoll. Das betrifft weniger die gesicherten Passagen, eher schon die Länge der Tour, die zu bewältigenden Höhenunterschiede. Dafür bietet die Runde faszinierende Ausblicke ins flache Land, hinaus bis in die Donauniederung und hinein in die Alpen.

➤ Der Auftakt zur großen Runde ist eher lau, aber wenigstens schattig. Auf Forstpisten und Ziehwegen durchwandert man die ausgedehnte Waldregion am Nordfuß des Bergmassivs. Erst hinter der Abzweigung zur Steiner Alm (1027 m) geht die Straße in einen schmalen Weg über, wird das Gelände steiler. Im Zickzack steigt man rasch höher, erst noch durch Latschen und lichten Wald, dann zwischen Felsen (einige Sicherungen). Zuletzt rechts über den abgeflachten Gipfelrücken zum höchsten Punkt; knapp darunter steht das Reichenhaller Haus.
Der Weiterweg zum Zwiesel führt am Westgrat abwärts bis in die Scharte unter dem Hendelbergskopf (1657 m). Hier rechts über plattige Felsen (Drahtseil) auf die Höhe, am Kamm hinüber zum Mittelstaufen (1618 m) und anschließend bergab in die Roßkarscharte (1440 m, einige Seilsicherungen, leichte Kletterstellen). Dahinter

schweißtreibend steil auf den Zennokopf (1758 m) und über den latschenbewachsenen Rücken zum Zwiesel (1791 m). Weiter am Kamm in die Neunerluck, wo der Talabstieg beginnt: zwischen Krummholz, später im Wald hinunter und hinaus zum Ausgangspunkt der großen Runde beim Gasthaus Adlgaß.

25 Gotzenalm, 1685 m
Eine Königssee-Wanderung

Über den See zur Bergtour, eine kühle Brise vor dem Anstieg – so kann wandern am Königssee sein. Auf der Runde über die Gotzenalm bleibt der See malerische Kulisse, zusammen mit dem Watzmann (2715 m), dessen berühmt-berüchtigte Ostwand direkt zu seinem Ufer abstürzt. Beim Abstieg zur Regenalm geht die Aus-

sicht dann zu den Randerhebungen des Steinernen Meers. Drunten auf der Saletalm geht's dann wieder aufs Schiff: Leinen los!

➤ Von der Anlegestelle »Kessel« auf dem ehemaligen königlichen Reitweg in flachen Schleifen im Wald bergan zur Gotzentalalm (1110 m), wo man auf eine Alpstraße trifft. Sie schraubt sich in ein paar Kehren hinauf zu dem weitläufigen Gotzen-Almgebiet unter dem Warteck (1741 m; Abstecher zur Aussicht Feuerpalfen). Nun abwärts zur Regenalm (1540 m), hier rechts unter den Felsen des Gotzenbergs hindurch und schließlich auf dem »Kaunersteig« im Wald über viele Kehren hinab zum See. Links am Ufer entlang zur Saletalm.

Blick vom Wandberg (bei Sachrang) Richtung Inntal.

Kaiser, Loferer Steinberge & Kitzbüheler Alpen

Grauer Fels oder grüne Wiesen: der Tiroler Osten

Was für Kontraste: Hier die bizarren Zinnen des Wilden Kaisers, dort die sanft geschwungenen Linien der Kitzbüheler Alpen; zwischen Kufstein und St. Johann heller Kalk, weiter südlich grünt es

bis hinauf zu den Gipfeln. Das macht die Kitzbüheler Berge zu einem idealen Wanderrevier mit leicht erreichbaren Höhen und herrlicher Aussicht dazu. Einziger Schönheitsfehler: zu viele Straßen, und fast noch mehr Lifte und Seilbahnen, Pisten und Beschneiungsanlagen. Wer's aushält im Sommer…

Anderswo ist die Bergwelt noch (fast) heil, etwa in den Loferer Steinbergen, wo alle Wege weit und alle Gipfel hoch sind. Etwas für Bergsteiger alten Schlags, die gerne mit der Natur allein sind. Garantiert mehr Gesellschaft findet man auf den meisten Wegen des Kaisergebirges; da herrscht auf der Wochenbrunner Alm oft (Park)Platznot, bewegt sich oft ein bunter Tatzelwurm von der Griesner Alm hinauf zum Stripsenjoch. An so einem Tag war ich allerdings drüben an der Maukspitze auch schon ganz allein.

Kitzbühel ist der touristische »Nabel« der Region; günstige Standorte für eine Wanderwoche sind die zahlreichen kleineren Ferienorte zwischen Alpbach im Westen und Lofer im (salzburgischen) Nordosten.

Grüne Höhen und grauer Kalk: der Wildsee, das Wildseeloderhaus und die Loferer Steinberge.

Führer & Landkarten

Über die Wandermöglichkeiten im Kaisergebirge informiert der Führer »Rund um den Wilden Kaiser«, den Westteil der Kitzbüheler Alpen deckt der kleine Führer »Wildschönau« ab. Die gesamten Kitzbüheler Alpen mit ihren Tourenmöglichkeiten sind im AV-Führer beschrieben (alle bei Rother). Wer zu Fuß zwischen Kössen und Paß Thurn unterwegs ist, benötigt die beiden Freytag & Berndt-Kartenblätter 301 »Kufstein-Kaisergebirge« und 121 »Großvenediger-Oberpinzgau«. Die gesamte Region wird von sechs Blättern der Österreichischen Karte (1:25 000 bzw. 1:50 000) abgedeckt: 90, 91, 92, 120, 121, 122. Beim Alpenverein gibt es eine Karte übers Kaisergebirge (1:25 000) und zwei Karten »Kitzbüheler Alpen« (1:50 000).

Alle Wanderungen auf einen Blick

Tourenziel/Charakteristik	Ausgangspunkt	Wegverlauf & Gehzeit	Markierung	Einkehr am Weg
Kaisergebirge				
01 Vorderkaiserfelden, 1388 m Beliebte Hüttenwanderung mit schöner Aussicht auf den Wilden Kaiser, meist auch im Winter gespurt.	Kufstein (499 m, 🚆), historisches Städtchen am Inn.	Kufstein-Sparchen – Vorderkaiserfeldenhütte (2¾ Std.) – Bodenalm – Pfandlhof (783 m) – Kufstein (4½ Std.)	Mark. Wege, teilweise Sträßchen	Rietzalm (1160 m), Vorderkaiserfeldenhütte (1388 m), Pfandlhof (783 m)
02 Pyramidenspitze, 1997 m Höchster Gipfel des Zahmen Kaisers mit packender Schau auf die Kletterzacken des Wilden Kaisers. Aufstieg aus dem Winkelkar gesichert.	Durchholzen (690 m, 🚆) an der Strecke Oberaudorf – Walchsee.	Durchholzen – Winkelalm (1193 m; 1½ Std.) – Pyramidenspitze (4 Std.); Abstieg auf dem gleichen Weg (gesamt 6½ Std.), alternativ auch Rückweg via Kaiserquelle – Hochalm – Durchholzen (gesamt 8 Std.)	Mark. Wege	–
03 Gamskogel, 1449 m Bei Benützung des Wilder-Kaiser-Liftes gemütliche Halbtagsrunde zwischen Kaisertal und -gipfeln.	🚡 Bergstation des Kaiserliftes am Brentenjoch (1273 m), Talstation Kufstein-Sparchen (501 m, 🚆).	Brentenjoch – Gamskogel (¾ Std.) – Kaindlhütte (1¾ Std.) – Brentenjoch (3 Std.)	Örtliche Mark. 4, 97, AV-Nr. 814	Kaindlhütte (1293 m), Steinberghütte
04 Feldberg, 1813 m Den schönsten Blick auf die Felsbauten des Wilden Kaisers bietet der langgestreckte Feldbergrücken! Abwechslungsreiche Runde mit einigen kurzen gesicherten Passagen.	Griesner Alm (988 m), erreichbar über (mautpflichtige) Zufahrt von Griesenau, 5 km. Wanderparkplatz.	Griesner Alm – Stripsenjoch (1½ Std.) – Stripsenkopf (1809 m) – Feldberg (3¼ Std.) – Griesner Alm (5¾ Std.)	Örtliche Mark. 20, 21	Griesner Alm (988 m), Stripsenjochhaus (1577 m)
05 Scheffauer, 2111 m Westlicher Eckpfeiler des Wilden Kaisers, Aufstieg mit ein paar heiklen Passagen (Drahtseile) unterm Grat; großes Panorama.	Gh. Bärnstatt (918 m, 🚆) an der Straße von Scheffau zum Hintersteiner See.	Gh. Bärnstatt – Scheffauer (3½ Std.); Abstieg auf dem gleichen Weg (gesamt 5¾ Std.)	Mark. 15, AV-Nr. 814	Gh. Bärnstatt (918 m), Steiner Hochalm (1257 m)
06 Hintere Goinger Halt, 2192 m Einer der wenigen auch dem Wanderer zugänglichen Gipfel im Wilden Kaiser. Viel Geröll am Aufstieg von der Gaudeamushütte, deshalb evtl. über Gruttenhütte und »Jubiläumssteig« gehen (mark., gesichert).	Wochenbrunner Alm (1080 m), Zufahrt (Maut) von Ellmau (804 m), knapp 5 km. Großer Parkplatz.	Wochenbrunner Alm – Gaudeamushütte – Ellmauer Tor (3 Std.) – Hintere Goinger Halt (3¾ Std.); Abstieg auf dem gleichen Weg (gesamt 6 Std.)	AV-Mark. 812	Wochenbrunner Alm (1080 m), Gaudeamushütte (1263 m)
Loferer Steinberge				
07 Kirchberg, 1678 m Hübsche Alm- und Gipfelrunde, ideal im Herbst.	St. Ulrich am Pillersee (847 m, 🚆), Ferienort am Fuß der Loferer Steinberge.	St. Ulrich – »Pillersee-Weitwanderweg« – Kirchberg (4 Std.) – Schafelberg (1593 m) – St. Ulrich (6 Std.)	Kreismark., Abstieg AV-Nr. 611	Winterstelleralm
08 Nurracher Höhenweg Große Überschreitung in den Loferer Steinbergen, vom Mitterhorn bis zum Ulrichshorn. Fast 2000 Höhenmeter, daher nur etwas für Ausdauernde. Kurze gesicherte Passagen.	St. Ulrich am Pillersee (847 m, 🚆), Ferienort am Pillersee, je 8 km ab Fieberbrunn bzw. Waidring. Zufahrt nach Weißleiten (928 m).	Weißleiten – Lastal – Mitterhorn (2506 m; 4¾ Std.) – »Nurracher Höhenweg« – Ulrichshorn (2080 m; 8 Std.) – St. Ulrich (10½ Std.)	Bestens mark. Wege, AV-Nr. 613, 612	–
09 Loferer Alpe; Grubhörndl, 1747 m Ausgedehnte Rundtour auf der Loferer Alpe; verschiedene (auch kürzere) Varianten möglich.	🚡 Mittelstation der Loferer-Alm-Bahn (1002 m) am Loderbichl, Talstation Lofer (626 m, 🚆). Alternativ Mautstraße Lofer – Loderbichl – Loferer Alpe.	Loderbichl – Grünhörndl (2¼ Std.) – Loferer Alpe (3¼ Std.) – Thälernalm – Lofer (6 Std.)	Bez. Wege	Loferer Alpe
10 Schmidt-Zabierow-Hütte, 1963 m Lange Hüttenwanderung in die »Mondlandschaft« der Loferer Steinberge. Läßt sich mit dem »Nurracher Höhenweg« zur großartigen Zwei-Tage-Tour erweitern.	Lofer (626 m, 🚆), Ferienort an der Saalach. Von der Straße nach Waidring Zufahrt ins Loferer Hochtal (2 km, Truppenübungsplatz).	Loferer Hochtal – Schmidt-Zabierow-Hütte (3½ Std.); Abstieg auf dem gleichen Weg (gesamt 6 Std.)	AV-Mark. 601	Schmidt-Zabierow-Hütte (1963 m), bew. Juli bis Ende Sept.
11 Prax-Eishöhle Spannender Abstecher ins Bergesinnere; Auskunft und Anmeldung zur Höhlentour beim Tourismusverband Lofer.	St. Martin bei Lofer (634 m, 🚆), evtl. der Weiler Kirchenthal (880 m, 2 km).	St. Martin – Kirchenthal (¾ Std.) – Prax-Eishöhle (2¾ Std.), Führung etwa 2 Std.; Abstieg auf dem gleichen Weg (gesamt 6½ bis 7 Std.)	Mark. Weg	Kirchenthal
12 Großes Hundshorn, 1703 m Abwechslungsreiche Runde: Schluchten, Wald und ein überraschend weites Gipfelpanorama. Trittsicherheit unerläßlich!	St. Martin bei Lofer (634 m, 🚆), kleines Dorf im Saalachtal, 2 km von Lofer.	St. Martin – Hundssattel – Großes Hundshorn (3½ Std.) – Hundssattel – Wildenthal (806 m) – St. Martin (6¼ Std.)	Bez. Wege	–

Alle Wanderungen auf einen Blick

Tourenziel/Charakteristik	Ausgangspunkt	Wegverlauf & Gehzeit	Markierung	Einkehr am Weg
Kitzbüheler Alpen				
13 Gratlspitz, 1898 m Abwechslungsreiche Runde mit steilem Anstieg, hübschem Panorama und Spuren des ehemaligen Silberbergbaus.	Alpbach (975 m, 🚌), Ferienort im gleichnamigen Tal, 9 km ab Brixlegg.	Alpbach – Gratlspitz (2½ Std.) – Hochalmhaus (3½ Std.) – Bischofer Alm – Alpbach (5¼ Std.)	Mark. Wege	Hochalmhaus (1452 m)
14 Alpbacher Höhenweg Gemütliche Hangwanderung im Grünen. Talmuseum in Inneralpbach.	Alpbach (975 m, 🚌), Ferienort im gleichnamigen Tal, 9 km ab Brixlegg.	Alpbach – Egg (1216 m) – Inneralpbach (1¾ Std.) – Alpbach (2¾ Std.)	Örtliche Bez. A8, A7	Mehrere Gh. am Weg
15 Gamssteig; Sagtaler Spitze, 2240 m Überraschend alpine Route über dem innersten Alpbachtal; am Kamm vom Tristenjoch zur Sagthaler Spitze einige gesicherte Passagen. Nur für Geübte!	Greither Graben, Parkplatz gegenüber vom Gh. Leiten (ca. 1090 m), ab Brixlegg via Alpbach 12 km.	Greither Graben – Tristenjoch (3 Std.) – »Gamssteig« – Sagtaler Spitze (4¼ Std.) – Hochstand (2057 m) – Greither Graben (6½ Std.)	Rot-gelbe Mark., Abstieg gelb und AV-Mark. 722	Gh. Leiten im Greither Graben
16 Großer Galtenberg, 2424 m Höchster Gipfel über dem Alpbachtal mit weitreichender Aussicht. Bergerfahrung und Trittsicherheit.	Inneralpbach (1100 m, 🚌), 11 km von Brixlegg via Alpbach.	Inneralpbach – Großer Galtenberg (4 Std.) – Kleiner Galtenberg (2318 m) – Farmkehralm (1517 m) – Greither Graben – Inneralpbach (7 Std.)	Aufstieg AV-Mark. 721	Farmkehralm
17 Großes Beil, 2309 m Felsig-markantes Gipfelziel zwischen Alpbachtal und Wildschönau. Mark. Anstieg für Bergerfahrene.	Schwarzenau (938 m, 🚌), Zufahrt von Wörgl via Auffach.	Schwarzenau – Gressensteinalm (1807 m) – Großes Beil (4½ Std.); Abstieg auf dem gleichen Weg (gesamt 7½ Std.)	Mark. Wege	Schönangeralm (1181 m)
18 Schafsiedel, 2447 m An vier kleinen Bergseen vorbei zur großen Aussicht – eine dankbare Gipfeltour. Stützpunkt ist die Bamberger Hütte, weitere lohnende Ziele sind das Kröndlhorn (2444 m; 2 Std. von der Hütte, mark.) und der Östliche Salzachgeier (2466 m; 2½ Std., AV-Mark.)	Gh. Wegscheid (1148 m), Zufahrt ab Hopfgarten via Kelchsau (790 m, 🚌), 16 km.	Gh. Wegscheid – Bamberger Hütte (1¾ Std.) – Wildalmseen – Schafsiedel (3¾ Std.); Abstieg auf dem gleichen Weg (gesamt 6 Std.)	AV-Mark. 718	Gh. Wegscheid; Neue Bamberger Hütte (1761 m), bew. Juni bis Mitte Okt.
19 Lodron, 1925 m Der Lodron ist vor allem als Skitourenziel bekannt; im Sommer läßt er sich leicht in eine hübsche Gipfelrunde einbeziehen.	Kelchsau (790 m, 🚌), Anfahrt von Hopfgarten, 8 km.	Kelchsau – Hartkaserjoch (1639 m; 2½ Std.) – Lodron (3½ Std.) – Lodronhütte – Kelchsau (6 Std.)	Bez. Wege	Jausenstation Sonnblick (1090 m)
20 Berg-Welt-Panoramaweg Kaiserblick statt Kaiserwanderung. Gemütliche Panoramatour vom Hartkaser zum Astberg. Zwischenabstiege möglich, Talfahrt mit dem Hausberg-Sessellift.	🚠 Bergstation der Standseilbahn auf den Hartkaser (1524 m), Talstation Ellmau (804 m, 🚌).	Hartkaser (1555 m) – Zinsberg (1680 m) – Botenalm (1388 m) – Hausberg-Lift (4–5 Std.)	Höhenweg-Mark.	Mehrere Gh.
21 Brechhorn, 2031 m Gipfelziel über dem Spertental. Die Runde läßt sich leicht um den lohnenden Abstecher auf den Gampenkogel (1957 m) erweitern (1½ Std., mark.)	Aschau (1013 m, 🚌) im Spertental, 8 km ab Kirchberg.	Aschau – Wirtsalmen – Brechhorn (3¼ Std.) – Brechhornhaus (4 Std.) – Spertental – Aschau (5¾ Std.)	Mark. Wege	Brechhornhaus (1660 m)
22 Großer Rettenstein, 2366 m Markantes Felshorn inmitten der »grünen« Kitzbüheler Alpen. Am Gipfel kurze, leichte Kraxelei (I), großes Panorama.	Hintenbachalm (1141 m), Zufahrt von Kirchberg über Aschau (1013 m, 🚌), knapp 12 km (mautpflichtig).	Hintenbachalm – Schöntalalm (1601 m) – Großer Rettenstein (3 Std.) – Spießnägel (5 Std.) – Hintenbachalm (6¼ Std.)	Rot-weiß bez.	Hirzeggalm (1553 m)
23 Schwarzkogel, 2030 m Großzügige, lange Kammwanderung; alternativ kann man auch »oben einsteigen«: per Gondelbahn von Klausen zur Ehrenbachhöhe (1802 m).	Jochberg (923 m, 🚌), Ferienort an der Straße Kitzbühel – Paß Thurn.	Jochberg – Vogelalm (1296 m) – Pengelstein (1938 m; 3½ Std.) – Schwarzkogel – Blaue Lacke (1866 m; 6 Std.) – Talsenhöhe (1928 m) – Bruggeralm – Jochberg (8¼ Std.)	Bez. Wege	Bruggeralm
24 Gamshag, 2178 m Gamshag und Tristkogel (2095 m) bilden den alpinen Background von Kitzbühel. Besteigen kann man die beiden Gipfel natürlich auch, am besten von der Bochumer Hütte aus.	Gh. Hechenmoos (826 m, 🚌) an der Strecke Kitzbühel – Jochberg.	Hechenmoos – Bochumer Hütte (1½ Std.) – Tor (1933 m; 3 Std.) – Gamshag (3¾ Std.) – Schützkogel (2067 m) – Schlichtenalm – Hechenmoos (6½ Std.)	Mark. Wege	Bochumer Hütte (1430 m)

Alle Wanderungen auf einen Blick

Tourenziel/Charakteristik	Ausgangspunkt	Wegverlauf & Gehzeit	Markierung	Einkehr am Weg
25 Wildseeloder, 2118 m Vielbesuchter Gipfel im Nordosten der Kitzbüheler Alpen: Gondelbahn, Bergsee, Hütte, große Aussicht.	Mittelstation Streuböden (1204 m) oder Bergstation Lärchfilzkogel (1654 m) der Fieberbrunner Gondelbahn.	Streuböden – Wildalm (1579 m) – Wildseeloderhaus (2¾ Std.) – Wildseeloder (3½ Std.); Abstieg auf dem gleichen Weg (gesamt 5½ Std.)	AV-Mark. 711, am Gipfel Mark. 5	Gh. Streuböden (1204 m), Wildalmgatterl, Wildseeloderhaus (1854 m)
26 Fieberbrunner Höhenweg Lange, mit mehreren Gegensteigungen »gewürzte« Höhenwanderung. Von der Gebrakapelle Zwischenabstieg möglich	Pletzergraben südlich von Fieberbrunn, Zufahrt, nach 2,5 km bei Brücke Abzw. des Weges.	Pletzergraben – Wildseeloderhaus (2¾ Std.) – Wildseeloder (3½ Std.) – »Fieberbrunner Höhenweg« – Gaisbergsattel (1681 m) – Pletzergraben (9¼ Std.)	AV-Mark. 711, örtliche Bez. 5, 2	Wildalmgatterl, Wildseeloderhaus (1854 m), Gh. Pletzer (994 m)

Meine Favoriten

06 Hintere Goinger Halt, 2192 m

Ein richtiger Kaisergipfel

Mitten ins steinerne Herz des Wilden Kaisers führt diese Tour, was dem Wanderer eine Vielzahl packender Landschaftsbilder beschert – sofern er schwindelfrei und trittsicher ist. Beides braucht's am »Jubiläumssteig«, der einen zwar etwas längeren, aber ungleich interessanteren Zustieg ins (geröllige) Kübelkar vermittelt, und auch der Weg zum Gipfel, oberhalb des Ellmauer Törls, geht über leichte Felsen. Der Gipfel bietet dann ein weites Panorama, interessanter als der ferne Horizont aber ist die felsige Nachbarschaft, das Kletterdorado Kaiser.

➡ Von der Wochenbrunner Alm auf vielbegangenem Weg, zunächst in schattenspendendem Wald, aufwärts zur Gruttenhütte. Ellmauer Halt und Kopftörlgrat bleiben links, der »Jubiläumssteig« steuert eine tiefe, felsige Schlucht an, die, erst ab-, dann wieder ansteigend, mit Hilfe solider Sicherungen gequert wird. Anschließend auf Felsbändern, gelegentlich etwas luftig ins Kübelkar und auf dem Schotterweg aufwärts ins Ellmauer Tor. Hier rechts auf ausgetretener Spur über Schrofen in die Gratsenke zwischen der Vorderen und der Hinteren Halt und links zum Gipfel. Beim Abstieg nimmt man dann den direkten Weg durchs Kübelkar zur Gaudeamushütte, vorsichtig am Weg oder mit Siebenmeilenstiefeln im Geröll.

08/10 Überschreitung der Loferer Steinberge

Einmal zum Mond und zurück

Man muß sie erlebt, erwandert haben, die Loferer, die sich so unvermittelt-steil aus den grünen Tälern rundum erheben, eine steinerne Wüste unter Gipfelzacken, von Wind und Wetter zernagt, kein Schatten, nur die gleißende Sonne. Genügend Wasser muß man also mitnehmen, wie bei einer Reise zum Mond, und gut trainiert sollten Loferer-Anwärter auch sein. Die Wege sind lang, bereits der Anstieg zum einzigen Refugium in dem Massiv zieht sich ordentlich, und anderntags warten das Mitterhorn (Großes Hinterhorn, 2506 m), der »Nurracher Höhenweg« und ein Abstieg, der in die Knie geht: genug für einen ausgefüllten Tag.

➡ Der Aufstieg aus dem Loferer Hochtal ist eine gute Einstimmung für die Überschreitung des Massivs und macht bald einmal klar, warum hier vor den »Bergen« die Steine kommen. Am nächsten Morgen, die Täler liegen noch im Schatten, geht's auf schmaler Spur über Bänder und Schrofen zum Mitterhorn und zum großen Panorama. Von der hohen Warte aus überschaut man auch den Verlauf des »Nurracher Höhenweges« am Grat und quer durch die auffallend gebänderten Felsflanken hoch über dem Lastal: über die beiden Rothörner, dann unter dem Rothörnl (2395 m) hindurch zum Schafeckl (2176 m) und weiter übers Seehorn (2155 m) bis auf das kreuzgeschmückte Ulrichshorn (2030 m). Hier beginnt der Talabstieg im Links-rechts-Takt bis hinaus ins Flache, nach St. Ulrich. Wer sich dabei heiß- oder wundgelaufen hat, sollte zumindest seinen Hax'n im Pillersee etwas Abkühlung gönnen.

Einkehr nach der Tour: Blick zurück, von der Gaudeamushütte auf Vordere Karlspitze (2260 m) und Ellmauer Tor.

Meine Favoriten

22 Großer Rettenstein, 2366 m

Felsiger Zahn in den Kitzbüheler Alpen

Sein schroffes Felsprofil paßt nicht so recht ins grüne Bild der Kitzbüheler Alpen, doch macht es ihn als Gipfelziel besonders anziehend. Und gar so abweisend, wie sich der Rettenstein während der Anfahrt durch das Spertental gibt, ist er dann doch nicht: über die Ostflanke steigt ein Zickzackweg hinauf bis unter die Gipfelfelsen. Oben gibt's viel Aussicht und hinterher die Möglichkeit zu einer sehr reizvollen Kammwanderung, vom Schöntaljoch bis zu den Spießnägeln (1881 m).

➡ Von der Hintenbachalm zunächst steil über einen bewaldeten Hang bergan, dann flacher in den südlich ansteigenden Schöntalgraben. Oberhalb des Schöntalscherm diagonal am Hang aufwärts, vorbei an der Abzweigung zum Schöntaljoch, und im Zickzack bis in eine markante Scharte unter den Gipfelfelsen. Hier rechts und in leichter Kraxelei zum großen Kreuz.

Zurück zur erwähnten Verzweigung, dann rechts unter den Felsen hinüber ins Schöntaljoch (2030 m). Hier beginnt die Kammwanderung, die, vorbei an mehreren winzigen Moortümpeln, in leichtem Auf und Ab bis zu den Spießnägeln führt. Zwischen den Felsen hindurch und in bequemen Kehren rechts hinunter zur Hirscheggalm. Nun auf der Straße hinab in den Unteren Grund.

25/26 Wildseeloder, 2118 m, und »Fieberbrunner Höhenweg«

Weit wandern in den Kitzbühelern

Höhenwege gibt es mehrere in den Kitzbüheler Alpen, das weiche Schiefergestein hat hier überwiegend sanfte Rücken entstehen lassen, und zu den meisten Gipfeln kommt man ebenfalls ohne Kletterei. Das gilt auch für den Wildseeloder, trotz eines – überflüssigerweise – am Auf-

Wilder-Kaiser-Steig

Durchghend markierter Höhenweg an der Südseite des Wilden Kaisers, von Kufstein bis St. Johann (3 Tage), mit gesicherten Passagen am »Jubiläumssteig« (wenig schwierig). Trittsicherheit und Ausdauer erforderlich. Das Pensum läßt sich beliebig variieren, zahlreiche Zwischenabstiege sind möglich. Routenverlauf: Kufstein – Walleralm (1171 m) – Kaiser-Hochalm – »Gruttenweg« – Gruttenhütte (1620 m) – Baumgartenköpfl – Gamskögerl – Gscheuerkopf – St. Johann. Nächtigung auf der Walleralm und in der Gruttenhütte.

stiegsweg angebrachten Drahtseils. Oben beginnt dann die ebenso lange wie aussichtsreiche Höhenwanderung: von der Jufenhöhe (1890 m) in weitem Bogen hinüber zur Gebrakapelle, die an den (längst aufgegebenen) Bergbau erinnert, und um den schroffen Gebra-Ranggen (2057 m) herum in den Gaisbergsattel.

➡ Die große Runde beginnt im Pletzergraben mit dem Anstieg zur Zielstattalm und weiter zum kleinen Sattel unter dem Lärchfilzkogel. Am Weiterweg, der leicht fallend zur Steinalm (1569 m) leitet, hat man die dunklen Felsen des Wildseeloder und seine Hütte im Blick: über einen Schrofenhang schräg bergan, dann im Zickzack zum Schutzhaus, hinter dem in einer Karmulde der 14 Meter tiefe, fast kreisrunde Wildsee liegt. Nun rechts unter den Felsen aufwärts gegen den Ostgrat und an ihm leicht zum Gipfel.

Eine unmarkierte, aber deutliche Spur leitet südlich hinunter zur Seenieder (1993 m). Weiter leicht bergab in die Jufenhöhe, dann westlich um den Großen Mahdstein (2063 m) herum und über den Kleinen Mahdstein (1899 m) hinab in die Senke vor dem felsigen Bischof (2127 m). Hier über sumpfige Wiesen rechts abwärts und hinaus gegen den bewaldeten Farmkopf (1658 m). Eine längere Hangquerung führt schließlich zu der schon lange sichtbaren Gebrakapelle (1663 m; Abstieg in den Pletzergraben möglich, 1½ Std., Mark. 4). Nun hinauf in einen kleinen Wiesensattel nördlich des Gebra-Ranken (2057 m) und hinüber ins Gebrajoch (1779 m). Am Gaisbersattel (1683 m) endet die Höhenwanderung; rechts leiten Wegspur und rot-weiße Markierungen hinunter zu den Almen im Tal des Lengfilzenbachs. Auf der Straße hinaus in den Pletzergraben.

Mondlandschaft unter blauem Tiroler Himmel: am »Nurracher Höhenweg« in den Loferer Steinbergen.

Der Pinzgau & Saalfelden

Grasberge, Steinberge und Tauerneis

Fast könnte man glauben, die großen Linien dieser Landschaft wären am Reißbrett entstanden, zumindest suggeriert das die Landkarte: Von links nach rechts, wie mit dem Lineal gezogen, erstreckt sich das Pinzgauer Haupttal, vom Gerlospaß bis hinaus in die Gegend des Zeller Sees, rechtwinklig dazu gehen die Tauerntäler ab, tief und lang, zu den Gletschern des Alpenhauptkamms ansteigend, und gegenüber stehen die grünen Kuppen der Kitzbüheler Alpen Parade, alle hübsch aufgereiht.

Nördlich von Zell am See leitet eine flache Wasserscheide ganz diskret von der Salzach über ins verzweigte Tälersystem der Saalach, deren Quellbäche im Glemmtal, und an den Steilabstürzen des Steinernen Meers entspringen – ein abwechslungsreiches Wanderrevier.

Überwiegend motorisiert bewegen sich dagegen die Besucher der »Großglockner-Hochalpenstraße«, die als größte Touristenattraktion in den Hohen Tauern gilt. Symptomatisch: Die 1935 angelegte und als Meisterwerk der Ingenieurkunst gepriesene Strecke zerteilt den (nach endlosen Querelen endlich realisier-

ten) Nationalpark Hohe Tauern: Tourismus vor Naturschutz. Der Park wartet übrigens immer noch auf internationale Anerkennung; gerade 2,5 Prozent der gut 1800 Quadratkilometer unterliegen als Kernzonen echtem Schutz.

Eine Bilderbuch-Tauernlandschaft: das Untersulzbachkees vor dem Großvenediger. Sehr schön die Gletscherzunge, das Vorgelände und die Randmoräne.

Am Weg von Fusch hinauf zur Gleiwitzer Hütte.

Führer & Landkarten

Viele Ziele im Pinzgau beschreiben die beiden Rother-Wanderführer »Hohe Tauern Nord« und »Pinzgau«. Wissenswertes zum großen Schutzgebiet am Alpenhauptkamm vermitteln Walter Weiß und Kurt-Michael Westermann: »Region Nationalpark Hohe Tauern« (Brandstätter). Wer im Pinzgau wandert, benötigt die Freytag & Berndt-Karten 121 »Oberpinzgau-Großvenediger«, 382 »Zell am See-Kaprun-Saalbach« und 193 »Sonnblick-Unterpinzgau«. Die gesamte Region wird auch von den Blättern 121, 122, 123, 151, 152, 153 und 154 der Österreichischen Karte abgedeckt.

Alle Wanderungen auf einen Blick

Tourenziel/Charakteristik	Ausgangspunkt	Wegverlauf & Gehzeit	Markierung	Einkehr am Weg
Pinzgau				
01 Seekarscharte, 2519 m Großzügige Runde zwischen Krimmler Tal und Wildgerlostal, Trittsicherheit. Bei Nebel Orientierungsprobleme.	Krimml (1072 m, 🚌) im obersten Pinzgau, evtl. auch Gh. Schönmoosalm (1434 m, 🚌) an der Gerlosstraße.	Krimml – Breitscharte (1925 m; 2½ Std.) – Leitenkammersteig – Seekarscharte (4½ Std.) – Seekarsee (2230 m) – Krimml (7½ Std.)	Örtliche Mark.	–
02 Krimmler Wasserfälle und Tauernhaus, 1622 m Spritzige Besichtigungsrunde und/oder recht lange Talwanderung. Die 380 m hohen Krimmler Wasserfälle gelten als eine der großen Sehenswürdigkeiten der Ostalpen.	Krimml (1072 m, 🚌) im obersten Pinzgau.	Krimml – Krimmler Wasserfälle (Rundweg 3 Std.) – Krimmler Tauernhaus (3½ Std.); Rückweg auf der gleichen Route (gesamt 6½ Std.)	Bez. Rundweg, AV-Mark. 612	Gh. Schönangerl (1306 m), Krimmler Tauernhaus (1622 m)
03 Gernkogel, 2267 m Hübsche Runde, natürlich (wie bei allen Gipfeln links der Salzach) mit großer Schau zu den Dreitausendern der Hohen Tauern. Etwas Ausdauer erforderlich.	Wald (885 m, 🚌) im Oberpinzgau, an der Abzweigung der alten Gerlosstraße; evtl. auch die Höfe von Vorderwaldberg (1000–1100 m).	Wald – Wurfgrundalm (2 Std.) – Gernkogel (4 Std.) – Berger Hochalm – Reitlasten – Wald (7 Std.)	AV-Mark. 731 (führt zur Gerlosstraße), örtliche Bez.	Wurfgrundalm (1652 m)
04 Seebachsee, 2083 m Abwechslungsreiche Runde über dem vorderen Obersulzbachtal: Almen, Wasserfälle und ein verträumter Bergsee.	Rosental (852 m, 🚌), Weiler im Pinzgau. Straßenzufahrt bis Hopffeldboden (ca. 1050 m), Wanderparkplatz.	Hopffeldboden – Seebachsee (3 Std.) – Berndlalm (4½ Std.) – Hopffeldboden (5½ Std.); ab Rosental gut 7 Std.	Mark. Wege	Berndlalm (1514 m)
05 Obersulzbachtal und Keeskogel, 3291 m Zwei Tage in der Gletscherwelt der Hohen Tauern. »Klammlsteig« zur Kürsinger Hütte gesichert, am Gipfel leichte Blockkletterei. Nur bei sicherem Wetter! Gletscherlehrpfad.	Rosental (852 m, 🚌), Weiler im Pinzgau. Straßenzufahrt bis Hopffeldboden (ca. 1050 m), Wanderparkplatz. Taxifahrten bis Postalm.	Hopffeldboden – Berndlalm (1½ Std.) – Postalm (2½ Std.) – Kürsinger Hütte (5 Std.) – Keeskogel (7½ Std.); Abstieg auf dem gleichen Weg (gesamt etwa 13 Std.)	AV-Mark.	Berndlalm (1514 m), Postalm (1699 m); Kürsinger Hütte (2549 m), bew. Ostern bis Ende Sept.
06 Steinkogel, 2299 m Es muß nicht immer der Wildkogel (2224 m) sein! Länger, schöner, spannender auch ist die Kammrunde über dem Tal des Dürrnbachs. Am Steinkogel leichte gesicherte Passagen (Drahtseile, Leiter).	🚡 Bergstation der Wildkogelbahn (2090 m), Talstation Neukirchen am Großvenediger (858 m, 🚌).	Liftstation – Gensbichlscharte (2022 m) – Frühmesser (2233 m; 1 Std.) – Geigenscharte (2028 m) – Steinkogel (3 Std.) – Steineralm (4¼ Std.) – Neukirchen (6 Std.)	AV-Mark. 733	Gh. Wolkenstein (2022 m), Steineralm (1595 m)
07 Habachtal; Gh. Alpenrose, 1384 m Berühmt geworden ist das Tal durch seinen Mineralienreichtum, vor allem das einmalige Vorkommen von Smaragden. Geologiepfad.	Habachklause (867 m) am Taleingang, 15 Min. von der Bahnstation Habachtal.	Habachklause – Postalm (2½ Std.); Rückweg auf der gleichen Route (gesamt 4 Std.)	Fahrweg	Habachklause (867 m), Gh. Enzian, Gh. Alpenrose
08 Larmkogel, 3022 m Auf hochalpinen Steigen vom Habach- ins Hollersbachtal: zwei Tauern-Tourentage für Bergerfahrene. Am Larmkogel Blockkletterei.	Habachklause (867 m) am Taleingang, 15 Min. von der Bahnstation Habachtal.	Habachklause – Postalm (2½ Std.) – Thüringer Hütte (5½ Std.) – Larmkogelscharte (2934 m; 7½ Std.) – Larmkogel – Fürther Hütte (9½ Std.) – Hollersbach (13½ Std.)	AV-Wege	Thüringer Hütte (2240 m), bew. Ende Juni bis Ende Sept.; Fürther Hütte (2201 m)
09 Pihapperspitze, 2513 m Selten besuchter Aussichtsgipfel, bis zum Pflugberg (2415 m) problemlos, dann schmaler Grat (Sicherungen).	Gh. Berghof (1175 m), Zufahrt von Hollersbach (807 m, 🚌), 4 km.	Gh. Berghof – Pölsneralm (1704 m; 1½ Std.) – Pihapperspitze (4¼ Std.); Abstieg auf dem gleichen Weg (gesamt 7¼ Std.)	Mark. Weg	Gh. Berghof (1175 m)
10 Felbertauern, 2481 m Man kann auch oben drüber: auf dem alten Weg über den Paß. Aufstieg über den Seekessel nur für Geübte (Leiter, Drahtseile).	Hintersee (1313 m), Zufahrt von Mittersill über die Felber-Tauern-Straße, ca. 12 km.	Hintersee – Seekessel – Felbertauern (4 Std.) – Nassfeld – Trudental – Hintersee (6½ Std.)	Mark. Wege	Gh. Gamsblick (1326 m), St. Pöltner Hütte (2481 m)
11 Geißstein, 2363 m Der felsige Zacken lockt natürlich Gipfelstürmer; immerhin ist der Geißstein die höchste Erhebung der östlichen Kitzbüheler Alpen.	Bürglhütte (1699 m) im Mühltal, Zufahrt 11 km ab Stuhlfelden (800 m, 🚌).	Bürglhütte – Geißstein (2 Std.); Abstieg auf dem gleichen Weg (gesamt 3¼ Std.)	AV-Mark. 713	Bürglhütte (1699 m)
12 Weißsee und Ödenwinkel Ein echtes Kontrasterlebnis: faszinierende Hochgebirgsnatur, aber auch jede Menge Technik, mittendrin das monumentale Alpinzentrum des Alpenvereins: Betonmauern – Alpenlehrpfade. Einige gesicherte Wegpassagen.	🚡 Bergstation der Weißsee-Gletscherbahnen beim Alpinzentrum Rudolfshütte (2311 m), Talstation Enzingerboden (1474 m, 🚌). Zufahrt ab Uttendorf im Pinzgau, 17 km.	Rudolfshütte – Gletscher-Panoramaweg (Sonnblickkees, 1½ Std.) – Gletscherlehrpfad Ödenwinkelkees – Tauernmoossee (2023 m; 4½ Std.) – Enzinger Boden (6 Std.)	Gut bez. Wege	Enzingerboden (1474 m), Rudolfshütte (2311 m)

Alle Wanderungen auf einen Blick

Tourenziel/Charakteristik	Ausgangspunkt	Wegverlauf & Gehzeit	Markierung	Einkehr am Weg
13 Alexander-Enzinger-Weg Alpine Runde über dem Kapruner Tal, herrlich die Ausblicke auf die vergletscherten Dreitausender der Glocknergruppe. Trittsicherheit erforderlich.	🚠 Bergstation der Maiskogelbahn (1540 m), Talstation am südlichen Ortsende von Kaprun (786 m, 🚍). Talfahrt vom Alpincenter mit der 🚠.	Maiskogelalm – Drei-Wallner-Höhe (1861 m; 1¼ Std.) – Krefelder Hütte (4 Std.) – Alpincenter (🚠, 2452 m; 4½ Std.)	Bestens bez. Wege	Gh. Glocknerblick (1659 m), Krefelder Hütte (2295 m), Alpincenter (2452 m)
14 Hohe Kammerscharte, 2689 m – Stausee Mooserboden Alpine Wanderung im innersten Kapruner Tal; an der Hohen Kammerscharte Sicherungen. Große Schau auf Gipfel und Gletscher über den beiden Kapruner Stauseen.	🚠 Zwischenstation der Gletscherbahn Kaprun beim Alpincenter (2452 m), Talstation im Kapruner Tal (928 m, 🚍).	Alpincenter – Ebmattenalm (3 Std., 🚍)	AV-Mark. 726	Alpincenter (2452 m)
15 Imbachhorn, 2470 m Große Gipfeltour, nur für Dauerläufer als Tagestour zu machen, besser mit Nächtigung in der Gleiwitzer Hütte.	Fusch an der Glocknerstraße (811 m, 🚍).	Fusch – Gleiwitzer Hütte (3½ Std.) – Imbachhorn (5 Std.) – Bäckenanderalm (1671 m) – Bruck (755 m; 8½ Std., 🚍)	AV-Mark. 725, 723, 735	Gleiwitzer Hütte (2174 m), bew. Mitte Juni bis Anfang Okt.
16 Schwarzenberghütte, 2269 m Abwechslungsreiche Hüttentour, etwas Ausdauer erforderlich.	Ferleiten (1151 m, 🚍) an der »Großglockner-Hochalpenstraße«.	Ferleiten – Vögeralm (1270 m) – Schwarzenberghütte (3½ Std.); Abstieg auf dem gleichen Weg (gesamt 6 Std.)	AV-Mark. 727	Schwarzenberghütte (2269 m)
17 Kitzlochklamm und Maria Elend Etwas für Romantiker; gut abgesicherter Steig durch die Klamm.	Taxenbach (776 m, 🚍) an der Salzach. Parkplatz am Eingang zur Klamm.	Kitzlochklamm – Agersäge – Maria Elend (1125 m) – Embach – Kitzlochklamm (3½ Std.)	Mark. A1, 4	Mehrere Gh. am Weg
18 Bernkogel, 2325 m Steiler Grasberg östlich über Rauris mit großer Aussicht. Nur für Bergerfahrene, nicht bei Nässe gehen!	Rauris (948 m, 🚍), Ferienort im gleichnamigen Tauerntal.	Rauris – Bernkogel (4 Std.) – Karalm (1420 m) – Rauris (7 Std.).	Örtliche Mark.	–
19 Naturfreundehaus, 2175 m, und Tauerngold-Rundwanderweg Den Spuren der Geschichte folgt diese Runde im großartigen Rauriser Talschluß.	Kolm-Saigurn (1598 m, 🚍), Endpunkt der Rauriser Talstraße, ab Taxenbach 32 km.	Kolm-Saigurn – Naturfreundehaus (2 Std.) – Tauerngoldweg – Naturfreundehaus (4½ Std.) – Barbarafall – Kolm-Saigurn (5¾ Std.)	Gut mark. Wege	Kolm-Saigurn (1598 m), Naturfreundehaus (2175 m)
20 Niedersachsenhaus, 2471 m Abwechslungsreiche Runde über drei Scharten; Trittsicherheit und Ausdauer erforderlich. Am Aufstieg »Rauriser Urwald« (Lehrpfad).	Kolm-Saigurn (1598 m, 🚍), Endpunkt der Rauriser Talstraße, ab Taxenbach 32 km.	Kolm-Saigurn – Pochkarscharte (2226 m; 2½ Std.) – Kolmkarscharte (2296 m) – Niedersachsenhaus (4¾ Std.) – Kolm-Saigurn (6½ Std.)	AV-Mark. 121, 111	Niedersachsenhaus (2471 m)
21 Hundstein, 2117 m Höchster Gipfel der Dientener Berge, sehr schöner Aussichtsberg. Große Variante über die Schwalbenwand (2011 m) möglich, Mark. 27, 25, gesamt etwa 7½ Std.).	🚠 Bergstation des Ronachköpfl-Sessellifts (1326 m), Talstation bei Thumersbach (756 m, 🚍).	Ronachköpfl – Hundstein (3½ Std.) – Stoffenalm (1637 m) – Thumersbach (5½ Std.)	Örtliche Mark. 29, 23	Enzianhütte (1326 m), Statzer Haus (2117 m)
22 Schmittenhöhe, 1965 m Haus- und Seilbahnberg von Zell am See. Berühmte Tauernaussicht, verschiedene Bergabwanderungen möglich.	🚠 Bergstation der Schmittenhöhe-Bahn (1965 m), Talstation im Schmittental, 2 km ab Zell am See (757 m, 🚍).	Südlich: Schmittenhöhe – Glocknerhaus (1583 m) – Zell am See (2½ Std.). Nördlich: Schmittenhöhe – Sonnkogel (1856 m) – Zell am See (3¼ Std.)	Gute Mark.	Mehrere Gh. an den Wegen

Rund um Saalfelden

Tourenziel/Charakteristik	Ausgangspunkt	Wegverlauf & Gehzeit	Markierung	Einkehr am Weg
23 Panoramaweg Schattberg – Zwölferkogel Große Runde auf der Südseite des Glemmtals, von Seilbahn zu Seilbahn. Vor allem am »Pinzgauer Spaziergang« prächtige Schau auf die Tauerntäler, -gletscher und -gipfel. Ausdauer erforderlich, mehrere markierte Zwischenabstiege.	🚠 Bergstation der Schattberg-Seilbahn (2018 m), Talstation Saalbach (993 m). Rückfahrt nach Hinterglemm mit der Zwölferkogelbahn.	Schattberg – Seetörl (1963 m) – Medalscharte (2057 m; 3 Std.) – Sommertor (1939 m) – Stoffenscharte (2015 m; 5½ Std.) – Zwölferkopf (1983 m; 7½ Std., 🚠)	Gut bez. Wege	Schattberg, Zwölferkopf
24 Spielberghorn, 2044 m Höchster Punkt und einziger Zweitausender am »Saalachtaler Höhenweg« mit schönem Panorama.	🚠 Bergstation der Kohlmais-Gipfelbahn (1794 m), Talstation Saalbach (993 m, 🚍).	Kohlmaiskopf – Spielbergtörl (1670 m; 1¼ Std.) – Spielberghorn (2½ Std.) – Spielbergtörl – Spielberghaus (4 Std.) – Saalbach (4¾ Std.)	AV-Mark. 771, 770	Spielberghaus (1311 m)
25 Saalachtaler Höhenweg Aussichtsreiche, zwar recht lange, aber nur mäßig anstrengende Kammwanderung.	🚠 Bergstation der Asitzbahnen (1752 m); Talstation Hütten (840 m, 🚍), 3 km westlich von Leogang (788 m).	Liftstation – Asitzkogel (1914 m; ½ Std.) – »Saalachtaler Höhenweg« – Haiderbergkopf (1875 m) – Gh. Bibergalm (4 Std., 🚠) – Leogang (5 Std.)	AV-Mark. 773, örtliche Bez.	Berghaus Asitz (1752 m), Gh. Biberg (1426 m)

Alle Wanderungen auf einen Blick

Tourenziel/Charakteristik	Ausgangspunkt	Wegverlauf & Gehzeit	Markierung	Einkehr am Weg
26 Passauer Hütte, 2051m Obwohl vor allem Stützpunkt bei der Besteigung des Birnhorns (2634 m, knapp 2 Std., leichte Kletterstellen, mark.), ist die Passauer Hütte auch ein lohnendes Wanderziel für Geübte. Im Schlußanstieg gesicherte Felspassagen.	Leogang (788 m, 🚂) bzw. Wanderparkplatz im Ullachtal (ca. 850 m), gut 2 km.	Ullachtal – Passauer Hütte (3¼ Std.); Abstieg auf dem gleichen Weg (gesamt 5½ Std.) oder über »Mittersteig« und Sinninger Berg nach Leogang (gesamt 6½ Std.)	AV-Mark. 623, Abstiegsvariante Bez. 12	Passauer Hütte (2051 m), bew. Mitte Juni bis Ende Sept.
27 Peter-Wiechenthaler-Hütte, 1707 m Aussichtsreich gelegene Hütte nordöstlich über Saalfelden. Schön angelegter, bequemer Anstieg. Abstieg quert einige wilde Gräben (Sicherungen) – nur für Bergerfahrene! Besuchenswert: die Einsiedelei am Palfen. Nur für erfahrene Bergsteiger ein Ziel ist das Persailhorn (2330 m) ➡ »Hüslers Klettersteigatlas Alpen«	Saalfelden am Steinernen Meer (744 m, 🚂). Am nördlichen Ortsende Abzweigung zum Weiler Bachwinkl (2 km); Parkplatz.	Bachwinkl – Peter-Wiechenthaler-Hütte (2½ Std.) – Steinalm – Kaltenbachgraben (5 Std.) – Bachwinkl (5½ Std.)	AV-Mark. 412, 412C	Peter-Wiechenthaler-Hütte (1707 m), Steinalm (1268 m)
28 Riemannhaus, 2177 m, und Breithorn, 2504 m Beliebte Hüttentour zum Südrand des Steinernen Meers. Vom Breithorn großes Panorama; Gratroute zum Persailhorn kein Wanderweg (mark., kurze Kletterstellen im II. Grad)!	Maria Alm (802 m, 🚂), Ferienort am Südfuß des Steinernen Meers. Vom Dorf in den Grießbachwinkl und aufwärts zu einem Wanderparkplatz (ca. 1160 m), 4,5 km.	Parkplatz – Riemannhaus (3 Std.) – Breithorn (4 Std.); Abstieg auf dem gleichen Weg (gesamt 6¾ Std.)	AV-Mark. 410, 426	Riemannhaus (2177 m)

Meine Favoriten

02 Krimmler Wasserfälle und Tauernhaus, 1622 m
Feuchter Spaß

Man muß es einfach gesehen, nein: erlebt haben, dieses Salzburger Weltwunder, das im hintersten Pinzgau in drei Kaskaden 380 Meter weit herunterstiebt, einem dabei buchstäblich die Sprache verschlägt. Da tosen und donnern die Wassermassen zwischen den Felsen zu Tal, in den Dunstschleiern bricht sich das Sonnenlicht zum bunten Bogen, zwischendurch wuchert üppig das durchnäßte Grün. Ein unvergleichliches Naturschauspiel, das man allerdings mit Besuchern aus aller Welt teilen muß. Am eindrucksvollsten an frühsommerlichen Nachmittagen, wenn das Schmelzwasser von den Gletschern abfließt, besuchenswert natürlich immer.

➡ Der Wasserfallweg ist nicht zu verfehlen; er überwindet in zahlreichen Kehren die Steilstufe an der Mündung des Krimmler Achentals, führt dabei wiederholt ganz nahe an die Fälle heran (Aussichtskanzeln). Beim Gasthaus Schönangerl (1306 m) verflacht das Tal; auf dem nur leicht ansteigenden Fahrweg wandert man gemütlich zum Krimmler Tauernhaus (1622 m). Beim Abstieg bietet sich alternativ der uralte Tauernweg an.

Pinzgauer Spaziergang

Klassische Höhenwanderung vor den Tauernketten, mit verhältnismäßig wenig Steigung. Durchgehend markiert, von der Pinzgauer Hütte bis zur Bürglhütte ist mit einer Gehzeit von etwa 10 Std. zu rechnen. Keine Unterkunft unterwegs, aber zahlreiche Abstiegsmöglichkeiten in den Pinzgau und nördlich ins Glemmtal. Wegverlauf: Schmittenhöhe (1965 m, 🚠 von Zell am See) – Pinzgauer Hütte (1695 m) – Rohrertörl (1919 m) – Klammscharte (1993 m) – Sommertor (1939 m) – Bürglhütte (1699 m; Abstieg nach Mittersill).

19 Naturfreundehaus, 2175 m, und Tauerngold-Rundwanderweg
Vom Tauerngold

Goldrausch. Da fallen einem spontan die Inka- und Aztekenschätze ein, das Alaska Jack Londons, nicht unbedingt die Alpen. Dabei wurde auch hierzulande geschürft, gegraben, das Tauerngold kannte man bereits vor 4000 Jahren. Seine Blütezeit erlebte der Rauriser Goldbergbau im Spätmittelalter; heute begegnet man im Tal höchstens noch einigen Hobby-Goldsuchern, die unverdrossen hoffen, daß irgendwann ein Nugget in der Pfanne zurückbleibt.
Die Runde zum Naturfreundehaus ist – wie fast überall im Rauriser Tal – mehr als nur Landschaftserlebnis: ein Gang durch Geschichte und Kultur.

➡ Von Kolm-Saigurn östlich aufwärts gegen den Durchgangwald (Lehrpfad), dann südlich in den Talschluß und – einige Gräben querend – über die Melcherböden hinauf zum Naturfreundehaus. Der »Tauerngold-Rundweg« führt zunächst hinab zum Radhaus, dann über den Bach und südlich ansteigend bis fast zur Zunge des Gletschers, wo ein kleiner See zur Rast einlädt. Nun hinüber zur Ruine des Knappenhauses und weiter zum Bremserhäusl. Hier entlang der Trasse des Schrägaufzuges abwärts und rechts zum Naturfreundehaus. Von der Hütte auf markiertem Weg – vorbei am Barbara-Wasserfall – hinab nach Kolm-Saigurn.

Der Pongau
Zwischen Tauernkamm und Hochkönig

Nach der Tour entspannt ins (Gasteiner) Thermalbad? Eine Nacht auf dem höchsten Gipfel der Berchtesgadener Alpen genießen, Sonnenuntergang inklusive? Almwandern im kinderreichsten Tal Österreichs, dem Großarl, oder kraxeln an den Steilflanken des Tennengebirges?

Der Pongau, grünes Land zwischen Tauernkamm und Kalkalpen, zwischen Firngipfeln und Kletterfels, ist eine Region der Kontraste, mal sind die Berge bloß Kulisse, zauberhafte zwar, dann rücken die Felsen ganz nah, ragen sie fast himmelhoch. Wer würde glauben, daß hinter dem unglaublichen Schlund der Liechtensteinklamm (Schluchtsteig, Anfahrt von St. Johann im Pongau; 1 Std.) die grüne Idylle des Großarltals liegt, wo man noch über drei Dutzend bewirtschafteter Almen zählt? Daß sich hinter den Festungsmauern des Tennengebirges ein verkarstetes »Flachdach« versteckt, so weit wie öde, von Wind und Wasser zernagt, durchlöchert? Wer in diese geheimnisvolle Unterwelt vordringen will, kann das von Werfen aus tun: hinauf und hinein in die Eisriesenwelt, ins gefrorene Herz des Gebirges.

Stollen gibt's auch drüben im Gasteiner Tal, wo früher die Knappen nach Gold schürften, einer führt sogar durch den Berg nach Kolm-Saigurn (Imhofstollen); im Radonstollen unter dem Kreuzkogel suchen vor allem Rheumakranke Heilung.

Bad Gastein, das mit seinen Hotelpalästen leicht nostalgischen Charme verströmt, ist touristischer Mittelpunkt der Region; in der Nachbarschaft, etwa im Großarltal oder am Fuß des Hochkönigs, sind die Gasthöfe kleiner, die Preise moderater – und die Bergkulisse mindestens so schön. Typisch Pongau.

Eine herrliche Aussichtsloge: die Werfener Hütte. Blick über die Salzach auf das Hochkönigmassiv.

Führer & Landkarten

Bergsteiger finden in den AV-Führern (Bergverlag Rother, Ottobrunn) alle Infos über die verschiedenen Gebirgsgruppen des Pongau; hundert Wandervorschläge zwischen Tennengebirge und Ankogel bieten die beiden Wanderführer »Gasteiner Tal« und »Rund um den Hochkönig« aus dem gleichen Verlag.

Praktisch den gesamten Pongau deckt ein Kartenblatt (1:50 000) von Freytag & Berndt ab: 191 »Gasteiner Tal-Wagrein-Großarltal«. Von der Österreichischen Karte braucht man die Blätter 124, 125, 154, 155.

Alle Wanderungen auf einen Blick

Tourenziel/Charakteristik	Ausgangspunkt	Wegverlauf & Gehzeit	Markierung	Einkehr am Weg
01 Schuhflicker, 2214 m Hausberg von Dorfgastein, dank der Bergbahn zum Fulseck (2033 m) mehr Höhenwanderung.	⬛ Bergstation der Brandstein-Fulseck-Bahn (2033 m), Talstation Dorfgastein (858 m, 🚌).	Fulseck – Arltörl (1797 m) – Schuhflicker (2 Std.) – Gasteiner Höhe (1994 m; 3¾ Std.) – Dorfgastein (6 Std.)	Mark. Wege	Paulbauernhütte
02 Gamskarkogel, 2467 m Klassisches Gipfelziel über dem Gasteiner Tal; auch für jene, denen es drüben unter der Türchlwand (2577 m, 1¾ Std. ab ⬛ Schloßalmbahn, 2050 m) zu viele Bahnen und Pisten hat. Der Tip: Übernachten in der Gipfelhütte!	Bad Gastein (1002 m, 🚌) berühmter Kur- und Ferienort im inneren Gasteiner Tal. Wanderparkplatz und Bushalt bei der Hotelsiedlung »Grüner Baum« (1060 m).	Bad Gastein – Posernhöhe (1½ Std.) – Gamskarkogel (4¾ Std.) – Rastötzenalm (6¼ Std.) – Bad Hofgastein (868 m; 7¾ Std.) – »Gasteiner Höhenweg« – Bad Gastein (10 Std.)	AV-Mark. 514, 513	Poserhöhe (1502 m), Badgasteiner Hütte (2467 m), bew. Mitte Juni bis Ende Sept.
03 Zitterauer Tisch, 2463 m Wenig Steigung, drei Gipfel und jede Menge Aussicht. Abstieg alternativ auch zum Unteren Pochkarsee und nach Sportgastein (1588 m, 🚌) möglich (3 Std.; ausgesetzte, gesicherte Passagen).	⬛ Bergstation der Stubnerkogelbahn (2230 m), Talstation Bad Gastein (1002 m; 🚌).	Seilbahn – Stubnerkogel (2264 m) – Tischkogel (2409 m) – Zitterauer Tisch (1½ Std.) – Tischkogel – Hirschkarkogel (1990 m) – Böckstein (1131 m; 4¼ Std., 🚌)	AV-Mark. 111, 130, 129	Stubnerkogel (2230 m)
04 Unterer Pochkarsee, 1872 m, und Großer Silberpfennig, 2600 m Lohnendes Gipfelziel, läßt sich mit dem Übergang zum ➡ Niedersachsenhaus zur Eineinhalb-Tage-Tour erweitern.	Sportgastein (1588 m, 🚌), 10 km von Bad Gastein (Mautstraße).	Sportgastein – Unterer Pochkarsee (1 Std.) – Pochkarscharte (2226 m; 2¼ Std.) – Silberpfennig (3¾ Std.); Abstieg auf dem gleichen Weg (gesamt 6¼ Std.)	AV-Mark. 121, rote Bez.	Pochkarseehütte (1917 m)
05 Peter-Sika-Weg Auf den Spuren des Gasteiner Bergbaus, mit Aussicht auf die Bergumrahmung des Naßfeldes (Schareck, 3122 m).	Sportgastein (1588 m, 🚌), 10 km von Bad Gastein (Mautstraße).	Sportgastein – Naßfeld – Radhausberg (2240 m) – Blumenfeldköpfl (1963 m) – Böckstein (1131 m; 6 Std., 🚌)	Mark. Weg.	–
06 Niederer Tauern, 2446 m Historischer Alpenübergang, durch die Eröffnung der Tauerneisenbahn schlagartig seiner Bedeutung beraubt. Am Paß neben der Hagener Hütte die Ruine des alten Tauernhauses.	Sportgastein (1588 m, 🚌), 10 km von Bad Gastein (Mautstraße).	Sportgastein – Niederer Tauern (3 Std.); Abstieg auf dem gleichen Weg (gesamt 5¼ Std.)	AV-Mark. 110	Hagener Hütte (2446 m)
07 Hoher Tauern, 2459 m Auf den Spuren der Römer und der Fugger über den Tauernkamm nach Mallnitz. Das Anlauftal gilt als schönstes der Gasteiner Hochtäler.	Bahnhof Böckstein (1190 m, 🚌) am Nordportal des Tauern-Eisenbahntunnels (durch den man zurückfährt).	Böckstein – Anlauftal – Hoher Tauern (4 Std.) – Talstation Ankogelbahn (6½ Std.; 🚌) – Mallnitz (7½ Std., 🚌)	AV-Mark. 518, 517	Gh. Hochalmblick (1926 m) bei der Ankogelbahn
08 Graukogel, 2492 m Recht alpine Gipfelüberschreitung mit abwechslungsreichem Abstieg zum malerischen Reedsee und ins Kötschachtal. Am Südgrat leichte Kletterei (I), bei Nässe gefährlich rutschig!	⬛ Bergstation der Graukogel-Sesselbahn (1954 m), Talstation Bad Gastein (1002 m, 🚌).	Liftstation – Graukogel (1½ Std.) – Palfner Scharte (2321 m; 2 Std.) – Reedsee (1832 m; 3½ Std.) – Kötschachtal – Bad Gastein (6¼ Std.)	AV-Mark. 525, 526	Liftstation, Reedseehütte (1832 m)
09 Saukarkopf, 2048 m Der Hausberg von Großarl bietet einen schönen Blick auf das »Almenparadies« zwischen Gabel (2037 m) und Gamskarkogel (2467 m).	Großarl (924 m, 🚌), Hauptort des gleichnamigen Tals; evtl. Vorderstadluck (1253 m), 3,5 km.	Großarl – Saukarkopf (3¼ Std.); Abstieg auf dem gleichen Weg (gesamt 5¼ Std.)	Mark. 1	Vorderstadluck (1253 m), Saukaralm (1840 m)
10 Gründegg, 2168 m Ausgedehnte Kamm- und Almwanderung, Zwischenabstiege möglich. Geübte nehmen sich zusätzlich den Draugstein (2359 m, 1¾ Std. hin und zurück, mark.) vor.	Grund (1320 m), 5,5 km von Großarl im inneren Ellmautal. Parkplatz.	Grund – Filzmoossattel (2062 m; 2¼ Std.) – Gründegg (5 Std.) – Grund (6½ Std.)	AV-Mark. 720, örtliche Bez. 12	Filzmoosalm (1710 m), Ellmaualm (1794 m)
11 Hundegg, 2079 m Ausguck über Hüttschlag, Tour kann leicht zum Filzmoossattel verlängert werden, mit Abstieg zu den Draugsteinalmen (gesamt etwa 7 Std.).	Hüttschlag (1030 m, 🚌) im Großarltal.	Hüttschlag – Hundegg (3 Std.) – Mühlegg (1284 m; 4½ Std.) – Karteis (5 Std., 🚌) – Hüttschlag (5½ Std.)	Mark. 8, 9A	–
12 Arlhöhe, 2326 m Abwechslungsreiche Tal- und Paßwanderung, von der Arlhöhe schöner Tiefblick auf den großen Kölnbreinspeicher.	Stockham (1045 m, 🚌), Endpunkt der Großarler Talstraße.	Stockham – Schödersee (1440 m; 1¾ Std.) – Arlscharte (2252 m) – Arlhöhe (4¼ Std.); Abstieg auf dem gleichen Weg (gesamt 7¼ Std.)	AV-Mark. 512 bis Arlscharte	Talwirt in Stockham

Alle Wanderungen auf einen Blick

Tourenziel/Charakteristik	Ausgangspunkt	Wegverlauf & Gehzeit	Markierung	Einkehr am Weg
13 Gabel, 2037 m Kammwanderung über dem untersten Kleinarltal: wenig Anstrengung, viel Aussicht.	🚡 Bergstation der Grafenbergbahn (1707 m), Talstation Wagrain (838 m, 🚌).	Liftstation – Gabel (2 Std.) – Kleinarler Hütte (3 Std.) – Kleinarl (1007 m; 4½ Std., 🚌)	AV-Mark. 712	Grafenbergalm (1640 m), Kleinarler Hütte (1756 m)
14 Tappenkarsee und Glingspitze, 2433 m Der Ausflug zum sagenumwobenen Tappenkarsee (1762 m) ist eine Wanderung für jedermann/frau, für die Glingspitze braucht's etwas Ausdauer.	Jägersee (1099 m, 🚌) bzw. Parkplatz Schwabalm (ca. 1200 m, 50 Min. zu Fuß).	Parkplatz – Tappenkarseehütte (2 Std.) – Glingspitze (4¼ Std.); Abstieg auf dem gleichen Weg (gesamt 7 Std.)	Örtliche Mark. 17, 14	Gh. Jägersee, Tappenkarseehütte (1820 m)
15 Hochgründeck, 1827 m Wald- und Wiesenberg mit großem Panorama! Markierte Anstiege auch von Wagrain (838 m; Zufahrt bis Oberegg, 2¾ Std., Mark. 453) und Bischofshofen (549 m; Zufahrt bis zum Ronachbauer, 2¾ Std., Mark. 450)	🚡 Bergstation des Hahnbaum-Sesselliftes (1125 m), Talstation St. Johann im Pongau (615 m, 🚌). Auch Straßenzufahrt, 5 km ab St. Johann.	Hahnbaum – Hochgründeck (3 Std.); Abstieg auf dem gleichen Weg (gesamt 5¼ Std.)	AV-Mark. 451	Hot. Hahnbaum (1125 m), Hochgründeckhütte (1792 m)
16 Schneeberg, 1921 m Aussichtswanderung vor der gewaltigen Südfront des Hochkönigs (2941 m).	Mühlbach am Hochkönig (854 m, 🚌), evtl. 🚡 Bergstation des Karbachalmliftes (1562 m).	Mühlbach – Karbachalm (2 Std.) – Schneeberg (3½ Std.) – Kollmannsegg (1848 m) – Bürglalm – Dienten (1078 m; 7 Std., 🚌)	Örtliche Mark. 13, 12, 17	Karbachalm (1562 m), Bürglalm (1593 m)
17 Erichhütte, 1546 m Rundwanderung am Fuß des Hochkönigmassivs; läßt sich leicht zu einer Gipfeltour erweitern: Taghaube (2159 m, 1¾ Std. ab Erichhütte, mark.).	Dienten am Hochkönig (1078 m, 🚌), kleiner Ferienort.	Dienten – Filzensattel (1291 m; ¾ Std.) – Erichhütte (2¾ Std.) – Dienten (4¼ Std.)	Mark. Wege	Erichhütte (1546 m)
18 Höhenweg Arthurhaus – Dientner Sattel Gemütliche Almwanderung unter den Felsabstürzen des Hochkönigmassivs.	Arthurhaus (1502 m, 🚌), 8 km von Mühlbach am Hochkönig.	Arthurhaus – Wiedersbergalm (1542 m) – Dientner Sattel (1379 m; 3½ Std., 🚌)	AV-Mark. 401A, örtliche Bez. 4	Arthurhaus (1502 m), Birgkarhaus (1379 m)
19 Hochkeil, 1782 m Kleiner Berg mit großer Rundschau. Die Überschreitung läßt sich gut mit dem Rundweg »Auf den Spuren des Bergbaus« (Mark. 1, 1½ Std.) verbinden.	Arthurhaus (1502 m, 🚌), 8 km von Mühlbach am Hochkönig.	Arthurhaus – Hochkeil (1 Std.) – Taubenkogel (1420 m) – Arthurhaus (3¾ Std.)	Örtliche Mark.	Gh. Rappoldsberg (1304 m), 15 Min. unterhalb des Taubenkogels
20 Hochkönig, 2941 m Große Gipfeltour für Ausdauernde; nur bei sicherem Wetter! Ein Tip: Im Matrashaus übernachten (Aufstieg durchs Birgkar ➤ »Hüslers Klettersteigatlas Alpen«).	Arthurhaus (1502 m, 🚌), 8 km von Mühlbach am Hochkönig.	Arthurhaus – Mitterfeldalm (½ Std.) – Hochkönig (5½ Std.); Abstieg auf dem gleichen Weg (gesamt 9 Std.)	AV-Mark. 430	Mitterfeldalm (1690 m), Matrashaus (2941 m), bew. Mitte Juni bis Okt.
21 Ostpreußenhütte, 1625 m Aussichtsbalkon über dem Salzachtal; wenn man bis zur Dielalm hinauffährt, verkürzt sich die Tour um 2½ Std.	Werfen (548 m, 🚌), alter Flecken an der Salzach, überragt von der Feste Hochwerfen (Museum).	Werfen – Dielalm (1½ Std.) – Ostpreußenhütte (3½ Std.); Abstieg auf dem gleichen Weg (gesamt 6 Std.)	AV-Mark. 401	Dielalm (1016 m), Bienteckalm, Ostpreußenhütte (1625 m)
22 Eiskogel, 2321 m, und Tauernkogel, 2249 m Zwei felsige Erhebungen am Südrand des Tennengebirges mit interessantem Aufstieg und großem Panorama. Trittsicherheit.	Wengerwinkel (970 m), Zufahrt von Pfarrwerfen via Werfenweng (901 m, 🚌), 9 km.	Wengerwinkel – Hackelhütte (1¾ Std.) – Tauernscharte (2114 m; 3¼ Std.) – Tauernkogel – Tauernscharte (4 Std.) – Eiskogel (4¾ Std.); Abstieg auf dem gleichen Weg (gesamt 7¾ Std.)	AV-Mark. 201, 211, zu den Gipfeln rote Bez.	Dr.-H.-Hackel-Hütte (1531 m)
23 Elmaualm, 1513 m Almwanderung, prächtige Aussicht auf die Südabstürze des Tennengebirges und auf die Bergketten des Pongau.	Werfenweng (901 m, 🚌), hübsch gelegener Flecken, 7 km von Pfarrwerfen.	Werfenweng – Wengerwinkel – Elmaualm (2¼ Std.) – Lampersbach – Werfenweng (3¾ Std.).	Örtliche Mark. 30, 3b	Gh. Wengerau, Elmaualm (1513 m)
24 Raucheck, 2431 m Beliebte Hütten- und Gipfeltour; Aufstieg von der Werfener Hütte über die »Leiter« (Steinschlaggefahr) nur für Geübte! Bergerfahrung und absolute Schwindelfreiheit unerläßlich.	Gh. Mahdegg (1202 m), von Pfarrwerfen via Lampersbach, zuletzt 4 km lange Schotterstraße (mautpflichtig). Kleiner Parkplatz.	Mahdegg – Werfener Hütte (2¼ Std.) – Edelweißhütte (3¾ Std.) – Raucheck (4½ Std.) – Mahdegg (7½ Std.)	Gut bez. Wege, Abstieg AV-Nr. 227	Gh. Mahdegg (1202 m), Werfener Hütte (1969 m)
25 Eisriesenwelt, 1646 m Spannender (und kühler) Ausflug ins Bergesinnere, der Aufstieg kann bei Benützung der 🚡 zum Oedlhaus erheblich verkürzt werden.	Parkplatz »Eisriesenwelt« (ca. 1000 m), gut 5 km von Werfen (548 m, 🚌). Kleinbus ab Werfen.	Parkplatz – Oedlhaus (1¾ Std.) – Eisriesenwelt (Führung etwa 1 Std.); Abstieg auf dem gleichen Weg (gesamt etwa 4 Std.)	AV-Mark. 212	Wimmerhütte (1076 m), Dr.-Friedrich-Oedl-Haus (1582 m)

Meine Favoriten

07 Hoher Tauern, 2459 m
Oben drüber und unten durch

Der Hohe Tauern ist ein Paß mit Geschichte, einer besonders langen dazu: Vor 5000 Jahren, in der Jungsteinzeit also, soll bereits ein Handelsweg diesen Alpenübergang benützt haben. Sein alter Name – Korntauern – weist ebenfalls auf einen historischen Pfad hin; der heute nur noch in Teilen erhaltene Plattenweg dürfte aus der Zeit der Fugger stammen, die beiderseits des Alpenkamms, in Gastein und bei Mallnitz, Goldgruben besaßen.

Eine Straße über den Paß ist nie gebaut worden, dafür bohrten Ingenieure der K. u. k.-Monarchie ein Loch durch den Berg: den Tauerneisenbahntunnel. Am 7. Juli 1909 fuhr Kaiser Franz Josef im modernen Salonwagen von Gastein nach Spittal.

Knapp ein Jahrhundert später geht man freiwillig wieder über den Paß, um Natur zu erleben, vor allem natürlich auch das malerische Anlauftal, über dem ganz hinten der Ankogel (3252 m) aufragt. Die Fahrt durchs finstere Loch bleibt für den Rückweg reserviert.

➡ Vom Bahnhof Böckstein (1190 m) auf dem Fahrweg am Anlaufbach entlang talein, bis rechts der »Mindener Weg« abzweigt. In Kehren über den bewaldeten Hang steil aufwärts; links tosen die Wasser des Tauernbachs über eine Felsstufe herab. Weiter talein, durch Latschen und feuchte Böden, zuletzt aus einer Karmulde im Zickzack auf die Paßhöhe. Hier öffnet sich ein stimmungsvoller Blick nach Süden, auf die Kreuzeckgruppe mit dem mächtigen Polinik und hinab ins Seebachtal.

Jenseits kurz abwärts zum Kleinen Tauernsee; bei der folgenden Weggabelung (2289 m) rechts und durch Blockgelände und karge Wiesen weiter bergab zur Mittelstation der Ankogelbahn (1940 m). Schließlich auf gutem Zickzackweg hinunter zur Talstation.

20 Hochkönig, 2941 m
Ganz hoch hinaus!

Der Berg, fast dreitausend Meter hoch, ist eine Wucht, sein Südabsturz einfach riesig, sehr abweisend auch. Nichts für Wanderer? Hoch mag er sein, der »König«, majestätisch gar wirken, doch hat auch er eine schwache (Rück)Seite. Und so kommt man im weiten Bogen auf seinen Rücken, zur Übergossenen Alm, und über den (harmlosen) Firn zur felsigen »Krone«, auf der freundlicherweise sogar eine Hütte steht: das Matrashaus. Eigentlich Grund genug, bei sicherem Wetter gleich eine Nacht an dieser exponierten Stelle einzuplanen, um nach wohlverdienter Brotzeit das Spektakel eines Sonnenuntergangs zu genießen. Unvergeßlich, garantiert!

➡ Die große Tour beginnt gemütlich mit der Wanderung zur Mitterfeldalm; dabei hat man ausreichend Gelegenheit, die wilden Zacken der Mandlwand zu bestaunen. Der Weiterweg führt in weitem Linksbogen in den Rücken dieser Kletterfelsen; an ihrem Fuß steigt man ab ins Ochsenkar. Nun langanhaltend bergan, über den Ochsenriedel hinweg (rechts die schlanke Torsäule) zum »Kniebeißer« und auf die Übergossene Alm. Den Stangenmarkierungen folgend über den Firn zur felsigen Gipfelkuppe (Sicherungen) und zum Matrashaus. – Abstieg auf dem gleichen Weg.

Hoher Sonnblick vom Niedersachsenhaus.

24 Raucheck, 2431 m
Gipfeltour mit Pfiff

Die mittelalterliche Ritterburg – Hohenwerfen – steht drunten im Tal, auf einem felsigen Kegel über der Salzach; was die Natur darüber aufgetürmt hat, läßt unwillkürlich auch an eine Festung denken. Und wie es sich gehört, ist auch diese »Burg« – das Tennengebirge – nicht so ohne weiteres zu erobern. Wer also hinauf will zum Raucheck, muß auf jeden Fall »über die Mauer«. Das geht hinter der (einmalig schön gelegenen) Werfener Hütte mittels einer langen Leiter und einiger Drahtseile; »beschossen« von oben wird man dabei höchstens von ahnungslosen Zeitgenossen, die beim Gehen nicht die notwendige Sorgfalt walten lassen. Am Weiterweg droht dann keine vergleichbare Gefahr mehr; bei schönem Wetter kann man sich höchstens einen Sonnenbrand holen.

➡ Erstes Zwischenziel am Weg zum Gipfel ist die Werfener Hütte: Von Mahdegg zunächst auf einem Ziehweg steil bergan, dann gemütlicher weiter zum Tanzboden und über Serpentinen hinauf zu dem bereits sichtbaren Haus.

Nun in längerer Querung, zuletzt kurz absteigend, in den Karwinkel unter dem Kleinen Fieberhorn (2152 m). Hier rechts über gestufte Felsen (Drahtseile) zu der langen, fast senkrechten Leiter. Steinschlaggefahr! Anschließend flacher durch das obere Kar in den Sattel hinter dem Großen Fieberhorn (ca. 2210 m), dann über Geröll und leichte Felsstufen zur (unbewirtschafteten) Edelweißhütte. Kurz zuvor links die Abzweigung zum Raucheck: in leichtem Auf und Ab über die Karrenböden nördlich des Kamms, um den Hiefler (2378 m) herum und zuletzt über den mäßig steilen Rücken zum großen Gipfelkreuz.

Faszinierend der Blick rundum, über die endlosen »versteinerten« Wellen des Tennengebirges bis hinaus ins Flache, dann jäh hinab ins Tal der Salzach und hinüber zum Hochkönig. Im Südwesten die Firnhäupter der Hohen Tauern.

Zurück bis zur Senke im Rücken des Großen Fieberhorns, dann rechts über Felsstufen und Geröll durch das Grieskar hinab, mit faszinierenden Blicken auf die beiden himmelwärts ragenden Fieberhörner. Weiter schräg über eine Geröllreiße in den Wald und hinunter nach Mahdegg.

Von Alm zu Alm im Großarltal

Alm-Trekking für die ganze Familie. Im Großarltal, das noch drei Dutzend bewirtschafteter Almen aufweist, ist es möglich: Von Hütte zu Hütte wandern, auf markierten, guten Steigen vor der beeindruckenden Kulisse der Tauerngipfel. Übernachten – im Lager oder im Heu – kann man auf den meisten Almen, und was auf den Tisch kommt, stammt nicht selten aus eigener Produktion. Abends sitzt man in der gemütlichen Stube, und vielleicht erzählt der Bauer den Kindern vor dem Zubettgehen noch eine recht gruselige uralte Sage aus dem Tal. Infos durch den Tourismusverband, A-5611 Großarl 90.

Das Salz-kammergut

Postkartenidylle zwischen Mondsee und Dachstein

Da kann man gut. Wer wüßte es nicht, Ralph Benatzkys Melodien klingen uns im Ohr; ob der Komponist sich das Land des Salzes, der Seen und Berge auch von oben angesehen hat, weiß ich nicht. Von Sissi immerhin ist verbürgt, daß sie hier öfter ausgedehnte Wanderungen unternahm, während ihr Gatte, Kaiser Franz Josef, es vor allem aufs Schießen, pardon: die Jagd abgesehen hatte. Ein paar der eigens für die blaublütigen Jagdgesellschaften angelegten Steige sind heute ganz profan als AV-Wege fürs gewöhnliche Volk markiert.

Wandern läßt es sich nämlich ganz besonders gut zwischen Mond- und Hallstätter See, zwischen Traun- und Dachstein. Das liegt vor allem an einer Topographie, die schon fast wie ein Wanderarrangement wirkt: freistehende Bergstöcke, oft überraschend felsig, dazwischen die Seen, größere und kleinere, an ihren Ufern aufgereiht schmucke Dörfer. Daraus resultiert ein heiterer Landschaftscharakter, aller Enge, etwa um Hallstatt oder am Grundlsee, zum Trotz. Richtig alpin ist das Salzkammergut nur im Nordosten, wo sich die endlosen versteinerten Wogen des Toten Gebirges erstrecken, und natürlich im Süden: Da glitzert das »ewige Eis«, ragt der Hohe Dachstein (2995 m) an die magische Dreitausendermarke heran.

Touristisches Zentrum des Salzkammerguts ist Bad Ischl, das zwar an keinem See, aber recht (verkehrs)günstig zwischen den Seen liegt: Wolfgangsee, Atter- und Mondsee, Traunsee, Hallstätter See und Grundlsee – alle weniger als eine halbe Fahrstunde entfernt.

Im Aufstieg zum Sparber.

Führer & Landkarten

Die schönsten Wanderwege des Salzkammerguts (und noch viel Interessantes mehr) präsentiert Wolfgang Heitzmann in »Wandern & Erleben Salzkammergut« (Bruckmann); einen Wanderführer »Salzkammergut« (Franz Hauleitner) gibt es beim Bergverlag Rother, Ottobrunn. Folgende Freytag & Berndt-Karten decken das Gebiet des Salzkammerguts ab: 281 »Dachstein-Ausseer Land-Ramsau«, 282 »Attersee-Traunsee-Mondsee-Wolfgangsee«, 082 »Totes Gebirge-Windischgarsten-Tauplitz«. Wer die Österreichische Karte (1:25 000 bzw. 1:50 000) vorzieht, benötigt die Blätter 65, 66, 67, 95, 96, 97, 126, 127. Über das Dachsteinmassiv gibt es eine AV-Karte (1:25 000).

Alle Wanderungen auf einen Blick

Tourenziel/Charakteristik	Ausgangspunkt	Wegverlauf & Gehzeit	Markierung	Einkehr am Weg
Westliches Salzkammergut				
01 Schober, 1328 m Gipfeltour mit felsigem Finale und stimmungsvoller Rundschau. Nur für Geübte (einige Sicherungen). Sehenswert auch die Ruine Wartenfels.	Fuschl (670 m, 🚌) am Ostufer des gleichnamigen Sees; alternativ Jausenstation Wartenfels (924 m, Zufahrt ab Fuschl etwa 5 km).	Fuschl – Wartenfels (1 Std.) – Schober (2 Std.) – Frauenstein – Wartenfels – Fuschl (3½ Std.)	Bez. Wege	Jausenstation Wartenfels
02 Drachenwand, 1060 m Mächtiger Felsabsturz direkt über dem Mondsee. Vom Gipfelgrat faszinierende Aus- und Tiefblicke. Schmale, teilweise ausgesetzte Wege, gesicherte Passage. Nicht bei Nässe!	Gries (489 m, 🚌) am Südwestufer des Mondsees, 5 km von Mondsee.	Gries – Klausbachschlucht – Drachenwand (2¼ Std.); Abstieg auf dem gleichen Weg (gesamt 3¾ Std.)	Mark. Wege	–
03 Zwölferhorn, 1521 m Gemütliche Aussichts- und Bergabwanderung; Panorama-Rundweg am Pillstein.	🚠 Bergstation der Zwölferhornbahn (1470 m); Talstation am Ortsrand von St. Gilgen (545 m, 🚌).	Zwölferhorn – Pillstein (1478 m) – Sausteigalm – St. Gilgen (3¼ Std.)	Örtliche Mark. 1, AV-Nr. 855	Mehrere Gh.
04 Sparber, 1502 m Markanter Felszahn über Strobl; schöner Tiefblick auf den Wolfgangsee. Am Gipfelaufbau einige Sicherungen (Leitern, Drahtseile).	Gh. Kleefeld (690 m), 3 km von Strobl (542 m, 🚌). Besuchenswerter Wildpark.	Kleefeld – Sparber (2½ Std.); Abstieg auf dem gleichen Weg (gesamt 4 Std.)	Mark. Weg	Gh. Kleefeld (690 m)
05 Wieslerhorn, 1603 m Leicht erreichbarer Aussichtsgipfel am Nordrand der ausgedehnten Postalm.	Postalm (1325 m, 🚌), Parkplatz am Ende der mautpflichtigen Straße, die Strobl mit Golling verbindet.	Postalm – Wieslerhorn (1½ Std.); Abstieg auf dem gleichen Weg (gesamt 2½ Std.)	Mark. Weg	Auf der Postalm
06 Braunedlkogel, 1894 m Erheblich felsigeres Gegenstück zum Wieslerhorn; die Überschreitung auf markierten Steigen verlangt einen sicheren Tritt.	Parkplatz Skizentrum Postalm (1180 m, 🚌), 16 km ab Strobl.	Postalm – Rettenegghütte – Braunedlkogel (2½ Std.) – Postalm (4 Std.)	Mark. Wege	Auf der Postalm, Rettenegghütte (1211 m)
07 Rinnkogel, 1823 m Recht abweisend wirkender Gipfel über dem Tal des Weißenbachs. Steiler Aufstieg, einige kurze gesicherte Passagen.	Gh. Bergheimat (655 m, 🚌) oder erste Kehre (720 m, 🚌) der mautpflichtigen Postalmstraße, 5 bzw. 7 km ab Strobl.	Bergheimat – Simonhütte (715 m; ¾ Std.) – Rinnkogel (4 Std.); Abstieg auf dem gleichen Weg (gesamt 6½ Std.)	AV-Mark. 889	Gh. Bergheimat (655 m)
08 Schafberg, 1782 m Eine »Schnauferlfahrt« wie anno dazumal, ein großes Panorama und eine abwechslungsreiche Bergabwanderung, vorbei an drei malerischen Bergseen. Variante ab Mönichsee über den gesicherten »Purtschellersteig« zur Schafbergalm (bis St. Wolfgang 4 Std., Mark. 17, 23).	🚠 Bergstation der Schafberg-Zahnradbahn (1730 m), Talstation St. Wolfgang (549 m, 🚌).	Schafberg – »Himmelspforte« – Suissensee – Mittersee – Mönichsee – Vormaueralm – St. Wolfgang (3¾ Std.)	Mark. 804, 18, 17, C	Hotel Schafbergspitze (1782 m), Himmelspforthütte
09 Burggraben und Schwarzsee, 716 m Auf romantischen Wegen vom Attersee zum Wolfgangsee; für den Burggraben braucht's einen sicheren Tritt.	Burgbachau (479 m, 🚌) am Südufer des Attersees, an der Strecke Unterach – Weißenbach.	Burgbachau – Burggraben – Moosalm (772 m) – Schwarzsee (2 Std.) – St. Wolfgang (3½ Std., 🚌)	Örtliche Mark. 28	Am Schwarzsee
10 Brennerin, 1602 m Faszinierende Tiefblicke auf den Attersee! Am Schoberstein und beim Abstieg über die Brennerriese (Drahtseile, Leiter) leichte Felsen. Abstecher vom »Dachsteinblick« (1559 m) zum Gipfel ½ Std. hin und zurück.	Weißenbach (472 m, 🚌) am Südufer des Attersees.	Weißenbach – Schoberstein (1037 m; 1½ Std.) – Dachsteinblick (3 Std.) – Brennerriese – Weißenbach (5½ Std.)	Aufstieg AV-Mark. 804	–
11 Brunnkogel, 1708 m Von den waldumsäumten Langbathseen über den originellen »Schafluckensteig« auf den Brunnkogel. Gesicherte, recht exponierte Route: Schwindelfreiheit unerläßlich!	Vorderer Langbathsee (664 m), Zufahrt von Ebensee (443 m, 🚌). Alternativ Taferlklause (760 m, 🚌) an der Strecke Steinbach am Attersee – Altmünster.	Vorderer Langbathsee – Hinterer Langbathsee (732 m; 1 Std.) – »Schafluckensteig« – Brunnkogel (3¾ Std.) – Hochleckenhütte (4½ Std.) – Taferlklause (6 Std.) – Lueg (830 m) – Vorderer Langbathsee (7¾ Std.)	AV-Mark. 828, 829, 827, 826; örtliche Bez. 14	Vorderer Langbathsee, Hochleckenhütte (1574 m), Klausstube
12 Großer Höllkogel, 1862 m «Höllische» Höhenwanderung mit himmlischen Ausblicken, langer Abstieg ins Tal der Traun. Nicht bei Nebel oder Neuschnee gehen!	🚠 Bergstation der Feuerkogelbahn (1592 m), Talstation Ebensee (443 m, 🚌).	Feuerkogel – Alberfeldkogel (1707 m; ¾ Std.) – Rieder Hütte (2½ Std.) – Großer Höllkogel (3 Std.) – Haselwaldgasse – »Kaiserweg« – Feuerkogel (6½ Std.)	AV-Mark. 835, 820, 833, 830, 837	Feuerkogel, Rieder Hütte (1752 m)

Alle Wanderungen auf einen Blick

Tourenziel/Charakteristik	Ausgangspunkt	Wegverlauf & Gehzeit	Markierung	Einkehr am Weg
13 Großer Sonnstein, 1037 m Überschreitung zweier »kleiner« Gipfel mit atemberaubenden Tiefblicken auf den Traunsee. Trittsicherheit.	Traunkirchen (433 m, 🚂), kleiner Ort am Westufer des Traunsees.	Traunkirchen – Kleiner Sonnstein (923 m; 1½ Std.) – Großer Sonnstein (2½ Std.) – Ebensee (3½ Std., 🚂)	Mark. 1, 13	Sonnsteinhütte (920 m) am Kleinen Sonnstein
14 Rund um den Traunstein Abwechslungsreiche Runde; alternativer Ausgangspunkt 🚡 Bergstation der Grünbergbahn (984 m). Wer den Traunstein (1691 m) besteigen will, nimmt als Wanderer den Mairalmsteig (2½ Std.).	Schiffanlegestelle »Hois'n« (424 m), 3 km südlich von Gmunden (440 m, 🚂), Zufahrt.	Hois'n – Laudachsee – Hohe Scharte (1113 m; 2¼ Std.) – Mairalm (3 Std.) – »Miesweg« – Hois'n (4 Std.)	AV-Mark. 410	Ramsauer Alm (895 m), Mairalm (789 m)
15 Rinnerkogel, 2012 m Große Tour am Nordrand des Toten Gebirges; wer in der Rinnerhütte bzw. im Hochkogelhaus nächtigt, kann die Überschreitung des Schönbergs (2093 m) einplanen.	Offensee (649 m), Straße von Ebensee (443 m, 🚂), 12 km.	Offensee – Rinnerhütte (2¼ Std.) – Rinnerkogel (4¼ Std.) – Hochkogelhaus (5¾ Std.) – Offenseetal (485 m; 8 Std.)	AV-Mark. 212, 230, 231, 211	Rinnerkogelhütte (1473 m), bew. Mitte Juli bis Mitte Sept.; Hochkogelhaus (1558 m), bew. Mitte Mai bis Mitte Sept.
16 Hohe Schrott, 1839 m Richtig für Liebhaber einsamer Überschreitungen; eine gute Kondition und Bergerfahrung sind hier unerläßlich, dazu etwas Klettergewandtheit am felsigen Grat (I-II).	Plankau (436 m, 🚂), Ortsteil von Ebensee; Bahnhalt Steinkogl.	Plankau – Brombergalm (1430 m; 3 Std.) – Petergupf (1646 m) – Bergwerkkogel (1689 m) – Hohe Schrott (5½ Std.) – Bad Ischl (469 m; 8 Std., 🚂)	AV-Mark. 210	–
17 Leonsberg, 1745 m Behäbig-breiter Bergrücken nördlich über Bad Ischl; lange, aber unschwierige Überschreitung.	Pfandl (488 m, 🚂), Ortsteil von Bad Ischl (469 m, 🚂).	Pfandl – Enge Zimnitz – Leonsberg (4 Std.) – Gartenzinken (1557 m) – Pfandl (7 Std.)	AV-Mark. 816, 814	–
18 Roßkopf, 1657 m Aussichtsreiche, wenig anstrengende Wanderung am Katergebirge. Kurze, gesicherte Passage (ausgesetzt). Rückweg über den Nussensee und die alte Römerstraße.	🚡 Bergstation der Katrin-Seilbahn (1415 m), Talstation Bad Ischl (469 m, 🚂)	Seilbahn – Katrin (1542 m) – Hainzen (1638 m) – Roßkopf (1¾ Std.) – Nussensee – Bad Ischl (4½ Std.)	AV-Mark. 896, 894	Seilbahnstation
19 Predigtstuhl, 1278 m Abwechslungsreiche Runde mit überraschend felsigen Szenerien, einem aussichtsreichen Gipfel und einer idyllisch gelegenen Hütte.	Bad Goisern (502 m, 🚂), Ferienort an der Strecke Bad Ischl – Bad Aussee. Alternativ auch Hotel Predigtstuhl (973 m; 6 km ab Goisern).	Bad Goisern – Ewige Wand – Predigtstuhl (2½ Std.) – Hütteneckalm (4 Std.) – Bad Goisern (5½ Std.)	AV-Mark. 245, 247, 201.	Hütteneckalm (1240 m)
20 Hochkalmberg, 1833 m Große Runde über die beiden Kalmberge. Schmaler Grat, teilweise felsig mit einigen gesicherten Passagen. Leichterer Auf- und Abstieg via Goiserer Hütte.	Bad Goisern (502 m, 🚂), Parkplatz im Ortsteil Steinach (605 m; 2 km vom Ortszentrum).	Steinach – Tiefe Scharte (1477 m; 2½ Std.) – Hochkalmberg (4¾ Std.) – Goiserer Hütte (5¼ Std.) – Steinach (7¾ Std.)	AV-Mark. 888, 851, 801	Goiserer Hütte (1592 m), bew. Anfang Mai bis Ende Okt.
21 Gamsfeld, 2027 m Bekannter Aussichtsgipfel im Vorfeld des Dachsteinmassivs; Besteigung verlangt Ausdauer und Trittsicherheit.	Rußbach (813 m, 🚂), kleiner Ferienort westlich vom Paß Gschütt.	Rußbach – Angerkaralm – Gamsfeld (4 Std.) – Traunwandalm (1338 m) – Rußbach (6½ Std.)	AV-Mark. 203, 202, 201	Angerkaralm (1423 m)
22 Rund um den Gosaukamm Wanderklassiker im Dachsteinmassiv, als Tagestour nur für Schnelläufer geeignet. Wer in der Hofpürglhütte übernachtet, kann eine Überschreitung des Großen Donnerkogels (2054 m) mit einplanen (mark., zusätzlich 2 Std.).	🚡 Bergstation der Gosaukamm-Seilbahn (1485 m), Talstation am Vorderen Gosausee (933 m, 🚂), Zufahrt von Bad Goisern über Gosau (780 m), 20 km.	Seilbahn – »Austriaweg« – Hofpürglhütte (4 Std.) – Steiglpaß (2016 m) – Vorderer Gosausee (8 Std.)	AV-Mark. 611, 612	Mehrere Gh. und Hütten; Hofpürglhütte (1705 m), bew. Pfingsten bis Mitte Okt.
23 Hinterer Gosausee, 1154 m Ausgedehnter Talspaziergang auf bequemen Wegen.	Vorderer Gosausee (933 m, 🚂), Zufahrt von Bad Goisern über Gosau (780 m), 20 km.	Vorderer Gosausee – Hinterer Gosausee (2 Std.); Rückweg auf der gleichen Route (gesamt 3¾ Std.)	Fahrweg	Hintere Seealm (1154 m)
24 Plassen, 1953 m Felsiger Hausberg von Hallstatt, teilweise steile und etwas ausgesetzte Wege (eine gesicherte Passage).	🚡 Bergstation der Hallstätter Salzberg-Standseilbahn (855 m), Talstation Hallstatt-Lahn (527 m, 🚂).	Seilbahn – Salzberg – Plassen (4 Std.) – Karstube (1370 m) – Seilbahn (6½ Std.)	AV-Mark. 640, 643, 645	Rest. Rudolfsturm, Salzberg

Alle Wanderungen auf einen Blick

Tourenziel/Charakteristik	Ausgangspunkt	Wegverlauf & Gehzeit	Markierung	Einkehr am Weg
25 Simonyhütte, 2205 m Wanderklassiker an der Nordflanke des Dachsteinmassivs; auch bei Seilbahnbenützung etwas Ausdauer erforderlich. Nur bei sicherem Wetter gehen!	🚠 Endstation der großen Dachstein-Seilbahn am Krippeneck (1788 m), Talstation (600 m, 🚌) bei Obertraun (511 m, 🚉).	Krippeneck – Simonyhütte (3¼ Std.); Rückweg auf der gleichen Route (gesamt 5¾ Std.)	AV-Mark. 650	Simonyhütte (2205 m)
26 Hoher Gjadstein, 2794 m Lohnendes Gipfelziel für erfahrene Bergwanderer; Steige abschnittsweise rauh und steil. Nur bei ganz sicherem Wetter gehen!	🚠 Endstation der großen Dachstein-Seilbahn am Krippeneck (1788 m), Talstation bei Obertraun (511 m, 🚉).	Krippeneck – Hoher Gjadstein (4 Std.); Abstieg auf dem gleichen Weg (gesamt 7 Std.)	AV-Mark. 615	–
27 Heilbronner Kreuz, 1959 m Beliebte Wanderrunde auf dem »Heilbronner Weg«; Abstieg auf dem »Karstlehrpfad«. Sehenswert: Rieseneishöhle und Mammuthöhle beim Schönberghaus	🚠 Endstation der großen Dachstein-Seilbahn am Krippeneck (1788 m), Talstation (600 m, 🚌) bei Obertraun (511 m, 🚉).	Krippeneck – »Heilbronner Weg« – Heilbronner Kreuz (1¾ Std.) – »Karstlehrpfad« – Schönberghaus (🚠-Station, 1322 m; 3½ Std.).	AV-Mark. 664, 662, 661	Hotel Krippenstein, Schönberghaus (1345 m)
28 Hoher Sarstein, 1975 m Recht anspruchsvolle Überschreitung, gute Kondition ist Voraussetzung. Packende Tiefblicke auf den Hallstätter See.	Simonyaussicht (695 m) an der Pötschen-Paßstraße, 5 km von Bad Goisern (502 m, 🚌).	Simonyaussicht – Goiserer Sarsteinalm (3 Std.) – Hoher Sarstein (4 Std.) – Sarsteinhütte (5¼ Std.) – Obertraun (511 m; 7½ Std., 🚉)	AV-Mark. 690, 692	Goiserer Sarsteinalm (1695 m), Sarsteinhütte (1620 m)
Steirisches Salzkammergut				
29 Rund um den Sandling Wenig anstrengende Wanderrunde um den felsigen Sandling (1711 m).	Gh. Sarsteinblick (925 m), Zufahrt von der Pötschen-Paßstraße, 2,4 km von Luppitsch. Parkplatz.	Sarsteinblick – Vordere Sandlingalm (1¼ Std.) – Ausseer Sandlingalm (1221 m; 2 Std.) – Sarsteinblick (3½ Std.)	AV-Mark. 250, 252	Gh. Sarsteinblick (925 m)
30 Loser, 1837 m Halbtagestour auf den bekannten Aussichtsgipfel; Trittsicherheit (gesicherte Passagen).	Parkplatz am Endpunkt der Loserstraße (1600 m, 🚌), ab Altaussee 12 km.	Loserstraße – Loserhütte (1498 m) – Loser (1¾ Std.) – Hochanger (1838 m) – Loserfenster – Loserstraße (3 Std.)	AV-Mark. 255, 256	Rest. Loser (1600 m), Loserhütte (1498 m)
31 Albert-Appel-Haus, 1638 m Abwechslungsreiche Wanderung ins Tote Gebirge mit Abstieg zum Altausseer See. Sehr schön die weite Mulde des Henarwalds, umrahmt von grauen Karsthöhen.	Parkplatz am Endpunkt der Loserstraße (1600 m, 🚌), ab Altaussee 12 km.	Loserstraße – Hochklapfsattel (1498 m; 1¾ Std.) – Wildenseealm (1525 m) – Appelhaus (4 Std.) – Hochklapfsattel (5½ Std.) – Altausseer See (7 Std.) – Altaussee (7½ Std.)	AV-Mark. 201, 212	Albert-Appel-Haus (1638 m), Altausseer See (712 m)
32 Trisselwand, 1754 m Toller Aussichtspunkt östlich über dem Altausseer See. Alternativer Ausgangspunkt Bad Aussee (719 m, Gesamtgehzeit dann 5¾ Std.)	Gh. Trisselwand (963 m), Zufahrt von Bad Aussee (659 m, 🚌) zum Grundlsee, dann links bergan, 7,5 km.	Gh. Trisselwand – Trisselwand (2½ Std.); Abstieg auf dem gleichen Weg (gesamt 4 Std.)	AV-Mark. 233	Gh. Trisselwand (963 m)
33 Backenstein, 1772 m Aussichtspunkt hoch über dem Grundlsee; vom (etwas tiefer stehenden) Gipfelkreuz einmaliger Tiefblick. Ausdauer erforderlich.	Grundlsee (732 m, 🚌), Straßendorf am Nordufer des gleichnamigen Sees, Anfahrt von Bad Aussee 5 km.	Grundlsee – Backenstein (3 Std.); Abstieg auf dem gleichen Weg (gesamt 5 Std.)	AV-Mark. 235	–
34 Aiblsattel, 1785 m – Lahngangseen Große Wanderrunde für Ausdauernde am Rand des Toten Gebirges; zusätzlich evtl. Besteigung des Wildgößl (2002 m, ½ Std.).	Gößl (720 m, 🚌), Dorf am Ostende des Grundlsees, Anfahrt von Bad Aussee 11 km.	Gößl – Aiblsattel (3 Std.) – Abblasbühel (5 Std.) – Lahngangseen – Gößl (7½ Std.)	AV-Mark. 213, 201, 214	–
35 Rötelstein, 1614 m, und Kampl, 1685 m Abwechslungsreiche Mittelgebirgswanderung auf zwei hübsche kleine Gipfel.	Äußere Kainisch (770 m, 🚌), Dörfchen auf halber Strecke zwischen Bad Aussee und Bad Mitterndorf.	Kainisch – Rötelstein (2½ Std.) – Kampl (4 Std.) – Kainisch (6 Std.)	Mark. Wege	–
36 Großes Tragl, 2179 m Ein gutes Bild vom schier endlos weiten Karstplateau des Toten Gebirges vermittelt die Tour aufs Große Tragl. Auf keinen Fall bei Schneelage (tückische Dolinen und bodenlose Schächte) oder Nebel gehen!	Tauplitzalm (1621 m), Endpunkt der von Bad Mitterndorf (809 m, 🚌) ausgehenden Mautstraße und 🚠 Tauplitzalm-Sessellift. Talstation Tauplitz (896 m, 🚌).	Tauplitzalm – Steirerseealm – Großes Tragl (3 Std.); Abstieg auf dem gleichen Weg (gesamt 5 Std.)	AV-Mark. 218, 276	Auf der Tauplitzalm
37 Roßkogel, 1890 m Mäßig anstrengende, abwechslungsreiche Seen- und Gipfelwanderung.	Tauplitzalm (1621 m), Endpunkt der Mautstraße und 🚠 des Tauplitzalm-Sessellifts.	Tauplitzalm – Schwarzensee (1549 m) – Leisthütte (1647 m; 1¾ Std.) – Roßkogel (2½ Std.); Abstieg auf dem gleichen Weg (4¼ Std.)	AV-Mark. 218, Gipfelsteig rot bez.	Auf der Tauplitzalm.

Meine Favoriten

04 Sparber

Kantiges Profil

Sein felsig-spitzer Doppelgipfel sticht herausfordernd in den Himmel, und wer am Wolfgangsee unterwegs ist, kann ihn schlicht nicht übersehen. Da stiehlt er dem behäbigen »Eisenbahnberg« über St. Wolfgang glatt die Schau, auch wenn die Aussicht vom Schafberg noch schöner sein mag. Dafür hat der Anstieg zum Sparber entschieden mehr Pfiff, steil ist er und zuletzt helfen Drahtseile und ein paar Leitern über die Felsen zum Gipfel. Oben ist es dann auf jeden Fall ruhiger als drüben am »Rigi des Salzkammerguts«, und im Panorama stehen fast so viele Sehnsuchtsberge: Ziele für den ganzen Sommer!

➡ Gleich hinter dem Gh. Kleefeld (690 m) über den Zaun des großen Wildgeheges (Stiege), in der folgenden Rechtskurve dann von der Forststraße ab und in einen Graben, durch den der Weg bis zur Dürntalalm (977 m) ansteigt. Oberhalb der Hütte (Pfeil) links in den Wald und aufwärts gegen den Ostrücken des Sparber. Weiter im Zickzack bergan und nach einer Hangquerung steil (Leitern) in die Scharte zwischen den beiden Gipfelzacken. Dahinter mit Drahtseilhilfe kurz abwärts, anschließend über eine senkrechte Leiter in latschenbewachsenes Schrofengelände und leicht zum großen Kreuz.

10 Brennerin, 1602 m

Der Blick in die Tiefe

Natürlich ist es der See, der vor allem zur Tour auf die Brennerin verleitet und das nicht etwa nur wegen des erfrischenden Bades hinterher. Die Tiefblicke auf den Attersee sind ganz klar das Highlight dieser Runde, fast schon leicht atemberaubend etwa von der Felskanzel des Schobersteins (1037 m). Nicht zu verachten ist allerdings auch die Aussicht zum Dachsteinmassiv, und im Frühsommer blüht es an der Mahdlschneid besonders üppig: Blumen! Wichtig: Wenn im Frühling in der Brennerriese noch Schnee liegt, keinesfalls durch die Steilrinne absteigen!

Der Weg zur Brennerin bietet faszinierend-aufregende Tiefblicke auf den Attersee. Im Frühling zeichnet Blütenstaub feine Muster aufs Wasser.

➡ In Weißenbach links neben dem Garten des Hotels Post in den Wald und zu einer Weggabelung. Hier rechts in vielen bequemen Serpentinen schattig bergan; mehrfach bieten sich Tiefblicke auf den Attersee. Unter dem felsigen Gipfelaufbau des Schobersteins wendet sich der Weg in die schrofige Südostflanke; im Rücken der prächtigen Aussichtskanzel (Abstecher, 5 Min.) führt er wieder an den Grat heran, um den Mahdlgupf (1261 m) herum und dann knapp unterhalb der Mahdlschneid aufwärts, zuletzt direkt am Kamm zum Kreuz am »Dachsteinblick« (1559 m). Eine Viertelstunde weiter nordöstlich erhebt sich der abgeflachte, kaum auffallende Gipfelrücken der Brennerin mit bemerkenswerter, weiter Rundschau.

Vom »Dachsteinblick« zunächst durch Latschengassen zu einem schönen Aussichtspunkt am Rand des welligen Gipfelplateaus, dann in vielen Kehren hinunter in die Brennerriese. Zwischen Felsen bergab, über einen letzten, felsigen Steilhang mit Hilfe einer langen Leiter. Etwas tiefer quert man die Geröllreiße nach rechts; dann geht's im Wald weiter abwärts zu einer Forstpiste. Man folgt ihr links bis (fast) zu ihrem Ende und steigt dann auf einer schmalen (unmarkierten) Spur ab zu dem hübschen Waldweg, der Steinbach und Weißenbach verbindet. Auf der Promenade in leichtem Auf und Ab zurück zum Ausgangspunkt, angenehm schattig, teilweise unmittelbar oberhalb der Uferstraße.

22 Rund um den Gosaukamm

Dolomiten im Salzburgischen?

Vorbilder regen zu Vergleichen an, weltberühmte allemal, und so sind die Tourismuspromotoren auf die Idee gekommen, für die Strecke von Golling über Abtenau nach St. Martin als »Salzburger Dolomitenstraße« zu werben. Der Vergleich hinkt nicht einmal so sehr, denn der Zackengrat des Gosaukamms, rechts flankiert von der Bischofsmütze (2458 m), erinnert durchaus an berühmte Silhouetten jenseits des Alpenkamms.

➡ Die große Runde beginnt ebenso aussichtsreich wie gemütlich an der Gablonzer Hütte. Fast eben wandert man unter den Kalkzacken des nördlichen Gosaukamms hinüber zur Stuhlalm. Hinter der Theodor-Körner-Hütte bieten sich Ausblicke auf die Bischofsmütze; der »Austriaweg« steigt nun über den Durchgang (Stufen, Seile) an zum Jöchl und führt dann in einem weiten Bogen um den berühmten, doppelgipfligen Kletterzacken herum zur Hofpürglhütte (1705 m). Weiter ein Stück auf dem »Linzer Weg«, dann steil, teilweise mit Drahtseilhilfe, hinauf in den Steiglpaß (2016 m). Jenseits der Gratscharte über gestufte Felsen und Geröll hinunter in das latschenbewachsene Ahornkar. Dann auf dem »Steiglweg« über die Scharwandhütte (1348 m) abwärts zum Vorderen Gosausee.

Meine Favoriten

27 Heilbronner Kreuz, 1959 m

Karstlandschaft »auf dem Stein«

Wer im Salzkammergut wandert, muß natürlich einmal hinauf zum »Stein«. Das geht per Seilbahn ganz bequem, und auf der Runde zum Heilbronner Kreuz kommt man nicht unbedingt außer Atem. Daran, daß sich das bucklige, teilweise latschenverstrauchte Hochplateau nicht immer so harmlos präsentiert wie an einem sommerlichen Schönwettertag, erinnert das Heilbronner Kreuz: an Ostern 1954 starben zehn Schüler und drei Lehrer in einem Schneesturm. Über die Entstehung des zerklüfteten Plateaus und seiner unzähligen kunstvoll ziselierten Felsen informiert heute der »Karstlehrpfad«, über den man zum Schönberghaus absteigt. Und hinterher kann man ja noch einen Abstecher in den Berg unternehmen: bei einer Führung durch die Höhlen des Dachsteinmassivs.

➡ Von der Seilbahnstation am Krippeneck (1788 m) in östlicher Richtung über das zerklüftete, unübersichtliche Karstgelände, allmählich ansteigend bis zum Heilbronner Kreuz (1959 m), wo der vom Hohen Krippenstein über den Margschierf (2080 m) verlaufende Steig mündet. Schöner Blick zum Hohen Dachstein (2995 m). Weiter auf dem »Karstlehrpfad« nordwestlich zum Däumelkogel (2001 m) und dann steil hinab zur Zwischenstation der Dachstein-Seilbahn (Schönberghaus).

32 Trisselwand, 1754 m

Ausguck am Rand des Toten Gebirges

Um ziemlich genau einen Kilometer überragt die Trisselwand den Altausseer See, und das bei der gleichen Horizontalentfernung. Da lohnt es sich natürlich, hinaufzupilgern zu dem schwindelerregenden Ausguck, um dann hinabzuschauen auf den glatten Spiegel des Sees,

auf die Häuser von Altaussee, hinüber zum Loser und seine Serpentinenstraße. Über der grünen Senke des Pötschenpasses (982 m) ist der Watzmann auszumachen, im Süden stehen die Gipfelketten der Niederen Tauern, dazwischen prunkt der Dachstein mit seinem Firnmantel.

Wasser, Eis und Fels: Hallstätter Gletscher, darüber der Hohe (2995 m) und (rechts) der Niedere Dachstein.

➡ Hinter dem Gh. Trisselwand auf einem (unmarkierten) Weg ansteigend über die Wiese, dann in den Wald und steil aufwärts zu einer Bergsturzzone. Zwischen den vermoosten Felstrümmern zum abgeflachten Kamm, wo man auf den markierten Weg stößt, der von Altaussee bzw. vom Tressensattel heraufkommt. Weiter an dem Waldrücken bergan, dann durch eine Latschenzone und unterhalb des Ahornkogels (1686 m) über eine Felsrampe. Das wellige, latschenverwachsene Plateau ist nun erreicht; bei der Abzweigung zum Appelhaus hält man sich links und steuert in weitem Bogen das Kreuz über der Trisselwand an.

Hallstatt – ein geschichtsträchtiger Ort

Keinesfalls versäumen sollte man einen Besuch des uralten Ortes, der mitsamt seiner Umgebung 1998 zum UNESCO-Weltkulturerbe erklärt wurde (Museen, täglich Führungen im Salzbergwerk). Der Bummel durch die schmalen Gassen läßt sich gut mit der Wanderung entlang der 1607 eröffneten Soleleitung verbinden. Vorschlag: von Steeg am unteren Ende des Hallstätter Sees über den Soleleitungsweg nach Hallstatt (511 m), 2 Std., Besichtigung von Ort und Salzbergwerk, anschließend Rückfahrt per Schiff über den See.

Oberes Ennstal

Dachstein und Niedere Tauern

Alpines Schaustück des oberen Ennstals ist der Dachstein mit seinem monumentalen Südabsturz – heller Kalk über satten Wiesen. Da werden Kletterträume wach, tritt der Gipfelstürmer in uns auf den Plan. Immerhin ragt die Spitze des großen Eisenkreuzes um ein paar Zentimeter über die magische Dreitausendergrenze hinaus und direkt in den Bergsteigerhimmel hinein. (Trotzdem ist der Dachstein nur 2995 Meter hoch, auch wenn das ein paar Werbemanager etwas lockerer sehen.) Gipfel, nicht ganz so hohe, dafür viel mehr, gibt's auch auf der anderen Seite der jungen Enns, in den Niederen Tauern; da reiht sich Bergkette an Bergkette, getrennt durch alte Gletschertäler und steinige Kartröge, denen nur die kleinen Seeaugen etwas Leben einhauchen. Keine Landschaft, die mit Spektakel prunkt, Superlative anzubieten hat, eher etwas für Liebhaber stiller Wege, für Hüttenwanderer auch, die hier am Alpenhauptkamm von »Haus zu Haus« leicht eine Woche unterwegs sind, ohne in Talniederungen absteigen zu müssen. Höchster in den »Niederen« ist der Hochgolling (2863 m), ein besuchtes Wanderziel der Klafferkessel mit seinen vielen kleinen und kleinsten Seen zwischen dunklen, flechtenbewachsenen Felsbuckeln.

Heller Kalk oder dunkle Gneise, Dolomitzinnen oder verträumte Karwinkel? Wer im oberen Ennstal wandert, kann es sich aussuchen. Und da ist es natürlich vorteilhaft, sein Quartier »zwischen den Bergen« zu haben, in Schladming, dem touristischen Zentrum der Region, oder in einem der kleineren Dörfer an der Enns.

Schroffe Felsen über den Morgennebeln: Blick von der Bischofsmütze auf die grünen Hügel des Alpenvorlands.

Führer & Landkarten

Neben den AV-Führern »Dachstein« und »Niedere Tauern« (die sich in erster Linie an Bergsteiger und Kletterer richten) ist für den Wanderer vor allem der kleine Führer »Dachstein-Tauern-Region« von Interesse (Bergverlag Rother). Vor Ort bekommt man den »Wanderführer Dachstein-Tauern« (Tourismus-Regionalverband).

Drei Blätter der Freytag & Berndt-Wanderkarten decken die gesamte Region, vom Dachstein bis zu den Rottenmanner Tauern, ab: 201 »Schladminger Tauern-Radstadt-Dachstein« 202 »Radstädter Tauern-Katschberg-Lungau« und 203 »Wölzer Tauern-Sölktal-Rottenmanner Tauern«. Für den gleichen Bereich benötigt man von der Österreichischen Karte (1:25 000 bzw. 1:50 000) die Blätter 98, 99, 126, 127, 128, 129. Vom Alpenverein gibt es ein Kartenblatt »Dachstein« (1:25 000) sowie drei Blätter »Niedere Tauern« (1:50 000).

Alle Wanderungen auf einen Blick

Tourenziel/Charakteristik	Ausgangspunkt	Wegverlauf & Gehzeit	Markierung	Einkehr am Weg
Dachstein				
01 Gerzkopf, 1728 m Unscheinbarer, aber sehr schöner Aussichtsberg vor dem Gosaukamm. Unter dem Gipfel Hochmoor (Naturschutzgebiet).	Bushalt »Schattau« (890 m) an der Strecke Eben – Filzmoos.	Schattau – Gerzkopf (2½ Std.); Abstieg auf dem gleichen Weg (gesamt 4 Std.)	Örtliche Mark. 10	Schäferhütte (1608 m)
02 Roßbrand, 1770 m Hausberg von Radstadt und ein prächtiger Aussichtsberg zwischen Dachstein und Niederen Tauern.	Filzmoos (1055 m, 🚌), Ferienort am Südfuß des Dachsteinmassivs.	Filzmoos – »Dr.-März-Weg« – Roßbrand (2¾ Std.) – Karalm – Filzmoos (4¾ Std.)	AV-Mark. 462, 463	Radstädter Hütte (1770 m), Roßbrandhütte (1720 m)
03 Hofpürglhütte, 1705 m Beliebte Wanderrunde vor faszinierender Kulisse: Bischofsmütze, Gosaustein, Torstein. Läßt sich leicht um die Besteigung des Rötelsteins (2247 m) erweitern.	Hofalm (1268 m), gebührenpflichtige Zufahrt von Filzmoos (1055 m, 🚌), 6 km.	Hofalm – Hofpürglhütte (1½ Std.) – »Linzer Weg« – Sulzenhals (1827 m; 4 Std.) – Sulzenalm – Hofalm (5½ Std.)	AV-Mark. 612, 601, 617, 638	Hofalm, Hofpürglhütte (1705 m), Sulzenalm
04 Rötelstein, 2247 m Schönste Aussichtsloge vor dem Dachsteinmassiv. Überschreitung verlangt Trittsicherheit und Bergerfahrung.	Filzmoos (1055 m, 🚌), Ferienort am Südfuß des Dachsteinmassivs. Zufahrt zum Oberberg möglich.	Filzmoos – Lutzer Riedel (1643 m; 2 Std.) – Rötelstein (4 Std.) – Sulzenhals (1827 m; 4¾ Std.) – Sulzenalm – Filzmoos (6¾ Std.)	AV-Mark. 670, 639, 638	Auf der Sulzenalm
05 Tor, 2033 m – Dachstein-Südwandhütte, 1871 m Klassische Runde unter der Dachstein-Südwand; als Ausgangspunkt bietet sich alternativ die Dachsteinstraße an.	Schartalm (ca. 1430 m), Zufahrt von der Strecke Filzmoos – Ramsau. Wanderparkplatz.	Schartalm – Tor (2033 m) – Dachstein-Südwandhütte (4 Std.) – Maralm – Schartalm (5¾ Std.)	AV-Mark. 614, 617, 671	Bachlalm (1495 m), Dachstein-Südwandhütte (1871 m)
06 Rund um den Sinabell Großzügige Runde südlich des Dachsteinplateaus (»Am Stein«). Nur bei guten Sichtverhältnissen! Von der Feisterscharte aus ½ Std. zum Sinabell (mark.).	Gh. Feisterer (1155 m), 3 km von Ramsau am Dachstein (1135 m, 🚌).	Feisterer – Guttenberghaus (3 Std.) – Feisterscharte – Silberkarsee (1805 m; 4¼ Std.) – Silberkarhütte (5¾ Std.) – Silberkarklamm – Feisterer (7½ Std.)	AV-Mark. 616, 619, örtliche Mark. 66, 7.	Gh. Feisterer (1155 m), Guttenberghaus (2146 m), bew. Juni bis Mitte Okt.; Silberkarhütte
07 Kufstein, 2046 m Etwas für Weitläufer! Die Runde über den Kufstein zu den beiden Seen unterhalb der Grafenbergalm bietet viel Abwechslung. Nur bei sicherem Wetter (kein Nebel!).	Weißenbach (719 m, 🚌), kleines Dorf im Ennstal, 9 km von Schladming.	Weißenbach – Starnalm (1767 m; 3 Std.) – Kufstein (3¾ Std.) – Grafenbergalm (1783 m) – Ahornsee (1485 m; 5 Std.) – Weißenbach (7 Std.)	AV-Mark. 666, 667, 668	–
08 Stoderzinken, 2048 m Beliebtes Ausflugs- und Wanderziel, vom Endpunkt der mautpflichtigen Stoderzinken-Alpenstraße höchstens eine Halbtagstour.	Endpunkt der Alpenstraße beim Steinerhaus (1845 m), 13 km ab Grömbing (770 m, 🚌).	Steinerhaus – Friedenskirchlein (1898 m) – Stoderzinken – Brünner Hütte – Steinerhaus (2 Std.)	AV-Mark. 676, 675	Steinerhaus (1845 m), Brünner Hütte (1736 m)
09 Freienstein, 1279 m Ein wenig auffallender, felsdurchsetzter Rücken im Vorfeld des Stoderzinken. Interessante Überschreitung für Geübte (gesicherte Passagen, leichte Kletterstelle).	Assach (755 m, 🚌), Dorf im Ennstal, zwischen Haus und Gröbming.	Assach – Assacher Scharte – Freienstein (2 Std.) – Kunagrünberg – Kunagrün – Assau (4 Std.)	Mark. Wege	–
10 Kammspitze, 2139 m Große Gipfeltour für Bergerfahrene, an der Kammspitze einige Drahtseilsicherungen, leichte Felsen.	Gröbming (770 m, 🚌), stattlicher Flecken im Ennstal.	Gröbming – Zirmel – Kammspitze (4¼ Std.) – Gröbming (6¾ Std.)	AV-Mark. 678, 677	–
11 Grimming, 2351 m Der isoliert zwischen dem Ennstal und dem Steirischen Salzkammergut aufragende Grimming ist ein richtig großer »Brocken«. Wer ihn besteigen will, muß gut zu Fuß sein; einige gesicherte Passagen.	Niedersuttern (649 m, 🚌), Weiler im Ennstal.	Niedersuttern – Grimminghütte (1 Std.) – Multereck (2176 m) – Grimming (4¾ Std.); Abstieg auf dem gleichen Weg (gesamt 8½ Std.)	AV-Mark. 681	Grimminghütte (966 m), bew. Juni bis Ende Sept.
12 Hochtausing, 1823 m Markanter Felsgipfel zwischen Ennstal und Totem Gebirge. Aufstieg markiert, aber recht anspruchsvoll. Einige kurze Kletterstellen, bei Nässe gefährlich!	Wörschachberg, Parkplatz knapp vor dem Schönmoos (ca. 1130 m), 6 km ab Wörschach (650 m, 🚌).	Schönmoos – Hochtausing (2¼ Std.); Abstieg auf dem gleichen Weg (gesamt 3¾ Std.)	AV-Nr. 281, Gipfel rot-weiß	In Wörschachberg

Alle Wanderungen auf einen Blick

Tourenziel/Charakteristik	Ausgangspunkt	Wegverlauf & Gehzeit	Markierung	Einkehr am Weg
Niedere Tauern				
13 Steinfeldspitze, 2344 m Recht anspruchsvolle Gipfeltour über dem Skirevier Zauchensee. Trittsicherheit unerläßlich, nicht bei Nässe gehen!	⛰ Bergstation des Gamskogelliftes (1878 m), Talstation am Zauchensee (1361 m, 🚞), 11 km ab Altenmarkt.	Liftstation – Tagweidegg (2135 m) – Schwarzkopf (2268 m) – Steinfeldspitze (2¼ Std.) – Gasserain (1737 m; 3½ Std.) – Zauchensee (4¾ Std.)	Mark. Wege	Am Zauchensee, Gamskogelhütte (1878 m)
14 Zehnerkarspitze, 2381 m – Großer Pleißlingkeil, 2501 m Großzügige Kammüberschreitung südwestlich von Obertauern; von der Glöcknerin (2432 m) Zwischenabstieg zum Wildsee.	⛰ Bergstation der Zehnerkarbahn (2192 m), Talstation Obertauern (1739 m, 🚞).	Seilbahn – Zehnerkarspitze (¾ Std) – Glöcknerin – Hintere Großwandspitze – Großer Pleißlingkeil (3¼ Std.) – Hengst (2074 m; 4¼ Std.) – Wildsee – Obertauern (6½ Std.)	Mark. 22, 702	Obertauern
15 Rund um die Steirische Kalkspitze Landschaftlich sehr abwechslungsreiche, aber auch ziemlich anstrengende Runde.	Ursprungalm (1604 m) im innersten Preuneggtal, 15 km vom Ennstal.	Ursprungalm – Znachsattel (2059 m; 1¼ Std.) – Akarscharte (2 Std.) – Oberhütte (3 Std.) – Brotrinnl (2088 m; 3¾ Std.) – Ursprungalm (4¾ Std.)	AV-Mark. 771, 702, Brotrinnl rot bez.	Ursprungalm (1604 m), Giglachseehütte (1955 m), Oberhütte (1869 m)
16 Ignaz-Matthis-Hütte, 1986 m Gemütliche See- und Hüttenwanderung; Ausdauernde und Geübte können sie bei sicherem Wetter um die Höhen- und Kammwanderung zum Hochfeld erweitern.	Ursprungalm (1604 m) im hintersten Preuneggtal, 15 km von Pichl im Ennstal.	Ursprungalm – Ignaz-Matthis-Hütte (1½ Std.; mit Seerundgang und Abstieg 3 Std.) – Brettersee – Hochfeld (2189 m; 5 Std.) – Obere Neudeckalm (1772 m; 5¾ Std.) – Ursprungalm (7 Std.)	AV-Mark. 771, 773	Ignaz-Matthis-Hütte (1986 m)
17 Duisitzkarsee, 1648 m Abwechslungsreiche Runde im inneren Obertal.	Eschbachalm (1213 m), 15 km ab Schladming (749 m, 🚞).	Eschbachalm – Duisitzkarsee (1¼ Std.) – Neualm (1618 m; 2¾ Std.) – Eschbachalm (3¾ Std.)	Mark. Wege, AV-Nr. 775, 774	Duisitzkarhütte
18 Hochgolling, 2863 m Höchster Gipfel der Niederen Tauern, Anstieg auch über den Normalweg nur für Bergerfahrene! Kurze gesicherte Passagen, brüchiges Gestein, Geröllbänder. Nächtigung in der Gollinghütte ratsam.	Gh. Riesbachfälle (1079 m, 🚞) im Untertal; Zufahrt von Schladming (749 m), 14 km.	Gh. Riesbachfälle – Gollinghütte (2¼ Std.) – Gollingscharte (2326 m; 4¼ Std.) – Hochgolling (6 Std.); Abstieg auf dem gleichen Weg (gesamt 10¼ Std.)	AV-Mark. 702, 778	Gollinghütte (1641 m), bew. Mitte Juni bis Ende Sept.
19 Klafferkessel; Greifenberg, 2618 m Große Runde über einen prächtigen Aussichtsgipfel in das Landschaftswunder der Niederen Tauern (Bergseen). Als Tagespensum nur für Konditionsbolzen geeignet; besser Übernachtung einplanen.	Gh. Riesbachfälle (1079 m, 🚞) im Untertal; Zufahrt von Schladming (749 m), 14 km.	Gh. Riesbachfälle – Gollinghütte (2¼ Std.) – Greifenberg (5 Std.) – Klafferkessel – Preintaler Hütte (7½ Std.) – Gh. Riesbachfälle (9 Std.)	AV-Mark. 778, 702, 777	Gollinghütte (1641 m) und Preintaler Hütte (1657 m), beide bew. Mitte Juni bis Ende Sept.
20 Höchstein, 2543 m Markanter Gipfel im Nordosten der Schladminger Tauern. Im Gipfelbereich leichte Felsen, z.T. mit Sicherungen.	⛰ Bergstation der Seilbahn zum Hauser Kaibling (1840 m), Talstation Haus im Ennstal (774 m, 🚞).	Hauser Kaibling – Roßfeldsattel – Zwieslingscharte – Höchstein (3 Std.) – Filzscharte (2213 m) – Moaralmsee – Roßfeldsattel – Hauser Kaibling (5½ Std.)	AV-Mark. 780, 781, örtliche Bez. 45	Krummholzhütte (1840 m), Kaiblinghütte (1784 m)
21 Obersee, 1672 m Gemütliche Tal- und Seenwanderung mit Einkehrmöglichkeit unterwegs.	Seewigtal-Stüberl (1143 m) nördlich des Bodensees, Zufahrt (mautpflichtig) von Aich (694 m, 🚞) im Ennstal.	Bodensee (1157 m) – Hans-Wödl-Hütte – Obersee (2 Std.); Abstieg auf dem gleichen Weg (gesamt 3½ Std.)	AV-Mark. 782	Seewigtal-Stüberl, Hans-Wödl-Hütte (1528 m)
22 Deneck, 2433 m Gipfelziel über dem Sölkpaß; der Aufstieg führt an den drei Kaltenbachseen vorbei.	Kaltenbachalm (ca. 1580 m) an der Nordrampe der Sölkpaß-Straße.	Kaltenbachalm – Deneck (2½ Std.); Abstieg auf dem gleichen Weg (gesamt 4 Std.)	Mark. Weg	Kaltenbachalm
23 Großes Bärneck, 2071 m Aussichtsreiche Runde in den Wölzer Tauern. Die Überschreitung kann bis zur Mössnascharte (1970 m) verlängert werden; mit Abstieg nach Donnersbachwald (5½ Std.).	⛰ Liftstation Riesner Alm (1576 m), Talstation des Sessellifts bei Donnersbachwald (976 m, 🚞).	Riesner Alm – Finsterkarsee – Großes Bärneck (2 Std.) – Mörsbachhütte – Donnersbachwald (4 Std.)	AV-Mark. 919, 902	Riesner Alm (1576 m), Mörsbachhütte (1303 m)
24 Planner Seekarspitze – Schoberspitze, 2126 m »Gipfelsammeln« über dem Planner Kessel; verschiedene Varianten möglich.	Planner Alm (1588 m, 🚞), Zufahrt von Irdning via Donnersbach (713 m), 19 km.	Planner Alm – Planner Seekarspitze (2072 m; 1¼ Std.) Karlspitze (2097 m) – Schoberspitze (4½ Std.) – Planner Alm (6 Std.)	Mark. Wege	Planner Alm
25 Großer Bösenstein, 2448 m Höchster Gipfel der Rottenmanner Tauern, markantes Felsprofil und große Aussicht. Beliebtes Tourenziel; Trittsicherheit. Sehenswert: die Scheibelseen.	Endpunkt der (gebührenpflichtigen) »Scheibelseen-Alpenstraße« auf der Scheibelalm (ca. 1670 m), 6 km von Hohentauern.	Scheibelalm – Großer Bösenstein (3 Std.) – Kleiner Bösenstein (2395 m) – Großer Hengst (2159 m) – Scheibelalm (5 Std.)	AV-Mark. 946, 902	Edelrautehütte (1706 m) auf der Scheibelalm

Meine Favoriten

Von Hütte zu Hütte durch die Niederen Tauern

Die Topographie macht es möglich: sieben Wandertage ohne Zwischenabstieg ins Tal, vom Mosermandl bis zum Klafferkessel. Der Routenverlauf: *1. Tag:* Flachautal – Mosermandl (2680 m) – Franz-Fischer-Hütte. *2. Tag:* Franz-Fischer-Hütte – Südwiener Hütte. *3. Tag:* Südwiener Hütte – Glöcknerin (2432 m) – Obertauern. *4. Tag:* Obertauern – Ignaz-Mattis-Hütte. *5. Tag:* Ignaz-Mattis-Hütte – Keinprechthütte – Landawirseehütte. *6. Tag:* Landawirseehütte – Hochgolling (2863 m) – Gollinghütte. *7. Tag:* Gollinghütte – Klafferkessel – Untertal

Hoher Dachstein, 2995 m

Um es gleich vorwegzunehmen: Der Hohe Dachstein ist kein Wandergipfel, und die Tatsache, daß man mit der Seilbahn bequem in hochalpine Regionen gelangt, verkürzt den Aufstieg zwar erheblich, macht ihn aber keineswegs leichter. Die Randkluft am Einstieg kann ziemlich tückisch sein, und der Fels darüber ist zwar gestuft, aber dennoch steil. Die paar eisernen »Antiquitäten« an der Route sind mehr moralische Stützen als wirkliche Hilfe. Und bei Vereisung oder einem Schlechtwettereinbruch geraten Gelegenheits-Bergsteiger hier rasch in wirkliche Not. Also: Bergwanderer gehen auf den Hohen Dachstein mit Bergführer!

03/04 Hofpürglhütte und Rötelstein, 2247 m
Im Banne der Bischofsmütze

Das markanteste Profil im Dachsteinmassiv gehört der Bischofsmütze (2458 m). Sie ist allerdings ein Kletterziel, auch noch auf der einfachsten Route. Deshalb gilt für den Wanderer: angucken, fotografieren. Das kann man gut vom Weg zur Hofpürglhütte und noch schöner vom Rötelstein, der nicht zu Unrecht im Ruf steht, das beste Belvedere weitum zu sein. Dabei hat man nicht nur einen besonders schönen Blick auf das Dachsteinmassiv; im Süden, jenseits des obersten Ennstals, zeigen sich die langen Grate der Niederen Tauern, und im Südwesten stehen die Firngipfel der Hohen Tauern am fernen Horizont.

➡ Die Runde beginnt mit dem Anstieg zur Hofpürglhütte (1705 m). Am Weg hinüber zum Sulzenhals hat man dann die »Mütze« im Rücken; Blickfang ist jetzt der massige Torstein (2946 m), der sich über dem Eiskar aufbaut. Im Süden steht der breite Rücken des Rötelsteins, von bescheidenerer Statur, aber durchaus felsig. Nur ist sein Gestein recht brüchig, was oberhalb des Sulzenhals (1827 m) unangenehm auffällt. Nach Gipfelschau und (vorsichtigem) Abstieg in den »Hals« beschließt eine gemütliche Alm- und Bergabwanderung – wieder mit Aussicht zur Bischofsmütze – die abwechslungsreiche Runde.

11 Grimming, 2351 m
Der Größte in der Steiermark?

Was für ein Berg! Egal, von welcher Seite man sich ihm nähert, riesig ist er immer, mal als Bergmassiv mit zerfurchten Flanken, dann als felsiger Monolith, hoch über den flachen Auen des Ennstals in den blauen Himmel stechend. »Mons altyssimus Styriae« nannte ihn ein Geograph vor drei Jahrhunderten, was zwar etwas übertrieben ist, den überwältigenden Eindruck aber trefflich wiedergibt. Wer da hinauf will, weiß also gleich, worauf er sich einläßt: auf ein großes Bergabenteuer, auf einen weiten Weg von ganz unten bis zum Gipfel, gewürzt mit ein paar Felspassagen und dem großen Panorama als Höhepunkt. Wouwwh!

➡ Erstes Etappenziel ist die Grimminghütte (996 m), eine Stunde vom Tal. Hinter dem Schutzhaus im Wald aufwärts zum ersten Felsriegel (kurze Leiter), dann durch Latschen zur Mündung der Schneegrube und über eine zweite Rampe in das Geröllfeld unter dem Kastenkar. Mit Hilfe einiger Sicherungen in den »Kasten« und mühsam weiter aufwärts zum Multereck (2176 m), wo sich ein packender Tiefblick auf Prügg bietet. Nun an dem allmählich breiter werdenden Nordostrücken zum Gipfel.

26 Großer Bösenstein, 2448 m
Gipfeltour »ganz hinten« in den Niederen Tauern

Böse ist der »Stein« keineswegs, ursprünglich hieß er ja auch Pölsenstein, nach dem Tal auf seiner Südseite. Und geradezu ins Schwärmen geraten kann man über den Blumenreichtum in seinen Flanken, über ein Panorama, das an klaren Tagen bis zum fernen slowenischen Triglav (2864 m) reicht. Interessant der Blick in die nördliche Bergnachbarschaft, auf die Erhebungen des Toten Gebirges und der Gesäusegipfel.

➡ Von der Edelrautehütte (1706 m) auf vielbegangenem Weg zum Abfluß des Großen Scheibelsees, dann über einen Wiesenhang schräg bergan gegen den Ansatzpunkt des Bösenstein-Ostgrates. Er bleibt rechts; der gut markierte Weg quert unter den Felsen zu einer breiten Geröllrinne, durch die man im Zickzack aufsteigt. Weiter zum Kamm und an ihm zwischen Blockwerk und über Schutt zum Gipfel. Der Abstiegsweg führt zunächst südwestlich hinüber zum Kleinen Bösenstein (2395 m), ½ Std. Nun auf dem gut bezeichneten »Langmannweg«, allmählich an Höhe verlierend, mit schöner Aussicht hinüber zum Großen Hengst (2159 m). Hier links über Wiesen hinunter zur Edelrautehütte.

Bekanntestes Landschaftsjuwel der Niederen Tauern ist der Klafferkessel mit seinen Seen und Tümpeln. In der Bildmitte die Hochwildstelle (2747 m).

Pyhrn–Eisen-wurzen, Ybbstaler Alpen

Ganz vorn – oder weit hinten?

Eigenartige Namen: Totes Gebirge, Eisenwurzen, Reichraminger Hintergebirge, Sengsengebirge. Aber keine Zufallsbezeichnungen. Wer einmal über die endlosen Karsthügel des Toten Gebirges gewandert ist, weiß ganz genau, woher dieses »versteinerte Meer« seinen Namen hat. Und der Begriff Eisenwurzen bezieht sich auf den (einst weit verbreiteten) Bergbau der Gegend, wie am Fuß des Sengsengebirges (heute noch) Eisen verarbeitet wird, zu Sensen und Sicheln notabene.

Daß die Reichraminger Berge, die Kernzelle des Nationalparks Kalkalpen, als Hintergebirge bezeichnet werden, macht ihre Lage deutlich, vor allem unserem Bewußtsein: hinter den Sieben Bergen. Holz wurde hier früher geschlagen, übers Wasser talabwärts befördert (wovon man sich u. a. an dem gesicherten »Triftsteig« überzeugen kann), später dann ein flächendeckendes Straßennetz zum gleichen Zweck angelegt. Heute darf sich der Nutzwald wieder in einen Ur-Wald zurückverwandeln. Einen echten Urwald gibt's in der Region übrigens auch (Betreten verboten!), und zwar am Dürrenstein. Da haust der Ötscherbär, korrekt Ursus arctos, nicht drüben am bekannteren Gipfel, von dem er seinen populären Namen hat.

Natürlich haben auch die Berge im Nordosten der Alpen – mögen sie auch in Zürich oder Bayern wenig bekannt sein – seit langem ihr Publikum; Linz und St. Pölten sind nicht weit, Mariazell ist nicht nur ein besuchter Wallfahrtsort. Und da ist ja noch die alpingeographische Frage, wo das Reichraminger Hintergebirge denn nun wirklich liegt: ganz vorn oder doch hinten?

Der spannendste Weg auf den Ötscher führt über den »Rauhen Kamm«.

Führer & Landkarten

Über das Berggebiet um den Ötscher informiert der Rother-Wanderführer »Ötscher-Mariazell«; »Wandern rund um den Nationalpark Kalkalpen« kann man mit dem Führer von Franz Sieghartsleitner (Ennsthaler).
Vier Karten von Freytag & Berndt decken die Region ab: 081 »Almtal-Steyrtal-Sengsengebirge«, 082 »Totes Gebirge- Windischgarsten-Liezen«, 051 »Eisenwurzen-Steyr-Hochkar«, 031 »Ötscherland-Mariazell-Lunzer See«. Von der Österreichischen Karte (1:25 000 bzw. 1:50 000) benötigt man die Blätter 67-72, 97-99, 102.

Alle Wanderungen auf einen Blick

Tourenziel/Charakteristik	Ausgangspunkt	Wegverlauf & Gehzeit	Markierung	Einkehr am Weg
01 Almtaler Felsenwege Zwei-Tage-Tour ins Tote Gebirge mit Übernachtung in der Pühringer Hütte. Sowohl am »Sepp-Huber-Steig« als auch am »Grießkarsteig« kürzere gesicherte Passagen; mit einer Besteigung des Rotgschirr (2251 m; 2½ Std., mark.) besonders lohnend.	Almsee (589 m, 🚌) im Norden des Toten Gebirges, 15 km von Grünau im Almtal.	Almsee – »Sepp-Huber-Steig« – Röllsattel – Pühringer Hütte (4¼ Std.) – Elmgrube (1622 m) – Grießkarscharte (1927 m; 6 Std.) – »Grießkarsteig« – Almsee (8½ Std.)	AV-Mark. 213, 201, 214	Almsee; Pühringer Hütte (1637 m), bew. Juni bis Anfang Okt.
02 Welser Hütte, 1726 m Hüttenwanderung mit Pfiff; grandios die Kulisse der Hinteren Hetzau mit Großem Priel (2516 m) und Schermberg (2396 m), dessen Nordwand eine der größten in den Ostalpen ist (2 Std. ab Welser Hütte, mark.).	Almtaler Haus (714 m) in der Hinteren Hetzau, Zufahrt während der Bewirtschaftungsszeit der Welser Hütte gestattet, 6 km von der Almtalstraße.	Almtaler Haus – Welser Hütte (3 Std.); Abstieg auf dem gleichen Weg (gesamt 5 Std.)	AV-Mark. 215	Almtaler Haus (714 m); Welser Hütte (1726 m), bew. Anfang Mai bis Mitte Sept.
03 Kremsmauer, 1599 m Felsiger Alpenrandgipfel, Prachtblick auf die Nordabstürze des Toten Gebirges. Im Bereich des Gipfelgrates einige Sicherungen. Alternativ auch Besteigung von Norden über das Törl möglich (AV-Mark. 446, 3½ Std.).	Steyrling (520 m, 🚌), kleines Dorf westlich des Klauser Stausees.	Steyrling – Kaltauer Graben – Kremsmauer (3¼ Std.); Abstieg auf dem gleichen Weg (gesamt 5½ Std.)	AV-Mark. 442	–
04 Kleiner Priel, 2136 m Obwohl nur der »Kleine«, bietet auch der östliche Eckpfeiler des Toten Gebirges eine bemerkenswerte, mit packenden Tiefblicken gewürzte Aussicht. Ausdauer, kurze gesicherte Passagen.	Hinterstoder (591 m, 🚌), 10 km von Steyrbrücke, 17 km von Windischgarsten.	Hinterstoder – Kleiner Priel (4½ Std.); Abstieg auf dem gleichen Weg (gesamt 7 Std.)	AV-Mark. 269	–
05 Priel-Schutzhaus, 1420 m Lohnende Hüttenwanderung – auch ohne eine Besteigung des Großen Priel (2515 m; 3 Std., mark., nur für Geübte!).	Hinterstoder (591 m, 🚌), 10 km von Steyrbrücke, 17 km von Windischgarsten. Parkplatz Johannishof.	Hinterstoder – Prielschutzhaus (2¾ Std.); Abstieg auf dem gleichen Weg (gesamt 4½ Std.)	AV-Mark. 201	Priel-Schutzhaus (1420 m), bew. April bis Okt.
06 Salzsteigjoch und Türkenscharte, 1741 m Großzügige, landschaftlich sehr abwechslungsreiche Runde. Ausdauer braucht's; keine Einkehrmöglichkeit unterwegs. Am »Salzsteig« einige Drahtseilsicherungen.	🚡 Talstation Bärenalmbahn (656 m, 🚌), 5,5 km von Hinterstoder. Großer Parkplatz.	Parkplatz – Salzsteigjoch (1733 m; 3½ Std.) – Leisthütte (1647 m) – Grimmingboden – Türkenscharte (6½ Std.) – Parkplatz (8½ Std.)	AV-Mark. 216, 218, 280	Dietlgut (650 m)
07 Dümlerhütte – Seespitz, 1574 m Abwechslungsreiche Runde an den Ausläufern des Warscheneck-Massivs. Vom Seespitz Tiefblick auf den Gleinkersee. Pießling-Ursprung: mächtige Karstquelle.	Roßleithen (680 m, 🚌) an der Strecke Windischgarsten – Vorderstoder.	Roßleithen – Dümlerhütte (2½ Std.) – Seespitz (4¼ Std.) – Gleinkersee (5¾ Std.) – Roßleithen (6¼ Std.)	AV-Mark. 293, 299, 292	Dümlerhütte (1495 m), am Gleinkersee (806 m)
08 Warscheneck, 2388 m Überschreitung des Warscheneck von der Roten Wand (1872 m) nach Zwischenwänden (2004 m); Ausdauer und Trittsicherheit. Großes Panorama vom Gipfel.	🚡 Bergstation der Wurzeralm-Standseilbahn (1427 m); Talstation an der Nordrampe der Pyhrn-Paßstraße.	Wurzeralm – Rote-Wand-Scharte (1½ Std.) – Warscheneck (3¼ Std.) – Zwischenwänden (4 Std.) – Angerersattel – Wurzeralm (6¾ Std.)	AV-Mark. 201, 219, 217, 218	Wurzeralm (1427 m), Linzer Hütte (1371 m)
09 Dr.-Vogelsang-Klamm – Pyhrgasgatterl, 1308 m Abwechslungsreiche Runde; wildromantisch die Schlucht, vom Pyhrgasgatterl schöner Blick auf die Gesäuseberge.	Spittal am Pyhrn (640 m, 🚌), Dorf an der Pyhrnpaßstraße.	Spittal – Dr.-Vogelsang-Klamm – Pyhrgasgatterl (2½ Std.) – Hofalmhütte – Spittal (4¼ Std.)	AV-Mark. 601, 618, 614	Gh. Grünau (723 m), Rohrauerhaus (1308 m), Hofalmhütte (1305 m)
10 Großer Pyhrgas, 2244 m Anspruchsvolle Überschreitung des höchsten Gipfels der Haller Mauern. Gesicherte Passagen am Nordgrat.	Gh. Pyhrgasblick (1017 m); Zufahrt von Spittal am Pyhrn (640 m, 🚌), 6 km.	Pyhrgasblick – Holzeralm – Gowilalmhütte (1¼ Std.) – Großer Pyhrgas (4¼ Std.) – Hofalmhütte (5¾ Std.) – Pyhrgasblick (6¾ Std.)	AV-Mark. 618, 614	Gh. Pyhrgasblick, Gowilalmhütte (1375 m), Hofalmhütte (1305 m)
11 Spering, 1605 m Der westliche Eckpfeiler des Sengsengebirges bietet Aussicht auf die Berge Oberösterreichs, dazu einen bezaubernden Tiefblick auf den Klauser Stausee.	Klaus (466 m, 🚌) an der Pyhrnstraße. Parkplatz bei der Freizeitanlage am Klauser Stausee.	Klaus – Spering (3½ Std.); Abstieg auf dem gleichen Weg (gesamt 5¾ Std.)	AV-Mark. 465	–

Alle Wanderungen auf einen Blick

Tourenziel/Charakteristik	Ausgangspunkt	Wegverlauf & Gehzeit	Markierung	Einkehr am Weg
12 Höhenweg Sengsengebirge; Hoher Nock, 1963 m Über fünf Gipfel des Sengsengebirges – etwas für Fußgänger ohne Konditionsprobleme. Nächtigung im Uwe-Anderle-Biwak (1583 m). Naturschutzgebiet.	Dirnbach (505 m, ▥), Häusergruppe über dem Zusammenfluß von Steyr und Teichl,	Dirnbach – Schillereck (1748 m; 4 Std.) – Hochsengs (1838 m) – Rohrauer Größtenberg (1810 m) – Hoher Nock (1963 m; 9½ Std.) – St. Pankraz (531 m; 13 Std., ▥)	AV-Mark. 460, 469, 461	–
13 Feichtauhütte, 1360 m Hüttenwanderung im Norden des Sengsengebirges, in Verbindung mit einem Abstecher zu den kleinen Feichtauseen und in den Feichtauer Urwald besonders lohnend.	Hopfing (605 m; Bundesheer-Übungsplatz – Sperrzeiten!), Zufahrt von Molln (442, ▥), 11 km. Parkplatz.	Hopfing – Feichtauhütte (2½ Std.); Abstieg auf dem gleichen Weg (gesamt 4 Std.)	AV-Mark. 466	Feichtauhütte (1360 m)
14 Schoberstein, 1285 m Hausberg von Molln mit hübscher Aussicht.	Molln (442 m, ▥), Dorf an der Strecke Steyr – Windischgarsten.	Molln-Gstadt – Gaisberg (1267 m; 2¼ Std.) – Schoberstein (3¾ Std.) – Roßberg (5 Std.) – Molln-Gstadt (6 Std.)	AV-Mark. 484, 482	Schobersteinhaus (1260 m)
15 Hohe Dirn, 1134 m Abwechslungsreiche Runde über dem unteren Ennstal. Trittsicherheit.	Losenstein (348 m, ▥), Dorf an der Enns.	Losenstein – Klausgraben – Hohe Dirn (2¾ Std.) Anton-Schosser-Hütte – Losenstein (4½ Std.)	Mark. Wege	Anton-Schosser-Hütte (1158 m)
16 Anlaufalm, 982 m Ausgedehnte Runde im Reichraminger Hintergebirge (Nationalpark Kalkalpen); verschiedene Varianten möglich (Biker!).	Brunnbach (522 m), etwa 10 km südlich von Großraming (446 m, ▥). Parkplatz.	Brunnbach – Ortbaueralm (817 m) – Anlaufalm (3 Std.) – Schleierfall – Annersteg – Ortbaueralm – Brunnbach (7 Std.)	Mark. Wege	Anlaufalm (982 m)
17 Bodenwies, 1540 m Alm- und Gipfelwanderung über dem Ennstal; von Bodenwies Aussicht auf die bewaldeten Kämme des Reichraminger Hintergebirges.	Altenmarkt (467 m, ▥) im Ennstal.	Altenmarkt – Unterlaussa – Schüttbaueralm (2½ Std.) – Bodenwies (4 Std.) – Jägeralm – Schönau (6 Std., ▥)	AV-Mark. 499, 496, 498	Schüttbaueralm (1025 m)
18 Tanzboden, 1727 m – Stumpfmauer, 1770 m Interessante Überschreitung der Voralpe, vom Enns- zum Ybbstal. Ausdauer und Trittsicherheit erforderlich.	Altenmarkt (767 m, ▥) im Ennstal.	Altenmarkt – Tanzboden (4¾ Std.) – Stumpfmauer (5½ Std.) – Hollenstein (497 m; 8 Std., ▥)	AV-Mark. 208	–
19 Hochkogel, 1774 m Der Gamsstein ist ein markant-felsiger Bergrücken über der Salza.	Palfau (574 m, ▥), Dorf an der Salza.	Palfau – Moaralmhütte (975 m) – Ostrücken – Hochkogel (4½ Std.) – Hühnerriegel – Palfau (6¾ Std.)	Örtliche Mark.	–
20 Königsberg, 1452 m Überschreitung des Massivs von Hollenstein nach Göstling, Rückfahrt mit der ÖBB.	Hollenstein (497 m, ▥), Ortschaft an der Ybbs.	Hollenstein – Kitzhütte (2¾ Std.) – Königsberg (3¾ Std.) – Siebenhütten – Göstling an der Ybbs (532 m; 6¾ Std., ▥)	Örtliche Mark. 62	Kitzhütte (1284 m), Siebenhütten.
21 Dürrenstein, 1878 m Großzügige Runde, Nächtigung in der Ybbstaler Hütte ratsam. An seiner von wilden Gräben zerfurchten, unzugänglichen Südseite hausen die Ötscher-Bären.	Lunz am See (601 m), stattliches Dorf an der Strecke Göstling – Mariazell. Zufahrt bis zum oberen Ende des Lunzer Sees, 4 km.	Lunzer See – Seetal – Obersee (1114 m; 2 Std.) – Dürrenstein (4½ Std.) – Ybbstaler Hütte (5¾ Std.) – Grünloch (1320 m; 6½ Std.) – Lehner Graben – Kasten (581 m; 8 Std., ▥)	AV-Mark.	Ybbstaler Hütte (1344 m), bew. Mai bis Anfang Okt.
22 Vordere Tormäuer Tal- und Klammwanderung entlang der Erlauf, Ausgangs- und Endpunkt per Bahn erreichbar. Zwischen Teufelskirche und Treffling-Wasserfall wildromantische Szenerien.	Gösing (890 m, ▥), Station an der Mariazeller Bahn.	Gösing – Gh. Sommerer (521 m; 1¼ Std.) – Trefflingfall – Schindlhütte (473 m; 3½ Std.) – Gaming (431 m; 6 Std., ▥)	Bestens bez. Wege	Mehrere Gh. am Weg
23 Ötscher, 1893 m Aufgrund seiner isolierten Lage ist der mächtige Bergstock mit seinen felsdurchsetzten Flanken eine der schönsten Aussichtswarten im Nordosten der Alpen.	🚡 Bergstation des Ötscherliftes (1418 m), Talstation Lackenhof (809 m).	Ötscherhaus – Ötscher (1½ Std.); Abstieg auf dem gleichen Weg (gesamt 2½ Std.)	Rot-weiß mark.	Ötscherhaus (1418 m)
24 Ötscher-Überschreitung Die große Runde über den Ötscher; Ostgrat markiert, aber mit leichten Kletterstellen (I). Am Rückweg zur Riffelscharte empfindliche Gegensteigung. Nur für ausdauernde Bergsteiger!	Lackenhof (809 m, ▥), Feriendörfchen am Fuß des Ötscher, 12 km von Lunz. Alternativ 🚡 Bergstation des Ötscherliftes (1418 m).	Lackenhof – Riffelscharte (1283 m) – Ötscherhaus (1¾ Std.) – Ötscher (3¼ Std.) – Rauher Kamm (1533 m; 4¾ Std.) – Ötschergraben (6 Std.) – Riffelscharte (7¾ Std.) – Lackenhof (8¾ Std.)	Mark. Wege	Ötscherhaus (1418 m), ganzjährig bew.

Alle Wanderungen auf einen Blick

Tourenziel/Charakteristik	Ausgangspunkt	Wegverlauf & Gehzeit	Markierung	Einkehr am Weg
25 Ötschergraben Versteckter »Canyon« am Fuß des Ötscher, teilweise grandiose Kulisse. Trittsicherheit unerläßlich. Günstigster Zustieg vom Erlauf-Stausee, »Ausstiege« nach Wienerbruck oder Gösing (Mariazeller Bahn)	Bahnstation Erlaufklause (814 m), Zufahrt von Mariazell über Mitterdorf bis zum Erlauf-Stausee möglich, knapp 12 km. Wanderparkplatz.	Erlaufklause – Ötscherhias (¾ Std.) – Schleierfall (2 Std.) – Ötscherhias (3 Std.) – Kraftwerk Wienerbruck (3¾ Std.; Variante nach Wienerbruck 4½ Std.) – Erlaufboden (5 Std.) – Gösing (6 Std.)	Gut mark. Wege	Ötscherhias (690 m), Gh. Buder (540 m)
26 Tonion, 1699 m Wuchtiger Kalkstock im Südosten von Mariazell, bekannt für seine zahlreichen Höhlen. Reiche Flora.	Fallenstein (775 m, 🚂), Häusergruppe an der Straße von Mariazell zum Aflenzer Seeberg, 3 km ab Gußwerk.	Fallenstein – Tonionalm (1429 m; 2¼ Std.) – Tonion (3 Std.) – Herrenboden (4¼ Std.) – Weißalm – Lieglergraben – Fallenstein (7 Std.)	Mark. Wege	Fallenstein

Meine Favoriten

08 Warscheneck, 2388 m
Gipfeltour im Osten des Toten Gebirges

Mit seinen ausladenden Graten und der gleichmäßig horizontalen Felsschichtung wirkt das Warscheneck eher massig denn abweisend. Zu seinem Gipfel kommt man auch vergleichsweise leicht, zumal die Wurzenalm-Standseilbahn einem ein gutes Stück des Aufstiegs abnimmt. Der Gipfel – östlicher Eckpfeiler des Toten Gebirges – vermittelt ein zu Recht gerühmtes Panorama der Täler und Berge zwischen Enns und Steyr.

➡ Von der Wurzeralm auf einer Schotterstraße leicht abwärts und am Rand der Filzen hinüber zur Talstation des Frauenkar-Sessellifts. Hier kurz zum Brunnensteiner See (1422 m), dann aufwärts gegen die Rote Wand (1872 m). Der schroffe Felszahn bleibt rechts; das Weglein leitet links steil hinauf am langgestreckten Ostrücken des Warschenecks. Mit viel Aussicht über den »Toten Mann« zum Gipfel.
Der (lange) Rückweg führt zunächst über den Grat zum Westgipfel (2367 m) des Bergstocks, dann zunehmend steiler am Südwestgrat abwärts. Aus einer winzigen Senke rechts hinunter in die steinige Senke mit dem treffenden Namen Zwischenwänden (2004 m). Nun links, um den dicken Roßarsch (2205 m) herum, zum Wegkreuz am weiten Angerer Sattel (ca. 1870 m). Hier östlich, vorbei am Eisernen Bergl (1955 m), über das ausgedehnte, licht bewaldete Karrenplateau und hinab zum Frauenkarlift, wo sich die Runde schließt.
Übrigens: Über den Südgrat des Warschenecks verläuft ein leichter Klettersteig, gerade richtig für Einsteiger → »Hüslers Klettersteigatlas Alpen«.

Nationalpark Kalkalpen

Seit 1997 steht ein (kleiner) Teil der Oberösterreichischen Kalkalpen unter Naturschutz; geplant ist eine erhebliche Ausweitung des heute 215 Quadratkilometer großen Parkareals. Im Nationalpark Kalkalpen, der das Reichraminger Hintergebirge und größere Teile des Sengsengebirges umfaßt, finden sich 30 verschiedene Waldgesellschaften, leben 120 Brutvogelarten und 50 verschiedene Säugetiere, darunter der Rothirsch, das Reh und die Gemse. Informationen durch Nationalpark-Infostellen Großraming, A-4463 Großraming 22, und Windischgarsten, A-4580 Windischgarsten, Hauptstraße 56.

24 Ötscher-Überschreitung
Wer den Ötscher wirklich kennenlernen will

Der Sessellift hinauf zum Ötscherhaus hat den mächtigen Berg zum Ziel einer bequemen Halbtagswanderung gemacht – eigentlich schade. Denn der Ötscher verdient es, gründlicher erkundet zu werden, man sollte ihn vom Tal aus angehen, am Rauhen Kamm in den Fels greifen, den eisigkalt aus dem Geldloch wehenden Luftzug auf der Haut spüren, sich an der Sonnseite zur Riffelscharte hinaufschwitzen – um am Abend beim kühlen Bier von Lackenhof zurückschauen zu können: ein toller Berg! Weit weniger Freude werden sensible Naturliebhaber allerdings am Auftakt zur großen Runde haben, darf man sich doch abwechslungsweise über gräßliche Forst- oder Pistenautobahnen freuen.

➡ Von Lackenhof – vorbei an der Jugendherberge auf einem Sträßchen in den Riffelboden (1046 m). Hier rechts (Hinweis) des Grabens in den Wald und im Zickzack hinauf zur Riffelscharte (1283 m). Weiter über die breite Piste zum Kasernenbau des Ötscherhauses. Dahinter auf neu angelegtem Weg bergan gegen den Hüttenkogel, dann links am Westgrat des Ötscher zum Gipfel (1893 m).
Der Abstieg über den Rauhen Kamm beginnt recht zahm, erst hinter dem Ostgipfel (1888 m) folgen einige kürzere Kletterstellen, dazwischen immer wieder Gehgelände. Die letzten Felszacken werden links umgangen. Am Ansatzpunkt des Rauhen Kamms gabelt sich der Weg: geradeaus alternativer Abstieg/Rückweg nach Lackenhof (markiert, knapp 3 Std.); wer hinunter in den Ötschergraben will, nimmt den rechts spitzwinklig abgehenden, blau bezeichneten Weg. Er quert zunächst fast ohne Höhenverlust unter den Felsen. Erst hinter dem zugigen Geldloch beginnt der Zickzack-Abstieg, zunächst über Wiesenhänge, dann im Buchenwald. Schließlich wird aus dem Weglein eine breite Forstpiste, die drunten beim »Jägerherz« (918 m) in eine querführende Straße mündet. Sie läuft flach taleinwärts; hinter dem Jagdhaus Spielbichler (927 m) geht's dann nochmals bergan, zunächst auf einem Fahrweg, dann auf schattig-steilem Waldweg, ehe sich an der Riffelscharte die Runde schließt.

Gesäuse & Hochschwab

Berge zwischen Pyhrnpaß und Steierischem Seeberg

Das Gesäuse, fast zwanzig Kilometer lang und über 1500 Meter tief, ist wohl die größte Schlucht im Osten des Alpenbogens. Entsprechend hoch und nahe beieinander stehen beiderseits der Enns die Gipfel, was den Eindruck erweckt, als hätte sich die Gebirgsmasse hier noch einmal wuchtig aufgetürmt, zusammengeschoben, ehe Eis und Wasser ihr zerstörerisches Werk beginnen konnten. Entstanden ist eine grandiose Felskulisse, »sausend« durchtost vom Fluß, ein Fest für Augen und Ohren. Und natürlich lockten die hohen Zinnen, die senkrechten Wandfluchten schon bald einmal Kletterer an, vorab der Wiener Zunft, die das Gesäuse alsbald zum »Hausgebirge« machten. Mit welcher Verbissenheit in den Wänden nach neuen, noch schwierigeren Routen gesucht wurde, macht die lange Liste von Abgestürzten im Bergsteigerkirchlein von Johnsbach deutlich.

Wanderer leben in der Regel weniger riskant, doch führt so mancher Weg zwischen Buchstein und Hochtor, zwischen Phyrgas und Lugauer in felsige Regionen, kaum ein Gipfel läßt sich wirklich »erwandern«. Zumindest ein sicherer Tritt ist bei fast allen Touren notwendig, und eine gute Kondition sowieso. Die Gesäuseberge: Idealrevier für erfahrene Berggänger, die Herausforderungen suchen!

Schroff gibt sich – zumindest an den Rändern – auch das Hochschwabmassiv, ein typisches Karstgebirge, dessen löchriger Fels der Stadt Wien seit bald einem Jahrhundert als riesiges Sammelbecken zur Wasserversorgung dient (Zweite Wiener Hochquellenleitung). Der Wanderer tut hier gut daran, ausreichend Trinkbares mitzunehmen. Auch hier sind die Wege oft recht weit, die Höhenunterschiede zwischen Tal und Gipfel beträchtlich. Touristisches Zentrum ist das hübsch gelegene Aflenz.

Zwischen dem Hochschwab und den Eisenerzer Alpen (Gesäuse), denen er eigentlich angehört, erhebt sich ein alpines Unikum, der »Steirische Brotlaib«, gerade knapp 1500 Meter hoch, aber fast täglich ein wenig schrumpfend: der Erzberg. Man muß sie einfach gesehen haben, diese in 24-Meter-Schichten abgetreppte, rötlich-nackte Pyramide, die dem Menschen seit Jahrhunderten das wertvollen Eisenerz liefert.

Kein Zufall, der Name! Bei Hochwasser »saust«
die Enns ganz gehörig durch das Engtal.

Führer & Landkarten

Mehr als nur Touren für einen Urlaub bietet der Wanderführer »Gesäuse« von G. und L. Auferbauer (Bergverlag Rother, Ottobrunn); von den gleichen Autoren stammt der Führer »Hochschwab« (ebenfalls Rother).
Bei Freytag & Berndt gibt es zwei Wanderkarten zur Region (1:50 000): 062 »Gesäuse-Ennstaler Alpen« und 041 »Hochschwab-Veitschalpe-Eisenerz«. Wer lieber mit der Österreichischen Karte (1:25 000 bzw. 1:50 000) unterwegs ist, benötigt die Blätter 99, 100, 101, 102, 131.

Alle Wanderungen auf einen Blick

Tourenziel/Charakteristik	Ausgangspunkt	Wegverlauf & Gehzeit	Markierung	Einkehr am Weg
Ennstaler Alpen				
01 Dürrenschöberl, 1737 m Aufgrund seiner isolierten Lage bietet der weit hinauf bewaldete Bergstock eine besonders schöne Tal- und Gipfelschau.	Rottenmann (681 m, 🚂), Städtchen im Paltental, 11 km von Liezen.	Rottenmann – Dürrenschöberl (3 Std.) – Seltztal (636 m; 5½ Std., 🚂)	AV-Mark. 652, 651	–
02 Bosruck, 1992 m Felsiger Rücken über dem Pyhrnpaß, Anstiegsweg im Bereich des Kitzsteins (1925 m) einige Drahtseilsicherungen.	Pyhrnpaß (954 m), Straßenübergang von Windischgarsten nach Liezen im Ennstal.	Pyhrnpaß – Bosruck (3¾ Std.); Abstieg auf dem gleichen Weg (gesamt 6½ Std.)	AV-Mark. 610	–
03 Großer Scheiblingstein, 2197 m Markante Erhebung in den Haller Mauern mit markiertem Anstiegsweg. Trittsicherheit im Gipfelbereich, herrliche Rundschau.	Hall (682 m, 🚂), Nachbarort von Admont am Eingang ins Gesäuse. Zufahrt bis Mühlau (749 m), 3 km. Parkplatz.	Mühlau – Pyhrgas-Jagdhütte (1352 m; 2 Std.) – Lange Gasse – Großer Scheiblingstein (4¼ Std.); Abstieg auf dem gleichen Weg (gesamt 7 Std.)	AV-Mark. 601, 629	–
04 Kaiserau, 1127 m Ausgedehnter Spaziergang am Fuß der Gesäuseberge. Highlight: das Schlößchen Kaiserau vor dem Admonter Kaibling.	Admont (640 m, 🚂), schmuckes Städtchen am Eingang ins Gesäuse mit Kloster (Bibliothek!).	Admont – Gh. Nagelschmiede – Schloß Kaiserau (2 Std.) – Sieglalm – Admont (3¾ Std.)	Mark. Wege	Gh. Paradies, Gh. Nagelschmiede (1094 m)
05 Admonter Kaibling, 2196 m, und Sparafeld, 2247 m Der Kaibling ist nicht nur ein bekannter Kletterberg; für den Wanderer gibt's einen vergleichsweise leichten Anstieg.	Oberst-Klinke-Hütte (1486 m, 🚂), Zufahrt von Admont über mautpflichtige Bergstraße, 14 km.	Klinkehütte – Admonter Kaibling (2 Std.) – Sparafeld – Klinkehütte (3¾ Std.)	AV-Mark. 655, 656	Oberst-Klinke-Hütte (1486 m)
06 Admonter Haus, 1723 m, und Grabnerstein, 1847 m Beliebte Hüttenwanderung mit der Möglichkeit zu einer (nicht ganz einfachen) Kammüberschreitung.	Buchauer Sattel (861 m, 🚂), Straßenübergang von Admont nach St. Gallen.	Buchauer Sattel – Admonter Haus (2¾ Std.) – Grabnerstein (3¾ Std.) – Grabneralmhaus – Buchauer Sattel (5¾ Std.)	Mark. Wege	Grabneralmhaus (1391 m), Admonter Haus (1723 m)
07 Johnsbacher Höhenweg Aussichtsreiche Kammwanderung vor der großen Kulisse der Gesäuseberge.	Johnsbach (753 m, 🚂), Bergsteigerdörfchen; Zufahrt von der Gesäusestrecke.	Johnsbach – Mödlinger Hütte (2¼ Std.) – Anhartskogel (1764 m) – Niederberg (1688 m; 4 Std.) – Johnsbach (6 Std.)	Bis Niederberg AV-Mark. 608, 673	Mödlinger Hütte (1523 m)
08 Hochtor, 2369 m Natürlich ist der höchste Gipfel im Gesäuse ein begehrtes Tourenziel. Überschreitung mit Aufstieg über den teilweise gesicherten Ostgrat und Abstieg ins Schneeloch nur für erfahrene Berggänger!	Kölblwirt (870 m), Zufahrt von der Gesäusestrecke via Johnsbach.	Kölblwirt – Heßhütte (2¾ Std.) – »Josefinensteig« – Hochtor (5¼ Std.) – Schneeloch – Kölblwirt (8½ Std.)	AV-Mark. 601, 664	Kölblwirt (870 m), Stadlalm (1610 m); Heßhütte (1699 m), bew. Ende Mai bis Mitte Okt.
09 Haindlkarhütte, 1121 m Beliebte Hüttenwanderung; einmalig die Lage unter den Nordabstürzen von Hochtor, Festkogel und Ödstein.	Gesäuse-Bundesstraße (602 m), Parkplatz zwischen Abzweigung Johnsbach und Gstatterboden.	Gesäusestraße – Haindlkarhütte (1¼ Std.); Abstieg auf dem gleichen Weg (gesamt 2¼ Std.)	AV-Mark. 658	Haindlkarhütte (1121 m)
10 Großer Buchstein, 2224 m Ein Gipfel für Konditionsbolzen; der »Wenger Weg« vermittelt fast schon Ferrata-Feeling (nur für erfahrene Berggänger!). Leichter ist der Normalweg, lohnend auch die Hüttentour.	Gstatterboden (577 m, 🚂), Häusergruppe mitten im Gesäuse, etwa auf halber Strecke zwischen Admont und Hieflau.	Gstatterboden – Buchsteinhaus (2¾ Std.) – »Wenger Weg« – Großer Buchstein (5 Std.); Abstieg auf dem Normalweg (gesamt 8¼ Std.)	AV-Mark. 641	Buchsteinhaus (1546 m), bew. Juni bis Mitte Okt.
11 Tamischbachturm, 2035 m Abwechslungsreiche Gipfelüberschreitung mit großer Schau auf die Gesäusegipfel südlich der Enns (Hochtor, 2369 m).	Gstatterboden (577 m, 🚂), Häusergruppe mitten im Gesäuse.	Gstatterboden – Ennstaler Hütte (2¾ Std.) – Tamischbachturm (4¼ Std.) – Kühbodenalm (1191 m; 5¾ Std.) – Gstatterboden (7¼ Std.)	AV-Mark. 646, 648	Gstatterboden; Ennstaler Hütte (1544 m), bew. Mai bis Okt.
12 Wasserfallweg und Planspitze, 2117 m Spannender Hüttenaufstieg in großer Kulisse (Leitern, Drahtseile), von der Planspitze eine faszinierende Schau übers Gesäuse.	Gesäuse-Bundesstraße (521 m, 🚂), Parkplatz Kummerbrücke.	Kummerbrücke – »Wasserfallweg« – Planspitze (4½ Std.) – Heßhütte (6 Std.) – »Wasserfallweg« – Kummerbrücke (8¼ Std.)	AV-Mark. 660, 663	Heßhütte (1699 m), bew. Ende Mai bis Mitte Okt.
13 Lugauer, 2206 m Nicht ganz so hoch wie das Walliser Horn, und auch leichter zu besteigen ist das »Steirische Matterhorn«. Trotzdem: ein Ziel für bergerfahrene Wanderer.	Radmer an der Hasel (898 m, 🚂), 8,5 km von Hieflau.	Radmer an der Hasel – G'spitzer Stein (1556 m; 1¾ Std.) – Lugauer (4¼ Std.) – Radmer an der Stube (729 m; 7½ Std., 🚂)	AV-Mark. 668, 601	–

Alle Wanderungen auf einen Blick

Tourenziel/Charakteristik	Ausgangspunkt	Wegverlauf & Gehzeit	Markierung	Einkehr am Weg
14 Ennstaler Hütte, 1544 m Große Runde um die Tieflimauer (1820 m; Gipfelsteig gesichert – kein Wanderweg!).	Erb (608 m), Weiler 4 km westlich von Großreifling (449 m, 🚂).	Erb – Mühlbach – Ennstaler Hütte (3 Std.) – Grat Tieflimauer-Kleiner Buchstein (ca. 1570 m; 4½ Std.) – Mühlbach – Erb (7½ Std.)	AV-Mark. 608, 645, 644	Ennstaler Hütte (1544 m)
15 Kaiserschild, 2084 m, und Hochkogel, 2105 m Spannende Gipfelüberschreitung; einige leichte Felspassagen. Bergerfahrung.	Eisenerzer Ramsau, 7 km von Eisenerz. Parkplatz bei der Gemeindealm (1018 m).	Gemeindealm – Kaiserschild (3 Std.) – Hochkogel (4 Std.) – Radmerhals (1305 m) – Gemeindealm (6½ Std.)	Mark. Wege, AV-Nr. 683, Bez. 83	Gh. Gemeindealm (1018 m)
16 Eisenerzer Reichenstein, 2165 m Unmittelbar über dem »Steirischen Brotlaib« (Erzberg, 1465 m) steht der Reichenstein; entsprechend interessant ist die Rundschau vom Gipfel. Trittsicherheit unerläßlich!	Präbichl (1232 m, 🚂), Straßenpaß zwischen Eisenerz und Leoben.	Präbichl – Grübl – Rösselhals (1770 m; 1½ Std.) – Eisenerzer Reichenstein (2¾ Std.) – Rösselhals – Plattenalm (1437 m) – Präbichl (4½ Std.)	AV-Mark. 605, 686	Präbichl, Reichensteinhütte (2128 m)

Hochschwab

Tourenziel/Charakteristik	Ausgangspunkt	Wegverlauf & Gehzeit	Markierung	Einkehr am Weg
17 Hochblaser, 1771 m Abwechslungsreiche Überschreitung für Trittsichere. Faszinierend der Tiefblick auf den Leopoldsteiner See, gegenüber der Erzberg.	Leopoldsteiner See (628 m), Zufahrt von Eisenerz (736 m, 🚂). Parkplatz.	Leopoldsteiner See – Senkkögel – Hochblaser (3½ Std.) – Seeau (659 m) – Leopoldsteiner See (6½ Std.)	AV-Mark. 822, 820	Am Leopoldsteiner See
18 Rund um den Pfaffenstein Große Almrunde im Westen des Hochschwabmassivs. Ausdauer, am Bärenlochsattel kurze Felspassage (Sicherungen).	Eisenerz (736 m, 🚂), altes Städtchen am Fuß seines Erzberges.	Eisenerz – Seeau (659 m; 1½ Std.) – Fobisalm (1394 m; 3½ Std.) – Pfaffingalm (4½ Std.) – Bärenlochsattel – Gsollalm (1201 m; 6¼ Std.) – Präbichlstraße (7 Std., 🚂) – Eisenerz (8 Std.)	AV-Mark. 801, 830, 832, 833	Pfaffingalm (1569 m), Gsollalm (1201 m)
19 Pfaffenstein, 1865 m Hausberg von Eisenerz mit Paradeblick auf den Steirischen Erzberg. Aufstieg über den »Schrabachersteig« mit längeren gesicherten Passagen (Steinschlaggefahr).	Eisenerz (736 m, 🚂), Siedlung Trofeng.	Eisenerz – »Schrabachersteig« – Pfaffenstein (3 Std.) – »Markussteig« – Eisenerz (5 Std.)	AV-Mark. 826, 825	–
20 Frauenmauerhöhle Interessantes Naturdenkmal, am bequemsten vom Polster aus erreichbar. Höhlendurchquerung nur mit Führer; Infos beim Tourismusbüro Eisenerz.	🚠 Bergstation des Polster-Sessellifts (1793 m), Talstation Präbichl (1232 m, 🚂).	🚠 Liftstation – Polster (1910 m) – Hirscheggsattel (1699 m; ¾ Std.) – Neuwaldeggsattel (1575 m) – Osteingang (2 Std.) – Frauenmauerhöhle – Gsallalm – Präbichlstraße (4 Std.)	AV-Mark. 805, 833	Polster-Sessellift (1793 m), Gsollalm (1201 m)
21 Trenchtling-Überschreitung Die längste (und schönste) Tour am Trenchtling, vom Hochturm (2081 m) bemerkenswerte Rundschau. Blumenberg!	Grüner See (776 m), Landschaftswunder im Hochschwab; Zufahrt von Tragöß-Oberort (793 m, 🚂), 2 km.	Grüner See – Hieslegg (1½ Std.) – Hochturm (4½ Std.) – Lamingsattel (1677 m; 5½ Std.) – Lamingalm (1263 m) – Grüner See (8 Std.)	Mark. Wege, AV-Nr. 873, 872	Am Grünen See, Gh. Hieslegg (1154 m)
22 Sonnschienhütte, 1523 m Hüttenrunde mit romantischem Anstieg und Rückweg auf einem breiten Fahrweg. Wer in der Hütte übernachtet, kann sich anderntags den Ebenstein (2123 m) vornehmen (2 Std.).	Tragöß-Oberort (793 m, 🚂), besuchter Ferienort im Süden des Hochschwab. Zufahrt von Bruck an der Mur, 26 km.	Oberort – Klamm – Sonnschienhütte (3 Std.) – »Russenstraße« – Jassing (884 m; 4½ Std.) – Grüner See – Oberort (6 Std.)	AV-Mark. 837, 836	Sonnschienhütte (1523 m) in der Jassing, am Grünen See
23 Meßnerin, 1835 m Steiler Weg auf den Hausberg von Tragöß.	Tragöß-Oberort (793 m, 🚂), beliebter Ferienort.	Oberort – Meßnerin (3 Std.); Abstieg auf dem gleichen Weg (gesamt 5 Std.)	AV-Mark. 844	–
24 Hochschwab, 2277 m Die Hochschwab-Tour schlechthin! Der Weg ins Trawiestal ist Ouverture, der Steig durchs »G'hackte« bietet viel Spannung, die Höhenwanderung zur Häuselalm jede Menge Aussicht.	Gh. Bodenbauer (884 m), Zufahrt von Aflenz (763 m, 🚂), 15 km.	Bodenbauer – Trawiesalm (1234 m, 1 Std.) – G'hacktbrunn (1785 m; 2½ Std.) – Hochschwab (4¼ Std.) – Rauchtalsattel – Häuselalm (7 Std.) – Bodenbauer (8¼ Std.)	AV-Mark. 839, 801, 840	Gh. Bodenbauer; Schiestlhaus (2153 m), bew. Mitte Mai bis Oktober; Häuselalm (1526 m)
25 Mitteralm – Fölzsattel, 1626 m Aussichts-, Alm- und Talwanderung; den Aufstieg zur Bürgeralpe übernimmt die Seilbahn.	🚠 Bergstation der Bürgeralm-Seilbahn (1555 m), Talstation Aflenz-Kurort (763 m, 🚂).	Bürgeralm – Mitteralm – Fölzsattel (3 Std.) – Fölzalm – Fölzklamm – Aflenz-Kurort (6 Std.)	AV-Mark. 862, 860	Bürgeralm (1555 m), Fölzalm (1484 m), Gh. Schwabenbartl
26 Hochschwab, 2277 m Vom Salzatal zum Seeberg: eine große Hochschwabtour. Nordseitiger Anstieg, aussichtsreiche Kammwanderung am Aflenzer Staritzen. Nächtigung im Schiestlhaus.	Weichselboden (677 m, 🚂), Häusergruppe an der Strecke Mariazell – Hieflau.	Weichselboden – Edelbodenalm (1344 m; 2 Std.) – Schiestlhaus – Hochschwab (4¾ Std.) – Aflenzer Staritzen – Seebergsattel (1253 m; ca. 9 Std., 🚂)	AV-Mark. 852, 853, 855	Weichselboden (677 m); Schiestlhaus (2153 m), bew. Mitte Mai bis Okt.

Meine Favoriten

Ein bekannter Kletterberg: der Admonter Kaibling.

12 Wasserfallweg und Planspitze, 2117 m
Steil – noch steiler!

Der Blick von der Kummerbrücke (572 m) hinauf zu der mächtigen Felsfront, die Zinödl und Planspitze so abweisend-wild erscheinen läßt, ist durchaus geeignet, etwas ängstlichen Gemütern leichten Kummer oder zumindest ein flaues Gefühl in der Magengegend zu bescheren. Halb so wild! Der »Wasserfallweg« ist zwar steil, wartet auch mit einigen (neuen) Leitern und leichten Felspassagen auf, doch ist erst einmal der Ebersanger erreicht, wird aus dem gesicherten Steig alsbald ein banaler Wanderweg. Und vom Gipfel der Planspitze guckt man dann direkt hinüber zum Hochtor (2369 m), dem höchsten Gipfel der Gesäuseberge. Ein Tourenziel für morgen (2½ Std. von der Heßhütte, mark. und abschnittweise gesichert)? In diesem Fall empfiehlt es sich, in der Heßhütte zu übernachten. Am Abend kann man ja noch zum Hochzinödl (2191 m) aufsteigen, um den Sonnenuntergang zu genießen (1½ Std.). Taschenlampe nicht vergessen!

➡ Von der Kummerbrücke zunächst im Wald bergan, unter dem Wasserfall zu den ersten Sicherungen und steil zur »Emesruhe« (Bank, ca. 1250 m) mit schwindelndem Tiefblick ins Gesäuse. Zwei hohe, fast senkrechte Leitern vermitteln den Ausstieg zur bewaldeten Talmulde des Ebersanger. Hier rechts Abzweigung zur Planspitze: zunächst noch im Wald, dann über eine Latschenzone und schließlich den schrofigen Nordostgrat zum Gipfel.

Von der Planspitze abwärts gegen die Peternscharte, dann weiter leicht fallend um die Ostgrate von Roßkuppe (2152 m) und Hochtor herum zur Heßhütte am Ennseck (1699 m), wo auch der »Wasserfallweg« mündet.

19 Pfaffenstein, 1865 m
Fast schon ein Klettersteig

Der Name sagt alles: Eisenerz. Eine Stadt, die vom Erz lebt, seit Jahrhunderten und wohl noch für eine Weile. Bereits in römischer Zeit ausgebeutet, liefert der »Berg", wie ihn die Einheimischen nennen, den Großteil des österreichischen Erzes, etwa eine Million Tonnen per Anno. Dafür schrumpft er aber stetig: 1925 registriert man noch eine Gipfelhöhe von 1537 m, heute sind es noch 1465 m. Im Gegensatz zum steirischen Erzberg, der wohl dereinst aus der Landschaft, die er mit seinen gleichmäßigen Terrassen dominiert, verschwunden sein wird, weggebaggert, präsentiert das Gegenüber, der Pfaffenstein, den Eisenerzern seit jeher das gleiche Antlitz: heller Kalkfels über dem grünen Sockel. Den schönsten Blick auf den »Pfaffen« hat man von der Westrampe der Präbichl-Paßstraße; mit etwas Phantasie lassen sich sogar die Umrisse eines menschlichen Kopfs erkennen. Der Teufel – so weiß die Sage – soll einen frevelnden Mönch auf den Berg getragen und zu Stein werden lassen.

➡ Von Eisenerz-Trofeng aufwärts zur Weggabelung im Augraben. Geradeaus und steil an dem Waldhang bergan zum Fuß der Pfaffenstein-Südwand. Hier beginnt der gesicherte (und steinschlaggefährdete) »Schrabachersteig«: über Schrofen, eine Steilrinne und ein paar gestufte Felsen auf die Gipfelabdachung und dann links über Wiesen zum großen Kreuz. Der höchste Punkt des Gipfelplateaus (1871 m) bleibt abseits; das beeinträchtigt die stimmungsvolle Umschau keineswegs, schon gar nicht den zu Recht gerühmten Blick auf das abgetreppte Unikum des Steirischen Erzbergs. Der (leichtere) Abstieg führt zunächst nördlich hinunter zur Pfaffenlahn, dann im Bogen links um den Berg herum (einige kurze gesicherte Passagen) und im Wald sehr steil hinunter in den Augraben.

24 Hochschwab, 2277 m
Die große Runde über den höchsten Berg

Natürlich ist der Hochschwab als höchster Gipfel des Gebirges ein begehrtes Tourenziel. Daß alle Wege recht weit, einige auch nicht ganz unschwierig sind, der Berg also »ziemlich weit hinten« steht, ist da kein Nachteil, hält sich so der Andrang selbst an sommerlichen Schönwettertagen in Grenzen. Wer vom Bodenbauer ausgeht, kommt in der Regel über das G'hackte zum Hochschwabgipfel; der gesicherte Steig durch die felsige Südflanke ist allerdings nur wenig schwierig, aber durch Voraussteigende steinschlaggefährdet. Also Vorsicht!
Für einen genußreichen Rückweg/Abstieg über das Hochschwabplateau braucht's dann zweierlei: eine gute Kondition und sicheres Wetter. Bei Nebel gefährlich!

➡ Der Anstieg führt vom Gh. Bodenbauer (884 m) zunächst in das wildromantische Trawiestal. Von der aufgelassenen Trawies packender Blick auf die Gschirrmauer und den Festbeilstein (1847 m). Über einen latschenbewachsenen Hang zieht der Weg in vielen ausgewaschenen Kehren bergan zum G'hackbrunn (1785 m). Nun links steil aufwärts gegen das G'hackte. Eisenketten helfen über die gestuften, ziemlich glattpolierten Felsen hinweg; unweit der Fleischer-Biwakhütte gewinnt man das Plateau. Nun rechts über den breiten Rücken zum Hochschwab. Eine Viertelstunde nordöstlich unterhalb des Gipfels steht das Schiestlhaus (2153 m).

Zurück zum Ausstieg aus dem G'hackten, dann westlich über den mächtigen Rücken zum Rauchtalsattel. Dahinter herrlicher Blick auf den Großen Beilstein (2015 m) und den überhängenden Westabsturz der Stangenwand (2157 m). Weiter über die Hirschgrube hinunter zur hübsch gelegenen Häuselalm und im Wald bergab zum Gh. Bodenbauer.

Gesäusehütten-Rundwanderweg

Große Hüttentour, je nach Wegwahl sechs bis neun Tage. Nur für ausdauernde, erfahrene Bergwanderer, einige gesicherte Passagen. Natürlich können auch Gipfel in die Runde einbezogen werden. Alle Schutzhäuser sind während des Sommers bewirtschaftet. Vorschlag für eine Sechstagetour:
1. Tag: Admont – Frauenberg (770 m) – Rohrauerhaus (1308 m).
2. Tag: Rohrauerhaus – Hall (682 m) – Admonter Haus (1723 m).
3. Tag: Admonter Haus – Buchauer Sattel (861 m) – Buchsteinhaus (1546 m). *4. Tag:* Buchsteinhaus – Gstatterboden (577 m) – Heßhütte (1699 m). *5. Tag:* Heßhütte – Johnsbach (753 m) – Mödlinger Hütte (1523 m). *6. Tag:* Mödlinger Hütte – Oberst-Klinke-Hütte (1486 m) – Admont (640 m).

Wiener Hausberge

Rax, Schneeberg & Co.

Die schönste Wiener Aussicht bietet natürlich das Riesenrad. Und im Frühling, wenn im Prater die Bäume blühen, setzt man sich besonders gern in eine der Gondeln, um etwas Höhenluft und Abstand zum Alltag zu genießen: 67 Meter über Boden und ziemlich hoch über den meisten Wiener Häusern: Sightseeing von oben. Da schweift der Blick übers Dächermeer, hinab zur Donau, geht er weit hinaus ins Flache, übers Heurigenparadies in den Wiener Wald. Fern im Südwesten ist ein weißer Fleck auszumachen: der Schneeberg. Er gehört zu den »Wiener Hausbergen« wie das Karwendel zu jenen Münchens, zusammen mit der Rax, der Hohen Wand (die so hoch nicht ist) und all den grünen Voralpenmugeln bis hin zum Hochwechsel und zur Buckligen Welt.

Was für ein Wanderrevier! Und dazu eines, das sich ganzjährig nutzen läßt, ist der eine oder andere Pfad doch fast immer gespurt, sind die Kletterfelsen der Hohen Wand fast immer aper. Nur am Schneeberg – nomen est omen! – hält sich das Weiß halt noch bis spät ins Jahr.

Höchster Punkt der Region ist der Klosterwappen (2076 m) am Schneeberg, gefolgt von der Heukuppe (2007 m) in der Rax. Eine berühmte Aussicht an der Grenze zur Steiermark vermittelt der Hochwechsel (1743 m).

Eine Landschaft wie aus dem Lehrbuch: das Große Höllental. Aus dem vor Jahrtausenden vom Eis ausgehobelten Taltrog führen mehrere (meistens gesicherte) Steige auf das Hochplateau der Rax. → »Hüslers Klettersteigatlas Alpen«

Führer & Landkarten

Über die Berggruppen im Naherholungsbereich von Wien gibt es verschiedene Publikationen, die man vor Ort bekommt. Ganz auf die Bedürfnisse des Wanderers zugeschnitten ist der Führer »Wiener Hausberge« von F. und R. Hauleitner (Bergverlag Rother).
Für Touren zwischen Wienerwald und Hochwechsel benötigt man vier Kartenblätter von Freytag & Berndt: 012 »Hohe Wand-Piestingtal-Gutenstein« 021 »Fischbacher Alpen-Roseggers Waldheimat« 022 »Semmering-Rax-Schneeberg« 041 »Hochschwab-Veitschalpe-Bruck/Mur«; von der Österreichische Karte (1:25 000 bzw. 1:50 000) die Blätter 74, 75, 76, 103, 104, 105.

Alle Wanderungen auf einen Blick

Tourenziel/Charakteristik	Ausgangspunkt	Wegverlauf & Gehzeit	Markierung	Einkehr am Weg
01 Hocheck, 1037 m Beliebtes Ausflugsziel südlich des Wiener Waldes mit Gipfelhütte und Aussichtsturm.	Altenmarkt (420 m, 🚌), Dorf im Triestingtal.	Altenmarkt – Hocheck (2¼ Std.); Abstieg auf dem gleichen Weg (gesamt 3¾ Std.)	Mark. Wege	Hocheck-Schutzhaus (1030 m)
02 Kieneck, 1106 m – Unterberg, 1342 m Bekannte Aussichtsgipfel in den Gutensteiner Alpen; ihre Besteigung läßt sich zu einer großen Runde verbinden.	Gh. Leitner (595 m, 🚌) in Thal, 6 km von Pernitz (430 m) im Piestingtal.	Gh. Leitner – »Enziansteig« – Kieneck (2¼ Std.) – Unterberghütte – Unterberg (4½ Std.) – Unterberghütte – Miratal – Gh. Leitner (6½ Std.)	Mark. Wege	Gh. Leitner, Enzianhütte am Kieneck, Unterberg-Schutzhaus (1170 m)
03 Jochart, 1266 m Lohnende Gipfeltour; vom Jochart bemerkenswerte Rundschau.	Rohr im Gebirge (683 m, 🚌), Dörfchen am Oberlauf der Schwarza.	Rohr – Jochart (1¾ Std.) – Hammerleck (987 m) – Rohr (3 Std.)	Rote und blaue Mark.	–
04 Dürre-Wand-Überschreitung Ausgedehnte Kammwanderung zwischen Hoher Wand und Piestingtal.	Puchberg (598 m, 🚌), Urlaubsort in hübscher Tallage östlich des Schneebergs.	Puchberg – Öhler-Schutzhaus (2 Std.) – Dürre Wand – Gauermannhütte (4 Std.) – Weidmannsfeld (495 m) – Reichental (401 m; 6½ Std., 🚌)	AV-Mark. 201	Öhler-Schutzhaus (1027 m), Gauermannhütte (1154 m)
05 Über die Hohe Wand Abwechslungsreiche Höhenwanderung am Alpenrand; besonders lohnend im Frühling und spät im Herbst. Packende Tiefblicke, Aussicht weit hinaus ins Wiener Becken.	Grünbach (557 m, 🚌), Dorf am Südfuß der Hohen Wand.	Grünbach – Große Kanzel (1052 m; 1½ Std.) – Hochkogelhaus (932 m) – Gh. Postl (3 Std.) – Herrgottschnitzerhaus (826 m) – Einhornhöhle – Markt Piesting (6 Std., 🚌)	Gut mark. Wege	Diverse Hütten und Ausflugslokale
06 Schneeberg-Überschreitung Aufstieg über den »Fadensteig«, Abstieg zur Dampfzahnradbahn: ein Wanderklassiker! Trittsicherheit erforderlich, Vorsicht bei Nebel! Überschreitung läßt sich gut mit dem »Nördlichen Grafensteig« verbinden, gesamt dann etwa 8 Std. Mark. Wege, Ausdauer!	🚡 Bergstation des Schneeberg-Sesselliftes (1220 m), Talstation (871 m, 🚌) oberhalb des Weilers Losenheim, 7 km von Puchberg.	Liftstation – »Fadensteig« – Kaiserstein (2061 m; 2½ Std.) – Klosterwappen (2076 m) – Station Hochschneeberg (1792 m; 3¼ Std.)	Aufstieg AV-Mark. 801, Abstieg farbige Mark.	Liftstation und Umgebung, Fischerhütte (2061 m)
07 Herminensteig Steiler Ostanstieg auf das Schneebergplateau mit leichten Kletterstellen (II, I). Nur für Geübte!	Schneebergdörfl (693 m), Weiler 3 km westlich von Puchberg (598 m, 🚌).	Schneebergdörfl – »Herminensteig« – Damböckhütte (3¼ Std.) – Kaltwassersattel (1322 m) – Schneebergdörfl (5¾ Std.)	Mark. Wege	Damböckhütte (1810 m), Haltestelle Baumgartner
08 Südlicher Grafensteig – Klosterwappen, 2076 m Der »Südliche Grafensteig« verbindet als Pendant des nördlichen Steigs Baumgartner und Kienthaler Hütte; in Verbindung mit der Besteigung des Klosterwappen spannende Rundtour. Einige gesicherte Passagen.	Haltestelle Baumgartner (1394 m) der Schneeberg-Zahnradbahn, Talstation Puchberg (598 m, 🚌).	Baumgartner – »Südlicher Grafensteig« – Stadelwandleiten (1505 m; 2¼ Std.) – Klosterwappen (3¾ Std.) – Damböckhütte (4½ Std.) – Baumgartner (5½ Std.)	Mark. Wege	Haltestelle Baumgartner, Damböckhütte (1810 m)
09 Gahns; Friedrich-Haller-Haus, 1250 m Abwechslungsreiche Wanderrunde auf das Waldplateau des Gahns; Auf- und Abstiege recht steil.	Payerbach (493 m, 🚌) an der Semmeringbahn, Nachbarort von Reichenau.	Payerbach – Waldburgangerhütte (2 Std.) – Bodenwiese – Friedrich-Haller-Haus (4¼ Std.) – Eng – Payerbach (6 Std.)	Gut mark. Wege, teilweise Straßen	Waldburgangerhütte (1182 m), Friedrich-Haller-Haus (1250 m)
10 Weichtalklamm – Kienthaler Hütte, 1380 m Romantische Hüttentour. Der Schluchtweg ist abschnittsweise gesichert, Trittsicherheit unerläßlich.	Weichtalhaus (547 m, 🚌) im Höllental, 10 km von Reichenau an der Rax (484 m).	Weichtalhaus – Weichtalklamm – Kienthaler Hütte (2½ Std.) – »Ferdinand-Mayr-Weg« – Weichtalhaus (4 Std.)	Mark. Wege	Weichtalhaus (547 m), Kienthaler Hütte (1380 m)
11 Großes Höllental, Otto-Schutzhaus, 1644 m Anspruchsvolle Runde auf gesicherten Steigen: Anstieg über den »Alpenvereinssteig« zur Höllentalaussicht, Abstieg am Wachthüttlkamm ebenfalls mit Sicherungen. Nur für Bergerfahrene, nicht bei Nässe!	🚌 beim Weichtalhaus (547 m) im Höllental, 10 km von Reichenau an der Rax (484 m). Parkplätze an der Straße.	Weichtalhaus – Großes Höllental (1 Std.) – »AV-Steig« – Höllentalaussicht (4 Std.) – Ottohaus (4¼ Std.) – Wachthüttlkamm – Weichtalhaus (6½ Std.)	Gut mark. Steige	Ottohaus (1644 m)
12 Törlweg; Otto-Schutzhaus, 1644 m Hüttenspaziergang und Bergabwanderung am Ostrand der Rax.	🚡 Bergstation der Rax-Seilbahn (1547 m), Talstation am Eingang ins Höllental bei Hirschwang an der Rax.	Seilbahn – Otto-Schutzhaus (½ Std.) – »Törlweg« – Knappenberg – Hirschwang (3 Std.)	Mark. Wege	Otto-Schutzhaus (1644 m), Knappenberg (771 m)

Alle Wanderungen auf einen Blick

Tourenziel/Charakteristik	Ausgangspunkt	Wegverlauf & Gehzeit	Markierung	Einkehr am Weg
13 Preiner Wand, 1783 m Aussichtsreiche Runde an der Südseite der Rax, Aufstieg mit felsigem Finale. Nur für Geübte (an der Preiner Wand einige Sicherungen).	Griesleitenhof (843 m), Zufahrt von der Straße Prein (680 m, 🚌) – Preiner Gscheid, 1 km. Parkplatz wenig oberhalb des Gh.	Griesleiten – Bachingerbründl (1½ Std.) – Preiner Wand (3 Std.) – Seehütte – Waxriegelhaus (4¼ Std.) – Griesleiten (5¼ Std.)	Mark. Steige	Seehütte (1643 m), Waxriegelhaus (1361 m)
14 Heukuppe, 2007 m Die kürzesten (entsprechend frequentierten) Wege auf den höchsten Gipfel der Rax beginnen am Preiner Gscheid; sie lassen sich zu interessanten Rundtouren verbinden (z.T. gesicherte Steige). Vom Gipfel großes Panorama bis tief in die Alpen.	Preiner Gscheid (1070 m, 🚌), Straßenpaß zwischen Reichenau und Kapellen.	Preiner Gscheid – Karl-Ludwig-Haus – Heukuppe (3 Std.) – Predigtstuhl (1902 m; 3½ Std.) – Waxriegelhaus (4¾ Std.) – Preiner Gscheid (5½ Std.)	Gut mark. Wege	Karl-Ludwig-Haus (1804 m), Waxriegelhaus (1361 m)
15 Gamseckstieg; Heukuppe, 2007 m Abenteuerpfade im Nordwesten des Raxplateaus. Gute Kondition und Ausdauer erforderlich. Am »Gamseckstieg« und am »Kaisersteig« einige Sicherungen; nur für Geübte!	Hinternaßwald (712 m, 🚌), Weiler im Norden der Rax, Zufahrt von Reichenau durch das Höllental. Parkplatz am Eingang ins Reißtal.	Hinternaßwald – Naßkamm (1210 m; 1¾ Std.) – »Gamseckstieg« – Heukuppe (4¼ Std.) – Karl-Ludwig-Haus (1804 m) – Habsburghaus (5½ Std.) – »Kaisersteig« – Hinternaßwald (7½ Std.)	Mark. Wege	Karl-Ludwig-Haus (1804 m), Habsburghaus (1786 m)
16 Großer Sonnleitstein, 1639 m Markantes, isoliert aufragendes Felshorn nördlich der Rax; etwas für Liebhaber einsamer Bergwinkel.	Hinternaßwald (712 m, 🚌), Zufahrt von Reichenau durchs Höllental.	Hinternaßwald – »Kaisersteig« – Großer Sonnleitstein (2¾ Std.) – »Franz-Jonas-Steig« – Hinternaßwald (4¼ Std.)	AV-Mark. 440, rote Bez.	–
17 Obersberg, 1467 m Noch so ein »Unbekannter« mit schönem Panorama. Schattiger Aufstieg.	Schwarzau im Gebirge (617 m, 🚌), Zufahrt von Reichenau durch das Höllental.	Schwarzau – Obersberg (2½ Std.); Abstieg auf dem gleichen Weg (gesamt 4 Std.)	Mark. Weg	Waldfreundehütte (1464 m), bew. an Wochenenden
18 Göller, 1766 m Aussichtsberg im »Niemandsland« zwischen Hochschwab und Wiener Hausbergen, lohnende Überschreitung.	Kernhof (690 m, 🚌), Weiler an der Strecke St. Aegyd am Neuwalde – Mariazell.	Kernhof – Waldhüttsattel (1266 m) – Göllerhaus (2¼ Std.) – Göller (3¼ Std.) – Gscheid (963 m; 5 Std., 🚌)	AV-Mark. 622	Göllerhaus (1440 m)
19 Schneealpe; Windberg, 1903 m Plateaumassiv mit steil abbrechenden Flanken; auch ohne Besteigung des Hauptgipfels lohnende Runde aus dem Altenberger Tal.	Altenberg an der Rax (782 m, 🚌), 2,5 km nördlich von Kapellen. Zufahrt durch den Lohmgraben bis zu einem Wanderparkplatz (924 m).	Lohmgraben – Lurgbauerhütte (2¼ Std.) – Rinnhoferhütte (1733 m) – Windberg (3½ Std.) – Schneealpenhaus (3¾ Std.) – Lohmgraben (5½ Std.)	AV-Mark. 446, 401	Lurgbauerhütte (1764 m), Rinnhoferhütte (1733 m), Schneealpenhaus (1784 m)
20 Schneealpe; Windberg, 1903 m Landschaftlich hervorragender Anstieg von Norden; Abstieg ins Baumtal weitgehend unmarkiert. Trittsicherheit unerläßlich, dazu Orientierungssinn. Etwas für Abenteuerlustige!	Neuwald (926 m), Weiler an der Kalten Mürz, Zufahrt von der Bundesstraße 23 (Mürzsteg – Lahnsattel, 🚌).	Neuwald – Steinalpl (¾ Std.) – Kleinbodengraben – Windberg (3½ Std.) – Lurgbauerhütte (4½ Std.) – Baumtal – Neuwald (7¼ Std.)	AV-Mark. 443, 401	Rinnhoferhütte (1733 m), Lurgbauerhütte (1764 m)
21 Naßköhr; Hinteralmhaus, 1442 m Das Naßköhr bildet ein aus Wettersteinkalk aufgebautes Karstplateau (1400-1600 m) im Westen der Schneealpe.	Frein an der Mürz (864 m, 🚌), Weiler an der Strecke Mürzsteg – Lahnsattel.	Frein – Hinteralmhaus (2½ Std.) – Alplgraben – Scheiterboden (816 m; 4 Std., 🚌)	AV-Mark. 435, 436	Mehrere bew. Hütten
22 Hochveitsch, 1981 m Beliebtes Wander- und Skitourenziel; besonders lohnend der Aufstieg über die Grundbauernhütte. Ausdauer erforderlich!	Radwirt (795 m), 6 km nördlich von Veitsch (669 m, 🚌).	Radwirt – Grundbauernhütte (2½ Std.) – Hochveitsch (5¼ Std.) – Graf-Meran-Haus – Radwirt (7½ Std.)	AV-Mark. 476, 401, 465	Radwirt, Grundbauernhütte (1451 m), Graf-Meran-Haus (1836 m)
23 Kampalpe, 1534 m Kammwanderung über dem Semmering; von der Kampalpe bemerkenswerte Rundschau.	Semmering (984 m, 🚌), leicht verstaubter, verkehrsgeplagter Kurort an der Paßhöhe zwischen Gloggnitz und Mürzzuschlag.	Semmering – Pinkenkogel (1292 m; 1¼ Std.) – Kampalpe (3¼ Std.) – Spital am Semmering (777 m; 4½ Std., 🚌)	Gut mark. Wege	Pinkenkogelhütte
24 Rosegger-Wanderung An Peter Rosegger kommt man im Mürztal nicht vorbei. Große Wanderrunde, läßt sich auch in Teilen durchführen. Sehenswert: Geburtshaus, Museum in der Waldschule, Roseggermuseum in Krieglach.	Krieglach (608 m, 🚌), stattliches Dorf im Mürztal.	Krieglach – Waldheimat-Schutzhaus (1470 m; 3 Std.) – Alpl (Waldschule, 5 Std.) – Geburtshaus (1144 m) – Alpl – Hochgölk (1176 m) – Krieglach (8 Std.)	AV-Mark. 729, 702, 740, 706B	Waldheimat-Schutzhaus, Alpl

Alle Wanderungen auf einen Blick

Tourenziel/Charakteristik	Ausgangspunkt	Wegverlauf & Gehzeit	Markierung	Einkehr am Weg
25 Sonnwendstein, 1253 m Gemütliche Höhen- und Bergabwanderung; vom Sonnwendstein gute Aussicht auf Rax und Schneeberg.	⛰ Bergstation des Sonnwendstein-Sessellifts (1253 m), Talstation Maria Schutz (760 m, 🚋) an der Ostrampe der Semmering-Paßstraße.	Sonnwendstein – Arzkogel (1604 m) – Göstritzsattel (1079 m) – Maria Schutz (2¼ Std.)	Bez. Wege	Polleshaus (1523 m), Kummerbauerstadl (1079 m)
26 Hochwechsel, 1743 m Wenig anstrengende Kammwanderung zum Wetterberg am Ostrand der Alpen; großes Panorama.	Feistritzsattel (1290 m), Straßenübergang von Trattenbach nach Rettenberg.	Feistritzsattel – Kranichberger Schwaig – Hochwechsel (2¼ Std.); Abstieg auf dem gleichen Weg (gesamt 4 Std.)	AV-Mark. 902	Kranichberger Schwaig (1520 m), Hochwechselhaus am Gipfel.

Meine Favoriten

07 Herminensteig

Der schönste Weg auf den Schneeberg?

Der Schneeberg ist ein Ausflugs- und Tourenziel für (fast) jedermann/frau. Nostalgiker lassen sich – ruck-ruck, schnauf! – im Zeitlupentempo hinaufbefördern, andere umwandern den Bergstock auf den beiden Grafensteigen oder steigen aus dem Höllental durch die Weichtalklamm hinauf zum Klosterwappen. Wer's gerne etwas spannend mag, nimmt den »Herminensteig«, eine ziemlich direkte Route, die den felsigen Nordostabsturz des Schneebergs fast in der Fallinie überwindet. Daß es dabei nicht ganz ohne Felsen abgeht, ist klar, macht aber auch den Reiz der (ungesicherten) Route aus. Für weniger Geübte: die heikelste Passage unterhalb des »Grafensteigs« kann umgangen werden.

➡ Vom Schneebergdörfl zunächst auf einem Sandsträßchen ins Mieseltal (868 m), dann auf rot-weiß markiertem Weg – dem »Unteren Herminensteig« – schweißtreibend steil bergan. Die Spur mündet in einen Felstrichter, den man schwierig (II) durchsteigt oder links problemlos umgeht. Weiter im Wald aufwärts zum »Nördlichen Grafensteig«. Man verfolgt ihn nach rechts bis zum Beginn des »Oberen Herminensteigs«: erst noch schattig, dann über Geröll zu den Felsen. Bestens markiert und mit ein paar lustigen Kletterstellen (I) gewürzt, steigt man über die Flanke auf zum Rand des Schneeberg-Plateaus. Nun am Waxriegel (1888 m) vorbei und leicht abwärts zur Damböckhütte.

Auf breitem Weg mit viel Aussicht hinab zum Bahnhof »Hochschneeberg« (1792 m), dann östlich, dem grün-weiß bezeichneten Weg folgend weiter abwärts zur Haltestelle »Baumgartner« der Zahnradbahn. Den Gleisen nach zum nahen Kaltwassersattel (1322 m); hier links im Zickzack, nun gelb-weiß markiert, hinab ins Mieseltal.

Etwas für Nostalgiker: die dampfbetriebene Zahnradbahn auf den Schneeberg.

Meine Favoriten

11 Großes Höllental;
Otto-Schutzhaus, 1644 m
Einfach »höllisch« schön!

Ist die Südflanke der Rax eher etwas für Sonnenanbeter, so fühlen sich romantische Gemüter vom Großen Höllental fast unwiderstehlich angezogen. Wen wundert's bei der Kulisse? Links wie rechts zerklüftete Felsmauern, hohe Grate – und viele Wege. Die sind allerdings durchwegs ziemlich anspruchsvoll, also nichts für Alpenspaziergänger. Sie beschränken sich mit Vorteil auf die (lohnende) Talwanderung. Geradezu als Klassiker gilt der »Alpenvereinssteig«, mit einigem (Alt-) Eisen ausgestattet, der nicht nur Schwindelfreiheit und einen sicheren Tritt, sondern auch eine gute Kondition voraussetzt. Der Abstieg über den Wachthüttlkamm ist dann vor allem ein aussichtsreicher Bergabweg, erst zuletzt nochmals mit einigen kurzen Leitern und Seilsicherungen. Auf jeden Fall: eine höllisch schöne Runde!

➡ Der Einstieg ins Große Höllental erweist sich als etwas kompliziert: Ein paar Felsstufen führen zu einer Querung oberhalb der Straßengalerie, dann folgt eine 140-Stufen-Treppe, ehe es taleinwärts geht, zuerst noch leicht bergab, schließlich auf breitem Pfad bergan. Bei einem ausgetrockneten Bachbett links ab und über einen verwachsenen Geröllkegel zum Einstieg. Den ersten, senkrechten Felsaufschwung überwindet man mit Hilfe einer langen Leiter, die schräg auf ein solides Podest leitet. Nach weiterem »Eisen« folgt leichteres Gelände; die Wegspur führt im Zickzack bergan, dann rechts auf einen winzigen Sattel und schließlich in einen wilden Felswinkel. Mit Hilfe künstlicher Tritte unter Felsüberhängen zur Abzweigung des »Jahnsteigs"; am »AV-Steig« folgt eine senkrechte 12-m-Leiter, über die man in Fels-Latschen-Gelände gelangt. Über einige Absätze (Drahtseile) und Wiesenflecken leicht, aber etwas mühsam zum Ausstieg auf die »Höllentalaussicht« (1620 m).

Nun auf gutem Weg fast eben hinüber zum Ottohaus (1644 m). Kurz vor der Hütte, beim »Praterstern« (Wegzeiger), zweigt der Wachthüttl-Kammweg ab. Er führt über den breiten, latschenbewachsenen, tiefer dann licht bewaldeten Rücken erst sanft, dann steiler bergab, zuletzt mit Hilfe solider Sicherungen (Vorsicht Steinschlaggefahr!). Drunten an der Höllentalstraße schließt sich die Runde.

19 Schneealpe; Windberg, 1903 m
Auf den kalten Berg

Auch wenn der Windberg kein Zweitausender ist und es hier weit weniger Hütten hat, die Parallelen sind dennoch unübersehbar: tiefe Gräben und felsige Flanken mit steilen Wegen, darüber ein verkarstetes »Dach«, abgeflachte Gipfelkuppen. Nur steht die Schneealpe halt hinter der Rax – von Wien aus gesehen –

Spaß muß sein! Der »Herminensteig« wartet mit einigen hübschen Kraxeleinlagen auf.

und deshalb ist zwischen Altenberg und dem Naßköhr weit weniger Betrieb. Macht aber gar nichts.
Ihren Namen hat die Schneealpe übrigens zu Recht, wovon man sich im Frühsommer, wenn all die Berge rundum bereits aper sind, leicht überzeugen kann: Im Naßköhr, im Schneetal und auf der Hochalm selbst gibt's überall noch weiße Flecken.

➡ Die Runde beginnt im Lohmgraben: zunächst auf dem Sandsträßchen, dann auf einem ordentlichen Weg talein, vorbei an der Abzweigung zum Schneealpenhaus und hinauf zur Plateauhöhe. Hier stößt man auf einen Güterweg; an ihm liegt ein paar Minuten weiter nordöstlich die Lurgbauerhütte (lohnender kleiner Abstecher zum Ameisbühel, 1828 m; 15 Min.).
Der geschotterte Fahrweg läuft in einem Bogen über die gesamte Hochalm; man folgt ihm bis in die flache Senke vor dem Mooskogel (1788 m); hier rechts ab und hinüber zur Rinnhoferhütte (1733 m). Bis zum höchsten Punkt der Schneealpe hat man dann noch einen halbstündigen Anstieg. Vom Windberg schöner Blick über das gesamte Massiv, nicht zu übersehen ist auch das nächste Etappenziel, das Schneealpenhaus, das eine kleine Kuppe am Rand des Plateaus krönt. Von der Hütte auf rauhem Weg in Kehren über einen Steilhang hinab und zurück zum Anstiegsweg.

Semmering-Bahnwanderweg

Nicht nur für Eisenbahnfreaks interessant: der 23 km lange Weg entlang der historischen Ghega-Semmering-Bahn, vom Scheiteltunnel am Semmering (895 m) bis nach Gloggnitz (442 m). Den schönsten Blick auf die kühne Trasse mit dem Viadukt »Kalte Rinne« der Gebirgsbahn bietet die Aussichtswarte Doppelreiterkogel; vom Bahnhof Eichberg schöner Blick in die Alditzgräben, den Sonnwendstein, zum Semmering und auf Burg Wartenstein. – Ein Tip: Nach der Wanderung ins »Naturbad Gloggnitz« und dann mit der Bahn wieder hinauf zum Semmering.

Zwischen Graz und Comer See

Im Südosten der Alpen

Höhen zwischen dem Grazer Bergland und den Gurktaler Alpen

Kor- und Saualpe, Fischbacher Alpen, Seckauer Tauern, Gleinalpe. Namen, die man außerhalb Kärntens und der Steiermark kaum kennt. Wer hat schon vom Großen Speikkogel in die slowenische Nachbarschaft geschaut, ist über die schier endlosen Buckel der Saualpe gewandert oder hat die Südflanken der Seckauer Tauern erkundet?

Es ist ein weites, ein eigenwilliges Bergland, mit dem die Alpen sich hier im Südosten von Fels und Eis verabschieden, um allmählich, in immer sanfteren Wellen zum Klagenfurter Becken, zur Untersteiermark hin zu verebben. Die beiden Landeshauptstädte Klagenfurt und Graz sind denn auch die touristischen »Motoren« der Region, deren Gipfelketten zwar durchaus noch beachtliche Höhen erreichen, aber kaum mehr mit wirklich alpiner Attitüde aufwarten. Eine Ausnahme machen da nur die Niederen Tauern mit ihren hohen, langen Graten. Wer beim Wandern gerne mehr als nur einen flüchtigen Blick auf Land und Leute, auf Kultur und Geschichte wirft, entdeckt hier

am Südostrand der Alpen ein interessantes Erlebnisrevier, das zwar nicht mit »alpinem Spektakel« aufwartet, aber viele kleine Sehenswürdigkeiten anzubieten hat. Und nach der Tour empfiehlt es sich, einen spritzigen Weißen zu probieren, etwa aus der Deutschlandsberger Gegend.

In der Gegend um Rothwein in der Soboth; Blick nordwärts zur Koralpe.

Im Süden der Alpen: Der Gardasee bei Riva

Führer & Landkarten

Rother bietet einen Wanderführer über die »Grazer Hausberge« (Auferbauer); ebenfalls bei Rother ist der Wanderführer »Eisenerzer Alpen« von Fritz Peterka erschienen. Freytag & Berndt und Kompass decken mit ihren Kartenblättern das großräumige Gebiet weitgehend ab. Natürlich gibt es auch die entsprechenden Blätter der Österreichischen Karte (1:25 000 bzw. 1:50 000), doch sind hier nur die AV-Wege farbig markiert, was gerade in randalpinen Regionen erfahrungsgemäß die Orientierung ziemlich erschwert.

Lavanttaler Höhenweg

Durchgehend gut markierte Runde um das – gelegentlich als »Paradies Kärntens« apostrophierte – Lavanttal. Streckenlänge 135 km, Gesamtgehzeit ca. 45 Stunden. Der Weg verläuft im wesentlichen über die aussichtsreichen Grasrücken der Kor- und der Saualpe; er quert zweimal das Tal. Mehr als ein Dutzend Hütten und Gasthöfe an der Strecke erlauben eine individuelle Aufteilung des Pensums.

Alle Wanderungen auf einen Blick

Tourenziel/Charakteristik	Ausgangspunkt	Wegverlauf & Gehzeit	Markierung	Einkehr am Weg
01 Rennfeld, 1630 m Beliebtes Wanderziel östlich über Bruck an der Mur mit Gipfelhütte. Wandern mit der ÖBB: Aufstieg von Bruck, Abstieg in den Gabraungraben.	Bruck an der Mur (491 m, 🚉), Stadt am Zusammenfluß von Mürz und Mur.	Bruck – Pischkberg – Rennfeld (4 Std.) – Gabraun – Pernegg (485 m; 6¾ Std., 🚉)	AV-Mark. 711, 712, 713	Pischkberg, Ottokar-Kernstock-Haus (1619 m)
02 Bärenschützklamm Faszinierende, durch eine kühne Steiganlage zugänglich gemachte Schlucht unter dem Hochlantsch (Mai bis Oktober).	Parkplatz Bärenschütz (492 m), 1,5 km von Mixnitz im Murtal (ZB).	Parkplatz – Bärenschützklamm – Gh. Zum Guten Hirten (1209 m; 2½ Std.) – »Prügelweg« – Parkplatz (4½ Std.)	Mark. Wege	Gh. Zum Guten Hirten (1209 m)
03 Hochlantsch, 1720 m Vielbesuchter Wander- und Aussichtsberg südöstlich von Bruck an der Mur; mehrere Anstiegsmöglichkeiten.	Teichwirt (1172 m), Gh. an der Strecke Breitenauer Tal – Fladnitz.	Teichwirt – Hochlantsch (1¾ Std.) – Steirischer Jokl (2½ Std.) – Teichwirt (3¾ Std.)	AV-Mark. 740, 745	Teichwirt (1172 m), Steirischer Jokl (1398 m)
04 Ameringkogel, 2187 m Wenig anstrengende, aber recht weite Kammwanderung zum höchsten Gipfel der Packalpe. Großes Panorama, das von den Steiner Alpen bis zum Dachstein reicht.	Hirschegger Sattel (1543 m), Straßenübergang von der Packstraße nach Zeltweg.	Hirschegger Sattel – Speikkogel (1993 m) – Ameringkogel (2½ Std.) – Weißensteinhütte (3½ Std.) – Peterer Sattel (1745 m; 5¼ Std.) – Hirschegger Sattel (6¼ Std.)	AV-Mark. 520, 521, örtliche Bez.	Salzstiegelhaus am Hirschegger Sattel, Weißensteinhütte (1702 m)
05 Großer Speikkogel, 2140 m Höchste Erhebung der mächtigen Koralpe ist der Große Speikkogel. Wenig anstrengende Tour zur großen Aussicht. Alternativer Ausgangspunkt Hipfelhütte (1627 m, 🚉), Straße von Wolfsberg, dann zum Gipfel 2 Std.).	Weinebene (1668 m, 🚉), Straßenübergang von Wolfsberg nach Deutschlandsberg.	Weinebene – Großer Speikkogel (3 Std.) – Grillitschhütte – Weinebene (5¼ Std.)	AV-Mark. 505, 593	Weinebene, Grillitschhütte (1710 m)
06 Über die Saualpe Großzügige, aussichtsreiche Kammwanderung über den »Elefantenrücken« der Saualpe; evtl. mit Übernachtung in der Wolfsberger Hütte.	Klippitztörl (1644 m), Straßenübergang zwischen dem Görtschitztal und dem Lavanttal.	Klippitztörl – Forstalpe (2034 m) – Gertrusk (2044 m) – Ladinger Spitz (2079 m) – Wolfsberger Hütte (4 Std.) – Speikkogel (1901 m) – Diex (1135 m; 7 Std., 🚉)	AV-Mark. 308	Wolfsberger Hütte (1827 m), bew. Juni bis Sept.; Diex (1135 m)
07 Zirbitzkogel, 2396 m Auf dem »Oberlavanttaler Höhenweg« zum höchsten Gipfel der Seetaler Alpen; Abstieg östlich nach Obdach. Übernachtung am Gipfel – Sonnenuntergang inklusive! Truppenübungsplatz an der Ostflanke des Zirbitzkogels (Sperrzeiten!).	Klippitztörl (1644 m), Straßenübergang zwischen dem Görtschitz- und dem Lavanttal.	Klippitztörl – St. Martiner Hütte (3 Std.) – Zirbitzkogel (6 Std.) – Waldheimhütte – Obdach (877 m; 8¾ Std., 🚉)	AV-Mark. 308, 320	St. Martiner Hütte (1710 m); Zirbitzkogel-Schutzhaus (2396 m), bew. Mitte Juni bis Mitte Sept.; Waldheimhütte (1614 m)
08 Grebenzen, 1892 m Höchste Erhebung im Osten der Metnitzer Alpen mit bemerkenswerter Rundschau. Bis zum Grebenzen-Schutzhaus Mautstraße.	Grebenzen-Schutzhaus (1648 m), Mautstraße ab St. Lambrecht (1028 m), 9,5 km.	Grebenzen-Schutzhaus – Grebenzen (1½ Std.) – Grebenzen-Schutzhaus (2½ Std.)	Mark. Wege	Grebenzen-Schutzhaus (1648 m)
09 Wintertaler Nock, 2404 m Große Wanderrunde im Nordosten der Nockberge. Ausdauer und Trittsicherheit auf teilweise ausgesetzten Gratsteigen.	🚡 Bergstation des Hirnkopf-Sesselliftes (1840 m), Talstation Flattnitz (1400 m, 🚡).	🚡 Liftstation – Kalteben (2140 m) – Lattersteighöhe (2264 m; 2½ Std.) – Wintertaler Nock (4 Std.) – Steringer Alm – Flattnitz (6¾ Std.)	AV-Mark. 157, 156, 129	Hirnkogel
10 Maria Schnee, 1822 m Höchstgelegene Wallfahrtskirche der Steiermark, beliebtes Ausflugsziel mit Aussicht.	Kühberger (1080 m), Anfahrt von Seckau im Murtal 4,5 km. Parkplatz.	Kühberger – Grafenalm – Maria Schnee (2½ Std.) – Ramplerhütte – Grafenalm – Kühberger (4½ Std.)	Gut mark. Wege	Grafenalm (1432 m), Ramplerhütte (1460 m)
11 Hohenwart, 2363 m Markanter Gipfel in den Wölzer Tauern; dankbare Überschreitung für Geübte.	Schöttl-Jagdhaus (1456 m), Zufahrt von Oberwölz (830 m, 🚉), 14 km.	Schöttl-Jagdhaus – Pölseckjoch (2056 m; 1¾ Std.) – Hohenwart (3 Std.) – Glattjoch (1988 m) – Schöttl-Jagdhaus (5¼ Std.)	Mark. Wege	–
12 Schoberspitze, 2423 m Das Tourengebiet der Neunkirchner Hütte umfaßt mehrere lohnende Gipfel, z.B. Talkenschrein (2325 m), Melleck (2365 m) und Hochstubofen (2385 m).	Neunkirchner Hütte (1525 m), schmale Zufahrt von Oberwölz bzw. St. Peter am Kammersberg durch den Eselsberggraben.	Neunkirchner Hütte – Schoberspitze (2½ Std.); Abstieg auf dem gleichen Weg (gesamt 4 Std.)	AV-Mark. 926	Neunkirchner Hütte (1525 m)
13 Eisenhut, 2456 m Nicht zu verwechseln mit dem gleichnamigen Gipfel in den Nockbergen! Einsame Tour, nur für ausdauernde Berggänger. Trittsicherheit erforderlich, nicht bei Nässe gehen!	Südrampe der Sölker Paßstraße, gut 500 m südlich der Kreutzhütte (1378 m).	Sölker Paßstraße – Unterer Zwieflersee (1809 m; 1½ Std.) – Eisenhut (3½ Std.); Abstieg auf dem gleichen Weg (gesamt 6 Std.)	Mark. Weg	Kreutzhütte (1378 m)

Lungau, Nock-berge & Maltatal

Schroffe Tauerngipfel und runde »Nocken«

Daß auf dem Großen Königstuhl (2336 m) die Landesgrenzen von Salzburg, der Steiermark und Kärnten zusammenlaufen, hat historische Wurzeln; daß in der Umgebung des Katschbergs auch drei sehr unterschiedliche alpine Landschaften aneinanderstoßen, macht das Wandern und Bergsteigen hier besonders reizvoll. Am besten, man steigt gleich auf den Königstuhl, da bietet sich nämlich ein Panoramablick über das ganze weite Tourenrevier. Nach Süden hin erstrecken sich, tief gestaffelt, die sanften, kahlen Rundungen der Nocken, spät im Herbst jeweils eine Symphonie in Brauntönen; die Kompassnadel dagegen zeigt genau auf den Hochgolling (2863 m), den höchsten Gipfel der Niederen Tauern, deren hohe Grate über den grünen Talniederungen des Lungaus stehen. Dann die Schau nach Westen, wo heller Firn gleißt, Dreitausender, angeführt von der vergletscherten Hochalmspitze (3360 m) in den Himmel ragen: die Hohen Tauern.

Heile Bergwelt rundum? Nicht ganz, das Nockalmgebiet ist heute zwar Nationalpark, aber mit einer Touristenstraße querdurch, drunten im Liesertal rauscht (oder stockt) der Verkehr über die Tauernautobahn, und dem unbestritten schönsten Flecken weitum, dem Maltatal, haben Kraftwerksbauer einen riesigen See (samt maroder Staumauer) verpaßt. So sind aus den »stürzenden Wassern« klägliche Rinnsale geworden, der romantische Zauber hat ziemlich gelitten.

Die schönste Wanderzeit in den Nockbergen ist der Herbst: flanieren über die runden Hügel.

Führer & Landkarten

Ausführlich beschrieben sind die Wandermöglichkeiten der westlichen Gurktaler Alpen im Wanderführer »Nockberge« (Rother); Engelbert Katschner stellt die schönsten Bergtouren im »Lungau und Nockgebiet« vor (Styria). Das Kompass-Wanderbuch »Mölltal-Maltatal-Liesertal« enthält ebenfalls zahlreiche Tourenvorschläge der Region. Gutes Kartenmaterial bietet Freytag & Berndt mit den Blättern 202 »Schladminger Tauern-Katschberg-Lungau«, 222 »Bad Kleinkirchheim-Radenthein« und 224 »Faaker See-Villach-Unteres Gailtal«. Von der Österreichischen Karte (1:25 000 bzw. 1:50 000) benötigt man die Blätter 156, 157, 158, 182, 183, 184.

Alle Wanderungen auf einen Blick

Tourenziel/Charakteristik	Ausgangspunkt	Wegverlauf & Gehzeit	Markierung	Einkehr am Weg
Lungau, Nockberge				
01 Lasaberg, 1935 m Aufgrund seiner isolierten Lage bietet der abgeflachte, weit hinauf bewaldete Rücken eine umfassende Schau über den Lungau.	Tamsweg (1021 m, 🚌), stattlicher Flecken im Lungau.	Tamsweg – Langer (1359 m; Zufahrt) – Lasaberg (3¼ Std.) – Predlitz (971 m; 5½ Std., 🚌)	Aufstieg AV-Mark. 795, Abstieg rot bez.	–
02 Preber, 2740 m Einer der meistbesuchten Gipfel der Niederen Tauern mit großem Panorama, vom Dachstein bis zu den Julischen Alpen.	Prebersee (1514 m), Anfahrt von Tamsweg (1021 m, 🚌), 8 km, bzw. Krakau. 🚌 Lungauer Tälerbus.	Prebersee – Preberhalterhütte (1862 m; 1 Std.) – Mühlbachtörl (2478 m; 2¾ Std.) – Preber (3½ Std.) – Grazer Hütte (5¼ Std.) – Prebersee (6½ Std.)	AV-Mark. 788, 787	Wh. Ludl am Prebersee, Grazer Hütte (1896 m)
03 Landschitzseen, 2065 m Hübsch in einem von hohen Graten umschlossenen Karwinkel gelegene Bergseen.	Laßhoferhütte (1280 m) im Lessachtal, Zufahrt von Tamsweg (1021 m, 🚌), 14 km. 🚌 Lungauer Tälerbus.	Laßhoferhütte – Unterer Landschitzsee (1778 m; 1½ Std.) – Oberer Landschitzsee (2½ Std.); Abstieg auf dem gleichen Weg (gesamt 4 Std.)	AV-Mark. 784	Laßhoferhütte (1280 m)
04 Hochgolling, 2863 m Höchster Gipfel der Niederen Tauern, entsprechend oft bestiegen. Normalweg von der Gollingscharte mit zwei Varianten (markiert): viel Geröll, leichte Felsen (I bzw. I-II), einige Sicherungen.	Vordere Göriachalm (1422 m) im Göriachtal, Zufahrt von Tamsweg via Göriach (1149 m), 15 km. 🚌 Lungauer Tälerbus.	Vordere Göriachalm – Gollingscharte (2326 m; 3 Std.) – Hochgolling (4¾ Std.); Abstieg auf dem gleichen Weg (gesamt 8 Std.)	AV-Mark. 775, 702	Landawirseehütte (1985 m), 1 Std. von der Gollingscharte, bew. Mitte Juni bis Sept.
05 Gurpitscheck, 2526 m Großzügige Überschreitung für Dauerläufer weitab ausgetretener Pfade. Alternativer Abstieg über die Karnerhütte (1764 m) nach Hinterweißpriach (2¾ Std.) möglich.	Ulnhütte (1325 m) im Weißpriachtal, Zufahrt von Mariapfarr (1119 m, 🚌) über Weißpriach, 16 km. 🚌 Lungauer Tälerbus.	Ulnhütte – Obere Bernerhütte (1¼ Std.) – Oberer Schönalmsee – Gurpitscheck (3½ Std.) – Karneitschenhöhe (2181 m) – Fanninghöhe (2115 m; 6¼ Std.) – Weißpriach (1099 m; 8¼ Std.)	Aufstieg bez., Abstieg AV-Nr. 760	Ulnhütte (1325 m), Hütten am Abstieg von der Fanninghöhe.
06 Speiereck, 2411 m Hausberg von Mauterndorf mit Liften und schöner Aussicht auf den Lungau.	🚡 Bergstation des Großeck-Sessellifts (2074 m), Talstation Mauterndorf, 🚌).	Großeck – Speiereck (1¼ Std.) – Trogalm (1808 m) – Mauterndorf (4 Std.)	AV-Mark. 745, örtliche Bez.	Speiereckhütte am Großeck, Peterbauer
07 Franz-Fischer-Hütte, 2020 m Hüttenrunde im innersten Zederhaustal, läßt sich gut mit einer Besteigung des Mosermandl verbinden.	Schlierer Alm (1495 m, 🚌), Anfahrt von St. Michael (1075 m) über Zederhaus, 25 km.	Schlierer Alm – Jakober Alm (1846 m; 1¼ Std.) – Franz-Fischer-Hütte (2¾ Std.) – Untere Eßlalm (3¾ Std.) – Schlierer Alm (4¾ Std.)	AV-Mark. 743, 702, 711, 742	Schlierer Alm (1495 m), Jakober Alm, Franz-Fischer-Hütte (2020 m)
08 Mosermandl, 2680 m Zentralgipfel der Radstädter Tauern mit großem Panorama. Markierte, auf kürzeren Abschnitten gesicherte Anstiege über den Südgrat und von der Windischscharte.	Untere Eßlalm (1540 m), Zufahrt von Zederhaus über die Schlierer Alm (1495 m, 🚌).	Untere Eßlalm – Franz-Fischerhütte (1½ Std.) – Windischscharte (2306 m; 2¼ Std.) – Mosermandl (4 Std.) – Südgrat – Franz-Fischer-Hütte (6 Std.) – Untere Eßlalm (7 Std.)	AV-Mark. 711, 733, 702	Franz-Fischer-Hütte (2020 m)
09 Weißeck, 2711 m Höchste Erhebung der Radstädter Tauern, beherrscht den langgestreckten Bergkamm zwischen Zederhaus- und oberstem Murtal.	Königalm (1675 m) im hintersten Riedingtal, Zufahrt von Zederhaus (1205 m) über die Schlierer Alm (1495 m, 🚌).	Königalm – Riedingscharte (2275 m; 1½ Std.) – Weißeck (3¼ Std.); Abstieg auf dem gleichen Weg (gesamt 5½ Std.)	AV-Mark. 711, 740	Königalm (1675 m)
10 Rotgüldenseen, 1710 m und 1996 m Abwechslungsreiche, nur mäßig anstrengende Runde über dem obersten Murtal. Für den Übergang zur Muritzenalm Trittsicherheit erforderlich (gesicherte Passagen).	Rotgülden (1368 m, 🚌), Zufahrt von Muhr (1124 m), 7,5 km.	Rotgülden – Rotgüldenseen (2 Std.) – Rotgüldenseehütte (2¾ Std.) – Schrovinschartl (2039 m) – Muritzenalm (1591 m) – Rotgülden (6 Std.)	AV-Mark. 541, 540, 740	Rotgüldenseehütte (1716 m)
11 Gaipahöhe, 2192 m – Anderlseen Großzügige Höhen- und Kammwanderung; Rückweg bzw. Abstieg nach Innerkrems oder Kremsbrücke möglich.	Dr.-Josef-Mehrl-Hütte (1730 m, 🚌) an der Strecke von Innerkrems in den Lungau.	Mehrlhütte – Zechner Höhe (2188 m) – Gaipahöhe (2½ Std.) – Anderlseen (2075 m; 3 Std.) – Innerkrems (1480 m; 5 Std.)/Kremsbrücke (952 m; 6½ Std.)	Mark. Wege; Abstieg Innerkrems AV-Nr. 113, Kremsbrücke Nr. 32	Dr.-Josef-Mehrl-Hütte (1730 m)
12 Großer Königstuhl, 2336 m Leicht erreichbarer Aussichtsgipfel, auf dem die Grenzen Salzburgs, Kärntens und der Steiermark zusammenlaufen.	Eisentalalm (2042 m), nördlicher Kulminationspunkt der 34 km langen Nockalm-Höhenstraße.	Eisentalalm – Friesenhals – Königstuhl (1½ Std.); Abstieg auf dem gleichen Weg (gesamt 2½ Std.)	Mark. Wege	–
13 Wintertaler Nock, 2404 m Große Nockwanderung mit hochgelegenem Ausgangspunkt. Etwas für Gipfelsammler! Und Konditionsbolzen hängen auch gleich noch den Eisenhut (2441 m) an (1 Std., Mark. 129).	Turracher Höhe (1783 m, 🚌), Straßenübergang vom Murtal nach Kärnten. Hotelsiedlung, Wintersportplatz.	Turracher Höhe – Gruft (2232 m; 1¼ Std.) – Kaserhöhe (2218 m) – Bretthöhe (2320 m) – Rapitzsattel (2088 m; 4 Std.) – Wintertaler Nock (5 Std.) – Grillendorfer Alm (1976 m) – Turracher Höhe (8 Std.)	AV-Mark. 153, 156, 151	Turracher Höhe

Alle Wanderungen auf einen Blick

Tourenziel/Charakteristik	Ausgangspunkt	Wegverlauf & Gehzeit	Markierung	Einkehr am Weg
14 Rinsennock, 2334 m Abwechslungsreiche Überschreitung, bei Benützung des Kornocklifts (2193 m) als leichte Halbtagstour möglich.	Turracher Höhe (1783 m), Straßenübergang vom Murtal nach Kärnten. Hotelsiedlung, Wintersportplatz.	Turracher Höhe – Rinsennock (1¾ Std.) – Sattel (1969 m; 2½ Std.) – Schafalm (1842 m) – Steinturrach – Turracher Höhe (4¼ Std.)	AV-Mark. 149, 126	–
15 Moschelitzen, 2310 m Wanderrunde über dem Falkertsee; verschiedene, auch kürzere Varianten möglich.	Falkertsee (1870 m), Zufahrt von Patergassen an der Strecke Bad Kleinkirchheim – Turrach, 8 km.	Falkertsee – Moschelitzen (1¼ Std.) – Falkertspitze (2 Std.) – Falkertsee (3 Std.)	Mark. Wege	Mehrere Gh. am Falkertsee
16 Klomnock, 2331 m Ausgedehnte Kamm- und Gipfelrunde über dem Talkessel von St. Oswald. mehrere Zwischenabstiege möglich.	Bergstation der Brunnachalmbahn (1902 m), Talstation St. Oswald (1356 m), 6 km ab Bad Kleinkirchheim.	Liftstation – Malnock (2226 m; 1¼ Std.) – Klomnock (2 Std.) – Falkertspitze (2308 m; 3¾ Std.) – Totelitzen (1990 m; 5 Std.) – St. Oswald (6½ Std.)	Mark. Wege	–
17 Großer Rosennock, 2440 m Wuchtiger Bergstock mit felsig-zerfurchten Nord- und Ostabstürzen. Nach dem Eisenhut (2441 m) zweithöchster »Nock«.	Erlacher Hütte (1636 m), Zufahrt von Radenthein (746 m) über Kaning, 12 km.	Erlacher Hütte – Großer Rosennock (2¼ Std.) – Naßbodensee (2029 m; 3 Std.) – Predigtstuhl (2180 m) – Erlacher Hütte (5 Std.)	AV-Mark. 170, örtliche Bez. 13	Erlacher Hütte (1636 m)
18 Gerlitzen, 1910 m Beliebtes Ausflugsziel mit schöner Seen- und Gipfelschau, durch Straßen und Lifte für den Naturfreund allerdings ziemlich entwertet.	Bergstation der Kanzelbahn (1466 m), Talstation Annenheim (520 m) am Ossiacher See.	Kanzelhöhe – Gerlitzen (1910 m; 1½ Std., evtl. Sessellift) – Ossiachberg – Manessen (1011 m; 4½ Std.) – Steindorf (517 m; 5½ Std.)	Mark. Wege	Mehrere Gh. an der Gerlitzen, Manessen
19 Über die Millstätter Alpe, 2108 m Zweitagewanderung über den langgestreckten Höhenrücken, Übernachtung in der Millstätter Hütte. Viele Varianten und Teilbegehungen möglich.	Radenthein (746 m), stattlicher Ort östlich des Millstätter Sees.	Radenthein – Rosenkofel (1878 m; 3½ Std.) – Millstätter Alpe (2091 m; 5 Std.) – Millstätter Hütte (6 Std.) – Tschiernock (2088 m; 7½ Std.) – Gmünd (741 m; 10½ Std.)	AV-Mark. 153, 191, 197	Granighütte (1625 m); Millstätter Hütte (1876 m), bew. Juni bis Mitte Okt.

Maltatal

Tourenziel/Charakteristik	Ausgangspunkt	Wegverlauf & Gehzeit	Markierung	Einkehr am Weg
20 Lanischseen, 2260 m Beliebte Tal- und Seenwanderung in den von Hafner (3076 m) und Großem Sonnblick (3030 m) überragten Karwinkel.	Hintere Pölla (1370 m), Zufahrt von Rennweg (1141 m), 7 km. Im Sommer gesperrt; es verkehrt die originelle »Tschu-Tschu-Bahn«.	Hintere Pölla – Ochsenhütte (1¾ Std.) – Lanischseen (3¼ Std.); Abstieg auf dem gleichen Weg (gesamt 5½ Std.)	Örtliche Mark. 16	Ochsenhütte (1930 m)
21 Sternspitze, 2497 m Schöner Aussichtsberg über dem oberen Liesertal, bekannt auch für eine artenreiche Flora.	Rennweg-St. Peter (1221 m) am Südfuß des Katschbergs (1641 m); Anschluß Tauernautobahn.	St. Peter – Stampatzspitze (2050 m; 2½ Std.) – Sternspitze (3¾ Std.) – Zickeralm (1723 m; 5 Std.) – St. Peter (6¼ Std.)	Örtliche Mark. 10, 9	–
22 Stubeck, 2370 m Aussichtsgipfel im Winkel zwischen Lieser- und Maltatal. Geübte können von der Torscharte aus das Reitereck (2790 m) ansteuern (2 Std., Mark.).	Frido-Kordon-Hütte (1649 m), mautpflichtige Zufahrt von Gmünd (741 m), 10 km.	Kordonhütte – Stubeck (2¼ Std.) – Torscharte (2106 m) – Gmeinalm (2038 m) – Kordonhütte (4 Std.)	Mark. Wege	Frido-Kordon-Hütte (1649 m)
23 Maltatal-Runde; Kattowitzer Hütte, 2319 m Wanderung der Kontraste: Kraftwerksanlagen, Straßen, malerische Talwinkel und eine große Alpenkulisse. Die meisten der berühmten Wasserfälle sind trockengelegt…	Gmünder Hütte (1186 m) an der Malta-Hochalm-Straße, 30 km ab Malta (741 m).	Gmünder Hütte – Maltatalweg – Kölnbreinspeicher (3½ Std.) – »Salzgittersteig« – Kattowitzer Hütte (6 Std.) – Gmündner Hütte (8½ Std.)	AV-Mark. 537, 545, 547	Gmündner Hütte (1186 m), Gh. Almrausch (1565 m), Bergrestaurant-Hotel Malta (1931 m), Kattowitzer Hütte (2319 m)
24 Hafner, 3076 m Hauptgipfel der gleichnamigen Tauerngruppe, markante Berggestalt, für erfahrene Bergsteiger ein lohnendes Ziel. Markierter Normalweg mit leichten Kletterpassagen, viel Geröll.	Endpunkt der mautpflichtigen Malta-Hochalm-Straße an der Kölnbreinsperre (1903 m), von Malta (741 m) 30 km.	Kölnbreinsperre – »Salzgittersteig« – Kattowitzer Hütte (2½ Std.) – Hafner (5¼ Std.); Abstieg auf dem gleichen Weg (gesamt 8½ Std.)	AV-Mark. 545, 548	Restaurant-Hotel Malta (1931 m), Kattowitzer Hütte (2319 m), bew. Ende Juni bis Sept.
25 Zwischenelendscharte, 2675 m Große Tour in hochalpiner Kulisse; am Aufstieg zur Zwischenelendscharte (vom Groß- ins Kleinelend) die beiden Schwarzhornseen, beim Abstieg herrlicher Blick auf das Kleinelendkees.	Endpunkt der mautpflichtigen Malta-Hochalm-Straße an der Kölnbreinsperre (1903 m), von Malta (741 m) 30 km.	Kölnbreinsperre – Osnabrücker Hütte (2 Std.) – Zwischenelendscharte (4 Std.) – Kleinelend – Kölnbreinsperre (7 Std.)	AV-Mark. 502, 538	Bergrestaurant-Hotel Malta (1931 m), Osnabrücker Hütte (2022 m)

Meine Favoriten

Nationalpark Nockberge

Seit 1987 stehen 185 Quadratkilometer der Nockberglandschaft als »Nationalpark« unter Schutz, mit einem Kerngebiet, das etwa ein Drittel der Gesamtfläche umfaßt. Geplant war ursprünglich allerdings ganz anderes: Dem Bau der Nockalmstraße sollte die Erschließung dieser Berge für den Skisport folgen. Erst nach massiven Protesten von Naturschützern wurde das Projekt ad acta gelegt – und die seit Jahrhunderten bis in Gipfelregionen landwirtschaftlich genutzte Berglandschaft kurzerhand zum »Nationalpark« erklärt. Entlang der Nockalmstraße sind mehrere Infostellen eingerichtet worden, an denen man Interessantes über Natur, Geschichte und Kultur erfährt. Und wer sich auf den Bergen einen veritablen Muskelkater zugezogen hat, kann ihn im uralten Karlbad kurieren: Ein Bad in der Holzwanne, wobei das Wasser durch heiße Steine erwärmt und mit gesunden Mineralien versetzt wird.

02 Preber, 2740 m
Lungauer Paradegipfel

Der Hochgolling (2863 m) übertrifft ihn zwar an Höhe, dafür wirkt der Preber durch schiere Masse. Seine Flanken sind nur mäßig steil, was ihn zum beliebten Skitourenziel gemacht hat, mit fast endlosen Abfahrten. Sein Gipfel – etwas südlich vom Hauptkamm der Schladminger Tauern stehend – vermittelt ein großes, an Kontrasten reiches Panorama mit umfassender Talschau. Und beim Abstieg wird man natürlich in der Grazer Hütte einkehren, die an einem besonders schönen Platz am langgestreckten Südostgrat des Preber steht. Mit der tiefstehenden Sonne im Rücken und der Aussicht aufs Murtal vor sich läßt es sich gemütlich sitzen.

➡ Der Aufstieg beginnt schattig, führt vom Prebersee im Wald bergan, erst auf einer Forstpiste, dann auf schmalem Pfad. Bei der alten Preberhalterhütte (1862 m) nimmt man den linken Weg, der über den Roßboden in den Preberkessel, einen recht weltabgeschiedenen Winkel, über dem sich das felsige Roteck (2742 m) aufbaut. Droben am Mühlbachtörl (2478 m) muß man sich dann entscheiden: links über den felsigen Grat, mehrfach in die abschüssigen Flanken ausweichend, zum Roteck, rechts vergleichsweise gemütlich über den breiten Rücken zum großen Kreuz am Preber. Der Abstieg verläuft über den Südostkamm (der die Grenze zwischen Salzburg und der Steiermark bildet) mit viel Aussicht hinunter zur Grazer Hütte. Hier rechts und auf dem alten Weg hinunter zur Talstraße und auf ihr zurück zum Prebersee. Und da ist an heißen Sommertagen dann die Versuchung recht groß, gleich in seinem Wasser etwas Abkühlung zu suchen.

13 Wintertaler Nock, 2404 m
Nocken: nicht nur zum Essen

Gipfel gleich im halben Dutzend! Das ist auf den abgerundeten »Nocken« leicht möglich, etwa östlich der Turracher Höhe, an dem langen Rücken, der sich von der Gruft (2232 m) über die Bretthöhe (2320 m) hinaus erstreckt. Und wer am Rapitzsattel nach sechs Gipfel(chen) noch nicht genug hat, nimmt sich den Wintertaler Nock vor, dazu vielleicht den Eisenhut, mit seinen 2441 Metern immerhin der höchste Gipfel im gesamten Nockgebiet.

➡ Vom Turracher See östlich über einen licht bewaldeten Hang aufwärts, dann am breiten Rücken entlang südlich zum ersten »Nocken«, dem Schoberriegel (2208 m). Nun in aussichtsreicher Kammwanderung mit nur wenig Steigungen über die Gruft, wo der Weg nach Osten umbiegt, und die Kaserhöhe (2218 m) zur Hoazhöhe (2319 m). Dahinter »verliert« man gut 100 Höhenmeter, die anschließend zurückgewonnen werden müssen. Von der Bretthöhe (2320 m) ist dann der Weiterweg gut

einzusehen: hinüber zur Lattersteighöhe (2264 m), dann auf gutem Weg um den Spielrigel (2176 m) herum und leicht abwärts in den Rapitzsattel. Unmittelbar nördlich über der Senke baut sich der Wintertaler Nock auf: 1 Stunde bis zum Gipfel und nochmals so weit hinüber zum Eisenhut, dem höchsten Punkt der »Nockenwelt«. Der Rückweg führt nicht am Kamm, sondern eine Etage tiefer vom Rapitzsattel zurück zum Turracher See, teilweise schattig, dabei mehrere Gräben querend und mit einer recht anhänglichen Gegensteigung am Engeleriegel.

25 Zwischenelendscharte, 2675 m
Von einem Elend ins andere

Über das Maltatal einst und jetzt ist schon genug geschrieben worden, da möge sich jeder auf der Fahrt hinauf zum Kölnbrein-Stausee sein Bild machen: Touristenattraktion, zerstörte Landschaft, Preis für eine mobile Wohlstandsgesellschaft? Daß die Kraftwerksbauer ihrer (zunächst ziemlich löchrigen) Betonmauer auch gleich noch einen an die Agnelli-Hochhäuser in Sestriere erinnernden Rundturm (heute Hotel-Restaurant) zur Seite stellten, ist bestenfalls eine ziemliche Geschmacksverirrung.

➡ In zwei Stunden wandert man auf der Schotterpiste am Stausee entlang hinein ins Großelendtal. Hinter der Osnabrücker Hütte rechts am Fallbach entlang aufwärts und über eine Felsstufe (Wasserfall) zu einer Verzweigung. Hier rechts und schräg über den Hang zu den beiden Schwarzhornseen. Über dem Großelend zeigt sich die Hochalmspitze (3360 m), an der Zwischenelendscharte (2675 m) öffnet sich dann der Blick auf den Ankogel (3252 m) und das zerschrundene Kleinelendkees. Nun nördlich im Vorgelände des Gletschers abwärts ins Steinkar und durch das Kleinelendtal hinaus zum Kölnbreinspeicher.

Erster Herbstschnee im obersten Liesertal. Blick auf die Sternspitze, einen schönen Wandergipfel.

Kreuzeckgruppe & Gailtaler Alpen

Zwischen Möll-, Drau- und Gailtal

Auf der Landkarte bildet die von Drau, Möll und Gail begrenzte Bergregion ein ziemlich gleichmäßiges Dreieck; seine Spitze wird durch Obervellach markiert, im Osten liegt die Stadt Villach mit ihrem Thermalbad, im Westen endet es hinter dem Doppelort Kötschach-Mauthen an den bizarren Kalkfelsen der Lienzer Dolomiten. Höchste Erhebung ist der (Mölltaler) Polinik (2784 m) in der isoliert über Möll und Drau aufragenden Kreuzeckgruppe; weiter südlich, in den Gailtaler Alpen, lädt der langgestreckte, waldumschlossene Weißensee (930 m) zum sommerlichen Bad (August 18,6 °C). In seiner weiteren Umgebung, zwischen Spittal an der Drau und Hermagor, findet der Wanderer auch das dichteste Wegnetz; beliebte Ziele sind die Höhen um Goldeck, Latschur (2236 m) und Spitzegel. Die berühmte Bergesruh' gibt es dafür in den Gräben und auf den Höhen der Kreuzeckgruppe. Hier sind auch großzügige, mehr-

tägige Überschreitungen weitab der ausgetretenen Pfade möglich. Hausberg von Villach ist die durch eine Straße erschlossene Villacher Alpe (Dobratsch, 2166 m), an deren Südflanke beim Erdbeben von 1348 ein gewaltiger Felssturz abging; als schönster Gipfel der Region gilt der Reißkofel (2371 m), von Kötschach-Mauthen aus gesehen eine elegante Felspyramide. Seine Besteigung verlangt allerdings auf allen Wegen mindestens einen sicheren Tritt; vom Gipfel genießt man eine prächtige Schau weit über die Gailtaler Alpen hinaus auf große Teile Kärntens. Besonders schön der Blick ins Gailtal und zum Hauptkamm der Karnischen Alpen.

Hohe, einsame Grate: in der Kreuzeckgruppe.

Führer & Landkarten

Das alpinistische »Mauerblümchendasein«, das die Berge der Kreuzeckgruppe und die Gailtaler Alpen seit jeher fristen, spiegelt sich auch im Führerangebot wider. Einige lohnende Ziele der Region beschreibt Günter Lehofer in dem Buch über »Kärntens schönste Wanderziele« (Carinthia); mehrere Wanderungen finden sich auch in »Kärnten auto+wanderschuh« (Denzel, Innsbruck).
Drei Kartenblätter von Freytag & Berndt decken die Region ab: 223 »Weißensee-Gailtal«, 224 »Faaker See-Villach-Unteres Gailtal«, 225 »Kreuzeckgruppe-Mölltal«. Wer lieber auf die Österreichische Karte (1:25 000 bzw. 1:50 000) zurückgreift, benötigt die Blätter 180, 181, 182, 197–200.

Alle Wanderungen auf einen Blick

Tourenziel/Charakteristik	Ausgangspunkt	Wegverlauf & Gehzeit	Markierung	Einkehr am Weg
Gailtaler Alpen				
01 Dobratsch, 2166 m Standardtour auf den großen Aussichtsgipfel, Bergabwanderung nach Villach empfehlenswert (auch Teilabstiege möglich).	Endpunkt der mautpflichtigen »Villacher Alpenstraße« (Roßtratten; 1732 m, 🚌), 18 km von Villach.	Roßtratten – Dobratsch (1½ Std.) – Güterweg – Roßtratten (2½ Std.) – Hundsmarhof – Villach (ca. 6 Std.)	Mark. Wege	Roßtratten, Ludwig-Walter-Haus (2134 m), Hundsmarhof (983 m)
02 Dobratsch, 2166 m Die große Dobratsch-Tour für Bergerfahrene: süd- und sonnseitiger (!) Steilaufstieg mit exponierten Passagen (Sicherungen) über den »Touristensteig«, Abstieg westlich in den Lärchgraben.	Arnoldstein (579 m, 🚌) an der Strecke Villach – Tarvisio.	Arnoldstein – Schütt – »Touristensteig« – Dobratsch (5½ Std.) – Lärchgraben – Nötsch (558 m; 9 Std.)	AV-Mark. 294B, 296	Ludwig-Walter-Haus (2134 m), bew. Mitte Mai bis Okt.
03 Kobesnock, 1820 m Ausgedehnte Höhenwanderung im Schatten der Villacher Alpe. Bergbaurevier; Schaubergwerk in Bad Bleiberg.	Bad Bleiberg (902 m, 🚌), alter Ort am Nordfuß des Dobratsch.	Bad Bleiberg – Mittagsnock (1558 m) – Sattlernock (1583 m) – Kobesnock (4 Std.) – Bleiberg-Kreuth (828 m; 6 Std., 🚌)	AV-Mark. 288, 298	–
04 Goldeck, 2142 m Berühmter Aussichtsberg, trotz Straßen und Liftanlagen immer noch dankbares Wanderrevier, vor allem im Bereich der Gusenalm.	🚠 Bergstation der Goldeck-Seilbahn (2059 m), Talstation Spittal an der Drau (560 m, 🚌).	Seilbahn – Goldeck (¼ Std.) – Gusenalm (1740 m; 1¼ Std.) – Goldeckhütte (2 Std.) – Spittal (4 Std.)	AV-Mark. 210, örtliche Bez.	Mehrere Gh. und Hütten
05 Latschur, 2236 m Durchquerung der Latschurgruppe vom Goldeck nach Lind im Drautal. Lange Wanderung, nur bei sicherem Wetter ratsam. Alternativ Abstieg zum Weißensee-Ostufer möglich (Ortsee, 🚌; 6 Std., mark. 265)	🚠 Bergstation der Goldeck-Seilbahn (2059 m), Talstation Spittal an der Drau (560 m, 🚌).	Seilbahn – Gusenalm (1740 m; 1 Std.) – Eckwandsattel (2½ Std.) – Latschur (3½ Std.) – Lindner Alm – Lind (589 m; 7 Std.)	AV-Mark. 210, 268, 270; örtliche Bez. 21	Goldeck, Gusenalm (1740 m), Lindner Alm (1388 m)
06 Graslitzen, 2044 m Ausgedehnte Runde an dem grasigen Rücken mit bemerkenswerten Ausblicken auf den Karnischen Hauptkamm. Und hinterher ein Bad im Pressegger See (560 m)!	Förolach (619 m, 🚌) im Gailtal, an der Strecke Villach – Hermagor.	Förolach – St. Steben (1003 m; 1 Std.) – Geißrücken (1531 m; 2½ Std.) – Graslitzen (4¼ Std.) – Vellacher Sattel (1858 m; 4¾ Std.) – Pressegger See (7½ Std.)	AV-Mark. 250, 249; örtliche Bez. 56	Pressegger See
07 Spitzegel, 2119 m Große, sehr sonnige Runde; am Gipfelgrat einige leichte Kletterstellen (teilweise gesichert). Nur für erfahrene Berggänger, gute Kondition unerläßlich! Vom Spitzegel großes Panorama, faszinierend die Tiefblicke auf den Pressegger See.	Pressegger See (560 m, 🚌), beliebtes Ausflugsziel östlich von Hermagor.	Pressegger See – Vellacher Sattel (1858 m; 3¾ Std.) – Vellacher Egel (2108 m) – Spitzegel (5½ Std.) – Ladinzenhütte (6½ Std.) – Pressegger See (9 Std.)	AV-Mark. 249, 250, 248	Pressegger See, Ladinzenhütte (1692 m)
08 Golz, 2004 m Neben dem mächtigen Spitzegel wirkt der Golz eher bescheiden; sein Gipfel bietet aber ebenfalls eine prächtige Rundschau, er ist zudem viel leichter erreichbar. Lohnend auch die (beliebte) Wanderung zur Kohlröslhütte.	🚠 Bergstation der Weißensee-Sesselbahn (Naggler Alm, 1324 m), Talstation Weißensee (956 m, 🚌).	Naggler Alm – Kohlröslhütte (1½ Std.) – Golz (3¼ Std.) – Radniger Sattel (1558 m; 4 Std.) – Weißensee (6¼ Std.)	AV-Mark. 262, 245, 246; örtliche Bez. 16	Naggler Alm (1324 m), Kohlröslhütte (1523 m), Radniger Alm (1558 m), Hermagorer Bodenalm (1231 m)
09 Laka, 1852 m Langgestreckter Waldrücken südlich über dem Weißensee. Lohnende, größtenteils schattige Überschreitung; An- und Rückfahrt auch mit dem Schiff möglich.	Paterzipf (930 m, 🚌), Schiffanlegestelle, Zufahrt bis zum Weißenseer Ortsteil Naggl.	Paterzipf – Laka (2½ Std.) – Hermagorer Bodenalm (4 Std.) – Paterzipf (5 Std.)	AV-Mark. 263; örtliche Bez. 18, 16	Hermagorer Bodenalm (1231 m)
10 Weißensee – Peloschen, 1794 m Doppelte Seeperspektive: erst am Uferweg, dann aus der Vogelschau. Man kann sich natürlich auch auf die Norduferwanderung beschränken und von Ortsee mit dem Schiff zurückkehren.	Weißensee-Neusach (934 m, 🚌) am Nordufer des Weißensees (930 m).	Neusach – Ortsee (932 m; 2¾ Std.) – Stosia (1811 m; 5¼ Std.) – Peloschen – Neusach (8 Std.)	AV-Mark. 265, 210; örtliche Bez. 19, 20	Gh. Ronacherfels am See, Ortsee
11 Hochwarter Höhe, 1688 m Ruhige Höhenwanderung an dem langgestreckten Rücken zwischen Gitsch- und Gailtal. Etwas Ausdauer erforderlich. Alternativ auch Abstiege nach Kirchbach möglich.	Weißbriach (801 m, 🚌) im Gitschtal, 12 km von Hermagor.	Weißbriach – Durchspring (1310 m; 1½ Std.) – Hochwarter Höhe (2¾ Std.) – Durchspring (3¾ Std.) – Guggenberg (1114 m) – Hermagor (603 m; 7½ Std., 🚌).	Mark. Wege	Hochwarthütte (1591 m), Guggenberg

Alle Wanderungen auf einen Blick

Tourenziel/Charakteristik	Ausgangspunkt	Wegverlauf & Gehzeit	Markierung	Einkehr am Weg
12 Reißkofel, 2371 m Alpines Wahrzeichen des Gailtals, eine formschöne Pyramide mit mehreren markierten Anstiegen, von denen keiner als leicht einzustufen ist. Schwindelfreiheit und ein sicherer Tritt sind unerläßlich, am Grat kurze Kletterstellen. Direktvariante ab Alplspitz zum Grat (links, mark.) schwieriger (Stellen II).	Wurzen (1492 m), Einsattelung am Südfuß des Reißkofels; Zufahrt von Reisach (689 m, 🚌) über den Gh. Reißkofelbad (988 m), 8 km.	Wurzen – Alplspitz (1959 m; 1¼ Std.) – Törl (2 Std.) – Reißkofel (2½ Std.); Abstieg auf dem gleichen Weg (gesamt 4 Std.)	AV-Mark. 235, 229	–
13 Jukbichl, 1889 m Überschreitung östlich des Gailbergsattels, teilweise auf Fahrwegen.	Gailbergsattel (981 m, 🚌), frequentierter Straßenübergang von Oberdrauburg nach Kötschach-Mauthen.	Gailbergsattel – Jukbichl (3 Std.) – Dellacher Alm (1667 m; 3½ Std.) – Buchach (955 m; 5½ Std.) – Kötschach (6¼ Std.)	AV-Mark. 229, 230	Gailbergsattel
14 Schatzbichl, 2090 m Schöner Aussichtspunkt am Kärntner Ostrand der Lienzer Dolomiten. Auf der Mussen im Frühsommer üppige Flora mit zahlreichen Raritäten.	St. Jakob im Lesachtal (947 m, 🚌), Dörfchen im unteren Lesachtal, 9 km ab Kötschach-Mauthen.	St. Jakob – Auf der Mussen (ca. 2 Std.) – Schatzbichl (3½ Std.); Abstieg auf dem gleichen Weg (gesamt 6 Std.)	AV-Mark. 225	–
15 Lumkofel, 2287 m Dem Hauptkamm der Lienzer Dolomiten vorgelagert, bietet der Lumkofel ein schönes Gipfelpanorama; besonders schön der Blick auf den Karnischen Hauptkamm.	Mattling (1020 m, 🚌), Weiler im Lesachtal.	Mattling – Grifitzbichl (1961 m; 2½ Std.) – Mahdalpe (1814 m; 3¼ Std.) – Lumkofel (4½ Std.) – Mahdalpe (5¼ Std.) – Oberring (1037 m; 6¾ Std., 🚌)	AV-Mark. 223, 221, örtliche Bez.	–
16 Comptonhütte, 1585 m Auf den Spuren des Alpenmalers E. T. Compton am Fuß des Reißkofels. Wer hoch hinaus will, kann von der Hütte aus den Felsgipfel ansteuern (»Padiaursteig«, AV-Mark. 235, 229, 2¾ Std. ➡ »12 Reißkofel«).	Ebenberg (851 m), Weiler südlich über dem Drautal, Zufahrt von Berg (692 m, 🚌), 5 km.	Ebenberg – Tomanalm (1724 m) – Comptonhütte (3¼ Std.) – Ebenberg (5 Std.)	Örtliche Bez. B1, AV-Nr. 234	Comptonhütte (1585 m)

Kreuzeck

17 Dannkopf, 2439 m Anstrengende Gipfeltour mit prächtiger Aussicht über das Drautal bis zu den Karnischen und Julischen Alpen. Am Weg der idyllische Wildsee.	Zwickenberg (1001 m), winziges Dörfchen nördlich über Oberdrauburg (632 m, 🚌), Straße 5 km. Weiterfahrt zu den höhergelegenen Höfen möglich.	Zwickenberg – Brunnerkammer (1670 m; 2 Std.) – Wildseetörl (2267 m; 3¾ Std.) – Dannkopf (4¼ Std.); Abstieg auf dem gleichen Weg (gesamt 7 Std.)	AV-Mark. 316, 308; örtliche Bez. 012	–
18 Scharnik, 2656 m Der schönste Aussichtsgipfel über dem Oberdrautal! Trittsicherheit und etwas Ausdauer erforderlich.	Gh. Bergheimat (1581 m) auf der Leppener Alm, Zufahrt von Irschen (804 m, 🚌), 10 km.	Bergheimat – Scharnik (3¼ Std.) – Gursgentörl (2442 m; 3¾ Std.) – Wenneberger Kammern (1830 m) – Bergheimat (6 Std.)	AV-Mark. 315, örtliche Bez.	Alpengh. Bergheimat (1581 m)
19 Stagor, 2289 m So richtig für Senkrechtstarter: sausteil hinauf, steil hinab. Oben gibt's einen tollen Vogelschaublick aufs Drautal und dazu die Parade der Karnischen und Julischen Gipfel im Süden. Wichtig: ausreichend Getränke mitnehmen!	Steinfeld (617 m, 🚌) im Drautal.	Steinfeld – Hiereben (!) – Stagor (4½ Std.) – Stotterbichl – Steinfeld (7 Std.)	AV-Mark. 346, Abstieg örtliche Bez. S6	–
20 Polinik, 2784 m Zweitagetour auf den höchsten Gipfel der Kreuzeckgruppe; gute Kondition und Bergerfahrung sind unerläßlich. Im Gipfelbereich kurze gesicherte Passagen; großes Panorama.	Obervellach (685 m, 🚌) im Mölltal, an der Abzweigung nach Mallnitz.	Obervellach – Polinikhütte (3½ Std.) – Polinik (6½ Std.) – Teuchlscharte (2468 m) – Raggaalm (1621 m; 8¾ Std.) – Flattach (694 m; 11 Std., 🚌)	AV-Mark. 326, 325	Polinikhütte (1873 m), bew. Mitte Juni bis Sept.
21 Raggaschlucht Dankbares Ausflugsziel – auch wenn mal die Sonne nicht scheint. Auf dem (oft nassen) Schluchtsteig ist Trittsicherheit wichtig, Abstieg auf einem Fahrweg.	Flattach (694 m, 🚌) im Mölltal, Nachbarort von Obervellach.	Flattach – Raggaschlucht – Abstieg über Forststraße – Flattach (2½ Std.)	Wege nicht zu verfehlen	Am Schluchteingang

Meine Favoriten

12 Reißkofel, 2371 m
Der schönste Gailtaler

Manche Gipfel ziehen Bergsteiger an wie Licht die Motten, und wer mit seinem Rucksack und etwas Abenteuerlust im Gailtal unterwegs ist, wird den Sirenengesängen des Reißkofels nur schwer widerstehen können: als elegantes Felsdreieck ragt er hoch in den Kärntner Himmel, die alpine Kulisse locker dominierend. Daß man nicht so leicht zum Gipfelkreuz kommt, macht der Kofel allerdings auch gleich deutlich; steil ist er, Fels rundum, nur da und dort ein grüner Fleck. Diesen jähen Flanken verdankt er auch seinen Namen (Schutt-Reiße), nicht jener Stadt Raisa, von der die Sage zu berichten weiß.

➡ Die Gipfeltour beginnt steil, aber zunächst wenigstens schattig: auf schmaler Spur vom Wurzen (1492 m) hinauf zum Alplspitz (1959 m). Hinter der Kuppe zweigt links der markierte und an einigen kurzen Passagen gesicherte Direktanstieg zum Reißkofel ab: Schrofen- und Felsgelände, reichlich Geröll, leichte Kletterstellen (nur für sichere Bergsteiger!). Wanderer halten sich rechts und folgen dem Pfad, der diagonal durch die Südflanke ansteigt, mehrere Gräben kreuzt; beim Törl mündet er in den nordseitigen Reißkofelweg. Nun links durch eine plattige Rinne auf den langen Ostgrat und in einigem Auf und Ab luftig (eine heikle Stelle) zum Gipfelkreuz.

20 Polinik, 2784 m
Zwei Tage Bergeinsamkeit

Es gibt Berge, die sind einfach riesig. Zu groß, zu entlegen fürs große Publikum. Der Mölltaler Polinik ist so ein Berg, ein ganzes Gebirge mit wilden Gräben, langen, hohen Graten, versteckten Karmulden. Um zwei Kilometer überragt der Gipfel das Tal der Möll, das sind schon sieben Wanderstunden, zuletzt garniert mit ein

paar ausgesetzten Passagen und leichten Felsen. Der Abstieg führt ins Raggatal und zieht sich dann noch ganz schön. Gut, daß wir in der kleinen, gemütlichen Polinikhütte übernachtet haben!

➡ In Obervellach (685 m) über die Möll und rechts auf dem breiten Alleeweg in den Wald. Der Schotterpiste folgend bergan bis

Beliebtes Ausflugsziel, im Sommer warm genug für ein Bad: der Weißensee.

zu zwei Kehren, dann rechts ab und wenig oberhalb des Rauchkopf-Wasserfalls über den Bach. Nun in vielen kurzen Kehren im Wald aufwärts, vorbei an einer Jagdhütte und weiter im steilen Zickzack zur Polinikhütte (1873 m). Nun hoch über dem Wunzengraben taleinwärts zur Steinbühelhütte (2126 m), unter den Mörningköpfen hindurch (Sicherungen) zu einer felsumstandenen Karmulde. Rechts zum Grat und über ihn in leichter Kraxelei zum höchsten Punkt.

Der Abstieg in die Ragga führt zunächst über Geröll südlich zur Teuchlscharte (2468 m). Nun rechts abwärts zur Raggaalm. Das Berghaus erinnert hier an den einst blühenden Bergbau in der Region. Weiter talauswärts und auf der Forststraße durch die Mündungsklamm hinab nach Flattach.

Das Kreuzeck-Trekking

Auf hohen Routen quer durch die einsame, seenreiche Gebirgsgruppe – etwas für Naturfreunde mit guter Kondition. Tourenvorschlag: Ausgangspunkt Kolbnitz (614 m, ▭) im Drautal, Auffahrt mit dem Kreuzeck-Schrägaufzug zum Speicher Roßwiese (1196 m, zu Fuß 1½ Std.).
1. Tag: Roßwiese – Salzkofelhütte (1987 m; 4 Std.)
2. Tag: Salzkofelhütte – »Heinrich-Hecht-Weg« – Feldner Hütte (2182 m; 6½ Std.) 3. Tag: Feldner Hütte – Hochkreuz (2708 m) – Hugo-Gerbers-Hütte (2355 m; 6 Std.) 4. Tag: Hugo-Gerbers-Hütte – Dannkopf (2439 m) – Anna-Schutzhaus (1991 m; 5½ Std.) 5. Tag: Abstieg nach Dölsach (720 m; 2½ Std., ▭)

Vom Ankogel zum Großglockner

Berge und Täler südlich des Alpenhauptkamms

Daß Kärnten trotz seiner Seen, trotz des südlichen Flairs rund um das Klagenfurter Becken, trotz Veldener Casino und Pörtschacher Riviera« vor allem Gebirgsland ist, Bauernland auch, das beweisen eindrucksvoll die Täler von Mallnitz, Fragant und Heiligenblut. Da stehen die Dreitausender Parade, darunter einige der höchsten Gipfel Österreichs: Ankogel (3252 m), Sonnblick (3105 m), Hocharn (3254 m), Großglockner (3797 m), Petzeck (3283 m). Eine Etage tiefer findet der Wanderer sein Revier, ein besonders attraktives dazu. Das liegt natürlich auch am »Nationalpark Hohe Tauern«, der die Hochregionen beiderseits des Alpenhauptkamms umfaßt – und vor weiterer Erschließung bewahren soll. Schutz war hier dringend geboten angesichts so mancher Pläne in den Schubladen von Tourismusmanagern und Energiebaronen.

Fast unerschöpflich sind die Wander- und Tourenmöglichkeiten in der Reißeckgruppe und am Ankogelmassiv, in der Goldberggruppe und unter dem Großglockner; fast noch ein Geheimtip sind die Täler, Übergänge und Gipfel der Schobergruppe. Wer kennt schon den herrlichen Talschluß um den Wangenitzsee, stand schon am Gipfel des Glödis (3206 m), dessen stolze Felsgestalt ein wenig ans Matterhorn erinnert, oder ist auf dem »Lienzer Höhenweg« ins innerste Debanttal gewandert?

Die Schobergruppe gehört zu jenen ruhigen Winkeln der Alpen, wo Erleben vor Fun und Action kommt. Am großartigen »Alpinsteig« im Wangenitztal.

Führer & Landkarten

Umfassend über die Gebirgsgruppen der Hohen Tauern informieren die AV-Führer, erschienen im Bergverlag Rother; wer nicht mit Seil und Pickel unterwegs ist, findet viele Anregungen in dem Buch »Erlebnis Nationalpark Hohe Tauern« von Eberhard Stüber und Norbert Winding.
Zwei Karten von Freytag & Berndt decken die Region praktisch zur Gänze ab: 181 »Kals-Heiligenblut-Matrei«, 191 »Gasteiner Tal-Großarltal«. Wer die Österreichische Karte (1:25 000 bzw. 1:50 000) vozieht, benötigt die Blätter 153, 154, 155, 180, 181. Dazu gibt es vier AV-Karten (1:25 000): »Glocknergruppe«, »Schobergruppe«, »Sonnblick« und »Ankogel-Hochalmspitze«.

Alle Wanderungen auf einen Blick

Tourenziel/Charakteristik	Ausgangspunkt	Wegverlauf & Gehzeit	Markierung	Einkehr am Weg
01 Gmeineck, 2592 m Östlicher Eckpfeiler der Reißeckgruppe mit großem Panorama. Besonders schön der Blick auf den Millstätter See und ins Drautal.	Kohlmaierhütte (1510 m), Zufahrt über das Hühnersberger Kreuz (1127 m), ab Lieserhofen (705 m, 🚌).	Kohlmaierhütte – Gmeineck (3¼ Std.); Abstieg auf dem gleichen Weg (gesamt 5¼ Std.)	AV-Mark. 585	Kohlmaierhütte (1510 m)
02 Großes Reißeck, 2965 m Höchster Gipfel der Reißeckgruppe mit entsprechend weitreichender Rundschau. Motto der Tour: Natur und Technik. Zusätzliches Gipfelziel: Hochkedl (2558 m), etwa 1½ Std., Mark., einige Sicherungen.	🚡 Bergstation der Reißeck-Standseilbahn, Sporthotel Reißeck (2244 m); Talstation Kolbnitz (719 m, 🚌).	Bergbahn – Riekentörl (2525 m; 1¼ Std.) – Großes Reißeck (2¾ Std.) – Hochalmsee (2379 m; 4¼ Std.) – Riekentörl – Bergbahn (6 Std.)	AV-Mark. 575, 562, 561	Sporthotel Reißeck (2244 m), Reißeck-hütte (2287 m)
03 Arthur-von-Schmid-Haus, 2272 m Beliebte Seen- und Hüttenwanderung, die sich mit der Besteigung eines Dreitausenders verbinden läßt: Säuleck (3086 m), 2½ Std., AV-Mark. 534. Hüttenübernachtung ratsam.	Wanderparkplatz Dösener Tal (ca. 1400 m); Zufahrt von Mallnitz, 7 km. 🚌 Wander-bus.	Parkplatz – Konradhütte – Arthur-von-Schmid-Haus (3 Std.); Abstieg auf dem gleichen Weg (gesamt 5 Std.)	AV-Mark. 510	Konradhütte (1616 m), Arthur-von-Schmid-Haus (2272 m), bew. Mitte Juni bis Sept.
04 Auernig, 2130 m Hausberg von Mallnitz mit Prachtblick auf den gesamten Talkessel. Im Nordosten markant der Ankogel (3252 m).	Mallnitz (1191 m, 🚌), Ferienort am Südportal des Tauern-Eisenbahntunnels. 🚌 Wanderbus.	Mallnitz – Wolliger Hütte (1¾ Std.) – Auernig (3½ Std.) – Mallnitz (5 Std.)	AV-Mark. 523, 522	Wolliger Hütte (1576 m)
05 Pleschischg – Seebachtal Interessante, nur mäßig anstrengende Bergabwanderung zum Naturschutzgebiet (Vögel!) am Stappitzer See. Naturlehrpfad im Seebachtal. Vorsicht bei Altschnee!	🚡 Bergstation der Ankogel-Seilbahn (2630 m), Talstation (1280 m, 🚌) im vorderen Seebachtal, 3,5 km von Mallnitz.	Seilbahn-Bergstation – Kleinhapscharte (2528 m) – Pleschischg (2387 m; 1¾ Std.) – Schwußner Hütte (3¾ Std.) – Stappitzer See – Seilbahn-Talstation (5 Std.)	AV-Mark. 502, 519, 528	Hannoverhaus (2722 m), 10 Min. oberhalb der Seilbahn; Schwußner Hütte (1335 m)
06 Hindenburghöhe, 2316 m Am »Tauernhöhenweg« vom Hannoverhaus bis zur Mindener Hütte, anschließend Abstieg direkt oder über die Hindenburghöhe ins Tauerntal und nach Mallnitz. Nur bei guten Weg- und Sichtverhältnissen im Hochsommer.	🚡 Bergstation der Ankogel-Seilbahn (2630 m), Talstation (1280 m, 🚌) im vorderen Seebachtal, 3,5 km von Mallnitz.	Seilbahn – »Tauernhöhenweg« – Mindener Hütte (2431 m; 3 Std.) – »Mindener Jubiläumsweg« – Tauerntal (5½ Std.) – Mallnitz (6¼ Std.)	AV-Mark. 502, 137 oder 138	Hannoverhaus (2722 m), 10 Min. oberhalb der Seilbahn; Stockeralm (1282 m), Gh. Gutenbrunn (1219 m)
07 Feldseekopf, 2864 m Lohnender Wander-Hochgipfel über dem Mallnitzer Talkessel. Etwas Ausdauer erforderlich.	Parkplatz (1670 m, 🚌) am Endpunkt der Straße ins Tauerntal, 8 km von Mallnitz (1191 m, 🚌).	Parkplatz – Feldseescharte (2712 m; 3 Std.) – Feldseekopf (3½ Std.); Abstieg auf dem gleichen Weg (gesamt 5¾ Std.)	AV-Mark. 136, 143	Jamnighütte (1745 m)
08 Törlkopf, 2517 m Lohnende Gipfeltour südwestlich über Mallnitz, auch kürzere Varianten möglich. Am Übergang vom Lonzaköpfl zum Törlkopf gesicherte Passagen; nicht bei Nässe gehen!	🚡 Bergstation des Häusleralm-Sessellifts (1862 m), Talstation außerhalb von Mallnitz (1191 m, 🚌) an der Straße von Obervellach herauf.	Häusleralm – Lonzaköpfl (2318 m; 1½ Std.) – Törlkopf (2¼ Std.) – Lonzaköpfl – Lassacherhöhe (2162 m) – »Dolomitenblick« (3½ Std.) – Häusleralm (4½ Std.)	AV-Mark. 139, 143, 140	Häusleralm (1892 m)
09 Fraganter Hütte, 1810 m Erstaunlich: Auch im Fraganttal gibt's noch weitgehend unberührte Winkel. Man braucht bloß in die Großfragant aufzusteigen. Von der Fraganter Hütte markierter Weg zum ➡ Hohen Sadnig (2¾ Std., AV-Nr. 146)	Innerfragant (1074 m, 🚌), Dörfchen im Fraganttal, 6 km von Flattach im Mölltal.	Innerfragant – Fraganter Hütte (2¼ Std.); Abstieg auf dem gleichen Weg (gesamt 3¾ Std.)	AV-Mark. 146	Fraganter Hütte (1810 m)
10 Sandfeldkopf, 2919 m Große Gipfeltour, mit Abstieg zur Fraganter Hütte und nach Innerfragant ein Bergerlebnis voller Kontraste. Kleine Variante: Radlkopf (2617 m), hin und zurück: 3 Std., Mark.	🚌 Bergstation Gletscherexpress (2230 m), Talstation Innerfragant (1255 m, 🚌).	Bahnstation – Saustellscharte (2560 m; 1½ Std.) – Bogenitzen – Sandfeldkopf (3½ Std.) – Bogenitzen – Schobertörl (2355 m) – Fraganter Hütte (8 Std.) – Innerfragant (9½ Std.)	AV-Mark. 146, 147; ab Bogenitzen zum Gipfel spärlich bez.	Fraganter Hütte (1810 m), bew. Ende Mai bis Mitte Okt.
11 Leitenkopf, 2449 m Wie das etwas niedrigere Ebeneck (2283 m; 2 Std. hin und zurück) ein schöner Aussichtspunkt hoch über dem Möllknie.	Gh. Marterle (1849 m), Zufahrt von Witschdorf (850 m, 🚌) an der Mölltalstraße, 12 km.	Gh. Marterle – Ebeneck (1¼ Std.) – Leitenkopf (1¾ Std.); Abstieg auf dem gleichen Weg (gesamt 3 Std.)	Mark. 9	Gh. Marterle (1849 m)
12 Familienwanderweg Winklerner Alm – Pichler Alm Eine Wanderung für (fast) jedermann; Anfang und Endpunkt des Höhenwegs sind anfahrbar.	Iselsberg (1204 m, 🚌), Straßenpaß zwischen Winklern und dem Lienzer Talkessel.	Iselsberg – Winklerner Alm (1905 m; 2½ Std.) – »Familienwanderweg« – Pichler Alm (1920 m; 4½ Std.) – Rettenbach – Lederer (Mölltalstraße; 7 Std., 🚌)	AV-Mark. 931, 929, 930	Winklerner Alm (1905 m), Pichler Alm (1920 m)

Alle Wanderungen auf einen Blick

Tourenziel/Charakteristik	Ausgangspunkt	Wegverlauf & Gehzeit	Markierung	Einkehr am Weg
13 Hoher Sadnig, 2745 m Bekannter Aussichtsgipfel, höchster Punkt der gleichnamigen Gebirgsgruppe.	Sadnighaus (1880 m), Zufahrt von Mörtschach (934 m, 🚌), 10 km.	Sadnighaus – Sadnigscharte (2484 m; 2¼ Std.) – Sadnig (3 Std.); Abstieg auf dem gleichen Weg (gesamt 5 Std.)	AV-Mark. 150, 146	Sadnighaus (1880 m)
14 Mohar, 2604 m Wandergipfel mit prächtigem Glocknerblick, reiche Flora. Alternativer Aufstieg vom Gh. Glocknerblick (2046 m, Zufahrt).	Sadnighaus (1880 m), Zufahrt von Mörtschach (934 m, 🚌), 10 km.	Sadnighaus – Göritzer Törl (2463 m; 1¾ Std.) – Mohar (2¼ Std.) – Gh. Glocknerblick (3½ Std.) – Sadnighaus (4¼ Std.)	AV-Mark. 153, 152	Sadnighaus (1880 m), Gh. Glocknerblick (2046 m)
15 Wangenitzsee-Hütte, 2508 m Prächtig am Wangenitzsee gelegenes Schutzhaus, spannend angelegter Seerundweg.	Wangenitzalm (1371 m) im gleichnamigen Tal, Zufahrt von Mörtschach (934 m, 🚌).	Wangenitzalm – Wangenitzsee-Hütte (3¼ Std.); Abstieg auf dem gleichen Weg (gesamt 5½ Std.)	AV-Mark. 928	Wangenitzsee-Hütte (2508 m)
16 Alpinsteig; Wangenitzsee-Hütte, 2508 m Anspruchsvolle Zweitagerunde; große Kulisse, am »Alpinsteig« mehrere gesicherte Passagen. Nur für erfahrene Berggänger mit guter Kondition. Alternativer Ausgangspunkt Winklerner Alm (1905 m).	Pichler Alm (1920 m), Zufahrt von Mörtschach (934 m, 🚌), 10 km. Knapp unterhalb der Alm Nationalpark-Parkplatz.	Pichler Alm – »Alpinsteig« – Wangenitzsee-Hütte (6 Std.) – Obere Seescharte (2604 m) – »Wiener Höhenweg« – Winklerner Alm (9 Std.) – Pichler Alm (11 Std.)	»Alpinsteig« rot-weiß, »Wiener Höhenweg« AV-Mark. 918, ab Winkler Alm Nr. 929	Pichler Alm (1920 m); Wangenitzsee-Hütte (2508 m), bew. Mitte Juni bis Mitte Sept.; Raneralm (1903 m), Winklerner Alm (1905 m)
17 Adolf-Noßberger-Hütte, 2488 m Lange, recht anstrengende Hüttentour. Das Schutzhaus liegt am Gradensee in einem von über einem Dutzend Dreitausendern umstellten Talkessel. Leichtestes Ziel ist der Keeskopf (3081 m; 1¼ Std., Pfadspur).	Purtschall (1053 m, 🚌), Weiler im oberen Mölltal, 2 km von Döllach. Zufahrt ins Gradental möglich, bis Parkplatz unterhalb der Gradenalm (1571 m), 4,5 km.	Purtschall – »Förstersteig« – Gradenalm (1707 m; 2½ Std.) – Noßberger Hütte (4¾ Std.); Abstieg auf dem gleichen Weg (gesamt 7½ Std.)	AV-Mark. 925, 916	Adolf-Noßberger-Hütte (2488 m), bew. Ende Juni bis Mitte Sept.
18 Apriacher Berg – Heiligenblut Bergbauernidylle am Apriacher Berg vor traumhafter Hochgebirgskulisse. 10 Min. oberhalb von Apriach alte Stockmühlen.	Döllach (1013 m, 🚌) im Mölltal.	Döllach – Zirknitzgrotte – Apriach (1378 m; 2½ Std.) – Heiligenblut (1288 m; 4½ Std., 🚌)	Mark. Wege	Mehrere Gh. am Weg
19 Staniwurzen, 2707 m Aussichtsgipfel mit großer Tauernschau. Steiler Anstieg, im Sommer ordentlich schweißtreibend.	Mitten (1413 m), Häusergruppe nördlich oberhalb von Döllach (1013 m, 🚌), Zufahrt 4 km. Wanderparkplatz.	Mitten – Mittener Kaser (1794 m; 1 Std.) – Staniwurzen (4 Std.); Abstieg auf dem gleichen Weg (6¾ Std.)	Mark. Weg	Gh. Mittenwirt (1413 m)
20 Zirmsee, 2529 m Auf den Spuren der Goldsucher: hinauf zum Zirmsee, wo heute das »Weiße Gold« (Wasserkraft) gespeichert und abgeleitet wird.	Wanderparkplatz auf der Kleinen Fleißalm (ca. 1680 m), 2 km von der großen Kehre (1525 m, 🚌) der »Großglockner-Hochalpenstraße«.	Kleine Fleißalm – Alter Pocher (½ Std.) – Zirmsee (2¾ Std.); Abstieg auf dem gleichen Weg (gesamt 4½ Std.)	AV-Mark. 159	Gh. Alter Pocher (1807 m)
21 Elberfelder Hütte, 2346 m Ausgedehnte, aber sehr dankbare Tal- und Seenwanderung, Übernachtung im Schutzhaus ratsam. Anderntags evtl. Besteigung des Bösen Weibl (3121 m): 3 Std., Mark., nur für Geübte! Lohnend und erheblich kürzer ist die Wanderung zur Wirtsbaueralm mit anschließender Überschreitung der Retschitzscharte (2310 m), gesamt 5½ Std., Mark.	Heiligenblut (1288 m, 🚌), berühmter Ferienort am Fuß des Großglockners.	Heiligenblut – Wirtsbaueralm (2 Std.) – Langtalseenweg – Elberfelder Hütte (6 Std.) – Wirtsbauer Alm (8½ Std.) – Heiligenblut (9¾ Std.)	AV-Mark. 915, 920	Wirtsbaueralm (1745 m), Elberfelder Hütte (2346 m), bew. Juli bis Mitte Sept.
22 Leiterfall und Trogalm, 1870 m Abwechslungsreiche Halbtagsrunde; bei der Sattelalm »Alpenblumensteig«, Leiter- und Gößnitzfall, Naturlehrpfad.	Heiligenblut (1288 m, 🚌), berühmter Ferienort am Fuß des Großglockners.	Heiligenblut – »Haritzersteig« – Sattelalm – Bricciuskapelle (1629 m; 2 Std.) – Leiterfall – Trogalm (2¾ Std.) – Gößnitzfall – Heiligenblut (4½ Std.)	Bestens bez. Wege	Heiligenblut
23 Salmhütte, 2638 m Große Wanderrunde im Banne des Großglockners; faszinierend die Vielfalt der Bergformen und -farben, bedingt durch den Gesteinswechsel.	Glocknerhaus (2136 m, 🚌) an der »Gletscherstraße«, 15 km von Heiligenblut.	Glocknerhaus – Margaritzenstausee (2000 m) – »Wiener Höhenweg« – Salmhütte (3½ Std.) – Leitertal – Heiligenblut (1288 m; 7½ Std.)	AV-Mark. 741, 702B	Glocknerhaus (2136 m), Salmhütte (2638 m)
24 Gletscherweg Pasterze und Gamsgrubenweg Naturlehrpfad im Vorfeld der Pasterze, des größten ostalpinen Gletschers. Der »Gamsgrubenweg« ist wegen Erdrutsches bis mindestens Herbst 2002 gesperrt!	Glocknerhaus (2136 m, 🚌) an der »Gletscherstraße«, 15 km von Heiligenblut.	Glocknerhaus – »Gletscherweg« – Franz-Josefs-Höhe (2½ Std.) – »Gamsgrubenweg« – Wasserfallwinkel (ca. 2540 m; 3½ Std.) – Franz-Josefs-Höhe (2362 m; 4½ Std., 🚌)	Bestens bez. Wege	Glocknerhaus (2136 m), Franz-Josefs-Höhe (2362 m), Hofmannshütte (2442 m)

Meine Favoriten

06 Hindenburghöhe, 2316 m

Wandern am Alpenhauptkamm

Wenn's auf dieser Tour überwiegend bergab geht, sollte das nicht täuschen: Bis zur (unbewirtschafteten) Mindener Hütte wandert man auf dem »Tauern-Höhenweg«, und da sind unangenehm-gefährliche Altschneefelder bis weit in den Hochsommer hinein nicht selten, und wer die Variante über die Hindenburghöhe wählt, darf von der (mit einem Denkmal an den Feldmarschall »geschmückten«) Höhe den schönsten Blick auf Mallnitz und seine Bergumrahmung genießen, hat anschließend aber einen gut zweistündigen Steilabstieg, der ganz schön in die Knie geht. Bequemer ist da der »Mindener Jubiläumsweg«.

➡ Von der Seilbahn (2630 m) zunächst am Gratrücken kurz abwärts zum Elschesattel (2548 m), dann auf dem »Göttinger Weg« westlich weiter leicht bergab zur stets zugänglichen Mindener Hütte (2431 m). Hier entweder über den »Jubiläumsweg« hinunter ins Tauerntal oder am Grat über den Liesgelespitz (2406 m) zur Hindenburghöhe (2316 m). Vogelschaublick auf Mallnitz (1191 m), dann steiler Abstieg über die Südwestflanke, zuletzt im Tauerntal zurück abseits der Straße in den Ort.

16 Alpinsteig; Wangenitzsee-Hütte, 2508 m

Große Runde im Süden der Schobergruppe

Gerade etwas mehr als 500 Meter beträgt der Höhenunterschied zwischen dem Ausgangspunkt und der Hütte – bei einer Gehzeit von etwa sechs Stunden. Das sagt einiges über den »Alpinsteig«, der seinen Namen wirklich zu Recht trägt. Alpin ist in den nordseitigen Karwinkeln über dem Wangenitztal nicht nur die Kulisse, sondern auch der Weg, der sich in fast ständigem Auf und Ab durchs Wiesen-, Block- und Felsgelände schlängelt, auf kürzeren Abschnitten gesichert. Da ist der »Wiener Höhenweg«, auf dem man anderntags hoch über dem Debanttal talauswärts wandert, im Vergleich eher als gemütlich zu bezeichnen. Wer zeitig aus den Federn kommt, kann sich ja als reizvolle Vormittags-Herausforderung das Petzeck (3283 m), den höchsten Gipfel der Schobergruppe, vornehmen. Hinweis: In den nordseitigen Karwinkeln des Wangenitztals liegt bis zum Hochsommer Schnee!

Tauern-Höhenweg

Legendäre, in den siebziger Jahren vollendete Hochalpenroute, die in Ost-West-Richtung durch die gesamten Tauern läuft, von den Schladmingern bis zur Venedigergruppe, durchwegs nahe am Alpenhauptkamm. Es handelt sich allerdings nicht – wie man vielleicht annehmen könnte – um einen Weitwanderweg, sondern in vielen Abschnitten um eine Route in Fels und Eis, markiert zwar, an besonders heiklen Stellen da und dort auch gesichert, aber von ausgeprägt hochalpinem Zuschnitt. Nur für erfahrene Alpinisten mit entsprechender Ausrüstung (Seil, Steigeisen, Pickel); für die gesamte Wegstrecke benötigt man drei bis vier Wochen.

➡ Von der Pichler Alm (1920 m) zunächst durch lichten Wald auf dem »Familienwanderweg« etwa eine Viertelstunde aufwärts, dann rechts, dem Hinweis »Alpinsteig« folgend, in einem offenen Tälchen bergan und über einen felsdurchsetzten Hang zum Grat, wo der Blick nach Norden frei wird. Nun hoch über dem Wangenitztal erst kurz aufwärts in eine kleine Senke, dann hinüber zu einer Minischarte. Dahinter leicht abwärts und in einem Bogen durch das riesige Kar unter dem Seichenkopf (2916 m) zu einem gegen das Tal vorkragenden, felsigen Kopf. Dahinter an soliden Sicherungen etwa 50 Meter hinab und anschließend in leichtem Auf und Ab durch das zweite Kar, mit einigen gesicherten Passagen. Unter der Himmelwand (2788 m) biegt man in den nächsten Karwinkel ein: abwärts, dann über Geröll zu einer auffallenden Rinne und durch sie auf einen schrofigen Rücken. Nun über leichte Felsen und Geröll abwärts zum Wangenitzsee (2465 m) und zur Hütte.

Vom Südufer des Sees etwas heikel (im Frühsommer meist Schnee) hinauf in die Obere Seescharte (2604 m), dann auf dem »Wiener Höhenweg« – erst steil abwärts, dann nurmehr leicht fallend – hoch über dem Debanttal hinaus zur Winklerner Alm (1905 m). Auf dem »Familienwanderweg« zurück zur Pichler Alm.

23 Salmhütte, 2638 m

Im Schatten des Großglockners

Wer in der alpinen Chronik des Großglockners blättert, wird feststellen, daß sich bereits im Jahr 1779 ein Botaniker namens Balthasar Hacquet für den Berg interessierte, daß die Salmhütte (bzw. ihr winziger Vorläufer) Basislager für die erste Besteigung des stolzen Gipfels im Sommer 1800 war. Die Route der Erstbesteiger ist längst aus der Mode gekommen, das Schutzhaus über dem Leitertal dafür ein beliebtes Wanderziel. Das liegt vor allem an der so kontrastreichen Kulisse, die, aus verschiedenen Gesteinen aufgebaut, mit einer seltenen Vielfalt an Farben und Formen prunkt.

➡ Vom Glocknerhaus (2136 m) zunächst hinab zur Staumauer des Margeritzensees (2000 m), dann schräg über den felsigen Hang (Sicherungen) hinauf in die Stockerscharte (2442 m). Nun auf dem »Wiener Höhenweg« aussichtsreich und nurmehr sanft steigend durch steile Hänge zur Salmhütte. Vom Schutzhaus zunächst steil hinunter zur Leiter, dann am Bach entlang talauswärts zur Leiteralm (2022 m) und weiter zur Trogalm. Hier rechts zum Fahrweg ins Gößnitztal.

Dösental und Säuleck.

Osttirol

Dolomitzacken und Tauerneis

Sonderfall Osttirol. Politisch gehört es zum Bundesland Tirol, von dem es aber geographisch getrennt ist; seine Wasser fließen nach Süden, über die Isel zur Drau, sein Klima aber ist viel mehr inneralpin als mediterran, obwohl Lienz die längste Sonnenscheindauer in ganz Österreich verzeichnet. Markant-zackige Kulisse der Bezirkshauptstadt sind die Lienzer Dolomiten (Sandspitze, 2772 m), die höchsten Gipfel Osttirols (und Österreichs) stehen im Norden, im Alpenhauptkamm: Großglockner (3797 m) und Großvenediger (3666 m). Letzterer war noch vor zwei Jahrzehnten durch ein gigantisches Wintersportprojekt akut gefährdet, und im Dorfertal hinter Kals sollte ein riesiger Stausee entstehen. Das hätte auch für die berühmten Umbalfälle das Ende bedeutet.

Doch die Zeiten wandeln sich, auch in den Bergen. Der Großvenediger »gehört« immer noch den Bergsteigern, und die Umbalfälle rauschen wie vor hundert Jahren. Dafür gibt es den »Nationalpark Hohe Tauern« (der zwar mit manchen Kompromissen leben muß), in den Tälern wird mit Naturerlebnis statt Hochgebirgsskilauf geworben, und im fernen Wien sind die Lichter auch nicht ausgegangen.

Osttirol gehört zu den stillen Urlaubsregionen in den österreichischen Alpen; hier sind Wanderer und Bergsteiger besser aufgehoben als »Funsportler«. Und was Freude bedeutet, das wissen die altmodischen Naturfreunde ja auch ohne Anglizismen.

Hauptort Osttirols ist die Stadt Lienz mit rund 20 000 Einwohnern; wichtigste Touristenorte in den Tälern sind Matrei und Kals.

Am Fuß der Schleinitz liegen die stimmungsvollen Neualplseen.

Führer & Landkarten

Umfassend über die Tourenmöglichkeiten in Osttirol informiert Walter Mair in seinem »Osttiroler Wanderbuch« (Tyrolia, Innsbruck; leider etwas unübersichtlich aufgebaut); kürzer gefaßt ist der Wanderführer »Osttirol« von Helmut Dumler, erschienen beim Bergverlag Rother.
Osttirol wird von drei Freytag&Berndt-Kartenblättern abgedeckt: 123 »Defereggen-Virgen-Matrei«, 181 »Kals-Heiligenblut-Matrei« und 182 »Lienzer Dolomiten-Lesachtal. Von der Österreichischen Karte (1:25 000 bzw. 1:50 000) benötigt man die Blätter 151, 152, 153, 177-180, 195, 196.

Alle Wanderungen auf einen Blick

Tourenziel/Charakteristik	Ausgangspunkt	Wegverlauf & Gehzeit	Markierung	Einkehr am Weg
Lienzer Dolomiten, Drautal				
01 Rudl-Eller-Weg und Karlsbader Hütte, 2260 m Gemütliche Hüttenwanderung oder Höhenroute mit Pfiff. Wer sich für den »Rudl-Eller-Steig« entscheidet, muß schwindelfrei sein und über etwas Erfahrung in felsigem Gelände verfügen. Mehrere gesicherte Passagen.	Parkplatz (ca. 1590 m, 🚌) knapp unterhalb der Lienzer Dolomitenhütte, mautpflichtige Zufahrt von Lienz (673 m) über Tristach.	Lienzer Dolomitenhütte – »Rudl-Eller-Weg« – Hohes Törl (2233 m) – Karlsbader Hütte (3 Std.) – Lienzer Dolomitenhütte (4½ Std.)	Mark. Wege, Nrn. 14 und 12	Lienzer Dolomitenhütte (1616 m), Karlsbader Hütte (2260 m)
02 Laserzwand, 2614 m Markanter Eckpfeiler des Sandspitzkamms mit zahlreichen Kletterrouten. Faszinierende Schau auf den Laserzkessel und seine Felskulisse. Markierter Zustieg, für Geübte leicht.	Parkplatz (ca. 1590 m, 🚌) knapp unterhalb der Lienzer Dolomitenhütte, mautpflichtige Zufahrt von Lienz (673 m) über Tristach.	Lienzer Dolomitenhütte – Karlsbader Hütte (2½ Std.) – Laserzwand (3¾ Std.); Abstieg auf dem gleichen Weg (gesamt 6¼ Std.)	Mark. Wege	Lienzer Dolomitenhütte (1616 m), Karlsbader Hütte (2260 m)
03 Kerschbaumer Törl, 2285 m Große Wanderrunde zwischen dem Kerschbaumer Tal und dem Laserzkessel. Vom Törl kann man alternativ direkt zum Karlsbader Hüttenweg absteigen.	Klammbrückl (1096 m), schmale Zufahrt aus dem Pustertal, Abzweigung ca. 5 km südwestlich von Lienz.	Klammbrückl – Kerschbaumer Hütte (3 Std.) – Kerschbaumer Törl (4¼ Std.) – Karlsbader Hütte (5 Std.) – Lienzer Dolomitenhütte (6½ Std.) – Klammbrückl (7¾ Std.)	Örtliche Bez. 10, 12, 12B	Kerschbaumer Hütte (1902 m), Karlsbader Hütte (2260 m)
04 Feuer am Bichl, 2008 m Letzte Kuppe in dem langen, von der Tamerlanhöhe (2377 m) nördlich gegen das Pustertal abstreichenden Grates.	Thal (814 m, 🚌), Ortschaft im Pustertal, 11 km von Lienz.	Thal – Leiterl (1¼ Std.) – Feuer am Bichl (3½ Std.); Abstieg auf dem gleichen Weg (gesamt 6 Std.)	Mark. Weg	–
05 Hochstein, 2057 m Schloßberg und Hochstein bilden ein beliebtes Wanderrevier im Westen von Lienz, mit Sessellift und Straße. Vom Hochstein berühmte Aussicht, am Schloßberg Streichelzoo. Alternativ: herrliche Höhenwanderung zum Bösen Weibele (2521 m, 3¼ Std. vom Hochsteinlift 2 Std. von der Hochsteinstraße).	🚡 Bergstation des Hochstein-Sesselliftes (1511 m), Talstation Lienz (673 m, 🚌).	Liftstation – Hochstein (1¾ Std.) – Schloßberg – Venedigerwarte (1017 m) – Lienz (5 Std.)	Mark. Wege	Hochsteinlift (1511 m), Hochsteinhütte (2023 m), Schloßberg
06 Gölbner, 2943 m Einsamer »Fast-Dreitausender« in den Deferegger Alpen. Markierte Anstiege aus dem Winkeltal und dem Kristeiner Tal ermöglichen auch eine Überschreitung (ca. 6 Std. ab Gölbnerblickhütte).	Kristeiner Tal (ca. 1580 m), Zufahrt von Mittewald an der Drau (885 m), 8,5 km.	Kristeiner Tal – Gölbnerblickhütte (½ Std.) – Gölbner (3½ Std.); Abstieg auf dem gleichen Weg (5¾ Std.)	Mark. 6A	Gölbnerblickhütte (1824 m)
07 Golzentipp, 2317 m, und Spitzenstein, 2265 m Zwei recht unterschiedliche Gipfelziele im Westen der Lienzer Dolomiten: ein Aussichtsmugel für jedermann/frau (Golzentipp) und ein steiler Felszahn mit gesichertem Anstieg.	🚡 Bergstation der Golzentipp-Sesselbahn (2050 m), Talstation Obertilliach (1450 m, 🚌) im Tiroler Gailtal.	Liftstation – Golzentipp (1 Std.) – Spitzenstein (2½ Std.) – Leitner Wiesen – Rodarm – Obertilliach (4½ Std.)	Mark. 44, 48A, 48	Connyalm (2070 m) oberhalb der Liftstation.
08 Helm, 2433 m Altberühmter Aussichtsgipfel mit grandiosem Blick auf die Sextener Dolomiten. Zusätzliches Gipfelziel im Karnischen Hauptkamm: Hollbrucker Spitze (2581 m): gut 1 Std. von der Sillianer Hütte, markierter Kammweg.	Leckfeldalm (1890 m), Zufahrt von Sillian (1103 m, 🚌), 7 km.	Leckfeldalm – Sillianer Hütte (1¾ Std.) – Helm (2½ Std.); Abstieg auf dem gleichen Weg (4½ Std.)	Bez. Wege	Leckfeldalm (1890 m), Sillianer Hütte (2447 m)
09 Thurntaler, 2407 m Obwohl von Liftanlagen ziemlich »angeknabbert«, lohnt sich die Besteigung des Thurntaler, vor allem in Verbindung mit der Wanderung zu den Thurntaler Seen.	Thurntaler Rast (2005 m), Anfahrt von Außervillgraten (1286 m, 🚌), 6 km.	Thurntaler Rast – Thurntaler (1¼ Std.) – Thurntaler Seen (2 Std.) – Thurntaler Rast (3½ Std.)	Mark. 10, 2, 7	Thurntaler Rast (2005 m), Rest. Gadein (2090 m)
10 Hochgrabe, 2951 m Großer Aussichtsgipfel in den Deferegger Alpen mit wenig schwierigem Anstieg. Etwas Ausdauer erforderlich.	Volkzeiner Hütte (1886 m) im innersten Winkeltal, Zufahrt ab Außervillgraten (1286 m, 🚌), 13 km.	Volkzeiner Hütte – Hochgrabe (3½ Std.); Abstieg auf dem gleichen Weg (gesamt 6 Std.)	AV-Mark. 327	Volkzeiner Hütte (1886 m)
11 Regenstein, 2891 m Markanter Zacken im Gipfelkranz des innersten Winkeltals. Etwas Ausdauer notwendig.	Straße zur Volkzeiner Hütte, Parkmöglichkeit unterhalb der Unteren Arnalm, 7,5 km von Außervillgraten.	Talstraße – Obere Arnalm (1946 m) – Regenstein (4 Std.); Abstieg auf dem gleichen Weg (gesamt 6½ Std.)	AV-Mark. 323, örtliche Mark. 23	–

Alle Wanderungen auf einen Blick

Tourenziel/Charakteristik	Ausgangspunkt	Wegverlauf & Gehzeit	Markierung	Einkehr am Weg
12 Rotes Kinkele, 2763 m Interessante Überschreitung, am Abstiegsweg liegen die winzigen Remaseen. Im Gipfelbereich Trittsicherheit!	Innervillgraten (1402 m, 🚌), hübsches Bergdorf, Zufahrt von Sillian via Außervillgraten, 10 km.	Innervillgraten – Kamelisenalm (1973 m; 1¾ Std.) – Rotes Kinkele (4¼ Std.) – Bergletalm – Innervillgraten (7 Std.)	Mark. 1, 1C, 20	–
13 Toblacher Pfannhorn, 2663 m; Grenzkamm-Wanderung Ausgedehnte Höhenwanderung im Talschluß von Kalkstein, vom Pfannhorn großes Panorama. Von der Grubers Lenke (2487 m) Zwischenabstieg möglich (gesamt 6 Std.).	Kalkstein (1641 m, 🚌), bescheidener Weiler, 5 km von Innervillgraten.	Kalkstein – Lipperalm (1909 m), Kalksteiner Jöchl (2349 m; 2¼ Std.) – »Bonner Höhenweg« – Pfannhorn (5¼ Std.) – Markinkele (2545 m; 6¾ Std.) – Kalkstein (8½ Std.)	Mark. Wege	–

Schobergruppe, Deferegger Alpen, Tauern

Tourenziel/Charakteristik	Ausgangspunkt	Wegverlauf & Gehzeit	Markierung	Einkehr am Weg
14 Lienzer Hütte, 1977 m Wenig anstrengende Wanderrunde im innersten Debanttal, das von der eleganten Felspyramide des Glödis (3206 m) dominiert wird (für gute Bergsteiger 4 Std., Mark.).	Seichenbrunn (ca. 1650 m) im Debanttal, Zufahrt von der Iselsberg-Straße.	Seichenbrunn – Gaimberger Feld (2245 m) – Lienzer Hütte (3 Std.) – Gaimbergalm (1753 m) – Seichenbrunn (4 Std.)	Mark. Wege	Lienzer Hütte (1977 m), bew. Mitte Juni bis Sept.
15 Lienzer Höhenweg Der schönste Weg ins Debanttal und zur Dreitausenderparade um die Lienzer Hütte führt über den »Lienzer Höhenweg«.	🚡 Bergstation der Zettersfeld-Seilbahn (1800 m), Talstation bei Lienz (673 m, 🚌). Alternativ Zufahrt über die mautpflichtige Zettersfeld-Straße, gut 10 km von Lienz via Thurn (854 m).	Zettersfeld – »Lienzer Höhenweg« – Lienzer Hütte (1977 m; 4 Std.); Rückweg auf der gleichen Route (gesamt 7½ Std.)	Mark. 8B	Zettersfeld, Lienzer Hütte (1977 m)
16 Neualplseen, 2438 m Unter dem mächtigen Schleinitz gelegene Bergseen, vom Zettersfeld aus leicht erreichbar.	🚡 Bergstation der Zettersfeld-Seilbahn (1800 m), Talstation bei Lienz (673 m, 🚌).	Zettersfeld – Neualplschneid – Neualplseen (2½ Std.) – »Goiselemandlweg« – Steinermandl (2189 m) – Zettersfeld (4¼ Std.)	Mark. Wege	Zettersfeld
17 Schleinitz, 2905 m Die mächtige Berggestalt der Schleinitz beherrscht den weiten Lienzer Talkessel, großes Panorama vom Gipfel. Trittsicherheit unerläßlich, am Gipfel Blockwerk und ganz leichte Kletterstellen.	🚡 Bergstation der Zettersfeld-Seilbahn (1800 m), Talstation bei Lienz (673 m, 🚌). Alternativ Zufahrt über die mautpflichtige Zettersfeld-Straße, gut 10 km von Lienz via Thurn (854 m).	Zettersfeld – Neualplseen (2438 m; 2¼ Std.) – Schleinitz (3¾ Std.) – Südwestgrat – »Oberwaldersteig« – Zettersfeld (6¼ Std.)	Mark. Wege, Wegzeiger	Zettersfeld
18 Hochschoberhütte, 2322 m Schön gelegenes Bergsteigerrefugium, Stützpunkt für eine Besteigung des Hochschober (3242 m; 3½ Std., mark., Trittsicherheit unerläßlich).	Oberleibnig (1243 m), Weiler hoch an der Ostflanke des Iseltals, Seilbahn ab Unterleibnig (749 m, 🚌) und Sträßchen von der Felbertauern-Route herauf, Weiterfahrt bis zur Leibnitzbrücke (ca. 1640 m) gestattet.	Oberleibnig – Leibnitzalm (1908 m) – Hochschoberhütte (3½ Std.); Abstieg auf dem gleichen Weg (gesamt 5¾ Std.)	AV-Mark. 914	Hochschoberhütte (2322 m), bew. Ende Juni bis Anfang Okt.
19 Lesach-Riegel-Hütte, 2131 m Beliebte Hüttenwanderung, vom Lesacher Riegel herrlicher Glocknerblick.	Unterlesach (1309 m, 🚌), Weiler an der Straße von Huben nach Kals. Interessante »Knappenlöcher«.	Unterlesach – Lesachalmhütte (2 Std.) – Lesach-Riegel-Hütte (3½ Std.) – Unterlesach (5 Std.)	AV-Mark. 911, örtliche Bez. 62	Lesachalmhütte (1828 m), Lesach-Riegel-Hütte (2131 m)
20 Lucknerhaus – Lesach-Riegel-Hütte, 2131 m Höhenwanderung vom Lucknerhaus herüber, mit Abstieg nach Kals.	Lucknerhaus (1984 m, 🚌), Zufahrt von Kals über die mautpflichtige »Kalser Glocknerstraße«.	Lucknerhaus – Tschadinalm – Lesacher Riegel (3 Std.) – Unterlesach – Kals (5 Std.)	Mark. 67	Lucknerhaus (1984 m), Lesach-Riegel-Hütte (2131 m)
21 Glorer Hütte – Stüdlhütte, 2802 m Fast zum Greifen nah zeigt sich das »Dach Österreichs«, der Großglockner (3797 m), vom »Johann-Stüdl-Weg«.	Lucknerhaus (1984 m, 🚌), Zufahrt von Kals über die mautpflichtige »Kalser Glocknerstraße«.	Lucknerhaus – Glorer Hütte (2 Std.) – »Johann-Stüdl-Weg« – Stüdlhütte (4½ Std.) – Lucknerhütte – Lucknerhaus (6¼ Std.)	AV-Mark. 714, 713, 702B	Lucknerhaus (1984 m), Glorer Hütte (2642 m), Stüdlhütte, Lucknerhütte (2241 m)
22 Böses Weibl, 3121 m Überschreitung des »Damendreitausenders« auf Bergwegen, vom Gipfel großes Panorama.	Lucknerhaus (1984 m, 🚌), Zufahrt von Kals über die mautpflichtige »Kalser Glocknerstraße«.	Lucknerhaus – Peischlachtörl (2484 m; 1½ Std.) – Tschadinsattel (2987 m; 2¾ Std.) – Böses Weibl (3¼ Std.) – Lesachhütte (5¾ Std.) – Kals (7½ Std.)	AV-Mark. 911	Lucknerhaus (1984 m), Lesachalmhütte (1828 m)

Alle Wanderungen auf einen Blick

Tourenziel/Charakteristik	Ausgangspunkt	Wegverlauf & Gehzeit	Markierung	Einkehr am Weg
23 Kalser Tauernhaus, 1755 m Beliebte Talwanderung durch die wildromantische Debantklamm in das (vor Kraftwerksplänen gerettete) Dorfertal. Weiterweg bis zum Dorfer See (1935 m) 1 Std. vom Tauernhaus.	Kals-Großdorf (1364 m, 🚌), Ferienort am Südfuß des Großglockner, Zufahrt von Huben 15 km.	Großdorf – Taurerwirt (1521 m; ¾ Std.) – Debantklamm – Tauernhaus (3 Std.); Abstieg auf dem gleichen Weg (gesamt 5¼ Std.)	AV-Mark. 711	Taurerwirt (1521 m), Bergeralm (1642 m), Kalser Tauernhaus (1755 m)
24 Hohes Tor, 2477 m – Kals-Matreier Törl Aussichtsreiche Höhenwanderung am Kamm zwischen Iseltal und Kalser Tal, Trittsicherheit erforderlich.	🚡 Bergstation des Glocknerblick-Sesselliftes (1941 m), Talstation Kals-Großdorf (1364 m, 🚌).	Glocknerblick – Hohes Tor (2 Std.) – Kals-Matreier Törl (2207 m; 3¼ Std.) – Kals (4¾ Std.)	AV-Mark. 516, 502B	Wh. Glocknerblick (1941 m), Kals-Matreier Törlhaus (2207 m)
25 Glanzalm, 1975 m Wanderrunde an den steilen, sonnigen Hängen über dem Eingang ins Defereggental. Trittsicherheit notwendig, nicht bei Nässe gehen! Schaubergwerk Hofergraben.	Hopfgarten in Defereggen (1107 m, 🚌), 6 km von Huben.	Hopfgarten – Rajach (1400 m; ¾ Std.) – Ratzeller Bergwiesen (2093 m; 3 Std.) – Glanzalm (3½ Std.) – Ratzell (1490 m) – Hopfgarten (5½ Std.)	Mark. Wege	Ratzell
26 Geigensee, 2409 m Wildromantischer Winkel im innersten Zwenewaldtal, teilweise steiler Aufstieg mit gesicherter Passage. Trittsicherheit.	Hopfgarten in Defereggen (1107 m, 🚌), 6 km von Huben.	Hopfgarten – Bloshütte (2½ Std.) – Geigensee (4½ Std.); Abstieg auf dem gleichen Weg (gesamt 7½ Std.)	AV-Mark. 324, rot-weiße Bez.	Bloshütte (1795 m)
27 Gritzer Hörndl, 2631 m Abwechslungsreiche Runde mit Gipfelabstecher; als Ausgangspunkt bietet sich alternativ die anfahrbare Speikbodenhütte (2001 m) an.	St. Veit (1495 m; 🚌), Bergdorf, hübsch am Sonnenhang über dem Defereggental gelegen.	St. Veit – Speikbodenhütte (1½ Std.) – Gritzer Hörndl (3½ Std.) – Gritzer Seen (2504 m; 4 Std.) – St. Veit (6 Std.)	Gut mark. Wege	Speikbodenhütte (2001 m)
28 Degenhorn, 2946 m Markante Erhebung im Hauptkamm der Deferger Alpen, schönes Panorama.	🚡 Bergstation der Mooserberg-Sesselbahn (2368 m), Talstation bei St. Jakob in Defereggen (1389 m, 🚌).	Mooserberg – Ochsenlenke (2744 m; 2 Std.) – Degensee – Degenhorn (3½ Std.); Abstieg auf dem gleichen Weg (5¾ Std.)	Mark. 2, 19	Mooseralm (2350 m)
29 Reichenberger Hütte, 2586 m Recht lange, aber sehr abwechslungsreiche Hüttentour durch das Trojer Almtal. Ehemalige Knappenhäuser.	St. Jakob in Defereggen (1389 m, 🚌).	St. Jakob – Trojer Alm (1916 m; 1¾ Std.) – Reichenberger Hütte (3½ Std.) – »Rudolf-Kauschka-Höhenweg« – St. Jakob (6¼ Std.)	AV-Mark. 313, 313A	Siegmundshütte (1818 m), Reichenberger Hütte (2586 m)
30 Blumenweg Oberseite; Seespitzhütte, 2314 m Aussichtsreiche Höhenwanderung durch die Blumenwiesen der Defereger Sonnseite. Von der Seespitzhütte aus läßt sich die Seespitze (3021 m) besteigen (für Geübte, eine gesicherte Passage, 2 Std., Mark.).	St. Jakob in Defereggen (1389 m, 🚌).	St. Jakob – Oberseitalm (2289 m; 2¾ Std.) – Seespitzhütte (4 Std.) – Erlsbacher Alm (2189 m; 5¼ Std.) – Erlsbach (1555 m; 6½ Std.)	Mark. Weg	Seespitzhütte (2314 m)
31 Jagdhausalm, 2009 m Wenig anstrengende Talwanderung durch den Oberhauser Zirbenwald zu der alten Almsiedlung.	Wahlweise Erlsbach (1555 m, 🚌), Patscher Hütte (1685 m) oder Gh. Oberhaus (1770 m), Zufahrt von Erlsbach bis Gh. Oberhaus, 5 km.	Erlsbach – Oberwald (2 Std.) – Jagdhausalm (4 Std.); Rückweg auf der gleichen Route (gesamt 7 Std.)	Mark. Weg	Erlsbach (1555 m), Patscher Hütte (1685 m), Gh. Oberhaus (1770 m)
32 Barmer Hütte, 2610 m Recht nah an den aus dunklem Tonalit aufgebauten Hochgall (3436 m) heran führt diese Hüttentour. Wer höher hinaus will, nimmt sich noch das Almerhorn (2986 m) zum Ziel (Mark. Anstieg über das Almerkees und die Jägerscharte, 1½ Std.).	Patscher Hütte (1685 m), Zufahrt von Erlsbach (1555 m, 🚌), 3 km.	Patscher Hütte – Barmer Hütte (3 Std.); Abstieg auf dem gleichen Weg (gesamt 5 Std.)	AV-Mark. 113	Patscher Hütte (1685 m), Barmer Hütte (2610 m)
33 Kals-Matreier Törl und Rotenkogel, 2762 m Gemütliche Höhenwanderung mit/ohne Gipfelabstecher.	🚡 Bergstation des Goldried-Sesselliftes (2156 m), Talstation Matrei (977 m, 🚌).	Liftstation – »Europa-Panoramaweg« – Cimaroß (2405 m) – Rotenkogel (2¼ Std.) – Kals-Matreier Törl (3½ Std.) – »Bärensteig« – Matrei (6 Std.)	Gut mark. Wege	Goldried (2156 m), Kals-Matreier Törlhütte (2207 m)
34 Äußere Steineralm, 1909 m Abwechslungsreiche Wanderrunde über dem weiten Talkessel von Matrei; Tiefblicke, Fernsicht zur Venedigergruppe. Steiner Wasserfall.	Matrei in Osttirol (977 m, 🚌), an der Felbertauern-Strecke gelegen.	Matrei – Burgergraben – Glanz (1447 m; 1½ Std.) – Edelweißwiesen – Äußere Steineralm (3½ Std.) – Innere Steineralm (1770 m; 4¼ Std.) – Stein (1396 m; 5 Std.) – Felbertauernstüberl (5¼ Std., 🚌) – Matrei (6 Std.)	Mark. Wege	Mehrere Einkehrmöglichkeiten unterwegs

Alle Wanderungen auf einen Blick

Tourenziel/Charakteristik	Ausgangspunkt	Wegverlauf & Gehzeit	Markierung	Einkehr am Weg
35 Großer Zunig, 2776 m Hochragender Felsgipfel ziemlich genau südlich über Matrei mit großem Panorama. Nur für ausdauernde und trittsichere Berggänger (rund 1800 Steigungsmeter!).	Ganz (1035 m, 🚌), Häusergruppe 2 km südwestlich von Matrei.	Ganz – Zunigalm (2½ Std.) – Zunigscharte (2355 m; 4 Std.) – Großer Zunig (5¼ Std.); Abstieg auf dem gleichen Weg (gesamt 8¼ Std.)	Mark. Wege	Zunig (1855 m)
36 Bonn-Matreier Hütte und Rauhkopf, 3070 m Anstrengende Hüttenrunde, mit Besteigung des Rauhkopfs als Tagestour nur für Konditionsbolzen. Gipfelbesteigung verlangt Trittsicherheit und Schwindelfreiheit.	Obermauern (1301 m, 🚌) im Virgental, 9 km von Matrei.	Obermauern – Niljochhütte (2 Std.) – Bonn-Matreier Hütte (4½ Std.) – Rauhkopf (5¾ Std.) – Bonn-Matreier Hütte (6¾ Std.) – Kleine Nilalm – Obermauern (10 Std.)	AV-Mark. 922, 923; örtliche Mark. 17	Niljochhütte (1975 m), Bonn-Matreier Hütte (2750 m), bew. 20. Juni bis 20. Sept.
37 Prägratener Höhenweg Aussichtsreiche Hüttenwanderung (Naturlehrpfade); bei einer Übernachtung in der Sajathütte läßt sich die Wanderung leicht um eine Schleife zur Eisseehütte (2521 m) erweitern (Umweg etwa 2½ Std., Mark.). Lohnendes Gipfelziel für Geübte: die Kreuzspitze (3155 m; 2 Std. von der Sajathütte, Sicherungen, Mark.).	Bichl (1495 m), Häusergruppe oberhalb von Prägraten (1310 m, 🚌), 2 km. Wanderparkplatz, Nationalparkzentrum.	Bichl – Sajathütte (3¼ Std.) – »Prägratener Höhenweg« – Bodenalm (5 Std.) – Bichl (6 Std.)	Bestens mark. Wege	Sajathütte (2575 m), bew. Juni bis Okt.; Bodenalm (1948 m)
38 Sajat-Höhenweg Pendant zum »Prägratener Höhenweg«, mit dem es sich sehr gut zur Zweitagerunde verbinden läßt (→ Mullwitzaderl). Naturlehrpfade.	Bichl (1495 m), Häusergruppe oberhalb von Prägraten (1310 m, 🚌), 2 km. Wanderparkplatz, Nationalparkzentrum.	Bichl – Sajathütte (3¼ Std.) – »Sajat-Höhenweg« – Johannishütte (5¼ Std.) – Hinterbichl (1329 m; 7 Std., 🚌)	Gut bez. Wege	Sajathütte (2575 m); Johannishütte (2116 m), bew. Juni bis Okt.
39 Mullwitzaderl, 3241 m Gratkuppe mit gradiosem Panorama, mitten in der Gletscherregion Großvenediger. Gipfelweg nicht markiert, bei gutem Wetter aber nicht zu verfehlen (Spur). Nicht aufs Eis gehen (Spalten)!	Johannishütte (2116 m), 2 Std. ab Hinterbichl (1329 m, 🚌). »Venediger-Taxi« ab Prägraten.	Johannishütte – Defregger Haus (2½ Std.) – Mullwitzaderl (3½ Std.); Abstieg auf dem gleichen Weg (gesamt bis Johannishütte 5¾ Std., bis Hinterbichl 7½ Std.)	AV-Mark. 915.	Johannishütte (2116 m), Defregger Haus (2962 m)
40 Rostocker Eck, 2749 m Aussichtsloge über dem Maurer Tal, großes Tagespensum. Für die Runde übers Rostocker Eck braucht's einen sicheren Tritt.	Ströden (1403 m, 🚌), Endpunkt der Virgener Talstraße, 19 km von Matrei.	Ströden – Essener-Rostocker Hütte (2½ Std.) – Rostocker Eck (4 Std.) – Ströden (6¾ Std.)	AV-Mark. 912, 919	Stoanalm (1459 m), Essener-Rostocker Hütte (2208 m)
41 Umbalfälle und Clarahütte, 2038 m Das Naturwunder Umbalfälle läßt sich auf einem »Wasserlehrpfad« gefahrlos besichtigen (2½ bis 3 Std.); guter Talweg weiter zur Clarahütte.	Ströden (1403 m, 🚌), Endpunkt der Virgener Talstraße, 19 km von Matrei.	Ströden – Prabell (¾ Std.) – Umbalfälle – Clarahütte (3 Std.); Abstieg auf dem gleichen Weg (gesamt 5¼ Std.)	AV-Mark. 911	Islitzer Alm und Pebellalm (1513 m), Clarahütte (2038 m)
42 Muhs-Panoramaweg Höhenwanderung mit großer Venedigerschau und zwei einladenden Hütten unterwegs. Wer eine Übernachtung einplant, kann sich anderntags den Lasörling (3098 m) vornehmen: 3 Std. von der Lasnitzenhütte, Mark.	Prägraten (1310 m, 🚌) im Virgental, 15 km ab Matrei.	Prägraten – Bergerseehütte (2¼ Std.) – »Muhs-Panoramaweg« – Lasnitzenhütte (4½ Std.) – Prägraten (6 Std.)	AV-Mark. 312, 314	Bergerseehütte (2182 m); Lasnitzenhütte (1895 m), bew. Juni bis Mitte Okt.
43 Drei-Seen-Weg, St. Pöltner Hütte, 2481 m Abwechslungsreiche Wanderrunde am Alpenhauptkamm; vom Messelingkogel schöne Rundschau.	🚡 Bergstation des Venedigerblick-Sessellifts (1982 m), Talstation Matreier Tauernhaus (1512 m, 🚌). Zufahrt von der Felbertauern-Straße, 2,5 km.	Liftstation – »Drei-Seen-Weg« – Messelingkogel (2694 m) – St. Pöltner Hütte (3 Std.) – Zirbenkreuz (1984 m) – Matreier Tauernhaus (5¼ Std.)	AV-Mark. 512, 513, 511	Matreier Tauernhaus (1512 m), St. Pöltner Hütte (2481 m)
44 Gletscherweg Innergschlöß Interessanter Lehrpfad (Rundwanderung), der unmittelbar an die Zunge des Schlatenkees heranführt.	Innergschlöß (1691 m), Zufahrt von der Südrampe der Felbertauern-Route, 7 km. Parkplatz.	Innergschlöß – »Gletscherweg« – Innergschlöß (4 Std.)	Bestens mark. Weg	Venedigerhaus (1691 m) in Innergschlöß
45 Neue Prager Hütte, 2796 m Ganz nahe an die Gletscherwelt des Großvenediger heran führt diese Hüttentour. Vom Schutzhaus empfehlenswerter Abstecher zum Inneren Kesselkopf (2897 m, ½ Std.).	Innergschlöß (1691 m), Zufahrt von der Südrampe der Felbertauern-Route, 7 km. Parkplatz.	Innergschlöß – Alte Prager Hütte (2½ Std.) – Neue Prager Hütte (3½ Std.); Abstieg auf dem gleichen Weg (gesamt 5¾ Std.)	AV-Mark. 902B, 902	Venedigerhaus (1691 m) in Innergschlöß, Alte Prager Hütte (2489 m), Neue Prager Hütte (2796 m)

Meine Favoriten

Blick vom Bösen Weibele (über dem Hochstein, Tour 05) auf den Lienzer Talkessel und die Lienzer Dolomiten.

01 Rudl-Eller-Weg und Karlsbader Hütte, 2260 m
Ein schöner Umweg

Daß der kürzeste Weg nicht immer der schönste ist, weiß ja jeder Bergsteiger. Im Fall der Karlsbader Hütte bietet der auf kürzeren Abschnitten gesicherte »Rudl-Eller-Weg« einen Zugang mit Pfiff, natürlich weiter als der (ziemlich monotone Straßenhatscher) von der Lienzer Dolomitenhütte herauf. Unterwegs faszinieren neben einer üppigen, artenreichen Flora vor allem die himmelwärts schießende Laserzwand (2614 m); von der Terrasse der Karlsbader Hütte genießt man dann der Blick rundum, auf all die Kletterzacken des Laserzkessels.

➡ Vom Parkplatz wenig unterhalb der Lienzer Dolomitenhütte in den Wald (Wegzeiger), dann aufwärts zu einem Wandl, das mit Drahtseilhilfe leicht gemeistert wird. Nun vom Weißstein (1751 m) über den breiten Wiesenrücken (Blumen!) bergan gegen die Laserzwand. Vorbei an der »Hexenlacke« (2030 m), einem idyllischen Rastplatz, dann über einen felsigen Vorbau

zu einer gutmütigen Verschneidung (Drahtseil). Weiter im Zickzack über einen Geröllhang etwas mühsam hinauf ins Hohe Törl (2233 m) unmittelbar am Fuß der Laserzwand. Dahinter kurz abwärts (Seile), dann in längerer, aussichtsreicher Querung hinüber zur Straße und auf ihr zur Karlsbader Hütte. Abstieg auf dem Fahrweg.

17 Schleinitz, 2905 m
Hoch über den Dächern von Lienz

Höchster Gipfel über dem Lienzer Talkessel ist die Schleinitz, deren hoher Rücken ziemlich genau nördlich über der Bezirkshauptstadt aufragt. Ihr Gipfel bietet bei schönem Wetter ein großes Panorama; dank der Zettersfeld-Seilbahn reduziert sich der gewaltige Höhenunterschied von über zwei Kilometern auf ein verträgliches Maß.

➡ Vom Zettersfeld auf markiertem Weg, das Steinermandl (2213 m) mit seiner Liftstation links umgehend, über blumenreiche Almwiesen hinauf zum Grat, dann mit einigem Auf und Ab über die Neualplschneid und unter den Lottköpfen (2520 m) hindurch zu den idyllischen Neualplseen. Bei der Weggabelung links aufwärts, um einen Felsvorbau herum und im Blockwerk zum

Grat. Über ihn etwas mühsam zum großen Kreuz und zum höchsten Punkt.
Beim Abstieg nimmt man den Weg, der über den steilen, schrofigen Südwestgrat hinableitet zur Schleinitzschulter. In der Senke vor dem Rotgebele (2696 m) links abwärts und auf dem »Oberwaldersteig« zurück zum Zettersfeld.

21 Glorer Hütte – Stüdlhütte, 2802 m
Wanderrunde am Fuß des Großglockners

Er ist der höchste und berühmteste Gipfel Österreichs, der Großglockner (3791 m), Zigtausende bestaunen sein markantes Profil jedes Jahr von der Gletscherstraße aus, und an Schönwettertagen herrscht am Gipfel ein ordentliches Gedränge. Leicht zu besteigen ist er allerdings auf keinem Weg, weder auf der Normalroute noch von der Stüdlhütte aus. Gerade der Stüdlgrat wird immer wieder sträflich unterschätzt, handelt es sich doch – trotz einiger Sicherungen – um eine anspruchsvolle Kletterei, in großer Höhe zudem, und was da beispielsweise ein Schlechtwettereinbruch bedeutet, kann man sich leicht vorstellen …
Mit solchen Gefahren ist auf der Hüttenwanderung am Fuß des Großglockners

Meine Favoriten

nicht zu rechnen; ordentliches Wetter braucht's trotzdem, denn ohne Aussicht auf ihn ist die Tour halt nur halb so schön. Übrigens: Erstmals bestiegen wurde der Großglockner am 28. Juli 1800 von den Brüdern Klotz mit Pfarrer Horasch und zwei weiteren Begleitern; initiiert hatte das Ganze der Franz von Salm, Fürstbischof von Gurk. »Sponsoring« gab es offenbar schon vor zweihundert Jahren.

➡ Vom Lucknerhaus zur nahen Schliederlealm und in Kehren über den Wiesenhang aufwärts, dann am Bergerbach entlang und in sanfter Steigung zur Glorer Hütte (2642 m). Am »Johann-Stüdl-Weg« um den Weißen Knoten (2864 m) herum und mit herrlicher Sicht auf den Großglockner zur Stüdlhütte. Abstieg auf dem Hüttenweg durch das Ködnitztal zum Lucknerhaus.

37 Prägratener Höhenweg

Ein Virgener Schau- und Lehrpfad: Ausblicke und Einsichten

Das Osttiroler Virgental: ein Stück Hochgebirge, berühmt geworden durch den Kampf um die Erhaltung seiner herrlichen Wasserfälle (→ Umbalfälle), Bauernland vor allem, dem sanften Tourismus verschrieben. Umrahmt wird es von hohen Bergen; südseitig die Lasörlingkette, im Norden die hohen Grate der Venedigergruppe. Freie Sicht auf das riesige Gletscherrevier des zweithöchsten Tauerngipfels bietet die Kreuzspitze (3155 m), die Trittsichere von der (architektonisch sehr ansprechenden) Sajathütte in etwa zwei Stunden be-

Ein gemütliches Bergsteigerheim in herrlicher Aussichtslage: die Bonn-Matreier Hütte.

steigen. Wer sich mit einer Begehung des »Prägratener Höhenweges« begnügt, genießt den Blick nach Süden, übers Tal auf die Gipfel und Grate um den Lasörling (3098 m); beim Abstieg nach Prägraten kommen dann die Firnzacken um das Timmeltal ins Bild.

➡ Der Aufstieg von Bichl (1495 m) zur Sajathütte erweist sich – trotz rund 1000 Höhenmetern – als überraschend wenig anstrengend. Das schön angelegte Weglein zieht in weiten Schleifen über die satten Mähder bergwärts, die Aussicht begeistert, und freundlicherweise wird die Natur auch gleich noch erläuert (Lehrpfade). Dabei bietet sich zunehmend freiere Aussicht ins Virgental und auf den langen, vielgipfligen Kamm der Lasörlinggruppe (Lasörling, 3098 m). Von der Sajathütte folgt man dann dem Höhenweg nach Osten; über dem Eingang zum Timmeltal bietet sich ein besonders schöner Blick auf die Virgener Bergwelt. Nun gut markiert abwärts und über den Bach zur einladenden Bodenalm (1948 m). Zuletzt schräg hinunter nach Bichl.

Lasörling-Höhenweg

Höhenwandern von Hütte zu Hütte kann man nicht nur drüben am Venediger, auch die Lasörlinggruppe eignet sich bestens für ein paar Wandertage hoch über dem Tal, fern vom Alltag. Mehrere gut bewirtschaftete Hütten, auch Taxidienst zu einigen Unterkünften. Routenvorschlag: *1. Tag:* Matrei – Arnitzalm (1848 m). *2. Tag:* Arnitzalm – Zupalseehütte (2346 m) – Lasörlinghütte (2350 m). *3. Tag:* Lasörlinghütte – Lasörling (3098 m) – Bergerseehütte (2182 m). *4. Tag:* Bergerseehütte – Bergeralm – Virgen.

Karawanken & Steiner Alpen

Berge zwischen Klagenfurter Becken und Savetal

Sie gehören nicht zu den Renommierbergen im weiten Alpenbogen, klingende Namen und berühmte Gipfel sucht man vergebens. Immerhin, Geologen interessieren sich für die Karawanken, verläuft doch hier eine bedeutende tektonische Grenze, liegen zudem uralte Gesteine des Paläozoikums und Kalke des Trias unmittelbar nebeneinander. Bergsteiger beklagen eher die schlechte Qualität des Gesteins. Da mag die Koschuta – mit ihrer geschlossenen Felsmauer ein Schaustück des Massivs – aus der Ferne, etwa von der Hollerburg, noch so verheißungsvoll im frühen Morgenlicht erstrahlen; ein paar Stunden später flucht man dann über loses Geröll, zerbröseln die Griffe unter der Hand, poltern Steine in die Tiefe.

Wanderer stört das weniger, vor allem jene, die gerne weite Wege gehen, von Hütte zu Hütte. Das kann man hier sehr gut, auf dem tollen Zweiwochentrip des »Karawanken-Wanderweg« oder auf dem Abschnitt der »Slowenischen Bergtransversale«, die südlich des Karawankenkamms verläuft.

Im Hauptkamm der Karawanken steht gut ein Dutzend Zweitausender; höchster Gipfel ist der Hochstuhl (Stol, 2237 m). Er bietet ein großes Panorama, weit hinein nach Kärnten und Slowenien. Nicht zu übersehen sind auch auffallend schroffe, helle Felsriffe im Osten: die Steiner Alpen (Kamniške Alpe). Sie stehen eigentlich da, wo so mancher Bergsteiger aus Zürich oder München sich schon fast an den (Urlaubs-)Gestaden der Adria wähnt. Was für eine Überraschung: ein Hochgebirge (Grintovec, 2558 m) weit draußen am Rand des Alpenbogens, vor den Toren der Landeshauptstadt Ljubljana!

Am südöstlichen Alpenrand: die Steiner Alpen vom Hochstuhl aus. In der Bildmitte die Begunjščica.

Sensationell: die Uschowa-Felsentore.

Führer & Landkarten

Umfassend über die Wandermöglichkeiten der Region informiert das Buch »Naturparadies Karawanken - Steiner Alpen« von Ingrid Pilz (mit herausnehmbarem Tourenheft; Styria); viel Interessantes über die Grenzberge zu Slowenien vermitteln die »Karawanken - Brücke und Bollwerk« von Hans M. Tuschar. Bei Rother gibt es einen AV-Führer »Karawanken«.

Drei Blätter von Freytag & Berndt decken die Region im wesentlichen ab: 233 »Kärntner Seen-Villach-Klagenfurt«, 232 »Völkermarkt-Klopeiner See«, 471 »Steiner/Sanntaler Alpen«. Bei Geodetski zavod Slovenije gibt es drei gute, aktuelle Kartenblätter im Maßstab 1:50 000: »Julijske Alpe« (mit Westteil Karawanken), »Karavanke« und »Kamniške in Savinjske Alpe«.

Alle Wanderungen auf einen Blick

Tourenziel/Charakteristik	Ausgangspunkt	Wegverlauf & Gehzeit	Markierung	Einkehr am Weg
Karawanken				
01 Petzen; Feistritzer Spitze, 2114 m Mächtiges Massiv, östlicher Eckpfeiler der Karawanken mit großer Schau über den Alpenrand hinaus.	🚡 Bergstation Siebenhütten (1622 m) der Gondelbahn, Talstation 7,5 km südlich von Bleiberg (479 m, 🚌).	Siebenhütten – Kniepssattel (2012 m; 1¼ Std.) – Feistritzer Spitze (2¼ Std.) – Siebenhütten (3½ Std.)	AV-Mark. 603, 603A	Gh. Siebenhütten (1622 m)
02 Oistra, 1577 m Kein ganz großer, aber trotzdem ein lohnender Aussichtsgipfel. Schöne Sicht ins Klagenfurter Becken.	Lobniggraben, Zufahrt von Eisenkappel (555 m, 🚌), 3 km bis zur Straßengabelung unterhalb des Gh. Schlöschitz.	Lobninggraben – Preverniksattel (1171 m; 1¼ Std.) – Oistra (2½ Std.) – Gh. Wögl (3¼ Std.) – Gh. Schlöschitz – Lobniggraben (4½ Std.)	AV-Mark. 673, 601	Gh. Wögl (1220 m), Gh. Schlöschitz
03 Uschowa-Felsentore, 1508 m Verstecktes Naturwunder über dem innersten Remscheniggraben, Zugang über steilen, im Bereich der Tore gesicherten Steig.	Remscheniggraben (ca. 850 m), Zufahrt von Eisenkappel (555 m, 🚌), 6 km.	Remscheniggraben – Felsentore (2½ Std.) – St. Leonhard (1334 m) – Schelesnigsattel (1130 m) – Remscheniggraben (5 Std.)	AV-Mark. 652, 611	–
04 Vellacher Kotschna; Sanntaler Sattel, 1999 m Wanderung in den südlichsten Winkel Österreichs; vom Grenzsattel prächtiger Blick auf den Hauptkamm der Steiner Alpen. Naturschutzgebiet, Flora!	Vellacher Kotschna, Zufahrt von der Seeberg-Paßstraße, Abzweigung oberhalb von Bad Vellach (840 m, 🚌), 3 km bis zu einem Holzladeplatz (ca. 960 m).	Vellacher Kotschna – Sanntaler Sattel (3 Std.); Abstieg auf dem gleichen Weg (gesamt 5 Std.)	AV-Mark. 613	–
05 Kärntner Storschitz, 1759 m Halbtagstour vom Kärntner Seeberg aus; Prachtblick auf die Steiner Alpen.	Kärntner Seeberg (1218 m, 🚌), Grenzübergang von Völkermarkt nach Kranj.	Seeberg – »Krainer Steig« – Kärntner Storschitz (1¾ Std.) – Pasterksattel (1401 m) – Seeberg (3½ Std.)	AV-Mark. 626, 628, 627	Am Seeberg
06 Hochobir, 2139 m Berühmter Aussichtsgipfel, von der Eisenkappler Hütte (1553 m, Mautstraße) aus bequem erreichbar (1½ Std., Mark. 623). Lohnender vom Schaidasattel aus. Sehenswert: Obir-Tropfsteinhöhlen bei Eisenkappel.	Schaidasattel (1068 m), Straßenübergang von Eisenkappel nach Zell-Pfarre.	Schaidasattel – Hochobir (3½ Std.) – Eisenkappler Hütte (4½ Std.) – Obiralm (1272 m) – Schaidasattel (6 Std.)	AV-Mark. 623, 603	Eisenkappler Hütte (1553 m)
07 Freiberg, 1923 m Stiller Nachbar des (oft überlaufenen) Hochobir mit zwar nicht ganz so weitreichender, aber ebenfalls sehr stimmungsvoller Aussicht.	Zell-Pfarre (948 m, 🚌), kleines Dorf in den Karawanken, 12 km von Ferlach.	Zell-Pfarre – Uznikkreuz (1304 m; 1 Std.) – Freiberg (3 Std.); Abstieg auf dem gleichen Weg (gesamt 5 Std.)	AV-Mark. 603, 631	–
08 Koschuta-Karweg Höhenwanderung vor der langgestreckten, mächtigen Felsphalanx der Koschuta. Wer zurück zum eigenen Fahrzeug muß, kann alternativ beim Koschutahaus starten.	Zell-Pfarre (948 m, 🚌), kleines Dorf in den Karawanken, 12 km von Ferlach. Mautpflichtiges Sträßchen zum Koschutahaus (1280 m).	Zell-Pfarre – Koschutahaus (1¼ Std.) – Koschuta-Karweg – Potoksattel (1406 m; 3¾ Std.) – Freibach (859 m; 5½ Std., 🚌)	AV-Mark. 642, 603	Koschutahaus (1280 m)
09 Ferlacher Horn, 1840 m Überschreitung von der Loiblstraße nach Ferlach. Kürzerer Anstieg von Zell-Oberwinkel (2¼ Std., Mark.).	Deutscher Peter (702 m, 🚌), historisches Gasthaus an der Loibl-Paßstraße, 8 km von Ferlach.	Deutscher Peter – Ferlacher Horn (3¾ Std.) – Sechtersattel – Ferlach (466 m; 6¼ Std.)	AV-Mark. 603, 659	Gh. Deutscher Peter (702 m)
10 Tscheppaschlucht und Tschaukofall Romantische Klamm, auf gut abgesichertem Steig zugänglich. Das gilt auch für den Tschaukofall. Weiterweg ins Bodental oder Abstieg entlang der (stark befahrenen) Loibl-Paßstraße zum Parkplatz »Tscheppaschlucht«.	Unterloibl (518 m, 🚌) am Eingang zur Tscheppaschlucht. Parkplatz etwas oberhalb an der Loiblstraße.	Unterloibl – Tscheppaschlucht (1½ Std.) – Tschaukofall – Gh. Sereinig (2¾ Std., 🚌)	Mark. Wege	Gh. Sereinig (1010 m) im Bodental
11 Märchenwiese und Klagenfurter Hütte, 1664 m Höhenwanderung aus dem schönsten Talschluß der Karawanken zum Schutzhaus unter dem → Hochstuhl (2237 m); am »Stinzesteig« leichte gesicherte Passagen.	Gh. Sereinig (1010 m, 🚌), Zufahrt von der Loibl-Paßstraße via Windisch-Bleiberg, 5 km.	Gh. Sereinig – Ogrisalm (1¾ Std.) – Matschacher Sattel (1714 m) – Klagenfurter Hütte (3 Std.) – Matschacher Sattel – Märchenwiese – Gh. Sereinig (5 Std.)	AV-Mark. 603, 662	Gh. Sereinig (1010 m), Ogrisalm, Klagenfurter Hütte (1664 m), Gh. Bodenbauer (1056 m)
12 Hochstuhl (Stol), 2237 m Höchster Karawankengipfel mit großem Panorama; Normalweg verläuft auch über slowenisches Territorium. Hochstuhl-Klettersteig → »Hüslers Klettersteigatlas Alpen«	Bärental, Zufahrt von Feistritz im Rosental (490 m, 🚌) über die Stouhütte (970 m) bis zum Parkplatz unterhalb der Johannsenruhe, 10 km.	Bärental – Klagenfurter Hütte (1½ Std.) – Bielschitzasattel (1840 m; 2 Std.) – Hochstuhl (3½ Std.); Abstieg auf dem gleichen Weg (gesamt 5¾ Std.)	AV-Mark. 603, 655, in Slowenien rot-weiße Kreismark.	Klagenfurter Hütte (1664 m); Prešernova koča (2174 m), 10 min. südlich unter dem Gipfel

Alle Wanderungen auf einen Blick

Tourenziel/Charakteristik	Ausgangspunkt	Wegverlauf & Gehzeit	Markierung	Einkehr am Weg
13 Mittagskogel, 2143 m Berühmter Aussichtsgipfel, Kulissenberg der Faaker-See-Region. Am Normalweg Trittsicherheit erforderlich, viel Geröll.	Kopein (846 m), Häusergruppe südlich der Rosental-Bundesstraße, Zufahrt 3 km.	Kopein – Roßalpe (1079 m; ½ Std.) – Bertahütte (2½ Std.) – Mittagskogel (4½ Std.) – Bertahütte (5¾ Std.) – Illitsch-Rauth – Kopein (7¼ Std.)	AV-Mark. 679, 680, 603	Gh. Türkenkopf in Kopein, Bertahütte (1567 m), bew. Mai bis Okt.
14 Mallestiger Mittagskogel, 1823 m Abwechslungsreiche Wanderrunde auf wenig begangenen Pfaden; vom Mallestiger Mittagskogel packender Blick über das Savetal zu den Julischen Alpen.	Gh. Baumgartner (920 m), Zufahrt von Latschach (639 m, 🚌), 3 km.	Gh. Baumgartner – Mitzl-Moitzl-Hütte (1639 m) – Mittagskogel (2¾ Std.) – Gallobhütte – Gh. Baumgartner (5 Std.)	AV-Mark. 683, 684	Gh. Baumgartner (920 m)
15 Ofen; Dreiländereck, 1509 m Kleiner Gipfelspaziergang (mit großer Schau auf die Julier) und anschließend gemütliche Bergabwanderung.	🚡 Bergstation der Dreiländereck-Sesselbahn (1469 m), Talstation Seltschach (704 m, 🚌), 3 km ab Arnoldstein.	Liftstation – Dreiländereck (½ Std.) – Seltschach (2 Std.)	Mark. Weg	Dreiländerhütte (1423 m)
16 Kepa (Mittagskogel), 2143 m Langer, aber sehr aussichtsreicher Anstieg; am Kamm gesicherte Passagen. Im Sommer ziemlich schweißtreibend, Abstieg westlich auf gutem Weg zur Jepca.	Dovje (704 m, 🚌), Dorf im oberen Savetal, gegenüber von Mojstrana.	Dovje – Planina Mlinca (1140 m) – Weggabelung (ca. 1610 m; 3 Std.) – Kepa (5 Std.) – Jepca (6½ Std.) – Belcagraben – Belca (691 m; 8½ Std., 🚌)	Rot-weiße Kreismark.	–
17 Golica (Kahlkogel), 1835 m Unscheinbarer »Mugel« im Karawanken-Hauptkamm, berühmt durch die Narzissenblüte an seiner Südflanke (Mitte/Ende Mai).	Planina pod Golico (933 m, 🚌), Zufahrt von Jesenice im Savetal, 5 km.	Planina pod Golico – Koča na Golici (1582 m; 2 Std.) – Golica (2¾ Std.) – Rožca (1587 m; 4 Std.) – Planina pod Golico (5¼ Std.)	Rot-weiße Kreismark.	Planina pod Golico (933 m), Koča na Golici (1582 m)
18 Vrtaca (Vertatscha), 2116 m Markant-felsiger Kulissenberg im Talschluß der Märchenwiese, von Süden für trittsichere Berggänger ein lohnendes Ziel.	Südeingang des Loibltunnels (1058 m, 🚌), 11 km von Trzic. Großer Parkplatz.	Loibltunnel – Dom na Zelenici (1½ Std.) – Vrtaca (4 Std.); Abstieg auf dem gleichen Weg (gesamt 6½ Std.)	Rot-weiße Kreismark.	Loibltunnel, Dom na Zelenici (1536 m)
19 Begunjščica, 2060 m Mächtiger Bergstock, nach Norden, zum Loibltunnel mit riesigen Schuttflanken.	Dom v Dragi (689 m), Zufahrt von Begunje (585 m, 🚌), 3 km.	Dom v Dragi – Roblekov dom (3 Std.) – Begunjščica (4¼ Std.) – Preval (1311 m; 5½ Std.) – Dom v Dragi (7 Std.)	Rot-weiße Kreismark.	Dom v Dragi (689 m), Roblekov dom (1657 m)
20 Veliki vrh (Hochturm), 2088 m Westlicher Eckpfeiler der Koschuta, von Süden über ausgedehnte Almregionen leicht zu besteigen. Bemerkenswertes Panorama.	Jelendol (762 m), Häusergruppe im Graben der Tržiška Bistrica; schmale Zufahrt von Tržič (515 m, 🚌), 7 km.	Jelendol – Dom na Kofcah (2¼ Std.) – Veliki vrh (4 Std.); Abstieg auf dem gleichen Weg (gesamt 6½ Std.)	Rot-weiße Kreismark.	Dom na Kofcah (1488 m)

Steiner Alpen

Tourenziel/Charakteristik	Ausgangspunkt	Wegverlauf & Gehzeit	Markierung	Einkehr am Weg
21 Storžič, 2132 m Nicht zu Unrecht als »Krainer Rigi« bezeichnet: großes Panorama. Aufstieg durch den »Schlund« (= zrelo) sehr steil und abschnittweise gesichert. Nur für Geübte!	Dom pod Storžičem (1123 m), Zufahrt von Tržič (515 m, 🚌) über Lom, knapp 9 km.	Dom pod Storžičem – Storžič (3¼ Std.) – Nordgrat – Dom pod Storžičem (5½ Std.)	Rot-weiße Kreismark.	Dom pod Storžičem (1123 m)
22 Stegovnik, 1692 m Steiles, isoliert stehendes Felsriff. Überschreitung mit einigen gesicherten Passagen; der Abstieg verläuft durch ein interessantes Felslabyrinth.	Häusergruppe Dol (765 m), Zufahrt von Podlog 2 km, von Jezersko (680 m, 🚌) 6 km.	Dol – Močnikovo sedlo (1315 m; 1¾ Std.) – Stegovnik (2¾ Std.) – Südgipfel (1684 m) – Höhlen – Sattel (1485 m) – Höhenweg – Močnikovo sedlo (5 Std.) – Dol (6¼ Std.)	Rot-weiße Kreismark.	–
23 Češka koča, 1542 m Beliebtes Wanderziel vor den Nordabstürzen von Grintovec und Dolgi hrbet. Alle Gipfel nur über Klettersteige erreichbar → »Hüslers Klettersteigatlas Alpen«	Zgornje Jezersko (880 m, 🚌), kleiner Ferienort am Südfuß des Seebergs, 25 km ab Eisenkappel. Parkplatz 1 km südlich bei einem Skilift).	Jezersko – Češka koča (2 Std.) – Raveska kočna – Jezersko (4 Std.)	Rot-weiße Kreismark.	Češka koča (1542 m), am Planšarsko jezero
24 Grintovec, 2558 m Höchster Gipfel der Steiner Alpen; aus der Kamniška Bistrica als Tagestour nur für bestens Trainierte empfehlenswert. Nächtigung in der Kokrsko koča (1793 m) ratsam.	Dom v Kamniški Bistrici (600 m), Zufahrt von Kamnik (379 m, 🚌), 15 km.	Dom v Kamniški Bistrici – Kokrsko koča (3½ Std.) – Grintovec (6 Std.); Abstieg auf dem gleichen Weg (gesamt 10 Std.)	Rot-weiße Kreismark.	Dom v Kamniški Bistrici (600 m), Kokrsko koča (1793 m), bew. Juni bis Sept.
25 Frischaufov dom, 1396 m Klassischer Ausflug im innersten Logartal, vorbei am sehenswerten Rinka-Wasserfall in den Talschluß. Johann Frischauf gilt als Erschließer der Steiner Alpen.	Endpunkt der Straße ins Logarska dolina (1000 m, 🚌), etwa 20 km von Luče. Parkplatz.	Parkplatz – Frischaufov dom (1 Std.); Abstieg auf dem gleichen Weg (gesamt 1¾ Std.)	Rot-weiße Kreismark.	Am Straßenende, Frischaufov dom (1396 m)

Alle Wanderungen auf einen Blick				
Tourenziel/Charakteristik	Ausgangspunkt	Wegverlauf & Gehzeit	Markierung	Einkehr am Weg
26 Kamniška koča, 1864 m, und Planjava, 2392 m Stolzer Felsgipfel im Hauptkamm der Steiner Alpen; Zugang über die Kamniška koča. Unterhalb der Steiner Scharte leichte gesicherte Passage, alternativer Abstieg zum Dom Planincev (837 m; 4½ Std., 🚌)	Endpunkt der Straße ins Logarska dolina (1000 m, 🚌), etwa 20 km von Luče. Parkplatz.	Parkplatz – Frischaufov dom (1 Std.) – Kamniška koča (2¾ Std.) – Planjava (4¾ Std.); Abstieg auf dem gleichen Weg (gesamt 7¼ Std.)	Rot-weiße Kreismark.	Am Straßenende, Frischaufov dom (1396 m), Kamniška koča (1864 m)
27 Raduha, 2062 m Felsgipfel über Solčava mit interessanten, teilweise gesicherten Anstiegen. Die Raduha bietet eine sehr stimmungsvolle, kontrastreiche Rundschau: ins Logartal, auf den Hauptkamm der Steiner Alpen und über die grünen Höhen des Alpenvorlandes.	Spranje Sleme (1254 m), Straßenübergang im Osten der Steiner Alpen, von Solčava nach Crna.	Spranje Sleme – Koca na Grohatu (1 Std.) – Raduha (3 Std.) – Durce (1910 m) – Koca na Grohatu – Spranje Sleme (5¼ Std.)	Rot-weiße Kreismark.	Koca na Grohatu (1460 m)

Meine Favoriten

Karawankenwanderweg

Klassischer Weitwanderweg auf der Kärntner Nordseite des Gebirgszuges, knapp zwei Wochen von Lavamünd bis Thörl-Maglern. Übernachtungen durchwegs in Gasthöfen oder Berghütten, Zwischenabstiege und verschiedene Gipfelabstecher möglich. Einheitliche Markierung, Teil des Südalpinen Fernwanderweges. Die gesamte Strecke mißt etwa 210 km. Die Tagesetappen. *1. Tag:* Lavamünd – Kömmelgupf (1065 m) – Bleiburg. *2. Tag:* Bleiburg – Feistritzer Spitze (2114 m) – Gh. Riepl (1249 m). *3. Tag:* Gh. Riepl – Eisenkappel – Eisenkappler Hütte. *4. Tag:* Eisenkappler Hütte – Schaidasattel – Koschutahaus. *5. Tag:* Koschutahaus – Jauernik (1657 m) – Waidisch. *6. Tag:* Waidisch – Bodental. *7. Tag:* Bodental – Klagenfurter Hütte. *8. Tag:* Klagenfurter Hütte – Maria Elend. *9. Tag:* Maria Elend – Bertahütte. *10. Tag:* Bertahütte – Wurzenpaß. *11. Tag:* Wurzenpaß – Ofen (1509 m) – Thörl-Maglern.

03 Uschowa-Felsentore, 1508 m

Versteckte Sehenswürdigkeiten

Ganz hinten im Remscheniggraben, an der Steilflanke der Uschowa, versteckt sich dieses Karawanken-Naturwunder. Der Zugang ist steil, recht mühsam auch, doch angesichts der phantastischen Felsformationen verschlägt es dem geschlauchten Wanderer ganz einfach die Sprache. Daß in und um die Felsenfenster auch noch verschiedene botanische Raritäten, etwa die Krainer Lilie, zu entdecken sind, ist bloß noch das berühmte Tüpfchen aufs »I«. Vom Heiliggeistgatterl kann man dann noch ein bißchen in die Steiner Alpen hinüberschnuppern, optisch zumindest, auf die herrlichen Felsgipfel über dem Logartal (Logarska dolina).

➤ Vom Abzweig der Forstpiste zum Schelesnigsattel zunächst noch ein Stück im Remscheniggraben weiter aufwärts zu einer weiteren Waldstraße, dann rechts und auf dem alten Wallfahrtsweg durch die Nordwestflanke der Uschowa. Schließlich auf steiler (und wenn's naß ist sehr rutschiger) Spur hinauf zu den drei Felsentoren. Mit Hilfe von Drahtseilsicherungen zurück zum Weg und ohne größere Höhenunterschiede hinüber zum Heiliggeistgatterl (1432 m). Nun leicht bergab, eine Forststraße kreuzend, zum Kirchlein St. Leonhard (1334 m) und am bewaldeten Kamm hinunter zum Schelesnigsattel (1130 m). Hier rechts auf der Straße zurück zum Ausgangspunkt.

14 Hochstuhl, 2237 m

Auf den höchsten Karawankenberg

Ein lustiger Name, so als wären Berge wie Stühle. Und irgendwie stimmt es ja auch, hinaufklettern kann man in beiden Fällen, nur die Aussicht dürfte bei Gipfeln etwas weiter sein. Im Fall des Hochstuhls (Stol) stimmt das ganz bestimmt, denn von der höchsten Erhebung in den Karawanken ist das Panorama schier grenzenlos, und das darf man hier durchaus wörtlich nehmen. Denn die Grenze zwischen Österreich und Slowenien ist mittlerweile recht durchlässig, für Bergsteiger sowieso. So fragt am Bielschitzasattel oder in der (slowenischen) Presernova koca niemand nach Nationalität oder Paß. Der Hochstuhl: ein Europagipfel.

➤ Beim Anstieg zur Klagenfurter Hütte hat man den Berg direkt vor sich; durch seine felsigen Nordabstürze verläuft ein beliebter, nur wenig schwieriger Klettersteig. Wanderer bleiben brav auf dem breiten Fahrweg, steuern hinter dem hübsch gelegenen Haus den markanten Einschnitt des Bielschitzasattels an. Jenseits, nun auf slowenischem Boden, führt die markierte Spur zu einer Minischarte, hinter der man das Belscica-Kar betritt. Nun recht mühsam über Geröll in die Senke zwischen Klein- und Hochstuhl und rechts hinauf zum Gipfel.

Der Talschluß von Logarska dolina mit den Rinka-Gipfeln.

Die Julischen Alpen

Hinter den sieben Bergen

Alles ist relativ, und nicht erst seit Einstein. Denn was bei den Alpen vorne, hinten, ganz nah oder weit weg ist, hängt vor allem vom Blickwinkel ab. Für die Unterkärntner liegen die Julischen Alpen fast vor der Haustür, im Bewußtsein der Bayern etwa stehen diese Kalkberge, die in manchem ans Karwendel erinnern, buchstäblich »hinten«. Früher, als der Osten noch rot war und Jugoslawien bis zum Karawankenkamm reichte, boten sie den letzten Alpengruß an die nach Sonne und Strand lechzenden deutschen Urlauber. Und manch einer, dem der überladene Käfer auf der Steilrampe des Wurzenpasses hängenblieb, hatte Gelegenheit zu einem unfreiwillig-längeren Blick auf markante Felsen, die über dunklen Wäldern in den blauen Himmel stechen, und in tiefe Talwinkel. Dieser Blick, egal ob vom Wurzen oder von der Tauernautobahn, macht eines klar: Die Julischen Alpen sind ein großartiges

Tourenrevier, aber nichts für Gelegenheitswanderer, die steinige Wege scheuen, bald einmal nach der nächsten Brotzeitstation schielen und bergauf lieber lifteln als schwitzen.

Dem ambitionierten und ausdauernden Bergwanderer dagegen bieten die Julier eine Vielzahl schönster Ziele, tolle Gipfel, aussichtsreiche Höhenwege. Doch spätestens drunten im Tal spürt man's in den Knochen: Hier sind die Berge hoch, die Täler tief und die Wege rauh. Dafür ist der Süden nicht mehr weit, im Isonzotal blühen Oleander, gedeiht die Kastanie, und von so manchem Gipfel geht der Blick hinaus bis zur Adria.

Die Julischen Alpen liegen zu zwei Dritteln in Slowenien, zu einem Drittel in Italien – und möglicherweise bald zur Gänze in der EU. Dann werden Grenzbaracken und Uniformen endgültig verschwinden, Europa wieder ein Stückchen weiter (zusammen)wachsen. Im Gebirge ist der Grenzübertritt allerdings bereits heute problemlos: Berge und Bergsteiger hier wie dort, im Friaul wie in Oberkrain.

Felsenfenster am
Prisojnik (2547 m)

Führer & Landkarten

Für den deutschsprachigen Besucher der Julischen Alpen schaut es im Bücherregal recht dürftig aus. Gleichermaßen informativ sind der Führer durch den »Triglav-Nationalpark«, in Bled herausgegeben, und der Bild-Text-Band »Naturparadies Julische Alpen« von Ingrid Pilz (Styria, Graz) mit beigelegtem Tourenheft.

Für den italienischen Teil der Julier (Alpi Giulie) bieten sich die sorgfältig redigierten Tabacco-Karten im Maßstab 1:25 000 an: Blätter 018, 019, 027. Für den slowenischen Osten nimmt man die »Julijske Alpe« (1:50 000) von Planinska zveza Slovenije. Grenzüberschreitend (fast) die gesamten Julier erfaßt das Kartenblatt »Julische Alpen« (1:50 000) von Freytag & Berndt.

Alle Wanderungen auf einen Blick

Tourenziel/Charakteristik	Ausgangspunkt	Wegverlauf & Gehzeit	Markierung	Einkehr am Weg
Julijske Alpe (Slowenien)				
01 Črna prst, 1844 m Bekannter Blumenberg am Südrand der Julier mit schöner Rundschau. Im Norden die Hauptgipfel um den Triglav.	Dom Mencingerja (804 m) oberhalb von Bohinjska Bistrica (512 m, 🚌), Zufahrt 4 km (zu Fuß ¾ Std.).	Dom Mencingerja – Škrilje – Črna prst (2¾ Std.) – Jata – Dom Mencingerja (4½ Std.)	Rot-weiße, kreisförmige Mark.	Dom Mencingerja (804 m), Dom Zorka Jelinčiča (1835 m)
02 Koča na Planina pri Jezeru, 1453 m Alm- und Höhenwanderung nördlich über dem Wocheiner See (Bohinjsko jezero), teilweise noch Alpbetrieb. Tiefblicke auf den größten slowenischen See.	Stara Fužina (546 m, 🚌) erreicht man von Bled via Bohinjska Bistrica auf guter Straße, 28 km. Sehenswert: Almmuseum.	Stara Fužina – Kosijev dom – Koča na Planina pri Jezeru (3 Std.) – Planina Visnevnik (1615 m) – Pršivec (1761 m) – Kosijev dom – Stara Fužina (6½ Std.)	Rot-weiße Kreismark.	Kosijev dom (1054 m), Koča Planina pri Jezeru (1453 m)
03 Vogel, 1922 m Abwechslungsreiche Runde über das Karstplateau der Komna hinab zum Wocheiner See (Bohinjsko jezero, 523 m).	🚠 Bergstation der Vogel-Seilbahn (1540 m), Talstation am Wocheiner See (Ukanc, 560 m, 🚌)	Seilbahn – Škrbina (1668 m) – Vogel (2½ Std.) – Konjsko sedlo (1782 m) – Dom na Komni (4¾ Std.) – Koča pri Savici (6½ Std.) – Ukanc (7¼ Std.)	Rot-weiße Kreismark.	Skihotel Vogel (1540 m), Dom na Komni (1520 m), Koča pri Savici
04 Sieben-Seen-Tal; Zasavska koča, 2071 m Wanderklassiker in den Juliern, besonders schön mit einer Übernachtung in der Zasavska köča und einer Besteigung des Kanjavec (2569 m; 2 Std. von der Hütte, mark.). Zauberhafte Berge-Seen-Landschaft, berühmte Flora!	Wocheiner See (Bohinjsko jezero, 523 m), Zufahrt von Bled über Bohinjska Bistrica, 35 km. Parkplatz bei der Koča pri Savici (653 m).	Koča pri Savici – Sieben-Seen-Hütte (3½ Std.) – Zasavska koča (6 Std.); Abstieg auf dem gleichen Weg (gesamt 10½ Std.)	Rot-weiße Kreismark.	Koča pri Triglavskih jezerih (Sieben-Seen-Hütte, 1685 m), bew. Juni bis Anfang Okt.; Zasavska koča (2071 m), bew. Juli bis Sept.
05 Rund um den Triglav; Triglavski dom, 2515 m Zweitägige Runde um den höchsten Gipfel der Julischen Alpen. Ausdauer und ein sicherer Tritt sind unerläßlich. Normalweg auf den Triglav (2863 m) gesichert (1½ Std. vom Triglavhaus, mark.).	Aljažev dom (1015 m, 🚌), Zufahrt von Mojstrana (641 m, 🚌) durch das Vratatal, 11 km. Parkplatz 5 Min. vor der Hütte.	Aljažev dom – »Pragweg« – Triglavski dom (5 Std.) – Dom Planika (6 Std.) – Dolič (2164 m; 7½ Std.) – Luknja (1758 m; 9¾ Std.) – Aljažev dom (11¼ Std.)	Rot-weiße Kreismark., dazu 1 (Bergtransversale)	Aljažev dom (1015 m); Triglavski dom (2515 m), bew. Juli bis Ende Sept.; Dom Planika (2401 m), Tržaška koča (2151 m)
06 Bovški Gamsovec, 2392 m Den schönsten Blick auf die riesige Triglav-Nordwand hat man aus der Sovatna. Steinböcke! Überschreitung des Bovški Gamsovec mit gesicherten Passagen.	In das Vratatal führt von Mojstrana (641 m, 🚌) eine ordentliche Straße, 11 km bis Parkplatz 5 Min. vor dem Aljažev dom (1015 m, 🚌).	Aljažev dom – Sovatna – Dovška vrata (2178 m; 3¾ Std.) – Bovški Gamsovec (4½ Std.) – Luknja (1758 m; 6 Std.) – Aljažev dom (7½ Std.)	Rot-weiße Kreismark.	Aljažev dom (1015 m), Pogačnikov dom (2050 m), 20 Min. westlich der Dovška vrata.
07 Kanjavec-Nordwestwandsteig; Zasavska koča, 2071 m Große Runde an den riesigen Nordwestabstürzen des Kanjavec (2568 m). Kürzere Passagen am Bänderweg gesichert. Bis in den Hochsommer heikle Altschneereste!	In die Zadnjica führt von Na Logu (620 m, 🚌) an der Vršič-Paßroute ein Schottersträßchen, 1,5 km bis zu einem Parkplatz.	Zadnjica – Korita – Abzweigung Bänderweg (ca. 2010 m; 3½ Std.) – Zasavska koča (5¾ Std.) – Čez Dol (1632 m; 6½ Std.) – Zadnjica (8¼ Std.)	Rot-weiße Kreismark.	Zasavska koča (2071 m), bew. Juli bis Sept.
08 Pogačnikov dom, 2052 m Lohnende Hüttenwanderung. Das Schutzhaus liegt am Rand des Karrenplateaus Kriški podi (mehrere winzige Seen). Besuchenswert: Alpinetum Julijana (Alpenblumengarten).	In die Zadnjica führt von Na Logu (620 m, 🚌) an der Vršič-Paßroute ein Schottersträßchen, 1,5 km bis zu einem Parkplatz.	Zadnjica – Pogačnikov dom (3¾ Std.); Abstieg auf dem gleichen Weg (gesamt 6 Std.)	Rot-weiß Kreismark.	Pogačnikov dom (2052 m)
09 Jalovec, 2643 m Von der Planica aus das schönste Gipfelprofil der Julier. Leichtester Anstieg aus der Trenta, im Gipfelbereich Sicherungen. Gute Kondition.	Zadnja Trenta, Zufahrt von der Vršič-Paßstraße (🚌) bis etwa 2 km hinter der Koča pri izviru Soče (874 m).	Zadnja Trenta – Zavetišče pod Špičkom (3 Std.) – Jalovec (5¼ Std.); Abstieg auf dem gleichen Weg (gesamt 8¼ Std.)	Rot-weiße Kreismark.	Koča pri izviru Soče (874 m); Zavetišče pod Špičkom (2050 m)
10 Špik, 2472 m Vom Savetal aus gesehen eine elegante Felspyramide; markierter Anstieg aus der Krnica. Ausdauer unerläßlich, im Gipfelbereich Sicherungen.	Mihov dom (1085 m, 🚌) an der Nordrampe der Vršič-Paßstraße, 6 km von Kranjska gora (809 m, 🚌). Parkplatz.	Mihov dom – Koča v Krnici (¾ Std.) – Gamsova špica (1931 m; 3¾ Std.) – Lipnica (2418 m) – Špik (5½ Std.); Abstieg auf dem gleichen Weg (gesamt 8½ Std.)	Rot-weiße Kreismark.	Mihov dom (1085 m), Koča v Krnici (1113 m), bew. Mai bis Okt.
11 Prisojnik, 2547 m Wuchtiges Bergmassiv über der Vršič-Paßstraße mit mehreren, teils schwierigen Anstiegen. Normalweg recht »geröllhaltig«, Gratweg vom großen Felsenfenster (Prednje okno) zum Gipfel abschnittsweise gesichert. Schwindelfreiheit!	Vršič (1611 m, 🚌), Straßenpaß zwischen Kranjska gora und Bovec im Isonzotal.	Vršič – Gladki rob (1870 m; 1 Std.) – Normalweg oder Felsenfenster – Prisojnik (3 Std.); Abstieg auf dem Normalweg (gesamt 4¾ Std.)	Rot-weiße Kreismark.	Am Vršič (1611 m)

Alle Wanderungen auf einen Blick

Tourenziel/Charakteristik	Ausgangspunkt	Wegverlauf & Gehzeit	Markierung	Einkehr am Weg
12 Slatnica, 1815 m Rundwanderung vor großer Kulisse, teilweise sehr steile Wege. Im Frühsommer in der Grlo (= Gurgel) gefährliche Firnfelder!	In die Planica (Skiflugschanzen) führt von Rateče (870 m) nahe der italienischen Grenze eine Straße, 6 km bis Tamarhaus (1108 m).	Dom Tamar – Slatnica (2 Std.) – Grlo (1437 m) – Dom Tamar (3¼ Std.)	Rot-weiße Kreismark.	Dom Tamar (1108 m) in der Planica
13 Mangart, 2677 m Haupt- und Grenzgipfel der Julischen Alpen mit kurzem, vergleichsweise leichtem Anstieg. Und die Fahrt auf der Mangartstraße ist auch schon ein (Berg)Erlebnis.	Straßenschleife unterhalb der Lahnscharte (Klanska škrbina, 2055 m). Anfahrt vom Predilpaß (1156 m) 12 km.	Lahnscharte – Mangart (2 Std.); Abstieg auf dem gleichen Weg (gesamt 3¼ Std.)	Rot-weiße Kreismark.	Koča na Mangrtskem sedlu (1906 m)
14 Kanin, 2587 m Höchster Gipfel über dem riesigen Karstplateau der Kaninski podi. Höhen- und Kammwanderung, Panorama mit Meerblick.	⛓ Bergstation der Kanin-Gondelbahn (2220 m), Talstation Bovec (483 m, 🚠).	Kaninbahn – Kanin (2 Std.); Abstieg auf dem gleichen Weg (gesamt 3½ Std.)	Rot-weiße Kreismark.	Kaninbahn; Dom Petra Skalarja (2260 m, ½ Std. vom Gipfelweg)
15 Krnsko jezero, 1395 m Gemütliche Talwanderung im Rücken des mächtigen Krn (2245 m).	Dom dr. Klementa Juga (680 m), Zufahrt aus dem Isonzotal durch die Lepena, 6 km.	Dom Klementa Juga – Krnsko jezero (2 Std.); Abstieg auf dem gleichen Weg (gesamt 3¼ Std.)	Rot-weiße Kreismark.	Dom dr. Klementa Juga (680 m), Dom pri Krnskih jezerih (1385 m)
16 Krn, 2245 m Mächtiges, im ersten Weltkrieg hartumkämpftes Bergmassiv über dem Isonzotal (Soča). Vom Gipfel großes Panorama; Blumen!	Schottergrube (ca. 990 m) unterhalb der Planina Kuhinja (1020 m), Zufahrt von Kobarid (234 m) über das Bergnest Krn, 12 km.	Planina Kuhinja – Krn (3½ Std.) – Batognica – Sattel (ca. 1950 m; 5½ Std.) – Planina Kuhinja (7¼ Std.)	Rot-weiße Kreismark.	Gomiščkovo zavetišče (2185 m) unter dem Gipfel
Alpi Giulie (Italien)				
17 Rifugio Zacchi, 1380 m Bilderbuchwanderung vor den Felsmauern des Mangart-Ponze-Massivs. Im Sommer an Wochenenden rund um die (idyllischen) Weißenfelser Seen (Laghi di Fusine) viel Betrieb.	Zu den Weißenfelser Seen kommt man von Tarvisio via Fusine in Valromana (764 m, 🚠), 11 km. Parkplatz am oberen See; im Sommer Zufahrt mitunter gesperrt, dann 25 Min. Fußweg.	Unterer Weißenfelser See (924 m) – Alpe Vecchia – Rif. Zacchi (2½ Std.) – Weißenfelser Seen (3½ Std.)	CAI-Mark. 513, 512, Uferwege und Waldstraßen	An den Weißenfelser Seen, Rif. Zacchi (1380 m)
18 Troi dai Sachs Interessante Wanderrunde am Fuß des Kanin (2587 m), die vom Karst in einen (fast) tropisch dichten Urwald führt. Trittsicherheit und Bergerfahrung, Vorsicht bei Nebel!	⛓ Bergstation der »Funivia del Canin« (1831 m), Talstation Sella Nevea (1150 m, 🚠).	Seilbahn – Rif. Gilberti – Weggabelung vor Sella di Grubia (1¼ Std.) – Casera Goriuda (1404 m; 3¼ Std.) – »Troi dai Sachs« – Sella Nevea (5¼ Std.)	CAI-Mark. 632, 645; gelb-rote Punkte am Karrenplateau, alte rot-weiße Bez. am »Troi dai Sachs«	Rif. Gilberti (1850 m)
19 Sentiero del Re di Sassonia Romantischer Höhenweg mit ein paar gesicherten Passagen. Bergerfahrung unerläßlich!	An der Strecke zur Sella Nevea, knapp 4 km von der Abzweigung zum Predilpaß. Parken unterhalb der Straße.	Val Rio del Lago – Rif. Brunner (1432 m; 1¼ Std.) – »Sentiero del Re di Sassonia« – Val Rio del Lago (4½ Std.)	CAI-Mark. 625, 629, 650	–
20 Rifugio Corsi, 1874 m Schönste Hüttenwanderung in den westlichen Juliern. Große Kulisse mit dem Jôf Fuart (Wischberg, 2666 m) und seinen Trabanten. Gipfeltour anspruchsvoll (Fels, gesicherte Passagen, 2¾ Std. von der Corsihütte).	An der Straße vom Raibler See (Lago del Predil, 959 m) zur Sella Nevea, gut 4 km von der Abzweigung zum Predilpaß.	Val Rio del Lago – Rif. Corsi (2¾ Std.) – Malga Grantagar (1530 m) – Val Rio del Lago (4½ Std.)	CAI-Mark. 650, 628	Rif. Corsi (1874 m)
21 Cima del Cacciatore, 2071 m Der Steinerne Jäger, obwohl fast ein Seilbahnberg, darf nicht unterschätzt werden. Ein paar felsige Passagen (eine Leiter), Bergerfahrung notwendig. Luschariberg ist ein alter Kärntner Wallfahrtsort.	Luschariberg (Monte Santo di Lussari, 1766 m), ⛓ Bergstation der Gondelbahn; Talstation bei Valbruna (807 m, 🚠).	Luschariberg – Cima del Cacciatore (1¼ Std.) – Sella Prasnig (1491 m) – Valbruna (4 Std.)	Gipfelweg CAI-Mark. 613, Abstieg zur Sella Prasnig rote Bez., dann Nr. 615	Luschariberg
22 Jôf di Somdogna, 1889 m Vergleichsweise kleiner »Gupf« vor großen Bergen: ein Aussichtspunkt über der Saisera mit Prachtblick in die Nordwand des Jôf di Montasio (2753 m).	Malga Saisera (1004 m), etwa 7 km von der Autobahn A23 bzw. von Valbruna (807 m, 🚠).	Malga Saisera – Rif. Grego (1389 m) – Jôf di Somdogna (2½ Std.) – Biv. Stuparich (1578 m) – Spragna – Malga Saisera (4¾ Std.)	CAI-Mark. 611, 610, 652, 616	Rif. Fratelli Grego (1389 m)

Alle Wanderungen auf einen Blick

Tourenziel/Charakteristik	Ausgangspunkt	Wegverlauf & Gehzeit	Markierung	Einkehr am Weg
23 Jôf di Montasio, 2753 m Mehr Bergtour als Wanderung, doch der gewaltige »Brocken« ist halt eine Herausforderung. Normalweg mit ein paar leichten Felspassagen oberhalb der Forca dei Disteis (Steinschlag!) und am Grat; nur bei guten Verhältnissen. Variante über die Leiter (»Scala Pipan«) hat Klettersteigcharakter.	Altipiano del Montasio (1502 m), von Sella Nevea (1150 m, 🚌) auf schmaler Asphaltstraße erreichbar, 4 km. Parkplatz.	Altipiano – Rif. Brazzà (½ Std.) – Forca dei Disteis (2201 m) – Forca Verde (2¾ Std.) – Jôf di Montasio (3½ Std.); Abstieg auf dem gleichen Weg (gesamt 5½ Std.)	Rote Farbmark.	Rif. Brazzà (1660 m)
24 Via Alta Landschaftlich einmaliger Höhenweg in den westlichen Juliern. Blumenzauber, dazu Bergeinsamkeit pur. Übernachtung in Sella Nevea ratsam.	Sella Nevea (1150 m), Hotelsiedlung am gleichnamigen Straßenpaß, 18 km von Chiusaforte, 21 km von Tarvisio.	Sella Nevea – Altipiano del Montasio (1519 m; 1½ Std.) – »Via Alta« – Patòc (772 m; 6 Std.) – Raccolana (7½ Std., 🚌)	CAI-Mark. 621, 620	Rif. Divisione Julia (1162 m), Sella Nevea
25 Cuel de la Bareta, 1522 m Höhenwanderung in wilder Felskulisse mit kleinem Gipfel. Der Cuel trug im Ersten Weltkrieg eine Artilleriestellung.	Patòc (772 m), von Raccolana auf zuletzt schmaler und sehr steiler Straße erreichbar, 6,5 km. Parkplatz.	Patòc – Forca Galandin (1222 m) – Cuel de la Bareta (3 Std.); Rückweg auf der gleichen Route (gesamt 5¼ Std.)	CAI-Mark. 620, zum Gipfel rote Bez.	–
26 Sentiero ESCAI U. Pacifico Abenteuerpfad durch das Val Dogna, viel Auf und Ab in einer wildromantischen Kulisse. Für Trekker, Nächtigung im Rif. Grego und Abstieg in die Saisera empfehlenswert.	Chiout di Puppe (487 m), gut 1 km östlich von Dogna im gleichnamigen Tal. Hinweis: kein Bus (Rückweg)!	Chiout di Puppe – Rio Sfonderàt – Rio Saline – Rio Montasio – Sella di Somdogna (8–10 Std.)	CAI-Mark. 651	Rif. Fratelli Grego (1389 m), bew. Mitte Juni bis Mitte Sept.
27 Jôf di Miezegnot, 2087 m Leicht erreichbarer Aussichtsgipfel vor der Hauptkette der Julischen Alpen. Viele Kriegsspuren; aus der Saisera etwas weiter (Aufstieg via Rif. Grego 3½ Std., Mark. 611, 609).	Sella di Somdogna (1392 m), Zufahrt von Dogna durch das Val Dogna, 20 km.	Sella di Somdogna – Jôf di Miezegnot (2 Std.); Abstieg auf dem gleichen Weg (gesamt 3¼ Std.)	CAI-Mark. 609	Rif. Fratelli Grego (1389 m), ¼ Std. südöstlich der Sella Somdogna
28 Clap Forât, 1562 m Eckpfeiler der langgestreckten Bergkette zwischen Val Canale und Val Dogna. Überschreitung auf alten Kriegswegen.	Dogna (425 m, 🚌) am Eingang ins Val Dogna. Parkmöglichkeit jenseits der Fella.	Dogna – Pupin (706 m; ¾ Std.) – Clap Forât (3 Std.) – Forcella Mincigos (1488 m) – Mincigos (862 m) – Dogna (5¼ Std.)	CAI-Mark. 602, 602A	–
29 Baba Grande, 2160 m Elegante Felspyramide über dem Talschluß des Val Rèsia. Großes Panorama, Meerblick inklusive. Nur für geübte Berggänger!	Straßenverzweigung ca. 2 km hinter dem Weiler Coritis (641 m); Zufahrt von Resiutta via Stolvizza (573 m, 🚌).	Val Rèsia – Berdo di sopra (1281 m; 1 Std.) – Biv. CAI Manzano (1679 m; 2¼ Std.) – Infrababa Grande (2038 m) – Baba Grande (3½ Std.); Abstieg auf dem gleichen Weg (gesamt 6 Std.)	CAI-Mark. 642, 731; ab Biv. Manzano rote Dreiecke, am Gipfel Steinmännchen.	–
30 Monte Guarda, 1720 m Aussichtsreiche Runde (nomen est omen!) über dem innersten Val Rèsia.	Straßenverzweigung ca. 2 km hinter dem Weiler Coritis (641 m); Zufahrt von Resiutta via Stolvizza (573 m, 🚌).	Val Rèsia – Berdo di sopra (1281 m; 1 Std.) – Monte Guarda (2¾ Std.) – Casera Còot – Val Rèsia (4½ Std.)	CAI-Mark. 731, 741	–
31 Sella di Grubia, 2040 m Etwas für alpine Weitläufer. Wer an der großen Runde nicht genug hat, kann noch die Überschreitung des Monte Sart (2324 m) einbeziehen (zusätzlich 1½ Std., mark.).	Stolvizza (573 m, 🚌) im Val Rèsia, Zufahrt von Resiutta 12,5 km.	Stolvizza – Tanaròmi (1078 m) – Sella di Grubia (5 Std.) – Sella Buia (1655 m; 6¾ Std.) – Stolvizza (9 Std.)	CAI-Mark. 634, 632, 643	–
32 Monte Cuzzer, 1462 m Zentraler Aussichtspunkt über dem Val Rèsia, Überschreitung auf steilen Wegen. Trittsicherheit, bei Nässe nicht ratsam!	Borgo Lischiazze (525 m) an der Strecke vom Val Rèsia zur Sella Carnizza, 10 km ab Resiutta.	Borgo Lischiazze – Forca Tasacuzzer (1235 m) – Monte Cuzzer (3 Std.) – Case Gost – Borgo Lischiazze (5 Std.)	CAI-Mark. 703, 707	–
33 Valle del Resartico Kleine Talwanderung vor großer Kulisse! Der Abstecher vermittelt einen Eindruck von der ungezähmten Wildheit der Julischen Randberge. Trittsicherheit am Rückweg, der einer alten, gemauerten Wasserleitung folgt.	Borgo Povici di sotto (349 m), 2 km von Resiutta (315 m, 🚌) am Eingang ins Val Rèsia. Parkplatz.	Borgo Povici – Valle Resartico (ca. 600 m) – Aquädukt – Borgo Povici (2 Std.)	CAI-Mark. 702, Rückweg gelbe Bez.	–
34 Monte Chiampon, 1709 m Der gleich einem Schiffsbug über dem Tal des Tagliamento aufragende Gipfel bietet ein tolles Panorama. Trittsicherheit erforderlich (zwei gesicherte Passagen).	Gemona del Friuli (305 m, 🚌). Auf asphaltierter Zickzackstraße über den mächtigen Murkegel zur Mündung des Vegliato-Tälchens.	Vegliato – Sella Foredôr (1067 m; 1½ Std.) – Monte Chiampon (3½ Std.); Abstieg auf dem gleichen Weg (gesamt 5½ Std.)	CAI-Mark. 713	–

Meine Favoriten

04 Das Sieben-Seen-Tal; Zasavska koča, 2071 m
Das Tal der Wunder

Wer die Julischen Alpen wirklich kennenlernen will, muß das Tal der Sieben Seen (Dolina Triglavskih jezer) durchwandern, aus der Wochein herauf bis an den Fuß des Kanjavec! Nicht zufällig handelt es sich dabei um das Kerngebiet des 1924 gegründeten »Triglav-Nationalparks«, der heute fast die gesamten slowenischen Julier umfaßt. Seine Flora – von Balthasar Hacquet (1740–1815) erstmals beschrieben – verdient das Prädikat »einmalig«, die Landschaft hat ihren unverwechselbaren, herb-melancholischen Zauber. Geformt wurde sie von eiszeitlichen Gletschern, später übernahm dann das Wasser die »Feinarbeit«, schuf phantastische Reliefs im Kalk; Bergstürze ließen riesige Geröllhalden zurück, dazwischen sorgen die Seeaugen für belebende Akzente, sieben insgesamt und ein paar Tümpel.

➡ Das Sieben-Seen-Tal, fast zehn Kilometer lang, steigt nördlich an gegen den mächtigen Kanjavec (2569 m); richtig anstrengend ist auf dem weiten Weg zur Zasavska koča (2071 m) allerdings nur der Einstieg: rund 700 Höhenmeter im Zickzack über die Felsstufe der Komarca zum siebten See (man zählt hier von oben), dem Črno jezero (1320 m). Der weitere Anstieg verläuft gemütlicher, immer wieder von längeren Flachstrecken unterbrochen. Am Doppelsee (Dvojno jezero) steht die Sieben-Seen-Hütte (1685 m); hinter dem Großen See (Veliko jezero, 1830 m) kommt der massige Rücken des Kanjavec ins Blickfeld.

Höchster Gipfel der westlichen Julier ist der Jôf di Montasio (2753 m).

Den Wendepunkt der Tour markiert die Zasavska koča in bezaubernder Lage wenig oberhalb des zweiten Sees am Kamm mit freier Sicht auf die Berge der Trenta, vom Bavški Grintavec (2344 m) bis zum Razor (2602 m). Das dunkle Auge des ersten Sees (Jezero pod Vrsacem, 1991 m) entwässert übrigens nicht ins Sieben-Seen-Tal, sondern unterirdisch in die Zadnjica. Dahin kann auch absteigen, wer in der Zasavska koča übernachtet – nach der langen Wanderung durchaus empfehlenswert.

06 Bovški Gamsovec, 2392 m
Was für eine Kulisse!

Der Triglav (2863 m), höchster Gipfel der Julischen Alpen, ist mit seiner riesigen Nordwand Blickfang auf dieser interessanten Gipfelüberschreitung; fast magisch zieht die monumentale, durch mächtige Pfeiler gegliederte Mauer den Blick auf sich. Was für ein Kontrast zu der von Wind und Wasser zernagten Steinwüste der Kriski podi!

➡ Vom Aljažev dom wandert man zunächst flach talein zum originellen Partisanendenkmal, dann – teilweise noch angenehm schattig – bergan gegen den tiefen Einschnitt der Luknja. Nach gut einer Stunde zweigt rechts der Weg in die Sovatna (Steinbockrevier!) ab. Im Zickzack steigt er durch das Tälchen an zum Dovška vrata (2178 m). Jenseits der Scharte breiten sich die Kriški podi mit ihren kreisrunden Karstseen aus. Nun links am Kamm über Bänder und leichte Felsen (Sicherungen) zum Gipfel des Bovški Gamsovec.
Der Abstieg folgt dem gestuften Südgrat, schwenkt oberhalb der Luknja (1758 m) in ein winziges Tälchen ein. Aus dem Paß steigt man dann auf vielbegangenem Weg wieder ab ins Tortal (= Vrata).

Von Hütte zu Hütte

Ein Trekking (so heißt das heute) im Triglav-Nationalpark, von Koča zu Dom? Ein kurzer Blick auf die Landkarte verrät einiges über die vielfältigen Möglichkeiten zu einer Tourenwoche in den Juliern. Bei genauerem Hinsehen zeigt sich allerdings auch, daß zwischen Save und Soča (Isonzo) anstrengende Etappen mit viel Auf und Ab auf den Wanderer warten, und öfters wird aus dem gebahnten Weg eine Geröllspur oder ein gesicherter Steig, muß man die Hände zuhilfe nehmen. Also etwas für bergerfahrene Wanderer, die sich auch mit Klettersteigen ein wenig auskennen.
Die sechs Etappen. *1. Tag:* Wocheiner See – Sieben-Seen-Tal – Zasavska koča (2071 m), 6 Std. *2. Tag:* Zasavska koča – Tržaška koča (2151 m) – Triglav (2863 m) – Dom Stanica (2332 m), 6½ Std. *3. Tag:* Dom Stanica – »Pragweg« – Luknja – Bovški Gamsovec (2392 m) – Pogačnikov dom (2052 m), 7 Std. *4. Tag:* Pogačnikov dom – »Jubiläumsweg« – Prisojnik (2547 m) – Vršič (1611 m), 6 Std. *5. Tag:* Vršič – Zavetišče pod Spičkom (2050 m), 3½ Std. *6. Tag:* Zavetišče pod Spičkom – Jalovec (2643 m) – Dom Tamar (1108 m), 7 Std.

Meine Favoriten

23 Jôf di Montasio, 2753 m

Auf den zweithöchsten Gipfel der Julier

Natürlich zieht es auch Bergwanderer hinauf zu den Gipfeln, und wenn die von solch mächtiger Statur sind wie der Montasch (Jôf di Montasio), dann erst recht. Ein Glück, daß der Riese, der sich aus der Saisera und vom Val Dogna aus so unnahbar gibt, eine weniger steile Flanke aufweist: die Südseite, auffallend gebändert und mit einem grünen Fleck knapp unter dem hohen Kamm. Da führt der markierte Normalweg vorbei, zum Ostgrat und über ihn zum Gipfel. Eine tolle Tour!

➡ Über das Altipiano del Montasio zunächst auf breitem Schotterweg zum Rifugio Brazzà (1660 m), benannt nach dem Erstbesteiger des Berges. Hinter der Hütte links und schräg über die steinigen Blumenwiesen bergan gegen die Forca dei Disteis (2201 m), dann rechts im Geröll mühsam zum Fuß der stark gegliederten Südwand: Bänder, kleine Felsstufen, Schutthänge und zuletzt im Zickzack über den grünen Fleck zum Grat (Forca Verde, 2587 m). Nun am Kamm mit ganz leichten Kraxelstellen, vorbei an einem verfallenen Betonunterstand aus dem Ersten Weltkrieg, zur Gipfelglocke und zur ganz großen Aussicht.

24 Via Alta

Blumenwelt Julische Alpen

Relikten der Vergangenheit begegnet man in den westlichen Juliern allenthalben, die meisten hat der Erste Weltkrieg zurückgelassen: Gräben, Kavernen und zahllose Wege beiderseits der einstigen Frontlinie, die von Pontebba/Pontafel über den Jôf di Miezegnot zum Jôf Fuart/Wischberg und über den Rombon ins Isonzotal (Soca) ging, manche noch begehbar oder rekonstruiert. Solch ein Pfad ist auch die »Via Alta«, 1915 für den italienischen Nachschub erbaut, später vergessen, fast schon überwuchert, schließlich wiederentdeckt und markiert. Ein Hit ist er glücklicherweise nicht geworden, Ruhe unterwegs garantiert – niemand stört die prächtigen Bilder, große wie kleine. Die großen, wilden baut das Gebirge auf, kleine Sehenswürdigkeiten finden sich en masse links und rechts der Wegspur: die Flora der Julier, üppig und reich an Arten, denen man anderswo in den Alpen kaum begegnet.

➡ Wer in Sella Nevea (1150 m) übernachtet hat, muß zunächst hinauf zum Altipiano del Montasio, dem weiten Almgelände unter der horizontal geschichteten Mauer des Montaschmassivs (Jôf di Montasio, 2753 m): knapp anderthalb Stunden auf dem Teerband (oder zehn Minuten im Auto eines freundlichen Zeitgenossen …). Unweit der Alphütten von Pecol (1519 m) beginnt die »Via Alta«, erst als häßliche (neue) Schotterspur, die aber bald zur Mulattiera wird. Fast eben geht's unter den Grashängen des Monte Zabus dahin und um die Felsen des Pizzo Viene (2037 m) herum. Dann verliert der teilweise von der üppigen Vegetation fast überwucherte Weg in Schleifen etwa 200 Meter an Höhe, ehe er einfädelt ins Grabensystem über dem mittleren Raccolanatal. Ein paar Serpentinen leiten schließlich hinab zu den Häusern von Patòc (772 m). Hier wird aus der Höhen- eine Talwanderung: am Rio Patòc entlang hinab und hinaus in den Canal del Ferro und links nach Raccolana, zuletzt mit dem Rauschen des Fernverkehrs auf der Autostrada im Ohr.

Wischberggruppe (Jôf Fuart, 2666 m) vom Kaninmassiv aus gesehen.

Die Karnischen Alpen

Karnischer Hauptkamm und Berge der Càrnia

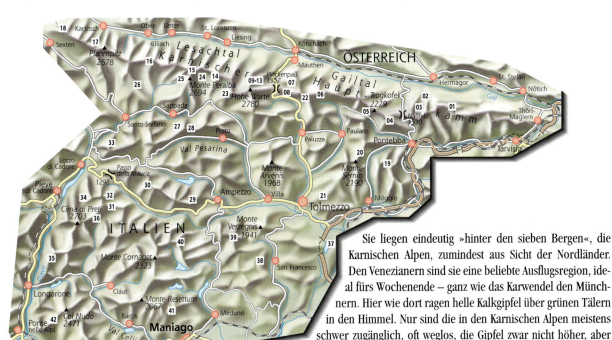

Sie liegen eindeutig »hinter den sieben Bergen«, die Karnischen Alpen, zumindest aus Sicht der Nordländer. Den Venezianern sind sie eine beliebte Ausflugsregion, ideal fürs Wochenende – ganz wie das Karwendel den Münchnern. Hier wie dort ragen helle Kalkgipfel über grünen Tälern in den Himmel. Nur sind die in den Karnischen Alpen meistens schwer zugänglich, oft weglos, die Gipfel zwar nicht höher, aber schroff und gegen Besteigungsversuche durch kratziges Macchiadickicht und endlose Schuttreißen bestens geschützt.

So etwas trägt natürlich nicht unbedingt zur Popularität einer Bergregion bei, die zudem kaum mit berühmten Namen aufwarten kann. Immerhin, einige Gipfel im Karnischen Haupt- und Grenzkamm – Gartnerkofel (2195 m), Hohe Warte (2780 m), Hochweißstein (2694 m) – dürften dem interessierten Publikum hierzulande nicht ganz unbekannt sein, dazu der »Karnische Höhenweg«.

Und dahinter? Buchstäblich »terra incognita«, ein weißer Fleck auf der Alpenkarte. Wer kennt denn einen Zuc dal Bôr, war je in den »Pesariner Dolomiten«, hat die Schluchten der Cellina bestaunt oder den Monte Pramaggiore bestiegen? Rund 3500 Quadratkilometer groß ist die Bergwelt der Càrnia (heute teilweise Naturpark) zwischen den Julischen Alpen im Osten und den Dolomiten, von denen sie der Piavegraben trennt, im Westen – ein echtes Dorado für Liebhaber weiter Wege und Anstiege mit leicht abenteuerlichem Touch. Das liegt doch – pardon! – ganz im Trend unserer Zeit – Outdoor adventure.

Führer & Landkarten

Der Abgelegenheit dieser Bergregion entspricht das weitgehende Fehlen aktueller Führer (in deutsch); eine Ausnahme macht der Bild-Text-Band »Naturparadies Karnische Alpen und Berge Friauls« von Ingrid Pilz (Styria, Graz), mit praktischem Tourenheft. Sehr gutes Kartenmaterial im Maßstab 1:25 000 liefert Tabacco: 01 »Sappada-S. Stefano-Forni Avoltri«, 02 »Forni di Sopra-Ampezzo-Sauris«, 09 »Alpi Carniche-Karnische Alpen«, 012 »Alpago-Cansiglio-Piancavallo«, 013 »Prealpi Carniche-Val Tagliamento«, 018 »Alpi Carniche Orientali-Canal del Ferro«, 021 »Dolomiti di Sinistra Piave«, 028 »Val Tramontina-Val d'Arzino«. Für Touren im Bereich des Karnischen Hauptkamms leisten auch zwei Blätter von Freytag & Berndt gute Dienste: 182 »Lienzer Dolomiten-Lesachtal«, 223 »Weißensee-Gailtal-Naßfeld«.

Am Karnischen Hauptkamm: Monte Chiadenis (2490 m) und Hochweißstein (2694 m)

143

Alle Wanderungen auf einen Blick

Tourenziel/Charakteristik	Ausgangspunkt	Wegverlauf & Gehzeit	Markierung	Einkehr am Weg
Karnischer Hauptkamm				
01 Osternig, 2052 m Aussichtsgipfel ganz im Osten des Karnischen Hauptkamms, erster Zweitausender. Leichte Überschreitung auf markierten Wegen.	Werbutzalm (1440 m) oder Dolinzaalm (1460 m), beide auf schmalen Straßen von Vorderberg (565 m, 🚌) im Untergailtal erreichbar.	Werbutzalm – Feistritzer Alm (1718 m; 1 Std.) – Osternig (2 Std.) – Feistritzer Alm (2½ Std.) – Dolinzaalm (3¼ Std.) – Werbutzalm (4¼ Std.)	AV-Mark.	Werbutzalm (1440 m), Hot. Oisternig (1718 m), Wh. Starhand (1480 m)
02 Garnitzenklamm Spannende Klammtour, im oberen Bereich einige etwas ausgesetzte, gesicherte Passagen. Schautafeln des »Geo-Trails« informieren über das Werden und Vergehen in den Bergen.	Parkplatz am Klammeingang (612 m); Zufahrt von Hermagor (603 m, 🚌) über Möderndorf, 3,5 km.	Garnitzenklamm – Notunterstand (910 m; 1¼ Std.) -Klause (1120 m; 2½ Std.) – Notunterstand – St. Urban (879 m) – Klammeingang (5 Std.)	AV-Mark. 409, 116, 410	Klammwirt am Schluchteingang
03 Gartnerkofel, 2195 m Leichtester und meistbesuchter Gipfel (»Geo-Trail«) über der Sonnenalpe Naßfeld. Auf der Watschiger Alm hat die Wulfenia ihren einzigen Standort in den Alpen!	Naßfeldjoch (Passo Pramollo, 1530 m, 🚌), Übergang von Tröpolach (600 m) im Gailtal nach Pontebba (561 m) im Val Canale.	Naßfeldjoch – Garnitzenberg (1951 m; 1¼ Std.) – Gartnerkofel – (2¾ Std.) – Naßfeldjoch (4¼ Std.)	AV-Mark. 411, 412	Naßfeld, Watschiger Alm (1625 m)
04 Roßkofel (Monte Cavallo), 2239 m Sehr anspruchsvolle Runde für erfahrene Berggänger, an der »Alta via CAI Pontebba« leichte Kletterstellen (I–II). Gute Kondition unerläßlich. »Ferrata Contin« → »Hüslers Klettersteigatlas Alpen«	Naßfeldjoch (Passo Pramollo, 1530 m, 🚌), Übergang von Tröpolach (600 m) im Gailtal nach Pontebba (561 m) im Val Canale.	Naßfeldjoch – Südrampe der Paßstraße (1295 m; ¾ Std.) – »Alta via CAI Pontebba« – Monte Malvueric (1899 m; 3 Std.) – Sella della Pridola (1644 m) – Roßkofel (5½ Std.) – Rudnigsattel (1945 m; 6 Std.) – Naßfeldjoch (7½ Std.)	»Alta via« rot-blau bez., ab Rudnigsattel AV-Mark. 403	Naßfeldjoch (1530 m)
05 Rund um den Trogkofel Aussichtsreiche Höhenrunde am Karnischen Hauptkamm, (noch) außerhalb des Skizirkus von Naßfeld. Gipfelsteige → »Hüslers Klettersteigatlas Alpen«	Rudnigalm (1622 m) oder Rattendorfer Alm (1531 m), beide auf mautpflichtigen Straßen erreichbar von Tröpolach bzw. Rattendorf.	Rudnigalm – Rudnigsattel (1945 m; 1 Std.) – »Karnischer Höhenweg« – Rattendorfer Alm (2¾ Std.) – Tröpolacher Alm – Rudnigalm (4½ Std.)	AV-Mark. 414, 403, 416	Rudnigalm (1622 m), Rattendorfer Alm (1531 m), Tröpolacher Alm (1568 m)
06 Hoher Trieb, 2199 m Gipfelüberschreitung für Geübte, am Ostgrat einige exponierte Passagen, vom Gipfel große Schau in die »terra incognita« der Càrnia. An den Südhängen des Hohen Triebs blüht es im Frühsommer üppig.	Dr.-Steinwender-Hütte (1738 m), mautpflichtige Zufahrt von Weidenburg (683 m) bei Dellach (672 m, 🚌), 14 km. Parkplatz etwas unterhalb der Hütte.	Steinwenderhütte – Zollnertörl (1797 m) – ex-Rif. Fabiani (1539 m; ¾ Std.) – Ostgrat – Hoher Trieb (2½ Std.) – Kronhofer Törl (1785 m; 3¾ Std.) – Obere Bischofalm (1573 m; 4¾ Std.) – Steinwenderhütte (5½ Std.)	CAI-Mark. 454, 448; AV-Mark. 403	Dr.-Steinwender-Hütte (1738 m)
07 Polinik, 2332 m Markanter Felsgipfel südlich von Kötschach-Mauthen, über die Südflanke leichter Wanderberg. Vom Gipfel große Rundschau.	Plöckenhaus (1215 m, 🚌) an der Straße zum Plöckenpaß (1357 m), 2 km nördlich der Scheitelhöhe.	Plöckenhaus – Spielbodentörl (2¾ Std.) – Polinik (3½ Std.); Abstieg auf dem gleichen Weg (gesamt 5½ Std.)	AV-Mark. 430	Plöckenhaus (1215 m)
08 Kleiner Pal, 1867 m Auf den (rund um den Plöckenpaß allgegenwärtigen) Spuren des Ersten Weltkriegs. Freilichtmuseum 1915-17, ständige Ausstellung im Rathaus von Kötschach-Mauthen.	Plöckenpaß (1357 m, 🚌), Straßenübergang zwischen dem Gailtal und dem Tal des But, von Kötschach-Mauthen nach Paluzza 30 km.	Plöckenpaß – MG-Nase – Kleiner Pal (1½ Std.) – »Alpinisteig« – Plöckenpaß (2¾ Std.)	Aufstieg rot-weiß bez., Abstieg CAI-Nr. 401	Plöckenpaß
09 Wolayer See, 1951 m Wanderklassiker am Karnischen Hauptkamm; faszinierend die Nordabstürze von Kellerwand und Hoher Warte (2780 m), idyllisch der Wolayer See.	Untere Valentinalm (1205 m), Zufahrt von der Plöckenstraße (🚌), 1,5 km.	Untere Valentinalm – Valentintörl (2138 m; 3 Std.) – Wolayer See (3½ Std.); Rückweg auf der gleichen Route (gesamt 6 Std.)	AV-Mark. 403	Untere Valentinalm (1205 m), Eduard-Pichl-Hütte (1967 m) am Wolayer See
10 Cellon (Frischenkofel), 2241 m Im Ersten Weltkrieg massiv befestigter Eckpfeiler des Hohe-Warte-Massivs, vom Plöckenpaß bequemer Anstieg. Sportliche Alternative: Vom Paß durch den (gesicherten) steilen Cellon-Stollen auf die »Schulter«, dann Querung zum Normalweg (mark.).	Plöckenpaß (1357 m, 🚌), Straßenübergang zwischen dem Gailtal und dem Tal des But, von Kötschach-Mauthen nach Paluzza 30 km.	Plöckenpaß – Grüne Schneid – Cellon (2¾ Std.); Abstieg auf dem gleichen Weg (gesamt 4½ Std.)	CAI-Nr. 147	Plöckenpaß
11 Kollinkofel, 2689 m Selten besuchter, dankbarer Aussichtsberg. Felsrampe oberhalb der »Scaletta« mit einigen Sicherungen; reiche Flora. Vor einem Abstieg zur Grünen Schneid muß gewarnt werden (spärliche Bez., Klettergelände)!	Plöckenpaß (1357 m, 🚌), Straßenübergang zwischen dem Gailtal und dem Tal des But, von Kötschach-Mauthen bis Paluzza 30 km.	Plöckenpaß – Casera Collinetta di sopra (1641 m; ¾ Std.) – Kollinkofel (4 Std.); Abstieg auf dem gleichen Weg (gesamt 6½ Std.)	CAI-Nrn. 146, 171	Plöckenpaß

Alle Wanderungen auf einen Blick

Tourenziel/Charakteristik	Ausgangspunkt	Wegverlauf & Gehzeit	Markierung	Einkehr am Weg
12 Hohe Warte, 2780 m Höchster Gipfel der Karnischen Alpen mit großem Panorama. Aufstieg über die Südflanke nur mäßig schwierig; reichlich Geröll. Alternativer Ausgangspunkt: Rif. Tolazzi (1350 m), Zufahrt von Forni Avoltri via Collina (2¼ Std. zum Rif. Marinelli).	Plöckenpaß (1357 m, 🚌), Straßenübergang zwischen dem Gailtal und dem Tal des But, von Kötschach-Mauthen bis Paluzza 30 km.	Plöckenpaß – Casera Monumenz – Rif. Marinelli (2¾ Std.) – Hohe Warte (4¾ Std.); Abstieg auf dem gleichen Weg (gesamt 8 Std.)	CAI-Nrn. 146, 143	Plöckenpaß; Rif. Marinelli (2111 m), bew. Juli bis 20. Sept.
13 Rauchkofel, 2460 m Den schönsten Blick in die gewaltige Felsphalanx von Hoher Warte (2780 m) und Kellerwand bietet der Rauchkofel.	Hubertuskapelle (1114 m) im Wolayer Tal, evtl. Untere Wolayer Alm (1218 m), 9 km ab Birnbaum (950 m, 🚌).	Hubertuskapelle – Pichlhütte (2½ Std.) – Rauchkofel (4 Std.) – Valentintörl (2138 m; 4½ Std.) – Pichlhütte – Hubertuskapelle (6½ Std.)	AV-Mark. 437, 436, 403	Eduard-Pichl-Hütte (1967 m)
14 Steinwand, 2520 m Recht selten besuchter Gipfel zwischen Hoher Warte und Hochweißstein; für Geübte leicht. Ausdauer erforderlich, am Gipfel leichte Felsen. Abstecher zum Letterspitz 10 Min., mark., eine Stelle gesichert.	Obergailtal, Zufahrt von der Lesachtalstraße über Obergail (1094 m) bis zu einer Weggabelung (ca. 1170 m), 5 km. Parkmöglichkeit.	Obergailtal – Obergailalm (1426 m; ¾ Std.) – Knolihütte (1812 m; 2 Std.) – Obergailjoch (2216 m; 3 Std.) -Steinwand (4 Std.); Abstieg auf dem gleichen Weg (gesamt 6½ Std.)	Rot-weiß bis ins Obergailjoch, dann rot-gelbe Bez.	–
15 Monte Peralba (Hochweißstein), 2694 m Bekannter, vielbesuchter Aussichtsgipfel im Karnischen Hauptkamm, Aussicht von den Sextener Dolomiten bis zum Triglav. Am Gipfel leichte Felsen, Trittsicherheit unerläßlich!	Frohntal, Zufahrt von St. Lorenzen (1127 m, 🚌) im Lesachtal bis zu einem Parkplatz unterhalb der Ingridhütte (1646 m), 7,5 km. Letztes Straßenstück sehr schlecht.	Frohntal – Ingridhütte (½ Std.) – Hochweißsteinhaus (1¼ Std.) – Hochalpljoch (2278 m; 2½ Std.) – Monte Peralba (3¾ Std.); Abstieg auf dem gleichen Weg (gesamt 6¼ Std.)	AV-Mark. 448, CAI-Nr. 131	Ingridhütte (1646 m), Hochweißsteinhaus (1867 m)
16 Porze (Cima Palombino), 2600 m Sein felsig-zerfurchter Gipfel schließt das Obertilliacher Tal wuchtig ab. Der einzige leichte Gipfelweg verläuft über den Westgrat.	Parkplatz beim Klapfweiher (ca. 1700 m), Zufahrt von Obertilliach (1450 m, 🚌), 7 km. An Wochenenden Weiterfahrt zur Porzehütte.	Klapfweiher – Porzescharte (2363 m; 2¼ Std.) – Porze (3¼ Std.) – Porzescharte – Porzehütte (4¾ Std.) – Klapfweiher (5¼ Std.)	AV-Mark. 461, 403; CAI-Nr. 160	Porzehütte (1942 m)
17 Obstanser-See-Hütte, 2304 m Hübsch am Obstanser See gelegenes Schutzhaus, Stützpunkt für Weitwanderer am »Karnischen Höhenweg«. Schönster Hüttengipfel: Pfannspitze (2678 m, 1¼ Std., mark.).	Kartitsch (1353 m, 🚌), Feriendorf an der Strecke Sillian – Kartitscher Sattel – Lesachtal.	Kartitsch – Obstanser-See-Hütte (3½ Std.); Abstieg auf dem gleichen Weg (gesamt 6 Std.)	AV-Mark. 466	Obstanser-See-Hütte (2304 m), bew. Juli bis Sept.
18 Helm, 2433 m Berühmter Aussichtsgipfel mit grandiosem Blick auf die Sextener Dolomiten. Zusätzliches Gipfelziel im Karnischen Hauptkamm: Hollbrucker Spitze (2581 m): gut 1 Std. von der Sillianer Hütte, markierter Kammweg.	Leckfeldalm (1890 m), Zufahrt von Sillian (1103 m, 🚌), 7 km.	Leckfeldalm – Sillianer Hütte (1¾ Std.) – Helm (2½ Std.); Abstieg auf dem gleichen Weg (gesamt 4½ Std.)	Bez. Wege	Leckfeldalm (1890 m), Sillianer Hütte (2447 m)

Karnische Alpen, Voralpen

Tourenziel/Charakteristik	Ausgangspunkt	Wegverlauf & Gehzeit	Markierung	Einkehr am Weg
19 Rund um den Monte Chiavals Abenteuerrunde für Bergerfahrene: reichlich Mühen, aber auch große Eindrücke. Herrliche Blumenpracht am Monte Chiavals.	Gravon di Glerîs (ca. 1050 m), Zufahrt von Frattis bei Aupa (908 m, 🚌) an der Strecke Pontebba – Forcella Cereschiatis, ca. 3 km. Parkmöglichkeit.	Gravon di Glerîs – Forcella alta di Ponte di Muro (1613 m; 1¾ Std.) -Forcella Chiavals (1869 m; 3¾ Std.) – Forcella della Pecora (4½ Std.) – Gravon di Glerîs (6 Std.)	CAI-Mark. 429, 425, 430	–
20 Monte Flop, 1795 m Lohnende Wanderrunde vor der Dolomitenkulisse von Creta Grauzaria (2065 m) und Monte Sérnio (2167 m). Im Frühsommer üppig-südalpine Flora. Kammweg zum Gipfel ohne Mark.	Val d'Aupa, 9 km nördlich von Moggio (322 m, 🚌) an der Abzweigung eines Sträßchens (619 m, Hinweis »Rif. Grauzaria«).	Val d'Aupa – Rif. Grauzaria (2 Std.) – Foran da la Gjaline (2¾ Std.) – Monte Flop (3¾ Std.) – Forca Zouf di Fau (1392 m; 4½ Std.) – Val d'Aupa (5¾ Std.)	CAI-Mark. 437, 435, 436	Rif. Grauzaria (1250 m)
21 Monte Amariana, 1905 m Elegante Felspyramide östlich über Tolmezzo. Auffallend der gewaltige Murabriß an der Westflanke (Rivoli Bianchi), vom Gipfel packender Tiefblick auf das Geröllbett des Tagliamento. Ausdauer, im Sommer sehr heiß!	Illegio (576 m, 🚌), Bergdörfchen, Zufahrt von Tolmezzo (343 m), 6 km.	Illegio – Biv. Cimenti (1080 m; 1¾ Std.) – Monte Amariana (4¼ Std.); Abstieg auf dem gleichen Weg (gesamt 7 Std.)	CAI-Mark. 443	Illegio (576 m)

Alle Wanderungen auf einen Blick

Tourenziel/Charakteristik	Ausgangspunkt	Wegverlauf & Gehzeit	Markierung	Einkehr am Weg
22 Gamsspitz, 1847 m Phantastischer Kletterzacken direkt über Timau mit senkrechter Südwand. Steiler Weg »hinten herum« zum großen Vogelschaublick. Leichte Felsen am Gipfel, Kondition!	Timau (820 m, 🚌), Dorf am Plöckenpaß, 10 km südlich von der Scheitelhöhe.	Timau – Gamsspitz (3 Std.); Abstieg auf dem gleichen Weg (gesamt 4¾ Std.)	CAI-Mark. 402, 452	–
23 Monte Volaia (Wolayer Kopf), 2470 m Gipfel im felsigen Biegengebirge, das – zusammen mit der Hohen Warte – die eindrucksvolle Kulisse der Oberen Wolayer Alm bildet. Von Süden auf alten Kriegssteigen für Geübte leicht.	Collina (1230 m), Zufahrt von Forni Avoltri (888 m, 🚌), 7 km.	Collina – Forcella Ombladêt (2061 m; 2¼ Std.) – Tacca del Sasso Nero (2350 m; 3 Std.) – Monte Volaia (3½ Std.); Abstieg auf dem gleichen Weg (gesamt 6 Std.)	CAI-Mark. 141, 176A	–
24 Monte Avanza, 2489 m Stark gegliedertes Felsmassiv über dem Val Fleons; Normalanstieg teilweise auf alten Kriegssteigen, viel Geröll, Bergerfahrung notwendig.	Parkplatz (1815 m) an der Abzweigung des Karrenweges zum Rif. Calvi, von Cima Sappada (1299 m, 🚌) 8 km.	Parkplatz – Passo Avanza (1683 m; ½ Std.) – Passo dei Cacciatori (2213 m; 2 Std.) – Monte Avanza (3¼ Std.) – Passo dei Cacciatori (4 Std.) – Passo di Sesis (4½ Std.) – Rif. Calvi (5 Std.) – Parkplatz (5¾ Std.)	CAI-Mark. 173, 132; rote Tupfer	Rif. Calvi (2164 m)
25 Rund um den Monte Peralba Abwechslungsreiche Wanderrunde auf guten Wegen; mit der Besteigung des → Monte Peralba (2694 m) ein volles Tagespensum.	Rif. Sorgenti del Piave (1830 m), Zufahrt von Cima Sappada (1299 m, 🚌), 9 km.	Rif. Sorgenti del Piave – Rif. Calvi (1 Std.) – Hochalpljoch (Passo dell'Oregone, 2278 m; 2 Std.) – Val dell'Oregone (1572 m) – Rif. Sorgenti del Piave (4 Std.)	CAI-Mark. 132, 134, 137	Rif. Sorgenti del Piave (1830 m), Rif. Calvi (2164 m)
26 Monte Schiaron, 2246 m Leicht erreichbarer Aussichtsgipfel über dem Val Visdende. Alte Kriegswege und -stellungen.	Val Visdende, Parkplatz »La Fitta« (1310 m), 6 km von der Strada Statale No. 355 Santo Stefano di Cadore – Sappada.	La Fitta – Forcella Zovo (1606 m; 1¾ Std.) – Forcella Longerin (2044 m; 3¼ Std.) – Monte Schiaron (4 Std.) – Forcella Longerin – Casera Londo (1643 m; 4¾ Std.) – La Fitta (5¾ Std.)	CAI-Mark. 169, 196, 167	Mehrere Hütten im Val Visdende
27 Forcella dei Cadini, 2098 m Mitten in die »Pesariner Dolomiten« führt diese Runde auf markierten, teilweise allerdings recht rauhen Wegen. Am Passo dell'Arco schönes Felsentor.	Sappada (1218 m, 🚌), alte deutsche Sprachinsel (Bladen) am Oberlauf des Piave. Parkmöglichkeiten am Fluß.	Sappada – Biv. Del Gobbo (1985 m; 2¾ Std.) – Forcella dei Cadini (3 Std.) – Passo dell'Arco (1907 m; 3¾ Std.) – Sappada (5¼ Std.)	CAI-Mark. 317, 322, 232, 316	–
28 Sentiero Corbellini Interessanter Höhenweg, an einigen Stellen gesichert. Tolle Kulisse, der Weg vermittelt Einblick in die wilden Felswinkel der »Pesariner Dolomiten«.	Bar Pian di Casa (1236 m) im oberen Val Pesarina, 18 km von Comeglians (546 m, 🚌). Parkplatz.	Pian di Casa – Rif. De Gasperi (1¾ Std.) – »Sentiero Corbellini« – Passo Siera (1592 m; 3¾ Std.) – Culzei (970 m; 5 Std.)	CAI-Mark. 201, 316, 231	Bar Pian di Casa (1236 m), Rif. De Gasperi (1767 m)
29 Monte Tinisa, 2120 m Abwechslungsreiche Runde für Bergerfahrene mit einigen etwas kniffligen Passagen zwischen Malpasso di Tinisa (nomen est omen!) und dem Gipfel. Die Tour folgt dem »Sentiero Naturalistico Tiziana Weiss« (Blumen!).	Rif. Tita Piaz (1417 m), knapp nördlich unterhalb des Passo della Pura (1428 m), der Ampezzo (559 m, 🚌) mit Sauris (der deutschen Enklave Zahre) verbindet, 23 km.	Rif. Piaz – Casera Tintina (1495 m) – Forca di Montôf (1822 m; 2 Std.) – Malpasso (1960 m; 3 Std.) – Monte Tinisa (3¾ Std.) – Malpasso (4¼ Std.) – Casera Tintina – Rif. Piaz (6 Std.)	CAI-Mark. 215, 233	Rif. Tita Piaz (1417 m)
30 Monte Bivera, 2474 m Wo die Karnischen besonders einsam sind (und das will etwas heißen!). Höchster Gipfel zwischen den Tälern von Sauris und des Tagliamento, Trittsicherheit.	Casera Razzo (1739 m), nahe der Straßenverzweigung auf die Sella Razzo (1724 m). Anfahrt von Vigo di Cadore, Forcella Lavardêt und Ampezzo – Sauris.	Casera Razzo – Casera Chiansaveit (1698 m; 1 Std.) – Monte Bivera (3½ Std.); Abstieg auf dem gleichen Weg (gesamt 6 Std.)	Bis Chiansaveit CAI-Mark. 210, dann gelegentlich Steinmännchen, Wegspur.	–
31 Monte Pramaggiore, 2478 m Die richtige Tour für konditionsstarke Einsamkeitsfans. An der Forcella Sidón gesicherte Passagen (»Sentiero Barini«), am Abstieg von der Forcella Pramaggiore zum Passo di Suola große Steinschlaggefahr. Riesenpanorama.	Forni di Sopra (894 m, 🚌), Ferienort im obersten Tagliamentotal, 20 km von Ampezzo. Vom Weiler Andrazza (885 m) hinab zum Fluß. Parkplatz.	Andrazza – Rif. Flaiban-Pacherini (2 Std.) – Forcella Sidón (4 Std.) – Forcella Pramaggiore (2295 m) – Monte Pramaggiore (4¾ Std.) – Forcella Pramaggiore (5 Std.) – Andrazza (7¾ Std.)	CAI-Mark. 362, 363, 366	Rif. Flaiban-Pacherini (1587 m)
32 Forcella della Méscola, 1967 m – Rifugio Giaf Wanderrunde südlich des Mauriapasses mit Aussicht auf die bizarren Dolomitgipfel rund um die Cridola (2581 m). Blumen!	Passo della Mauria (1298 m, 🚌), Straßenübergang vom Piavetal ins Tal des Tagliamento.	Passo della Mauria – Forcella della Méscola (2½ Std.) – Monte Boschet (1707 m) – Rif. Giaf (3½ Std.) – Colle Parsupagn – Passo della Mauria (6 Std.)	CAI-Mark. 348, 341	Passo della Mauria (1298 m), Rif. Giaf (1405 m)

Alle Wanderungen auf einen Blick

Tourenziel/Charakteristik	Ausgangspunkt	Wegverlauf & Gehzeit	Markierung	Einkehr am Weg
33 Monte Tudaio, 2140 m Westlicher Eckpfeiler des Brentoni-Massivs mit herrlicher Aussicht auf die Dolomiten. Bequemer Aufstieg über alten Kriegsweg.	Piniè (807 m, 🚌), Weiler im Piavetal, 2 km nördlich von Laggio.	Piniè – Monte Tudaio (3½ Std.); Abstieg auf dem gleichen Weg (gesamt 5¾ Std.)	Rote Mark.	–
34 Rifugio Padova, 1278 m Herrlich vor den Zinnen und Türmen der Cridola und der Spalti di Toro gelegene Hütte.	Vallasella (711 m, 🚌), Dorf am Lago di Centro Cadore, 4 km von Pieve di Cadore. Parkplatz jenseits des Stausees beim Campingplatz.	Camping – Rif. Padova (2½ Std.); Abstieg auf dem gleichen Weg (gesamt 4 Std.)	CAI-Mark. 347, 342	Rif. Casera Cercenà (1051 m), Rif. Padova (1278 m)
35 Monte Borgà, 2228 m Überschreitung der »karnischen Art«: sehr anstrengend, einsam, großartig! Nur für gute, ausdauernde Bergsteiger, Abstieg östlich nach Erto. Der jämmerliche Rest des Vajont-Stausees erinnert an die Katastrophe von 1963, als Longarone dem Erdboden gleichgemacht wurde.	Davestra (482 m), Weiler am Piave, 7 km nördlich von Longarone (473 m, 🚌).	Davestra – Cà Copada (868 m; 1¼ Std.) – Forcella del Borgà (1793 m; 4¾ Std.) – Weggabelung (1675 m; 5½ Std.) – Monte Borgà (7½ Std.) – Weggabelung – Erto (778 m; 10½ Std.)	CAI-Mark. 392, 381, 393	Erto (778 m)
36 Bivacco Perugini, 2060 m Berühmtester Felszacken in den Karnischen Alpen ist der eigenwillig geformte Campanile del Val Montanaia (2173 m).	Rif. Pordenone (1249 m) im Val Cimolina, schlechte Zufahrt ab Cimolais (651 m, 🚌), 13 km.	Rif. Pordenone – Val Montanaia – Biv. Perugini (2½ Std.); Abstieg auf dem gleichen Weg (gesamt 4 Std.)	CAI-Mark. 353	Rif. Pordenone (1249 m)
37 Monte San Simeone, 1505 m »Inselberg« zwischen den Julischen und den Karnischen Alpen, mit den alten Kriegsstraßen auch ein tolles Bike&Hike-Ziel. Schöne Aussicht, packende Tiefblicke.	Bordano (236 m, 🚌), Dorf am Tagliamento, südwestlich von Venzone.	Bordano – Sella di Bordano (315 m) – ex-strada militare – Pianero del San Simeone (1215 m; 1½ bis 2 Std./Rad) – Monte San Simeone (1 Std./zu Fuß)	CAI-Mark. 639	Baita Monte San Simeone (1203 m)
38 Val Comugna Abenteuerpfad durch die Schluchten des unteren Val Comugna; einige exponierte Passagen, alte Sicherungen. Abstecher zum verlassenen Weiler San Vincenzo (580 m): zusätzlich 2 Std., Mark. 810.	San Francesco (390 m), Weiler im Val d'Arzino, an der Strecke Sella Chianzutàn – Pinzano al Tagliamento.	San Francesco – Valentins (356 m; ½ Std.) – Val Comugna – Case Piedigiâf (487 m; 3½ Std.) – Sella Giâf (960 m; 5 Std.) – San Francesco (6¼ Std.)	CAI-Mark. 810, 810a	–
39 Monte Valcalda, 1908 m Höchster Gipfel zwischen den Tälern von Arzino und Tramonti mit schöner Aussicht auf die Bergketten der Carnia. Große Alternative: Überschreitung auf dem »Sentiero Ursula Nagel« zum Passo di Monte Rest (1053 m; etwa 8 Std., Mark. 826).	Sella Chiampon (789 m), Straßenpaß zwischen dem Tagliamento- und dem Arzinotal. Parkmöglichkeit etwas südlich der Scheitelhöhe bei den Stavoli Piè della Valle (764 m).	Stavoli Piè della Valle – Malga Teglara (1573 m; 2½ Std.) – Monte Valcalda (3¾ Std.); Abstieg auf dem gleichen Weg (gesamt 6¼ Std.)	CAI-Mark. 826	–
40 Monte Frascola, 1961 m Garantiert mehr Schlangen als Menschen trifft man auf dem Weg zum Monte Frascola: Karnische Alpen pur, ferner als jedes Trekkerziel. Nur für erfahrene Berggänger; Biwakausrüstung schadet nicht.	Maleón (456 m), Häusergruppe an der Südrampe der Straße über die Forcella di Monte Rest (1053 m), 2 km von Tramonti di Sopra (415 m, 🚌).	Maleón – Casera Chiampis (3½ Std.) – ex-Casera Tamarùz (1520 m) – Monte Frascola (6 Std.) – Forca del Frascola (1520 m; 7 Std.) – Casera Chiampis (8 Std.) – Maleón (10½ Std.)	CAI-Mark. 377, 392, 386	Notunterkunft Casera Chiampis (1236 m)
41 Monte Raut, 2025 m Prächtiger Aussichtspunkt am Südalpenrand. Unter dem Gipfel gesicherte Passage (Drahtseil).	Forcella di Pala Barzana (840 m), Straßenübergang von Barcis nach Maniago.	Forcella di Pala Barzana – Forcella Capra (1824 m; 3 Std.) – Monte Raut (4 Std.); Abstieg auf dem gleichen Weg (gesamt 6½ Std.)	CAI-Mark. 967, rote Punkte	–
42 Monte Dolada, 1938 m Aussichtsgipfel über dem Piavetal, bietet herrliche Tiefblicke auf den Lago di Santa Croce und Belluno sowie Aussicht auf den Alpago mit seinen Dörfern und Bergen. Einige exponierte Passagen, nicht bei Nässe gehen!	Rif. Dolada (1494 m), Zufahrt von Pieve d'Alpago (691 m, 🚌), 7,5 km.	Rif. Dolada – Monte Dolada (1½ Std.); Abstieg auf dem gleichen Weg (gesamt 2½ Std.)	CAI-Mark. 961	Rif. Dolada (1494 m)
43 Cimon del Cavallo, 2251 m Felsige Gipfelbastion am Südalpenrand: Aussicht ins Gebirge und weit hinaus ins Flache, bis zur Adria. Üppige Flora, am Aufstieg kurze gesicherte Passage.	Malga Pian Lastre (1260 m), Zufahrt von Tambre (922 m, 🚌) 5 km. Parkplatz.	Malga Pian Lastre – Rif. Semenza (2 Std.) – Monte Cavallo (3 Std.) – Forcella del Cavallo – Casera Palantina (1521 m; 4½ Std.) – Malga Pian Laste (5¼ Std.)	CAI-Mark. 926, 924, 923	Rif. Semenza (2020 m)

Meine Favoriten

04 Roßkofel (Monte Cavallo), 2239 m

Nichts für Pferde!

Drei markante, aber sehr unterschiedliche Gipfel beherrschen die Naßfeldregion: der Gartnerkofel, der sich vom Gailtal aus als hoher Zackengrat zeigt, der Trogkofel (2279 m) mit seiner markanten Gipfelschräge und der Roßkofel, ein langgestreckter, massiger Felsrücken mit beeindruckenden Nordabstürzen. Letzterer bietet neben schönen Kletterrouten und einer Via ferrata eine große und großartige Überschreitung: die »Alta via CAI Pontebba« vom Monte Malvueric bis zum Rudnigsattel, gut markiert, aber ungesichert, dafür mit ein paar leichten Kletterstellen (I–II). Eine Tour der Spitzenklasse, aber nur für konditionsstarke, erfahrene Berggänger!

➡ Die Tour beginnt mit dem Straßenhatscher hinunter ins Winkeltal, eine Dreiviertelstunde zu Fuß (oder fünf Minuten per Anhalter). Nun rechts (Hinweistafel, ca. 1300 m) zum Winkelbach und jenseits, den rot-blauen Markierungen folgend, im Wald bergan und durch eine Rinne auf den Rücken des Monte Malvueric (1899 m). Erst durch ein Tälchen, dann am allmählich schmaler werdenden Grat zum Gipfel und jenseits hinab in die Sella Prevala

(1644 m), wo rechts ein kürzerer Zustieg vom Naßfeldjoch mündet (1¼ Std., Mark. 443). Weiter am Kamm entlang, unter der Anticima Est (1971 m) links auf eine grüne Terrasse und anschließend durch eine Steilrinne (Stellen I–II) zurück auf den Grat. An ihm über die Creta di Pricot (2203 m) auf das ausgedehnte Gipfelplateau des Roßkofels.

Abstieg nordwestlich über Karren hinunter in den Rudnigsattel (1942 m; Vorsicht bei Nebel!). Hier stößt man auf den »Karnischen Höhenweg«, der über die Tressdorfer Höhe zurückleitet zum Naßfeldjoch.

06 Hoher Trieb, 2199 m

Gratwanderung am Karnischen Hauptkamm

Von der Steinwenderhütte zeigt er sich als recht felsiger Gipfel, und über seinen Nordgrat verläuft auch ein Klettersteig. Fast schöner noch ist die Überschreitung von Ost nach West, mit ein paar felsigen Passagen beim Aufstieg und jeder Menge Aussicht am Kammweg hinüber und hinunter zum Kronhofer Törl.

➡ Von der Dr.-Steinwender-Hütte leicht aufwärts in die breite Senke des Zollner Törls, dann auf ordentlichem Weg hinab zum (abgebrannten) Rifugio Pietro Fabiani

(1539 m). Hier kurz taleinwärts, dann über einen mit Büschen bewachsenen Hang schräg ansteigend zum Grat. Nun erst am Kamm, dann den Felsen links ausweichend weiter auf einem ehemaligen Kriegsweg bergan. Im Zickzack gewinnt man rasch an Höhe; Vorsicht bei Nässe, unter den steilen Grashängen lauern senkrechte Abbrüche! Vom Gipfel ganz kurz abwärts, dann auf breiter Spur knapp südlich unter dem Kamm mit leichtem Gegenanstieg hinüber zum Scarniz (2118 m) und im Zickzack bergab ins Kronhofer Törl (1785 m). Hier über die Grenze zum »Karnischen Höhenweg«. Er quert in leichtem Auf und Ab hinüber zur Oberen Bischofalm (1573 m). Nun rechts und durch ein Wiesentälchen hinauf und zurück zur Steinwenderhütte.

19 Rund um den Monte Chiavals

Karnische Alpen pur

Wer schon einmal den Gartnerkofel (2195 m) bestiegen hat oder am »Karnischen Höhenweg« gewandert ist, der weiß, daß die Càrnia erst hinter der Grenze zum Friaul beginnt, sich schier endlos weit noch nach Süden erstreckt, zerklüftete Felsgrate, steile Zacken ohne Namen. Da müßte man auf Entdeckungsreise gehen! Einen ziemlich nachhaltigen Eindruck von der Wildheit dieser Berge vermittelt die Tour um den Monte Chiavals (2098 m), auch ohne Gipfel (¾ Std. von der Forcella Chiavals, mark.), dafür mit faszinierenden Bergbildern und Blumen, Blumen …

➡ Die Runde beginnt mit dem Aufstieg zur Forcella alta di Ponte di Muro (1613 m): aus dem Talschluß genau südlich, den Circo delle Quattre Cime rechts lassend, zu der mächtigen Geröllreiße, die von der Scharte herabzieht, und auf dem von der Erosion ziemlich mitgenommenen Steig hinauf zum Grat. Hier betritt man den wilden Felskessel östlich des Monte Chiavals, beginnt die romantisch-verwegene Traverse hinüber zur Forcella Chiavals: aus der Scharte erst kurz aufwärts, dann zwischen Latschen abwärts und etwas heikel ein paar Gräben querend unter die Ostabstürze des Monte Chiavals. Hier mündet ein Weg aus dem Canal del Ferro, beginnt der Gegenanstieg zur Forcella Chiavals (1869 m). Die bestens markierte Route – ein Relikt aus dem »Grande Guerra« – schlängelt und schwindelt sich

Unbekannte Bergwelt: Blick vom Cimon del Cavallo auf die Gipfelketten der Karnischen Alpen.

Meine Favoriten

durch vermeintlich ungangbares Felsgelände, findet immer wieder einen Durchschlupf, eine Fortsetzung. Droben am Sattel genießt man freie Sicht hinüber zum Zackengrat der Creta Grauzaria und zum wuchtigen Monte Sernio (2187 m); recht nah schon, aber abweisend felsig mit seinem Gipfelzapfen der Zuc dal Bôr (2195 m), Kulminationspunkt dieses wilden Bergwinkels.

Aus der Forcella Chiavals führt eine Mulattiera quer durch die Westflanke des Monte Chiavals. An der Forcella della Pecora (1827 m) wird aus dem aussichtsreichen Höhenspaziergang unvermittelt ein heikler Eiertanz in lockerem Schutt. Durch eine steile, von senkrechten Felsen flankierte Rinne hinunter steigt, rutscht man, begleitet von allerlei losem Gestein abwärts. Schließlich mausert sich die Spur wieder zu einem ordentlichen Pfad, der zuletzt in die asphaltierte Talstraße mündet.

28 Sentiero Corbellini

In den »Pesariner Dolomiten«

Ein Weg für Genießer, im Frühsommer von der üppigen Karnischen Flora gesäumt, mit viel Aus- und Einblicken: übers Val Pesarina auf die sanftwelligen Bergrücken im Süden, zum zerfurchten Klotz des Monte Siera (2443 m), in die wilden Karwinkel unter dem Creton dei Culzei (2458 m) und der Cima di Riobianco (2400 m), in Gräben und Schluchten – die wilde Welt der »Pesariner Dolomiten«, hautnah erlebt. Ursprünglich war der »Sentiero Corbellini« wohl eine komfortable Promenade, doch hat ihm der Zahn der Zeit mittlerweile ziemlich zugesetzt. Trotzdem, der Weg ist gut begehbar, mehrere Passagen sind gesichert, auch etwas exponiert, was aber den Reiz des Höhenweges nur noch erhöht. Und drun-

ten im Tal hilft dann – in Ermangelung einer Busverbindung – der ausgestreckte Daumen zurück zum Ausgangspunkt.

➡ Von der Bar Pian di Casa über eine Forstpiste, dann in den Wald und allmählich steiler bergan. An einer Verzweigung hält man sich rechts: »Rif. De Gasperi«. Der schmale Pfad gewinnt die Wiesenkuppe des Clap Piccolo (1669 m), läuft flach hinüber in den Graben des Rio Pradibosco und steigt nochmals steil an zum Clap Grande, einem bewaldeten Buckel, auf dem das Rifugio De Gasperi steht.

Ein Höhenweg mit Pfiff: der »Sentiero Corbellini« an der Südflanke der »Pesariner Dolomiten«.

Schöner Blick über das waldreiche Val Pesarina. Von der Hütte (1767 m) lohnt sich ein Abstecher hinauf in das wilde Kar unterhalb der Forcella dell'Alpino (2308 m). Faszinierend die Kulisse; da versteht man sofort, weshalb diese Zacken »Pesariner Dolomiten« heißen: Torre Sappada (2482 m), Creton di Clap Grande (2487 m), Creton di Culzei (2458 m). Ein paar hundert Meter hinter dem Rifugio De Gasperi quert der »Sentiero Corbellini« einen ersten, harmlosen Graben; dann geht's fast eben weiter zu einem Gratrücken, der in kurzem Anstieg gewonnen ist. Dahinter mit Hilfe einiger Sicherungen steil hinab in den Bachgrund, über den (meist ausgetrockneten) Rio Bianco und anschließend hinaus in einen Grashang. Weiter mit hübschen Ausblicken ins Pesarinatal um die Ausläufer der Cima die Riobianco herum; dann führt der Höhenweg in die nächste wilde Schlucht. Erneut über Wiesen, durch lichten Wald, über eine letzte felsige Passage und in leichtem Anstieg schließlich in die weite Senke des Passo Siera (1592 m). Nun rechts auf einem Fahrweg hinunter ins Val Pesarina, wo man bei den Häusern von Culzei (970 m) auf die Talstraße stößt. Daumen raus …

Der Karnische Höhenweg

Zehn Tage auf markierten, teilweise recht anspruchsvollen Wegen am Karnischen Hauptkamm, vorwiegend in Kammnähe oder knapp nördlich vom Grat verlaufend. Nächtigungen durchwegs in bewirtschafteten Hütten. Rot-weiß mit der Nummer 403 bezeichnet.
Routenverlauf. *1. Tag:* Sillian/Weitenbrunn – Sillianer Hütte (2447 m) – Obstanser-See-Hütte (2304 m). *2. Tag:* Obstanser-See-Hütte – Porzehütte (1942 m). *3. Tag:* Porzehütte – Hochweißsteinhaus (1867 m). *4. Tag:* Hochweißsteinhaus – Eduard-Pichl-Hütte (1967 m). *5. Tag:* Eduard-Pichl-Hütte – Valentintörl (2138 m) – Plöckenhaus (1215 m).
6. Tag: Plöckenhaus – Dr.-Steinwender-Hütte (1738 m).
7. Tag: Dr.-Steinwender-Hütte – Naßfeldhaus (1513 m).
8. Tag: Naßfeldhaus – Dellacher Alm (1365 m). *9. Tag:* Dellacher Alm – Hot. Oisternig (1718 m). *10. Tag:* Hot. Oisternig – Thörl-Maglern.

Südseite des Alpenhauptkammes

Stubaier und Zillertaler Alpen, Rieserfernergruppe

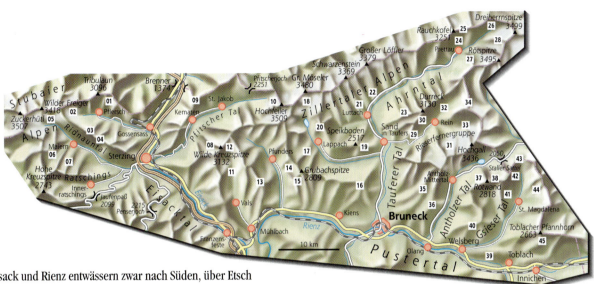

Eisack und Rienz entwässern zwar nach Süden, über Etsch und Po ins Mare Mediterrano, doch ist in Sterzing oder im Ahrntal noch recht wenig von der Nähe des Südens zu spüren. Das Pustertal gilt fast schon als »Kältekammer« Südtirols (was natürlich Wintersportler freut), und wer hinauffährt nach Rein, Gipfel und Gletscher der Rieserfernergruppe vor sich, könnte leicht glauben, irgendwo in den Ötztaler Alpen anzukommen. Aber da helfen dann die zweisprachigen Ortsschilder, und der Espresso schmeckt halt auch anders als der Kaffee des Nordens, ganz abgesehen davon, daß im Süden die phantastische Zackenreihe der Dolomiten die letzten Zweifel zerstreut: wir sind auf der Südseite der Alpen.

Geologen sehen das zwar etwas anders, aber ihre Periadriatische Naht, die durchs Pustertal läuft und als Bruchlinie zwischen Zentral- und Südalpen gilt, trennt für den Laien bloß unterschiedliche Gesteine: Gneise und Tonalit bauen die Hauptgipfel der Zillertaler Alpen und der Rieserfernergruppe auf, weichere Schiefergesteine sind verantwortlich für die sanften Höhen links wie rechts der Rienz, und weiter im Süden schroffen Kalk- und Dolomitgesteine in den Himmel. Aus solchen marinen Sedimentgesteinen sind auch einige Gipfel der Stubaier Alpen aufgebaut, mit dem Pflerscher Tribulaun (3096 m) als Blickfang über dem Pflerschtal.

Hauptort des Südtiroler Wipptals ist das alte Fuggerstädtchen Sterzing. Im Pustertal, das im 8. Jahrhundert unter Herzog Tassilo von den Bajuwaren kolonisiert wurde, ist Bruneck wirtschaftliches und politisches Zentrum; hier mündet von Norden auch das größte und touristisch bedeutendste Seitental der Rienz, das Tauferer-/Ahrntal mit Sand in Taufers als Mittelpunkt.

Immer einen Besuch wert ist das alte Fuggerstädtchen Sterzing an der Brennerroute. Für Kunstliebhaber interessant: das Multscher-Museum und die Pfarrkirche (vor dem Ort). Über den einst ergiebigen Bergbau informiert das Südtiroler Bergbaumuseum.

Führer & Landkarten

Beim Bergverlag Rother gibt es die beiden Wanderführer »Sterzing« von Heinrich Klier und »Tauferer-Ahrntal« von Eugen E. Hüsler. Auch für Wanderer empfehlenswert sind zwei Bände der Südtiroler Landeskunde: »Eisacktal« und »Pustertal«, beide von Josef Rampold (Athesia Bozen) mit vielen (kurzgefaßten) Tourenvorschlägen.
Freytag & Berndt bietet für die Region zwei Karten an: WKS 4 »Sterzing-Brixen-Pfunders«, WKS 18 »Tauferer und Ahrntal«. Im Maßstab 1:25 000 sind die Karten von Mapgraphic-Bozen gehalten: 33 »Pfunderer Berge«, 15 »Bruneck und Umgebung«, 16 »Ahrntaler Berge«, 17 »Antholz-Gsies«.

Alle Wanderungen auf einen Blick

Tourenziel/Charakteristik	Ausgangspunkt	Wegverlauf & Gehzeit	Markierung	Einkehr am Weg
Sterzing und Umgebung				
01 Pflerscher Höhenweg Schönster, aber auch längster Weg zur Tribulaunhütte am Fuß des Pflerscher Tribulaun (3096 m). Trittsicherheit erforderlich, einige gesicherte Passagen. Fortsetzung zur → Magdeburger Hütte möglich.	Ast-Außerpflersch (1109 m, 🚌), Weiler im Pflerschtal, 4 km von Gossensaß.	Ast – Portjoch (2110 m; 2½ Std.) – »Pflerscher Höhenweg« – Tribulaunhütte (6½ Std.) – Innerpflersch (1246 m; 8½ Std., 🚌)	Mark. 32, 32A, 7	Tribulaunhütte (2368 m), bew. Juli bis Sept.
02 Magdeburger Hütte, 2423 m Beliebte Hüttentour, Übergang zur Tribulaunhütte möglich (Weißwand, 3016 m – Hoher Zahn, 3½ Std., Mark. 7)	Innerpflersch (St. Anton, 1246 m, 🚌), knapp 10 km von Gossensaß.	Innerpflersch – Magdeburger Hütte (3½ Std.); Abstieg auf dem gleichen Weg (gesamt 6 Std.)	Mark. 6	Magdeburger Hütte (2423 m), bew. Mitte Juni bis Sept.
03 Wetterspitze, 2709 m Recht anspruchsvolle Gipfeltour, als Ausgangspunkt kommt alternativ auch die 🚡 Bergstation des Ladurns-Sessellifts in Frage (1731 m).	Innerpflersch (St. Anton, 1246 m, 🚌), knapp 10 km von Gossensaß.	Innerpflersch – Allrißalm (1536 m; ¾ Std.) – Wetterspitze (4 Std.) – Edelweißhütte (6 Std.) – St. Anton (7½ Std.)	Mark. 27, 34, 35	Edelweißhütte (2111 m)
04 Ridnauner Höhenweg Recht lange, aussichtsreiche Hangwanderung über dem Ridnauntal. Trittsicherheit erforderlich.	🚡 Bergstation der Roßkopf-Gondelbahn (1860 m); Talstation Sterzing (948 m, 🚌).	Gondelbahn – »Ridnauner Höhenweg« – Prischer Alm (3¾ Std.) – Ridnaun (Wiesen, 1372 m; 5½ Std., 🚌)	Mark. 23, 23A, 27	Prischer Alm (2140 m)
05 Teplitzer Hütte, 2586 m Beliebte Hüttentour, herrlicher Blick zum Übeltalferner. Trittsicherheit erforderlich. Lohnender Abstecher zum Hocheck (2576 m; ½ Std., mark.)	Innerridnaun (Maiern, 1426 m, 🚌), 17 km von Sterzing.	Maiern – Teplitzer Hütte (3½ Std.) – Pfurnsee (2456 m; 4½ Std.) – Untere Aglsalm (2004 m) – Maiern (6¾ Std.)	Mark. 9, 9A	Teplitzer Hütte (2586 m)
06 Egetjoch, 2695 m Rundwanderung zwischen Tal und Gletschern; Ausdauer erforderlich. Variante über die Egetenseen möglich, Mark. 33A, Gesamtgehzeit 8 Std.	Innerridnaun (Maiern, 1426 m, 🚌), 17 km ab Sterzing.	Maiern – Trüber See (2344 m; 3½ Std.) – Egetjoch (4¾ Std.) – Lazzacher Alm (6¼ Std.) – Maiern (7½ Std.)	Mark. 9, 33, 19	Grohmannhütte (2254 m), 10 Min. oberhalb des Weges, Lazzacher Alm (2112 m)
07 Einachtspitze, 2305 m Leichte, aber sehr dankbare Gipfeltour, gute Aussicht auf die Stubaier Dreitausender. Reiche Flora.	Innerridnaun (1342 m, 🚌), 14 km von Sterzing.	Innerridnaun – Einachtspitze (3½ Std.) – Schneideralm (1987 m) – Entholz (1450 m) – Innerridnaun (5¾ Std.)	Örtliche Mark.	–
08 Wilde Kreuzspitze, 3132 m Höchste Erhebung der Pfunderer Berge mit großem Panorama. Trittsicherheit erforderlich.	Burgum (1373 m, 🚌), Häusergruppe im Pfitschtal, 12 km von Sterzing.	Burgum – Sterzinger Hütte (2½ Std.) – Karjöchl (2917 m) – Wilde Kreuzspitze (4¾ Std.); Abstieg auf dem gleichen Weg (gesamt 7½ Std.)	Mark. 2	Sterzinger Hütte (2344 m), bew. Ende Juni bis Anfang Okt.
09 Wolfendorn, 2776 m Abwechslungsreiche Hütten- und Höhenwanderung über dem Pfitscher Tal. Übernachtung in der Landshuter Hütte, die direkt auf der Landesgrenze Österreich-Italien steht, empfehlenswert. Trittsicherheit erforderlich.	Pfitsch-Kematen (1440 m, 🚌), 15 km von Sterzing.	Kematen – Flatschjöchl (2395 m; 3 Std.) – Wolfendorn (4 Std.) – Landshuter Hütte (6¾ Std.) – Pfitsch-Platz (1430 m; 9¼ Std., 🚌)	Mark. 5, 3, 3A	Landshuter Hütte (Europahütte, 2693 m), bew. Ende Juni bis Ende Sept.
10 Hochfeilerhütte, 2710 m Auf einer Anhöhe über dem Gliederferner gelegene Alpenvereinshütte, Stützpunkt für die beliebte Besteigung des höchsten Gipfels der Zillertaler Alpen.	Stein (1530 m, 🚌) im innersten Pfitschtal bzw. dritte Kehre der Straße (1718 m) zum Pfitscher Joch (2251 m).	Straßenkehre – Hochfeilerhütte (3 Std.); Abstieg auf dem gleichen Weg (gesamt 5 Std., ab Stein 6 Std.)	Mark. 1	Hochfeilerhütte (2710 m)
11 Fanealm, 1739 m Gemütliche Höhenwanderung zu der malerischen Almsiedlung im inneren Valser Tal.	🚡 Bergstation des Jochtal-Sessellifts (2009 m), Talstation Vals (1377 m, 🚌).	Sessellift – Valser Joch (1920 m) – Peachenjöchl (2201 m; 1½ Std.) – Fanealm (1739 m; 2½ Std.) – Vals (3½ Std.)	Mark. 9	Liftstation (2009 m), Fanealm (1739 m)
12 Rauhtaljoch, 2808 m Große Wanderrunde in den Pfunderer Bergen, Trittsicherheit und Ausdauer erforderlich. Nördlich unter dem Rauhtaljoch winziges Eisfeld (Teleskopstöcke). Vom Rauhtaljoch 1 Std. zur Wilden Kreuzspitze, mark.	Parkplatz (1752 m) knapp vor der Fanealm; im Juli/August ist die Zufahrt gesperrt, dann Nächtigung in der Brixner Hütte ratsam. Parkmöglichkeit hinter Vals (1377 m, 🚌).	Vals – Fanealm (1739 m; 1¼ Std.) – Brixner Hütte (3¼ Std.) – Rauhtaljoch (5 Std.) – Wilder See (2532 m; 5½ Std.) – Fanealm (7½ Std.) – Vals (8½ Std.)	Mark. 17, 18	Fanealm (1739 m); Brixner Hütte (2270 m), bew. Juli bis Sept.; Labesebenhütte (2138 m)

Alle Wanderungen auf einen Blick

Tourenziel/Charakteristik	Ausgangspunkt	Wegverlauf & Gehzeit	Markierung	Einkehr am Weg
13 Schellebergsteig – Seefeldsee, 2271 m Lohnende Höhen- und Seewanderung für Geübte, am »Schellebergsteig« einige Drahtseilsicherungen. Mit Überschreitung des Gitschbergs (2510 m, mark.) Gesamtgehzeit 6½ Std.	Bergstation Gaisraste (2058 m) der Gitschberg-Gondelbahn, Talstation Meransen (1414 m, 🚠), Ferienort in schöner Höhenlage über Mühlbach, 9 km.	Gaisraste – Ochsenboden – »Schellebergsteig« – Seefeldsee (2¾ Std.) – Altfaßtal – Meransen (5 Std.)	Mark. 12, 12A, 6, 14	Gaisraste (2058 m), Zasslerhütte (2064 m), Wieserhütte (1850 m), Pranterhütte (1833 m)

Pfunderer Tal, Tauferer-Ahrntal

Tourenziel/Charakteristik	Ausgangspunkt	Wegverlauf & Gehzeit	Markierung	Einkehr am Weg
14 Kammerschien, 1459 m Die Höfe-Wanderung an der Ostseite des Pfunderer Tals vermittelt – trotz neuerer Straßenbauten – immer noch einen Eindruck vom (einst) entbehrungsreichen Bergbauernleben.	Weitental (882 m, 🚌) im Pfunderer Tal, 3,5 km von Niedervintl.	Weitental – Kofler (1435 m; 1½ Std.) – Kammerschien (3 Std.) – Schaldern (1030 m; 4 Std., 🚌)	Mark. 21, 16	–
15 Eidechsspitze, 2738 m Markanter Gipfel im Winkel zwischen Pustertal und Pfunderer Tal. Großes Panorama, herrliche Tiefblicke. Ausdauer, Trittsicherheit unerläßlich.	Terenten (1210 m, 🚌), hübsch gelegenes Dorf an der Strecke Vintl – Pfalzen. Zufahrt bis zu den Höfen am Sonnenberg möglich (ca. 1440 m, 3 km). Sehenswert: Erdpyramiden, alte Mühlen (Rundweg 1½ Std.).	Sonnenberg – Engelalm (1826 m; 1¼ Std.) – Eidechsspitze (4 Std.); Abstieg auf dem gleichen Weg (gesamt 6½ Std.) Alternativ auch Abstieg zur Tiefrastenhütte (2312 m) möglich; Rückweg vom Winnebach über den Golsrücken; gesamt 7¾ Std.	Mark. 22	Tiefrastenhütte (2312 m)
16 Windeck, 2418 m Herrlicher Aussichtspunkt über dem Tauferer Tal, unter dem Gipfel die kleinen Plattner Seen.	Jausenstation Lechner (1586 m), Zufahrt von Pfalzen (1022 m, 🚌), 8 km. Parkplatz.	Lechner – Sambock (2396 m; 2½ Std.) – Windeck (3¼ Std.) – Plattner Seen – Lechner (5 Std.)	Mark. 66A, 66, 67	Lechner (1586 m)
17 Zösenberg-Höhenweg; Eggespitzl, 2187 m Halbtagsrunde über dem Lappacher Tal, schöner Blick zum Großen Möseler.	Lappach (1439 m, 🚌) im gleichnamigen Tal, 18 km von Mühlen. Zufahrt ins Zösental (ca. 1700 m), 4 km.	Zösental – Flemmsee - Eggespitzl (1½ Std.) – Zösenbichl (2061 m) – Zösental (3 Std.)	Mark. 20, 31B	Mair zu Hofalm (1728 m)
18 Neveser Höhenweg Großzügige Rundwanderung vor dem Großen Möseler (3480 m) über zwei Scharten und zwei Hütten.	Neves-Stausee (1856 m), Zufahrt von Lappach (1439 m, 🚌), knapp 6 km. Parkplatz am See.	Neves-Stausee – Neveser Joch (2405 m; 2 Std.) – »Neveser Höhenweg« – Eisbruggjoch (2545 m; 5 Std.) – Neves-Stausee (6½ Std.)	Mark. 24, 1, 26	Chemnitzer Hütte (2420 m), Edelrautehütte (2455 m)
19 Speikboden, 2517 m Abwechslungsreicher, seit dem Bau der Bergbahn nurmehr wenig begangener Anstieg auf den Hausberg von Sand in Taufers.	Pieterstein (1623 m), Häusergruppe über dem Eingang ins Mühlwalder Tal; Zufahrt von Mühlwald 7,5 km.	Pieterstein – Pietersteinalm (2040 m; 1¼ Std.) – Speikboden (3 Std.) – Mühlwalder Joch (2342 m; 3¾ Std.) – Pieterstein (5½ Std.)	Mark. 25A, 27A, 28A. Aufstieg dürftig bez.	Weizgruber Alm (2032 m)
20 Kellerbauerweg Große Überschreitung am Mühlwalder Kamm; Bergerfahrung und gute Kondition erforderlich. Einige gesicherte Passagen. Als Tagestour nur für Schnelläufer geeignet; Übernachtung in der Chemnitzer Hütte ratsam.	Bergstation Michlreiser Alm (1958 m) der Speikbodenbahn; Talstation bei Sand in Taufers (873 m, 🚠).	Michlreiser Alm – Mühlwalder Joch (2342 m; 1¾ Std.) – Fadner (2457 m) – Gornerjoch (2277 m) – Lappacher Jöchl (2371 m; 4½ Std.) – Neveser Joch (2405 m; 6 Std.) – Neves-Stausee (7¼ Std.) – Lappach (8½ Std.)	Mark. 27, 24, 26	Michlreiser Alm (1958 m), Chemnitzer Hütte (2420 m), bew. Juli bis Sept.
21 Schönberg, 2278 m Hübscher »Guck-ins-Land« über dem Zusammenfluß von Ahr und Weißenbach.	Weißenbach (1334 m, 🚌), Dorf im gleichnamigen Tal, 5 km von Luttach.	Weißenbach – Schönbergalm (1¾ Std.) – Schönberg (3 Std.); Abstieg auf dem gleichen Weg (gesamt 5 Std.)	Mark. 6, 5	Schönbergalm (1827 m)
22 Schwarzensteinhütte, 2922 m Hochalpine Wanderung, am Aufstieg zur Hütte einige Sicherungen. Anstieg durch den »Kamin« nur für Geübte!	Gh. Stallila (1472 m), Zufahrt von St. Johann (1019 m) 5 km. Im Sommer Parkprobleme!	Stallila – Daimeralm (1¼ Std.) – Ofenleite – »Kamin« – Schwarzensteinhütte (4¼ Std.) – »Gletscherweg« – Großes Tor – Kegelgasslalm (2109 m; 6¼ Std.) – »Putzweg« – Stallila (7¾ Std.)	Mark. 23, 19; »Putzweg« rot-weiß ohne Nr.	Gh. Stallila (1472 m), Schöllbergalm (1740 m), Daimeralm (1872 m), Kegelgasslalm (2109 m), Schwarzensteinhütte (2922 m), bew. Juli bis Mitte Sept.
23 Durreck-Höhenweg Großzügige Höhenwanderung mit Aussicht auf fast alle Bergketten des Tauferer-Ahrntals und des Reintals. Lohnend auch bereits die Wanderung zum Klaussee (2162 m; 1¾ Std. von der Liftstation, Mark. 33).	Bergstation der Klausbergbahn (1602 m), Talstation Steinhaus (1052 m, 🚌) im Ahrntal.	Klausberg – Klaussee – Klausjoch (2579 m; 3 Std.) – Pojenkamm – Pojenalm – Kleines Jöchl (5½ Std.) – Ahornach (1334 m; 7½ Std., 🚌)	Mark. 33, 10C, 10B	Am Klausberg

Alle Wanderungen auf einen Blick

Tourenziel/Charakteristik	Ausgangspunkt	Wegverlauf & Gehzeit	Markierung	Einkehr am Weg
24 Waldner See, 2338 m Beliebte Wanderrunde unter dem Zillertaler Hauptkamm. Der Waldner See ist das größte natürliche Gewässer der Region (370×200 m).	Prettau (1476 m, 🚌), Hauptort des inneren Ahrntals, 24 km von Sand in Taufers.	Prettau – Waldner Alm (1¾ Std.) – Waldner See (2½ Std.) – Archscharte (2369 m; 3¼ Std.) – Großbacher Alm – Prettau (5¼ Std.)	Mark. 16B, 15A, 15	Waldner Alm (2086 m)
25 Rauhkofel, 3252 m Östlichster Dreitausender des Zillertaler Hauptkamms mit großem Panorama. Für Bergerfahrene (leichte Kletterei, I) mit guter Kondition lohnendes Ziel.	Prettau (1476 m, 🚌), Hauptort des inneren Ahrntals, 24 km von Sand in Taufers.	Prettau – Waldner Alm (1¾ Std.) – Waldner See (2338 m; 2½ Std.) – »Lausitzer Weg« (2623 m; 3½ Std.) – Rauhkofel (5½ Std.); Abstieg auf dem gleichen Weg (gesamt 8½ Std.)	Mark. Route	Waldner Alm (2086 m)
26 Lausitzer Weg Klassische Höhenwanderung am Zillertaler Hauptkamm, Übernachtung in der Birnlückenhütte. Kürzere Teilstücke abgerutscht, aber durchgehend gut markiert. Einige Drahtseilsicherungen. Zwischenabstiege möglich.	Prettau (1476 m, 🚌), Hauptort des inneren Ahrntals, 24 km von Sand in Taufers.	Prettau – Waldner Alm (1¾ Std.) – Hundskehljoch (2557 m; 3½ Std.) – »Lausitzer Weg« – Birnlückenhütte (10½ Std.) – Kasern (1595 m; 12 Std., 🚌)	Mark. 16B, 13	Birnlückenhütte (2441 m), bew. Juli bis Sept.
27 Knappenberg – Kaserer Höhenweg Auf den Spuren des Ahrntaler Bergbaus: Lehrpfad über den Knappenberg zur Bruggeralm. Bergbaumuseum Prettau mit Stollenbahn.	Kasern (1595 m, 🚌) im innersten Ahrntal, 26 km von Sand in Taufers.	Kasern – Knappenberg – Rötalm (2 Std.) – Bruggeralm – Innerbichler Alm (1944 m; 3¾ Std.) – Kasern (5 Std.)	Mark. 11, 11A	Rötalm (2116 m), Bruggeralm (1940 m)
28 Lenkjöchlhütte, 2590 m Große Hüttenrunde mit Aussicht auf die stark vergletscherte Rötspitze (3495 m) und zum Zillertaler Hauptkamm.	Kasern (1595 m, 🚌) im innersten Ahrntal, 26 km von Sand in Taufers.	Kasern – Röttal – Lenkjöchlhütte (3 Std.) – Windtal – Kasern (5½ Std.)	Mark. 11, 12	Rötalm (2116 m), Lenkjöchlhütte (2590 m)
29 Reinbach-Wasserfälle und Kofler, 1528 m Abwechslungsreiche Wanderrunde zu einem Bauernhof in ungewöhnlicher Lage und zu den schönsten Wasserfällen der Region. Zum Kofler teilweise ausgesetzte Steige; ab Ahornach bzw. Winkel zwei Halbtagstouren.	Winkel (862 m, 🚌), Ortsteil von Sand in Taufers an der Mündung des Reintals.	Winkel – »Besinnungsweg« – Reinbach-Wasserfälle – Kofler zwischen den Wänden (2½ Std.) – Toblhof – Winkel (4¾ Std.)	Mark T, 6C, 6B, 2	Kofler zwischen den Wänden (1528 m), Ahornach, Toblhof
30 Vegetationsweg Nur mäßig anstrengende, sehr aussichtsreiche Höhenwanderung über dem unteren Reintal. Faszinierende Blicke über den tiefen Talgraben auf die Dreitausender der Rieserfernergruppe. Läßt sich gut mit einer Besteigung des Großen Moosstocks (3061 m), dem zweithöchsten Gipfel der Durreckgruppe, verbinden. Tolles Panorama; im Gipfelbereich Blockkletterei (I–II), teilweise etwas ausgesetzt (3 Std. von den Schlafhäusern).	Ahornach (1334 m, 🚌), Terrassendorf über dem Talkessel von Sand. Zufahrt bis zu einem Parkplatz (1550 m) am Eingang zum Naturpark Rieserferner-Ahrn, 2,5 km.	Parkplatz – Schlafhäuser (2010 m; 1¼ Std.) – Sauwipfel – Mayerhofer Alm (2202 m; 2¾ Std.) – Oberseeber (3¼ Std.) – Parkplatz (4¼ Std.)	Mark. 10B, 10, »Vegetationsweg« rot-weiß	–
31 Rieserfernerhütte, 2791 m Höchstgelegener Stützpunkt in der Rieserfernergruppe, langer, aber sehr schöner Anstieg aus dem Reintal. Empfehlenswert: Besteigung des Fernerköpfls (3241 m, 1½ Std., mark.) und Übernachtung in der Hütte.	An der Straße nach Rein, gut 8 km von Sand in Taufers. Parkmöglichkeit an der Straße (1520 m).	Reintal – Innere Gelttalalm (2070 m; 1¾ Std.) – Rieserfernerhütte (4 Std.); Abstieg auf dem gleichen Weg (gesamt 6½ Std.)	Mark. 3	Rieserfernerhütte (2791 m), bew. Ende Juni bis Anfang Okt.
32 Reiner Höhenweg Gemütliche Aussichtspromenade an den Wiesenhängen der Durreckgruppe, mit herrlichem Blick ins Bachertal und auf die Dreitausender der Rieserfernergruppe (Hochgall, 3436 m).	Rein (1596 m), Bergdörfchen in schöner Lage vor der Mündung des Bachertals, 11 km von Sand in Taufers.	Rein – Lobiser Schupfen (1959 m; 1 Std.) – »Reiner Höhenweg« – Durraalm (3¼ Std.) – Rein (4½ Std.)	Mark. 10, 1A, 1	Durraalm (2096 m)
33 Arthur-Hartdegen-Höhenweg Spannende Runde um das Bachertal, Trittsicherheit und Ausdauer notwendig. Eine drahtseilgesicherte Passage.	Rein (1596 m), Bergdörfchen in schöner Lage vor der Mündung des Bachertals, 11 km von Sand in Taufers.	Rein – Hochgallhütte (2½ Std.) – »Arthur-Hartdegen-Weg« – Ursprungalm (2396 m) – Kofleralmen – Rein (7½ Std.)	Mark. 1, 8, 8A	Hochgallhütte (2276 m), bew. Mitte Juni bis Mitte Okt.

Alle Wanderungen auf einen Blick

Tourenziel/Charakteristik	Ausgangspunkt	Wegverlauf & Gehzeit	Markierung	Einkehr am Weg
34 Dreieckspitze, 3031 m Dreitausender-Logenplatz zwischen Venediger- und Hochgallgruppe. Trittsicherheit erforderlich; Runde auch ohne Gipfel lohnend (Gesamtgehzeit 6¾ Std.).	Rein (1598 m), 11 km von Sand in Taufers. Parkplatz (1675 m) gut 1 km hinter dem Ort am Eingang ins Knuttental.	Rein – Obere Kofleralm (2190 m; 2 Std.) – Koflerseen – Bärenluegscharte (2848 m; 4 Std.) – Dreieckspitze (4¾ Std.) – Bärenluegscharte – Knuttental – Knuttenalm (7¼ Std.) – Rein (8 Std.)	Mark. 8A, 9A, 1B	Knuttenalm (1911 m)
35 Schönbichl, 2452 m Aussichtsreiche Runde über dem Tauferer Tal.	Tesselberg (1473 m), Weiler in schöner Terrassenlage, 8 km von Percha (973 m, 🚋).	Tesselberg – Hühnerspiel – Schönbichl (3 Std.) – Tesselberger Alm – Auf der Geige (2175 m) – Tesselberg (5 Std.)	Mark. 3, 7, 8, 7A	–
36 Rammelstein, 2483 m Prächtiger Aussichtsberg zwischen Pustertal, Tauferer und Antholzer Tal. Markierte Anstiege auch aus dem unteren Antholzer Tal, mark.	Oberwielenbach (1365 m), Dörfchen über dem unteren Wielental, 5 km von Percha (973 m, 🚋). Parkmöglichkeit hinter dem Ort.	Oberwielenbach – Wielental – Fohrer (1801 m; 1¼ Std.) – Salzleck (2189 m; 2¼ Std.) – Rammelstein (3¼ Std.) – »Grentersteig« – Thaleralm (1938 m) – Oberwielenbach (5 Std.)	Mark. 1, 6, 6A	–

Antholzer Tal, Gsieser Tal

Tourenziel/Charakteristik	Ausgangspunkt	Wegverlauf & Gehzeit	Markierung	Einkehr am Weg
37 Höllensteinspitze, 2755 m – Rotwand, 2818 m Großzügige Überschreitung mit packenden Ausblicken, vor allem auf die Rieserfernergruppe; im Süden die Dolomiten. Am Grat zwischen Höllensteinspitze und Roter Wand leichte Kletterstellen (I). Kein Stützpunkt unterwegs!	Antholz-Obertal (1325 m, 🚋), oberster Ort im Antholzer Tal, 12,5 km von der Pustertaler Straße.	Antholz-Obertal – Grüblscharte (2394 m; 3 Std.) – Ochsenfelder Seen – Höllensteinspitze (4¾ Std.) – Rotwand (6 Std.) – Antholzer See (1638 m; 8¼ Std., 🚋)	Mark. 8, 9, 7A	Am Antholzer See
38 Rotwand, 2818 m Beliebtes Tourenziel vom Staller Sattel aus; großes Panorama. Am Gipfel leichte Felsen.	Staller Sattel (2050 m), Straßenübergang vom (Südtiroler) Antholzer ins (Osttiroler) Defereggental.	Staller Sattel – Ackstallsee (2461 m) – Rotwand (2¾ Std.); Abstieg auf dem gleichen Weg (gesamt 4½ Std.)	Mark. 7	Am Staller Sattel
39 Römerweg Welsberg – Toblach Gemütliche Höhenwanderung vor der großen Kulisse der Pragser und Sextener Dolomiten. Auch Zwischenabstiege ins Pustertal und Gsieser Tal möglich. 🚋 Toblach – Radsberg (1620 m)	Welsberg (1087 m, 🚋), stattlicher Flecken im Pustertal, Geburtsort des Barockmalers Paul Troger.	Welsberg – »Römerweg« – Eggerberg (1715 m) – Radsberg (1620 m) – Toblach (1241 m; 4½ Std., 🚋)	Mark. 41	Radsberg (1620 m)
40 Lutterkopf, 2145 m – Durakopf, 2275 m Aussichtsreiche, nur mäßig anstrengende Kammwanderung mit Aussicht zur Rieserfernergruppe und in die Dolomiten.	Mudlerhof (1590 m), Zufahrt von Taisten (1219 m, 🚋), 5 km.	Mudlerhof – Lutterkopf (1¾ Std.) – Durakopf (2¾ Std.) – Taistner Sennhütte (2012 m) – Mudlerhof (4¼ Std.)	Mark. 31, 38, 38A	Mudlerhof (1590 m), Taistner Sennhütte (2012 m)
41 Karbacher Berg, 2518 m Aussichtsreiche Runde über den wenig ausgeprägten Gipfel. Trittsicherheit.	St. Magdalena-Obertal (1400 m, 🚋), 16 km von Welsberg.	Obertal – Pfinnscharte (2395 m; 2¾ Std.) – Karbacher Berg (3¼ Std.) – Hörneckele (2127 m; 4 Std.) – »Panoramaweg« – Obertal (5½ Std.)	Mark. 10, 52A, 52, 52B	–
42 Grenzweg; Gsieser Törl, 2205 m Paß- und Höhenwanderung im innersten Gsieser Tal. Vom Törl Prachtblick nach Norden zum Lasörling.	St. Magdalena-Obertal (1400 m, 🚋), 16 km von Welsberg. Parkmöglichkeit am Ortsende.	Obertal – Gsieser Törl (2½ Std.) – Höhenweg – Weißbachalm (2112 m; 3½ Std.) – Obertal (5 Std.)	Mark. 49, 53	Kradorfer Alm (1704 m), Obernbergalm (1975 m)
43 Defregger Pfannhorn, 2819 m Markanter Felsgipfel westlich über dem Gsieser Törl mit großer Rundschau. Trittsicherheit erforderlich, ganz leichte Felsen.	St. Magdalena-Obertal (1400 m, 🚋), 16 km von Welsberg. Parkmöglichkeit am Ortsende.	Obertal – Gsieser Törl (2205 m; 2½ Std.) – Pfannhorn (4½ Std.); Abstieg auf dem gleichen Weg (gesamt 7¼ Std.)	Bis Gsieser Törl Mark. 49, dann rote Bez.	Kradorfer Alm (1704 m), Obernbergalm (1975 m)
44 Almweg 2000 Nördlicher Abschnitt der als »Weg 2000« bezeichneten Alm- bzw. Höhenroute an der Ostflanke des inneren Gsieser Tals.	St. Magdalena-Obertal (1400 m, 🚋), 16 km von Welsberg. Parkmöglichkeit am Ortsende.	Obertal – Pfoital – Kaseralm (1¾ Std.) – »Weg 2000« – Kipfelalm (2104 m) – Tschernietalm – Obertal (4½ Std.)	Mark. Wege	Kaseralm (2076 m)
45 Toblacher Pfannhorn, 2663 m Altberühmter Aussichtsberg über dem Hochpustertal, dankbare Runde für Ausdauernde.	Frondeigen (1650 m), Weiler über dem Silvestertal, Zufahrt von Toblach (1241 m, 🚋), 5 km.	Frondeigen – »Toblacher Höhenweg« – Pfannhorn (3¾ Std.) – Kandellen (1604 m; 6 Std.) – Frondeigen (6¾ Std.)	Aufstieg Mark. 24/H, Abstieg Nr. 25	Frondeigen, Kandellen

Meine Favoriten

Wahrzeichen des Pflerscher Tals:
der wuchtige Pflerscher Tribulaun (3097 m).

01 Pflerscher Höhenweg
Im Banne des Pflerscher Tribulaun

Höhenwege gehören stets – wen wundert's? – zu den Highlights im Tourenangebot: oben sein, hoch über den Tälern, Aussicht und Tiefblicke genießen. Das kann man auch am »Pflerscher«, der die Nordflanke des Tals vom Portjoch bis zur Tribulaunhütte quert, auf Bändern quer durch Steilabbrüche führt, felsumschlossene Karwinkel traversiert, ehe er

schließlich am Sandessee ausläuft. Und wer gleich in der Tribulaunhütte (2368 m) übernachtet, wird bei schönem Wetter der Versuchung kaum widerstehen können, andertags die Pfitscher »Haute Route« über die Weißwandspitze zur Magdeburger Hütte (2423 m) fortzusetzen …

➡ Zunächst muß man natürlich hinauf, was in diesem Fall heißt: zweieinhalb Stunden Anstieg bis ins Portjoch, viel Linksrechts und aussichtsmäßig ein leiser Vorge-

schmack auf den Höhenweg. Der führt erst einmal um den Roßlauf Süd (2378 m) – was für ein Gipfelname!? – herum ins Wildgrubenkar, dann auf Bändern hinaus zu einem besonders schönen »Guck-ins-Land«. Nur wenig später kommt die Riesengestalt des Pflerscher Tribulaun (3096 m) ins Bild, schuttbeladen und grimmig, rechts flankiert vom Gschnitzer Tribulaun (2945 m). Hoch über dem Koggraben kreuzt man den Weg zur Schneetalscharte; hier liegt – der Name sagt's – im Frühsommer noch reichlich Schnee. Über dem Meßnergraben steigt die Spur kräftig an, um hinter dem Bugfelsen des Gogelberges (2276 m) das Schutzhaus am Sandessee anzusteuern.

Abstieg auf dem Hüttenweg nach St. Anton im Pflerschtal.

20 Kellerbauerweg
Höhenweg zwischen Pustertal und Zillertaler Hauptkamm

Der Speikboden (2517 m), Hausberg von Sand in Taufers, gilt zu Recht als ein schöner Aussichtsgipfel. An seinen Flanken wird im Winter fleißig gewedelt, im Sommer verkürzt die Speikbodenbahn den Weg zum Gipfel ganz wesentlich. Das schätzt auch, wer sich den »Kellerbauerweg« vorgenommen hat; bis zum Neveser Joch sind es mit Liftbenützung immerhin noch sechs Stunden mit einigem Auf und Ab, zur Straße am Stausee fast acht Stunden. Der bereits anfangs unseres Jahrhunderts angelegte Steig folgt dem Mühlwalder Kamm vom Speikboden bis zur Chemnitzer Hütte, stets in Höhenlagen zwischen 2200 und 2500 Metern verlaufend – eine herrliche Aussichtspromenade!

➡ Von der Michlreiser Alm (1958 m) zunächst zwischen den Liftanlagen bergan, dann links in eine Karmulde, vorbei an einem winzigen Seeauge und hinauf zum Ostgrat des Speikbodens (2387 m). Hier nicht rechts zum Gipfel, sondern am »Kellerbauerweg«, vorbei an den überwachsenen Grundmauern der Sonklarhütte, die Grashänge querend ins Mühlwalder Joch (2342 m). Nun am Rücken entlang, südlich um den Stoßkofel (2474 m) herum und auf den Fadner (2457 m). Von der kreuzgeschmückten Kuppe ist der weitere Wegverlauf gut zu überblicken: erst hinab ins Gornerjoch (2309 m) und flach zum Wurmtaler Jöchl (2288 m), dann stets auf der Ostseite des felsdurchsetzten Kamms,

Bergbau am Schneeberg und im Ahrntal

Im ausgehenden Mittelalter war Sterzing ein Zentrum des Tiroler Bergbaus. So sollen zeitweise über tausend Knappen, überwiegend aus Schwaben und Württemberg stammend, in den umliegenden Tälern ihrer Arbeit unter Tage nachgegangen sein. Eine erste urkundliche Erwähnung des »argentum bonum de Sneberch« – des guten Silbers vom Schneeberg – geht auf das Jahr 1237 zurück; endgültig stillgelegt wurde Europas höchstgelegenes Bergwerk erst 1967, nachdem man zuletzt vor allem Zinkblende am Schneeberg abgebaut und in Ridnaun aufbereitet hatte. Über den Bergbau kann man sich im Landesbergbaumuseum Jöchlsthurn in Sterzing und an den (teilweise erhaltenen) Anlagen in Ridnaun und am Schneeberg informieren. Es werden regelmäßig Führungen und Exkursionen durchgeführt. Infos beim Tourismusverband Sterzing-Wipptal. Ein Schaubergwerk gibt es auch bei Prettau im Ahrntal, wo früher ebenfalls nach Erzen geschürft wurde.

Meine Favoriten

Pfunderer Höhenweg

Anspruchsvolle Unternehmung in den Pfunderer Bergen, von Wiesen bei Sterzing bis nach St. Georgen bei Bruneck, durchgehend markiert, aber teilweise weglos. Leichte Kletterstellen (I–II). Nächtigung in Hütten bzw. Biwak. *1. Tag:* Wiesen – Trenser Joch (2205 m) – Simile-Mahdalm (2012 m). *2. Tag:* Mahdalm – Rautaljoch (2808 m) – Brixner Hütte (2270 m). *3. Tag:* Brixner Hütte – Steinkarlscharte (2610 m) – Kellerscharte (2439 m) – Brenningerbiwak (2150 m). *4. Tag:* Brenningerbiwak – Gaisscharte (2720 m) – Edelrauthütte (2545 m). *5. Tag:* Edelrauthütte – Hochsägescharte (2642 m) – Tiefrastenhütte (2312 m). *6. Tag:* Tiefrastenhütte – Sambock (2396 m) – St. Georgen.

Karmulden ausgehend und über Gratrippen laufend, bis ins Neveser Joch. Einige etwas ausgesetzte Passagen; hinter dem Tristenkamm Drahtseilsicherungen. Aus dem Lappacher Jöchl (2371 m), das vom »Kellerbauerweg« nur tangiert wird, kann man in einer Dreiviertelstunde die Tristenspitze (2716 m, Spur) besteigen. In einer Karmulde nordöstlich unter dem Gipfel liegt der sagenumwobene Tristensee (2344 m). Der Höhenweg läuft rechts an dem stillen Gewässer vorbei, dann hinaus zur Kranner Schneide und führt schließlich fast eben durch die Nordhänge des Schaflahnernock (im Frühsommer Altschnee) zur Chemnitzer Hütte (2420 m).

Abstieg zum Neves-Stausee über den Nevesboden.

24/25 Waldner See, 2338 m, und Rauhkofel, 3252 m

Seenwanderung oder zünftige Gipfeltour?

Ziemlich genau auf halber Höhe zwischen Tal und Gipfel liegt der größte See der Region, frequentiertes Wanderziel, besonders dankbar in Verbindung mit einer Überschreitung der Archscharte (2369 m). Starten kann man die Runde in Prettau oder in Kasern.

➡ Wer sich gleich den Rauhkofel zum (hohen) Ziel nimmt, muß natürlich erst einmal hinauf zu dem stimmungsvollen See unter dem Alpenhauptkamm, von Prettau etwa 2½ Stunden über die Waldner Alm. Eine weitere Dreiviertelstunde höher quert der »Lausitzer Weg« die Südflanke des Zillertaler Hauptkamms. Der markierte Anstieg zum Rauhkofel kreuzt ihn unweit von jenem Platz, an dem einst die Rauhkofelhütte stand. Im Geröll weiter bergan gegen den Südgrat und über Blockwerk, den Steilaufschwüngen in die Flanken ausweichend, zum Vorgipfel und zum höchsten Punkt.

30 Vegetationsweg

Aussichtspromenade über dem Reintal

Die Durreckgruppe (Durreck, 3130 m) deren langgestreckter Hauptkamm zwischen Ahrn- und Reintal aufragt, läßt sich fast ganz auf Höhenwegen umwandern: vom inneren Reintal bis zum Klaussee (und noch ein Stückchen weiter bis ins Bärental): »Reiner Höhenweg«, »Vegetationsweg« und »Durreck-Höhenweg«. Als Ausgangspunkt für eine Begehung des »Vegetationsweges«, der nahe der Baumwuchsgrenze (prächtige Zirbelbestände) von den Schlafhäusern bis zur Mayerhofer Alm führt, bieten sich

Ahornach (1334 m) und Rein (1596 m) an. Die Tour bietet herrliche Ausblicke auf die Bergkulisse des Reintals; Blickfang ist der Hochgall (3436 m), dessen wuchtige Berggestalt über dem Bachertal thront. Der Weg führt wiederholt an schönen Rastplätzen vorbei, etwa bei den Schlafhäusern oder auf der Waldlichtung des Märzenplatzes. Am Moosplatz steht das Wollgras in den nassen Wiesen, beim Sauwipfel (2218 m) schlängelt sich der Weg zwischen mächtigen Bergsturztrümmern hindurch.

➡ Vom Parkplatz am Eingang zum »Naturpark Rieserferner-Ahrn« kurz auf einer Waldstraße bergan, dann auf einem Weg erst noch schattig, später über Wiesen hinauf zu den Schlafhäusern, die früher den Hirten als Unterkunft dienten. An der obersten Hütte (2019 m, Weggabelung) rechts und im Wald hinauf zum Märzenplatz, dann flacher mit zunehmend freier Sicht über den Moosplatz (2128 m) weiter talein und am Hang entlang zum Sauwipfel. Dahinter liegt die Mayerhofer Alm (2022 m). Über Wiesen hinab zu den Lobiser Schupfen (1959 m) und auf bequemer Piste talaus und hinab zum Ausgangspunkt.

Herbst im Reintal; Blick in das von Dreitausendern umrahmte Gelttal.

Die Dolomiten

Traumberge zwischen Eisack und Piave

Was für Paris und den Eiffelturm oder Bayern und Neuschwanstein gilt, trifft auch auf die Dolomiten in den Alpen zu: eigentlich kennt sie jeder. Drei Zinnen, Vajolettürme, Civetta und Pelmo, Rosengarten und Langkofel, der Schlern und die Geislerspitzen – wie viele Kalenderblätter zieren sie jedes Jahr, und zusammen mit Luis Trenker und Reinhold Messner fehlen sie in keinem Alpenbuch. Zigtausende pilgern Sommer für Sommer hinüber zum Patérnsattel, um den unvergleichlichen Blick auf das »steinerne Triumphirat« zu erleben, Postkarten mit den Drei Zinnen reisen anschließend in die ganze weite Welt. Der Architekt Le Corbusier hat die Dolomiten als »schönstes Bauwerk der Welt« bezeichnet – und wer möchte dem Maestro widersprechen?

Die riesige Popularität hat natürlich auch ihre Schattenseiten. Kaum anderswo in den Alpen ist die Erschließung, bedingt auch durch die Topographie, totaler, der Zugriff der Massenvermarktung brutaler. Das gilt vor allem für die berühmten Wintersportregionen von Gröden, Fassa, Alta Badia und Cortina.

Rund 6000 Quadratkilometer groß sind die Dolomiten, maximal 3343 Meter hoch (Marmolada), in den Tälern spricht man ladinisch, deutsch und/oder italienisch. Die beliebtesten Wanderreviere liegen in Südtirol: Gröden, die Seiser Alm, Rosengarten, Villnöß und Hochabtei, Prags mit seinem See und – ganz im Osten – die Sextener Dolomiten. Starken Zulauf verzeichnen das Fassatal und natürlich der alte Olympiaort Cortina d'Ampezzo. Doch jenseits des (unsichtbaren) Sprachlimes nimmt die Zahl der deutschen Touristen rapide ab. Das mag auch an der Topographie liegen, sind die Trentiner und vor allem die Belluneser Dolomiten doch noch wesentlich rauher. Als »beschaulich« wird man hier nur wenige Wanderungen bezeichnen, dafür gibt's noch Natur en masse, Täler ohne Straßen und Lifte, kein bewirtschaftetes Rifugio weit und breit, höchstens eine verfallene Almhütte.

Wandern in den Dolomiten heißt unterwegs sein zwischen Extremen, zwischen Massenauftrieb und Einsamkeit, zwischen freundlichem Wiesengrün und abweisendem Felsgrau. Es heißt aber auch stets: die Wunder der Alpen, der Natur erleben.

Weltberühmt, doch eigentlich ohne richtigen Namen: die Drei Zinnen. Erstmals bestiegen wurde die Große Zinne 1869 von Paul Grohmann, Paul Salcher und Franz Innerkofler.

Führer & Landkarten

Ein Blick ins Dolomiten-Bücherregal zeigt: Auf den Wanderungen zwischen Schlern und Antelao, zwischen Drei Zinnen und Pala wird niemand allein gelassen. Zur Einstimmung empfiehlt sich »Faszination Dolomiten« von Bernd Ritschel und Eugen E. Hüsler (Bruckmann, München); brauchbare Wanderführer über die verschiedenen Regionen der Dolomiten bietet der Bergverlag Rother. Wer in die Belluneser Dolomiten vorstößt, sollte auf jeden Fall den Gebietsführer »Südöstliche Dolomiten« von Richard Goedeke dabei haben (ebenfalls Bergverlag Rother). Den Führer »Pale di San Martino« von Eugen E. Hüsler gibt's leider nur in italienisch (Tamari Montagna Edizioni).

Alle einschlägigen Verlage bieten Dolomiten-Wanderkarten an, Kompass und Freytag & Berndt im Maßstab 1:50 000, Mapgraphic und Tabacco im Maßstab 1:25 000. Vor Ort bekommt man die aktuellen, gut lesbaren Kartenblätter von LagirAlpina, ebenfalls im Maßstab 1:25 000.

Alle Wanderungen auf einen Blick

Tourenziel/Charakteristik	Ausgangspunkt	Wegverlauf & Gehzeit	Markierung	Einkehr am Weg
Latemar, Rosengarten, Grödner Berge, Villnöß				
01 Weißhorn, 2317 m Als ein »verirrtes Stück Dolomiten« wurde es einmal bezeichnet, das über dem Regglberg aufragende Weißhorn. Am Gipfelgrat einige Felsen. Wird oft zusammen mit dem höheren Schwarzhorn (2439 m) bestiegen (1½ Std., mark.)	Joch Grimm (1989 m), Zufahrt vom Lavazè-Joch (1807 m, 🚌), 3,5 km.	Joch Grimm – Weißhorn (1 Std.) – Nordgrat – Querweg – Gurndinalm (2½ Std.) – Joch Grimm (3 Std.)	Mark. H, 5A	Joch Grimm (1989 m), Gurndinalm (1952 m)
02 Rifugio Torre di Pisa, 2671 m Mitten in die unwirtlich-phantastische Felsregion des Latemar führt diese Runde.	🚡 Bergstation des Oberholzlifts (2150 m), Talstation Obereggen (1552 m, 🚌).	Obereggen – Eggentaler Alm – Rif. Torre di Pisa (2¼ Std.) – Gamsstallscharte (2560 m; 3 Std.) – Obereggen (4¼ Std.)	Mark. 22, 516, 18	Rif. Torre di Pisa (2671 m)
03 Labyrinthsteig Karersee und Latemar ohne allzu viel Rummel kann man auf dieser Runde erleben, die quer durch das Bergsturzgelände »Im Geplänk« verläuft.	Karerpaß (1745 m, 🚌), Straßenverbindung zwischen Bozen-Eggental und dem Fassatal.	Karerpaß – »Labyrinthweg« – Karersee (1519 m; 2¾ Std.) – Karerpaß (4 Std.)	Mark. 21, 11, 13	Karerpaß, Karersee
04 Rotwandhütte, 2280 m Beliebte Hüttenwanderung über dem Karerpaß.	🚡 Bergstation des Rosengarten-Sessellifts beim Rif. Paolina (2125 m), Talstation westlich unterhalb vom Karerpaß.	Rif. Paolina – Christomannos-Denkmal – Rotwandhütte (1 Std.) – Karerpaß (1745 m) – Liftstation (2¾ Std.)	CAI-Mark. 539, 549, 548	Rif. Paolina (2125 m), Rotwandhütte (2280 m), am Karerpaß
05 Hirzelweg Beliebte Höhenpromenade unter den Felswänden des Rosengartens, in beide Richtungen lohnend.	🚡 Bergstation des Rosengarten-Sessellifts beim Rif. Paolina (2125 m), Talstation westlich unterhalb vom Karerpaß.	Rif. Paolina – »Hirzelweg« – Rosengartenhütte (1½ Std.) – Frommeralm (2¾ Std., 🚌)	Mark. 539, 549, 2C	Rif. Paolina (2125 m), Rosengartenhütte (2339 m)
06 Rosengartenrunde Landschaftlich herausragende Tour um den Südteil des Rosengartenkamms. Einige leichte Felspassagen am Tschager Joch und am Passo delle Cigolade.	🚡 Bergstation des Gondellifts Laurin II bei der Rosengartenhütte (2339 m), Talstation bei Welschnofen bzw. an der Rosengartenstraße.	Rosengartenhütte – Tschager Joch (2630 m; 1 Std.) – Passo delle Cigolade (2579 m) – Rotwandhütte (3 Std.) – Christomannos-Denkmal – Rosengartenhütte (4¾ Std.)	CAI-Mark. 550, 541, 549	Rosengartenhütte (2339 m), Rotwandhütte (2280 m)
07 Hanicker Schwaige, 1873 m Ausgedehnter Spaziergang zu einem besonders schönen Winkel unter dem Rosengarten. Phantastisch aus dieser Perspektive die Vajolettürme!	Nigerpaß (1688 m, 🚌) an der Rosengartenstraße (Karerpaß – Tiers, 17 km).	Nigerpaß – Baumannschwaige – Hanicker Schwaige (1¾ Std.); Rückweg auf der gleichen Route (gesamt 3 Std.)	Mark. 1, 7	Nigerpaß (1688 m), Baumannschwaige (1826 m), Hanicker Schwaige (1874 m)
08 Grasleitenhütte, 2134 m Lange, aber keinesfalls langweilige Hüttentour abseits der Trampelpfade.	Weißlahnbad (1173 m) am Eingang ins Tschamintal, 3 km von Tiers (1019 m, 🚌).	Weißlahnbad – Grasleitenhütte (3¾ Std.); Abstieg auf dem gleichen Weg (gesamt 6¼ Std.)	Mark. 3	Gh. Weißlahnbad (1173 m), Grasleitenhütte (2134 m)
09 Nigglbergkopf, 2164 m – Mittagskofel, 2187 m Großzügige, einsame Höhenrunde über dem Tierser Tal, am Kamm einige etwas heikle Passagen, Abstieg durch die Bärenfalle aufwendig gesichert.	Weißlahnbad (1173 m) am Eingang ins Tschamintal, 3 km von Tiers (1019 m, 🚌).	Weißlahnbad – Tschafonhütte (1¾ Std.) – Nigglbergkopf – Mittagskofel – Tschafatschsattel (2050 m; 5¼ Std.) – Bärenfalle – Weißlahnbad (6¾ Std.)	Mark. 4A, 4, 9, 2	Gh. Weißlahnbad (1173 m), Tschafonhütte (1733 m)
10 Schlern, 2504 m Der weiteste Weg auf das Südtiroler Wahrzeichen; Nächtigung in den Schlernhäusern (Sonnenaufgang und -untergang inklusive!) empfehlenswert.	Ums (932 m), Weiler 3 km südöstlich von Völs (880 m, 🚌).	Ums – Hofer Alpl (1¼ Std.) – Sesselschwaige (3 Std.) – Schlernhäuser (4½ Std.) – Petz (5 Std.) – »Schäufelesteig« – Hofer Alpl – Ums (8¼ Std.)	Mark. 3, 1	Hofer Alpl (1340 m), Sesselschwaige (1940 m), Schlernhäuser (2457 m), bew. Mitte Juni bis Mitte Okt.
11 Schlernbödelehütte, 1726 m Kleine Wanderrunde unter dem mächtigen Schlernmassiv. Weiterweg über den »Gemssteig« (Mark. 1) zu den Schlernhäusern bzw. zum Gipfel möglich (2¾ Std.).	Bad Ratzes (1212 m) am Eingang in den Frötschbachgraben, 3,5 km von Seis (994 m, 🚌).	Bad Ratzes – »Touristensteig« – Schlernbödelehütte (1½ Std.) – Prosslinger Schwaige (2½ Std.) – Bad Ratzes (3½ Std.)	Mark. 1, 1A	Bad Ratzes (1212 m), Schlernbödelehütte (1726 m), Prosslinger Schwaige
12 Puflatsch, 2174 m Gemütlicher Spaziergang von der Seiser Alm aus (bei Benützung des 🚡 Sessellifts ½ Std.), ab Pufels lohnende Wanderrunde. Trittsicherheit, bei Nässe nicht ratsam!	Pufels (1484 m), Zufahrt von St. Ulrich 7 km.	Pufels – »Schnürlsteig« – Puflatsch (2 Std.) – Gollerkreuz (2104 m) – Seiser Alm (Kompatsch, 1844 m; 3¼ Std.) – Pufels (4¼ Std.)	Mark. 13, AVS, 10	Arnikahütte (2061 m), Puflatschhütte (1950 m), Kompatsch

Alle Wanderungen auf einen Blick

Tourenziel/Charakteristik	Ausgangspunkt	Wegverlauf & Gehzeit	Markierung	Einkehr am Weg
13 Schlern, 2563 m Weniger anstrengend als die Wege von Völs und Tiers herauf ist die Besteigung des Südtioler Wahrzeichens von der Seiser Alm. Alternativer Ausgangspunkt ⬆ Liftstation Spitzbühel (1935 m).	Seiser Alm (Kompatsch, 1844 m, ⬆), Endpunkt der von Seis/Kastelruth ausgehenden Seiser-Alm-Straße, 11 km.	Seiser Alm – Saltnerhütte (1½ Std.) – Schlernhäuser – Schlern (3½ Std.); Abstieg auf dem gleichen Weg (gesamt 6 Std.)	Mark. 10, 5, 1	Kompatsch, Saltnerhütte, Schlernhäuser (2457 m)
14 Seiser-Alm-Wanderung; Plattkofelhütte, 2300 m Große Runde über die Seiser Alm, verschiedene, auch wesentlich kürzere Varianten möglich. Alternative Ausgangspunkte Kompatsch (1844 m, 🚌) und Saltria (1680 m, 🚌 Pendelbus von Kompatsch).	⬆ Bergstation der Seiser-Alm-Seilbahn am Pitzberg (2005 m), Talstation St. Ulrich (1236 m, 🚌).	Pitzberg – Großes Moos – Joch (1981 m; 1¼ Std.) – Seiser-Alm-Haus (2143 m; 3 Std.) – »Friedrich-August-Weg« – Plattkofelhütte (4½ Std.) – Saltria (5½ Std.) – Pitzberg (7 Std.)	Mark. S, 7, 4, 9, 7A	Mehrere Einkehrmöglichkeiten am Weg
15 Langkofelhütte, 2253 m Herrlich gelegene Hütte, umrahmt von den Felsfluchten des Langkofelmassivs.	Monte Pana (1636 m), Zufahrt und ⬆ Sessellift ab St. Christina (1428 m, 🚌).	Monte Pana – Confinboden – Langkofelhütte (2½ Std.); Abstieg auf dem gleichen Weg (gesamt 4 Std.)	CAI-Mark. 525	Monte Pana (1636 m), Langkofelhütte (2253 m)
16 Poststeig und Troi Paian Ins Grödner Tal kann man auch wandern, auf dem alten Talweg oder auf dem noch viel älteren »Troi Paian«: Schritt um Schritt, Landschaft erlebend, statt PS-geschwind.	Lajen (1102 m, 🚌), Dorf hoch über dem Eingang ins Grödner Tal, Zufahrt von Waidbruck 7 km. In der Nähe wurde möglicherweise der Minnesänger Walther von der Vogelweide geboren.	Lajen – »Poststeig« – St. Peter (1211 m; 1¼ Std.) – St. Ulrich (3 Std.) – St. Peter (1211 m, 🚌) – »Troi Paian« – Plan dala Crëusc (1809 m; 2 Std.) – Col Ciarnacei (1797 m; 3 Std.) – Palest (1823 m; 4 Std.) – St. Jakob (1433 m) – St. Ulrich (1236 m; 5½ Std., 🚌)	Gut mark. Wege	St. Peter, am »Poststeig« Pedrutscher (1262 m)
17 Broglessattel, 2119 m Gemütliche Höhen- und Bergabwanderung vor der Grödner Dolomitenkulisse. Lohnend auch der Abstecher zum Raschötzer Kreuz (2282 m; ¾ Std., Mark. 35, 1).	⬆ Bergstation des Raschötz-Sessellifts (2111 m), Talstation St. Ulrich (1236 m, 🚌).	Liftstation – Broglessattel – Brogleshütte (1¼ Std.) – St. Ulrich (3¼ Std.)	Mark. 35, 3	Liftstation, Brogleshütte (2045 m)
18 Pitschberg, 2065 m Im Gegensatz zur Sëceda (2518 m) ist der Pitschberg ein (ruhiger) Wanderberg ohne Lifte und Hütten.	⬆ Bergstation der Sëceda-Seilbahn (2480 m), Talstation St. Ulrich (1236 m, 🚌).	Sëceda – Cucasattel – Pitschberg (1 Std.) – St. Jakob (1565 m) – »Troi Sacun« – St. Ulrich (3½ Std.)	Mark. 6	Sëceda
19 Col del la Pieres, 2751 m Lohnendes Gipfelziel für erfahrene Bergwanderer, teilweise steile Wege, eine drahtseilgesicherte Passage. Großes Gipfelpanorama.	⬆ Bergstation des Col-Raiser-Lifts (2102 m), Talstation bei St. Christina (1428 m, 🚌).	Col Raiser – Geislerhütte (¼ Std.) – Forcella Fources de Sièles (2505 m; 1½ Std.) – Col de la Pieres (2¼ Std.) – Nadelscharte (2489 m; 3 Std.) – Geislerhütte (3¾ Std.) – Talstation (4¾ Std.)	Mark. 4, 2, am Col de la Pieres rote Bez.	Col Raiser (2102 m), Geislerhütte (2037 m)
20 Stevia; Nadelscharte, 2489 m Auch ohne Abstecher zum Gipfel des Col de la Pieres (2751 m; von der Nadelscharte ¾ Std.) sehr dankbare Wanderrunde. Trittsicherheit unerläßlich!	Daunëi (1677 m), Weiler oberhalb von Wolkenstein (1563 m, 🚌).	Daunëi – Baita Juac (¾ Std.) – Steviahütte (2 Std.) – Nadelscharte (2½ Std.) – Geislerhütte (3¼ Std.) – Baita Juac – Daunëi (4½ Std.)	Mark. 4, 3	Baita Juac (1905 m), Steviahütte (2312 m), Geislerhütte (2037 m)
21 Langental und Puezhütte, 2475 m Eine Wanderung der Kontraste: aus dem »ummauerten« Langental hinauf zur Mondlandschaft der Gherdenacia-Hochfläche.	Parkplatz am Eingang ins Langental (1620 m), 2 km von Wolkenstein (1563 m, 🚌).	Parkplatz – Langental – Puezalm – Puezhütte (3¼ Std.) – Plan de la Ciasëies (1850 m) – Parkplatz (5¾ Std.)	Mark. 4, 14	Puezhütte (2475 m)
22 Gran Cir, 2592 m Die große Tschierspitze ist der höchste Gipfel des felsigen Drachenrückens nördlich über dem Grödner Joch. Aufstieg über leichte Felsen (I), kurze gesicherte Passagen.	Grödner Joch (2121 m, 🚌), Straßenübergang vom Grödner Tal ins Hochabtei.	Grödner Joch – Gran Cir (1¼ Std.); Abstieg auf dem gleichen Weg (gesamt 2 Std.)	Rote Mark.	Grödner Joch
23 Lech de Crespëina, 2374 m Romantische Höhenwanderung zur Puezhütte mit Abstieg ins Langental. Bizarre Felskulisse am Tschierpaß.	Grödner Joch (2121 m, 🚌), Straßenübergang vom Grödner Tal ins Hochabtei. Alternativer Ausgangspunkt: ⬆ Bergstation des Dantercepies-Gondellifts (2298 m).	Grödner Joch/Dantercepies – Tschierpaß (2466 m) – Crespeinasee – Puezhütte (3 Std.) – Langental – Wolkenstein (5½ Std., 🚌)	Mark. 2, 14, 4	Grödner Joch (2121 m), Clarkhütte (2222 m)
24 Rund um das Langkofelmassiv Große und großartige Tour, eine der schönsten Wanderungen im Grödnertal. Etwas Ausdauer erforderlich.	Parkplatz beim Sellajochhaus (2176 m, 🚌), knapp unterhalb des Sellajochs (2244 m).	Sellajochhaus – Rif. Comici (1 Std.) – Langkofelhütte (3 Std.) – Plattkofelhütte (4¾ Std.) – »Friedrich-August-Weg« – Sellajochhaus (6½ Std.)	Mark. 526, 526A, 527, 4	Mehrere Hütten am Weg

Alle Wanderungen auf einen Blick

Tourenziel/Charakteristik	Ausgangspunkt	Wegverlauf & Gehzeit	Markierung	Einkehr am Weg
25 Rund um den Plattkofel Quer durch das Langkofelmassiv führt diese beliebte Wanderung. Abstieg von der Langkofelscharte durch ein rauhes Geröllkar, im Frühsommer oft noch Schnee.	🚠 Bergstation Langkofelscharte der Gondelbahn (2681 m), Talstation beim Sellajochhaus (2176 m, 🚌).	Langkofelscharte – Langkofelhütte (¾ Std.) – Plattkofelhütte (2½ Std.) – »Friedrich-August-Weg« – Sellajochhaus (4¼ Std.)	Mark. 525, 527, 4	Sellajochhaus, Toni-Demetz-Hütte in der Langkofelscharte, Langkofelhütte (2253 m), Plattkofelhütte (2300 m)
26 Ottohöhe, 1460 m Gemütliche Höhenrunde vor der Dolomitenkulisse des Villnößtals (Geislerspitzen). Sehenswert: gotische Flügelaltäre in den kleinen Kirchen von St. Valentin und St. Jakob.	St. Peter (1154 m, 🚌), Hauptort im Villnößtal, 8,5 km von der Brennerroute.	St. Peter – St. Valentin (1156 m) – St. Jakob (1265 m) – Ottohöhe (1¾ Std.) – Wolfsgrube – St. Peter (3¼ Std.)	Mark. 11, 30	Moarhof (1320 m)
27 Adolf-Munkel-Weg Klassische Höhenpromenade vor den Nordabstürzen der Geislerspitzen, am schönsten von St. Magdalena aus unter Einbeziehung des »Unteren Herrnsteigs«. Kürzere Variante ab Zannser Alm 4¾ Std.	St. Magdalena (1236 m) im inneren Villnöß, 11 km von der Brennerroute.	St. Magdalena – Brogleshütte (2½ Std.) – »Adolf-Munkel-Weg« – Zanser Alm (4¾ Std.) – »Unterer Herrnsteig« – Villtatscher Berg (1908 m; 6 Std.) – St. Magdalena (7¾ Std.)	Mark. 28, 35, 33, 32B, 32	Brogleshütte (2045 m), Glatschalm (1902 m), Zanser Alm (1695 m)
28 Zirmhöhenweg – Plose, 2487 m Hausberg der Bischofsstadt am Zusammenfluß von Eisack und Rienz, durch Seilbahnen und Straßen leider ziemlich lädierte Natur. Herrliches Dolomitenpanorama!	Kreuztal (2023 m, 🚌), 🚠 Bergstation der Plose-Seilbahn, Talstation St. Andrä (958 m, 🚌), 7 km von Brixen.	Kreuztal – »Zirmhöhenweg« – Ochsenalm (1½ Std.) – Plose (Telegraph, 3 Std.) – Kreuztal (3¾ Std.)	Mark. 30, 6, 3	Kreuztal, Ochsenalm (2085 m), Plosehütte (2447 m)

Gadertal/Hochabtei, Pragser und Sextener Dolomiten

Tourenziel/Charakteristik	Ausgangspunkt	Wegverlauf & Gehzeit	Markierung	Einkehr am Weg
29 Rund um den Peitlerkofel Aussichtsreiche Tour um den mächtigen Bergstock. Wer dem Peitlerkofel (2875 m) aufs Haupt steigen will, muß mit leichtem Felsgelände vertraut sein (Sicherungen; 1½ Std. von der Peitlerscharte, mark.).	Würzjoch (1987 m), Straßenübergang (»Brixner Dolomitenstraße«) von Brixen ins Gadertal.	Würzjoch – Peitlerscharte (2357 m; 1¾ Std.) – Gömmajoch (2111 m; 3 Std.) – Würzjoch (4½ Std.)	Mark. 8A, 4, 35, 8B	Würzjoch
30 Lüsner Alpe; Astjoch, 2194 m Aussichtsreiche Runde über mehrere bewirtschaftete Almen. Prachtblick zu den Dolomiten; besonders schön im Herbst.	Lüsen (981 m, 🚌) im gleichnamigen Tal, Zufahrt von Brixen 14 km.	Lüsen – Ronerhütte (1832 m; 3 Std.) – Starkenfeldhütte (1920 m) – Astjoch (4¾ Std.) – Kreuzwiesenhütte (1925 m) – Lüsen (7 Std.)	Mark. 14, 2, 67	Mehrere Almhütten am Weg
31 Paresberg, 2396 m Rundwanderung an der Sonnseite des Wengentals mit Gipfelabstecher. Schöne Blumenwiesen, kleiner Abstecher zur Kreuzspitze (2021 m)	Wengen (1348 m, 🚌), Bauerndorf über dem Gadertal, 3 km von Pederoa. Weiterfahrt bis zu den Höfen von Côz (1592 m) möglich, kurz vorher Parkplatz.	Parkplatz – Paresberg (2½ Std.) – Ridjoch (Ju de Rit, 1863 m; 4½ Std.) – Parkplatz (5¼ Std.)	Mark. 15, 15B, 13,	–
32 Heiligkreuz, 2045 m Nicht unbedingt ein stilles, aber ein sehr schönes Plätzchen unter den riesigen Felsfluchten des Heiligkreuzkofels: Kirchlein und Hospiz Heiligkreuz. Abstiege entweder über die Armentara-Wiesen oder über Costalta.	🚠 Bergstation des Heiligkreuzlifts (1840 m), Talstation Pedratsches (1330 m, 🚌).	Liftstation – Heiligkreuz (¾ Std.) – Armentara – Fornacia (1586 m; 2 Std.) – Cialaruns (1575 m; 2¾ Std.) – St. Leonhard (1365 m) – Pedratsches (3½ Std.) Heiligkreuz (¾ Std.) – Costalta (1705 m; 1½ Std.) – St. Leonhard – Pedratsches (2¼ Std.)	Nur teilweise mark. Wege, Sträßchen	Heiligkreuz (2045 m)
33 Heiligkreuzkofel, 2907 m Was für ein Profil! Senkrechter Fels, himmelhoch ragend über grünen Almböden – und ein markierter Durchstieg, der, obwohl abschnittweise gesichert, fast noch als Weg zu bezeichnen ist. Ein sicherer Tritt und Schwindelfreiheit sind aber unerläßlich.	🚠 Bergstation des Heiligkreuzlifts (1840 m), Talstation Pedratsches (1330 m, 🚌).	Liftstation – Heiligkreuz (¾ Std.) – Kreuzkofelscharte (2612 m; 2¾ Std.) – Heiligkreuzkofel (3¾ Std.) – Kreuzkofelscharte – Forcela de Medesc (2533 m; 5 Std.) – Heiligkreuz (7 Std.) – Liftstation (7½ Std.)	Mark. 7/2, 15, Gipfel und Übergang zur Medesc-Scharte rote Bez.	Heiligkreuz (2045 m)
34 Piz d'Lavarela, 3055 m Riesentour für trittsichere Dauerläufer. Vorsicht: Bänder nördlich unter der Lavarela mitunter vereist. Vom Gipfel großes Dolomitenpanorama.	St. Kassian (1536 m, 🚌), knapp 4 km von Stern. Im Ort kleines Museum mit den Bärenfunden aus der Conturines-Höhle (im Sommer Führungen vor Ort).	St. Kassian – Forcela de Medesc (2533 m; 3 Std.) – Piz d'Lavarela (5 Std.) – Ju dal Ega (Tadegajoch, 2143 m; 7¼ Std.) – Capanna Alpina (8½ Std.) – St. Kassian (9½ Std.)	Mark. 15, 12, 11, Gipfelüberschreitung rote Bez.	Capanna Alpina (1726 m)

Alle Wanderungen auf einen Blick

Tourenziel/Charakteristik	Ausgangspunkt	Wegverlauf & Gehzeit	Markierung	Einkehr am Weg
35 Lech de Lagacio, 2182 m Rundwanderung zwischen dem riesigen Piz dles Cunturines (3064 m) und dem Zackengrat der Fanisspitzen. Stimmungsvoll der Lagazuoisee, steiler Geröllaufstieg in die Seescharte (Forcela dl Lech, 2486 m).	Capanna Alpina (1726 m), knapp 5 km von St. Kassian (1536 m, 🚌).	Capanna Alpina – Rif. Scotoni – Lech de Lagacio (1¼ Std.) – Forcela dl Lech (2¼ Std.) – Gran Plan (2117 m; 3 Std.) – Capanna Alpina (4 Std.)	Mark. 20, 20B, 11	Capanna Alpina (1726 m), Rif. Scotoni (1985 m)
36 Col di Lana, 2452 m Großes Panorama, traurige Vergangenheit: im Ersten Weltkrieg wurde der Gipfel des heißumkämpften »Col di Sangue« (= Blutberg) in die Luft gesprengt. Am Übergang vom Monte Sièf einige Sicherungen.	Valparolajoch (2168 m, 🚌), Straßenpaß zwischen St. Kassian und dem Passo Falzárego. Parkplatz.	Valparolajoch – Col di Lana (2½ Std.); Abstieg auf dem gleichen Weg (gesamt 4½ Std.)	Mark. 23, 21	Rif. Valparola (2168 m)
37 Prelungè, 2138 m Die Parlongià (Prelungè) ist nach der Seiser Alm zweitgrößte Hochalm der Dolomiten mit reicher Flora und herrlicher Aussicht – leider aber auch mit zahlreichen Liften samt Schneekanonen.	🚠 Bergstation der Seilbahn auf den Piz la Ila (Piz la Villa, 2078 m), Talstation Stern (1468 m, 🚌).	Piz la Ila – Prelungè (1½ Std.) – St. Kassian (2¾ Std., 🚌)	Mark. 23, 22	Mehrere Hütten auf der Prelungè
38 Piz Boè, 3152 m Kulminationspunkt des Sellamassivs; abschnittsweise gesicherter, ziemlich anspruchsvoller Anstieg über den »Lichtenfelser Steig«. Nur bei sicherem Wetter!	🚠 Bergstation der Seilbahn zum Crep de Mont (2198 m) bzw. Sessellift Vallon (2537 m), Talstation Corvara (1555 m, 🚌).	Crep de Mont – Lech de Boè (2250 m) – Vallon (1 Std.) – Franz-Kostner-Hütte – »Lichtenfelser Steig« – Eisseespitze (3009 m) – Piz Boè (3½ Std.) – Weg 638 – Franz-Kostner-Hütte – Vallon (5¼ Std.) – Crep de Mont (6 Std.)	CAI-Mark. 672, 638	Crep de Mont (2198 m), Franz-Kostner-Hütte (2517 m)
39 Rifugio Pisciadù, 2585 m Landschaftlich hervorragende, mit einigen leichten Felspassagen »gewürzte« Runde an der Nordflanke des Sellamassivs.	Grödner Joch (2121 m, 🚌), Straßenübergang vom Hochabtei ins Grödner Tal.	Grödner Joch – Val Setus – Rif. Pisciadù (2 Std.) – Val de Mesdì – Grödner Joch (4¾ Std.)	CAI-Mark. 666, 651, 676	Grödner Joch (2121 m), Rif. Pisciadù (2585 m)
40 Crespeina-Hochfläche Ausgedehnte Rundtour über das Crespeina-Plateau mit vielen faszinierenden Landschaftseindrücken.	🚠 Bergstation des Col-Pradat-Sessellifts (2038 m), Talstation Kolfuschg (1645 m, 🚌).	Col Pradat – Forcela de Ciampei (2366 m; 1¼ Std.) – Lech de Crespëina – Crespeinajoch (2526 m) – Tschierpaß (2466 m) – Clarkhütte (3¼ Std.) – Rif. Forcelles – Kolfuschg (5 Std.)	Mark. 4, 2, rote Mark.	Col Pradat (2038 m), Clarkhütte (2222 m), Rif. Forcelles (2101 m)
41 Sassongher, 2665 m Das kühne Felshorn ist alpines Wahrzeichen von Corvara. Markierter Anstieg mit einer (leichten und gesicherten) Felspassage.	🚠 Bergstation des Col-Pradat-Sessellifts (2038 m), Talstation Kolfuschg (1645 m, 🚌).	Col Pradat – Forcela Sassongher (2435 m) – Sassongher (2¼ Std.) – Forcela Sassongher – Kolfuschg (4 Std.)	Mark. 4, 7	Col Pradat (2038 m)
42 Heiligkreuzkofel, 2907 m Wanderung über das riesige Alm- und Karrenplateau der Kleinen Fanesalpe; vom Gipfel einmalige Tiefblicke. Vorsicht bei Nebel!	Pederü (1540 m, 🚌) im inneren Rautal, Zufahrt von St. Vigil (1193 m) 11 km. Jeep-Zubringerdienst zur Lavarela-Hütte nur bei Übernachtung!	Pederü – Lavarela (2042 m; 2 Std.) – Kreuzkofelscharte (2612 m; 4½ Std.) – Heiligkreuzkofel (5½ Std.); Abstieg auf dem gleichen Weg (gesamt 9½ Std.)	Mark. 7, zum Gipfel rote Tupfer	Ütia da Lavarela (2042 m), Faneshütte (2060 m)
43 Col Becchei di sopra, 2794 m Prächtiger Aussichtsgipfel über den Fanesmen. Wer lange Wege nicht scheut, kann auch bei der Capanna Alpina (1726 m) starten und über die Große Fanesalpe zum Limojoch wandern (Gesamtgehzeit etwa 7½ Std.).	Pederü (1540 m, 🚌) im inneren Rautal, Zufahrt von St. Vigil (1193 m) 11 km. Jeep-Zubringerdienst zur Lavarela-Hütte nur bei Übernachtung!	Pederü – Faneshütte (2 Std.) – Limojoch (2172 m) – Col Becchei di sopra (4¼ Std.); Abstieg auf dem gleichen Weg (gesamt 7 Std.)	Rote Bez.	Faneshütte (2060 m)
44 Sass dla Para, 2462 m Wanderrunde zwischen weiten Almen und schroffen Gipfeln; vom Sass dla Para überraschend weites Panorama.	Pederü (1540 m, 🚌) im inneren Rautal, Zufahrt von St. Vigil (1193 m) 11 km. Großer Parkplatz.	Pederü – Fodara Vedla (1½ Std.) – Sass dla Para (3 Std.); Abstieg auf dem gleichen Weg (gesamt 5 Std.)	Teilweise sparsam mark. Wege	Pederü (1540 m), Rif. Fodara Vedla (1966 m)
45 Monte Sella di Sennes, 2787 m Ausgiebige Wanderung über die Sennesalm zum höchsten Gipfel der Region. Bei Bedarf Jeep-Zubringerdienst auf die Sennesalm.	Pederü (1540 m, 🚌) im inneren Rautal, Zufahrt von St. Vigil (1193 m) 11 km. Großer Parkplatz.	Pederü – Senneshütte (2½ Std.) – Südflanke – Monte Sella di Sennes (4½ Std.) – Südostgrat – Senneshütte – Pederü (7¼ Std.)	Mark. Weg	Pederü (1540 m), Senneshütte (2126 m), Ütia Munt de Senes
46 Piz da Peres, 2507 m Dankbares Gipfelziel über der Furkel; von der Dreifingerscharte lohnt sich ein Abstecher zum Hochalmsee (2252 m; ½ Std., Mark. 3).	Furkel (1759 m), Straßenübergang von St. Vigil (1193 m, 🚌) nach Olang.	Furkel – Dreifingerscharte (2330 m; 1¾ Std.) – Piz da Peres (2¼ Std.); Abstieg auf dem gleichen Weg (gesamt 3¾ Std.)	Mark. 3, 12	–

Alle Wanderungen auf einen Blick

Tourenziel/Charakteristik	Ausgangspunkt	Wegverlauf & Gehzeit	Markierung	Einkehr am Weg
47 Hochalpenkopf, 2542 m Großzügige Überschreitung vom innersten Grünwaldtal zum Pragser Wildsee. Faszinierend die riesige Schräge der Hochalpe, vom Hochalpenkopf kontrastreiches Panorama.	Pragser Wildsee (1494 m, 🚍), Zufahrt von der Pustertaler Straße 8,5 km. Großer Parkplatz vor dem See.	Pragser Wildsee – Grünwaldtal – Hochalpenhütte (2¾ Std.) – Hochalpenkopf (5 Std.) – Pragser Furkel (2225 m) – Pragser Wildsee (7 Std.)	Mark. 19, 32, 6, 61, 20	Pragser Wildsee (1494 m), Grünwaldalm (1590 m)
48 Seekofel, 2810 m Mit seinem gewaltigen Nordabsturz dominiert er die Bergumrahmung des Pragser Wildsees. Am markant geschichteten Südostgrat reichlich Geröll, dazu einige leichte Felsaufschwünge (Drahtseile).	Pragser Wildsee (1494 m, 🚍), Zufahrt von der Pustertaler Straße, 8,5 km. Großer Parkplatz vor dem See.	Pragser Wildsee – Porta Sora al Forn (2388 m; 3¼ Std.) – Seekofel (4¾ Std.); Abstieg auf dem gleichen Weg (gesamt 7½ Std.)	Mark. 1, am Gipfel rote Bez.	Pragser Wildsee, Seekofelhütte (2327 m) wenig unterhalb der Porta
49 Herrstein, 2447 m Den schönsten Vogelschaublick auf den Pragser Wildsee hat man vom Weg zum Herrstein. Abwechslungsreich dann der Rückweg über den Gamssattel und die Roßböden, evtl. mit Besteigung des Roßkofels (½ Std., mark.).	Pragser Wildsee (1494 m, 🚍), Zufahrt von der Pustertaler Straße, 8,5 km. Großer Parkplatz vor dem See.	Pragser Wildsee – Weißlahnscharte (2¼ Std.) – Herrstein (3 Std.) – Weißlahnscharte (2194 m) – Gamssattel (2443 m; 4¼ Std.) – Roßböden – Pragser Wildsee (7 Std.)	Mark. 58, 28, 4, 1	Pragser Wildsee
50 Sarlkofel, 2378 m Aussichtskanzel über dem Pustertal mit weiter Schau zum Alpenhauptkamm und in die Dolomiten. Tiefblick auf den Toblacher See.	Bad Altprags (1379 m), Zufahrt von der Pustertaler Straße, 5 km. Parkplatz.	Bad Altprags – Buchsenriedl (1801 m; 1¼ Std.) – Sarlsattel (2189 m) – Sarlkofel (3 Std.) – Sarlsattel – Sarlriedl (2099 m) – Bad Altprags (5¼ Std.)	Mark. 15, 16, 33, 14	–
51 Dürrenstein, 2839 m Beliebter Wandergipfel mit vergleichsweise kurzem Anstieg von der Plätzwiese. Im Sommer recht heiß; am Vorgipfel kurze gesicherte Passage.	Plätzwiese (1992 m), Zufahrt von der Pustertaler Straße via Brückele. Parkplatz, Strecke ab Brückele jeweils zwischen 10 und 16 Uhr gesperrt!	Plätzwiese – Dürrenstein (2½ Std.); Abstieg auf dem gleichen Weg (gesamt 4 Std.)	Mark. 40	Auf der Plätzwiese
52 Monte Piana, 2324 m Plateauberg mit einmaligem Panorama und blutiger Vergangenheit: Freilichtmuseum mit rekonstruierten Stellungen und Wegen aus dem Ersten Weltkrieg. Gesicherte Passagen.	Dürrensee (1403 m, 🚍) an der Strecke Toblach – Schluderbach.	Dürrensee – »Pionierweg« – Toblacher Kreuz (2305 m; 2¾ Std.) – Südkuppe (2324 m; 3¼ Std.) – »Touristensteig« – Dürrensee (5¼ Std.)	Mark. 122, 6A, 6	Alpenflora am Dürrensee
53 Dreischusterhütte, 1626 m Wenig anstrengende Höhenwanderung ins Innerfeldtal; läßt sich gut mit einem Abstecher zum Haunoldköpfl (2158 m) verbinden (zusätzlich knapp 2 Std., Mark. 7).	🚠 Bergstation des Haunoldlifts (1493 m), Talstation Innichen (1173 m, 🚍).	Liftstation – Dreischusterhütte (2¾ Std.) – Sextental – Innichen (5 Std.)	Mark. 7, 7A, 105	Haunoldhütte (1499 m), Dreischusterhütte (1626 m)
54 Hochebenkofel, 2905 m Einsame Aussichtswarte zwischen Höhlenstein- und Innerfeldtal. Oberhalb vom Lückele leichte Felspassage (Drahtseil).	Innerfeldtal, Wanderparkplatz (1500 m), knapp 4 km von der Stecke Innichen – Sexten.	Parkplatz – Dreischusterhütte (½ Std.) – Lückele (2545 m; 3¼ Std.) – Hochebenkofel (4½ Std.); Abstieg auf dem gleichen Weg (gesamt 7 Std.)	Mark. 105, 9, zum Gipfel rote Bez.	Dreischusterhütte (1626 m), Drei-Zinnen-Hütte (2405 m) am Toblinger Riedl, 20 Min.
55 Innerfelder Talschlußrunde Recht ausgedehnte Wanderrunde; einmalig der Blick vom Zinnenplateau auf die Drei Zinnen.	Innerfeldtal, Wanderparkplatz (1500 m), knapp 4 km von der Strecke Innichen – Sexten.	Parkplatz – Dreischusterhütte (½ Std.) – Großes Wildgrabenjoch (2289 m; 2¾ Std.) – Zinnenplateau (3¾ Std.) – Parkplatz (5¾ Std.)	Mark. 105, 11	–
56 Innergsell, 2065 m Aussichtspunkt in den nördlichen Ausläufern des Dreischustermassivs, beim Abstieg herrliche Blicke ins Fischleintal.	Sexten (1316 m, 🚍), bekannter Ferienort an der Strecke Innichen – Kreuzbergpaß.	Sexten – Innergsell (2¼ Std.) – Fischleintal – Waldweg – Sexten (4½ Std.)	Mark. 12C, 12, 1A	Dreischusterhütte (1626 m)
57 Drei-Zinnen-Hütte, 2405 m – Zsigmondyhütte Wanderklassiker über dem Fischleintal; grandiose Kulisse. Etwas Ausdauer erforderlich.	Fischleintal, Wanderparkplatz (1454 m, 🚍) beim Hotel Dolomitenhof, 3 km von Sexten-Moos (1337 m).	Fischleintal – Talschlußhütte (½ Std.) – Drei-Zinnen-Hütte (3 Std.) – Büllelejoch (2522 m) – Zsigmondyhütte (4½ Std.) – Talschlußhütte (5¾ Std.) – Fischleintal (6¼ Std.)	Mark. 102, 101, 103	Talschlußhütte (1540 m), Drei-Zinnen-Hütte (2405 m), Büllelejochhütte, Zsigmondyhütte (2224 m)
58 Kreuzbergpaß, 1636 m Gemütliche Höhenwanderung unter den Felsabstürzen der Sextener Rotwand (2965 m) und ihrer Trabanten.	🚠 Bergstation des Rotwandwiesenlifts (1910 m), Talstation bei Sexten-Moos (1337 m, 🚍).	Rotwandwiesen – Kreuzbergsattel (2¼ Std., 🚍)	Mark. 15A	Rotwandwiesen, Kreuzbergpaß

Meine Favoriten

02 Rifugio Torre di Pisa, 2671 m

In die Kulissenberge des Karersees

Den berühmten Turm in der Toskana kennt man einfach, Zigtausende pilgern alljährlich hin, um das aus der Senkrechten geratene Menschenwerk zu bewundern. So viele sind es natürlich nicht, die jeweils im Sommer hinaufwandern zum Rifugio im Latemar, und manche bekommen den »torre oblique« gar nicht zu Gesicht, versteckt er sich doch in einem Karwinkel der Cima Valbona. Macht nichts, bei dieser Latemar-Tour stehen Türme und Zacken en masse Parade. Und

von der hochgelegenen Hütte genießt man zudem ein große Schau auf die südwestlichen Dolomiten, zur Lagoraikette und über die Etschtalfurche bis zur Presanella und zu den Brentazinnen.

➡ Die Runde beginnt recht gemütlich auf dem Höhenweg, der die gesamte Westflanke des Latemar quert. Hinter der Eggentaler Alm, genau an der Provinzgrenze zwischen Südtirol und dem Trentino, stößt man auf den Weg zum Rifugio Torre di Pisa. Die Hütte ist erstes Etappenziel und fast schon höchster Punkt der Tour. Ihre Fortsetzung führt am oberen Rand des riesigen Valsordakessels, eine Scharte am Ostgrat der Cima di Valsorda querend, in die Gamsstall-

scharte (2560 m). Dabei hat man die Kehrseite der berühmten Zackenkulisse des Karersees direkt vor sich: vorne hui, hinten pfui!

Aus der Scharte leitet die Wegspur in den »Gamsstall«, ein verwinkeltes Felslabyrinth, dann wandert man über weite Kehren an der schrofigen Westflanke des Eggentaler Horns (2799 m) hinab zur Liftstation Obereggen.

Was für ein Profil! Der Schlern mit Santner- und Euringerturm.

Meine Favoriten

06 Rosengartenrunde

Vielbegangene Wege zwischen Karerpaß und Vajolet-Tal

Ein Wanderklassiker am Hauptkamm des Rosengartens, ohne Zweifel. Bei Schönwetter wird man deshalb auch kaum allein unterwegs sein auf den Wegen um Tschager Joch und Rotwandhütte. Doch das mindert den Reiz der Tour nur unwesentlich, zu vieles gibt es zu sehen, zu bestaunen. Immer wieder öffnen sich neue, überraschende Ausblicke, packende Bilder, etwa vom Tschager Joch auf den Zackenwald der Dirupi di Larsec oder vom Cigoladepaß auf den Rotwand-Masarè-Kamm.

➡ Gleich hinter der Rosengartenhütte geht's über eine Felsrampe (Drahtseil) hinauf zu der mächtigen Geröllterrasse am Westfuß des Rosengartens. Bei der Weggabelung rechts, dann durch eine Schuttrinne steil und etwas mühsam bergan ins Tschager Joch (2630 m). Jenseits links abwärts ins Vajolet-Tal bis zu dem querführenden Weg. Nun rechts erst flach um eine Felsschulter herum und steil im Zickzack hinauf zum Passo delle Cigolade (2579 m). An der Scharte kommt die Rotwandhütte ins Blickfeld: unter den Felsen der Mugoni (2734 m) hindurch und dann flach quer über die steinigen Wiesenböden des unteren Vajolonkessels.
Der Rückweg führt fast ohne Höhenunterschiede, dafür mit viel Aussicht, erst zum Christomannos-Denkmal, das an Theodor Christomannos, einen großen Pionier des Südtiroler Tourismus, erinnert, dann auf dem »Hirzelweg« unter der senkrechten Riesenmauer der Rotwand (2806 m) zurück zur Rosengartenhütte.

19 Col de la Pieres, 2751 m

(Fast) alle Schönheit im Panorama

Ganz im Schatten der Geislerspitzen steht der ungefüge, schuttbeladene Bergklotz des Col de la Pieres: kein auffallendes Profil, keine schlanken Zinnen, bloß schiere Masse – und eine faszinierende Rundschau. So steigt man halt auf diesen Berg, um all die alpinen Schönheiten ringsum zu bestaunen: Schlern, Rosengarten, Langkofel, Sella, Geisler.

➡ Von der Liftstation am Col Raiser spaziert man zunächst einmal hinüber zur Geislerhütte (2037 m), wo der Anstieg beginnt: erst im innersten Cislestal, dann steiler durch die Fources de Sièlles hinauf in die gleichnamige Scharte (2505 m). Hier rechts über geröllbedeckte Bänder hinauf zum Grat und rechts ziemlich flach zum höchsten Punkt.
Schlüsselstelle beim Abstieg ist ein Felsband (Drahtseil), das von der Gipfelabdachung überleitet in den Karwinkel unter der Montischela (2650 m). Dabei kommt bereits die Nadelscharte (2489 m) ins Blickfeld, schmaler, von einem Felsturm flankierter Durchlaß auf die Westseite des Bergmassivs. Dahinter geht's erst steil und rutschig (im Frühsommer Altschnee, Vorsicht!), dann in bequemen Kehren hinunter ins Cislestal und zur Geislerhütte, wo sich die Runde schließt.

Sonnenuntergang – bei den Ladinern Enrosadüra – am Cunturines-Massiv.

33 Heiligkreuzkofel, 2907 m

Dolomitenkontraste

Ein Profil, das selbst in den Dolomiten seinesgleichen sucht: der Heiligkreuzkofel, senkrechter Absturz auf der einen, Schrofenschräge auf der anderen Seite. Während die dem Hochabtei zugewandte Westflanke mit einigen extremen Kletterführen aufwartet, kann man den Berg von der Fanesalpe aus fast »auf einem Bein« besteigen. Garantiert beide Beine und gelegentlich auch noch seine Hände benötigt man auf dem Weg vom Wallfahrtskirchlein hinauf in die Kreuzkofelscharte, der abschnittweise gesichert, aber dennoch keine richtige Via ferrata ist, dem felsigen Gelände listig abgetrotzt und grandiose Bilder vermittelnd.

➡ Von der Liftstation zunächst auf vielbegangenem Weg nach Heiligkreuz (2045 m), wo sich das Gros der Ausflügler zwischen Kirchlein, Wirtschaft und Picknick-Wiesen verteilt. Gipfelaspiranten folgen der markierten Spur, die schräg rechts in die Felsen führt. In der Folge wechseln leichte Felsaufschwünge und Gehgelände ab; eine gut 50 Meter hohe Steilstufe meistert man am Fixseil. Zuletzt am linken Rand eines Geröllhangs hinauf in die Kreuzkofelscharte (2612 m). Nun links, gelegentlich den bodenlosen Wandabbrüchen ganz nahe, am Kamm entlang, zuletzt im Geröll zum Gipfelkreuz.
Für den Abstieg empfiehlt sich der kleine Umweg über die Forcela de Medesc (2533 m): auf rot markierter Spur von der Kreuzkofelscharte links um den Piz de Medesc herum in die Scharte, dann im Geröll abwärts ins Val Medesc und anschließend fast eben zurück zum Hospiz Heiligkreuz.

47 Hochalpenkopf, 2542 m

Pferdehimmel über dem Grünwaldtal

Auch in den Pragser Dolomiten ist es – wie so oft in den Dolomiten – gar nicht weit vom Trubel bis zu fast paradiesischer Ruhe. Wenn rund um den Pragser Wildsee atemlos-hektisches Treiben herrscht, ist man oben auf den Bergen meistens allein, von Ausflüglern keine Spur. Das gilt auch für Maurerkopf (2569 m) und Hochalpenkopf, zwei besonders gut »versteckte« Gipfel der Pragser Dolomiten. Ob man von Olang hinaufschaut zu dem langgestreckten Grat, der am Piz da Peres (2507 m) ansetzt und sich östlich bis zum Hochalpen-

Meine Favoriten

Wohin des Weges?
Wanderparadies Gröden
mit den Südabstürzen
der Geislerspitzen.

kopf hinzieht, oder das malerische Grünwaldtal durchwandert – nichts deutet auf das Landschaftswunder hin, das sich dazwischen verbirgt: eine riesige schiefe Ebene, wenig steil nur, der Sonne zugewandt, im Sommer ein einziger riesiger Blumenteppich, so etwas wie ein »siebter Himmel« für die Pferde und Rinder, die hier sömmern, und für die »Marmottes« (Murmeltiere) natürlich auch.

➡ Am oberen Ende des Pragser Wildsees (1494 m) mündet von Westen das langgestreckte Grünwaldtal. Man durchwandert es auf gutem Weg, der erst hinter dem Alten Kaser (1751 m) stärker ansteigt, bis zu den Hochalpenhütten (2114 m). Nun rechts aufwärts gegen das Joch Lapadures (2210 m) und hinüber in die Flatschkofelscharte (2223 m). Hier beginnt die Kammwanderung, sozusagen am »oberen Rand« der Hochalpe entlang, zum Maurerkopf und weiter zum Hochalpenkopf, schließlich hinunter zur Pragser Furkel (2225 m), alles gut markiert. Dann steil bergab zur Kaserhütte (1937 m) und im Wald, zuletzt auf einer Forstpiste, zurück zum Wildsee.

57 Drei-Zinnen-Hütte, 2405 m – Zsigmondyhütte
Die große Sextener Wanderrunde

Diese Traumpromenade über dem Fischleintal ist der Wanderklassiker schlechthin in den Sextener Dolomiten. Eine recht lange Tour, allerdings mit drei »Tankstellen« unterwegs: der Drei-Zinnen-, der Büllele- und der Zsigmondy-

hütte. Man tangiert bzw. überschreitet auch drei Scharten: den Toblinger Riedl (2405 m) mit dem berühmten Drei-Zinnen-Blick, das Büllelejoch (2522 m) und das Oberbachernjoch (2519 m). Zu den Highlights der Runde zählt neben der Querung über die Bödenalpe auch der Abstieg zur Zsigmondyhütte, bei dem man das Riesenmassiv des Elfers (3094 m) direkt vor sich hat, während zur Rechten der Zwölfer (3094 m) immer höher und steiler in den Himmel wächst – Traumbild über dem innersten Bacherntal.

➡ Vom großen Parkplatz beim Dolomitenhof (1454 m) zunächst fast eben im Fischleintal zur Talschlußhütte, wo die meisten Ausflügler ein- und umkehren, dann westlich ins Altensteiner Tal – zur Linken die zerklüftete Nordwand des Einsers (2698 m), über der Bödenalpe die bizarren Zackenprofile von Paternkofel und Toblinger Knoten. Zwischen beiden Gipfeln, am Sattel des Toblinger Riedl, steht die Drei-Zinnen-Hütte. Nun südöstlich über die Bödenalpe mit ihren Seeaugen und kurz bergan ins Büllelejoch (2522 m), dann fast eben hinüber ins Oberbachernjoch . Hier kommen weitere »Zeiger« der berühmten Sextener Sonnenuhr ins Blickfeld: rechts der Zwölfer, unverkennbar mit seiner wuchtigen Felsstirn, jenseits des Bacherntals breitmassig der Elfer, etwas zurück die Sextener Rotwand (Zehner, 2965 m). Abstieg aus der Scharte zunächst östlich zur Zsigmondyhütte, dann auf vielbegangenem, teilweise etwas steinigem Weg hoch über dem Grund des Bacherntals hinaus und zuletzt in Kehren hinunter ins Fischleintal zur Talschlußhütte, wo sich die große und grandiose Runde schließt.

Dolomiten-Höhenwege

In den sechziger Jahren wurde die Idee der Dolomiten-Höhenwege lanciert, eine erste Route beschrieben und einheitlich markiert. Mittlerweile zählt man zehn dieser Trekkingrouten kreuz und quer durch die Dolomiten. Nennenswerte Begeherzahlen sind allerdings höchstens bei den ersten drei, mittlerweile fast schon klassischen Routen zu verzeichnen; die Höhenwege in den östlichen Dolomiten gelten als zu schwierig, sind teilweise auch ungenügend markiert. Nachfolgend kurz der Verlauf des »Dolomiten-Höhenweges 1«.
1. Tag: Pragser Wildsee – Senneshütte, 5 Std.
2. Tag: Senneshütte – Faneshütte, 3½ Std. 3. Tag: Faneshütte – Rif. Lagazuoi, 6 Std. 4. Tag: Rif. Lagazuoi – Rif. Cinque Torri, 4 Std. 5. Tag: Rif. Cinque Torri – Rif. Città di Fiume, 5 Std.
6. Tag: Rif. Città di Fiume – Rif. Coldai, 3 Std. 7. Tag: Rif. Coldai – Rif. Vazzoler, 3½ Std. 8. Tag: Rif. Vazzoler – Passo Duràn, 5 Std.
9. Tag: Passo Duràn – Rif. Pramperet, 4 Std. 10. Tag: Rif. Pramperet – Biv. Del Mas, 3 Std. 11. Tag: Biv. Del Mas – Rif. 7° Alpini, 7 Std. 12. Tag: Rif. 7° Alpini – Belluno, 4 Std.

Alle Wanderungen auf einen Blick

Tourenziel/Charakteristik	Ausgangspunkt	Wegverlauf & Gehzeit	Markierung	Einkehr am Weg
Piavetal, Ampezzaner Dolomiten				
59 Forcella dei Camosci, 2101 m Wanderrunde im (unbekannten) Nordosten der Sextener Dolomiten; läßt sich über zwei weitere Scharten bis in den Valon de la Sappada ausdehnen (zusätzlich 2 Std., Mark. 123, 126, 164).	Rif. Lunelli (1568 m), Zufahrt von Pàdola (1218 m, 🚌) via Bagni di Valgrande (1274 m), 7 km.	Rif. Lunelli – Rif. Berti (1¼ Std.) – Forcella dei Camosci (1¾ Std.) – Cadin dei Bagni – Rif. Lunelli (3½ Std.)	CAI-Mark. 101, 152, 123, 151	Rif. Lunelli (1568 m), Rif. Berti (1950 m)
60 Monte Aiárnola, 2456 m Der östlichste Felsgipfel der Sextener Dolomiten; Überschreitung mark., mit leichten Felspassagen. Nur für Geübte! Alternativ Aufstieg von Auronzo (866 m, 🚌) über die verfallenen Bergwerke im Val San Rocco möglich (4½ Std., Mark. 125).	Passo del Zovo (1476 m), Straßenübergang von Pàdola (1218 m, 🚌) nach Auronzo.	Passo del Zovo – Monte Aiárnola (3¼ Std.) – Forcella Valdarin (2428 m) – Lago Aiárnola (1573 m; 5¼ Std.) – Passo del Zovo (6½ Std.)	CAI-Mark. 153, 127, 125, 164	Passo del Zovo (1476 m)
61 Pian dei Buoi, 1827 m Höhenwanderung im Vorgeländе des Marmarole-Massivs.	🚡 Bergstation der Monte-Agudo-Lifte (1573 m), Talstation Auronzo (866 m, 🚌).	Monte Agudo – Crode della Mandria – Pian dei Buoi (2½ Std.) – Crode della Mandria (3½ Std.) – Auronzo (5 Std.)	CAI-Mark. 271, 262	Rif. Monte Agudo (1573 m), Rif. Marmarole (1786 m), Rif. Ciareido (1969 m), 20 Min. oberhalb der Pian dei Buoi
62 Sentiero Bonacossa Abschnittweise gesicherter Höhenweg quer durch die bizarre Felslandschaft der Cadini. Auch Teilbegehungen möglich.	🚡 Bergstation des Col-de-Varda-Sessellifts (2125 m), Talstation am Misurinasee.	Col de Varda – Forcella del Diavolo – Rif. Fonda Savio (2¼ Std.) – Forcella de Rinbianco (2176 m) – Rif. Auronzo (4½ Std., 🚌)	CAI-Mark. 117	Rif. Col de Varda (2115 m), Rif. Fonda Savio (2367 m), Rif. Auronzo (2320 m)
63 Giro degli Cadini Tolle Runde durch den Zackenwald der Cadini, Trittsicherheit und Bergerfahrung unerläßlich. Am »Sentiero Bonacossa« einige gesicherte Passagen.	🚡 Bergstation des Col-de-Varda-Lifts (2125 m), Talstation am Misurinasee.	Col de Varda – »Sentiero Bonacossa« – Rif. Fonda Savio (2¼ Std.) – »Sentiero Durissini« – Rif. Città di Carpi (5 Std.) – Misurinasee (6½ Std.)	CAI-Mark. 117, 112B, 118, 120	Rif. Col de Varda (2125 m), Rif. Fonda Savio (2367 m), Rif. Città di Carpi (2110 m)
64 Rund um die Drei Zinnen Absoluter Wanderklassiker mit dem Drei-Zinnen-Blick schlechthin, dank des hochgelegenen Ausgangspunktes nicht besonders anstrengend. Ein Tip: Spät aufbrechen und die Abendstimmung genießen!	Rif. Auronzo (2320 m, 🚌) am Endpunkt der Drei-Zinnen-Straße (mautpflichtig), 8 km von Misurina.	Rif. Auronzo – Patérnsattel (2474 m; ¾ Std.) – Drei-Zinnen-Hütte (1½ Std.) – Lange Alpe – Forcella del Col de Mezo (2315 m) – Rif. Auronzo (3¼ Std.)	CAI-Mark. 101, 105	Rif. Auronzo, Rif. Lavaredo (2344 m), Drei-Zinnen-Hütte (2405 m)
65 Lago di Sorapìss, 1923 m Aussichtsreiche Höhenwanderung vom Passo Tre Croci aus; läßt sich mit Überschreitung der Forcella Malquoira (2307 m) zur Runde erweitern (Gesamtgehzeit 5¼ Std., Mark. 216). Trittsicherheit erforderlich.	Passo Tre Croci (1805 m, 🚌), Straßenübergang von Cortina d'Ampezzo zum Misurinasee bzw. nach Auronzo.	Passo Tre Croci – Lago di Sorapìss (2¼ Std.); Rückweg auf der gleichen Route (gesamt 4 Std.)	CAI-Mark. 215	Passo Tre Croci, Rif. Vandelli (1928 m) am Sorapìss-See
66 Sonforca, 2110 m Aussichtsreiche Runde vor dem Cristallomassiv; wer's ganz gemütlich mag, wandert vom Lift über den »Sentiero Tamarin« ins Tal (2 Std., Mark. 211).	🚡 Bergstation der Mietres-Sessellifte (1710 m), Talstation Cortina d'Ampezzo (1211 m, 🚌).	Mietres – Forcella Zumeles (2072 m; 1¼ Std.) – Sonforca (1¾ Std.) – Capanna Rio Gere (2½ Std.) – Mietres (3¼ Std.)	CAI-Mark. 211, 204, 205, 206	Rif. Mietres (1710 m), Capanna Rio Gere (1698 m)
67 Seekofel, 2810 m Über die ausgedehnten Hochalmen im Quellgebiet des Boite auf den Kulissengipfel des Pragser Wildsees. Am Südostgrat Trittsicherheit (einige gesicherte Felspassagen).	Rif. Ra Stua (1668 m), im untersten Val Scuro, Zufahrt von Cortina d'Ampezzo (1211 m, 🚌) über die »Strada d'Alemagna«, 11 km. Parkplatz; Zufahrt Mitte Juli bis Anfang September gesperrt!	Rif. Ra Stua – Senneshütte (2 Std.) – Seekofelhütte (3 Std.) – Seekofel (4½ Std.) – Seekofelhütte – Lago de Fosses (2142 m) – Rif. Ra Stua (7½ Std.)	Mark. 6, 26	Rif. Ra Stua (1668 m), Senneshütte (2126 m), Seekofelhütte (2320 m)
68 Limojoch, 2172 m Das Valle di Fanes zählt zu den schönsten Landstrichen in der Umgebung von Cortina d'Ampezzo. Alte Kriegsstraße (auch für Biker). Die Wasserfälle des Fanesbachs kann man auf gesicherten Steigen besuchen. Nur für Geübte!	Parkplatz (1320 m) unterhalb von Peutelstein; Zufahrt von Cortina d'Ampezzo (1211 m; 🚌) über die »Strada d'Alemagna«, 7 km.	Parkplatz - Pian de Loa - Limojoch (3½ Std.); Abstieg auf dem gleichen Weg (gesamt 5¾ Std.)	Sträßchen	Faneshütte (2060 m), ¼ Std. jenseits des Limojochs.

14.9.05

Alle Wanderungen auf einen Blick

Tourenziel/Charakteristik	Ausgangspunkt	Wegverlauf & Gehzeit	Markierung	Einkehr am Weg
69 Passo Posporcora, 1720 m Höhenwanderung und Talspaziergang vor der Conca d'Ampezzo: viel zum Schauen, wenig Mühen.	🚡 Zwischenstation Col Druscie (1779 m) der Tofana-Seilbahn, Talstation Cortina d'Ampezzo (1211 m, 🚌).	Col Druscie – Passo Posporcora (2 Std.) – Camping Olimpia (3 Std.) – Cortina d'Ampezzo (4 Std.)	CAI-Mark. 410, 409, 408, 208	Rif. Col Druscie (1779 m)
70 Val Travenanzes Landschaftlich grandiose Talwanderung hinauf zur Forcella Travenanzes. Ausdauer erforderlich.	Parkplatz Ponte Felizon (1367 m), 7,5 km nördlich von Cortina d'Ampezzo an der Straße nach Toblach.	Ponte Felizon – Ponte Alto (1380 m) – Val Travenanzes – Forcella Travenanzes (2507 m; 5¼ Std.) – Passo Falzárego (2105 m; 6 Std., 🚌)	CAI-Mark. 401, 402	Passo Falzárego (2105 m)
71 Rund um die Tofana di Rozes Einer der Wanderklassiker Cortinas, vermittelt einzigartige Dolomitenbilder. Abkürzer über die »Scala del Menighel« hinab ins Travenanzestal nur für ganz Schwindelfreie (senkrechte Felsstufe, Hakenreihe)!	Rif. Dibona (2030 m), Zufahrt von der »Großen Dolomitenstraße« auf schmaler Bergstrecke, 4,5 km. Großer Parkplatz.	Rif. Dibona – Rif. Giussani (1½ Std.) – Val Travenanzes – Forcella Col de Bos (2331 m; 3¾ Std.) – Rif. Dibona (5 Std.)	CAI-Mark. 403, 404, 442	Rif. Dibona (2030 m), Rif. Giussani (2580 m)
72 Tofana di Rozes, 3225 m Nur bei besten Verhältnissen (sicheres Wetter, kein Eis in der Nordflanke) ein Ziel für erfahrene Bergwanderer. Ausdauer und ein sicherer Tritt unerläßlich.	Rif. Dibona (2030 m), Zufahrt von der »Großen Dolomitenstraße« auf schmaler Bergstrecke, 4,5 km. Großer Parkplatz.	Rif. Dibona – Rif. Giussani (1½ Std.) – Tofana di Rozes (4 Std.); Abstieg auf dem gleichen Weg (gesamt 6½ Std.)	CAI-Mark. 403 bis Rif. Giussani, blaue Bez. zum Gipfel.	Rif. Dibona (2030 m), Rif. Giussani (2580 m) an der Forcella Fontananegra
73 Nuvolau, 2574 m Einer der schönsten Aussichtspunkte in den Ampezzaner Dolomiten, kurze Zugänge, Gipfelhütte.	Passo Falzárego (2105 m, 🚌), Straßenpaß an der »Großen Dolomitenstraße«, 17 km von Cortina d'Ampezzo. Alternative Ausgangspunkte: 🚡 Bergstation des Cinque-Torri-Sessellifts (2225 m), Passo Giau (2233 m).	Passo Falzárego – Forcella Averau (2435 m) – Nuvolau (2 Std.) – Rif. Scoiattoli (2¾ Std.) – Pian de Menis – Passo Falzárego (4 Std.)	CAI-Mark. 441, 439, 440	Passo Falzárego, Rif. Averau (2413 m), Rif. Nuvolau (2574 m), Rif. Scoiattoli (2225 m)
74 Rund um die Croda da Lago Attraktive, zu Recht beliebte Wanderrunde unter dem Drachenrücken der Croda da Lago (Cima Ambrizola, 2715 m). Am idyllischen Lago Federa steht das Rif. Croda da Lago.	Giau-Paßstraße, 2 km von Pocol (1530 m, 🚌) an der »Großen Dolomitenstraße«.	Giaustraße – Lago Federa (2038 m; 1¾ Std.) – Forcella Ambrizola (2227 m; 2½ Std.) – Forcella Rossa del Formin (2462 m; 3¼ Std.) – Val Formin – Giaustraße (5 Std.)	CAI-Mark. 434, 435	Rif. Croda da Lago (2048 m)
75 Forcella Piccola, 2120 m »Piccola« ist am Antelao (3264 m) nichts, alles hat hier einen Zug ins Gigantische: Felswände, Geröllflanken, Gipfel.	Rif. Scotter (1580 m), schotterige Zufahrt von San Vito di Cadore (1010 m, 🚌), 5 km. Parkplatz.	Rif. Scotter – Forcella Piccola (1¾ Std.) – Rif. San Marco (2¾ Std.) – Rif. Scotter (3¼ Std.)	CAI-Mark. 229, 227, 228	Rif. Scotter (1580 m); Rif. Galassi (2018 m), 15 Min. jenseits der Forcella Piccola; Rif. San Marco (1823 m)
76 Rifugio Chiggiato, 1911 m Aussichtsreich über dem Val d'Oten gelegene Hütte, Prachtblick auf Marmarole, Antelao und die Zacken der »Dolomiti d'oltre Piave«.	Val d'Oten, Praciadelan (1044 m), Zufahrt von Calalzo di Cadore (809 m, 🚌), 5 km.	Praciadelan – Rif. Chiggiato (2½ Std.); Abstieg auf dem gleichen Weg (gesamt 4 Std.)	CAI-Mark. 260	Bar alla Pineta (1044 m) in Praciadelan, Rif. Chiggiato (1911 m)
77 Cima de l'Albero, 2018 m Südlicher Eckpfeiler der Bosconero-Gruppe, läßt sich im Zuge einer Rundtour besteigen. Prächtige Aussicht, packende Tiefblicke, vorab ins Piavetal.	Podenzoi (809 m), Weiler über dem Piave, Zufahrt von Castellavazzo (519 m, 🚌), 4 km.	Podenzoi – Forcella Brusnich (1617 m; 3 Std.) – Forcella Sesarola (3¾ Std.) – Cima de l'Albero (4¼ Std.) – Forcella Sesarola – Biv. Tovanella (1688 m; 5 Std.) – Podenzoi (7 Std.)	CAI-Mark. 484, 482	–
Zoldano, Cordèvole				
78 Rifugio Bosconero, 1457 m Hütte in prächtiger Lage unter den Felsgipfeln der Bosconero-Gruppe.	Lago di Pontesèi (807 m, 🚌) im unteren Val di Zoldo, an der Strecke Longarone – Forno di Zoldo.	Lago di Pontèsei – Rifugio Bosconero (2 Std.); Abstieg auf dem gleichen Weg (gesamt 3¼ Std.)	CAI-Mark. 490	Rif. Bosconero (1457 m)
79 Monte Rite, 2183 m Gipfelspaziergang auf einer alten Kriegsstraße (auch für Biker interessant). Der Monte Rite gilt als eine der schönsten Aussichtskanzeln des Cadore. Herrliche Blumenwiesen.	Forcella Cibiana (1530 m), Straßenübergang von Forno di Zoldo (840 m, 🚌) nach Venas di Cadore.	Forcella Cibiana – Monte Rite (2 Std.), Abstieg auf dem gleichen Weg (gesamt 3½ Std.)	Fahrweg	Forcella Cibiana (1530 m)

Alle Wanderungen auf einen Blick

Tourenziel/Charakteristik	Ausgangspunkt	Wegverlauf & Gehzeit	Markierung	Einkehr am Weg
80 Belvedere di Mezzodì, 1964 m Ausgedehnte Tour im Norden des Mezzodì-Kamms. Einige exponierte Passagen (Drahtseil), Trittsicherheit und Bergerfahrung unerläßlich.	Forno di Zoldo (840 m, 🚌), Hauptort des Val di Zoldo.	Forno – Rif. Sora l'Sass (2¼ Std.) – Belvedere (3½ Std.) – Casera Col Manang (1290 m; 6¾ Std.) – Forno (8 Std.)	CAI-Mark. 534, 532, 531	Rif. Sora l'Sass (1588 m)
81 Rifugio Sommariva, 1857 m Eher gemütliche Hüttentour vor den phantastischen Zinnen der Mezzodì-Gruppe. Für geübte Bergsteiger ist die Cima di Prampèr (2409 m; 3 Std.) ein lohnendes Ziel.	Val Prampèr, Zufahrt von Forno di Zoldo (840 m, 🚌) 4 km weit bis zum Pian de la Fopa (1180 m) möglich.	Pian de la Fopa – Rif. Sommariva (2½ Std.); Abstieg auf dem gleichen Weg (gesamt 4 Std.)	Mark. 523	Rif. Sommariva (1857 m)
82 Rund um die Cime di San Sebastiano Spannende Runde abseits ausgetretener Pfade; Ausdauer und Trittsicherheit notwendig. Hinweis: Beim »Viaz dei Cengioni« an der Cima Nord di San Sebastiano handelt es sich um eine zwar markierte, aber weglose Bänderroute – kein Wanderweg!	Passo Duràn (1601 m), Übergang vom Val di Zoldo nach Agordo.	Passo Duràn – La Porta (2326 m; 2¼ Std.) – Baita Angelini (1680 m; 3 Std.) – Forcella de la Barance (1688 m) – Passo Duràn (5½ Std.)	CAI-Mark. 524, 536	Rif. San Sebastiano am Passo Duràn
83 Col Rean, 2281 m Ein absoluter Wanderklassiker; faszinierend die Riesenwand der Civetta (3220 m). Vom Col Rean Rundschau auf das gesamte obere Cordèvole und seine Berge.	Forcella d'Àlleghe (1816 m), ziemlich holperige Zufahrt von der Südrampe der Staulanza-Paßstraße, 5 km.	Forcella d'Àlleghe – Rif. Coldai (1 Std.) – Val Civetta – Col Rean (3 Std.); Rückweg auf der gleichen Route (gesamt 5 Std.)	CAI-Mark. 556, 560	Rif. Coldai (2132 m), Rif. Tissi (2250 m) am Col Rean
84 Rund um den Monte Pelmo Herrliche Wanderrunde um den »Koloß von Zoldo«; im Anstieg zur Forcella Val d'Arcia Trittsicherheit notwendig (ein paar Drahtseile).	Forcella Staulanza (1766 m, 🚌), Straßenübergang vom Val Zoldo nach Selva di Cadore.	Forcella Staulanza – Rif. Venezia (2½ Std.) – Forcella Val d'Arcia (4¼ Std.) – Forcella Staulanza (5¾ Std.)	CAI-Mark. 472, 480	Rif. Passo Staulanza, Rif. Venezia (1946 m)
85 Sentiero Tivan Höhenweg am Ostfuß des Civettamassivs mit schöner Aussicht über das Zoldano. Vom Rif. Coldai aus besteigt man in knapp 1 Std. den Monte Coldai (2396 m, Spur).	🚠 Bergstation der Gondelbahn Crep di Pécol (1811 m), Talstation Pécol (1388 m, 🚌) im Val di Zoldo.	Crep di Pécol – Forcella della Grava (1784 m; ¾ Std.) – »Sentiero Tivan« – Rif. Coldai (4 Std.) – Forcella d'Àlleghe (4¾ Std.) – Pécol (6 Std.)	CAI-Mark. 585, 557, 556	Rif. Pian del Crep (1765 m), Rif. Coldai (2132 m)
86 Monte Porè, 2405 m Harmloser Grasberg mit ähnlich schönem Panorama wie der → Col di Lana. Blumenwiesen, am Berg Spuren des historischen Bergbaus.	Villagrande (1443 m), hübsch gelegenes Bergdorf an der Strecke Caprile – Selva di Cadore.	Villagrande – Forcella (1797 m) – Monte Porè (3 Std.); Abstieg auf dem gleichen Weg (gesamt 5 Std.)	CAI-Mark. 463	–
87 Rifugio 7° Alpini, 1490 m Ganz im Süden der Dolomiten, gerade zehn Kilometer von Belluno entfernt, stehen die phantastischen Zinnen der Schiara – Dorado für Kletterer und Ferratisten. Lohnende Hüttenwanderung.	Case Bortòt (694 m), Häusergruppe am Eingang ins Val d'Ardo, Zufahrt von Belluno via Bolzano Bellunese (541 m, 🚌), 7 km. Parkplatz.	Case Bortòt – Rif. 7° Alpini (2¾ Std.); Abstieg auf dem gleichen Weg (gesamt 4¾ Std.)	CAI-Mark. 501	Rif. 7° Alpini (1490 m)
88 Monte Serva, 2133 m Großer Aussichtsgipfel am Südrand der Alpen. Im Sommer heiß!	Anfahrt von der Provinzhauptstadt Belluno (383 m, 🚌) über Sopraoroda (532 m) bis zum Col Fagher (990 m) möglich, 7,5 km.	Col Fagher – Monte Serva (3½ Std.); Abstieg auf dem gleichen Weg (gesamt 5¼ Std.)	CAI-Mark. 517	–
89 Valle d'Angheraz Talspaziergang für Genießer. Großartig die Bergumrahmung des Valle d'Angheraz.	Col di Prà (843 m), Weiler im Valle di San Lucano, Zufahrt von Taibon Agordino (625 m, 🚌), 7 km.	Col di Prà – Valle d'Angheraz (ca. 1400 m; 2 Std.); Rückweg auf der gleichen Route (gesamt 3½ Std.)	Fahrweg, CAI-Mark. 707	–
90 Rifugio Vazzoler, 1714 m Herrlich gelegene Hütte im Süden des Civettamassivs; sehr empfehlenswert die Höhenwanderung zum Rif. Tissi am → Col Rean und weiter zum Rif. Coldai (4 Std., Mark. 560)	Capanna Trieste (1135 m), Zufahrt von Listolade (701 m, 🚌) durch das Val Corpassa, 4 km.	Capanna Trieste – Rifugio Vazzoler (2 Std.); Abstieg auf dem gleichen Weg (gesamt 3¼ Std.)	Fahrweg, CAI-Mark. 555	Capanna Trieste (1135 m), Rif. Vazzoler (1714 m)

Alle Wanderungen auf einen Blick

Tourenziel/Charakteristik	Ausgangspunkt	Wegverlauf & Gehzeit	Markierung	Einkehr am Weg
91 Bivacco Bedin, 2220 m Weiter Weg zum schönsten (und am schönsten gelegenen) Biwak der Dolomiten. Faszinierendes Ambiente, sehr einsam. Aufstieg aus dem Valle di San Lucano über den »Sentiero Miola« → »Hüslers Klettersteigatlas Alpen«	Pradimezzo (873 m), Weiler oberhalb von Cencenighe (774 m, 🚌), Zufahrt 2 km.	Pradimezzo – Malga d'Ambrusogn (1700 m; 2½ Std.) – Forcella Besausega (2131 m; 3¾ Std.) – Bivacco Bedin (4¼ Std.); Abstieg auf dem gleichen Weg (gesamt 7 Std.)	CAI-Mark. 764, 765	–
92 Viaz del Bus Spannende Runde über dem Talschluß von Gares. Am »Viaz del Bus« kurze gesicherte Passage. Sehenswert: der Wasserfall von Gares, die Blumenpracht.	Gares (1381 m), Weiler im gleichnamigen Tal, Zufahrt von Canale d'Agordo (976 m, 🚌), 7 km.	Gares – Cascata di Gares – Pian delle Comelle (1798 m; 1¾ Std.) – »Viaz del Bus« – Malga Valbona (1783 m) – Gares (4 Std.)	CAI-Mark. 704, 756A, 756	Capanna Cima Comelle (1333 m) bei Gares
93 Pala-Plateau; Rifugio Rosetta, 2581 m Große Runde über die Mondlandschaft des Altipiano delle Pale di San Martino. Phantastische Kulisse, Ausdauer unerläßlich. Auf keinen Fall bei unsicherem Wetter gehen (Nebel, Neuschnee)!	Gares (1381 m), Weiler im gleichnamigen Tal, Zufahrt von Canale d'Agordo (976 m, 🚌), 7 km.	Gares – Pian delle Comelle (1798 m; 1¾ Std.) – Valle delle Comelle – Rif. Rosetta (4¾ Std.) – Pala-Plateau – Passo Antermarùcol (2334 m; 6½ Std.) – Gares (8½ Std.)	CAI-Mark. 704, 756	Capanna Cima Comelle (1333 m); Rif. Rosetta (2581 m), bew. Mitte Juni bis Ende Sept.
94 Focchetti del Focobon, 2291 m Genußrunde vor der großen Kulisse der Pala-Nordkette (Cima del Focobon, 3054 m). Abstieg zum Rif. Bottari und Rückweg genußvoller »Beerenweg«.	Passo di Valles (2031 m), Straßenübergang von Falcade (1155 m, 🚌) nach Predazzo.	Passo di Valles – Forcella Venegia (2217 m; ¾ Std.) – Forcella Venegiota (2303 m; 1½ Std.) – Focchetti del Focobon – Rif. Bottari (3¼ Std.) – Passo di Valles (5 Std.)	CAI-Mark. 751 bis Forcella Venegiota, dann rote Bez.	Passo di Valles (2031 m), Rif. Bottari (1573 m)
95 Sasso Vernale, 3058 m Selten bestiegener Dreitausender im »Niemandsland« südlich der Marmolada. Großes Panorama, Trittsicherheit und Ausdauer erforderlich.	Rif. Fuchiade (1972 m), schmale Zufahrt vom Passo di San Pellegrino (1919 m, 🚌), 3,5 km.	Rif. Fuchiade – Passo delle Cirelle (2683 m; 2 Std.) – Passo d'Ombrettola (2864 m; 3 Std.) – Sasso Vernale (3¾ Std.); Abstieg auf dem gleichen Weg (gesamt 6 Std.)	CAI-Mark. 607, 612, am Gipfel Steinmännchen.	Rif. Fuchiade (1972 m)
96 Col Rean, 2281 m «Götterthron» vor der Civetta-Nordwestwand, abschnittweise rauhe Wege; Trittsicherheit. Alternativ kann man für den »Aufstieg« auch die 🚠 Alleghe-Bergbahnen benützen.	Alleghe (983 m, 🚌), Ferienort im oberen Cordèvoletal, hübsch am Ostufer des gleichnamigen Sees gelegen.	Alleghe – Val d'Antersass – Col Rean (3¾ Std.) – Masarè (5½ Std.) – Alleghe (6 Std.)	CAI-Mark. 565, 563	Rif. Tissi (2250 m) am Col Rean
97 Sasso Bianco, 2407 m Einsamer Gipfel über dem Val Pettorina mit großer Rundschau. Besonders eindrucksvoll der Blick auf die Civetta (3220 m). Zeit für gelegentliche Wegsuche einplanen!	Caracoi Cimai (1364 m), Häusergruppe hoch über dem Zusammenfluß von Cordèvole und Pettorina. Zufahrt von der Wallfahrtskirche Le Grazie (980 m, 🚌), 3,5 km.	Caracoi Cimai – Sasso Bianco (3¼ Std.); Abstieg auf dem gleichen Weg (gesamt 5½ Std.)	Schlecht markiert, 25000er Karte wichtig!	–
98 Col di Lana, 2452 m Im Ersten Weltkrieg blutig umkämpfter Gipfel (»Col di Sangue«), großes Panorama. Gedenkkapelle.	Palla (1676 m), Weiler oberhalb von Pieve di Livinallongo (1470 m, 🚌); Zufahrt 2 km.	Palla – Col di Lana (3 Std.); Abstieg auf dem gleichen Weg (gesamt 5 Std.)	Mark. 21	–
99 Piz Boè, 3152 m Großartige Überschreitung für jene, die nicht in der Kolonne vom 🚠 Sass Pordoi (2950 m) zum Piz Boè pilgern wollen.	Pordoijoch (2239 m, 🚌), Paßübergang an der »Großen Dolomitenstraße«, von Canazei nach Arabba. 🚠 Seilbahn zum Sass Pordoi.	Pordoijoch – Ringbandweg – Gran Valacia (2 Std.) – Eissee (2833 m) – Piz Boè (3½ Std.) – Forcella Pordoi (2829 m; 4¼ Std.) – Pordoijoch (5¼ Std.)	Ringband rot bez., weiter CAI-Mark. 638, 627	Capanna Piz Fassa (3152 m), Rif. Forcella Pordoi (2849 m)
100 Bindelweg Auf zum Marmolada-Blick! Einer der beliebtesten Wanderwege der Dolomiten: wenig Steigung, viel Aussicht und zahlreiche Einkehrmöglichkeiten unterwegs.	Pordoijoch (2239 m, 🚌), Paßübergang an der »Großen Dolomitenstraße«, von Canazei nach Arabba.	Pordoijoch – »Bindelweg« – Lago Fedaia (3 Std.) – Rif. Villetta Maria (1717 m; 3¾ Std., 🚌)	CAI-Mark. 601, 605	Mehrere Hütten am Weg

Alle Wanderungen auf einen Blick

Tourenziel/Charakteristik	Ausgangspunkt	Wegverlauf & Gehzeit	Markierung	Einkehr am Weg
Fassatal, Pala				
101 Sella-Wanderung; Boèhütte, 2781 m Quer über das Plateaugebirge und hinab durch das Val Lasties: Sella-Erlebnis pur. Wer am Weg zur Boèhütte gleich den Piz Boè (3152 m, Vorsicht beim Abstieg!) überschreitet, muß mit einer Gehzeit von gesamt 4½ Std. rechnen (Mark. 638)	🚡 Bergstation der Sass-Pordoi-Seilbahn (2950 m), Talstation Pordoijoch (2239 m, 🚌).	Sass Pordoi – Forcella Pordoi (2829 m) – Boèhütte (1 Std.) – Forcella Antersass (2839 m) – Val Lasties – Pian Schiavaneis (1850 m; 3½ Std.)	SAT-Mark. 627, 647	Rif. Forcella Pordoi (2849 m), Boèhütte (2871 m), Rif. Pian Schiavaneis (1850 m)
102 Friedrich-August-Weg Höhenpromenade unter den Felsfluchten des Langkofelmassivs mit Blick auf die gesamte Bergumrahmung des Fassatals. Nicht versäumen: Abstecher zum Col Rodella (2484 m).	🚡 Bergstation der Rodella-Seilbahn (2387 m), Talstation Campitello (1414 m, 🚌).	Col-Rodella-Bahn – Forcella di Rodella (2318 m) – »Friedrich-August-Weg« – Plattkofelhütte (1¾ Std.) – Rif. Micheluzzi (2¾ Std.) – Campitello (3¾ Std.)	Mark. 4, 533, Straße	Mehrere Hütten am Weg
103 Passo di San Nicolò, 2340 m Landschaftlich sehr reizvolle Runde im Val Contrin; lohnend auch die Talwanderung zur Contrinhütte. In 3 Std. besteigt man den → Sasso Vernale (3058 m, Mark. 607, 612).	Parkplatz an der 🚡 Talstation der Ciampac-Seilbahn (1490 m) bei Alba (1493 m, 🚌).	Alba – Rif. Contrin (2 Std.) – Passo di San Nicolò (3½ Std.) – Val Contrin – Alba (5½ Std.)	SAT-Mark. 602, 608, 648	Locia di Contrin (1736 m), Rif. Contrin (2016 m), Rif. Passo di San Nicolò (2340 m)
104 Vajolethütte – Santnerpaß, 2734 m Absolutes »Muß« im Fassatal ist die Wanderung zum Rif. Vajolet; eines der klassischen Dolomitenmotive der Blick vom Gartl auf die Vajolettürme (2813 m).	🚡 Bergstation der Ciampedie-Seilbahn (1987 m), Talstation Vigo di Fassa (1393 m, 🚌). Alternativ kann man auch die von Pera di Fassa (1328 m, 🚌) ausgehenden 🚡 Vajolet-Sessellifte benützen.	Ciampedie – Gardéccia (1950 m; 1 Std.) – Vajolethütte (2243 m; 1¾ Std.) – Gartl – Santnerpaß (3¼ Std.); Abstieg auf dem gleichen Weg (5¾ Std.)	SAT-Mark. 540, 546, 542	Mehrere Hütten am Weg
105 Larsec-Durchquerung; Passo di Lausa, 2720 m Große, anspruchsvolle Runde abseits der Trampelpfade, unterhalb des Passo delle Scalette leichte Felsen (Drahtseile).	🚡 Bergstation der Ciampedie-Seilbahn (1987 m), Talstation Vigo di Fassa (1393 m, 🚌). Alternativ kann man auch die von Pera di Fassa (1328 m, 🚌) ausgehenden 🚡 Vajolet-Sessellifte benützen.	Ciampedie – Gardéccia (1950 m; 1 Std.) – Passo delle Scalette (2378 m; 2¼ Std.) – Passo di Lausa (4 Std.) – Passo d'Antermoia (2770 m) – Grasleitenpaß (2599 m; 5½ Std.) – Vajolethütte (6¼ Std.) – Ciampedie (7¼ Std.)	SAT-Mark. 540, 583, 584, 546	Mehrere Hütten im Vajolet-Tal
106 Passo delle Cigolade, 2579 m Großartige Rosengarten-Wanderung über dem Vajolet-Tal. Beiderseits des Cigoladepasses steile Geröllhänge; Trittsicherheit.	🚡 Bergstation der Ciampedie-Seilbahn (1987 m), Talstation Vigo di Fassa (1393 m, 🚌).	Ciampedie – »Fassaner Höhenweg« – Rotwandhütte (2280 m; 1¾ Std.) – Passo delle Cigolade (2¾ Std.) – Vajolethütte (4 Std.) – Ciampedie (5 Std.)	SAT-Mark. 545, 541, 546, 540	Mehrere Hütten am Weg
107 Pas de le Sèle, 2528 m Interessante Runde in das Mineralienrevier der Monzoni. Unter dem gerade mannsbreiten Felsspalt der Forcela del'Ort einige Sicherungen.	Malga Crocifisso (1526 m) im Val di San Nicolò, 6 km von Pozza di Fassa (1313 m, 🚌).	Malga Crocifisso – Pont de Ciamp (1737 m; ¾ Std.) – Forcela dal Pieif (2186 m; 2 Std.) – Forcela del'Ort (2507 m) – Pas de le Sèle (4 Std.) – Rif. Taramelli – Malga Crocifisso (6 Std.)	SAT-Mark. 603, 641, 604, Forcela del'Ort rote Bez.	Malga Crocifisso (1526 m), Rif. Passo delle Selle (2540 m), Rif. Taramelli (2040 m), Baita Monzoni (1792 m)
108 Valacia, 2637 m Selten bestiegener Hauptgipfel der kleinen Dolomitengruppe zwischen den Tälern von San Nicolò und San Pellegrino. Herrliche Flora, im Cadin Bel große Murmeltierkolonie, Gemsen.	I Ronc (1447 m), Häusergruppe an der Westrampe der San-Pellegrino-Straße, 4 km von Moena (1184 m, 🚌).	I Ronc – Baita Laste (2 Std.) – Valacia (3½ Std.) – Forcela Pesmeda – I Ronc (5¾ Std.)	SAT-Mark. 624, 616, 620B	–
109 Cima Bocche, 2745 m Mächtiger Porphyrgipfel mit großer Rundschau, mehrere Anstiegswege, alternativ z.B. vom Passo di San Pellegrino (1919 m), Mark. 628, 2¾ Std.	Malga Vallazza (1935 m) an der Westrampe der Valles-Paßstraße.	Malga Vallazza – Lago di Iuribrutto (2206 m; 1 Std.) – Forcella di Iuribrutto (2381 m; 1½ Std.) – Cima Bocche (2¾ Std.); Abstieg auf dem gleichen Weg (gesamt 4½ Std.)	SAT-Mark. 631, 629, 628	–

Alle Wanderungen auf einen Blick

Tourenziel/Charakteristik	Ausgangspunkt	Wegverlauf & Gehzeit	Markierung	Einkehr am Weg
110 Monte Mulaz, 2906 m Mächtiger Felsklotz mit zerfurchten Felsflanken vor der großartigen Pala-Nordkette. Am Gipfelweg viel Geröll, Trittsicherheit.	Val Venegia, Parkplatz (ca. 1730 m) am Taleingang, 1 km von der Westrampe der Valles-Paßstraße. Alternativer Ausgangspunkt Baita Segantini (2170 m), 3,5 km vom Passo Rolle (1972 m, 🚠).	Val Venegia – Ciampigol della Vezzana (1918 m; 1 Std.) – Passo del Mulaz (2619 m; 2¾ Std.) – Monte Mulaz (3¾ Std.); Abstieg auf dem gleichen Weg (gesamt 6¼ Std.)	SAT-Mark. 710, am Gipfel rote Punkte	Rif. Mulaz (2571 m), 10 Min. östlich des Passo Mulaz
111 Cima della Vezzana, 3192 m Trotz hochgelegenen Startpunktes sehr anspruchsvolle Tour – nichts für Gelegenheitsbergsteiger! Nur bei sicherem Wetter gehen; im Valle dei Cantoni leichte Kraxelstellen, viel Geröll zum Gipfel. Vom höchsten Punkt der Pala immenses Panorama.	🚠 Bergstation der Rosetta-Seilbahn (2609 m), Talstation San Martino di Castrozza (1466 m, 🚠).	Seilbahn – Rif. Rosetta (2581 m) – Passo Bettega (2667 m; ¾ Std.) – Passo del Travignolo (2925 m; 2¼ Std.) – Cima della Vezzana (3¼ Std.); Abstieg auf dem gleichen Weg (gesamt 5¼ Std.)	SAT-Mark. 716	Rif. Rosetta (2581 m)
112 Passo Pradidali, 2658 m – Passo di Ball Klassische Pala-Rundwanderung mit packenden Kontrasten: von Karren zerfurchtes Karstplateau, bizarre Felstürme. Am Passo di Ball leichte gesicherte Passage; vom Passo Pradidali besteigen Geübte in 1 Std. die Fradusta (2939 m, mark.).	🚠 Bergstation der Rosetta-Seilbahn (2609 m), Talstation San Martino di Castrozza (1466 m, 🚠). Abstecher zum Rosetta-Gipfel (2741 m) 20 Min.	Seilbahn – Rif. Rosetta (2581 m) – Passo Pradidali (1¼ Std.) – Rif. Pradidali (2 Std.) – Passo di Ball (2443 m; 2½ Std.) – Val di Roda – San Martino di Castrozza (4½ Std.)	SAT-Mark. 709, 715, 702	Rif. Rosetta (2581 m), Rif. Pradidali (2278 m)
113 Forcella Sedole, 2298 m Leicht abenteuerliche Runde über den Tälern von Pardidali und Canali; leichte Kletterstellen unterhalb der Forcella Sedole. Blumen!	Val Canali, Zufahrt von Fiera di Primiero (713 m, 🚠), 7 km bis Cant del Gal (1160 m). Parkplatz.	Cant del Gal – Pedemonte (Verzweigung, ca. 1950 m; 2¼ Std.) – Forcella Sedole (3¾ Std.) – Vallon delle Lede – Val Canali – Cant del Gal (6 Std.)	SAT-Mark. 709, 711, am Übergang rote Bez.	Cant del Gal (1160 m), La Ritonda (1186 m), Malga Canali (1302 m)
114 Rifugio Treviso, 1631 m Alpiner Spaziergang in das wildromantische Val Canali.	Malga Canali (1302 m), Zufahrt von Fiera di Primiero (713 m, 🚠) 9 km. Parkplatz.	Malga Canali – Rif. Treviso (1¼ Std.); Abstieg auf dem gleichen Weg (gesamt 2 Std.)	SAT-Mark. 707	Malga Canali (1302 m), Rif. Treviso (1631 m)
115 Giro delle Rocchette; Forcella d'Oltro, 2229 m Spannende Runde in den südlichen Ausläufern der Palagruppe. Faszinierende Dolomitenbilder, üppige Flora. Alternativ auch vom → Rif. Treviso (1631 m) aus möglich.	Passo Cereda (1369 m, 🚠) an der Strecke Fiera di Primiero – Àgordo.	Passo Cereda – Forcella d'Oltro (3½ Std.) – Passo Regade (2210 m; 6 Std.) – Passo Cereda (7½ Std.)	Bis Abzw. »Sentiero Regade« SAT-Mark. 718, dann rote Punkte	Passo Cereda (1369 m)
116 Bivacco Feltre, 1930 m Lohnende Wanderung ins wilde Herz der Feltriner Dolomiten. Viel Einsamkeit, im Frühsommer üppige Flora. Kurze gesicherte Passagen. Läßt sich mit Übergang zum Passo de Mura (1867 m) und Abstieg durchs Val d'Alvis zur großen Runde erweitern (Mark. 801, 811; etwa 9 Std., nur für Geübte!).	Albergo Alpino Boz (660 m) im Valle di Canzoi, 11 km von Feltre (274 m, 🚠).	Alb. Alpino – Casera Cimonega (1637 m; 2½ Std.) – Biv. Feltre (3½ Std.); Abstieg auf dem gleichen Weg (gesamt 6 Std.)	CAI-Mark. 806	Alb. Alpino Boz (660 m)
117 Monte Pavione, 2335 m Flache Graspyramide, »Wetterzeiger« des Cismòntals. Von Süden schöne Rundtour, südalpin reiche Flora.	Passo Croce d'Aune (1015 m, 🚠), Paßübergang 11 km nordwestlich von Feltre (274 m, 🚠).	Passo Croce d'Aune – Rif. Dal Piaz (1993 m; 2¾ Std.) – Monte Pavione (4 Std.) – Malga Monsampiano (1902 m; 4¾ Std.) – Rif. Dal Piaz (6 Std.) – Passo Croce d'Aune (7½ Std.)	CAI-Mark. 801, 817, 810	Passo Croce d'Aune (1015 m), Rif. Dal Piaz (1993 m)
118 Monte Pizzocco, 2186 m Großartiger Aussichtsgipfel am Südrand der Alpen mit gewaltigen Felsabstürzen. Am Südostgrat Schrofen und Geröll, Trittsicherheit erforderlich. Im Hochsommer sehr heiß!	Roncoi (686 m), Weiler oberhalb von San Gregorio nelle Alpi (528 m, 🚠), Zufahrt bis Staolett (777 m) möglich, 2,5 km.	Staolet – Rif. Casera Ere (1297 m; 1½ Std.) – Biv. Palia (1577 m; 2½ Std.) – Monte Pizzocco (4½ Std.); Abstieg auf dem gleichen Weg (gesamt 7 Std.)	Mark. Wege	Rif. Casera Ere (1297 m)

Meine Favoriten

62 Sentiero Bonacossa
Quer durch den Felsenwald

Bei der Dolomitenprominenz rundum könnte man sie fast übersehen, die Cadinispitzen (2739 m). Alles guckt nach den Drei Zinnen, staunt über die ausladende Masse des Sorapìs (3205 m), der sich als Kulissenberg des Misurinasees über dem Ansieital aufbaut – wer interessiert sich da für die vergleichsweise bescheidenen Türme und Zacken über namenlosen Karwinkeln (Cadini)? Schade, denn quer durch diese bizarre Felskulisse verläuft einer der schönsten Höhenwege der Dolomiten, Aussicht auf all die berühmten Gipfel inklusive.

➡ Die Tour beginnt am dicken Drahtseil; in ein paar Minuten schaukelt man hinauf zum Col de Varda (2125 m), dem südlichen Ausgangspunkt des »Bonacossa-Weges«. Unter den Felsen der Cima Cadin di Misurina geht's leicht aufwärts, dann über Geröll in die Forcella di Misurina. Dahinter kurz abwärts ins Schneekar (Cadin delle Neve) und gleich wieder steil bergan in die enge, von bizarren Türmen flankierte Forcella del Diavolo, wo sich ein erster Blick auf die

Drei Zinnen bietet. Jenseits der Scharte leiten die Markierungen abwärts ins Cadin dei Tocci und hinüber zum hübsch gelegenen Rifugio Fonda Savio (2367 m). Aus dem Passo dei Tocci abwärts ins Valle Campedelle, an der Forcella di Rinbianco (2176 m) vorbei und nach längerer Querung am Fuß der Felsen gut gesichert durch eine Rinne hinauf zum Grat. Von einem felsigen Durchschlupf herrlicher Blick auf die Drei Zinnen. Nun am Kamm entlang, die abgeflachte Kuppe der Cianpelede (2346 m) nur tangierend, zum Rifugio Auronzo (2320 m).

64 Rund um die Drei Zinnen
Muß man einfach gesehen haben!

Ein Tip gleich vorab: Ganz früh aufstehen oder erst spät am Tag losgehen. Wer im tiefen Morgenschatten hinüberwandert zum Zinnenblick am Patérnsattel oder am Abend in aller Ruhe zuschaut, wie die letzten Sonnenstrahlen an den Nordwänden der Drei Zinnen verglühen, kann den unvergleichlichen Zauber dieser Berge wirklich genießen – allein.

Nordansicht einer Dolomitengruppe: die Pala mit dem Cimone della Pala (3184 m) rechts.

Die Wanderung um die Drei Zinnen läßt sich zu einer großen Runde erweitern: vom Patérnsattel in leichtem Auf und Ab alten Kriegswegen folgend durch die große Karmulde unter dem Zackengrat der Bödenknoten zu den seichten Laghi di Cengia (2324 m) und hinauf ins Büllelejoch (2522 m). Dahinter kurz abwärts und dann über die Bödenalpe mit ihren hübschen Seen unter dem Patérnkofel hindurch zur Drei-Zinnen-Hütte.

➡ Vom Rifugio-Hotel Auronzo auf der alten Militärstraße unter den Südabstürzen der Drei Zinnen (2999 m) – vorbei an der Cappella degli Alpini (2314 m) – fast eben hinüber zu den Piani di Lavaredo und dann auf einer breiten Geröllspur hinauf zum Patérnsattel (2454 m). Nun nördlich ohne nennenswerte Höhenunterschiede zur Drei-Zinnen-Hütte am Toblinger Riedl (2405 m). Hier links abwärts und anschließend vor den Zinnen-Nordwänden quer über die Lange Alpe und hinauf zur Forcella del Col de Mezo (2315 m). Über die Piani di Longeres zurück zur Drei-Zinnen-Straße.

Meine Favoriten

71 Rund um die Tofana di Rozes
In den Ampezzaner Dolomiten

Die Südwand der Tofana di Rozes (3225 m) gehört zu den Schaustücken der Ampezzaner Dolomiten, die große Runde um den Felsriesen zu den schönsten Wanderungen in der weiteren Umgebung von Cortina. Blickfang unterwegs natürlich der markant gebänderte Koloß; in der ständig wechselnden Kulisse tauchen aber immer wieder neue Gipfel und Zacken auf: die Fanisspitzen, steil über dem Travenanzestal in den Himmel ragend, der gleißende Firnschild der Marmolada im Südwesten, die Klettertrümmer der Cinque Torri, der wuchtige Pelmo, jenseits des Ampezzotals Sorapis und Antelao. Was für eine Schau-Wanderung!

➡ Vom Parkplatz wenig unterhalb der Dibonahütte wandert man über die Serpentinen der alten Mulattiera durch den Vallon hinauf zur wüsten Bergsturzlandschaft der Forcella Fontananegra (2580 m). Jenseits der Scharte durch das Kar Il Masarè abwärts zu einer Wegteilung: Unerschrockene steigen links über die (aus dem Ersten Weltkrieg stammende) »Scala del Menighel« an einer senkrechten Felsstufe 100 Meter ab ins innerste Val Travenanzes, Wan-

derer ziehen den gefahrlosen Pfad vor, der unweit der verfallenen Malga Travenanzes (1965 m) ebenfalls in den Talweg mündet. Nun über steinige Wiesen mäßig steil aufwärts zur Forcella Col dei Bos (2331 m). Prachtblick über Averau, Nuvolau, Forminplateau und Croda da Lago zum Pelmo. Am Fuß der riesigen Rozes-Südwand hinüber zur Tofana-Grotte (Zugang über einen gesicherten Steig) und hinab zum Rifugio Dibona.

84 Rund um den Monte Pelmo
Grüne Matten und grauer Fels

Noch so ein Koloß, den man auf markierten Wegen umwandern kann. Wer ihm gleich aufs steinerne Haupt steigen will, muß sich allerdings sicher im steilen Fels bewegen können, ohne Furcht vor gähnenden Abgründen. Die gibt's an der Wanderrunde nicht, bloß ein paar abschüssige Rinnen und viel Geröll beiderseits der Arciascharte – dazu natürlich jede Menge Aussicht, von der Marmolada bis zu den »Dolomiti d'oltre Piave«.

➡ Vom Straßenpaß Forcella Staulanza (1766 m) zunächst in lichtem Wald bergan, dann ohne größere Höhenunterschiede südlich um Pelmetto (2999 m) und Spalla

Sud (3061 m) herum zu den Campi di Rutorto, wo das Rifugio Venezia steht. Nach Regenfällen kann der gut markierte Weg im Bereich der Wiesenterrassen von Mandre und Lach recht feucht sein – aufpassen! Hinter der Hütte auf dem »Sentiero Flaibani« schräg aufwärts, dann zwischen Felsen in eine winzige Scharte. Dahinter quer über einige Rinnen (Drahtseile) und mühsam im Geröll hinauf in die Forcella di Val d'Arcia (2476 m). Jenseits rechtshaltend unter den Felsen der Cima Val d'Arcia abwärts. An der Weggabelung am Fuß der Cima Forada hält man sich links und steigt durch die Schuttflanke unter der Nordwand des Pelmo ab. Zuletzt hinüber in die grüne Senke der Forcella Staulanza.

99 Piz Boè, 3152 m
Sellagipfeltour

Den höchsten Punkt des Sellamassivs kann man ganz unterschiedlich erleben: im Gänsemarsch zum arg verunstalteten Gipfel, auf der steilen »Ferrata Piazzetta« – oder auf stillen Wegen »außen herum«. Da ist menschliche Gesellschaft eher selten, dafür zeigt sich die Sella aus den unterschiedlichsten Perspektiven: als unnahbare Felsenburg, als Trümmer- und Schutthaufen und ganz von oben, als riesiger Tafelberg. Man wandert über das mächtige Ringband, das den Schlerndolomitsockel vom aufliegenden Hauptdolomit trennt und genießt, wenn's Wetter mitspielt, vom Piz Boè ein immenses Panorama.

➡ Vom Pordoijoch aus ist der schmale Einschnitt der Forcella Pordoi (2829 m) bereits gut auszumachen, auch die dünne Wegspur, die über den steilen Hang hinaufzieht zur Scharte. Man verläßt sie nach einer Stunde nach rechts (Hinweis) und folgt dem rot bezeichneten Ringbandweg, der ohne größere Höhenunterschiede, aber mit herrlichen Ausblicken die gesamte Südostflanke des Sellastocks quert. Unter den Bugfelsen der Ponte (2779 m) stößt man auf Weg 638, der durch eine unangenehm schottrige Rinne zum Eissee (Lech Dlacé, 2833 m) ansteigt und dann über eine trümmerbedeckte, graue Schrofenflanke den Piz Boè ansteuert.
Vom Gipfel auf dem »Trampelpfad« hinüber zur Forcella Pordoi, wo man sich wieder von den meisten Gipfelstürmern verabschiedet, und links steil-steinig hinab zum Pordoijoch.

Herbst in den Dolomiten: Blick auf die Croda da Lago und den Monte Pelmo (3168 m).

Meine Favoriten

112 Passo Pradidali, 2658 m – Passo di Ball

Horizontal – vertikal: Palawandern

Daß die Pala zu den schönsten Dolomitengruppen zählt, wissen Eingeweihte schon lange; wer die bizarren Zacken auf einer Fahrt über den Rollepaß (1972 m) zum ersten Mal zu Gesicht bekommt, ist zumindest beeindruckt, vor allem vom Cimone della Pala (3184 m), der nicht zufällig als »Matterhorn der Dolomiten« bezeichnet wird. Überraschendes halten die Pale di San Martino in ihrem Inneren versteckt: ein Hochplateau, mehrere Quadratkilometer groß, eine richtige Mondlandschaft und krasser Gegensatz zu den prächtigen, aus Schlerndolomit aufgebauten Zinnen und Türmen rundum.

➡ Mit der Wanderung auf dem Plateau beginnt die Tour, von der Seilbahnstation kurz abwärts zum Rifugio Rosetta, an dem mehrere Wege zusammenlaufen, dann östlich über die geröllbedeckten Wellen des »Steinernen Meers«. Am Passo Pradidali verläßt man die Hochfläche, beginnt der Abstieg in den Pradidalikessel. Als »Wegzeiger« dient das markante Felshorn des Sass Maor (2804 m), rechts ragen die gelb-rötlichen Mauern der Cima Immink und der Cima Pradidali in den Himmel. Vorbei am seichten Lago Pradidali wandert man hinüber zur gleichnamigen Hütte (Rif. Pradidali, 2278 m), die sich einer herrlichen Lage vor der wuchtigen Bastion der Cima Canali (2900 m) erfreut.

Vom Schutzhaus kurz bergan zum Passo di Ball (2443 m), benannt nach Sir James Ball, dem ersten Präsidenten des Alpine Clubs. Dahinter abwärts und auf einem schmalen Band (Drahtseile) quer durch die Sockelfelsen der Pala di San Martino (2982 m). Bei der folgenden Weggabelung hält man sich links und steigt über den kunstvoll angelegten, vom Zahn der Zeit schon ziemlich angenagten »Baron-von-Lesser-Weg« ab ins Val di Roda. Auf einer Forststraße zurück zum Hoteldorf San Martino di Castrozza.

Zauberhafte Pala. In den Wassern des Lago Welsperg spiegeln sich Cima Canali (2900 m) und Campanile d'Ostio (2405 m).

Fleimstaler & Vicentiner Alpen

Zwischen Dolomiten und Poebene

Weiße Flecken gibt es auf jeder individuellen Alpenkarte ein paar, manche Regionen führen aber ein ganz ausgeprägtes Mauerblümchendasein. Das mag im Fall der Fleimstaler und Vicentiner Alpen mehrere Gründe haben: touristische Highlights wie die Dolomiten und der Gardasee in unmittelbarer Nachbarschaft, komplizierte Anreise (z.B. bei den Monti Lessini), das Fehlen bekannter Namen auch. Dabei gäbe es zwischen Fleimstal und

dem Valpolicella, zwischen dem Valle d'Ádige (Etschtal) und dem Monte Grappa so viel zu entdecken: hohe, einsame Grate am Lagorai, liebliche Seen im Val Sugana; das riesige Karstplateau von Asiago, Dolomitzinnen in den Monti Lessini, Spuren der im Mittelalter eingewanderten deutschsprachigen Zimbern, Weinberge im Hinterland von Verona. Dazu überall Relikte des Ersten Weltkrieges, vor allem am Monte Pasubio, aber auch im Lagorai, einige riesige Festungswerke (Lüsern, Cima di Vézzena).

Lohnende Tourenziele gibt es in diesen Bergen am Südrand der Alpen massenhaft, dazu auch eine recht gute touristische Infrastruktur, was natürlich mit der Nähe großer Städte wie Trento, Verona und Vicenza zu tun hat. Vor allem an Wochenenden herrscht mancherorts recht viel Betrieb; Hauptverkehrsader der Region ist die hoffnungslos überlastete »Strada Statale No. 47 della Val Sugana«, die Trento mit Bassano del Grappa verbindet. Aber ohne seinen Fiat oder Alfa unternimmt der Italiener halt nichts, schon gar nicht in der Freizeit. Und wenn's nur ein Picknickausflug ist ...

Höchster Gipfel der gesamten Region ist die Cima d'Asta (2847 m), doch verzeichnen auch zahlreiche Gipfel südlich des Val Sugana noch Höhen deutlich jenseits der 2000-Meter-Marke. In den Tälern ist der Süden bereits ganz nahe, und von mancher Höhe aus geht der Blick bei klarem Wetter bis hinaus zur Adria: i monti del sud.

Laune der Natur: Erdpyramiden von Segonzano, aus Moränenschutt »gebaut«.

Führer & Landkarten

Für Wanderungen und Bergtouren in der Region gibt es in deutscher Sprache gerade einen einzigen Führer, immerhin aktuell und mit viel Sachkenntnis verfaßt von Helmut Dumler: »Fleimstaler und Vicentiner Alpen« (Bruckmann, München). Für die Fleimstaler Alpen greift man auf das Kartenblatt WKS 14 von Freytag & Berndt zurück: »Trento-Lagorai-Val di Fiemme«. Von Tabacco gibt es im Maßstab 1:25 000 das Blatt 014 »Val di Fiemme«. Von Kompass gibt es das 50 000er Blatt »Rovereto-Monte Pasubio«; genauer sind die beiden von den Sezioni Vicentine del C.A.I. herausgegebenen Blätter »Pasubio-Carega« im Maßstab 1:25 000 (mit kleinem Führer in italienisch).

Alle Wanderungen auf einen Blick

Tourenziel/Charakteristik	Ausgangspunkt	Wegverlauf & Gehzeit	Markierung	Einkehr am Weg
Fleimstaler Alpen				
01 Colbricon, 2602 m Östlicher Eckpfeiler der Lagoraikette mit schöner Aussicht, vor allem auf die Pala-Dolomiten. Am Südwestgrat brüchige Felsen, ganz leichte Kletterstellen (I).	Passo Rolle (1972 m, 🚌), Übergang vom Val Travignolo ins Val Cismon (Predazzo – San Martino di Castrozza).	Passo Rolle – Passo del Colbricon (1902 m; ¾ Std.) – Forcella del Colbricon (2420 m) – Colbricon (3 Std.); Abstieg auf dem gleichen Weg (5¼ Std.)	SAT-Mark. 349, zum Gipfel rote Bez.	Passo Rolle (1972 m), Rif. Colbricon (1927 m)
02 Cima di Cece, 2754 m Höchster Gipfel des Lagoraikamms mit entsprechend weiter Aussicht. Trittsicherheit erforderlich.	Malga di Valmaggiore (1608 m), Zufahrt von Predazzo (1018 m, 🚌) 7 km. Im Hochsommer jeweils So tagsüber gesperrt.	Malga di Valmaggiore – Forcella di Valmaggiore (1½ Std.) – Lagorai-Höhenweg – Nordwestgrat – Cima di Cece (3¾ Std.) – Forcella di Cece (2393 m; 4¾ Std.) – Lago di Cece (5½ Std.) – Valmaggiore (1570 m; 6¼ Std.) – Malga di Valmaggiore (6¾ Std.)	SAT-Mark. 335, 349, 336; am Gipfel rote Bez.	Malga di Valmaggiore (1620 m)
03 Forcella di Valmaggiore, 2180 m Lohnende Seen- und Paßwanderung am Lagoraikamm.	Malga di Valmaggiore (1608 m), Zufahrt von Predazzo (1018 m, 🚌) 7 km. Im Hochsommer jeweils So tagsüber gesperrt.	Malga di Valmaggiore – Forcella di Valmaggiore (1½ Std.) – »Sentiero Guadagnini« – Lago di Moregna (2058 m; 3½ Std.) – Malga di Valmaggiore (4½ Std.)	SAT-Mark. 335, 349, 349B, 339	Malga di Valmaggiore (1620 m)
04 Cauriol, 2494 m Hauptgipfel der aus Porphyr aufgebauten Lagoraikette, formschöne Felspyramide mit zwei markierten Anstiegen. Trittsicherheit unerläßlich.	Rif. Cauriol (1587 m), Zufahrt von Ziano di Fiemme (954 m, 🚌) im Fleimstal, 7,5 km.	Rif. Cauriol – »Via italiana« – Cauriol (3 Std.) – »Via austriaca« – Rif. Cauriol (4¾ Std.)	SAT-Mark. 320, Gipfelwege bez.	Rif. Cauriol (1587 m)
05 Laghi di Bombasel, 2268 m Hübsche Höhen- und Bergabwanderung nördlich des Lagoraikamms. Vom Cimon del To della Trappola freie Sicht auf die Dolomiten. Nicht bei Nässe gehen!	Rif. Cermis (2229 m) am Paion del Cermis, neben der 🚡 Bergstation des Sessellifts. Talstation Cavalese (993 m, 🚌).	Rif. Cermis – Cimon del To della Trappola (¾ Std.) – Laghi di Bombasel (1½ Std.) – Lago Lagorai (1970 m; 2 Std.) – Tèsero (992 m; 4½ Std., 🚌)	Mark. 4, CAI-Nr. 353	Rif. Cermis (2229 m), Malga Lagorai (1877 m)
06 Monte Ziolera, 2459 m Beliebtes Gipfelziel: kurzer Zugang, schöne, weitreichende Aussicht.	Passo Manghen (2047 m), einzige Straßenverbindung über den Lagoraikamm.	Passo Manghen – Monte Ziolera (1¼ Std.) – Forcella Ziolera (2281 m) – Passo Manghen (2¾ Std.)	Nur teilweise mark.	Baita Manghen am gleichnamigen Paß
07 Sasso Rotto, 2396 m Abwechslungsreiche Rundtour über dem Talschluß des Vai dei Mocheni, auch ohne Gipfelabstecher lohnend. Überschreitung des Sasso Rotto von der Forcella di Sasso Rotto mäßig schwierige Kletterei (»Sentiero Giuliani, II+). Auch Seewanderung lohnend.	Palai/Palu di Fersina (1360 m, 🚌) im innersten Fersental, deutschsprachige Enklave. Zufahrt von Pérgine Valsugana 15 km. Zimbrisches Kulturinstitut. Wanderparkplatz 2 km taleinwärts.	Parkplatz – Lago Erdemolo (2006 m; 1½ Std.) – Forcella di Sasso Rotto (2285 m; 3½ Std.) – Sasso Rotto (Abstecher, Normalweg) – Rif. Sette Selle (4¾ Std.) – Parkplatz (5¾ Std.)	SAT-Mark. 325, 324, 343	Rif. Erdemolo (2015 m), Rif. Sette Selle (2014 m)
08 Monte Gronlait, 2383 m Großzügige Kammwanderung über dem Fersental, Übernachtung in Vetriolo Terme ratsam. Herrliche Aussicht auf die Berge beiderseits des Val Sugana.	Palai/Palu di Fersina (1360 m, 🚌) im innersten Fersental.	Palai – Lago Erdemolo (2006 m; 2 Std.) – Monte Gronlait (4 Std.) – Monte Fravort (2347 m; 5 Std.) – La Bassa (1834 m; 6 Std.) – Vetriolo Terme (1481 m; 7½ Std.) – Lévico Terme (495 m; 9¼ Std., 🚌)	SAT-Mark. 325, 305	Rif. Erdemolo (2015 m)
09 Monte Castelletto, 2337 m Etwas für konditionsstarke Einsamkeitsfanatiker. Vom Gipfel herrliche Schau über das Val Sugana. Trittsicherheit, nicht bei Nässe gehen!	Bieno (815 m, 🚌), Bergdorf an der Strecke Strigno – Pieve Tesino.	Bieno – Malga Rava di sopra (2030 m; 3½ Std.) – Forcella Fierollo (2246 m; 4¼ Std.) – Monte Castelletto (4¾ Std.) – Forcella Fierollo – Malghe Fierollo – Bieno (8 Std.)	SAT-Mark. 332, 366	–
10 Lago di Costa Brunella, 2021 m Lohnende Seenwanderung, großartig die Gipfelumrahmung. Läßt sich zu einer anspruchsvollen Runde über die Forcella Segura (2436 m) und die Forcella delle Buse Todesche (2308 m) erweitern (SAT-Mark. 328, 373, 360, 6½ Std., nur für Geübte!).	Malga Sorgazza (1450 m), 9 km nördlich von Pieve Tesino (871 m, 🚌) im Val Malene.	Malga Sorgazza – Lago di Costa Brunella (2 Std.); Abstieg auf dem gleichen Weg (gesamt 3¼ Std.)	SAT-Mark. 328	Malga Sorgazza (1450 m)
11 Cima d'Asta, 2847 m Anspruchsvolle Tour auf den höchsten Gipfel zwischen Pala und Brenta, mit Übernachtung weniger anstrengend.	Malga Sorgazza (1450 m), 9 km nördlich von Pieve Tesino (871 m, 🚌) im Val Malene.	Malga Sorgazza – Rif. Brentari (3 Std.) – Forzeleta (2680 m) – Cima d'Asta (4½ Std.); Abstieg auf dem gleichen Weg (gesamt 7¾ Std.)	SAT-Mark. 327, 364; zum Gipfel Spur.	Malga Sorgazza (1450 m); Rif. Brentari (2473 m), bew. Mitte Juni bis Ende Sept.

Alle Wanderungen auf einen Blick

Tourenziel/Charakteristik	Ausgangspunkt	Wegverlauf & Gehzeit	Markierung	Einkehr am Weg
12 Campagnassa, 2406 m Aussichtsreiche Kammwanderung über den Tälern von Malene und Tolvà. Vorsicht beim Abstieg über die riesige Felsplatte der Laste di Cima d'Asta!	Malga Sorgazza (1450 m), 9 km nördlich von Pieve Tesino (871 m, 🚌) im Val Malene.	Malga Sorgazza – Monte Coston (2017 m; 1¾ Std.) – Campagnassa (3 Std.) – Rif. Brentari (4 Std.) – Malga Sorgazza (6 Std.)	SAT-Mark. 386, 327	Malga Sorgazza (1450 m), Rif. Brentari (2473 m)
13 Cima d'Asta, 2847 m Hervorragend schöner, aber anspruchsvoller Anstieg von Norden. Am »Sentiero Col del Vento« gesicherte Passage, Bergerfahrung und Trittsicherheit unerläßlich. Nur bei gutem Wetter gehen!	Ponte Serrai (1041 m) an der Straße von Canal San Bovo (745 m, 🚌) ins Valle dei Vanoi.	Ponte Serrai – »Sentiero Col del Vento« – Cima d'Asta (6 Std.) – Val Regana – Ponte Serrai (9½ Std.)	SAT-Mark. 364, 338; »Sentiero Col del Vento« rote Bez.	Rif. Refavie (1116 m) im Valle dei Vanoi.

Vicentiner Alpen

Tourenziel/Charakteristik	Ausgangspunkt	Wegverlauf & Gehzeit	Markierung	Einkehr am Weg
14 Sentiero CAI Montebelluna Abenteuerliche Querung durch die felsigen Südflanken des Monte Santo (1538 m) und der Cima Sassuna (1510 m). Ausgesetzte Passagen (Felsbänder) und leichte Felsen – nur für erfahrene Berggänger!	Schievenin (378 m), Weiler im Val Tegorzo; Zufahrt von Quero (288 m, 🚌) an der Piave, 5 km.	Schievenin – Val dell'Inferno – Forcella Bassa (1044 m; 3½ Std.) – »Sentiero CAI Montebelluna« (5½ Std.) – Val di Prada – Schievenin (7 Std.)	CAI-Mark. 848, 842, 850, 841	–
15 Monte Grappa, 1775 m Steile Wege auf den geschichtsträchtigen Berg. Im Frühsommer herrliche Blumen, großes Südalpenpanorama vom Gipfel. Sehenswert: Festungsanlagen.	San Liberale (589 m) im gleichnamigen Tal; Zufahrt von Bassano del Grappa (135 m, 🚌) via Crespano del Grappa (301 m, 🚌), 19 km.	San Liberale – Sella delle Mure (1500 m; 2½ Std.) – Pian della Bala (1381 m; 3¼ Std.) – Monte Grappa (4½ Std.) – Valle Muneghe – San Liberale (7 Std.)	CAI-Mark. 153, 152, 151, 109, 125	San Liberale (589 m), Rif. Bassano (1745 m)
16 Anello naturalistico del Grappa Naturlehrpfad am Monte Grappa (1775 m). Der Gipfel, von einem bombastischen Ossario gekrönt, war im Ersten Weltkrieg Schauplatz einer Entscheidungsschlacht.	Rif. Bassano (1745 m) am Monte Grappa; Zufahrt von Bassano del Grappa (135 m, 🚌), 31 km.	Rif. Bassano – Val delle Mure – Monte Boccaòr (1532 m; 1 Std.) – Val delle Mure – Rif. Bocchette di Mezzo (1322 m; 4 Std.) – Monte Grappa (5½ Std.)	Rundweg bez.	Rif. Bassano (1745 m), Rif. Bocchette di Mezzo (1322 m)
17 Stònar, 1060 m Aus dem Val Brenta führen zahlreiche steile Pfade auf das Altipiano delle Sette Comuni, u.a. auch durch das wildromantische Val Gardena.	Val Brenta, bei der Häusergruppe Giara Modon (164 m), 4 km nördlich von Valstagna an der Straße rechts der Brenta.	Giara Modon – Val Gardena – Stònar (2½ Std.) – Monte Spitz (1093 m) – Giara Modon (4¼ Std.)	CAI-Mark. 784, 785	Bar in Stònar
18 Cima Dodici, 2336 m Höchste Erhebung über dem Altipiano, im Ersten Weltkrieg schwer umkämpft. Packend der Tiefblick ins Val Sugana. Vorsicht bei Nebel!	Bivio di Galmarara (1614 m) im Valle di Galmarara, 7,5 km von der Straße Asiago – Passo di Vezzena.	Bivio di Galmarara – Bivio Italia (1987 m; 1½ Std.) – Cima Dodici (2¾ Std.); Abstieg auf dem gleichen Weg (gesamt 4½ Std.)	CAI-Mark. 830, 835	–
19 Monte Ortigara, 2105 m Im Ersten Weltkrieg verlustreich umkämpfte, wenig markante Kuppe am Altipiano delle Sette Comuni. Allenthalben noch Spuren des »Grande Guerra«.	Piazzale Lozze (1771 m), Zufahrt von Gallo (1070 m, 🚌) 19 km.	Piazzale Lozze – Rif. Cecchin (½ Std.) – Monte Ortigara (2 Std.); Abstieg auf dem gleichen Weg (gesamt 3¼ Std.)	Mark.	Rif. Cecchin (1912 m)
20 Cima Undici, 2228 m Die Randgipfel des Altipiano kann man auch aus dem Val Sugana besteigen: lang, mühsam, großartig! Einige gesicherte Passagen; nur für Bergerfahrene!	Olle (442 m 🚌), Dörfchen im Valsugana.	Olle – »Sentiero della Caldiera« – Passo della Caldiera (2024 m; 4½ Std.) – Cima Undici – Baita Buse del Dòdese (2060 m; 5½ Std.) – Val Sella – Olle (8½ Std.)	SAT-Mark. 206, 211	–
21 Cima di Vezzena, 1908 m Einst schwer befestigter Gipfel über dem Val Sugana; phantastischer Tiefblick.	Passo di Vezzena (1402 m, 🚌), Übergang von Asiago nach Lavarone.	Passo di Vezzena – Cima di Vezzena (1½ Std.); Abstieg auf dem gleichen Weg (gesamt 2½ Std.)	SAT-Mark. 205	Passo di Vezzena (1402 m)
22 Val Scura; Monteróvere, 1255 m Abenteuerpfad durch den bizarren Felsschlund des Val Scura, abschnittsweise gesichert. Steinschlag! Interessant: Festungen Lüsern und Gschwendt.	An der ersten Kehre (542 m) der Straße Levico Terme – Lavarone, wenig südlich des Albergo Vedova.	Val Scura – Monteróvere (2½ Std.); Abstieg entlang der Straße (Abkürzer; gesamt 4 Std.)	SAT-Mark. 233, 202	Albergo Monteróvere (1255 m)
23 La Marzola, 1735 m Inselberg zwischen dem Etschtal und dem Val Sugana, entsprechend schöne Aussicht.	Passo Cimerlo (733 m); Zufahrt von Trento via Salè und Povo, 8 km.	Passo Cimerlo – Spiazzo delle Patate (1332 m; 2 Std.) – La Marzola (Südgipfel, 1735 m; 3½ Std.) – Rif. Maranza (4¾ Std.) – Passo Cimerlo (6 Std.)	SAT-Mark. 441, 412	Rif. Maranza (1072 m)

Alle Wanderungen auf einen Blick

Tourenziel/Charakteristik	Ausgangspunkt	Wegverlauf & Gehzeit	Markierung	Einkehr am Weg
24 Bondone; Cima Verde, 2101 m Großartiger Anstieg aus dem Etschtal auf die östliche der Tre Cime del Bondone. Einmalig die Kulisse, kurze gesicherte Passagen. Ausdauer und ein sicherer Tritt sind unerläßlich; im Hochsommer zu heiß.	Fraktion Pietra (700 m, 🚌) der Berggemeinde Cimone; Zufahrt von Aldeno 6 km. Parkplatz im Ort.	Pietra – Biv. Fratto (1135 m; 1¼ Std.) – »Sentiero Coraza« – Pala Granda (4½ Std.) – Cima Verde (5 Std.) – Plateau (ca. 1600 m; 6 Std.) – Pietra (7¾ Std.)	SAT-Mark. 638, 636; Rückweg ab Bondone-Plateau nur spärlich bez.	Malga Albi (1264 m)
25 Becco di Filadonna, 2150 m Tafelberg über dem Etschtal mit reizvollen Zustiegen und herrlicher Rundschau. Im Frühsommer üppige Flora.	Albergo Sindech (1100 m, 🚌) an der Strecke Vigolo Vattaro – Lavarone. Wanderparkplatz.	Sindech – Rif. Casarota (1¼ Std.) – Bus de le Zaole (2½ Std.) – Becco di Filadonna (3 Std.) – Bus de le Zaole – Kammweg (4¼ Std.) – Sindech (5¾ Std.)	SAT-Mark. 441, 442; am Grat blau bez.	Albergo Sindech (1100 m), Rif. Casarota (1572 m)
26 Monte Magno, 1853 m Prächtiger Aussichtspunkt im Süden des Hochplateaus von Folgarìa. Von da auch bequemer Zugang, ab Passo Coe (1603 m) 1¼ Std., Mark. 124.	Passo Borcola (1207 m), Übergang von Rovereto nach Arsiero, 23 km ab Rovereto.	Passo Borcola – Monte Magno (2 Std.); Abstieg auf dem gleichen Weg (gesamt 3¼ Std.)	SAT-Mark. 124	Rif. Borcola (1182 m)

Pasubio, Monti Lessini

Tourenziel/Charakteristik	Ausgangspunkt	Wegverlauf & Gehzeit	Markierung	Einkehr am Weg
27 Monte Corno Battisti, 1761 m Felsiger Eckpfeiler des Pasubio-Massivs. Aufstieg abschnittweise gesichert. Taschenlampe nützlich.	Valmorbia (649 m, 🚌), Dorf in der Vallarsa, an der Strecke Rovereto – Passo Pian delle Fugazze.	Valmorbia – ex-Malga Trappola (1316 m; 1¾ Std.) – »Sentiero Galli« – Monte Corno Battisti (3½ Std.) – Bocchetta di Foxi (1720 m; 4 Std.) – Valle di Foxi – Anghèbeni (5½ Std., 🚌)	SAT-Mark. 122, 102	–
28 Cima Palon, 2232 m Der Pasubio war im Ersten Weltkrieg ein Angelpunkt der Alpenfront. »Zona Sacra«, überall Spuren der Kämpfe. Vom Gipfel großes Südalpenpanorama.	Passo Pian delle Fugazze (1162 m, 🚌), Übergang von Rovereto nach Schio.	Passo Pian delle Fugazze – »Strada degli Eroi« – Rif. Papa (2¾ Std.) – Historischer Rundweg – Cima Palon – Rif. Papa (5¼ Std.) – Passo Pian delle Fugazze (7 Std.)	CAI-Mark. 399, Hist. Rundweg bez.	Passo Pian delle Fugazze (1162 m), Rif. Papa (1928 m)
29 Strada delle Gallerie Einzigartige Wanderung auf dem im Ersten Weltkrieg angelegten Nachschubweg: 52 Tunnels, Steigung bis 22 %, ursprünglich 2,2 m breit. Taschenlampe empfehlenswert.	Bocchetta di Campiglia (1216 m), Zufahrt von der Ostrampe der Pian-delle-Fugazze-Paßstraße (Abzw. Ponte Verde, 901 m, 🚌), 7 km.	Bocchetta di Campiglio – »Strade delle Gallerie« – Rif. Papa (3 Std.) – »Strada degli Scarubbi« – Bocchetta di Campiglio (5 Std.)	CAI-Mark. 366, 370	Rif. Colle Xomo (1058 m), Rif. Papa (1928 m)
30 Monte Cornetto, 1899 m Kühnes Felshorn über dem Passo Pian delle Fugazze, Anstieg auf altem Kriegsweg (Tunnels). Kurze gesicherte Passagen, Trittsicherheit wichtig.	Passo Pian delle Fugazze (1161 m, 🚌), Übergang von Rovereto nach Schio.	Passo Pian delle Fugazze – Selletta NO (1611 m) – »Sentiero d'arroccamento« – Passo degli Onari (1772 m) – Forcella del Cornetto (1825 m) – Cornetto (2¾ Std.) – Forcella del Cornetto – Passo Pian delle Fugazze (4 Std.)	Mark. 45, 46, 14, 44	Passo Pian delle Fugazze (1162 m)
31 Sentiero del Sengio Alto Kühn trassierter Kriegssteig am bizarren Sengio-Alto-Kamm. Gesicherte Passagen, zahlreiche Tunnels; Schwindelfreiheit und ein sicherer Tritt sind unerläßlich.	Rif. Campogrosso (1456 m) am Passo Campogrosso; Zufahrt vom Passo Pian delle Fugazze 6 km (nur von 5 bis 8 Uhr morgens gestattet, Ticketautomat), von Recoaro Terme 12 km.	Rif. Campogrosso – »Sentiero del Sengio Alto« – Passo degli Onari (1772 m; 2½ Std.) – »Sentiero d'arroccamento« – Malga Boffetàl (1435 m; 3¼ Std.) – Rif. Campogrosso (4¼ Std.)	Mark. 14, 46, 13	Rif. Campogrosso (1456 m)
32 Cima Carega, 2259 m Höchster Gipfel der »Piccole Dolomiti« mit großem Südalpenpanorama. Landschaftlich sehr beeindruckende Nordanstiege, bis in den Sommer hinein Altschneereste. Einige Sicherungen; nur für Geübte!	Rif. Campogrosso (1456 m); Zufahrt vom Passo Pian delle Fugazze 6 km (nur von 5 bis 8 Uhr morgens gestattet, Ticketautomat), von Recoaro Terme 12 km.	Rif. Campogrosso – »Sentiero del Fumante« – Monte Obante (2072 m; 2¼ Std.) – Bocchetta dei Fondi – Cima Carega (3½ Std.) – Bocchetta dei Fondi (2015 m) – Rif. Camporosso (6 Std.)	Mark. 6, 7, 112	Rif. Campogrosso (1456 m), Rif. Fraccaroli (2238 m) an der Cima Carega
33 Cima Carega, 2259 m Lange, landschaftlich sehr reizvolle Überschreitung des höchsten Gipfels der Monti Lessini (»Piccole Dolomiti«); Nächtigung im Rif. Fraccaroli empfehlenswert. Im Val di Ronchi im Frühsommer herrliche Blumenwiesen!	Ronchi (687 m), Weiler im Val di Ronchi, Zufahrt von Ala (163 m, 🚌) 6,5 km.	Ronchi – Cresta Perobia (1325 m; 2 Std.) – Pala di Cherle (1980 m; 4 Std.) – Biv. SAT Ala (1990 m; 4¼ Std.) – Cima Carega (5¼ Std.) – Passo Pèrtica (1522 m; 7 Std.) – Ronchi (9 Std.)	CAI-Mark. 114, 108, 285	Rif. Fraccaroli (2238 m), bew. Mitte Juni bis Mitte Okt.; Rif. Passo Pèrtica (1522 m)
34 Cima Tre Croci, 1939 m Selten besuchter Gipfel mit hübscher Aussicht und dem (für die Lessini typischen) frühsommerlichen Blumenreichtum.	Rif. Battisti (1265 m), Zufahrt von Recoaro Terme (450 m, 🚌) 12 km.	Rif. Battisti – Passo Tre Croci (Passo della Lora, 1716 m; 1½ Std.) – Cima Tre Croci (2¼ Std.) – Passo della Zévola (1820 m) – Passo Ristele (1641 m; 3¾ Std.) – Rif. Battisti (5¼ Std.)	Mark. Wege	Rif. Battisti (1265 m)

Meine Favoriten

einen Blick zurück in die Erdgeschichte. Grotesk verformte Schichtpakete machen deutlich, was für gewaltige Schubkräfte beim Entstehen der Alpen wirksam wurden; bizarre Sägezahnprofile, Felsausbrüche und mächtige Schuttreißen belegen die Erosionskraft des Wassers. Der »Sentiero Chiesa« führt durch diese danteske Kulisse hinauf zu den grünen Wiesen und dunklen Wäldern am Hochplateau von Lavarone – ein echter Erlebnispfad.

➡ An der ersten Kehre der ehemaligen »Kaiserjägerstraße« links ab und auf breitem Weg ins Val Scura. Wiederholt über den Bach, dann über eine Felsstufe (Drahtseile) und im Gehölz zu einer hübschen Aussichtskanzel. Kurz abwärts, über eine Holzbrücke und mit Hilfe einer Eisenleiter in die obere Kammer der Schlucht. Über Geröll in den Talschluß, dann links unter einem stiebenden Wasserfall hindurch und steil hinauf zum Rand des Abbruchs. Im Wald zur nahen Straße bzw. zum Albergo Monteróvere.

24 Bondone; Cima Verde, 2101 m

Der Abenteuerpfad

Wer aus dem Etschtal hinaufschaut in diese wilden, miteinander verzahnten Felsfluchten des Bondone, kann es kaum glauben: Da führt ein Weg durch, keine Via ferrata, ein richtiger Steig, listig angelegt, dem Steilfels immer wieder ausweichend, einen Durchschlupf findend. Fast 1500 Höhenmeter hoch ist der Aufstieg, das kostet Schweiß, setzt eine tadellose Kondition voraus, damit das ganze nicht zu einem veritablen Schinder ausartet. Denn man muß ihn genießen, den »Sentiero Coraza«, der weitum seinesgleichen sucht, und die phantastische Kulisse hoch über den Dächern von Trento. Was für eine Freude, da hinaufzusteigen, über diese (scheinbar) unüberwindliche Barriere aus Stein, tief drunten, allmählich im Taldunst versinkend, die Etsch, die Autobahn, der Alltag!

➡ Von Pietra zunächst auf schmalen Straßen in einem weiten Bogen zur Wasserfassung am Eingang ins Val Spagnolli. Kurz in dem Graben aufwärts, dann im Wald links steil bergan zum (verwahrlosten) Biwak Fratto (1135 m). Hinter der Hütte weiter ziemlich direkt über einen bewaldeten Hang hinauf, dann in einen felsigen Graben. Nach links auf einen latschenbewachsenen Rücken, dann zurück in die Geröllschlucht (Drahtseil). Bei einem Wegzeiger rechts auf

07 Sasso Rotto, 2396 m

Roter Porphyr über grünen Matten

Daß man in den Lagoraibergen auf eine deutschsprachige Enklave stößt, mag manchen überraschen; historisch Bewanderte wissen, daß es im Alpenraum noch mehrere dieser Relikte mittelalterlicher Wanderungsbewegungen gibt, etwa im Tessin (Bosco/Gurin) im Friaul (Sauris/Zahre) oder im Hinterland von Verona (Giazza/Ljetzan). Im innersten Fersental (Valle dei Mocheni), in Palai (Palu della Fersina), hört man heute noch allenthalben den verwelschten mittelhochdeutschen Dialekt; das 1994 gegründete Kulturinstitut kümmert sich um die Belange der ethnischen Minderheil.

➡ Die Wanderrunde beginnt mit dem gemütlichen Aufstieg zum Lago Erdemolo; dabei kommt man an aufgelassenen Gruben vorbei (Hinweis), die an den einst blühenden Bergbau im Tal erinnern. Etwas oberhalb des Sees steht das Rifugio Erdemolo, von der Anhöhe links genießt man einen bezaubernden Blick über das Etschtal auf die Brentazinnen. Nun mit leichtem Auf und Ab in die weite Karmulde unterhalb der Forcella delle Conelle (2198 m) und rechtshaltend hinauf in die Scharte. Hier stößt man auf einen alten Kriegsweg, der

Das größte Porphyrmassiv in den Alpen: das Lagorai. Am Höhenweg von der Erdemolo- zur Sette-Selle-Hütte.

die gesamte Westflanke des Sasso Rosso (2310 m), des sehr abweisend wirkenden Sasso Rotto und der Cima Sette Selle (2396 m) quert. Wer zum Schrumspitz – der alte Name des Sasso Rotto – will, nimmt den rechts abgehenden Geröllsteig (Hinweis). Von der felsigen Westschulter der Cima Sette Selle dann im Bogen durch ein schattiges Kar hinunter zum Rifugio Sette Selle und auf gutem Weg talauswärts nach Palai.

22 Val Scura; Monteróvere, 1255 m

Wie Berge wachsen und vergehen

Auf der Fahrt durch das Val Sugana kann man den schmalen Graben südlich von Levico Terme leicht übersehen; der Lago di Caldonazzo und das hohe Bugriff der Cima della Vezzena (1908 m) setzen auffallendere Akzente in ein eher liebliches Landschaftsbild. Wer das Val Scura trotzdem ansteuert, erlebt eine tolle Überraschung: Tief aus den Gesteinsschichten erodiert, gleicht die Klamm einem geologischen Aufschluß, bietet sie sozusagen

Meine Favoriten

Translagorai

Anspruchsvoller Höhenweg entlang der Lagoraikette, vom Rollepaß bis zur Alpe Cermis oberhalb von Cavalese. Nur teilweise gebahnte Wege, einige Sicherungen, leichte Kletterstellen (I), Übernachtung in Biwakhütten und Rifugio. Der Verlauf. *1. Tag:* Passo Rolle (1972 m) – Rif. Colbricon – Biv. Aldo Moro (2565 m), 5 Std. *2. Tag:* Biv. Aldo Moro – Biv. Paolo e Nicola (2180 m), 6 Std. *3. Tag:* Biv. Paolo e Nicola – Rif. Cauriol (1587 m), 5 Std. *4. Tag:* Rif. Cauriol – Cermis, 7½ Std.

ein bequemes Band unter senkrechten Felsen. Das Steiglein umgeht den Riegel in schrofigem Gelände, führt etwas höher links in eine weitere Rinne, aus der man mit Hilfe eines Fixseils auf das große Terrassenband »Stel de Coraza« entsteigt (ca. 1920 m). Nun auf dem Band links unter den Felsen der Pala Granda hindurch in einen Graben, der etwas heikel gequert werden muß, und weiter unter Felsbalmen leicht abwärts bis zu einer nächsten Rinne. Hier über gestuften Fels hinauf zu den Wiesenhängen unter den Tre Cime und rechts zum Kreuz der Pala Granda (2017 m). Weiter der gut markierten Spur folgend zum Grat und mit kleinem Zwischenabstieg hinüber zur Cima Verde.

Vom Gipfel nördlich über Wiesen, durch Latschen und lichten Wald hinab ins Val Mana (Naturschutzgebiet), dann im flachen Gelände rechts zu einem Sträßchen. Man folgt ihm, vorbei an mehreren Picknickplätzen, bis zu einer Linkskehre. Hier geradeaus und auf einem Ziehweg hinunter zur Malga Albi. Weiter auf der Straße über zwei Kehren abwärts, dann rechts an ein paar Häusern vorbei und auf einer breiten Mulattiera (keine Mark.) bergab. Oberhalb von Pietra stößt man auf den Anstiegsweg.

25 Becco di Filadonna, 2150m

Aussichtskanzel über dem Etschtal

Zu den Hausbergen von Trento gehört der Vigolana-Stock (Becco di Filadonna), ein Plateaumassiv mit schroffen Flanken (wo auch eifrig geklettert wird), viel Aussicht, einem frühsommerlichen Blumenmeer – und interessanten Wanderanstiegen. Gleich zwei haben ihren Ausgangspunkt in der düsteren Freccia-Schlucht, was die Möglichkeit zu einer interessanten Runde ergibt. Wer nicht zum Ausgangspunkt zurück muß, kann alternativ den gesamten Bergstock der Vigolana überqueren und nordwestlich ins Etschtal absteigen, ein großes Tagespensum auf markierten Wegen (etwa 8 Std. bis Mattarello). Die Vigolana weist interessante Karst-

phänomene auf, so auch zahlreiche Klüfte und Höhlen von teilweise beachtlicher Tiefe wie die Grotta Gabriella (bisher 220 m vermessen).

➡ Der Aufstieg beginnt schattig, in Serpentinen steigt der Weg rechts des wilden Centagrabens hinauf zum hübsch gelegenen Rifugio Casarota. Von der Hüttenterrasse freie Sicht auf die Plateaus von Lavarone und Sette Comuni. Nun rechts flach zu einer Verzweigung, dann im Zickzack steil aufwärts, unter Felsen nach links und beim bodenlos tiefen (eingezäunten) Karstloch des Bus de le Zaole zum Grat. Hier wechselt der Weg auf die Westseite des Kamms, in einem Bogen führt er zum Gipfelkreuz, zuletzt mit Blick auf die unglaublich schlanke Felssäule der Madonnina.

Der Abstieg ist zunächst einmal eine Kammwanderung mit viel Aussicht, vom Bus de le Zaole über die Terza Cima (2027 m) und die Seconda Cima (1996 m) in die Senke vor dem Cornetto. Schwindelerregend der Tiefblick in die Steinschlagtrichter des Vallon Centa. Aus dem Latschensattel links abwärts auf einen kahlen Rücken, dann im Wald hinunter zur Straße am Passo della Freccia. Auf ihr in ein paar Minuten zum Albergo Sindech.

29 Strada delle Gallerie
Die »unmögliche« Straße

Der Erste Weltkrieg hat in den Südalpen seine Spuren hinterlassen, besonders im Trentino, ging die Front doch damals quer durch diese Berge, vom Gardasee über den Pasubio zu den Hochplateaus von Lavarone und der »Sieben Gemeinden«, weiter durch das Lagorai bis in die Dolomiten. Der Pasubio gehörte zu den am hartnäckigsten umkämpften Bergen; hier wurden gegnerische Stellungen sogar mit mächtigen Sprengladungen von Stollen aus attakiert – Irrsinn des Krieges. Natürlich kam bei diesem Stellungskrieg auch dem Wegnetz eine große Bedeutung zu, und so wurde beiderseits der Front unablässig gebaut, trassiert. Eine echte Meisterleistung vollbrachten die Pioniereinheiten der Alpini mit dem Bau der »Strada delle Gallerie«, die am Forni-Alti-Grat entlang zu den ehemaligen Frontstellungen führt. Zweiundfünfzigmal verschwindet der Weg im Berg, zwei Tunnels verlaufen spiralförmig, abschnittweise verläuft er durch senkrechte Felsabbrüche.

➡ Ausgangspunkt der 6,5 Kilometer langen »Strada delle Gallerie« ist die Bocchetta Campiglia (1216 m), in wenigen Minuten erreicht man den ersten Tunnel. Nach etwa zwei Drittel der Wegstrecke tangiert die »Strada« den weiten Grassattel des Passo di Fontana d'Oro (1875 m), beim Rifugio Papa läuft sie aus.

Für den Abstieg zur Bocchetta Campiglia bietet sich die »Strada degli Scarubbi« an, eine alte Militärstraße wie die »Strada degli Eroi'', die hinabzieht zum Passo Pian delle Fugazze.

Kühn angelegter Weg: die »Strada delle Gallerie«, eine Hinterlassenschaft des Ersten Weltkriegs.

Täler & Berge um Bozen und Meran

Von den Gletschergipfeln des Nordens zu den Weinbergen im Unterland

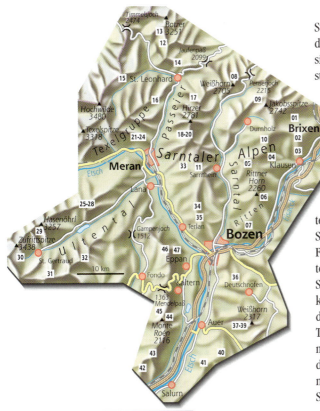

Südtirol in (fast) all seinen Facetten: vergletscherte Dreitausender und hundert Burgen, Hochalmen und Weinberge, urbanisierte Täler, städtisches Ambiente rund um Meran und Bozen. Historische Reminiszenzen auch, Andreas Hofer, Schloß Tirol und Margarethe Maultasch, deutsch und italienisch in Bozen. Da rauscht der EU-Verkehr auf Stelzen über die moderne Stadt, quer durchs »Land an der Etsch und im Gebirg'«, nur einen Steinwurf entfernt verwandelt die Frühlingsblüte riesige Apfelhaine in ein weißes Meer, duftend. Zur gleichen Zeit schneit es droben am Timmelsjoch (2474 m), und so kann es einem schon passieren, daß die Reise ins Südtirol ganz frostig beginnt, man zwei Stunden später in einem Eppaner Wirtsgarten das schöne Gefühl genießt, im Süden angekommen zu sein …

Fast so vielfältig wie die Landschaft zwischen den Stubaier Hochtourenzielen und dem weinseligen Unterland, zwischen den Sarntaler Alpen und Mendel sind hier auch die Wandermöglichkeiten. Eis und Firn dominieren am Alpenhauptkamm, auch auf der Südabdachung, rund ums Sarntal kann man leicht ein paar Tage von Hütte zu Hütte trekken, der Süden Südtirols überrascht mit schroffen Felsen und dem tiefsten, wildesten Graben des Landes: der Bletterbachschlucht. Ganz anders der Naturpark Trudner Horn: sanft profilierte Höhen, endlose Wälder, Hochmoore. Südtirol – viel mehr als nur eine Landschaft.

Führer & Landkarten

An Führern über die verschiedenen Gebirgsregionen zwischen Jaufenpaß und Salurner Klause mangelt es nicht; über die Texelgruppe und die Sarntaler Alpen informiert ausführlich Helmut Dumler in »Südtirol 2« (Bergverlag Rudolf Rother). Wanderungen im Überetsch und am Mendelkamm sind in einem Wanderführer von Eugen E. Hüsler beschrieben (Bergverlag Rother).
Freytag & Berndt bietet Wanderkarten im Maßstab 1:50 000 über das gesamte Gebiet an: WKS 1 »Bozen-Meran-Sarntal«, WKS 7 »Überetsch-Südtiroler Unterland«, WKS 8 »Passeiertal-Timmelsjoch-Jaufenpaß«. Wer's lieber etwas detaillierter hat, greift zu den 25 000er Karten von Mapgraphic, Bozen. Im gleichen Maßstab gibt es auch zwei Kartenblätter von Tabacco: 011 »Meran und Umgebung«, 034 »Bozen-Ritten«.

Südtirol pur: Weinberge, Burgen. Das Schlößchen Warth bei Eppan.

Alle Wanderungen auf einen Blick

Tourenziel/Charakteristik	Ausgangspunkt	Wegverlauf & Gehzeit	Markierung	Einkehr am Weg
Sarntaler Alpen, Meran, Ulten				
01 Schrüttenseen, 1957 m Nur mäßig anstrengende Wanderrunde zu den beiden klaren Bergseen.	Schalders (1167 m), kleines Dorf im gleichnamigen Tal, Zufahrt von Vahrn (675 m, 🚌), 5 km.	Schalders – Steinwendthof (1542 m; 2 Std.) – Schrüttenseen (3½ Std.) – Nocktal – Schalders (5¼ Std.)	Mark. 4A, 13, 7	–
02 Radlseehütte, 2284 m, und Hundskopf, 2350 m Beliebtes Wanderziel mit herrlichem Blick in die Dolomiten.	Perlunger (1400 m) oder Feichter (1362 m), zwei Gasthöfe hoch über dem Brixner Talkessel; Zufahrt von Brixen (565 m, 🚌), 10 km.	Perlunger – Roßboden – Radlseehütte (2½ Std.) – Hundskopf – Scheibenkofel (2252 m) – Arzfenntal – Perlunger (5 Std.)	Mark. 8, 18, 13	Gh. Perlunger (1400 m), Gh. Feichter (1362 m), Radlseehütte (2284 m).
03 Feldthurns, 851 m – Kloster Säben Eine Kultur- und Aussichtswanderung für die ganze Familie. Sehenswert: Schloß Velthurns, Kastanienhain, das uralte Kloster Säben, das Städtchen Klausen.	Schrambach (650 m), kleiner Weiler oberhalb der Brenner-straße (🚌), auf halber Strecke zwischen Brixen und Klausen.	Schrambach – Feldthurns (1 Std.) – Verdings (965 m; 2 Std.) – Pardell – Säben – Klausen (521 m; 3 Std.)	Mark. H, 12, 1	Mehrere Gasthöfe unterwegs
04 Kassianspitze, 2581 m Das Latzfonser Kreuz (2311 m) ist ein uralter Südtiroler Wallfahrtsort, die Kassianer Spitze einer der schönsten Aussichtspunkte in den Sarntaler Alpen.	Latzfons (1172 m, 🚌); Zufahrt bis zum Wanderpark-platz beim Kühhof (1550 m) erlaubt, knapp 5 km (1 Std. zur Klausner Hütte).	Latzfons – Klausner Hütte (2½ Std.) – Latzfonser Kreuz (3½ Std.) – Kassian-spitze (4¼ Std.); Abstieg auf dem gleichen Weg (gesamt 7 Std.)	Mark. 1A, 17	Klausner Hütte (1923 m), Latzfonser Kreuz (2311 m)
05 Villanderer Berg, 2509 m Gipfelwanderung über die ausgedehnte Vil-landerer Alm mit ihren Weiden, Hochmooren und Alphütten. Ausdauer erforderlich.	Samberger Hof (1350 m), 7 km oberhalb von Villanders (880 m, 🚌). Ortsbus ab Villanders.	Samberger Hof – Gasserhütte (1¼ Std.) – Totenkirchl (2186 m; 2¾ Std.) – Villanderer Berg (4 Std.) – Sarner Scharte (2460 m) – Gasteiger Sattel (2056 m; 5½ Std.) – Gasserhütte (6¼ Std.) – Samberger Hof (7 Std.)	Mark. 6, 7, 3	Samberger Hof (1350 m), Gasser-hütte (1744 m), Mair in Plun (1860 m)
06 Rittner Horn, 2260 m Altberühmter Aussichtsberg, vom Ritten her bei Benützung des 🚡 Sessellifts zur Schwarzseespitze (2072 m) nicht viel mehr als ein Höhenspaziergang. Lohnender ist eine Überschreitung von Barbian aus.	Barbian (830 m, 🚌), Zufahrt von Waidbruck, 4 km.	Barbian – Bad Dreikirchen (1123 m; 1 Std.) – Gasteiger Sattel (2056 m; 4 Std.) – Rittner Horn (4¾ Std.) – Unterhornhaus – Barbian (7¼ Std.)	Mark. 8, 7, 1, 3A, 3	Messnerwirt (1123 m), Rittner-Horn-Haus (2059 m), Unter-hornhaus (2042 m)
07 Rittner Wanderung Ausgedehnte Höhen- und Bergabwanderung am Ritten. Verschiedene Varianten möglich. Sehenswert: Wolfsgrubner See, Erdpyrami-den im Katzenbachgraben, St. Magdalena.	🚡 Oberbozen (1221 m), Bergstation der Rittner Seil-bahn, Talstation Bozen (266 m, 🚌).	Oberbozen – Wolfsgrubner See (1176 m; 1 Std.) – Eschenbach (911 m) – »Signater Kirchsteig« – Signat (848 m; 2¼ Std.) – Katzenbachgraben – St. Mag-dalena (382 m) – Bozen 3¾ Std.)	Mark. 23, 23A, 23B, 25, 7, 31A, 22, 6	Mehrere Gasthöfe am Weg
08 Weißhorn, 2705 m Nicht der höchste, aber einer der formschön-sten Gipfel der Sarntaler Alpen. Schwindel-freiheit und ein sicherer Tritt unerläßlich!	Penser Joch (2215 m, 🚌) Straßenübergang vom Sarntal nach Sterzing.	Penser Joch – Grölljoch (2557 m; 2 Std.) – Weißhorn (2½ Std.); Abstieg auf dem gleichen Weg (gesamt 4¼ Std.)	Mark. 12A	Penser Joch (2215 m)
09 Tagewaldhorn, 2708 m Recht unnahbar wirkender Gipfel über vier Tälern, markierter Anstieg von der Flagger-schartenhütte. Trittsicherheit!	Durnholz (1558 m, 🚌), Weiler am gleichnamigen Bergsee, Zufahrt von Sarnt-hein 14 km.	Durnholz – Flaggerschartenhütte (3 Std.) – Tagewaldhorn (4¼ Std.); Abstieg auf dem gleichen Weg (gesamt 7 Std.)	Mark. 16, 15, 15A	Flaggerscharten-hütte (2481 m)
10 Kassianspitze, 2581 m Einer der großen Aussichtsgipfel der Sarn-taler Alpen; das Latzfonser Kreuz ist ein uralter Wallfahrtsort.	🚡 Bergstation des Reins-walder Sessellifts (2150 m), Talstation Reinswald (1492 m, 🚌), Zufahrt von Sarnthein 11 km.	Liftstation – Gertrumalm (2100 m; 1 Std.) – Kassianspitze (2¼ Std.) – Latz-fonser Kreuz (2¾ Std.) – Jocher Alm – Reinswald (5½ Std.)	Mark. 11, 7A, 17, 1, 7	Liftstation, Latzfon-ser Kreuz (2311 m)
11 Hohe Reisch, 2003 m Abwechslungsreiche Runde, am Gipfel die sagenumwobenen »Stoanerne Mandln«. Kürzerer Aufstieg von der Sarner Skihütte (1614 m, 7 km von Sarnthein).	Sarnthein (967 m, 🚌), Hauptort des Sarntals, liegt an der Straße von Bozen zum Penser Joch.	Sarnthein – Sarner Skihütte (2 Std.) – Auenjoch – Hohe Reisch (3½ Std.) – Put-zenkreuz (4½ Std.) – Sarnthein (6 Std.)	Mark. 2, P, 5	Sarner Skihütte (1614 m), Auener Alm (1798 m), Put-zenkreuz (1630 m)
12 Schneeberghütte, 2355 m Der Schneeberg war einst die größte Blei- und Zinklagerstätte in Tirol, seit dem 13. Jh. Abbau. In der Schneeberghütte Schauraum; im Sommer täglich Führungen.	Gh. Schönau (1716 m) an der Timmelsjochstraße, 11 km von Moos in Passeier (1012 m, 🚌).	Schönau – »Knappenweg« – Ober-gostalm (1990 m) – Schneeberghütte (2½ Std.) – Obergostalm – Schönau (4 Std.)	Mark. Wege	Gh. Schönau (1716 m), Schnee-berghütte (2355 m)

Alle Wanderungen auf einen Blick

Tourenziel/Charakteristik	Ausgangspunkt	Wegverlauf & Gehzeit	Markierung	Einkehr am Weg
13 Großer Schwarzsee – Gürtelscharte, 2666 m Große Wanderrunde zwischen dem innersten Passeier, dem Timmelstal und dem Schneeberg. An der Gürtelscharte Trittsicherheit erforderlich.	Timmelsbrücke (1759 m) an der Timmelsjochstraße. Parkplatz.	Timmelsbrücke – Timmelsalm – Großer Schwarzsee (2514 m; 2 Std.) – Gürtelscharte (3¼ Std.) – Schneeberghütte (4 Std.) – Obergostalm (1990 m) – Timmelsbrücke (5½ Std.)	Mark. 30, 29	Timmelsalm (1979 m), Schneeberghütte (2355 m)
14 Passeirer Höhenweg Aussichtsreiche Kamm- und Höhenwanderung hoch über dem Passeiertal. Für Geübte ist zusätzlich zwischen Schlotterjoch und Hochalm eine Überschreitung der Kreuzspitze (2743 m) möglich (Gesamtgehzeit dann etwa 8½ Std.).	Jaufenpaßstraße; Römerkehre (1966 m, 🚌) 2 km vor der Scheitelhöhe (2099 m).	Römerkehre – Flecknerhütte – Glaitner Hochjoch (2393 m; 2¼ Std.) – Übelseen – Hochalm (4½ Std.) – Stuls (6 Std.)	Mark. 12, 15, 15A	Flecknerhütte (2090 m); Schutzhütte Hochalm (2174 m), bew. Juni bis Okt.; Egger Grubalm
15 Pfelderer Höhenweg Hochalpiner Steig über dem innersten Pfelderer Tal, mitunter bis in den Hochsommer hinein gefährliche Altschneefelder.	Pfelders (1628 m), Dörfchen im gleichnamigen Tal, 11 km von Moos in Passeier (1012 m, 🚌).	Pfelders – Lazinser Kaser (1860 m) – Im Putz (3½ Std.) – »Pfelderer Höhenweg« – Untere Schneidalm (2159 m; 5¼ Std.) – Pfelders (6¼ Std.)	Mark. 8, 44, 6A	Lazinser Kaser (1860 m); Stettiner Hütte (2875 m), ¾ Std. vom Putzkar, Mark. 24.
16 Matatzspitze, 2179 m Recht selten besuchter, aber sehr schöner Aussichtspunkt über dem Passerknie. Gute Kondition erforderlich.	St. Martin in Passeier (597 m, 🚌), kleiner Ferienort.	St. Martin – Weiherhof (1¾ Std.) – Matatzspitze (4½ Std.) – Hahnl – Hitzenbichl (1838 m; 5½ Std.) – Christl (1029 m; 7 Std.) – St. Martin (8 Std.)	Mark. 7, 4B, 3	Mehrere Gh. in und oberhalb von St. Martin
17 Riffelspitze, 2060 m Wenig anstrengende Höhenwanderung mit schöner Aussicht auf die Bergketten über dem oberen Passeiertal. Auf der Pfandler Alm wurde Andreas Hofer gefangengenommen.	🚠 Bergstation der Hirzer-Seilbahn (Klammeben, 1976 m), Talstation Saltaus (490 m) an der Strecke Meran – St. Leonhard in Passeier.	Klammeben – Hirzerhütte – Riffelspitze (1½ Std.) – Pfandler Alm (3 Std.) – St. Martin in Passeier (597 m; 4½ Std.)	Mark. 1	Mehrere Hütten am Höhenweg, Pfandler Alm (1345 m)
18 Hirzer, 2781 m Höchster Gipfel der Sarntaler Alpen, dank der Hirzerbahn vergleichsweise kurzer Anstieg. Trittsicherheit.	🚠 Bergstation der Hirzer-Seilbahn (Klammeben, 1976 m), Talstation Saltaus (490 m) an der Strecke Meran – St. Leonhard in Passeier.	Klammeben – Obere Scharte (2678 m) – Hirzer (2½ Std.); Abstieg auf dem gleichen Weg (gesamt 4¼ Std.)	Mark. 4	Klammeben, Hirzerhütte (1983 m)
19 Verdinser Waal – Videgg, 1536 m Abwechslungsreiche Runde um die wilde Masulschlucht. Oberhalb der Waalhütte steiler Anstieg. Sehenswert: Verdinser Waal.	Verdins (842 m, 🚌), Zufahrt von Meran über Schenna. Parkplatz bei der Talstation der Oberkirn-Seilbahn (852 m).	Verdins – Verdinser Waal – Waalhütte (1¼ Std.) – Videgg (3½ Std.) – Masulschlucht – Verdins (5 Std.)	Mark. Wege	Waalhütte (1050 m), Videgg (1536 m), Prixnerhof (1113 m)
20 Großer Ifinger, 2581 m Der Doppelgipfel ist alpines Wahrzeichen von Meran; kurzer Anstieg ab Skirevier Meran 2000. Naturfreunde nehmen den schöneren Weg von der Ifinger Hütte herauf. Kleiner Ifinger leicht, Großer Ifinger nur für Bergerfahrene (gesicherte Felspassage, exponiert).	🚠 Bergstation der Taser-Seilbahn (1450 m), Talstation oberhalb von Schenna (578 m, 🚌).	Taser – Ifingerhütte (1¼ Std.) – Großer Ifinger (3½ Std.) – Ifingerhütte (5 Std.) – Schenna (7 Std.)	Mark. 18A, 18, 20	Gh. Obertaser (1450 m), Ifingerhütte (1815 m)
21 Leiteralm, 1522 m Halbtagsrunde mit Anstieg über felsige, auf kürzeren Abschnitten gesicherte Wege. Abstieg (oder Anstieg) alternativ auch mit der 🚠 Leiteralmbahn.	Vellau (906 m, 🚌), Straße und 🚠 Sessellift ab Algund (354 m, 🚌).	Vellau – »Vellauer Felsenweg« – Hochmut (1361 m; 1¼ Std.) – »Hans-Frieden-Felsenweg« – Leiteralm (2¼ Std.) – Vellau (3¼ Std.)	Mark. 22, 24, 25	Hochmut (1361 m), Leiteralm (1522 m)
22 Mutspitze, 2295 m Einer der schönsten Aussichtsgipfel über dem Meraner Talkessel. Lohnende Überschreitung für Trittsichere.	🚠 Bergstation der Hochmuter Seilbahn (1361 m), Talstation Dorf Tirol (596 m, 🚌).	Hochmut – Mutkopfhaus – Mutspitze (2½ Std.) – Tschaufenjoch (2230 m) – Leiteralm (4¼ Std.) – »Hans-Frieden-Felsenweg« – Hochmut (5 Std.)	Mark. 22, 23, 25, 24.	Hochmut, Mutkopfhaus (1654 m), Leiteralm (1522 m)
23 Spronser Seenplatte; Hochgang, 2441 m Die große Runde im Südosten der Texelgruppe, am schönsten von Hochmuter aus; etwas kürzer bei einem Start an der 🚠 Leiteralm (Gesamtgehzeit 6 Std.). Am Hochgang gesicherte Passagen.	🚠 Bergstation der Hochmuter Seilbahn (1361 m), Talstation Dorf Tirol (596 m, 🚌).	Hochmut – Leiteralm (1 Std.) – Hochganghaus (2½ Std.) – Hochgang (2441 m; 4¼ Std.) – Spronser Seenplatte – »Jägersteig« – Mutkopfhaus (6¾ Std.) – Hochmut (7½ Std.)	Mark. 24, 7, 22, 25, 22A, 22	Hochmut, Leiteralm (1522 m), Hochganghaus (1839 m), Mutkopfhaus (1654 m)

Alle Wanderungen auf einen Blick

Tourenziel/Charakteristik	Ausgangspunkt	Wegverlauf & Gehzeit	Markierung	Einkehr am Weg
24 Spronser Seen; Pfitscher See, 2125 m Dankbare Höhenwanderung ins Spronser Tal. Wer bis zum Langsee wandert, muß mit einer Gesamtgehzeit von 7 Std. rechnen.	Bergstation der Hochmuter Seilbahn (1361 m), Talstation Dorf Tirol (596 m, ⛟).	Hochmut – Mutkopfhaus – »Jägersteig« – Pfitscher See (2½ Std.) – Bockerhütte (3¼ Std.) – Dorf Tirol (5½ Std.)	Mark. 22, 22A, 6	Hochmut, Mutkopfhaus (1654 m), Bockerhütte (1717 m), Longfallhof (1075 m)
25 Hochwart, 2608 m Höhen- und Gipfelwanderung zwischen dem Unteren Vinschgau und dem Ultental; Pensum läßt sich beliebig variieren, vom alpinen Spaziergang zur ausgedehnten Gipfeltour.	Bergstation der Vigiljochbahnen (1814 m) am Larchbühel, Talstation Lana (301 m, ⛟).	Larchbühel – Rauhe Bühel – Nörderscharte (2372 m; 3 Std.) – Hochwart (3¾ Std.) – Nörderscharte (4¼ Std.) – Naturnser Alm (5½ Std.) – Larchbühel (6½ Std.)	Mark. 9, 5, A, 30	Am Vigiljoch (1793 m), Naturnser Alm (1922 m)
26 St. Helena, 1532 m An der Sonnseite des Ultentals von St. Pankraz nach St. Walburg, von Hof zu Hof. Das hübsch gelegene Kirchlein St. Helena stammt aus gotischer Zeit.	St. Pankraz (730 m, ⛟) im unteren Ultental, 11 km von Lana.	St. Pankraz – St. Helena (2½ Std.) – St. Walburg (1120 m; 5 Std., ⛟)	Mark. 5	Gh. Helener Pichl
27 Peilstein, 2542 m Einer der schönsten Aussichtsgipfel des Ultentals. Etwas Ausdauer erforderlich.	St. Walburg (1120 m, ⛟) im Ultental.	St. Walburg – Hochjoch (2376 m) – Peilstein (4 Std.) – Marschnellalm (2213 m) – St. Walburg (7 Std.)	Mark. 1, P, 7, 10	–
28 Koflraster Seen und Hoher Dieb, 2730 m Die Bergseen am Kamm zwischen Ultental und Untervinschgau sind ein beliebtes Wanderziel, der Hohe Dieb ist ein Gipfel mit großer Rundschau.	Steinrastalm (1723 m), Zufahrt von der Ultener Talstraße (⛟), ab Zoggler Stausee 7 km.	Steinrastalm – Koflraster Seen (2½ Std.) – Hoher Dieb (3½ Std.); Abstieg auf dem gleichen Weg (gesamt 6 Std.)	Mark. 13, 4, 15	–
29 Hasenöhrl, 3257 m Das Gipfelziel schlechthin für trittsichere und ausdauernde Berggänger, von der Blauen Schneid zum Hasenöhrl Blockgrat. Alternativ Abstieg nach St. Nikolaus möglich (4 Std., Mark. 14).	Steinrastalm (1723 m), Zufahrt von der Ultener Talstraße (⛟), ab Zoggler Stausee 7 km.	Steinrastalm – Arzker Stausee (2249 m; 1½ Std.) – Blaue Schneid (2915 m; 3½ Std.) – Hasenöhrl (4½ Std.); Abstieg auf dem gleichen Weg (gesamt 7 Std.)	Mark. 11, H	Neue Kuppelwieser Alm
30 Höchsterhütte, 2561 m Wanderrunde im innersten Ultental mit seinen beiden Stauseen; läßt sich bei guter Kondition um die Besteigung des Gleck (2957 m) erweitern (zusätzlich 3 Std., CAI-Mark. 107, 145).	Weißbrunner See (1872 m), Zufahrt von St. Gertraud (1519 m, ⛟) 6 km.	Weißbrunner See – Langsee (2340 m; 1½ Std.) – Höchster Hütte (2½ Std.) – Weißbrunner See (4 Std.)	Mark. 107, 12, 140	Am Weißbrunner See, Höchsterhütte (2561 m) am Grünsee
31 Karspitze, 2752 m Ausgedehnte Tal- und Gipfelrunde; von der Karspitze herrlicher Blick auf Presanella und Brenta. Ausdauer und Trittsicherheit!	St. Gertraud (1519 m, ⛟) im inneren Ultental, 32 km von Lana.	St. Gertraud – Kirchbergtal – Alplahner See (2387 m; 3 Std.) – Karspitze (4¾ Std.) – Haselgruber Hütte (5½ Std.) – St. Gertraud (7½ Std.)	Rot-weiß, Mark. 108, 8, 12	Haselgruber Hütte (2425 m) am Rabbijoch, bew. Ende Juni bis Sept.
32 Ilmenspitze, 2656 m Lohnende Gipfelrunde an der Ultener Schattseite; vom Gipfel herrliche Schau nach Süden, über den Nonsberg hinweg bis zu den Dreitausendern von Adamello-Presanella.	St. Nikolaus (1271 m, ⛟) im Ultental.	St. Nikolaus – Seefeldalm (2110 m; 2½ Std.) – Ilmenspitze (3¾ Std.) – Brizner Alm (1932 m; 5 Std.) – St. Nikolaus (6½ Std.)	Mark. 18, 19	–
33 Haflinger Höhenweg; Kreuzjoch, 2086 m Aussichtsreiche Kammwanderung südlich von Meran 2000, dessen »Liftlandschaft« (glücklicherweise) nicht tangiert wird.	Hafling (1290 m, ⛟), Zufahrt von Meran 11 km.	Hafling – Wurzalm (1¼ Std.) – Vöraner Alm – Auenjoch (1924 m; 2½ Std.) – Kreuzjoch (3 Std.) – Kreuzjöchl (1984 m; 4 Std.) – Hafling (5½ Std.)	Mark. 2, 4, 15	Wurzalm (1707 m), Maiser Alm 1783 m), Moschwalder Alm 1760 m)
34 Salten; Langfenn, 1527 m Wenig anstrengende Rundwanderung am Salten, mehrere Varianten möglich.	Mölten (1142 m, ⛟), Terrassendorf am Tschöglberg hoch über dem Etschtal; Zufahrt von Terlan 13 km.	Mölten – Salten (Wirtshof, 1470 m; 1½ Std.) – Langfenn (2½ Std.) – Mölten (3½ Std.)	Mark. M, 1, 4	Langfenn (1527 m)

Unterland

Tourenziel/Charakteristik	Ausgangspunkt	Wegverlauf & Gehzeit	Markierung	Einkehr am Weg
35 Salten; Langfenn, 1527 m Beschauliche Höhenrunde am Salten, ausgehend von Jenesien; verschiedene Varianten möglich. Zufahrt bis zum Gh. Edelweiß (1351 m). Sehenswert: Kirchlein St. Jakob.	Jenesien (1089 m, ⛟), Bergdorf am Salten, Straßenzufahrt und ⛟ Seilbahn von Bozen.	Jenesien – Gh. Edelweiß (½ Std.) – Langfenn (2½ Std.) – Tschaufenhaus (4¼ Std.) – Jenesien (5¾ Std.)	Mark. E, 1, M, 7A, 7, 2	Mehrere Gh. am Weg

Alle Wanderungen auf einen Blick

Tourenziel/Charakteristik	Ausgangspunkt	Wegverlauf & Gehzeit	Markierung	Einkehr am Weg
36 Leiferer Höhenweg Recht spannende Tour über dem Brantental, am Höhenweg ein halbes Dutzend (leichte) gesicherte Passagen.	Leifers (255 m, 🚌) am Eingang ins Brantental.	Leifers – Gh. Thaler (1¼ Std.) – »Leiferer Höhenweg« – Hochegger (875 m; 2¾ Std.) – Leifers (4 Std.)	Mark. 5, 12, 11	Gh. Thaler, Schwabhof
37 Bletterbachschlucht Eines der großen (und gut versteckten) Landschaftswunder Südtirols; kürzere Zugänge von Heimwald (1560 m, Zufahrt von Aldein) und Radein (1556 m). Mit Kindern reichlich Zeit einplanen!	Aldein (1223 m, 🚌), Terrassendorf am Regglberg, an der Strecke Auer – Deutschnofen.	Aldein – Blettermühle (1203 m) – Radein (2 Std.) – Taubeneck – Schluchtweg – Butterloch (3¼ Std.) – Heimwald – Aldein (5 Std.)	Mark. 9, 3; Rückweg Straße	In Radein und am Rückweg nach Aldein
38 Weißhorn, 2317 m Vielbesuchter Randgipfel der Dolomiten, vom Joch Grimm (1989 m) gerade ein besserer Katzensprung (1 Std., mark.). Lohnender ist die Runde von Radein aus mit großer Schau in die Bletterbachschlucht.	Radein (1556 m), Weiler am Südrand des Regglbergs, Zufahrt von Kaltenbrunn (991 m, 🚌), 8 km.	Radein – »Zirmersteig« – Weißhorn (2½ Std.) – Nordgrat – Lahneralm (4 Std.) – Bletterbachschlucht – Radein (4¾ Std.)	Mark. W, 6A, 5A, 3	Lahneralm (1583 m)
39 Kugelspitze, 2077 m Überschreitung auf wenig begangenen Steigen; vom Gipfel bemerkenswerte Aussicht, vor allem nach Westen.	Bachnerhof-Säge (1250 m), Zufahrt von Kaltenbrunn (991 m, 🚌) via Unterradein 3,5 km.	Bachnerhof – Leitenspitze (3¼ Std.) – Kugelspitze (3¾ Std.) – Kugeljoch (1923 m; 4 Std.) – Radein (1556 m; 5 Std.) – Bachnerhof (6 Std.)	Mark. K, J, 7	In Radein (1556 m)
40 Gampen, 1635 m Wanderrunde zwischen Truden und Altrei; interessant die artenreiche Vegetation am Gampen mit seinen Hochmooren. »Naturpark Trudner Horn«.	Truden (1127 m, 🚌), Zufahrt von Kaltenbrunn (991 m) an der Strecke Auer – Cavalese, 2,5 km.	Truden – Peraschupfe (1432 m) – Baita del Felice (1452 m) – Altrei (2½ Std.) – Krabesalm – Gampen – Truden (5 Std.)	Mark. 5, 5A, G	Altrei, Krabesalm (1540 m)
41 Königswiese, 1622 m Toller »Guck-ins-Land« hoch über dem Etschtal; im Direktanstieg (Kurzvariante) von Gfrill 1¼ Std.	Gfrill (1328 m), hochgelegener Weiler am »Naturpark Trudner Horn«; Zufahrt von Salurn (226 m, 🚌) 13 km.	Gfrill – Drei-Fichten-Hof (1386 m) – Königswiese (1¼ Std.) – Großwies – Gfriller Sattel (1288 m) – Gfrill (4 Std.)	Mark. 4, K, 2A, 3A, 3	Gfrill
42 Rocca Piana, 1873 m Große Wanderrunde; lange Kammüberschreitung ab Fenner Joch mit gesicherter Passage (nur für Geübte!) am Übergang vom Monte Cuc zum Rocca Piana. Gute Kondition unerläßlich.	Unterfennberg (1047 m), Weiler auf dem Fennberg; Zufahrt ab Kurtatsch (333 m, 🚌) 14 km.	Unterfennberg – Oberfennberg (1163 m) – Fenner Joch (1563 m; 1½ Std.) – Sella d'Arza (1503 m; 2¾ Std.) – Monte Cuc (1803 m) – Rocca Piana (5 Std.) – Malga Craun (6 Std.) – Unterfennberg (8¾ Std.)	Mark. 3, 503, 504, 518, 519	Unterfennberg; Rif. Malga Craun (1222 m), bew. Juni bis Sept.
43 Corno di Tres, 1812 m Aussichtsreiche Gipfelüberschreitung; steiler Abstieg zur Fennbergstraße, zuletzt Straßenhatscher.	Oberfennberg (1163 m), Häusergruppe auf dem Fennberg; Zufahrt von Kurtatsch (333 m, 🚌) 11 km.	Oberfennberg – Fenner Joch (1563 m; 1¼ Std.) – Corno di Tres (2 Std.) – Sattel (1699 m; 2½ Std.) – Fennhals (1031 m; 3½ Std.) – Oberfennberg (4¼ Std.)	Mark. 3, 503, 7	Gh. Boarenwald (1054 m) an der Fennbergstraße
44 Monte Roèn, 2116 m Der längste Weg auf den höchsten Gipfel des Mendelkamms! Gute Kondition unerläßlich, am »Gamssteig« und am (leichten) Roèn-Klettersteig braucht's einen sicheren Tritt und Schwindelfreiheit.	Graun (823 m), Terrassendörfchen, Zufahrt von Kurtatsch (333 m, 🚌) 6 km.	Graun – Grauner Joch (1800 m; 2¾ Std.) – Wetterkreuz (3½ Std.) – »Gamssteig« – Übertscher Hütte (4½ Std.) – Monte Roèn (5½ Std.) – Schwarzer Kopf (2030 m) – Wetterkreuz (6¼ Std.) – Kanzel – Graun (8¼ Std.)	Mark. 1, 1A, 560, 523, 501, 8	Übertscher Hütte (1773 m), bew. Mitte Mai bis Okt.
45 Monte Roèn, 2116 m Gemütliche Wald- und Wiesenwanderung zum höchsten Punkt des Mendelkamms. Bei Benützung des Halbweg-Sessellifts reduziert sich die Gesamtgehzeit auf gut 3 Std.	🚡 Talstation des Halbweg-Sessellifts auf den Golfwiesen (1380 m), Zufahrt vom Mendelpaß (1363 m) 2 km. Großer Parkplatz.	Golfwiesen – Halbweghütte (1¼ Std.) – Rif. Malga Romeno (2 Std.) – Monte Roèn (3 Std.); Abstieg auf dem gleichen Weg (gesamt 5 Std.)	Mark. 521	Halbweghütte (1594 m), Rif. Malga Romeno (1768 m)
46 Gantkofel, 1865 m Alpines Wahrzeichen des Etschtals ist der Gantkofel mit seiner hohen Felsstirn. Spannende Wanderrunde mit ein paar gesicherten Passagen. Im Sommer heiß!	Gh. Buchwald (930 m), Zufahrt von St. Michael (420 m, 🚌), dem Hauptort der Großgemeinde Eppan, 6,5 km.	Buchwald – Gantkofel (2¾ Std.) – Kematscharte (1700 m; 3½ Std.) – Buchwald (5 Std.)	Mark. 536, 512, 546	Gh. Buchwald (930 m)
47 Burg Hocheppan, 628 m Abwechslungsreiche Burgenrunde, steiler Aufstieg zur Burg Festenstein; wer die Runde über die Ruine Boymont (580 m) erweitert, hat eine Gehzeit von 5 Std.	Andrian (274 m, 🚌), Bauerndorf im Etschtal, gegenüber von Terlan. Parkplatz an der Mündung der Gaider Schlucht.	Andrian – Festenstein (1¼ Std.) – Perdonig (812 m; 2¼ Std.) – Hocheppan (2¾ Std.) – Andrian (4 Std.)	Mark. 15, 8, 9, 2	Gh. Lipp (802 m), Gh. Wieser in Perdonig, Hocheppan

Meine Favoriten

04/10 Kassianspitze, 2581 m
Wallfahrt zur großen Aussicht

Bergsteiger fühlen sich dem Himmel oft recht nahe, auf ihren Gipfeln natürlich, aber auch, wenn's gerade mal wieder gut ausging, ein Sturz vermieden wurde. Letzteres ist beim Aufstieg zur Kassianspitze nicht zu befürchten, der vielbegangene Weg zum Panoramapunkt birgt keinerlei Gefahren. Und himmlischer Beistand ist ja gewährleistet, kommt man doch an einem der höchstgelegenen Wallfahrtsorte der Alpen vorbei, am Latzfonser Kreuz (2308 m). Das weithin sichtbare Kirchlein wurde zwar erst im ausgehenden 19. Jahrhundert erbaut, die Wallfahrt selbst ist viel älter, der Platz diente möglicherweise bereits in prähistorischer Zeit als Kultstätte. Die Rundschau von der Kassianspitze ist eine der schönsten in den Sarntaler Alpen, unverstellt der Blick zu den Dolo-

miten, fast zur Gänze überblickt man die grünen Rücken und dunklen Kämme der Sarntaler Alpen, über denen im Nordwesten die Firngipfel der Ötztaler und Stubaier Alpen gleißen.

➤ Wer nicht gleich von Latzfons bis zum Wanderparkplatz beim Kühhof fährt, hat einen recht langen »Anlauf«, doch kann man der Fahrstraße auf weiten Strecken ausweichen. Erst hinter Saueben stößt der Fußweg auf die Sandpiste, die durch den lichten Wald zur Klausner Hütte führt. Nun auf dem breiten Kreuzweg hinauf zum Kirchlein am Latzfonser Kreuz (2308 m). Hier weist ein Schild zur Kassianspitze. Erst ziemlich flach über den weiten Karboden, dann rechts auf einen steinigen Rücken, hinter dem sich ein stilles Seeauge versteckt, und schließlich schräg bergan zum Westgrat der Kassianspitze. Auf der Höhe mündet der Anstieg von Reinswald; nun rechts am abgerundeten Kamm problemlos zum großen Kreuz.

Ein Südtiroler Wahrzeichen: der Schlern (2564 m), hier vom Ritten aus gesehen.

23 Spronser Seenplatte; Hochgang, 2441 m
Alpines Meraner Hinterland

Das beliebteste Wanderziel in der Texelgruppe versteckt sich im obersten Spronser Tal hinter der hohen, felsigen Mauer, die von der Mutspitze (2295 m) zum Tschigat (2998 m) zieht: zehn Bergseen und ein paar winzige Lacken. Wer da hinauf will, muß auf jeden Fall gut zu Fuß sein, auch wenn die Seilbahn zum Hochmuter (1361 m) einem freundlicherweise tausend Höhenmeter von Meran herauf abnimmt. Es bleibt aber immer noch ein ordentlich weiter Weg, vor allem für jene, die den reizvollen Einstieg über den »hohen Gang« wählen. Die Pointe der Tour: An der Hochgangscharte steht man unerwartet plötzlich vor dem Langen See, dem größten Gewässer der Seenplatte. Grün- und Kasersee sowie die Pfitscher Lacke liegen am Weiterweg; der Abstieg über den »Jägersteig« ist dann eine einzige Genuß- und Schauwanderung, zuletzt mit herrlichen Tiefblicken auf die Kurstadt Meran und ins Etschtal.

➤ Die große Runde beginnt recht spannend: Auf dem »Hans-Frieden-Felsenweg« wandert man hoch über Algund und der Töll zur Leiteralm (1522 m), dann weiter zum Hochganghaus. Hier wird's steil, die Sonne brennt auf den Buckel, der Steig zickzackt in die Höhe. Über die Felsen

---

Die Sarntaler »Hufeisentour«

Siebentagetour von Hütte zu Hütte rund um das Sarntal, von Sarnthein nach Sarnthein. Man durchwandert dabei die gesamte Sarntaler Alpen, deren Hauptkämme das Tal der Talfer umschließen – fast in Hufeisenform. Durchwegs markierte Bergwege, Tagesetappen 4½ bis 6 Std. *1. Tag:* Sarnthein – Rittner-Horn-Haus (2259 m). *2. Tag:* Rittner-Horn-Haus – Klausner Hütte (1923 m). *3. Tag:* Klausner Hütte – Flaggerschartenhütte (2481 m). *4. Tag:* Flaggerschartenhütte – Penser Joch (2215 m). *5. Tag:* Penser Joch – Weißenbach (1335 m). *6. Tag:* Weißenbach – Kesselberghütte (2302 m); Variante über den Hirzer (2781 m). *7. Tag:* Kesselberghütte – Sarnthein.

Meine Favoriten

unterhalb des Hochgangs (2441 m) helfen dann einige Drahtseile.

Jenseits der Scharte beschreibt der Weg einen Bogen um den Langen See (2377 m); links führen Steigspuren zu den beiden Milchseen (2540 m). Am Grünsee (2338 m) vorbei geht's hinab zum Kasersee (2117 m); gleich hinter der Pfitscher Lacke überschreitet man die gleichnamige kleine Senke unter dem Fischbichl (2191 m). Der »Jägersteig« senkt sich durch die Nordhänge der Mutspitze zum Mutkopfhaus (1654 m); hier rechts und hinab zur Hochmuter-Seilbahn.

29 Hasenöhrl, 3257 m
Wer hoch hinauf will

Als östlichster Dreitausender der Ortlergruppe bietet das Hasenöhrl eine immense Rundschau, vor allem nach Osten, wo man an klaren Tagen zahlreiche Dolomitenzacken ausmachen kann. Mehrere markierte Wege führen zum Gipfel, am leichtesten ist der Südanstieg, abwechslungsreicher der Aufstieg über den Nordgrat. Zwischen der Blauen Schneid und dem Gipfelkreuz folgt die markierte Spur dem Trümmergrat, der den Kuppelwieser Ferner vom Hasenöhrlferner trennt. Das sorgt für etwas Spannung und für schöne Hochgebirgsbilder.

➡ Die große Tour beginnt als »Straßenhatscher«; erst am Arzker See (2249 m) wird aus der breiten Piste ein schmaler Wanderpfad. Unter den schroffen Arzker Wänden steigt man bergan zur Blauen Schneid (2915 m), auf die auch der kürzere Anstieg vom Vinschgau herauf mündet. Nun links, mit packenden Tiefblicken auf die beiden Gletscherreste an der Nordseite des Hasenöhrls, über den blockigen, an einigen Stellen etwas ausgesetzten Grat zum Gipfel.

46 Gantkofel, 1865 m
Kantiges Profil mit schwachem Rücken

Er ist ein Berg mit Profil, und wer zwischen Bozen, Meran und Auer im Etschtal unterwegs ist, kann ihn nicht übersehen.

Der Gantkofel ist zwar nicht der höchste, dafür aber ganz bestimmt der auffallendste Gipfel des langgestreckten Mendelkamms. Seine kantige, senkrecht ins Überetsch abfallende Felsstirn verspricht packende Tiefblicke. Doch erst einmal muß man hinauf, und das geht nicht ohne einige Anstrengung; sowohl der Weg zur Großen Scharte als auch der Abstieg durch den Schlund des »Kamins« sind nicht unbedingt etwas für Gelegenheitswanderer. Da braucht es neben einer guten Kondition auch den vielbeschworenen »sicheren Tritt«. Oben erweist sich der Berg allerdings als »Potemkinsches Dorf«, mit einer bewaldeten Rückseite, die nur sanft gegen das obere Nonstal absinkt.

➡ Vom Gasthaus Buchwald (930 m) steigt man zunächst hinauf zu der querführenden Forstpiste. Auf ihr knapp eine halbe Stunde in nördlicher Richtung, bis eine Wegtafel den Beginn des Steilanstiegs zur Großen Scharte (1790 m) signalisiert. Im Zickzack durch den Wald aufwärts, dann mit Drahtseilhilfe über einen felsigen Aufschwung in die Wiesenmulde (Brunnen) unterhalb des Kamms. Hier rechts zum Gipfel mit häßlicher Sendeanlage und großem Panorama. Vom Gantkreuz (5 Min. nördlich) faszinierender Tiefblick auf Meran.

Zurück in die Große Scharte, dann südlich, der Markierung 512 folgend, bis zur Abzweigung von Weg 546. Er vermittelt den Abstieg durch den »Kamin«: steil zwischen senkrechten Felsen hinunter in den sich allmählich verengenden Graben, dann die Schlüsselstelle, ein mächtiger Klemmblock, an dem man wahlweise links (Leiter) oder rechts (Durchschlupf) vorbeikommt. Schließlich taucht der Weg wieder in den Wald ein, und drunten bei Buchwald schließt sich die abwechslungsreiche Runde.

Verstecktes Naturwunder: die Bletterbachschlucht im Süden Südtirols.

Vinschgau

Uraltes Kulturland zwischen Ortler und Ötztaler Alpen

Vergleiche drängen sich manchmal einfach auf: der Südtiroler Vinschgau als ostalpines Pendant zum schweizerischen Wallis; nicht ganz so groß, aber ebenfalls umrahmt von hohen, vergletscherten Bergketten, woraus ein extrem trockenes Klima resultiert, uraltes Kulturland hier wie dort. Allenthalben stößt man auf historische Gemäuer, Burgen und Schlösser, aber auch Kirchen, von denen einige in ihrem Grundbestand bis in karolingische Zeit zurückreichen. Berühmt sind die Fresken von St. Prokulus

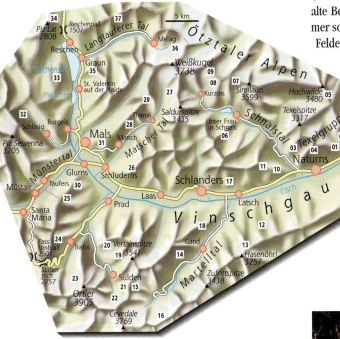

bei Naturns, geradezu ein Dorado für Kunstliebhaber ist die Gegend um Mals.

Bergwanderer zieht's natürlich hinauf, und da bietet der Vinschgau mit seinen großen Seitentälern – Schnals, Martell, Trafoi-Sulden, Matsch – ein fast unerschöpfliches Tourenangebot, bis über das Dreitausenderlimit hinaus. Sehr beliebt sind Touren am Sonnenberg mit seinen oft an steilste Hänge gebauten Bauernhöfen und der großen Schau übers Etschtal auf die Ortlerberge. Zur (trockenen) Sonnenberglandschaft gehören natürlich die Waale, alte Bewässerungskanäle, die das im niederschlagsarmen Sommer so kostbare Wasser – v. a. Gletscherschmelzwasser – auf die Felder bringen (wie im Wallis die Bisses, Suonen oder Heiligen Wasser). Nicht überall läuft allerdings das Wasser noch, klappern die Waalschellen, seit jüngstem werden aber auch wieder Wasserwege restauriert, wie etwa am Mitterwaal im Münstertal. In Betrieb sind u.a. der Gschneirer Waal ob Schluderns, der Ilswaal im Schlandrauner Tal, der Latschanderwaal bei Latsch und der Schnalser Waal.

Große touristische Zentren gibt es im Vinschgau keine (glücklicherweise); günstige Standorte für einen längeren Aufenthalt sind die Dörfer an der Etsch, von Naturns bis hinauf nach Mals.

Die Waale: Vinschgauer Lebensadern, kunstvoll angelegt.

Nicht ganz der höchste, aber der schönste Gipfel des Ortlermassivs: die Königsspitze (3851 m), gesehen von der Hinteren Schöntaufspitze.

Führer & Landkarten

Fürs Hochgebirge eignen sich natürlich die AV-Führer aus dem Bergverlag Rother; fünfzig Wanderungen präsentiert der kleine Rotherführer »Vinschgau«. Wer sich auch für Kulturelles, für Geschichte, Land und Leute interessiert, greift am besten zum Band »Vinschgau« der Südtiroler Landeskunde von Josef Rampold. Nebenbei findet man darin auch gut hundert Wandervorschläge (Athesia, Bozen).
Drei Kartenblätter von Freytag & Berndt decken das Gebiet ab: WKS 2 »Vinschgau-Ötztaler Alpen«, WKS 8 »Ortleralpen-Martell-Val di Sole«, WKS 12 »Naturns-Schnals-Latsch«. Von Tabacco gibt es im Maßstab 1:25000 die Blätter 04 »Schnalstal«, 08 »Ortlergebiet«, 011 »Meran und Umgebung«.

Alle Wanderungen auf einen Blick

Tourenziel/Charakteristik	Ausgangspunkt	Wegverlauf & Gehzeit	Markierung	Einkehr am Weg
Untervinschgau				
01 Nassereithhütte, 1523 m Höhenwanderung rund um das untere Zieltal; alternativ 🚠 Seilbahn nach Giggelberg. Von der Nassereithhütte zweistündiger Aufstieg zur Lodnerhütte (2262 m; Mark. 8).	Partschins (618 m, 🚉), Feriendorf oberhalb der Töll, 8 km von Meran.	Partschins – »Sonnenberger Höhenweg« – Gruberhof – Giggelberg (2½ Std.) – Nassereithhütte (3¼ Std.) – Partschins (5 Std.)	Mark. 26, 24, 8	Mehrere Gh. am Weg, Nassereithhütte (1523 m)
02 Meraner Höhenweg; Hochganghaus, 1839 m Bezaubernde Höhenwanderung über dem untersten Vinschgau mit Tiefblicken auf Meran.	🚠 Bergstation der Leiteralm-Gondelbahn (1485 m), Talstation Vellau (906 m, 🚉) oberhalb von Algund (Straße und 🚠 Sessellift).	Leiteralm – »Meraner Höhenweg« – Hochganghaus (1¼ Std.) – Nassereithhütte (3¾ Std.) – Partschins (618 m; 5½ Std., 🚉)	Mark. 24, 8	Leiteralm (1522 m), Hochganghaus (1839 m), Nassereithhütte (1523 m)
03 Dickeralm, 2060 m Höfe- und Höhenwanderung über dem untersten Schnalstal.	Katharinaberg (1245 m), Dörfchen im unteren Schnalstal, Zufahrt von der Talstraße 2 km.	Katharinaberg – Linthof (1½ Std.) – Dickeralm (3½ Std.) – Katharinaberg (5 Std.)	Mark. 29, 10	Linthof (1464 m), Dickhof (1709 m), Dickeralm (2060 m)
04 Kirchdachspitze, 3053 m Etwas für Leute mit großer Lunge und viel Auftrieb: 1800 Höhenmeter ab Katharinaberg zur großen Aussicht vom »Dach«.	Katharinaberg (1245 m), Dörfchen im unteren Schnalstal, Zufahrt von der Talstraße 2 km.	Katharinaberg – Obere Mairalm (2023 m; 2¼ Std.) – Kirchdachspitze (5¼ Std.); Abstieg auf dem gleichen Weg (gesamt 8¼ Std.)	Mark. 10, 10A	–
05 Stettiner Hütte, 2875 m Lange Tal- und Paßwanderung; lohnend auch schon die gemütliche Talwanderung zum Eishof (2071 m).	Vorderkaser (1693 m) im Pfossental, Zufahrt von der Schnalser Talstraße, 5,5 km. Großer Parkplatz.	Vorderkaser – Eishof (1¾ Std.) – Eisjöchl (2895 m) – Stettiner Hütte (4½ Std.); Abstieg auf dem gleichen Weg (gesamt 7½ Std.)	Mark. 24 bzw. 39	Mehrere Gh. im Pfossental, Stettiner Hütte (2875 m)
06 Nockspitze, 2719 m Aussichtspunkt über dem Vernagt-Stausee (1690 m).	Unser Frau in Schnals (1508 m, 🚉), 15 km von Naturns.	Unser Frau – Mastaunalm (1 Std.) – Nockspitze (3½ Std.) – Waldringer Alm – Unser Frau (5¾ Std.)	Mark. 17, 15	Mastaunalm (1810 m)
07 Similaunhütte, 3018 m Seit der Entdeckung des »Ötzi« sehr beliebte Hüttentour; am Tisenjoch nahe dem Hauslabjoch westlich der Hütte wurde die tiefgefrorene Mumie entdeckt (Gletscher, Führungen).	Vernagt (1711 m, 🚉), Häusergruppe am Vernagt-Stausee.	Vernagt – Similaunhütte (3½ Std.); Abstieg auf dem gleichen Weg (gesamt 6 Std.)	Mark. 2	Similaunhütte (3018 m)
08 Grawand, 3251 m – Finailjoch Aussichtsreiche Höhen- und Bergabwanderung, einige gesicherte Passagen, Blockgrat. Die Finailhöfe (1952 m) gelten als höchstgelegene Kornhöfe der Alpen.	🚠 Bergstation der Schnalstaler Gletscherbahn (3212 m), Talstation Kurzras (2011 m, 🚉) am Endpunkt der 24 km langen Schnalstaler Straße.	Seilbahn – Grawand – Finailjoch (3125 m, ¾ Std.) – Finailsee (2709 m) – Finailhof – Kurzras (4¼ Std.)	Mark. 8, 7	Seilbahn, Finailhof (1952 m)
09 Schöne Aussicht und Im Hinteren Eis, 3270 m Trotz des (schönen) Namens eisfreier Dreitausender. Trittsicherheit.	Kurzras (2011 m, 🚉), Hotelsiedlung am Endpunkt der 24 km langen Schnalstaler Straße.	Kurzras – Gh. Schöne Aussicht (2½ Std.) – Im Hinteren Eis (4 Std.); Abstieg auf dem gleichen Weg (gesamt 6½ Std.)	Mark. 3, Gipfelsteig rot mark., Steinmännchen	Gh. Schöne Aussicht (2842 m) knapp unter dem Hochjoch (2861 m)
10 Oberjuval, 1316 m, und Schnalser Waalweg Aussichtsreiche Rundwanderung, Rückweg über den alten Waalweg. Besuchenswert: Reinhold Messners Schloß Juval.	Tschars (598 m, 🚉), Dorf im unteren Vinschgau, zwischen Naturns und Kastelbell.	Tschars – Oberschönegg – Oberjuval (2¼ Std.) – Schloß Juval (3 Std.) – Schnalser Waalweg – Tschars (4 Std.)	Mark. 1A, 1, 3	Beim Schloß Juval
11 Tscharser Wetterkreuz, 2552 m Prächtiger Aussichtspunkt im Winkel zwischen Schnals- und Etschtal. Langer Aufstieg, im Sommer sehr heiß! Kürzerer Anstieg von Trumsberg (3½ Std., Mark. 1).	Tschars (598 m, 🚉), Dorf im unteren Vinschgau, zwischen Naturns und Kastelbell.	Tschars – Oberjuval (1316 m; 2¼ Std.) – Schermetz (2106 m) – Tscharser Wetterkreuz (5½ Std.) – Stierbergalm (6¼ Std.) – Trumsberg (1358 m; 7¾ Std.) – Tschars (9¼ Std.)	Mark. 1A, 1	Stierbergalm (2106 m), Trumsberg (1358 m)
12 Tarscher See, 1828 m Gemütliche Bergabwanderung auf guten Wegen.	🚠 Bergstation des Tarscher-Alm-Lifts (1929 m), Talstation knapp 4 km von Tarsch (816 m, 🚉).	Tarscher Alm – Tarscher See (1 Std.) – Talstation (2½ Std.)	Mark. 9	Tarscher Alm (1940 m)
13 Hasenöhrl, 3257 m Östlichster Dreitausender des Ortlergebirges mit grandiosem Panorama. Nur für Geübte, am Grat von der Blauen Schneid zum Gipfel blockige Felsen. Wichtig: sicheres Wetter!	🚠 Bergstation des Tarscher-Alm-Lifts (1929 m), Talstation knapp 4 km von Tarsch (816 m, 🚉).	Tarscher Alm – Zirmruanhütte – Latscher Joch (2507 m; 2 Std.) – Blaue Schneid (2915 m) – Hasenöhrl (4¼ Std.); Abstieg auf dem gleichen Weg (gesamt 7 Std.)	Mark. 1, 2A, 2	Tarscher Alm (1940 m), Zirmruanhütte (2251 m)

Alle Wanderungen auf einen Blick

Tourenziel/Charakteristik	Ausgangspunkt	Wegverlauf & Gehzeit	Markierung	Einkehr am Weg
14 Marteller Höhenweg Wenig anstrengende Wanderung an der linken Talseite, von Thal bis zu den Hütten am Ende der Marteller Straße.	Martell-Thal (1308 m, 🚌), 11 km von Goldrain.	Thal – Stallwies (2½ Std.) – Lyfialm (2165 m) – Enzianhütte (5½ Std., 🚌)	Ab Stallwies Mark. 8	Stallwies (1931 m), Enzianhütte (2061 m)
15 Hintere Schöntaufspitze, 3325 m Stattlicher Dreitausender mit Paradeblick auf Ortler-Königsspitze. Bei sicherem Wetter im Hochsommer für geübte Bergwanderer problemlos.	Enzianhütte (2061 m, 🚌) am Endpunkt der Marteller Talstraße, 28 km von Goldrain.	Enzianhütte – Zufallhütte (¾ Std.) – Madritschjoch (3123 m; 3½ Std.) – Hintere Schöntaufspitze (4 Std.); Abstieg auf dem gleichen Weg (gesamt 6½ Std.)	CAI-Mark. 150, 151	Enzianhütte (2061 m), Zufallhütte (2265 m)
16 Marteller Hütte, 2610 m Lohnende Hüttenwanderung; Geübte können sie um die Runde über die Vordere Rotspitze (3033 m) erweitern (Gesamtgehzeit dann 5¾ Std., Mark. 37A, 31).	Enzianhütte (2061 m, 🚌) am Endpunkt der Marteller Talstraße, 28 km von Goldrain.	Enzianhütte – Paradies – Marteller Hütte (1¾ Std.) – Zufallhütte (2¾ Std.) – Enzianhütte (3¼ Std.)	Mark. 37, 103, 150	Enzianhütte (2061 m), Marteller Hütte (2610 m), Zufallhütte (2265 m)
17 St. Martin im Kofel, 1776 m Klassische Höfewanderung am steilen Sonnenberg über dem mittleren Vinschgau. Ab St. Martin (🚠 von Latsch) auch als bequeme Bergabwanderung möglich.	Schlanders (738 m, 🚌), Hauptort des mittleren Vinschgau.	Schlanders – Ilswaal – Schlandersberg (1060 m; 1 Std.) – Tappein (2 Std.) – St. Martin (4¼ Std.) – Ratschill (5¼ Std.) – »Lotterweg« – Vezzan (6¼ Std.) – Schlanders (7¼ Std.)	Mark. 5, 7, 14, 6, »Lotterweg« rotweiß, dann 13	Schlandersberg, Egg (1677 m), St. Martin, Ratschill (1285 m)
18 Göflaner Scharte, 2396 m Interessante Runde am Nörderberg; vom Göflaner Schartl prächtige Aussicht auf Ötztaler Alpen und Ortlerberge. Oberhalb des Albergo Covelano Marmorbrüche; Anstieg zum Göflaner See (2519 m) auf gesichertem Steig möglich (zusätzlich 2½ Std. hin und zurück, Mark. 3).	Haslhof (1489 m), Zufahrt von Göflan (737 m, 🚌), 8 km.	Haslhof – Göflaner Alm (1826 m) – Alb. Covelano (2¾ Std.) – Göflaner Schartl (3¾ Std.) – Kreuzjöchl (2053 m; 4½ Std.) – Haslhof (5½ Std.)	Mark. 2, 3, 3A, 23, 1	Haslhof (1489 m), Alb. Covelano (2007 m; Werkskantine)

Obervinschgau

Tourenziel/Charakteristik	Ausgangspunkt	Wegverlauf & Gehzeit	Markierung	Einkehr am Weg
19 Düsseldorfer Hütte, 2721 m Beliebte Höhen- und Hüttenwanderung, bei Benützung des Kanzellifts wenig anstrengend. Lohnend auch die Wanderung zum Rosimboden, mit Abstieg nach Sulden 2½ Std. (Mark. 13, 11).	🚠 Bergstation des Kanzellifts (2350 m), Talstation Sulden (1866 m, 🚌).	Kanzel – Düsseldorfer Hütte (1½ Std.) – Zaytal – Sulden (3 Std.)	Mark. 12, 5, 16	Kanzel (2350 m), Düsseldorfer Hütte (2721 m)
20 Hinteres Schöneck, 3143 m Einer der schönsten Aussichtspunkte über dem Suldental, Prachtblick zum Ortler (3905 m). Im Gipfelbereich leichte Felsen (Drahtseile).	🚠 Bergstation des Kanzellifts (2350 m), Talstation Sulden (1866 m, 🚌).	Kanzel – Düsseldorfer Hütte (1½ Std.) – Hinteres Schöneck (3 Std.) – Stieralm (2248 m) – Sulden (5½ Std.)	Mark. 12, 18, 25	Kanzel (2350 m), Düsseldorfer Hütte (2721 m)
21 Hintere Schöntaufspitze, 3325 m Stattlicher Dreitausender mit herrlicher Aussicht auf Ortler-Königsspitze.	🚠 Bergstation der Seilschwebebahn bei der Schaubachhütte (2581 m), Talstation Sulden (1866 m, 🚌).	Schaubachhütte – Madritschjoch (3123 m; 2 Std.) – Hintere Schöntaufspitze (2½ Std.); Abstieg auf dem gleichen Weg (gesamt 4¼ Std.)	CAI-Mark. 151	Schaubachhütte (2573 m), Madritschhütte (2880 m)
22 Hintergrathütte, 2661 m Höhenwanderung an der Ostflanke des Ortler (3905 m).	🚠 Bergstation des Langenstein-Lifts (2330 m), Talstation Sulden (1866 m, 🚌)	Langenstein – »Morosiniweg« – Hintergrathütte (1½ Std.) – Sulden (3 Std.)	Mark. 3, 2	Liftstation, Hintergrathütte (2661 m)
23 Tabarettakugel, 2539 m Aussichtsreiche Runde an der zerklüfteten Westflanke des Ortlerstocks. Von der Berglhütte alternativ auch Fortsetzung der Tour über den »Dreifernerweg« möglich (Gesamtzeit dann 7¼ Std., Mark. 14, 13).	Trafoi (1543 m, 🚌) am Stilfser Joch.	Trafoi – ex-Edelweißhütte (2481 m; 2¾ Std.) – Tabarettakugel – Berglhütte (3¾ Std.) – Heilige Drei Brunnen (1605 m) – Trafoi (5½ Std.)	Mark. 185, 186	Berglhütte (2188 m)
24 Goldseeweg Höhenpromenade vor dem Ortlermassiv, lohnend der kurze Abstecher zum Rötlspitz (3026 m, ½ Std.).	🚠 Bergstation des Furkellifts (2153 m), Talstation Trafoi (1543 m, 🚌).	Furkelhütte – Goldsee (2728 m) – Stilfser Joch (2757 m; 4½ Std., 🚌)	Mark. 20	Furkelhütte (2153 m), Stilfser Joch
25 Piz Chavalatsch, 2764 m Aussichts- und Grenzgipfel zwischen dem Trafoiertal und dem Münstertal.	🚠 Bergstation des Furkellifts (2153 m), Talstation Trafoi (1543 m, 🚌).	Furkelhütte – Obere Stilfser Alpe (2077 m) – Piz Chavalatsch (3½ Std.) – Gomagoi (1256 m; 7 Std.)	Mark. 4, 5, 3, 8	Furkelhütte (2153 m)

Alle Wanderungen auf einen Blick

Tourenziel/Charakteristik	Ausgangspunkt	Wegverlauf & Gehzeit	Markierung	Einkehr am Weg
26 Köpfelplatte, 2410 m Alte Wege – neue Straßen, und dazu eine herrliche Aussicht von der »Platte« auf den Vinschgau und seine Berge. Nicht vergessen: Besuch in der Churburg samt Rüstkammer!	Gschneier (1344 m), Zufahrt von Schluderns (919 m, 🚌) 6 km.	Gschneier – Platzass – Mahder (1959 m) – Köpfelplatte (3¼ Std.) – Grein (1368 m; 5¼ Std.) – Gschneirer Waalweg – Gschneier (6 Std.)	Mark. 21, 21A, 19	Gschneier
27 Oberetteshütte, 2677 m Dankbare Hüttenwanderung im innersten, von Dreitausendern umrahmten Matscher Tal.	Glieshof (1824 m) im Matscher Tal, Zufahrt von Tartsch (1029 m) im Vinschgau via Matsch (1576 m), 15 km.	Glieshof – Oberetteshütte (2¾ Std.); Abstieg auf dem gleichen Weg (gesamt 5 Std.)	Mark. 1, 2	Gh. Glieshof (1824 m), Oberetteshütte (2677 m)
28 Matscher Almweg Höhenwanderung an der nordwestlichen Flanke des Matscher Tals. Prächtige Aussicht auf die Dreitausender um die Saldurspitze (3433 m). Zwischenabstieg nach Thanai bzw. zum Glieshof möglich.	Matsch (1576 m), Dörfchen am Taleingang, 7 km von Tartsch (1029 m) im Vinschgau.	Matsch – Gonda (1997 m; 1½ Std.) – Äußere Matscher Alm (2045 m; 3½ Std.) – Glieshof (4¼ Std.) – Matsch (6 Std.)	Mark. 15, 16, 1, 14	Gh. Glieshof (1824 m)
29 Portlesspitze, 3074 m Lohnendes Gipfelziel, Aufstieg eher mühsam als schwierig. Gute Kondition wichtig.	Thanai (1824 m), Weiler im inneren Matscher Tal, Zufahrt von Tartsch (1029 m) im Vinschgau via Matsch (1576 m), 14 km.	Thanai – Kalte Wiesen (2079 m; ¾ Std.) – Portlesspitze (5 Std.); Abstieg auf dem gleichen Weg (gesamt 8 Std.)	Mark. 8	Glieshof (1824 m), knapp 1 km taleinwärts (Straße).
30 Glurnser Köpfl, 2374 m Wasser- und Gipfelwege, Kultur und Aussicht prägen diese Runde. Glurns ist ein bestens erhaltenes mittelalterliches Mini-Städtchen. Zufahrt bis St. Martin (1077 m) möglich.	Glurns (907 m, 🚌), Nachbarort von Mals/Schluderns vor dem Eingang ins Münstertal.	Glurns – Glurnser Alm (1978 m) – Glurnser Köpfl (4¼ Std.) – Gutfalltal – Bergwaal – Glurns (7¾ Std.)	Mark. 24, 14A, 14, 20	–
31 Spitzige Lun, 2324 m Bekannter Aussichtspunkt am langen Portlesgrat, herrlicher Blick auf die Ortlerberge. Kürzerer Zustieg von Matsch (2½ Std.).	Mals (1051 m, 🚌), Hauptort des Obervinschgaus. Sehenswert: alte Kirchen, karolingische Fresken (um 800).	Mals – »Matscher Weg« – Gamassen (1607 m) – Spitzige Lun (3¾ Std.) – Mals (6¼ Std.)	Mark. 18, 12	–
32 Sesvennahütte, 2256 m Wenig anstrengende Hüttenwanderung; Ambitionierte steigen gleich noch auf die Rasaßspitze (2941 m; 2 Std., mark.), einen bekannten Aussichtsgipfel.	Schlinig (1726 m), Zufahrt von Burgeis (1237 m, 🚌) 8 km.	Schlinig – Sesvennahütte (2 Std.); Abstieg auf dem gleichen Weg (gesamt 3¼ Std.)	Mark. 1	Sesvennahütte (2256 m)
33 Elferspitze, 2926 m Großer Aussichtsgipfel in der Sesvennagruppe mit vergleichsweise kurzem Zustieg. Faszinierend die Tiefblicke auf den Reschensee.	🚠 Bergstation der Haider-Alm-Gondelbahn (2120 m), Talstation St. Valentin auf der Haide (1474 m, 🚌).	Haider Alm – Elferspitze (2½ Std.) – Zehnerkopf (2675 m; 3¾ Std.) – Schöneben (5 Std.) – »Höhenweg Zapfl« – Haider Alm (6½ Std.)	Mark. 9, 14	Haider Alm (2120 m)
34 Piz Lat, 2808 m Herrlicher Aussichtspunkt über dem Dreiländereck, packend der Tiefblick ins Inntal.	Reschen (1513 m, 🚌), Grenzort am Reschenpaß; evtl. Zufahrt bis zur Reschner Alm (2010 m).	Reschen – Reschner Alm (1½ Std.) – Piz Lat (4 Std.); Abstieg auf dem gleichen Weg (gesamt 6½ Std.)	Mark. 5	Reschner Alm (2010 m)
35 Endkopf, 2652 m Gegenüber der Elferspitze erhebt sich östlich des Reschensees der schroffe Endkopf, bei den Einheimischen Jaggl. Lohnende Überschreitung von Graun nach St. Valentin. Blumen!	Graun (1501 m, 🚌) am Reschensee mit berühmten Fotosujet (Kirchturm des alten Dorfs draußen im Wasser).	Graun – Meissltal – Endkopf (3½ Std.) – Grauner Alm (2202 m; 4½ Std.) – St. Valentin auf der Haide (1474 m, 6 Std., 🚌)	Mark. 10, 13	–
36 Weißkugelhütte, 2542 m Beliebte Hüttentour mit prächtiger Aussicht auf Gipfel und Gletscher des Weißkugelkamms (Weißkugel, 3738 m).	Melag (1912 m, 🚌), Weiler im innersten Langtauferer Tal, 11 km ab Graun.	Melag – Inner Schafberghütte (2340 m) – Weißkugelhütte (2½ Std.) – Melager Alm – Melag (4 Std.)	Mark. 3, 2	Weißkugelhütte (2542 m)
37 Langtauferer Höhenweg Eine Tour für Langläufer, ohne Stützpunkt am Weg. Zwischenabstiege ins Langtauferer Tal möglich. Herrliche Ausblicke, zahlreiche Seeaugen am Weg.	Melag (1912 m, 🚌), Weiler im innersten Langtauferer Tal, 11 km ab Graun.	Melag – Scheibbichl (2530 m; 1½ Std.) – Höhenweg – Grauner Berg (2526 m; 7¼ Std.) – Graun (1501 m; 9 Std.)	Mark. 1, 4	–

Meine Favoriten

02 Meraner Höhenweg; Hochganghaus, 1839 m

Aussichtsparcour über dem untersten Vinschgau

Ganz gemütlich für einmal, wenig bergauf, viel Aussicht und ein paar schöne Plätze am Weg, die zur Brotzeit einladen. Die gut tausend Steigungsmeter zur Leiteralm legt man bequem per Lift zurück, und am Weg zum Hochganghaus gerät auch niemand außer Atem. Im Vorblick hat man die markante Felspyramide des Tschigat (2998 m), und das wiederum verführt leicht zu Gipfelträumen …

➡ Hinter der Leiteralm-Seilbahnstation fädelt man sich in den »Meraner Höhenweg« ein, der schattig und bei angenehmer Steigung hoch über der Töll zum Hochganghaus führt. Weiter fast eben um den Gratausläufer der Hohen Wiege (1809 m) herum zur Tablander Alm, dann durch die schrofige Südflanke der Sattelspitze (2428 m) abwärts zur Nassereithhütte (1523 m) und im Tal des Zielbachs (Wasserfall) hinunter nach Partschins.

15 Hintere Schöntaufspitze, 3325 m

Dreitausend und mehr!

Das richtige Ziel für Wanderer, die hoch hinaus wollen: markiert der Anstieg, eine ordentliche Wegspur ins Madritschjoch, dann Geröll und etwas Blockwerk zum grandiosen Panorama. Blickfang ist das Gipfelduo Ortler (3905 m) – Königsspitze (3851 m): er massig mit der dicken Schneemütze, sie eisig-elegant. Erstbesteiger des »höchsten Spiz im Land Tyrol« war übrigens Josef Pichler, vulgo Pseyrer Josele, im Jahr 1804.

➡ Von der Enzianhütte (2061 m) wandert man auf dem Karrenweg zunächst hinauf zur Zufallhütte (2265 m), deren Name sich natürlich nicht auf die Unwägbarkeiten des Schicksals sondern – ganz banal – auf die Lage unweit eines Wasserfalls (= zu Fall) bezieht. Nun westlich über eine Rampe in das weite Madritschtal und auf gutem Weglein taleinwärts, zuletzt steiler ins Madritschjoch (3123 m). Aus der Scharte rechts über den harmlosen Südgrat zum Gipfel.

17 St. Martin im Kofel, 1776 m

Schauen, staunen

Wandern verhilft ja nicht nur zu schönen Ausblicken, sondern oft auch zu tieferer Einsicht. Beispielsweise am weiten Weg zu den Abgrundhöfen am Vinschgauer Sonnenberg. Da staunt man über das handwerkliche Geschick der Altvorderen beim Bau ihrer Wasserwege, ist etwas irritiert beim Gedanken an ein Leben hoch überm Tal, vor großem Panorama und inmitten steil-steiniger Wiesen; da sinniert man in Schlandersberg über die (geglückte?) Symbiose von historischen Mauern und modernem Wohnkomfort, drängen sich Vergleiche zwischen alten Fußwegen und neuen, brutal ins Gelände geschlagenen Straßen auf, provoziert der utopisch-archaisch wirkende Rundbau bei St. Martin. Der Vinschgauer Sonnenberg: eine Region im Umbruch.

➡ In Schlanders zunächst durch den Ort zum Realgymnasium nahe der großen Straßenkehre, dann bergan zum Ilswaal. Man folgt ihm in den wilden Mündungsgraben des Schlandrauner Tals und steigt dann

Wo einst die Ritter hausten. Schloß Juval, heute im Besitz von Reinhold Messner.

Meine Favoriten

Obervinschgauer Landschaft:
der Reschensee und das Ortlermassiv.

am Hang gegenüber hinauf zum Schloß Schlandersberg (1060 m). Weiter, die Straßenkehren abkürzend, mit zunehmender Fernsicht am Sonnenberg aufwärts. Knapp unter dem Gehöft Tappein (1397 m) rechts auf eine Sandstraße und zum verfallenen Hof Patsch. Weiter um den tiefen Graben des Fallerbachs herum, vorbei an zwei weiteren Höfen, von denen bloß die Grundmauern und die prächtige Lage geblieben sind. Im Tissbachgraben stößt man dann auf eine monströse Erschließungstrasse, die von St. Martin im Kofel herüberkommt.

Von der Häusergruppe über Wiesen, dann im Wald hinab nach Ratschill (gut auf Mark. achten!); etwas tiefer zeigt sich die originelle Anlage von Schloß Annenberg. Nun hinab in den Tissgraben (verfallene Mühlen), rechts auf den »Lotterweg«, der quer durch den Steilhang läuft, und abwärts zu den Häusern von Vezzan. Hier fädelt man

in den Höhenweg ein, der in leichtem Auf und Ab über den felsdurchsetzten Hang zurückleitet nach Schlanders. Zuletzt über den Schlandrauner Bach und hinein in den stattlichen Ort.

34 Piz Lat, 2808 m
Aussichtskanzel über dem Reschensee

Den Piz Lat, nördlichster Punkt des hohen Kamms, der zwischen Rojen- und Inntal aufragt, besucht man vor allem der Aussicht wegen. Und die kann sich wirklich sehen lassen: eine gelungene Mischung aus Tief-, Nah- und Fernblicken, in die Innschlucht, zum Reschensee, auf das Ortlermassiv und in die Samnauner Berge, die Gipfel und Grate der Ötztaler Alpen, innabwärts bis zu den Mieminger Bergen und zur Zugspitze.

➡ Von der Reschner Alm zunächst durch lichten Wald, dann im Zickzack über freie Hänge zum Wegkreuz von Seßlat und weiter in die Mulde unter dem Gipfel. Nun in Kehren über den Geröllhang zum höchsten Punkt.

Wer sich in weglosem Gelände sicher fühlt, kann den Piz Lat als Ausgangspunkt einer großen Kammüberschreitung nehmen: Piz Nair (2743 m) – Äußere Scharte (2636 m) – Mittlere Scharte (2586 m) – Hintere Scharte (2698 m) – Grionkopf (2896 m) usw. Natürlich nur bei sicherem Wetter.

Ortler, Adamello-Presanella und Brenta

Gletscherberge und Dolomitzinnen

Tiefeingeschnittene inneralpine Täler, das weiß man, profitieren davon, daß die umgebenden Berge als Bollwerke gegen schlechtes Wetter wirken, es auf ihren Außenseiten regnen lassen und damit dafür sorgen, daß im Tal öfter als anderswo die Sonne scheint. Das muß beim Val di Sole auch so sein – bei dem Namen. Da drängen sich natürlich Vergleiche mit dem benachbarten Vinschgau auf, bei allen Unterschieden. Wein wird allerdings kaum angebaut im Tal des Noce dafür der vorzügliche Teroldego drunten bei Mezzocorona, und das Geschäft mit dem Obst hat man dem Nonstal überlassen, wo an allen Hügeln (Wasser) gesprengt und (Chemie) gespritzt wird, auf daß der beliebte »Alpenapfel« makellos (und geschmacksarm?) auf den Tisch komme. Im Val di Sole – vor noch gar nicht so langer Zeit ein »valle povere« – hält man es mit dem Wasser: Das ganze Jahr über sprudelt es mineralhaltig aus den Quellen von Pejo, und im Winter fällt es in Form von Schnee vom (halt doch nicht immer blauen) Himmel. Und wo's dann noch nicht für die weiße Unterlage reicht, hilft die Technik nach, läßt man schneien. So sind zwischen Madonna di Campiglio, das sich auf eine lange Tradition als Sommerfrische berufen kann, und dem Tonalepaß gleich mehrere (Retorten-)Stationen entstanden, in denen ein paar Monate im Jahr stadtmüde Städter in städtischer Architektur wohnen, aber mit guter Luft und viel Natur rundum. Wer's lieber anders mag, sucht sich sein Quartier in einem der alten Dörfer des Tals, in Malè oder Rabbi, oder wandert gleich von Hütte zu Hütte. Das geht hier sehr gut, und natürlich werden inzwischen auch schon geführte Trekkings angeboten, als würden der Monte Vioz (3645 m) oder die Cima Presanella (3558 m) im Himalaya stehen.

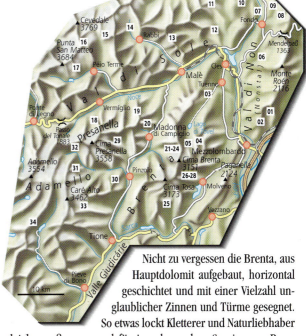

Nicht zu vergessen die Brenta, aus Hauptdolomit aufgebaut, horizontal geschichtet und mit einer Vielzahl unglaublicher Zinnen und Türme gesegnet. So etwas lockt Kletterer und Naturliebhaber gleichermaßen an, und für jene besondere Spezies von Bergfreunden, die gerne auf Leitern und an seilgesicherten Bändern unterwegs sind, gibt es hier seit vielen Jahren den (vielleicht) schönsten Höhenweg der Alpen: die »Via delle Bocchette«. Doch die ist (leider) kein richtiger Wanderpfad mehr → »Hüslers Klettersteigatlas Alpen«.

Führer & Landkarten

Im Bücherregal findet der Wanderer kaum etwas Brauchbares (in deutscher Sprache) über die Berge des westlichen Trentino. So ist man gezwungen, auf italienische Führer auszuweichen. Da bietet sich vor allem der »Guida alpinistica escursionistica del Trentino Occidentale« von Achille Gadler an (Panorama, Trento): kurzgefaßt, auch für Leute zumutbar, die nicht über den Italienischgrundkurs hinausgekommen sind.

Die gesamte Region wird von Kompass-Wanderkarten abgedeckt (1:50 000): 71 »Adamello-Presanella«, 071 »Alpi di Ledro-Valli Giudicarie«, 73 »Gruppo di Brenta«, 95 »Nonstal«, dazu im Maßstab 1:35 000 »095 Val di Sole«.

Tonalitgestein und Dolomit: Blick vom Lago Nero auf den Hauptkamm des Brentamassivs.

Alle Wanderungen auf einen Blick

Tourenziel/Charakteristik	Ausgangspunkt	Wegverlauf & Gehzeit	Markierung	Einkehr am Weg
01 Rocca Piana, 1873 m Höhenwanderung und Gipfeltour über dem Etschtal. Wer zu Fuß nach Monte hinaufwandert (lohnend!), muß mit einer Gesamtgehzeit von 8¼ Std. rechnen.	🚡 Bergstation der Seilbahn nach Monte (875 m), Talstation Mezzocorona (219 m, 🚃).	Monte – Malga Craun (2 Std.) – Rocca Piana (3¾ Std.); Abstieg auf dem gleichen Weg (gesamt 6¼ Std.)	SAT-Mark. 507, 518	Monte (891 m), Malga Craun (1222 m)
02 Baita Rododendro, 1560 m Abenteuerliche Runde in den südlichen Ausläufern des Mendelkamms. Teilweise schmale, steile Steige, einige gesicherte Passagen. Ab Mezzocorona (und zurück) 8½ Std.	🚡 Bergstation der Seilbahn nach Monte (875 m), Talstation Mezzocorona (219 m, 🚃).	Monte – Baita Aiseli (1416 m; 1½ Std.) – Baita Rododendro (2¾ Std.) – Baita Aiseli – Baita dei Manzi (860 m; 4¾ Std.) – Monte (5¼ Std.)	SAT-Mark. 504, 506, 505	Monte (891 m), Baita Rododendro (1560 m)
03 Waalwege im Val Tovel Auf kühn trassierten Bewässerungskanälen ins Val Tovel. Tuenno-Waal (in Funktion) mit soliden Seilgeländern, am Terres-Waal einige ausgesetzte, heikle Passagen.	Tuenno (645 m, 🚃), stattlicher Flecken im Nonstal, an der Mündung des Val Tovel.	Tuenno – Tuenno-Waal – Val Tovel (2¼ Std.) – Terres-Waal – Terres (4¼ Std., 🚃)	Unmark.	Rif. Capriolo (810 m), vom Wendepunkt der Runde 10 Min. taleinwärts auf der Talstraße
04 Sella del Montòz, 2327 m Große Runde im unbekannten Osten der Brenta, Ausdauer wichtig.	Lago di Tovel (1177 m), Zufahrt von Tuenno (645 m, 🚃), 10 km. Parkplatz wenig unterhalb des Sees.	Lago di Tovel – Ponte Rio Tresenga (1572 m; 1¼ Std.) – Bocchetta di Val Scura (2378 m; 3½ Std.) – Sella del Montòz (4½ Std.) – Malga Termoncello (1856 m; 6¾ Std.) – Lago di Tovel (8 Std.)	SAT-Mark. 314, 369, 338, 370, 339	Am Lago di Tovel
05 Campo della Flavona, 2224 m Rundwanderung im Val di Santa Maria della Flavona. Faszinierend die Felskulisse des Campo della Flavona, am Rückweg schöne Aussicht auf die Brenta-Nordkette (Pietra Grande, 2936 m). Auch kürzere Variante möglich.	Lago di Tovel (1177 m), Zufahrt von Tuenno (645 m, 🚃), 10 km. Parkplatz wenig unterhalb des Sees.	Lago di Tovel – Malga Pozzòl di Flavona (1632 m; 1½ Std.) – Malga Flavona (1860 m; 1¾ Std.) – Campo della Flavona (2224 m; 3 Std.) – Malga Flavona (3¾ Std.) – Malga Termoncello (1856 m; 5¾ Std.) – Lago di Tovel (7 Std.)	SAT-Mark. 314, 301, 371, 330, 339	Am Lago di Tovel
06 Bait del Vescovo, 1438 m – San Romedio, 732 m Abwechslungsreiche Runde durch die Wälder und die Gräben an der Westflanke des Mendelkamms. San Romedio ist ein uralter Wallfahrtsort. Bärenzwinger.	Don (976 m, 🚃), Dorf im oberen Nonstal, etwa 7 km von Fondo.	Don – Bait del Vescovo (1½ Std.) – San Romedio (3 Std.) – Don (4¼ Std.)	SAT-Mark. 539, 537	San Romedio (732 m)
07 Novellaschlucht; Sentiero Mondino Markierte Runde durch die Schluchten im Nahbereich von Fondo. Einige gesicherte Passagen (leicht), spektakuläres Finale in dem wilden Orrido unterhalb des aufgestauten Lago Smeraldo.	Fondo (988 m, 🚃), Hauptort des oberen Nonstals im Kreuzungspunkt wichtiger Straßen (Mendelpaß, Gampenpaß, Val di Sole). Großer Parkplatz etwas außerhalb am Lago Smeraldo (1001 m).	Lago Smeraldo – »Sentiero Mondino« – Novellaschlucht (½ Std.) – Dovena (1012 m; 1½ Std.) – Ponte Alto (817 m) – Fondo (3 Std.) – Orrido – Lago Smeraldo (3¼ Std.)	SAT-Mark. 522, in Fondo Hinweistafeln »Orrido«	Fondo, Lago Smeraldo
08 Gantkofel, 1865 m Wenig anstrengende Kammwanderung, größtenteils angenehm schattig, von Gipfel zu Gipfel.	Penegal (1737 m), berühmter Panoramaberg mit Aussichtsturm, Zufahrt vom Mendelpaß (1363 m, 🚃) 5 km.	Penegal – Furglauer Scharte (1491 m) – Gantkofel (3 Std.); Rückweg auf der gleichen Route (gesamt 5½ Std.)	SAT-Mark. 512	Am Penegal
09 Moschenkreuz, 1773 m Rundwanderung am abgeflachten, waldreichen Westrücken des Mendelkamms. Herrlicher Aus- und Tiefblick vom Moschenkreuz, idyllisch der Felixer Weiher mit seinen Schilfgürteln.	St. Felix (1279 m, 🚃), Deutschnonsberger Dorf an der Südrampe der Gampenjochstraße.	St. Felix – Höllental – Moschenkreuz (2 Std.) – Felixer Weiher (1604 m; 3 Std.) – St. Felix (4 Std.)	Mark. 58, 50, 9. Höllentalgraben unmarkiert, aber Wegspur	Waldruhe (1528 m) am Felixer Weiher
10 Große Laugenspitze, 2434 m Schöner Aussichtsberg zwischen Nons- und Ultental.	Gampenjoch (1518 m, 🚃), Straßenübergang von Fondo nach Lana.	Gampenjoch – Laugensee (2182 m; 2 Std.) – Laugenspitze (3 Std.) – Laugenalm (4¼ Std.) – Gampenjoch (5 Std.)	Mark. 133, 10	Gampenjoch (1518 m), Laugenalm (1853 m)
11 Hochwart, 2627 m Gipfelrunde im abgelegensten Südtiroler Winkel, dem Deutschnonsberg. Von der Hochwart bemerkenswertes Panorama. Läßt sich um die Kammwanderung über den Spitzner Kornigl (2418 m) zur Aleralm (1813 m) erweitern (Gesamtgehzeit 8½ Std.)	Proveis (1422 m, 🚃), Tiroler Bergdörfchen, Zufahrt von Fondo via Brezer Joch (1398 m) und Laurein (1182 m) 22 km, von Ponte Mostizzolo 20 km.	Proveis – Samerbergalm (2 Std.) – Hochwart (3¾ Std.) – Kesselalm (1917 m) – Proveis (6½ Std.)	Mark. 19, HW, 11	–

Alle Wanderungen auf einen Blick

Tourenziel/Charakteristik	Ausgangspunkt	Wegverlauf & Gehzeit	Markierung	Einkehr am Weg
12 Monte Pin, 2420 m Kleiner Berg mit großer Rundschau, dazu jede Menge »Bergesruh'«.	Bresimo (1038 m, 🚌), Bergdörfchen im gleichnamigen Tal, 8 km von Ponte Mostizzolo.	Bresimo – Malga Borca di sotto (1842 m; 2¼ Std.) – Monte Pin (4 Std.) – Malga Stablei (1764 m; 5½ Std.) – Bresimo (7½ Std.)	SAT-Mark. 131, 149	–
13 Le Mandrie, 2583 m Riesenüberschreitung für Dauerläufer, nur mit Übernachtung in der Haselgruber Hütte. Zwischenabstiege nach Malè und Bresimo.	Rabbi-Piazzola (1315 m, 🚌), 11 km von Malè im Val di Sole.	Rabbi-Piazzola – Haselgruber Hütte (3 Std.) – Passo Palù (2412 m; 4 Std.) – Le Mandrie (8¼ Std.) – Passo de l'Om (2331 m; 9 Std.) – Cima Ciandèi (2190 m; 10¼ Std.) – Cis (728 m; 14 Std.) – Ponte Mostizzolo (14½ Std.)	SAT-Mark. 135A, 118, 133B	Haselgruber Hütte (2425 m), bew. Ende Juni bis Sept.
14 Rifugio Dorigoni, 2437 m Ausgedehnte Wanderrunde im innersten Rabbital.	Rabbi-Piazzola (1315 m, 🚌), 11 km von Malè im Val di Sole.	Rabbi-Piazzola – Rif. al Fontanino (1 Std.) – Rif. Dorigoni (4½ Std.) – Höhenweg – Rabbi-Piazzola (7¾ Std.)	SAT-Mark. 106, 130, 108	Rif. al Fontanino (1831 m); Rif. Dorigoni (2437 m)
15 Rifugio Larcher, 2608 m Hüttenrunde im Val Venezia vor hochalpiner Kulisse.	Endpunkt der Werkstraße bei der Malga Mare (1983 m), 10 km von Cógolo (1173 m, 🚌).	Malga Mare – Lago del Carèser (2603 m; 1¾ Std.) – Rif. Larcher (3 Std.) – Malga Mare (4¼ Std.)	SAT-Mark. 123, 104, 102	Rif. Larcher (2607 m)
16 Monte Vioz, 3645 m Verlockender Hochgipfel des Ortler-Cevedale-Massivs, im Hochsommer bei sicherem Wetter und ausreichender Höhenanpassung für Geübte problemlos.	🚡 Liftstation unterhalb des Rif. Doss dei Gembri (2300 m), Talstation Pejo Fonti (1392 m, 🚌).	Rif. Doss dei Gembri – Rif. Mantova (4 Std.) – Monte Vioz (4½ Std.); Abstieg auf dem gleichen Weg (gesamt 7¼ Std.)	SAT-Mark. 105	Rif. Doss dei Gembri (2380 m); Rif. Matova al Vioz (3535 m)
17 Sentiero dei Tedeschi Höhenwanderung über dem Valle del Monte; beim »Sentiero dei Tedeschi« handelt es sich um einen Militärweg aus dem Ersten Weltkrieg.	🚡 Liftstation unterhalb des Rif. Doss dei Gembri (2300 m), Talstation Pejo Fonti (1392 m, 🚌), Zufahrt von Fucine im Val di Sole.	Liftstation – »Sentiero dei Tedeschi« – Valli degli Orsi (1½ Std.) – Pejo Fonti (4 Std.)	SAT-Mark. 139, 122, 124, 125	Rif. Doss dei Gembri (2380 m)
18 Passo dei Pozzi, 2604 m Hüttenrunde vor der eindrucksvollen Nordfront der Cima Presanella (3558 m). Am Passo dei Pozzi Blockhüpfen und steiles Geröll. Kürzere Variante ab ex-Forte Pozzi Alti (1884 m), schlechte Zufahrt ab Stavèl.	Stavèl (1234 m), Zufahrt von Vermiglio (1220 m, 🚌) an der Tonalestraße, 4 km.	Stavèl – Rif. Denza (3 Std.) – Passo dei Pozzi (4 Std.) – ex-Forte Pozzi Alti (5½ Std.) – Stavel (7 Std.)	SAT-Mark. 206, 234, Straße	Rif. Denza (2298 m)
19 Passo del Mezdì, 2408 m Einsame Wanderrunde in den Ausläufern des Presanella-Massivs. Trittsicherheit am Passo del Mezdì.	Lago di Fazzón (1307 m), Zufahrt von Pellizzano (937 m, 🚌), 5 km.	Lago di Fazzón – Malga Baselga (2006 m; 2 Std.) – Passo del Mezdì (3¼ Std.) – Val Gelada – Lago di Fazzón (5¾ Std.)	SAT-Mark. 243, 203	Rif. Fazzón (1310 m), Malga Pellizzano di sopra (1546 m)
20 Giro dei Cinque Laghi Beliebte Seenrunde in den Ausläufern der Presanella, teilweise rauhe Wege. Kürzere Varianten mit Seilbahnhilfe möglich, z.B. ab 🚡 Rif. Pancugolo (2034 m), 1¾ Std. zum Lago Seròdoli. Prachtblicke auf die Brenta.	Madonna di Campiglio (1522 m, 🚌), berühmter Fremdenort. Parkmöglichkeit im Bereich der Malga Nambino (1634 m), knapp 2 km vom Ortszentrum.	Malga Nambino – Lago di Nambino (½ Std.) – Lago Seròdoli (2370 m) – Lago Gelato (2393 m; 2¾ Std.) – ex-Malga Buca dei Cavalli (2023 m) – Lago Nambino (5 Std.) – Malga Nambino (5¼ Std.)	SAT-Mark. 217, 226	Rif. Nambino (1770 m)
21 Rund um die Pietra Grande Höhenwanderung mit kurzen gesicherten Passagen am »Sentiero Vidi«. Kann westseitig mit Zwischenabstieg zum Rif. Grosté (2261 m) umgangen werden.	🚡 Bergstation der »Funivia Grosté« (2437 m) beim gleichnamigen Paß, Talstation am Campo Carlo Magno oberhalb von Madonna di Campiglio (1522 m, 🚌).	Passo del Grosté (2446 m) – »Sentiero Vidi« – Bocchetta dei Tre Sassi (2613 m; 2½ Std.) – Val delle Giare – »Sentiero delle Palete« – Passo del Grosté (4½ Std.)	SAT-Mark. 390, 336, 334, 306	Seilbahnstation
22 Rifugio Tuckett, 2272 m Wenig anstrengende, aber sehr dankbare Bergabwanderung vor großer Kulisse.	🚡 Bergstation der »Funivia Grosté« (2437 m) beim gleichnamigen Paß, Talstation am Campo Carlo Magno.	Passo del Grosté – Rif. Tuckett (1¼ Std.) – Rif. Casinei (2¼ Std.) – Rif. Vallesinella (3 Std.) – Rif. Cascata di mezzo – Madonna di Campiglio (4¼ Std.)	SAT-Mark. 316, 317, ab Vallesinella örtliche Bez.	Mehrere Hütten am Weg
23 Rifugio Brentei, 2182 m Der Wanderklassiker schlechthin; beliebter ist bloß noch die legendäre »Via delle Bocchette« → »Hüslers Klettersteigatlas Alpen«. Grandiose Kulisse, vom Rif. Brentei steigt man in je etwa 1¼ Std. auf zu den Hütten Alimonta (2591 m) und Pedrotti (2483 m).	Rif. Vallesinella (1513 m), Zufahrt von Madonna di Campiglio (1522 m, 🚌), knapp 5 km.	Rif. Vallesinella – Rif. Casinei (1 Std.) – Rif. Brentei (2½ Std.); Abstieg auf dem gleichen Weg (gesamt 4¼ Std.)	SAT-Mark. 317, 318	Rif. Vallesinella (1513 m), Rif. Casinei (1825 m), Rif. Brentei (2182 m)

Alle Wanderungen auf einen Blick

Tourenziel/Charakteristik	Ausgangspunkt	Wegverlauf & Gehzeit	Markierung	Einkehr am Weg
24 Rifugio XII Apostoli, 2489 m Hüttentour im Südwesten der Brenta.	🚡 Bergstation der Gondelbahn zum Doss Sabiòn (2101 m), Talstation Pinzolo (773 m, 🚌).	Doss Sabiòn – Passo Bregn da l'Ors (1845 m; ½ Std.) – Rif. XII Apostoli (3 Std.); Abstieg auf dem gleichen Weg (gesamt 5 Std.)	SAT-Mark. 357, 307	Rif. XII Apostoli (2489 m)
25 Rifugio Agostini, 2410 m Schutzhaus im innersten Val d'Ambiez, am Südfuß der Cima Tosa (3173 m). Abstieg alternativ zwischen dem Rif. al Cacciatore und Baesa an der westlichen Talflanke über die Malga Senaso di sotto (1581 m) möglich (Mark. 342, Gesamtgehzeit 8 Std.).	Baesa (860 m) am Eingang ins Val d'Ambiez, 3 km von San Lorenzo in Banale (716 m, 🚌). Jeep-Zubringer bis zur Hütte.	Baesa – Rif. al Cacciatore (2¾ Std.) – Rif. Agostini (4½ Std.); Abstieg auf dem gleichen Weg (gesamt 7½ Std.)	SAT-Mark. 325	Rif. al Cacciatore (1819 m), Rif. Agostini (2410 m)
26 Rifugio della Selvata, 1642 m Abwechslungsreiche Hüttenrunde über dem Val delle Seghe, überwältigend der senkrechte Absturz des Croz dell'Altissimo (2339 m).	🚡 Bergstation des Pradel-Sessellifts (1521 m), Talstation Molveno (864 m, 🚌).	Pradel – Rif. Croz dell'Altissimo (1 Std.) – Rif. Selvata (1¾ Std.) – »Sentiero Donini« – Malga di Àndalo (2¾ Std.) – Molveno (4 Std.)	SAT-Mark. 340b, 340, 332	Mehrere Hütten am Weg
27 Sentiero Orsi Klassische Zweitagetour; am »Sentiero Orsi« leichte gesicherte Passagen (Felsbänder). Einmalig der Blick auf den Campanile Basso (Guglia, 2877 m). Platzreservierung auf der Hütte dringend angeraten!	🚡 Bergstation des Pradel-Lifts (1521 m), Talstation Molveno (864 m, 🚌). Startet man im Ort, erhöht sich die Gehzeit um etwa ¾ Std.	Pradel – Rif. Croz dell'Altissimo (1 Std.) – »Sentiero Val Perse« (2460 m; 4 Std.) – »Sentiero Orsi« – Rif. Pedrotti (6 Std.) – Rif. della Selvata (7¾ Std.) – Molveno (9½ Std.)	SAT-Mark. 340b, 340, 322, 303, 319	Rif. La Montanara, Rif. Croz dell'Altissimo (1438 m); Rif. Pedrotti (2483 m), bew. Mitte Juni bis Sept.; Rif. della Selvata (1642 m)
28 Croz dell'Altissimo, 2339 m Berühmt ist seine Wand, grandios der Blick vom Gipfel auf die zentrale Brenta. Trittsicherheit unerläßlich, am Abstieg zur Gamsscharte exponierte Passagen, leichte Felsen. Zum Croz nur Wegspur (Steinmännchen).	🚡 Bergstation des Pradel-Lifts (1521 m), Talstation Molveno (864 m, 🚌).	Pradel – Rif. Croz dell'Altissimo (1 Std.) – Passo del Clamer (2169 m; 3 Std.) – Passo dei Lasteri (2281 m) – Croz dell'Altissimo (4¼ Std.) – Passo dei Camosci (1953 m) – Pradel (6¼ Std.)	SAT-Mark. 340b, 340, 344, 344b; örtliche Bez. 12	Rif. La Montanara, Rif. Croz dell'Altissimo (1438 m)
29 Rifugio Segantini, 2373 m Herrlich gelegene Hütte, Stützpunkt bei der Besteigung der Cima Presanella (3558 m).	Rif. Cornisello (2120 m) am Endpunkt der ehemaligen Werkstraße zu den Stauseen über dem Val Nambrone, 13 km von San Antonio di Mavignola (1123 m, 🚌) an der Strecke Pinzolo – Madonna di Campiglio.	Rif. Cornisello – Rif. Segantini (2 Std.) – Mandra Larici (Straße, 1911 m; 3 Std.) – Rif. Cornisello (4 Std.)	SAT-Mark. 216, 211	Rif. Cornisello (2120 m), Rif. Segantini (2373 m)
30 Bocchetta dell'Acqua Fredda, 2184 m Seenrunde im Südwesten von Pinzolo mit stimmungsvollen Ausblicken zur Brenta und auf die Presanella. Startet man in Pinzolo, erhöht sich die Gesamtgehzeit auf 7¾ Std.	Diaga (1414 m), Alpstraße ab Caderzone (716 m, 🚌) im Val Rendena, 6 km. Befahrbarkeit unsicher!	Diaga – Lago di Vacarsa – Bocchetta dell'Acqua Fredda (2¼ Std.) – Lago Garzone – Lago di San Giuliano (1838 m; 3 Std.) – Diaga (4¾ Std.)	SAT-Mark. 221, 230, ab Diaga bis Malga Campostril schlecht bez.	Rif. San Giuliano (1955 m)
31 Rifugio Mandrón, 2449 m Halbtagestour, läßt sich durch den »Sentiero Migotti« zu einer größeren Runde erweitern; Gesamtgehzeit dann 7¼ Std. (Mark. 220, 227). Prächtige Hochgebirgsbilder.	Rif. Bédole (1641 m), am Endpunkt der Straße ins Val Genova, 17 km von Carisolo. Sehenswert: die Wasserfälle von Nardis.	Rif. Bédole – Rifugio Mandrón (2½ Std.); Abstieg auf dem gleichen Weg (gesamt 4 Std.)	SAT-Mark. 212	Rif. Bédole (1641 m), Rif. Mandrón (2449 m)
32 Monte Cercen, 3280 m Gipfelziel im Presanella-Hauptkamm für Konditionsbolzen. Vom Passo Cercen über Geröll und Blockwerk zum Gipfel.	Pian del Cuch (1550 m) an der Val-Genova-Straße, etwa 2 km vor dem Rif. Bédole.	Pian del Cuch (1550 m) – Mandra Cercen Alta (2267 m; 2¼ Std.) – Passo Cercen (4¾ Std.) – Monte Cercen (5½ Std.); Abstieg auf dem gleichen Weg (gesamt 9 Std.)	SAT-Mark. 227, 220, am Gipfelgrat Steinmännchen.	–
33 Rifugio Carè Alto, 2450 m – Passo Altar, 2385 m Ganz im Banne des Carè Alto (3462 m) steht diese Rundwanderung über dem innersten Val di Borzago.	Pian della Sega (ca. 1200 m), Zufahrt von Borzago (638 m, 🚌), 5,5 km.	Pian della Sega – Ponte Zucàl (1638 m; 1¼ Std.) – Rif. Carè Alto 3½ Std.) – Passo Altar (5 Std.) – Ponte Zucàl (6½ Std.) – Pian della Sega (7¼ Std.)	SAT-Mark. 213, 215, 215B	Rif. Carè Alto (2450 m), bew. Juli bis Sept.
34 Forcel Rosso, 2601 m Hochalpine Runde über dem Val di Fumo; von der Forcel Rosso herrlicher Blick auf den Carè Alto (3462 m). Trittsicherheit in blockigem Gelände.	Lago di Bissina (1789 m), Zufahrt von Pieve di Bono (514 m, 🚌) duch das Val Daone bis zum Stausee 23 km. Parkplatz.	Lago di Bissina – Forcel Rosso (2½ Std.) – Rif. Val di Fumo (1909 m; 5 Std.) – Lago di Bissina (6¼ Std.)	CAI/SAT-Mark.	Am Lago Bissina, Rif. Val di Fumo (1909 m)

Meine Favoriten

02 Baita Rododendro, 1560 m

Steile Wege im Süden des Mendelkamms

Den Wilden Westen kennt jeder (zumindest aus Hollywoods Traumfabrik), doch wer hat schon vom »wilden Süden« des Mendelkamms gehört? Von jenem Teil der langgestreckten Bergkette, der bereits im Trentino liegt, mit geradezu unglaublichen Felsfluchten zum Etschtal abstürzt? Entsprechend sind hier die Wege steil und ziemlich rauh, leicht abenteuerlich, wie beispielsweise die Runde zur »Alpenrosenhütte«. Und wer nicht gleich zu Fuß nach Monte aufsteigt, darf bei der luftigen Fahrt mit dem Seilbähnchen das erste »Adventure feeling« genießen …

➡ Vom Weiler Monte (891 m), der sich einer besonders schönen Terrassenlage »zwischen den Wänden« erfreut, führt ein Sandsträßchen nördlich zur Malga Craun. Man folgt ihm bis hinter den Graben des Valle di Piaget; etwas weiter weist ein Schildchen in den Wald: »Roccapiana«. Auf gut bezeichneter Spur erst angenehm schattig, dann immer steiler bergan, um eine Felsbarriere herum und links in eine waldige Senke. Gleich dahinter steht die Baita Aiseli (1416 m); hier rechts im Zickzack über einen Steilhang aufwärts, anschließend horizontal durch die gebänderte, steile Südflanke der Cima di Vigo (1798 m) in einen Waldsattel. Nun leicht abwärts zur Baita Rododendro in herrlich freier Aussichtslage über dem Nonstal und vor der Zackensilhouette der Brenta.

Beim Rückweg hält man sich an der Baita Aiseli rechts und steigt durch das Val de Maerla ab zur Terrasse von Monte. In Sichtweite der Baita dei Manzi (860 m) stößt man auf das Sträßchen, das ohne größere Höhenunterschiede zurückleitet zum Dörfchen und zur Funivia. Natürlich kann man auch zu Fuß bis nach Mezzocorona absteigen, auf der alten, sehr schön angelegten Mulattiera, die den Steilabbruch östlich umgeht und herrliche Aussicht ins Etschtal, auf Paganella und Bondone bietet.

Spaziergang im Steilfels: am Tuenno-Waal. Im Hintergrund verschneite Brentagipfel.

03 Waalwege im Val Tovel

Waalwege – Kulturwege

Waale kennt man aus dem Vinschgau, der Meraner Gegend, die gibt's (unter anderem Namen) im Wallis und im Aostatal – aber im Nonstal? Zugegeben, da verstecken sie sich recht gut, was vor allem damit zu tun hat, daß der Tourismus im »Apfeltal« ein eher marginales Dasein fristet. Der Wanderer merkt's an oft fehlenden Markierungen. Drüben in Südtirol würde man mit den Waalwegen des unteren Val Tovel Werbung (und ein gutes Geschäft) machen, hier fehlt jeder Hinweis, und am Beginn ist sinnigerweise sogar ein Gitter montiert (das man locker umgehen kann – aber auf eigene Verantwortung!). Für das Erlebnis würden die meisten sogar noch einen Obolus abliefern: spazieren quer durch eine riesige Felsflucht, auf der einen Seite das Wasser, auf der andern (hinter einem Seilgeländer) der Abgrund, und ganz hinten im Tal leuchten die Brentazinnen. Auf der gegenüberliegenden Talseite geht's zurück, ebenfalls an einem Waal entlang, doch der ist längst außer Betrieb, verfällt allmählich. Schade!

➡ Von Tuenno auf steilen, betonierten Wirtschaftswegen durch die Apfelhaine hinauf zu einem querführenden Sträßchen (ca. 770 m). Auf ihm links zum Beginn des Waalweges (Gitter, Verbotsschild). Er führt erst durch lichten Kiefernbestand, dann in die mächtige, steile Felsflanke. Nur allmählich kommt der Talboden näher; man passiert einen kurzen Tunnel, danach Moränenschutt des eiszeitlichen Tovelgletschers und gelangt schließlich in flacheres Gelände. Hinter dem zweiten (weggerissenen) Gitter leitet ein breiter Weg hinunter zur Talstraße.

Etwa 5 Minuten leicht bergab bis zu einer Hausruine. Hier rechts über den Bach (Picknickplatz), dann auf undeutlicher Spur talauswärts zum Terreswaal. Er verläuft etwas tiefer als der Tuennowaal, ist auch nicht ganz so spektakulär. Vorsicht: Sicherungen fehlen weitgehend, auch verfällt der Wasserweg allmählich! Unter der felsigen Nase des Corno biegt der Waal um nach Süden und peilt die Obstanger oberhalb von Terres an. Links abwärts auf ein Sträßchen und hinein ins Dorf.

Sentiero Aldo Bonacossa

Höhenweg in den Ausläufern des Ortlermassivs, benannt nach Aldo Bonacossa, u.a. Verfasser eines Führers über die »Regione dell'Ortler«. Der »Sentiero Bonacossa«, durchgehend rot-weiß mit der Nummer 133 markiert, führt vom Gampenjoch nach Rabbi; Gesamtgehzeit etwa 18 Stunden (drei bis vier Tage). Übernachtung im Zelt oder auf Almen. Routenverlauf: Gampenjoch (1518 m) – Hofmahdjoch (1805 m) – Sarner Joch (2195 m) – Passo Binasia (2296 m) – Passo Palù (2412 m) – Rabbi.

Meine Favoriten

04 Sella del Montòz, 2327 m

Der unbekannte Osten der Brenta

Beim Stichwort »Brenta« geraten Bergsteiger ins Schwärmen, denkt man an so berühmte Kletterzacken wie den Campanile Basso (»Guglia«) oder den Crozzon di Brenta, an die legendäre »Via delle Bocchette« – Dolomitenträume. Doch wer kennt ein Croce del Re, die Crosara del Fibion oder oder eine Cima di Borcola?
Auch die Brenta hat ihre unbekannte Seite, und es lohnt sich auf jeden Fall, sie aufzusuchen. Einsamkeit statt Kolonnenwandern; da entdeckt man ein Gemsrudel im Val Scura, ertönt der schrille Warnpfiff der Murmeltiere, man schaut hinüber zur berühmten Brenta-Nachbarschaft und hinaus ins Nonstal, hinab zur Etsch. Terra incognita – mitten in den Alpen.

➡ Vom idyllisch gelegenen Tovelsee auf einem Alpsträßchen ins Val di Santa Maria della Flavona, vorbei am Bergsturzgelände von Lucanica. Die betonierte Spur quert den Geröllstrom des Lavinone; wenig später zweigt links der »Sentiero di Val Scura« ab. Über den Tresengabach und im Wald mit gelegentlichen Tiefblicken auf den Lago di Tovel bergan. Unter den Ausläufern des Castellaz kreuzt man den Höhenweg, der von der Flavona- zur Termoncello-Alm führt. Nun steiler in das felsumstandene Val Scura und – teilweise über Geröll – hinauf in die Bocchetta di Val Scura (2378 m). Hier wird der Blick auf die weiträumige Alpe Campo frei, nach kurzem Abstieg auch die breite Senke der Sella del Montòz (2330 m). Sie braucht noch nicht Wendepunkt der Tour zu sein; halblinks zeigt sich über dem Val dei Cavai das kecke Felshorn des Croce del Re (2494 m): eine Stunde hin und zurück mit leichter, teilweise ausgesetzter Kletterei (I) und faszinierend schöner Gipfelumschau.
Der Rückweg zieht sich ganz ordentlich, führt erst über die grün-grauen Wellen der Alpe Campo zur Malga Campodenno (1978 m), dann in steilem Gegenanstieg hinauf in einen licht bewaldeten Rücken. Eine erste Abzweigung (Hinweis »Val Scura«) bleibt unberücksichtigt, zehn Minuten später nimmt man die stumpfwinklig links abgehende, unmarkierte Spur. Sie führt, erst flach, dann kurz ansteigend, hinüber zu den Almböden von Termoncello (1856 m). Links unter dem Kreuz hindurch bis zur Abzweigung Richtung Tovelsee: steil im Wald hinab, zuletzt auf einer Forstpiste zur Talstraße.

Im Adamellomassiv, wo der Bär noch haust. Blick über die Zunge des Lobbiagletschers auf den Crozzon di Folgorida (3079 m).

18 Passo dei Pozzi, 2604 m

Aussichtskanzel vor der Presanella

Sie fehlt in keinem Reiseführer, der die Strecke über den Tonalepaß beschreibt: die riesige, vergletscherte Nordflanke der Cima Presanella (3558 m) – ein tolles Ziel für erfahrene Alpinisten. Leichter besteigen läßt sich der schönste Logenplatz vor dem Dreitausender, der Passo dei Pozzi.

➡ An den (verfallenden) Masi di Stavèl vorbei in den Wald, dann über einen zunehmend steileren, schattigen Hang hinauf zu dem Rücken über dem Val Presanella. Hier kommen Gipfel und Gletscher ins Bild; die hochalpine Kulisse begleitet den Wanderer auf dem weiteren Weg talein und hinauf zum Rifugio Denza, zuletzt über einen felsdurchsetzten Hang. Hinter der Hütte vorbei an einem Seeauge und im Bogen ansteigend zur Mündung des kleinen Tälchens unter dem Passo dei Pozzi. Über Blockwerk, dann an einem Schrofenhang steil hinauf in die enge Scharte.
Jenseits Abstieg über Schrofen, Bergsturztrümmer und steinige Wiesen. Bei den Pozzi Alti an einer Hütte vorbei und auf einem altem Kriegsweg hinunter zur Ruine des Sperrforts Pozzi Alti (1884 m), das an/in einen Felskopf gebaut wurde. Nun auf dem Fahrsträßchen weiter bergab, zuletzt auf Asphalt hinunter nach Stavèl.

20 Giro dei Cinque Laghi

Dunkle Grate, idyllische Gewässer

Die berühmten Zinnen stehen im Osten von Madonna di Campiglio, in der Brenta, doch das sollte niemand davon abhalten, auch eine Tour in den Ausläufern

der Presanella zu unternehmen. Sie bietet freie Sicht auf die berühmte Dolomitgruppe; besonders reizvoll sind aber auch die zahlreichen kleinen und kleinsten Bergseen, eingebettet in stille Karwinkel, über denen sich die dunklen Tonalitkämme aufbauen. Mehrere Seilbahnen und ein dichtes Wegnetz lassen zudem viel Spielraum bei der Tourenplanung – Höhenspaziergänge sind hier ebenso möglich wie ausgewachsene Tagestouren.

➡ Erstes Etappenziel an der Runde ist – natürlich – ein See, der Lago di Nambino (1768 m), gut eine Halbstunde von der gleichnamigen Alm. Etwas länger dauert dann der Aufstieg zum Lago Seròdoli; der abschnittweise rauhe und steile Weg führt am winzigen Lago Nero vorbei, wobei die Brentazinnen immer schöner ins Bild kommen. Vom Lago Seròdoli spaziert man zwischen Felsbuckeln, die das Eis einst rundgeschliffen hat, zum nahen Lago Gelato (2393 m).
Vom Abfluß des Lago Seròdoli leiten die rot-weißen Markierungen kurz aufwärts, dann fast eben durch einen felsigen Hang zu einer Weggabelung: links geht's aufwärts zum Monte Zelédria (2426 m; leichter Klettersteig). Nun erst flach weiter, dann hinab zu einer weiteren Verzweigung, an der man sich rechts hält. In einem weiten Bogen über die (verfallene) Malga Buca dei Cavalli abwärts und hinaus zum (längst sichtbaren) Nambinosee.

23 Rifugio Brentei, 2182 m

Klassische Brentatour

Brenta-Feeling, lupenrein, vermittelt diese Wanderung zur Brenteihütte. Man steigt aus dem Tal herauf und mitten hinein in die faszinierende Dolomitenlandschaft. Blickfang ist vor allem der Crozzon di Brentei (3135 m), der gleich einem gigantischen Schiffsbug über den Schotterwellen des inneren Val Brenta aufragt. In seinen Flanken hängen winzige Gletscher, ein hoher Grat verbindet ihn mit der Cima Tosa. Links schiebt sich der mächtige Westgrat der Cima Brenta (3151 m) weit an den kunstvoll angelegten Talweg heran; sozusagen »ein Stockwerk höher« verläuft hier der »Sentiero SOSAT«, Teilstück der berühmten »Via delle Bocchette«.

➡ Von der Vallesinella-Hütte in lichtem Wald bergan zum Rifugio Casinei (1825 m), dann hoch über dem Val Brenta talein, zuletzt fast eben zur schön gelegenen Brenteihütte. Unweit vom Schutzhaus stimmungsvolle Bergkapelle.

Gardasee

Berge rund um den Benacus

Wer kennt sie nicht, die Kalenderbilder des Gardasees: tiefblaues Wasser, vom Wind gekräuselt, felsige Ufer, Agaven, Zypressen, schneebedeckte Kulissenberge. Die unverwechselbare Silhouette der Scaligerburg von Malcèsine, Sirmione und die »Grotten des Catull«, den Hafen von Riva? Bilder, die man nicht so schnell vergißt, die süchtig machen.

Die Maße des Benacus: 370 Quadratkilometer groß, bis zu 346 Meter tief. Damit liegt der tiefste Punkt des Gewässers 280 Meter unter dem Meeresspiegel; der Monte Baldo überragt seine Ufer um gut zwei Kilometer!

Beeindruckende Dimensionen, aber halt bloß Fakten, Zahlen, die nichts über das Einzigartige des Gardasees, seine Landschaft verraten: das Zusammentreffen zweier Welten, nördlich-alpin die eine, südlich-mediterran die andere. Was bei Riva noch felsumstellte Enge ist, zerfließt hinter dem Kap von San Vigilio zu uferloser Weite wenn der Nordwind die Wasser bei Torbole aufwühlt, liegt der See wie ein Spiegel im Mittagslicht vor der Bucht von Desenzano.

Der See. Er war schon immer das Ziel (fast) aller Besucher. Erst spät kamen die Berge rundum ins Blickfeld, wurden auch sie »entdeckt« – zu Fuß. Wie ließe sich diese Landschaft auch schöner erleben als Schritt für Schritt, hinauf und hinab. Auf den Wegen in die Täler, über den Monte Baldo, bei der Schau von den Felskanzeln hinab zum See. Natürlich gibt es in den Alpen größere, höhere Ziele, doch wo verbinden sich Bilder und Farben zu

einem so facettenreichen Ganzen, lebt ein vergleichbarer Zauber, der einen immer wiederkehren läßt, gewoben aus streng alpinen Linien und fast schon bukolischer Heiterkeit?

Am Gardasee kann man fast das ganze Jahr über wandern. Blick vom Monte Altissimo di Nago (2079 m) über den See zum Alpenrand.

Führer & Landkarten

Gleich mehrere Führer bietet Bruckmann für Gardasee-Fans: »Wanderungen am Gardasee«, »Naturwanderführer Gardasee«, »Wandern und Erleben Gardasee«. Die beste Gebietskarte bietet Lagir-Alpina (1:50 000): »Lago di Garda«. Leider ist das Blatt im Norden so knapp angeschnitten, daß man für das untere Sarcatal und seine Berge auf das 25 000er Kompass-Blatt 690 »Alto Garda e Ledro« ausweichen muß. Mit dem Blatt 102 »Lago di Garda« deckt Kompass den ganzen See und seine Bergumrahmung ab. Für den Monte Baldo empfiehlt sich die von den alpinen Vereinen der Region herausgegebene »Carta dei Sentieri Monte Baldo« (1:25 000) mit kleinem deutschsprachigem Führer.

Alle Wanderungen auf einen Blick

Tourenziel/Charakteristik	Ausgangspunkt	Wegverlauf & Gehzeit	Markierung	Einkehr am Weg
01 Monte Stivo, 2059 m Leichte Gipfeltour, als Überschreitung mit Abstieg zum Passo Bordala besonders lohnend.	Passo Creino (1169 m) an der Strecke Bolognano – Chienis (945 m, 🚌).	Passo Creino – Baito Castil – Monte Stivo (2¼ Std.) – Cima Bassa (1684 m) – Passo Bordala (1253 m) – Passo Creino (4¾ Std.)	SAT-Mark. 608, 617, 623. Rückweg ab Passo Bordala mangelhaft bez.	Rif. Marchetti (2012 m)
02 Monte Casale, 1632 m Überwiegend schattige Höhenwanderung zu der schönsten Aussichtskanzel über dem Sarcatal.	San Giovanni (1061 m), 13 km von Arco.	San Giovanni – Busòn – Monte Casale (3 Std.); Abstieg auf dem gleichen Weg (gesamt 5¼ Std.)	SAT-Mark. 408	Rif. Don Zio (1610 m)
03 Sentiero dell'Anglone, 510 m Halbtagstour, am Auf- und Abstieg jeweils einige gesicherte Passagen. Schwindelfreiheit unerläßlich! Packende Tiefblicke ins Sarcatal.	Drò (123 m), Dorf 5 km nördlich von Arco an der Strecke nach Trento.	Drò – Coste dell'Anglone – »Sentiero dell'Anglone« – Cengia – Drò (3 Std.)	SAT-Mark. 425, 428bis, 428	–
04 Lago di Tenno, 570 m Dörferwanderung nördlich des Gardasees. Sehenswert: Wasserfall von Varone, Olivenhaine, malerisches Ortsbild von Canale.	Varone (124 m, 🚌), Dörfchen 4 km von Riva.	Varone – Cologna (254 m) – Tenno (427 m) – Canale (598 m) – Lago di Tenno (2¼ Std., 🚌)	Nur teilweise bez. Wege	In Tenno, Canale und am Lago di Tenno
05 Monte Misone, 1803 m Bekannter Aussichtsgipfel nördlich des Gardasees; ziemlich anstrengende Runde.	Passo Ballino (763 m, 🚌) an der Strecke Riva – Ponte Arche.	Passo Ballino – Malga Misone – Monte Misone (3¼ Std.) – Malga Fiavè (1612 m) – Passo Ballino (5¾ Std.)	SAT-Mark. 432, 433, Aufstieg spärlich bez.	Rif. Misone (1575 m)
06 Dosso della Torta, 2156 m Dankbares Gipfelziel über dem innersten Valle dei Concei, mehrere mark. Anstiege. Bemerkenswerte Flora.	Passo Ballino (763 m, 🚌) an der Strecke Riva – Ponte Arche.	Passo Ballino – Malga Nardiso (1784 m) – Dosso della Torta (4½ Std.); Abstieg auf dem gleichen Weg (gesamt 7¼ Std.)	SAT-Mark. 420	–
07 Bocca di Savàl, 1740 m Abwechslungsreiche Runde über dem Tälchen der Gamella.	Capanna Grassi (1044 m), Zufahrt von Riva via Pranzo (458 m) und Campi, 13 km.	Capanna Grassi – Bocca di Trat (1581 m; 1½ Std.) – Bocca di Savàl (2½ Std.) – Capanna Grassi (3½ Std.)	SAT-Mark. 402, 413, Abstieg auf breitem Güterweg	Capanna Grassi (1044 m), Rif. Pernici (1600 m)
08 Dosso della Torta, 2156 m Höchster Gipfel über dem Talschluß des Valle dei Concei mit großem Panorama. Trittsicherheit am Grat.	Rif. Al Faggio (963 m) im Valle dei Concei, 7 km vom Lago di Ledro bzw. Bezzecca.	Rif. Al Faggio – Malga Giù (1444 m) – Bocca dell'Ussol (1878 m; 2½ Std.) – Dosso della Torta (3½ Std.); Abstieg auf dem gleichen Weg (gesamt 5¾ Std.)	SAT-Mark. 414, 455	Rif. Al Faggio (963 m)
09 Monte Cadria, 2254 m Anspruchsvolle Überschreitung des höchsten Gipfels der Gardaseeberge. Ausdauer und Trittsicherheit unerläßlich. Abstieg zur Malga Vesi nur bei guter Sicht!	Valle dei Concini, Zufahrt von Bezzecca via Lenzumo (787 m, 🚌) bis zur Mündung des Valle dei Molini, dann schmales Sträßchen.	Valle dei Molini – Malga Vies (1555 m; 2 Std.) – Monte Cadria (4 Std.) – Malga Vesi (1472 m; 5¼ Std.) – Valle dei Molini (6½ Std.)	SAT-Mark. 423, 452. Abstieg zur Malga Vesi unbez.	–
10 Cima SAT, 1246 m Höhenrunde über dem obersten See, im Sommer früher Aufbruch ratsam (Hitze!). Trittsicherheit wichtig, an der Cima SAT kurze Kletterei (Drahtseile).	Riva del Garda (78 m, 🚌), Städtchen am oberen Ende des Gardasees. Sehenswert: Altstadt, Hafen.	Riva – Capanna Santa Barbara – Bochet dei Concoli – Cima SAT (3¼ Std.) – »Sentèr dei Crazidei« – Riva (5½ Std.)	SAT-Mark. 404, 413, 418, 402. Kurzer Gipfelabstecher unbez.	Capanna Santa Barbara (560 m)
11 Rocchetta, 1519 m Etwas kürzer, auch weniger der Morgensonne ausgesetzt, sind die südseitigen Anstiege am Rocchettastock. Nachteil: weniger Seesicht.	Biacesa (418 m, 🚌) liegt im Val di Ledro, an der Straße zum Ledrosee, 7,5 km ab Riva.	Biacesa – Bochet dei Concoli – Rocchetta (3½ Std.) – Bocca di Giumella (1410 m) – Biacesa (6 Std.)	SAT-Mark. 417, 413, 451	–
12 Cima Nodic, 857 m Aussichtskanzel über der Mündung des Ledrotals, im Ersten Weltkrieg stark befestigt.	Pregásina (532 m), Zufahrt von Riva über die neue Tunnelstrecke 11 km.	Pregásina – Cima Nodic (1 Std.); Abstieg auf dem gleichen Weg (gesamt 1½ Std.)	Gut mark.	–
13 Monte Carone, 1621 m Höhenwanderung und Gipfeltour über dem oberen Gardasee mit faszinierenden Aus- und Tiefblicken. Am Monte Carone kurze gesicherte Passagen. Trittsicherheit.	Pregásina (532 m), Zufahrt von Riva über die neue Tunnelstrecke 11 km.	Pregásina – Passo Rocchetta (1159 m; 2 Std.) – Passo Guil (1209 m) – Baita Segala (1250 m) – Monte Carone (4 Std.) – Passo Guil – Passo Rocchetta – Pregásina (6¾ Std.)	SAT-Mark. 422, 101; teilweise Sträßchen, Abstieg vom Gipfel zur Punta di Mois unbez.	–
14 Corno, 1731 m Gipfeltour, mit anschließender Kammüberschreitung nur für erfahrene Berggänger! Am »Sentiero Pellegrino« zwei gesicherte Passagen und einige leichte Kraxelstellen (I). Flora.	Südwestufer des Lago di Ledro (655 m), Zufahrt von Riva durch das Ledrotal. In der Weekendhäuschen-Siedlung aufwärts bis zu einer Sperrschranke am Waldrücken von Ai Sabioni.	Ai Sabioni (ca. 820 m) – San Martino – Corno (3 Std.) – »Sentiero Pellegrino« – Bocca Caset (1608 m; 4¾ Std.) – Ai Sabioni (7 Std.)	SAT-Mark. 456, 456bis	

Alle Wanderungen auf einen Blick

Tourenziel/Charakteristik	Ausgangspunkt	Wegverlauf & Gehzeit	Markierung	Einkehr am Weg
15 Valle del Singol; Bocca Vecchia, 1273 m Große Rundwanderung über dem Singoltal, im Sommer sehr heiß. Gute Wege, kürzere Varianten möglich.	Limone (67 m, 🚌) am Westufer des Gardasees, 10 km von Riva. Parkplatz über dem Ort.	Limone – Cima di Mughera (1163 m; 3 Std.) – Bocca dei Fortini (1243 m) – Bocca Vecchia (5¼ Std.) – Limone (7¼ Std.)	Rot-weiße Mark., Nrn. 101, 421, 102	–
16 Monte Castello, 779 m Das Bergkloster gehört zu den beliebtesten Motiven am Gardasee; die Runde über den »Schloßberg« ist eine kurze Rundwanderung. Vorsicht am Nordgrat des Gipfels.	Tignale (555 m, 🚌), Zufahrt von der »Gardesana occidentale« auf guter Straße, 7 km. Parkplatz (574 m) im Rücken des Monte Castello.	Parkplatz – Kloster – Monte Castello (¾ Std.) – Parkplatz (1¼ Std.)	Breiter Weg zum Gipfel, Abstieg rot-weiß bez.	–
17 Piovere – Muslone Kleine Dörferwanderung mit prächtiger Aussicht auf den See.	Piovere (417 m, 🚌) erreicht man von der Gardasee-Westuferstraße, 5 km.	Piovere – Muslone (1 Std.) – Piazza (251 m) – Piovere (2¼ Std.)	Rot-weiße und gelbe Mark.	Piovere, Muslone
18 Cima Comer, 1279 m Phantastischer Ausguck hoch über dem Westufer des mittleren Sees. Einmalig die Tiefblicke. Sehenswert: Einsiedelei San Valentino (10 Min. hin und zurück).	Sasso (546 m, 🚌), Zufahrt von Gargnano 9 km.	Sasso – San Valentino (772 m) – Cima Comer (2 Std.) – Rif. Alpini – Sasso (3½ Std.)	Ordentliche Mark., Nrn. 31, 38	Rif. Alpini (990 m)
19 Monte Caplone, 1976 m Große Überschreitung, die Ausdauer und einen sicheren Tritt voraussetzt. Abstieg über den langgestreckten Südostgrat nur bei trockenem Wetter! Herrliche Flora.	Das Wiesenplateau von Rest (1205 m) liegt im hintersten Valvestino. Zufahrt von Gargnano über Navazzo, 30 km.	Rest – Monte Caplone (2¼ Std.) – Cime del Costone – Passo della Puria (1374 m; 4¾ Std.) – Rest (6¾ Std.)	Anstieg gut bez., Gratroute nur sparsam, Rückweg unbez.	–
20 Monte Stino, 1467 m Kleine Runde über den einst stark befestigten Berg (Museum) an der Grenze zu Judikarien (Valli Giudicarie). Blick auf den Lago d'Iseo.	Capovalle (905 m, 🚌) liegt an der Strecke Gargnano – Valvestino – Idro.	Capovalle – Zumiè – Fienile Lombardi (1246 m) – Monte Stino (1¾ Std.) – Croce di Sassello (1105 m) – Zumiè – Capovalle (2½ Std.)	Bez. Wege	–
21 Monte Pizzocolo, 1581 m Berühmter Aussichts- und Blumenberg am Alpensüdrand. Leichte Gipfelrunde, vor allem früh im Jahr und im Spätherbst lohnend.	Zufahrt von Maderno über Maclino und Sanico (339 m) ins Valle Bornico, bis zu den Case Ortello (720 m) 7,5 km.	Valle Bornico – Malga Valle (1331 m) – Monte Pizzocolo (2¾ Std.) – Sant'Urbano (872 m) – Valle Bornico (4½ Std.)	Spärlich bez., Nrn. 5, 11	–
22 Eremo dei Santi Benigno e Caro, 830 m Halbtagswanderung hinauf zu der uralten Einsiedelei. Sehenswert: Olivenhaine, Flora.	Cassone (85 m, 🚌), Fraktion der Gemeinde Malcèsine, 18 km von Torbole auf der »Gardesana orientale«.	Cassone – Malga Fiabio (721 m) – Porta del Vescovo – Eremo dei Santi Benigni e Caro (2½ Std.) – Cassone (3¾ Std.)	Gute Mark., Nrn. 9, 1	–
23 Madonna della Carona, 773 m Steiler Plattenweg aus dem Etschtal hinauf zu dem an steile Felsen gebauten Wallfahrtsort. Alternativ kurzer Zustieg von Spiazzi.	Der Weiler Brentino (187 m, 🚌) liegt im Val Lagarina, etwa 18 km südlich von Ala.	Brentino – Madonna della Corona (2 Std.); Abstieg auf dem gleichen Weg (gesamt 3¼ Std.)	Keine Orientierungsprobleme	Restaurants und Bars in Spiazzi (864 m)
24 Cima Valdritta, 2218 m Alpine Rundwanderung im »Rücken« des Monte Baldo; Aufstieg von der »Strada Generale Graziani«.	An der Monte-Baldo-Höhenstraße, wenig nördlich des Sattels Cavallo di Novezza (1433 m), 35 km ab Mori.	Höhenstraße (1552 m) – Cima Valdritta (2 Std.) – Rif. Telegrafo (2147 m) – Höhenstraße (4½ Std.)	CAI-Mark. 652, 651; örtliche Bez. 66	Rif. Telegrafo (2147 m)
25 Cima Valdritta, 2218 m Klassische Monte-Baldo-Tour über dem langen, mehrgipfligen Grat. Kurze gesicherte Passage; einmalig die Tiefblicke auf den Gardasee, großes Südalpenpanorama.	🚠 Bergstation der Monte-Baldo-Seilbahn (1752 m), Talstation Malcèsine (90 m, 🚌).	Seilbahn – Cima delle Pozzette (2132 m) – Cima Valdritta (2¾ Std.) – Col dei Piombi (1164 m; 5 Std.) – Seilbahn-Zwischenstation (536 m; 6¼ Std.)	CAI-Mark. 651, örtliche Bez. 5, 2.	Seilbahnstation
26 Corna Piana, 1736 m Rundwanderung über den Blumenberg (»Orto botanico«, schönste Blüte Mai/Juni). Aufstieg über gesichertes Band, hier Schwindelfreiheit und ein sicherer Tritt erforderlich.	San Valentino (1314 m), Feriensiedlung, Zufahrt von Mori über Brentonico 18 km.	San Valentino – Corna Piana (1¼ Std.) – Bocca del Creer (1617 m) – San Valentino (2¾ Std.)	CAI-Mark. 650, Abstieg auf der Straße	Rif. Graziani (1610 m)
27 Monte Altissimo di Nago, 2079 m Interessante Überschreitung des nördlichen Monte-Baldo-Eckpfeilers. Nur für trittsichere und absolut schwindelfreie Berggänger! Alternativ von der Bocca del Creer (1617 m) oder von den Prati di Nago auf bequemen Wegen, 1¼ bzw. 2 Std.	Feriensiedlung Prati di Nago (1300 m), Zufahrt von Nago (229 m, 🚌) 11,6 km.	Prati di Nago – Mandriole (1411 m) – Val Cantone – Altissimo (3½ Std.) – Malga Campiglio – Prati di Nago (5½ Std.)	Rot-weiße Mark. bis Mandriole, dann rote Punkte. Abstieg CAI-Mark. 601	Rif. Chiesa (2060 m) am Gipfelplateau

Meine Favoriten

09 Monte Cadria, 2254 m
Keiner ist höher!

Den Monte Cadria, diesen ungefügen Klotz mit seinen zerfurchten Flanken und den ausgreifenden Graten mag ich besonders gern, nicht nur seines Höhenrekords wegen. Nach zwei vergeblichen Anläufen wurde der dritte Versuch an der Cadria zu einer Wanderung aus dem Nebelgrau ins Himmelblau, eher trist der Auftakt, berauschend das Finale unter einem fast endlos weiten herbstlichen Firmament. Da vermochten auch die Spuren des »Grande Guerra«, denen man hier buchstäblich auf Schritt und Tritt begegnet, die euphorische Stimmung nicht zu trüben. Ungetrübt (im Wortsinn) war auch das Gipfelpanorama an diesem Tag, eine Schau über tausend Höhen und Zacken.

➡ Die Runde beginnt mit dem Anstieg zur Malga Vies (1555 m): eine Fleißaufgabe, breit der Weg, spärlich die Aussicht. Im Frühling blühen an dem Hang, über den sich der in Steilstücken zementierte Güterweg hinaufwindet, die Kirschbäume. Oberhalb der Alm schneidet der Weg einen Felsriegel; dahinter öffnet sich ein malerischer Karboden, über dem – ganz hinten – der Monte Cadria steht. Die gleichnamige Alm (1914 m) bleibt links; man folgt dem ehemaligen Kriegsweg, der in Kehren zum langgestreckten Südgrat des Bergstocks ansteigt. Anschließend am Kamm entlang, den Gratfelsen mal links, dann wieder rechts ausweichend, zuletzt über die steile Westflanke zum Gipfel.
Nördlich auf gut erhaltenem Serpentinenpfad hinunter zur Bocca di Tortavel (1947 m). Aus der Scharte weglos über Wiesen (bei Nässe unangenehm rutschig) rechts hinab zur verfallenen Malga Vesi (1472 m), wo man wieder auf einen bezeichneten Weg stößt. Er führt flach in eine Rinne, die zu queren ist, und anschließend, allmählich an Höhe verlierend, um den bewaldeten Höhenrücken von Pastù herum und hinab ins Valle dei Molini.

10 Cima SAT, 1246 m
Im steilen Fels hoch über Riva

Der Vergleich mit einem Spinngewebe liegt nahe, so engmaschig, verzweigt ist das Wegnetz am Rocchettamassiv. Gefahr, einer (gefräßigen) Riesenspinne zu begegnen, droht allerdings keine, und dafür, daß man sich nicht verheddert, sorgen optimale Markierungen und Tafeln an allen Weggabelungen. Da muß bloß noch das Wetter mitspielen und die

Runde wird zu einem großen Erlebnis mit faszinierend-schwindelnden Tiefblicken auf den Benacus.

➡ Die Tour beginnt an der Hauptstraße Richtung Berscia mit bequemen Serpentinen. Oberhalb der Bastione (214 m), die einst Riva bewachte, wird der Weg steiler, die Tiefe nimmt rasch zu, die Felsen kommen näher. Eine erste Pause ist bei der Capanna Barbara fällig; hinter der gleichnamigen Kapelle schraubt sich die markierte Spur steil hinauf bis knapp unter die Bochet dei Concoli, von einer Aussichtskanzel zur nächsten. Hier wendet sich der Weg nach rechts, man quert ein paar Gräben, kommt an den Fundamenten einer »Chiesa della guerra« (1915) vorbei. Die Abzweigung zur Rocchetta bleibt links; voraus zeigt sich die Fahnenstange auf dem Felszacken der Cima SAT: fünf Minuten über (gesicherte) Felsen.
Für den Abstieg bietet sich der »Sentèr dei Crazidei« an, der nordseitig durch eine schattige Rinne hinunter zickzackt. Von der Kapelle San Giovanni wandert man gemütlich zurück nach Riva.

28 Monte Altissimo di Nago, 2079 m
Mehr als nur ein Aussichtsberg

Der nördliche Eckpfeiler des Monte Baldo ist ein Berg für jedermann/frau: Die ehemalige Kriegsstraße, die von der Bocca del Creer heraufzieht, teilen sich Biker und Ausflügler, und auch von den Prati di Nago führt eine breite, ziemlich schottrige Mulattiera zum Gipfel. Der schönste Weg auf den Altissimo allerdings bleibt für trittsichere Bergsteiger, die sich auch

in weglosem Gelände zurechtfinden, reserviert. Er führt über die seeseitige Steilflanke zum Gipfel, ist abschnittweise steil und mühsam, aber halt auch viel interessanter als alle anderen Wege hier. Das »Filetstück« bildet die lange Querung auf teilweise schmalen Felsbändern – fast wie in der Brenta – mit freier Sicht auf den See und seine Berge. Schlicht phantastisch!

➡ Die Runde beginnt auf den Prati di Nago (1300 m) ganz gemütlich. »Navene« und »Altissimo« signalisieren zwei Schilder an der Abzweigung eines breiten Fahrweges. Man folgt ihm, bis links ein Schild erneut zum Altissimo weist: hinauf! Aus dem »alto« wird aber bald wieder ein »piano«, aus dem (vermeintlichen) Gipfel ein Höhenweg, zunächst noch im Wald verlaufend. Bald einmal gelangt man in felsiges Gelände, die Route läuft über Kanzeln, traversiert tiefe Mulden und führt quer durch senkrechte Felsabbrüche. Hinter der grünen Terrasse von Mandriole (1411 m) wendet sich die Spur ins Val Cantone. Absteigend zum Talgrund, dann steil und geröllig in der breiten Rinne bergan: 350 Höhenmeter! Dann führt ein vergleichsweise komfortabler Pfad rechts in die Latschen, schräg aufwärts zu einem harmlosen Felsriegel und durch eine Latschengasse auf den breiten Südrücken des Altissimo: Straße und Gipfelhütte kommen bald in Sicht.
Der Abstieg nach Norden, zurück zu den Prati di Nago, ist dann vor allem Schlumpern und Schauen auf der vielbegangenen Mulattiera. Sie leitet vorbei an den originellen »Steintischen« oberhalb der Malga Campiglio, umgeht den Monte Varagna (1780 m) und mündet schließlich in das von Nago heraufziehende Asphaltband.

Das Licht des Südens: Riva am Gardasee, im Hintergrund der Monte Misone.

Das Veltlin

Unbekanntes Tal zwischen den höchsten Gipfeln der Ostalpen

Um ein Mißverständnis gleich vorweg auszuräumen: Mit dem »Grünen Veltliner«, der sich in Österreich großer Beliebtheit erfreut, hat das Tal der Adda nichts zu tun. Weinbau wird hier allerdings auch betrieben, seit Urzeiten, nur ist der Vino nobile della Valtellina meistens rot, gekeltert aus der Nebbiolo-Traube. Daß er in der Schweiz als Veltliner bekannt wurde, hat historische Gründe. Bis zum Wiener Kongreß war das Valtellina (Veltlin) zwei Jahrhunderte lang bündnerische Kolonie, von Chur verwaltet und ausgebeutet. So ist es kein Zufall, daß viele der besten Weinlagen nach wie vor in Graubündner Besitz sind. Und im größten Schweizer Kanton geht auch die Mär, der Veltliner Rote schmecke erst richtig gut in alpinen Höhenlagen. Das kann ich zwar bestätigen, ob's zu einem Höhenrausch aber nur den passenden Gipfel oder auch noch ein paar Gläser von dem rubinroten, kräftigen vino braucht, bleibe dahingestellt …

So beliebt die Lagen Grumello, Sassella, Sforzato in der Deutschschweiz auch sein mögen, so unbekannt ist das Veltlin diesseits der Alpen. Das mag an der Sogwirkung berühmter Nachbargebiete wie dem Engadin liegen, auch mit seiner Abgelegenheit aus Nordsicht. Denn immerhin umrahmen die höchsten Ostalpengipfel das Tal der Adda: Bernina, Ortler, dazu die Bergeller Berge und die Bergamasker Alpen. Aber halt immer nur ihre Rückseiten: Piz Bernina (4049 m) und Palü (3905 m) gelten als Engadiner Berge, die Bergeller Granitzacken sind Kulisse des gleichnamigen Bündner Tals, und

der Ortler (3905 m) gilt immer noch als der »höchste Spiz in Tyrol«. So blieb dem Veltlin nur die Mauerblümchenrolle, und die ist es bis heute nicht losgeworden. In überregionalen TV-Nachrichten taucht das Tal höchstens bei Katastrophen wie den verheerenden Murabgängen und Überschwemmungen von 1986 oder beim Sport auf. Bormio und Santa Caterina in Valfurva, die beiden größten Touristenorte des oberen Veltlin, gelten längst nicht mehr als Geheimtipp für Wintersportler. Der Bergwanderer aber darf hier weiter auf Entdeckungsreisen gehen – und darüber staunen, was dieses große Alpental so alles zu bieten hat, neben dem Veltliner …

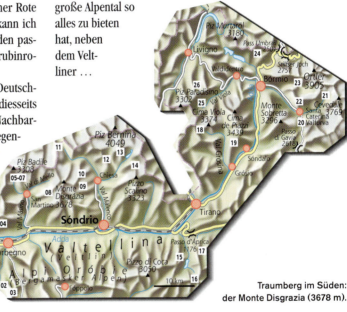

Traumberg im Süden:
der Monte Disgrazia (3678 m).

Alle Wanderungen auf einen Blick

Tourenziel/Charakteristik	Ausgangspunkt	Wegverlauf & Gehzeit	Markierung	Einkehr am Weg
01 Pizzo dei Tre Signori, 2554 m Aussichtsgipfel über dem untersten Veltlin, auf dem einst die drei »Herrschaften« Graubünden, Mailand und Venedig zusammenliefen. Am Nordwestgrat leichte Felsen (I).	Gerola Alta (1053 m, 🚌), Bergdorf im Valle di Bitto di Gerola, 15 km von Morbegno (262 m).	Gerola Alta – Lago dell'Inferno (2085 m) – Rifugio FALC (3 Std.) – Pizzo dei Tre Signori (4½ Std.); Abstieg auf dem gleichen Weg (gesamt 7 Std.)	Rot-weiße Mark., Nr. 7	Rifugio FALC (2120 m)
02 Lago Rotondo, 2256 m Seentour im Valle di Trona. Der Lago Rotondo liegt versteckt in einem wilden Karkessel unter dem Pizzo di Trona. Alternativer Ausgangspunkt Pescegallo (1454 m), 6 km ab Gerola Alta (3 Std., Mark. 8).	Gerola Alta (1053 m, 🚌), Bergdorf im Valle di Bitto di Gerola, 15 km von Morbegno (262 m).	Gerola Alta – Lago di Trona (1805 m; 2¼ Std.) – Lago Rotondo (3½ Std.); Abstieg auf dem gleichen Weg (gesamt 5½ Std.)	Rot-weiße Mark., Nrn. 7, 8	–
03 Bocchetta di Val Pianella, 2224 m Großartige Runde, teilweise rauhes Gelände. Trittsicherheit wichtig; die Tour läßt sich bei Benützung des 🚠 Sessellifts zum Rif. Salmurano (1848 m) um etwa 1¼ Std. verkürzen.	Pescegallo (1454 m), kleiner Ferienort, 6 km von Gerola Alta.	Pescegallo – Passo di Salmurano (1¾ Std.) – Rif. Benigni (2¼ Std.) – Bocchetta di Val Pianella (3 Std.) – Lago Zancone – Lago di Trona (1805 m; 3¾ Std.) – Pescegallo (5¼ Std.)	Rot-weiße Mark., Nr. 8, 101	Rif. Salmurano (1848 m), Rif. Benigni (2222 m)
04 Tre Cornini, 2021 m Kleine Felsen – große Aussicht! Wanderung zu einem prächtigen Aussichtsbalkon hoch über dem untersten Veltlin, läßt sich um die Besteigung des Croce Gam (2585 m) erweitern (zusätzlich 3 Std. hin und zurück, mark.).	Poira di dentro (1077 m, 🚌), Zufahrt von Morbegno (262 m) via Serone (719 m) – Roncaglia, 14 km.	Poira di dentro – Prà Soccio (1647 m; 1¾ Std.) – Tre Cornini (3 Std.); Abstieg auf dem gleichen Weg (gesamt 5 Std.)	Rot-weiße Mark., Nr. 23	Poira di dentro (1077 m)
05 Rifugio Gianetti, 2536 m Beliebte Hüttenwanderung; das Rif. Gianetti dient als Stützpunkt bei einer Besteigung des Piz Badile (3308 m) von Süden.	Bagni del Màsino (1172 m), altes Thermalbad im Val dei Bagni, Zufahrt von der Strada Statale No. 38 (Valtellina) via San Martino (923 m) 17 km.	Bagni del Màsino – Casera Porcellizzo (1899 m; 2 Std.) – Rifugio Gianetti (4 Std.); Abstieg auf dem gleichen Weg (gesamt 6½ Std.)	Rot-weiße Mark.	Rif. Gianetti (2534 m)
06 Bivacco Molteni, 2510 m Herrliche, aber auch anstrengende Wanderung durch das Valle del Ferro. Einmalig die Wasserfälle, grandios die Granitkulisse. Auch Aufstieg bis zur Casera del Ferro (1658 m) bereits sehr lohnend.	San Martino (923 m, 🚌), Bergdorf an der Mündung der beiden Täler von Mello und Bagni, 13 km von der Strada Statale No. 38 (Valtellina). Parkplätze am Dorfeingang.	San Martino – Val di Mello – Casera del Ferro (2¼ Std.) – Biv. Molteni (4¼ Std.); Abstieg auf dem gleichen Weg (gesamt 7 Std.)	Rote Bez.	Osteria Gatto Rosso (1060 m), 10 Min. vom Weg
07 Bivacco Manzi, 2538 m Landschaftsjuwel und Kletterdorado Val di Mello: gigantische Granitplatten, extrem steile Wege – und darüber der Gletscherriese Monte Disgrazia (3678 m). Trittsicherheit und eine gute Kondition unerläßlich!	San Martino (923 m, 🚌), Bergdorf an der Mündung der beiden Täler von Mello und Bagni, 13 km von der Strada Statale No. 38 (Valtellina). Parkplätze am Dorfeingang; Sträßchen zur Osteria Gatto Rosso Mitte Juli bis Ende Sept. gesperrt.	San Martino – Rasica (1148 m; 1½ Std.) – Valle Torrone – Casera Torrone (1996 m; 3¾ Std.) – Bivacco Manzi (5½ Std.); Abstieg auf dem gleichen Weg (gesamt 8½ Std. (ab Gatto Rosso 7¾ Std.)	Rote Mark., würden eine Auffrischung vertragen.	Osteria Gatto Rosso (1060 m), mehrere »Chioski« im Val di Mello.
08 Rif. Ponti, 2559 m Ausgangs- bzw. Endpunkt des hochalpinen »Sentiero Roma« (Val Codera – Valle di Predarossa). Prächtige Lage am Fuß des mächtigen Monte Disgrazia (3678 m). Hüttengipfel Pizzo della Remoluzza (2814 m, 1 Std.).	Piano di Predarossa (1955 m), Zufahrt aus dem Val Màsino über die (nach einem riesigen Murabgang) wiederhergestellte ENEL-Straße, 13 km.	Piano di Predarossa – Rif. Ponti (2 Std.); Abstieg auf dem gleichen Weg (gesamt 3¼ Std.)	Rot-weiße Mark.	Rif. Ponti (2559 m)
09 Sasso Bianco, 2490 m Große Tour vor dem alles überstrahlenden Monte Disgrazia (3678 m); vom Kalkgipfel Sasso Bianco Aussicht über das gesamte Val Malenco und seine Berge. Nächtigung im Rif. Bosio empfehlenswert.	Ciappanico (1034 m), Ortsteil von Torre di Santa Maria (772 m, 🚌), Zufahrt 2,5 km.	Ciappanico – Prà Piasci (1720 m; 2¼ Std.) – Sasso Bianco (4¾ Std.) – Rif. Bosio (6¼ Std.) – Prà Piasci – Ciappanico (8 Std.)	Gelbes Dreieck und Nr. 1	Prà Piasci (1720 m); Rif. Bosio (2086 m), bew. Mitte Juni bis Mitte Okt.
10 Passo Ventina, 2675 m Anspruchsvolle Überschreitung im Disgraziamassiv, Teilstück der »Alta via della Valmalenco«.	Chiareggio (1612 m, 🚌), Weiler im hintersten Val Malenco, 12 km von Chiesa in Valmalenco.	Chiareggio – Rif. Ventina (1¼ Std.) – Passo Ventina (3¼ Std.) – Alpe Pradaccio (1725 m; 4¾ Std.) – Chiesa in Valmalenco (960 m; 6¼ Std., 🚌)	Gelbes Dreieck und Nr. 2	Rif. Ventina (1975 m), Rif. Gerli-Porro (1965 m)

Alle Wanderungen auf einen Blick

Tourenziel/Charakteristik	Ausgangspunkt	Wegverlauf & Gehzeit	Markierung	Einkehr am Weg
11 Rifugio Grande-Camerini, 2580 m Anspruchsvolle Wanderrunde im Talschluß des Val Malenco; Aufstieg durch das Val Sassone ziemlich rauh, großartig der Blick auf Disgraziagletscher und -gipfel. Mineralien, sehr artenreiche Flora.	Chiareggio (1612 m, 🚌), Weiler im innersten Val Malenco, 12 km von Chiesa in Valmalenco.	Chiareggio – Val Sassone – Rifugio Grande-Camerini (3¾ Std.) – Alpe Vazzeda (2033 m) – Chiareggio (6 Std.)	Gelbes Dreieck und Nr. 3	Rif. Grande-Camerini (2580 m)
12 Bocchel de Torno, 2203 m Abwechslungsreiche Wanderung vor der Berninagruppe, etwas unterhalb der Seilbahnstation im Wald der idyllische Lago Palù. Lohnend: Abstecher (auch 🚠) auf den Monte Motta (2336 m, 1 Std.), einem der schönsten Aussichtspunkte südlich des Berninamassivs.	🚠 Bergstation der »Funivia al Bernina« (2007 m), Talstation bei Chiesa in Valmalenco (960 m, 🚌).	Seilbahn – Lago Palù (1921 m) – Bocchel de Torno (1½ Std.) – Alpe Campolungo (2110 m) – Ponte (1521 m; 3¼ Std.) – Chiesa in Valmalenco (4½ Std.)	Gelbes C.	Rif. Lago Palù (1947 m), Rif. Ponte (1521 m)
13 Rifugio Marinelli-Bombardieri, 2813 m Ganz nahe an die Gletscherwelt der Bernina heran führt diese Hüttentour, zwischen Franscia und Alpe Musella Lehrpfad. Abstieg durch das Valle Scercen rauh, teilweise weglos! Geübte besteigen von der Hütte in 1½ Std. den Pizzo Marinello (3182 m).	Campo Franscia (1557 m, 🚌), erreichbar von Chiesa in Valmalenco (960 m) auf der kühn trassierten, ehemaligen Werksstraße, 11 km.	Campo Franscia – Rif. Alpe Musella (1¾ Std.) – Rif. Marinelli (4¼ Std.) – Valle Scercen – Rif. Alpe Musella (6¼ Std.) – Alpe Campascio (1844 m; 6¾ Std.) – Campo Franscia (7¾ Std.)	Gelbes Dreieck und Nr. 5, zwischen Franscia und Alpe Musella gelbes D.	Campo Franscia (1557 m), Rif. Alpe Musella (2021 m), Rif. Carate Brianza (2636 m)
14 Rifugio Cristina, 2287 m Herrliche Höhenwanderung über dem Val Lanteria mit Aussicht zum Disgrazia und auf die stark vergletscherte Südseite des Berninamassivs.	🚠 Bergstation des Piazzo-Cavalli-Lifts (1777 m), Talstation Caspoggio (1098 m, 🚌).	Piazzo Cavalli – Alpe Cavaglia (2056 m) – Alpe Acquanera (2116 m) – Rif. Cristina (3¾ Std.) – Rif. Zoia (4½ Std.) – Alpe Foppa – Campo Franscia (1557 m; 5½ Std., 🚌)	Gelbes Dreieck und Nr. 8, Abstieg rote Bez.	Piazzo Cavalli (1777 m), Rif. Cristina (2287 m), Rif. Zoia (2021 m), Campo Franscia
15 Malga Pila, 2010 m Höhenrunde im Val Belviso, von den Laghi di Torena zur Malga Pila. Unter dem Monte Torena sind zahlreiche Gräben zu queren (Sicherungen). An den Seen botanische Raritäten, u.a. die Viola di Camollia, im Talinnern Gemsen und Murmeltiere.	Palazzina Falk (1373 m), Stausee-Werksgebäude, Zufahrt von der Strecke Tirano – Àprica 6,5 km.	Palazzina Falk – Laghi di Torena (2073 m; 2 Std.) – Malga Pila (2010 m; 4¼ Std.) – Malga Demignone (1904 m; 5¾ Std.) – Lago di Belviso (6½ Std.) – Palazzina Falk (7½ Std.)	Mark. 7, 5, 24	–
16 Passo del Demignone, 2485 m Anspruchsvolle Vier-Pässe-Runde am Hauptkamm der Bergamasker Alpen, Teilstück des »Sentiero naturalistico Antonio Curo«. Am ehemaligen Militärweg im brüchigen Gestein Seilsicherungen. Üppige Flora.	Palazzina Falk (1373 m), Stausee-Werksgebäude, Zufahrt von der Strecke Tirano – Àprica 6,5 km.	Palazzina Falk – Passo del Venerocolo (2314 m; 3½ Std.) – Passo del Demignone (4¼ Std.) – Passo del Vò (2368 m) – Passo di Venano (2328 m; 5½ Std.) – Palazzina Falk (8¼ Std.)	Mark. 11, 416, 13, 12	Rif. Tagliaferri (2298 m) knapp unterhalb des Passo di Venano; bew. Juli bis Sept.
17 Dosso Pasò, 2575 m Markanter Gipfel südlich von Àprica mit sehr schöner Aussicht. Ein sicherer Tritt und Schwindelfreiheit sind unerläßlich.	🚠 Bergstation des Sessellifts bei der Malga Palabione (1677 m), Talstation Àprica (1172 m, 🚌) am gleichnamigen Straßenpaß (Veltlin – Valcamonica).	Malga Palabione – Lago Palabione (2109 m; 1¼ Std.) – Dosso Pasò (2¾ Std.) – Biv. Àprica (2207 m) – Malga Magnolta (1945 m) – Malga Palabione (4¾ Std.)	Mark. 17, 15	–
18 Passo Dosdè, 2824 m Hochalpine Paßwanderung; Überschreitung ins Val Viola Bormina möglich. Am Paß, den Scima da Saoseo (3264 m) und Cima Viola (3374 m) flankieren, die Capanna Dosdè.	Eita (1703 m), hinterster Weiler im Val Grosina, Zufahrt von Grosio (652 m) 20 km.	Eita – Laghi di Tres (2186 m; 1¾ Std.) – Passo Dosdè (3¾ Std.); Abstieg auf dem gleichen Weg (gesamt 6 Std.)	Mark. Weg	–
19 Monte Storile, 2471 m Aussichtsgipfel über der Mündung des Val Grosina, schöne, wenig anstrengende Höhen- und Gipfeltour von Eita aus.	Eita (1703 m), hinterster Weiler im Val Grosina, Zufahrt von Grosio (652 m), 20 km.	Eita – Baita Redasco (1976 m; 1 Std.) – Forcola (2208 m) – Monte Storile (2¾ Std.); Abstieg auf dem gleichen Weg (gesamt 4½ Std.)	Mark. 202 bis in die Forcola, dann rote Punkte	–
20 Dosso Tresero, 2354 m Abwechslungsreiche Halbtagsrunde über dem unteren Val del Forno.	Santa Caterina in Valfurva (1734 m, 🚌), 13 km von Bormio.	Santa Caterina – Cernera (1905 m; 1 Std.) – Dosso Tresero (2½ Std.) – Santa Caterina (3¾ Std.)	Mark. 35, 24B, 24A	–
21 Rifugio Pizzini, 2706 m Aussichtsreiche Runde im Valle di Cedec, dank des hochgelegenen Ausgangspunktes nur wenig anstrengend.	Rif. Forni (2178 m) im Val del Forni, 5 km von Santa Caterina in Valfurva (1734 m), 5 km. Parkplatz.	Rif. Forni – Rif. Pizzini (2 Std.) – Rif. Branca (3¾ Std.) – Rif. Forni (4¼ Std.)	Mark. 28B, 28C, 28A	Rif. Forni (2178 m), Rif. Pizzini (2700 m), Rif. Branca (2487 m)

Alle Wanderungen auf einen Blick

Tourenziel/Charakteristik	Ausgangspunkt	Wegverlauf & Gehzeit	Markierung	Einkehr am Weg
22 Selve del Confinale; Confinale di sopra, 2288 m Hang- bzw. Höhenwanderung über dem Valfurva. Schöne Flora, herrliche Aussicht auf das Massiv der Sombretta (3296 m).	Valfurva, Ortsteil San Gottardo (1392 m, 🚌), 5 km von Bormio.	San Gottardo – Pradaccio (1726 m; 1¼ Std.) – Confinale di sopra (3 Std.) – Ablès (2213 m; 4¼ Std.) – Santa Caterina (1734 m; 5¼ Std., 🚌)	Mark. 27, 36	–
23 Rifugio 5° Alpini, 2878 m Prächtige, aber recht lange Wanderung ins Val Zebrù. Die Hütte liegt am Fuß des Zebrügletschers vor einer grandiosen Hochgebirgskulisse.	Parkplatz Niblogo (1580 m), 7 km von Bormio. Jeep-Zubringer ins Val Zebrù.	Niblogo – Baita dei Pastori (2168 m; 2½ Std.) – Rif. 5° Alpini (4¼ Std.); Abstieg auf dem gleichen Weg (gesamt 7½ Std.)	Mark. 29	Im Val Zebrù, Rif. 5° Alpini (2878 m)
24 Punta di Rims, 2947 m Abenteuerliche Tour auf alten Militärwegen, Ausdauer und Trittsicherheit unerläßlich. Wege nur teilweise mark., gute Karte wichtig. Nur bei sicherem Wetter gehen!	Pass Umbrail (2501 m, 🚌), Übergang von der Stilfser-Joch-Straße ins bündnerische Val Müstair.	Pass Umbrail – Bocchetta di Forcola (2768 m) – Punta di Rims (2¼ Std.) – Bocchetta di Pedenolo (2703 m; 3½ Std.) – Piano di Pedenolo – Casera Boscopiana (1527 m) – Stilfser-Joch-Straße (km 108; – Bormio (7½ Std.)	Teilweise bez., Nrn. 56, 11, 10	–
25 Rifugio Val Viola, 2314 m Gemütliche Wanderung auf einer alten Militärstraße durch das Val Viola Bormina hinauf zu der wenig unterhalb des Passo di Val Viola gelegenen Hütte. Bikertour!	Arnoga (1881 m, 🚌), Häusergruppe an der Ostrampe der Foscagno-Paßstraße (Bormio – Livigno).	Arnoga – Baite Altumeira – Rif. Val Viola (2¾ Std.); Abstieg auf dem gleichen Weg (gesamt 4¾ Std.)	Fahrweg	Altumeira (2116 m), Rif. Val Viola (2314 m)
26 Pizzo Filone, 3133 m Prächtiger Aussichtsgipfel zwischen den Tälern von Viola und Livigno, weitab von Liften und Skipisten. Am Pizzo Filone Geröll, leichte Felsen.	Tresenda (1892 m), Häusergruppe an der Straße zur Forcola di Livigno (2315 m), 5 km südlich von Livigno (1816 m, 🚌).	Tresenda – Val delle Mine – Colle delle Mine (2797 m; 3 Std.) – Pizzo Filone (4 Std.); Abstieg auf dem gleichen Weg (gesamt 6¾ Std.)	Mark. 109 bis in den Paß, dann Steinmännchen	–

Meine Favoriten

06 Bivacco Molteni, 2510 m

Felsskulpturen, Wasserspiele

Noch vor wenigen Jahrzehnten war das Val Mello buchstäblich ein »End' der Welt«; heute pilgern vor allem muskulöse junge Menschen mit einem leichten Hang zu riskantem Tun in das Tal: zum Klettern an den gigantischen Granitplatten. Auch der Wanderer und Naturfreund kommt hier voll auf seine Kosten; er genießt die monumentalen Züge der Landschaft, findet auch zahlreiche markierte Wege. Die schönsten Eindrücke vermittelt neben einem längeren Talspaziergang der Weg durch das Valle del Ferro mit seinen »stürzenden und stiebenden Wassern« hinauf zu der Steinwüste unter dem Bergeller Hauptkamm.

➡ Von San Martino (923 m) zunächst auf dem Sträßchen etwa eine Viertelstunde taleinwärts, dann links in den Wald. Der rotweiß markierte Weg steigt in ein paar Kehren an und wendet sich ins Val Mello. Schöner Rastplatz oberhalb der ersten Kaskade. Nun zum nächsten, noch höheren Wassersturz und anschließend am steilen Hang weiter bergan zu einem Schleierfall. Auf solider Brücke über den Bach und an

einem steinigen Wiesenhang hinauf zur Casera del Ferro (1658 m). Sie kauert sich unter eine mächtige Felsbarriere, die der Weg rechts in Kehren umgeht. Weiter in dem von schroffen Granitzacken umstandenen Hochtal aufwärts. Mitten in der riesigen Karmulde steht das Bivacco Molteni, Stützpunkt am hochalpinen »Sentiero Roma«.

21 Rifugio Pizzini, 2706 m

Eis und Firn

Wie die Seiten eines Bilderbuchs öffnen sich auf dieser Runde Talwinkel, Gletscher und Gipfel des Ortlermassivs dem Wanderer. Beim Anstieg zur Pizzinihütte hat man die Südflanke der Königsspitze (3851 m) direkt vor sich; vom Schutzhaus geht der Blick über den Cedecgletscher hinauf zum Eisdom des Monte Cevedale (3769 m). Auf dem Weiterweg zur Branchahütte gibt zunächst die Punta San Matteo die Richtung an; oberhalb der Malga dei Forni kommt dann das größte Gletscherrevier des Massivs, der Fornokessel mit seinen Eisströmen, ins Bild.

➡ Vom Parkplatz beim Rifugio Forni auf dem Sandsträßchen nördlich ins Valle di Cedec, etwa zwei Stunden bis zum Rifugio Pizzini. Nun links des Cedecbachs wieder talauswärts und um den massigen Südwestrücken des Monte Pasquale (3553 m) herum zur Branchahütte. Abstieg ins Tal auf einer Schotterpiste.

Alta via della Valmalenco

Etwa 110 Kilometer lange, grandiose Tour rund um das Val Malenco, normalerweise acht Tagesetappen. Mit Ausnahme der sechsten Etappe durchwegs markierte Wanderwege; zwischen den Hütten Marinelli und Bignami verläuft die »Alta via« über den Caspoggio- bzw. Fellaria-Gletscher (Variante). Wer nicht entsprechend ausgerüstet ist, weicht südlich auf einen eisfreien Übergang aus (Forcella di Fellaria, 2819 m). Übernachtung auf bewirtschafteten Hütten bzw. im Tal (Chiareggio), Zwischenabstiege und Teilbegehungen möglich.

Bergamasker Alpen

Berge und Täler zwischen Adamello und Grigne

Zugegeben, zufällig kommt man als Nordländer kaum in die Bergamasker Alpen: zu abgelegen. Gesehen, beiläufig und aus respektvoller Distanz, haben sie schon viele, etwa auf der Autobahnfahrt am Rand der Poebene entlang, Strand oder Città im Visier, oder im Panorama eines hohen Berges. Vom Piz Palü (3905 m) aus beispielsweise füllen die Ketten der Alpi Oróbie fast ein Viertel des Horizonts, schöner aufgefächert zeigen sie sich aber von Süden. Drei Hauptflüsse entwässern dieses rund 3500 Quadratkilometer große Gebirge: Brembo (Val Brembana), Serio (Val Seriana) und Óglio (Val Camonica); zum Veltlin hin bildet der Hauptkamm des Massivs eine mächtige, steile Phalanx. Hier stehen auch die höchsten Gipfel der Bergamasker Alpen, knapp über 3000 Meter hoch (Pizzo di Coca, 3050 m), und hier verlief einst die historische Grenze zwischen Venedig und dem (bündnerischen) Veltlin. Daran erinnern noch heute Bezeichnungen wie Pizzo dei Tre Signori (2554 m), Passo di San Marco und ein paar alte Grenzsteine. Viel, viel älter sind die berühmten Felszeichnungen im Val Camonica, mit Schwerpunkt um Capo di Ponte (Besichtigung möglich), von denen die ersten in der Jungsteinzeit entstanden sein dürften.

Auch die Neuzeit hinterläßt ihre Spuren, zahlreiche Wasserkraftwerke und einige Wintersportplätze wie die Retortensiedlung Foppolo im hintersten Val Brembana. Weiter talabwärts läßt der Weltkonzern Nestlé in San Pellegrino das gesunde Acqua minerale abfüllen, und ganz in der Nähe wird auf den Almen der berühmte »Taleggio« (Hartkäse) hergestellt. Die Bergamasker Alpen bilden zusammen mit den Brescianer Voralpen und Teilen des Adamellomassivs das Hinterland der Großstädte Bergamo und Brescia; so werden sie vor allem als Naherholungsgebiet genutzt. Inzwischen hat man vernünftigerweise Teile der Region unter Naturschutz gestellt, was (relative) Sicherheit vor einer weiteren Erschließung bedeutet.

So besteht immerhin eine Chance, daß diese so vielgestaltige, an Naturwundern reiche Berglandschaft auch für die Zukunft erhalten bleibt.

Die mächtigen Südabstürze des Presolanastocks.

Führer & Landkarten

Dem »Bekanntheitsgrad« der Alpi Oróbie und der Brescianer Voralpen entspricht das weitgehende Fehlen einschlägiger Führer in deutscher Sprache. Einzige Ausnahme: der Führer »Bergamasker Alpen« von Helmut Dumler, mit einer Fülle von Infos, erschienen beim Bergverlag Rother. Zur Region gibt es die Kompasskarten 71 »Adamello-Presanella«, 94 »Edolo-Aprica«, 103 »Tre Valli Bersciane«, 104 »Foppolo-Valle Seriana«, 105 »Lecco-Valle Brembana«. Für Touren im oberen Val Camonica leistet das Tabacco-Kartenblatt 10 (1:50 000) »Dolomiti di Brenta-Adamello-Presanella« gute Dienste.

Alle Wanderungen auf einen Blick

Tourenziel/Charakteristik	Ausgangspunkt	Wegverlauf & Gehzeit	Markierung	Einkehr am Weg
01 Monte Bronzone, 1334 m Aussichtsreiche Wanderrunde über dem unteren Iseosee mit Gipfelabstecher. Besonders schön ganz früh bzw. ganz spät im Jahr.	Predore (187 m, 🚉), stattlicher Ort am Westufer des Lago d'Iseo.	Predore – Colle Cambline (772 m; 1½ Std.) – Colle d'Oregia (892 m; 2 Std.) – Monte Bronzone (3¼ Std.) – Colle d'Oregia (4 Std.) – Punta Alta (953 m; 5¼ Std.) – Predore (6½ Std.)	Mark. 709, TPC, 701, 707, 734	–
02 Monte Guglielmo, 1948 m Beliebtes Wanderziel der Brescianer, höchste Erhebung zwischen dem Lago d'Iseo und dem Val Trompia mit weiter Aussicht.	Zone (647 m, 🚉), Bergdörfchen oberhalb von Marone (189 m), Zufahrt 7 km.	Zone – Prèsel (1308 m; 2 Std.) – Rif. Almici – Monte Guglielmo (4 Std.) – Monte Àgolo (1377 m) – Passo Croce di Zone (902 m) – Zone (6½ Std.)	Mark. 227, 201	Rif. Almici (1861 m)
03 Corna Trentapassi, 1248 m Steil und felsig gegen das Ostufer des Lago d'Iseo (185 m) abfallender Bergstock. Aufstieg mit leichten Kletterstellen (I–II) und einigen exponierten Passagen.	Tolino (188 m, 🚉), Weiler am Ostufer des Iseosees, 3 km von Pisogne.	Tolino – Brigol (740 m) – Corna Trentapassi (3 Std.) – Sedergnò (550 m) – Tolino (5 Std.)	Mark. 212, 205, 206	–
04 Rifugio Gabriele Rosa, 2355 m Einsame Höhenwanderung im Süden des Adamellomassivs; vom Rif. Rosa aus besteigen Geübte den mächtigen Cornone di Blumone (2842 m) auf alten Kriegspfaden über den Passo di Blumone (2633 m; 2 Std.). Grandioses Panorama.	Bazena (1802 m) an der Westrampe der Straße über den Passo di Croce Domini (1892 m), 19 km von Breno (334 m, 🚉).	Bazena – Passo di Val Fredda (2338 m) – Rif. Rosa (2¼ Std.); Abstieg auf dem gleichen Weg (gesamt 4 Std.)	Mark. 18	Rif. Tassara (1802 m) in Bazena; Rif. Rosa (2355 m), Rif. Tita Secchi (2362 m), beide am Lago della Vacca.
05 Pizzo Camino, 2491 m Mächtiger freistehender Felsgipfel im Winkel zwischen den Tälern von Camonica und Scalve. Auf keinem Weg leicht, Geröll, zuletzt steile Felsrinne (I–II).	Borno (888 m; 🚉), hübsch gelegener Ort an der Strecke Breno – Schilpario.	Borno – Lago di Lova (1299 m; 1¼ Std.) – Rif. Laeng (1760 m; 2½ Std.) – Pizzo Camino (4¾ Std.); Abstieg auf dem gleichen Weg (7½ Std.)	Mark. rot-weiß, Nr. 82 bis zum Rif. Laeng	–
06 Cimone della Bagozza, 2407 m Kühne Felsgestalt über dem innersten Val delle Scalve mit türmebesetzten Flanken. Normalanstieg mit leichten Kletterstellen (I), Geröll.	Bar Baracca (1580 m) an der Straße von Schilpario (1124 m, 🚉) zum Passo del Vivione.	Bar Baracca – Madonnina – Lago di Campelli (1680 m; ½ Std.) – Cimone della Bagozza (2¾ Std.); Abstieg auf dem gleichen Weg (gesamt 4¾ Std.)	Farbmark.	Bar Baracca (1580 m)
07 Sentiero dei tre Fratelli – Porta di Zumella, 2419 m Spannende Runde über dem Val Saviore, Anstieg zur Porta mühsam; Abstieg alternativ auch über das Rif. Colombè (1710 m) möglich (mark.).	Paspardo (978 m), Bergdorf über dem Val Camonica, 10 km von Capo di Ponte (364 m, 🚉).	Paspardo – »Sentiero dei tre Fratelli« – Lago d'Arno (1817 m; 3 Std.) – Porta di Zumella (4¾ Std.) – Dosso (1553 m) – Paspardo (7½ Std.)	Mark. 22 bis zum See, dann rote Mark.	–
08 Passo del Cristallo, 2885 m Hochalpine Runde in Sichtweite des Monte Adamello (3554 m). Trittsicherheit und Bergerfahrung unerläßlich, »untere« Variante zwischen den Hütten Gnutti und Tonolini möglich (Passo del Gatto, 2103 m; 5½ Std.).	Ponte del Guat (1528 m), Zufahrt über die Werkstraße aus dem Val Camonica, 12 km von Malonno.	Ponte del Guat – Rif. Gnutti (1¾ Std.) – Passo del Cristallo (4 Std.) – Rif. Tonolini (5 Std.) – Ponte del Guat (6¾ Std.)	Rot-weiß, Mark. 23, 31, 13	Rif. Gnutti (2166 m), Rif. Tonolini (2450 m)
09 Piz Tri, 2308 m Dankbarer Aussichtsgipfel südwestlich über Édolo; Aussicht auf Demina, Ortler und Adamello. Teilweise alte Militärwege.	Faeto (1008 m), Zufahrt von Édolo (679 m, 🚉), 5,5 km.	Faeto – Cascine Bruno (1506 m; 1½ Std.) – Laghetti del Piz Tri (1930 m; 3¼ Std.) – Piz Tri (4¾ Std.); Abstieg auf dem gleichen Weg (gesamt 7¼ Std.)	Mark. 95	–
10 Rund um den Monte Aviolo Hochalpine Runde, steile Wege, am Cresta di Plaza exponierte Passagen (Seilsicherungen). Mit Übernachtung im Rif. Aviolo weniger anstrengend; für Geübte ist der Monte Aviolo (2981 m) ein dankbares Ziel (4 Std., Mark. 34).	Cascine di Preda (1538 m), Zufahrt von Édolo (679 m, 🚉), 10 km. Alternativer Ausgangspunkt Val Paghera (Zufahrt von Vezza d'Óglio, 1080 m, dann 1 Std. zum Rif. Aviolo, Mark. 21)	Preda – Passo Gallinera (2320 m; 3 Std.) – Rif. Aviolo (4 Std.) – Cresta di Plaza – Santa Anna (1877 m; 6¼ Std.) – Preda (8 Std.)	Mark. 71, 72B, 72	Rif. Aviolo (1930 m), bew. Mitte Juni bis Mitte Sept.
11 Sentiero 4 Luglio; Monte Sellero, 2744 m Anspruchsvolle Zweitagetour rund um die Täler von Sant'Antonio, teilweise am Grat verlaufend. Trittsicherheit und gute Kondition unerläßlich; anspruchsvolle Variante über den Monte Telenek (2754 m, gesichert).	Sant'Antonio (1127 m), Weiler an der Mündung der Täler von Brandet und Campovecchio, 2 km von der Strecke Édolo – Àprica.	Sant'Antonio – Val Rösa – Passo Telenek (2605 m) – Monte Sellero (2744 m) – Passo Torsoleto (2578 m; 9 Std.) – Passo Salina (2433 m) – Piz Tri (2308 m) – Santicol (900 m; 16 Std.)	Rot-weiße Mark. 7	Nächtigung im Bivacco Davide am Passo Torsoleto, unbewirtschaftet!

Alle Wanderungen auf einen Blick

Tourenziel/Charakteristik	Ausgangspunkt	Wegverlauf & Gehzeit	Markierung	Einkehr am Weg
12 Rifugio Garibaldi, 2553 m Nicht weniger als fünf Stauseen hat die ENEL im Val d'Avio (im Dialekt Val di diáuli = Teufelstal) errichtet. Trotzdem lohnende Hüttentour vor der monumentalen Nordwestwand des Adamello (3554 m).	Temù (1155 m, 🚌) im oberen Val Camonica, an der Strecke Édolo – Ponte di Legno. Zufahrt etwa 3,5 km weit ins Val d'Avio möglich (Bedolina, 1287 m).	Bedolina – Val d'Avio – Lago d'Avio (1900 m; 2 Std.) – Rif. Garibaldi (4 Std.) – Lago Pantano (2378 m; 5 Std.) – Lago d'Avio (6 Std.) – Bedolina (7¼ Std.)	Mark. 11, 1, 12	Rif. Garibaldi (2553 m)
13 Bocchetta dei Buoi, 2671 m Hochalpine Runde, am Abstieg ins Val d'Avio steile Rinnen (im Frühsommer Altschnee). Cima di Salimmo (3115 m) nur für erfahrene Bergsteiger (2 Std., mark.).	🚡 Bergstation der Corno d'Aola-Lifte (1920 m); Talstation Ponte di Legno (1274 m, 🚌).	Liftstation – Bocchetta dei Buoi (2¼ Std.) – Biv. Spera (3½ Std.) – Malga Caldea (1584 m; 4¼ Std.) – Val d'Avio – Temù (5¾ Std., 🚌)	Mark. 40, 43	Rif. Petitpierre (1920 m) bei der Liftstation
14 Sentiero dei Larici Aussichtsreiche Höhenwanderung, besonders schön im Herbst, wenn sich die Lärchen verfärben, auf den Adamellohöhen bereits etwas Schnee liegt. Teilbegehungen möglich.	Vezza d'Óglio (1040 m, 🚌), Dorf im oberen Val Camonica.	Vezza d'Óglió – Val Grande (1370 m; 1 Std.) – »Sentiero dei Larici« – Chigol (1808 m) – Villa d'Allegno (1376 m; 5½ Std.) – Ponte di Legno (1257 m; 6 Std., 🚌)	Mark. 2, 3, 55	–
15 Laghetti di Ercavallo, 2643 m Abwechslungsreiche Wanderrunde über dem Valle di Viso; Geübte besteigen in knapp 2 Std. die Punta di Ercavallo (mark.).	Case di Viso (1754 m), Alpsiedlung, Zufahrt von Ponte di Legno (1257 m, 🚌) via Pezzo (1565 m), 9 km. Parkplatz.	Case di Viso – Laghetti di Ercavallo (2¾ Std.) – Rif. Bozzi (3¾ Std.) – Case di Viso (5 Std.)	Mark. 52, 2, 59	Case di Viso (1754 m), Rif. Bozzi (2478 m)
16 Monte Formico, 1636 m Mit seinen ausladenden Graten beherrscht der kreuzgekrönte Berg die Talmulde von Clusone. Panorama der Bergamasker Alpen.	Rif. Lucio (1027 m), Zufahrt von Clusone (650 m, 🚌), 7 km.	Rif. Lucio – Forcella Larga (1470 m; 1½ Std.) – Monte Formico (2¼ Std.); Abstieg auf dem gleichen Weg (gesamt 3¾ Std.)	CAI-Mark. 508, 545	Rif. Lucio (1027 m)
17 Monte Alben, 2019 m Kulminationspunkt des gleichnamigen Bergmassivs, das sich mit langen, felsigen Türmen zwischen dem Valle Seriana und dem Valserina erhebt.	Colle di Zambla (1257 m, 🚌), Straßenübergang von Ponte Nossa nach Serina.	Colle di Zambla – Passo della Crocetta (1267 m; ¼ Std.) – Passo la Forca (1848 m; 1¾ Std.) – Monte Alben (2½ Std.); Abstieg auf dem gleichen Weg (gesamt 4¼ Std.)	Mark. 501, 502	Colle di Zambla (1257 m)
18 Sentiero dei Fiori; Passo Branchino, 1821 m Ein »who is who?« der Bergamasker Alpenflora mit zahlreichen Endemiten, als Rundweg zwischen dem Rif. Capanna 2000 und dem Passo Branchino angelegt.	Plassa-Arera (1169 m), Zufahrt vom Dörfchen Zambla (1091 m, 🚌) knapp 5 km. Parkplatz bei der Talstation der 🚡 Sessellifte (Betriebszeiten unsicher).	Plassa-Arera – Rif. Cà d'Arera – Rif. Capanna 2000 (2¼ Std.) – »Sentiero dei Fiori« – Bocchetta di Corna Piana – Passo Branchino (4¼ Std.) – Val Vedra – Rif. Capanna 2000 (6¼ Std.) – Plassa-Arera (7¾ Std.)	Mark. 244, 218, 222	Rif. Cà d'Arera (1613 m), Rif. Capanna 2000 an der Bergstation der Lifte (1980 m)
19 Pizzo Arera, 2512 m Isoliert stehender, mächtiger Kalkstock mit altberühmter Rundschau. Am Nordwestgrat Kettensicherungen in einer Rinne, am Südwestgrat Kamin (I).	Plassa-Arera (1169 m), Zufahrt vom Dörfchen Zambla (1091 m, 🚌) knapp 5 km. Parkplatz bei der Talstation der 🚡 Sessellifte.	Plassa-Arera – Rif. Cà d'Arera – Capanna 2000 (2¼ Std.) – Nordwestgrat – Pizzo Arera (4½ Std.) – Südwestgrat – Rif. Capanna 2000 (5½ Std.) – Plassa-Arera (7 Std.)	CAI-Mark. 244, am Gipfel rot-gelbe Bez.	Rif. Cà d'Arera (1613 m), Rif. Capanna 2000 an der Bergstation der Lifte (1980 m)
20 Grotta dei Pagani, 2224 m Klassische Wanderung vor der felsig-kompakten Südfront des Presolana-Stocks (Cima della Presolana, 2521 m). Läßt sich mit einer Besteigung des Monte Visolo (2369 m) verbinden (2¼ Std. von der Baita Cassinelli).	Giogo della Presolana (1297 m, 🚌), Straßenübergang vom Val di Scalve nach Castione. Parkplatz westlich unterhalb der Scheitelhöhe.	Giogo della Presolana – Baita Cassinelli (1 Std.) – Grotta dei Pagani (2 Std.) – Passo di Pozzera (2126 m; 2¼ Std.) – Baita Cassinelli (3 Std.) – Giogo della Presolana (3¾ Std.)	Mark. 32, 315, 31	Giogo della Presolana (1297 m), Baita Cassinelli (1568 m)
21 Lago Nero, 2008 m – Rifugio Gianpace Große Wanderrunde am Monte Pradella (2619 m). An der Höhenroute einige felsige Passagen (Sicherungen).	Valgoglio (929 m), Bergdörfchen über dem Valle Seriana, Zufahrt von der Talstraße, 3 km. Parkplatz im Ort.	Valgoglio – Selva d'Agnone (1137 m; ¾ Std.) – Werksgebäude (1854 m) – Lago Nero (3¼ Std.) – Höhenroute – Rif. Gianpace (6¼ Std.) – Val Sanguigno – Valgoglio (8 Std.)	CAI-Mark. 228, 267, 232	Rif. Gianpace
22 Lago del Barbellino – Rifugio Coca, 1892 m Hüttenrunde im Valle Seriana. Gesicherte Passagen, Schwindelfreiheit!	Valbondione (934 m, 🚌), hinterste Ortschaft im Valle Seriana, 24 km von Clusone.	Valbondione – Rifugio Curò (1915 m; 3 Std.) – »Sentiero Oróbie« – Rifugio Coca (6½ Std.) – Valbondione (8¼ Std.)	CAI-Mark. 305, 303, 301	Rif. Curò (1915 m); Rif. Coca (1892 m), bew. Mitte Juli bis Mitte Sept.
23 Rifugio Laghi Gemelli, 1968 m Beliebte Hüttenwanderung in den zentralen Bergamasker Alpen; läßt sich mit einer Besteigung des Pizzo del Becco (2507 m) verbinden: nur für Geübte, teilweise gesichert und leichte Kletterstellen (2¼ Std., mark.)	Carona (1094 m, 🚌), winziges Dorf am Oberlauf des Brembo, 28 km von San Pellegrino.	Carona – Lago Marcio (1841 m; 2¼ Std.) – Rif. Laghi Gemelli (3 Std.); Abstieg auf dem gleichen Weg (gesamt 5 Std.)	CAI-Mark. 211, 213	Rif. Laghi Gemelli (1968 m)

Meine Favoriten

08 Passo del Cristallo, 2885 m

Eindeutig hochalpin

Der Monte Adamello (3554 m) ist ein Berg mit zwei Gesichtern, einem schnee-weißen und einem felsdüsteren. Vom Pian di Neve, dem an arktische Land-schaften erinnernden Firnplateau des Mandrongletschers, zeigt er sich als brei-ter Schneerücken, nach Westen und Nor-den bricht er über riesige Felsfluchten ins Val Miller und ins Val d'Avio ab. Auf dem Weg zum Passo del Cristallo hat man ihn fast ständig im Blick, alles überragend, ein Gipfel von westalpinem Zuschnitt.

➡ Bei der Ponte del Guat (1528 m) ist die holperige Anfahrt zu Ende, das Sträßchen führt aber noch ein Stück talein bis zur Weggabelung auf der Malga Premassone (1585 m). Hier geradeaus und hinter der Malga Frino in kurzen Kehren über eine Steilstufe – die »scale del Miller« – zum Rifugio Gnutti (2166 m).
Der Aufstieg zum Passo del Cristallo (2885 m) verläuft über die felsdurchsetzte Südflanke des Corno del Cristallo, Abzwei-gung von der »Alta via dell'Adamello« knapp eine Halbstunde weiter talaufwärts. Jenseits der Scharte steigt man zunächst über Blockwerk und Geröll ab und quert dann zur »Alta via«. Auf ihr links hinunter zum Rif. Tonolini (2450 m), um den Lago Baitone herum und auf breiter Mulattiera hinab zur Malga Premassone, wo sich die Runde schließt.

17 Monte Alben, 2019 m

Großer Aussichtsgipfel vor den großen Bergen

Der Monte Alben ist dem Alpenrand so nahe wie den großen Gipfeln der Berga-masker Alpen, und er steht zudem ganz frei über felsigen Graten zwischen den fast namensgleichen Tälern von Serina und Seriana. Daraus resultiert ein wei-tes, kontrastreiches Panorama; an ganz klaren Herbsttagen soll am westlichen Horizont mitunter sogar die ferne Pyra-mide des Mont Viso (3841 m) hinter Turin auszumachen sein.

➡ Vom Colle di Zambla auf der Straße zum Passo della Crocetta (1267 m), der zusam-men mit der Zamblascharte so etwas wie einen Doppelpaß bildet. Hier auf einem un-markierten Steiglein aufwärts oder (beque-mer) noch ein Stück auf der breiten Sand-straße weiter und dann links in den Wald (Hinweis »Alben«). Bei einer prächtigen Buche treffen die beiden Wege zusammen.

Sentiero delle Oróbie

Höhenweg durch die zentralen Bergamasker Alpen, insgesamt sieben Tagesetappen von Hütte zu Hütte. Trittsicherheit erforderlich, das letzte Teilstück führt über den Klettersteig »della Porta«. Die Trekkerroute findet nach Westen ihre Fortsetzung im »Sentiero delle Oróbie Occidentali« (5–6 Tage). Wegverlauf des »Sentiero delle Oróbie«. *1. Tag:* Valcanale – Rifugio Laghi Gemelli (1968 m), 4½ Std. *2. Tag:* Rif. Laghi Gemelli – Rif. Calvi (2015 m), 4 Std. *3. Tag:* Rif. Calvi – Rif. Brunone (2295 m), 6 Std. *4. Tag:* Rif. Brunone – Rif. Coca (1892 m), 5½ Std. *5. Tag:* Rif. Coca – Rif. Curò (1915 m), 3½ Std. *6. Tag:* Rif. Curò – Rif. Albani (1903 m), 7½ Std. *7. Tag:* Rif. Albani – »Sentiero della Porta« – Giogo della Presolana, 5 Std.

Alta via dell'Adamello

Großartige, hochalpine Höhenroute an der Westflanke des Adamellomassivs, von Hütte zu Hütte, durchgehend rot-weiß (Nr. 1) markiert. Gute Kondition und Bergerfahrung unerläßlich, wird meistens von Süd nach Nord begangen. Bis in den Hochsommer oft steile Schneefelder an den hohen Pässen (Steigeisen, Pickel). Zugang: Bazena (Croce-Domini-Straße, 1802 m) – Rif. Rosa (2355 m), 2¼ Std. *1. Tag:* Rif. Rosa – Passo Dernal (2574 m) – Rif. Lissone (2017 m), 9½ Std. *2. Tag:* Rif. Lissone – Passo di Poia (2775 m) – Rif. Prudenzini (2225 m), 5 Std. *3. Tag:* Rif. Prudenzini – Passo del Miller (2818 m) – Rif. Tonolini (2450 m), 5½ Std. *4. Tag:* Rif. Tonolini – Passo di Premassone (2882 m) – Rif. Garibaldi (2553 m), 5 Std. Abstieg: Rif. Garibaldi – Temù (3 Std.),

Zunächst weiter im Wald bergan, dann in ein kleines Tälchen und auf rauher Spur ziemlich steil in den Col dei Brassamonti (1755 m). Dahinter in weitem Bogen um einen Karwinkel herum, wobei das Bivacco Nembrini links abseits bleibt, und in Kehren aufwärts zum Passo la Forca (1848 m). Hier links auf den gut einen Kilometer langen Nordgrat, über leichte Felsen und durch ein Loch, dann auf gutem Weg rechts der Gratschneide, mit kleinen Kletterein-lagen (I), zuletzt im Zickzack zum Gipfel-kreuz.

20 Grotta dei Pagani, 2224 m

Unter den Presolanafelsen

Geologisch bilden die Bergamasker Alpen überhaupt keine Einheit, vielmehr trifft man zwischen dem Veltlin und den rand-alpinen Hügelketten eine Vielzahl sehr verschiedener, auch unterschiedlich alter Gesteine: Gneise, Tonschiefer, quarzhal-tige Porphyre, Kalke und Dolomit. Letzte-res baut nicht nur die Grigne am Comer See auf, sondern auch den mächtigen Felsriegel der Presolana, alpines Schau-stück von Castione und ein sehr beliebtes Kletterrevier. Die Besteigung des Haupt-gipfels (2521 m) auf dem Normalweg ist mit (kurzen) Kletterstellen im II. Grad keine Wanderung mehr – aber eine Her-ausforderungen für gute, felserfahrene Bergsteiger (etwa 1¼ Std. von der Grotta dei Pagani, mark.).

➡ Wenig westlich vom Straßenpaß (Giogo della Presolana, 1297 m) weist ein Schild zur »Presolana Vetta«: kurz über zwei Keh-ren bergan, dann links auf schön angeleg-tem Weg bei mäßiger Steigung angenehm schattig zur Baita Cassinelli, wo sich ein erster herrlicher Blick auf die Südfront der Presolana bietet. Nun schräg aufwärts, all-mählich näher an die Felsen heran, über ein paar Schuttreißen, dann links zu einer modernen Kapelle (2085 m); etwas tiefer das Bivacco Clusone. Weiter im Geröll mühsam zur Grotte am Felsfuß.
Die Fortsetzung der Wanderrunde führt in weitem Bogen, erst noch kurz ansteigend, dann flach und schließlich wieder an Höhe verlierend, hinüber zum Passo di Pozzera (2126 m). Schöner Blick über das Val Seriana. Nun auf deutlicher Spur über ei-nen schrofendurchsetzten Hang schräg ab-wärts, unter den Felsen des Pizzo di Corze-ne (2196 m) hindurch und dann hinunter in die Geröllmulde und hinüber zur Baita Cassinelli.

Rund um den Comer See

Von der Brianza bis zum Splügenpaß

Mit 146 Quadratkilometern Wasserfläche ist er nicht der größte unter den Oberitalienischen Seen, und zumindest den Gardasee kennt man diesseits der Alpen ohnehin viel besser. Das stört nur jene, die nach »man spricht deutsch« gucken und auch im Urlaub lieber Knödel als Gnocchi essen. Der Comer See ist italienischer als seine Nachbargewässer, aber auch alpiner, ein richtiger Alpenfjord. Seine langgestreckten, schlanken Arme liegen zwischen steilen, oft felsigen Ufern, im Grundriß einem kopfstehenden Ypsilon ähnlich. Die Zuflüsse kommen aus dem Hochgebirge, von den Gletscherbergen des Ortlermassivs, der Bernina, des Bergells herab, und sogar Lecco, die alte »Eisenstadt« am Abfluß der Adda, liegt noch in den Bergen, mit Klettergipfeln sozusagen vor der Haustür: Resegone (1875 m) und Grigne (2409 m). Schroffe Kalkgipfel, da und dort zu einem ganzen Wald von Zacken, Türmen und Zinnen verwittert, dominieren das Ostufer des Comer Sees – seine alpine »Schokoladenseite« – während die Gebirgsketten im Westen und Norden aus kristallinen Gesteinen aufgebaut sind, was halt naturgemäß zu weniger spektakulären Gipfelformen führt. Immerhin hält der wüste Klotz des Legnone mit 2609 Metern den Höhenrekord am Lario; um fast zweieinhalb Kilometer überragt er den Wasserspiegel.

Noch höher sind die Gipfel im nördlichen Hinterland des Comer Sees, rund um Chiavenna, das am Zusammenfluß vom Mera und Liro liegt; da ist aber auch der Alpenhauptkamm nicht mehr weit. Doch während man früh im Frühling an den sonnenwarmen Felsen über Lecco bereits klettern kann, ohne eine Gänsehaut zu bekommen, liegt oben am Splügenpaß (2113 m) noch Schnee, pfeift es eisig herüber von der kalten Seite der Alpen. Spätestens jetzt ist es an der Zeit aufzubrechen, den Alltag und nebelverhangene Tage zurückzulassen und die zauberhafte, alpin-mediterrane Landschaft rund um den Comer See – endlich! – kennenzulernen.

Führer & Landkarten

Allzuviel deutschsprachige Literatur über den Comer See und seine Region gibt es nicht. Bei Bruckmann ist in der Reihe Wandern & Erleben ein Band »Lago Maggiore und Comer See« erschienen; Rother bietet den Wanderführer »Rund um den Comer See« an (beide von Eugen E. Hüsler). Drei Kartenblätter von Kompaß decken die Region ab: 91 »Lago di Como-Lago di Lugano«, 92 »Chiavenna-Val Bregaglia«, 105 »Lecco-Valle Brembana«.

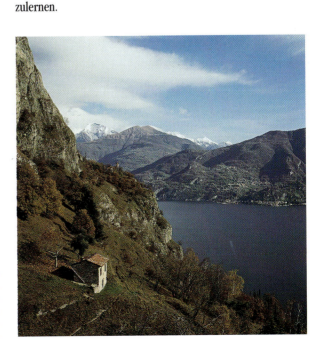

Beim Kirchlein San Martino oberhalb vom Griante; Blick über den See zum Monte Legnone (2609 m).

Alle Wanderungen auf einen Blick

Tourenziel/Charakteristik	Ausgangspunkt	Wegverlauf & Gehzeit	Markierung	Einkehr am Weg
01 Monte Bollettone, 1317 m Leichtes Halbtagspensum; vom Gipfel Prachtblick auf See, Alpen und in die Poebene.	Alpe del Vicerè (903 m, 🚠), 6 km von Albavilla an der Strecke Como – Lecco.	Alpe del Vicerè – Monte Bollettone (1¼ Std.) – Capanna Mara – Alpe del Vicerè (2½ Std.)	Mark. Wege, Sträßchen	Rif. Bollettone (1310 m), Capanna Mara (1125 m)
02 Monte San Primo, 1682 m Schönster Aussichtspunkt des »Triangolo«, Halbtagestour. Abstieg bei Nässe nicht ratsam! Alternativ Anstieg vom Colma del Piano (1124 m); (3½ Std., schwach mark.).	Parco Monte San Primo (1120 m), Zufahrt von Bellagio bzw. Madonna del Ghisallo (755 m, 🚠), 13 bzw. 6 km.	Parco Monte San Primo – Alpe del Borgo (1181 m) – Ostgrat – Monte San Primo (1½ Std.) – Rif. Martina – Parco Monte San Primo (2½ Std.)	Spärlich bez. Wege	Rif. Martina (1233 m)
03 Monte Rai, 1259 m Kultur und Aussicht: vom romanischen Sakralbau San Pietro al Monte über den Monte Rai.	Civate (256 m, 🚠), Nachbarort von Lecco mit einiger Industrie. Parkmöglichkeit im höhergelegenen Ortsteil.	Civate – San Pietro al Monte (662 m; 1¼ Std.) – Rif. SEC (2¾ Std.) – Monte Rai (3½ Std.) – Civate (5¼ Std.)	Mark. Wege	Rif. SEC (1110 m)
04 Monte Moregallo, 1276 m Abwechslungsreiche Überschreitung, herrliche See- und Bergblicke. Am Grat von der Bocchetta di Sambrosera hinüber zum Monte Moregallo gesicherte Passagen.	Valmadrera (234 m, 🚠), Industrieort am unteren Ende des Comer Sees, 3 km von Lecco. Parkmöglichkeit im Ortsteil Belvedere (290 m).	Belvedere – Bocchetta di Sambrosera (1110 m; 2¼ Std.) – Monte Moregallo (3 Std.) – San Isidoro (4¼ Std.) – Belvedere (5 Std.)	Mark. 7, 6, 3	Rif. SEV (1228 m), ¼ Std. nordwestlich der Bocchetta di Sambrosera.
05 Monte Resegone, 1875 m Mächtige, breite Felsfront aus Hauptdolomit östlich über Lecco. Mehrere Anstiegswege, Abstieg durch den Canalone Bobbio mit gesicherten Passagen.	🚠 Talstation der »Funivia del Pizzo d'Erna« (603 m, 🚠), Zufahrt von Lecco (206 m, 🚠) über den Vorort Malnago 6,5 km.	Talstation – Rif. Stoppani (1 Std.) – Monte Resegone (4 Std.) – Canalone Bobbio – Bocca d'Erna (1291 m; 5¼ Std.) – Rif. Stoppani – Talstation (6½ Std.)	Wegzeiger, Mark. 1, 10, 7	Rif. Stoppani (890 m), Rif. Azzoni (1860 m)
06 Monte Coltignone, 1473 m Interessante Runde, abschnittsweise gesichert, an der Südflanke des Monte Coltignone, mit packenden Tiefblicken auf Lecco und den Comer See.	Piani Resinelli (1280 m, 🚠), Sport- und Erholungsgebiet in der Senke zwischen Monte Coltignone und Grignetta; Zufahrt von Ballabio (661 m).	Piani Resinelli – Monte Coltignone (¾ Std.) – San Martino (772 m; 2½ Std.) – »Sentiero Val Verde« – Forcellino (1287 m; 4¾ Std.) – Piani Resinelli (5 Std.)	Wegzeiger, Farbmark.	Piani Resinelli (1280 m), Rif. Piazza (772 m) beim Kirchlein San Martino
07 Grignetta, 2177 m Schönste Tour in den Grigne, faszinierend die Dolomit-Kulisse in den Flanken der Grignetta, Tiefblicke auf den Comer See, große Alpenschau vom Gipfel. Flora! Mehrere gesicherte Passagen, rauhe Wege.	Piani Resinelli (1280 m, 🚠), Sport- und Erholungsgebiet in der Senke zwischen Monte Coltignone und Grignetta; Zufahrt von Ballabio (661 m, 🚠) 8 km.	Piani Resinelli – Rif. Porta (½ Std.) – »Direttissima« (2 Std.) – »Sentiero Cecilia« – Grignetta (3½ Std.) – Cresta Sinigaglia – Rif. Porta – Piani Resinelli (5½ Std.)	Wegzeiger, Mark. 8, 10, 7, 1	Rif. Porta (1426 m)
08 Rifugio Rosalba, 1720 m Anspruchsvolle Runde weitab ausgetretener Pfade; am Aufstieg leichte Kletterstellen (I–II), phantastische Kulisse.	Rongio (397 m, 🚠), Weiler über dem Eingang ins Val Meria, 3 km von Mandello del Lario (214 m). Parkplatz.	Rongio – Bocchetta di Portorella (1080 m; 2 Std.) – Zucco di Pertuso (1674 m) – Rif. Rosalba (4¾ Std.) – Colonghei (964 m) – Rongio (7¾ Std.)	Wegzeiger, Mark. 13, 13B, 12; Gratroute zum Rif. Rosalba gelbe Punkte	Rif. Rosalba (1720 m)
09 Valle di Era – Zucco di Sileggio, 1365 m Leicht feuchtes Vergnügen am »Sentiero del Fiume« mit kürzeren gesicherten Passagen, freie Sicht vom Zucco auf den Comer See und seine Berge.	Sonvico (386 m, 🚠), Ortsteil von Mandello del Lario über dem Eingang des Val Meria, 3 km.	Sonvico – »Sentiero del Fiume« – Alpe di Era (832 m; 2¼ Std.) – Casera Calivazzo (1127 m) – Bocchetta di Verdascia (1267 m) – Zucco di Sileggio (4½ Std.) – Zuc di Pez (886 m) – Sonvico (6 Std.)	Wegzeiger, Mark. 15, 15B, 15A, 17, 17A	–
10 Grignone, 2409 m Der kürzeste, auch leichteste Weg auf den höchsten Gipfel der Grigne. Großes Alpenpanorama. Interessanter, aber anspruchsvoller: der Piancaformia-Grat mit einigen leichten Kletterpassagen (I–II).	Rifugio Cainallo (1241 m), erreichbar auf guter Straße von Varenna (202 m) über Esino Lario (816 m, 🚠), 18 km. Parkplatz bei den Liften.	Rif. Cainallo – Rif. Bogani (2 Std.) – Grignone (4 Std.); Abstieg auf dem gleichen Weg (gesamt 6½ Std.)	Wegzeiger, Mark. 25	Rif. Cainallo (1241 m), Rif. Bogani (1816 m), Rif. Brioschi (2403 m)
11 Rund um den Zuccone di Campelli Abwechslungsreiche Wanderrunde um das bei Kletterern und Ferratisten bekannte Dolomitmassiv; Flora. Von der Bocca di Campelli ¾ Std. zum Campelli-Gipfel (2159 m). Die 🚠 Gondelbahn zur Pian dei Bobbio verkehrt nur in der Hochsaison regelmäßig.	Barzio (769 m, 🚠), Ferienort im obersten Valsássina, 15 km von Lecco, 25 km von Bellano. Zufahrt bis zur Talstation der Gondelbahn (802 m), 2 km. Großer Parkplatz.	Barzio – Pian di Bobbio (1662 m; 2½ Std.) – Bocchetta di Pesciola (1780 m; 3 Std.) – »Sentiero degli Stradini« – Bocca di Campelli (1913 m; 4¼ Std.) – Bocchetta Corna Grande (2008 m) – Pian di Bobbio (6½ Std.) – Barzio (8 Std.)	Mark. 18, 30, 16	Rif. Ratti (1662 m), Rif. Lecco (1779 m)
12 Pizzo Alto, 2512 m Große, recht anspruchsvolle Runde über dem Valle Varrone. Teilstück der »Alta via della Valsássina«, einige mit Ketten gesicherte Passagen.	Premana (951 m, 🚠), stattliches Dorf, bekannt für sein eisenverarbeitendes Gewerbe (Sensen, Steigeisen); Zufahrt aus dem Valsássina.	Premana – Alpe di Deleguaccio (1670 m; 2 Std.) – Lago di Deleguaccio (2096 m; 3¼ Std.) – Pizzo Alto (5 Std.) – Bocchetta di Taeggio (2293 m; 6¼ Std.) – Valle di Fraina – Premana (9¼ Std.)	Rot-weiße Mark., Abstieg zur Alpe di Taeggio gelb-blaue Bez.	–

Alle Wanderungen auf einen Blick

Tourenziel/Charakteristik	Ausgangspunkt	Wegverlauf & Gehzeit	Markierung	Einkehr am Weg
13 Monte Legnone, 2609 m Höchster Gipfel am Comer See, großes Panorama vom Ortler bis zum Monte Viso hinter Turin! Beste Zeit: Herbst, vor dem ersten Schneefall.	Rif. Roccoli Lorla (1463 m), Anfahrt von Dervio via Tremenico (739 m, 🚌), 18 km. Parkplatz in dem Sattel wenig unterhalb der Hütte.	Rif. Roccoli Lorla – Porta dei Merli (2129 m) – Monte Legnone (3½ Std.); Abstieg auf dem gleichen Weg (gesamt 5¾ Std.)	Rot-weiße Mark.	Rif. Roccoli Lorla (1463 m)
14 Sasso Gordona, 1410 m Felsiger Gipfel zwischen dem Intelvi und dem (Tessiner) Valle di Muggio – einsam im Vergleich zum Monte Generoso.	Pian delle Alpi (960 m), Zufahrt aus dem Intelvi-Hochtal, 3 km von Casasco (822 m, 🚌).	Pian delle Alpi – Rif. Prabello (¾ Std.) – Sasso Gordona (1½ Std.) – Ostgrat – Pian delle Alpi (2½ Std.)	Schlecht markiert; gelegentlich Wegsuche	Rif. Prabello (1201 m)
15 San Benedetto, 810 m Schattige Rundwanderung ins Valle Perlana; etwas für Kunstfreunde. Sehenswert: Campanile von Santa Maria Maddalena an der Uferstraße, Wallfahrtskirche Madonna del Soccorso, ehemaliges Cluniazenserkloster San Benedetto.	Ossuccio (260 m, 🚌), geschichtsträchtiger Ort am Westufer des Comer Sees, zwischen Argegno und Menaggio. Im See draußen die Isola Comacina, einzige Insel im Lario.	Ossuccio – Madonna del Soccorso – San Benedetto (2 Std.) – Abbazia del Acquafredda (329 m) – Ossuccio (3½ Std.)	Mangelhaft mark. Wege; Karte!	–
16 Monte Crocione, 1641 m Herrlicher Aussichtsgipfel südwestlich über Menaggio, im Frühling üppige Flora. Auch Runde über San Martino und Bocchetta di Nava sehr lohnend (3¼ Std.)	Griante (230 m, 🚌), Uferdorf etwa 3 km südlich von Menaggio.	Griante – San Martino (475 m; ¾ Std.) – Bocchetta di Nava (848 m; 2 Std.) – Monte Crocione (4¾ Std.) – Nava – Calvonno – Griante (7½ Std.)	Bis zum Vorgipfel mark., dann in der »Direttissima« zum großen Gipfelkreuz.	–
17 Monte Grona, 1736 m Aussichtskanzel mit felsigen Flanken im Winkel zwischen Comer und Luganer See.	Breglia (749 m, 🚌), kleines Bergdorf 7 km von Menaggio. Weiterfahrt bis zu den Weekendhäuschen der Monti di Breglia (996 m) möglich, 3 km.	Breglia – Monti di Breglia (¾ Std.) – Rif. Menaggio (2 Std.) – »Sentiero Panoramico« – Monte Grona (3¾ Std.) – Forcoletta (1611 m) – Rif. Menaggio – Monti di Breglia (5½ Std.) – Breglia (6 Std.)	Gut mark. Wege	Rif. Menaggio (1380 m)
18 Sasso Canale, 2411 m Noch so ein Aussichtsberg, ganz oben am Comer See, mit prächtiger Sicht vor allem auf die Bergeller Berge, zum Monte Disgrazia und in die Bergamasker Alpen.	San Bartolomeo (1204 m), Zufahrt von Gera (201 m, 🚌) via Bugiallo, 11,5 km.	San Bartolomeo – Alpe di Mezzo (1536 m; 1 Std.) – Sasso Canale (3½ Std.); Abstieg auf dem gleichen Weg (gesamt 5½ Std.)	Rot-weiße, gelbe Mark.	–
19 Val Codera; Rifugio Brasca, 1304 m Ausgedehnte Talwanderung, vor allem im Herbst sehr schön. Der einzigartige »Tracciolino« (Waalweg) an der östlichen Talflanke ist leider wegen eines Felssturzes unpassierbar!	Novate Mezzola (212 m, 🚌) am Lago di Mezzola.	Novate Mezzola – Codera (825 m; 2 Std.) – Rif. Brasca (4 Std.); Rückweg auf der gleichen Route (gesamt 7 Std.)	Mulattiera, Fahrweg	Codera, Rif. Brasca (1304 m)
20 Pizzo Guardiello, 2091 m Fast zwei Kilometer über Chiavenna: toller »Guck-ins-Land«. Aufstieg teilweise steil, setzt gute Kondition voraus; am Gipfel leichte Felsen (I–II). Besonders dankbar im Herbst (Kastanien).	Pianazzola (635 m), Bergdörfchen oberhalb von Chiavenna (333 m, 🚌), Zufahrt 5 km.	Pianazzola – Dalo (1108 m; 1¼ Std.) – Agonico (1348 m; 2 Std.) – Pizzo Guardiello (4 Std.); Abstieg auf dem gleichen Weg (gesamt 6½ Std.)	Nur bis Agonico bez., Spur zum Gipfel	–
21 Dasile, 1032 m Abwechslungsreiche Halbtagsrunde im untersten Val Bregaglia. Sehenswert: die Cascata dell'Acqua Freggia, die Almsiedlungen Savogno und Dasile.	Piuro, Ortsteil Borgonuovo (405 m; 🚌), 3,5 km von Chiavenna.	Borgonuovo – »Sentiero Panoramico« – Cascata dell'Acqua Freggia – Savogno (1¾ Std.) – Dasile (2 Std.) – San Abbondio (431 m) – Borgonuovo (3¼ Std.)	Mark. Wege	–
22 Passo dell'Alpigia, 2370 m Natur und Technik, beides gibt's auf dieser Tour zu bewundern. Vom Passo dell'Alpigia kann man alternativ nördlich nach Campodolcino absteigen (3 Std.). Sehenswert: kunstvoll angelegte Mulattiera, Alphütten von Cornera.	Kraftwerk San Bernardo (1030 m), Zufahrt von Chiavenna via Olmo, 8 km ab San Giacomo Filippo (522 m, 🚌).	San Bernardo – Bacino del Truzzo (2080 m; 3¼ Std.) – Passo dell'Alpigia (4¼ Std.); Abstieg auf dem gleichen Weg (gesamt 6¾ Std.)	Mark. Wege	½ Std. von der Staumauer am kleinen Lago Nero steht das Rif. Carlo Emilio (2153 m)
23 Piz Spadolazzo, 2722 m Anspruchsvolle Runde, teilweise weglos mit viel Blockhüpfen und einigen etwas exponierten Passagen (I–II).	Lago di Monte Spluga (1901 m), ex-Stausee südlich unter dem Splügenpaß (2113 m), 12 km von Campodolcino (1071 m, 🚌). Parkmöglichkeit etwa 600 m nördlich der Staumauer.	Splügenstraße – Rif. Bertacchi (1¼ Std.) – Piz Spadolazzo (3¼ Std.) – Passo Suretta (2580 m; 4¾ Std.) – Splügenstraße (6¼ Std.)	Rot-weiße und rot-weiß-gelbe Mark.	Rif. Bertacchi (2172 m)

Meine Favoriten

07 Grignetta, 2177 m
Dolomiten mit Seeblick?

Dolomitenzauber über dem Comer See? Ein Zackenwald, wilder noch als in den Cadini? Wer von den Piani Resinelli hinaufschaut zur Grignetta (Grigna Meridionale, 2177 m), mag es fast glauben, wer über die »Direttissima« und den »Sentiero Cecilia« hinaufsteigt zum Südgipfel des Grignemassiv, wird es bestätigen, garantiert!

➔ Eigentlicher Ausgangspunkt der Runde ist das Rifugio Porta (1426 m) eine Halbstunde oberhalb der Piani Resinelli. Hinter der Hütte im Wald aufwärts, dann links zur »Direttissima« und schrag über den »Wachtelhang« (Le Quaglie) in den Canalone del Caminetto. Über die Geröllrinne und mit Hilfe solider Sicherungen (Leitern, Ketten) in eine gerade halbmeterbreite Scharte. Dahinter abwärts und im Bogen hinüber und hinauf zur nächsten Scharte zwischen bizarren Türmen. Nun quer über eine Felsflanke in einen wildromantischen Karwinkel; hier rechts durch eine Steilrinne (Sicherungen) aufwärts bis gegen den Colle Valsecchi. Nun rechts und quer durch die zerklüftete Südwestflanke der Grignetta – was für eine Kulisse! – zum Cermenati-Grat. Mühsam im Geröll zu den Gipfelfelsen und über sie zum höchsten Punkt mit einer reichlich utopisch anmutenden Biwak-

Dolomitzacken über dem Comer See: die Grigne. Blick über die Voralpenketten der Lombardei bis zu den Walliser Alpen.

schachtel und großem Panorama. Der Abstieg über den Cresta Sinigaglia bietet dann nochmals »Dolomiten-Feeling« und einige gesicherte Passagen, aber auch reichlich Geröll. Am »Saltino del Gatto« bleiben die Felsen endgültig zurück, und man wandert hinab und hinaus zum Rifugio Porta – nicht ohne noch ein paarmal (staunend) zurückgeschaut zu haben auf den »bosco roccioso« – wouwwh!

Meine Favoriten

13 Monte Legnone, 2609 m

Ganz oben am Comer See

Einen Schönheitspreis bekommt der mächtige Klotz mit seinen ausladenden Graten und zerfurchten Flanken nicht, fürs Panorama aber glatt eine Eins. Das liegt nicht nur an seiner Größe, sondern auch an der Lage direkt über dem oberen Ende des Comer See. Und den überragt der Legnone um fast zweieinhalb Kilometer.

➡ Der Anstieg folgt im wesentlichen dem langgestreckten Westgrat des Legnone, vom Rifugio Roccoli Lorla zunächst in angenehm schattigem Auf und Ab. Erst hinter der Alm von Agrogno beginnt der Weg stärker anzusteigen, leiten Serpentinen über den schrofigen Riegel der Punta dei Merli (2139 m). Dahinter flach zum gemauerten Biwak der Cà da Legn (2148 m) und anschließend am gutmütigen, mit reichlich Geröll garnierten Grat in kurzen Kehren zur Anticima (2529 m), zuletzt über eine winzige Felsstufe. Nun rechts am Geröllrücken zum Gipfel mit großem Kreuz.

23 Piz Spadolazzo, 2722 m

»Grenzgang« über dem Splügenpaß

Viel Einsamkeit ist bei Wanderungen im oberen Valle Spluga garantiert, und daß man etwa bei der Tour über den Piz Spadolazzo mehrfach und ganz formlos die Grenze zwischen Italien und der Schweiz überquert, interessiert niemand, schon gar nicht die »marmottas«, die sich zwischen den Felsen tummeln. Die Kulisse hat ausgeprägt hochalpinen Zuschnitt, Dreitausender rundum, Firn und Eis, ab und zu ein stilles Seeauge. Einziger Schönheitsfehler ist das längst trockengelegte Becken des Splügensees mit den beiden nutzlos gewordenen Staumauern …

➡ An seinem »Ostufer« beginnt die große Runde mit dem gemütlichen Anstieg zum Almrücken von Andossi. Dann in weitem Bogen, die Höhe haltend, hinüber zum Rifugio Bertacchi (2172 m), das sich einer hübschen Lage am Lago di Emet erfreut. Am See vorbei und leicht aufwärts zum Passo di Emet. Noch vor der Wasserscheide, den rot-weiß-gelben Markierungen folgend, links in die Felsen und in unübersichtlichem Gelände bergan zu einem Karboden, dann in kurzen Kehren an einer Gratrippe über Schrofen zum Gipfel des Piz Spadolazzo.

Via dei Monti Lariani

Auf den Spuren der Alten wandert man auf dieser »Via«; sie folgt im wesentlichen den einst kunstvoll angelegten Wegen der Bauern, die im Jahreszyklus zwischen dem Seeufer und den Hochalmen lebten und arbeiteten. Fünf (recht lange Tagesetappen in Höhen zwischen 400 und 1300 m. Durchgehend rot-weiß-rot mit den Nummern 1–4 bez.
1. Tag: Cernobbio – Rif. Binate (1125 m) – Bocca d'Orimento (1275 m) – San Fedele d'Intelvi (732 m), 9 Std. *2. Tag:* San Fedele – Rif. Boffalora (1232 m) – Cerdano (396 m), 9 Std.
3. Tag: Cerdano – Breglia – San Domenico (1115 m) – Garzeno (662 m), 9 Std. *4. Tag:* Garzeno – Dosso del Liro – Livo, 8½ Std.
5. Tag: Livo – Rif. Berlinghera – Sorico, 7 Std.

Die markierte Spur leitet vom Nordgipfel (2720 m) hinunter und hinüber zum bereits sichtbaren Eissee (Lai Ghiacciato, 2508 m). Hier links kurz aufwärts in den Passo Suretta (2580 m), wo sich ein schöner Blick auf den mächtigen Piz Tambo auftut. Von der Scharte hinunter in den obersten Karboden, dann rechts, einen senkrechten Absturz umgehend (großer Steinmann) bergab ins Grüne und über Wiesenhänge hinaus zur Splügenstraße.

Keine Straße, keine Lifte, aber jede Menge Natur: das Val Codera. Über dem Talinneren die Gipfel der Badilegruppe.

Zwischen
Bodensee und
Riviera

Berge zwischen Bodensee & Pizol

Appenzell, Obertoggenburg, Walensee, St. Galler Rheintal und Liechtenstein

Der Nordosten der Schweiz ist eine Region der Kontraste, stark landwirtschaftlich geprägt, aber auch Transitland im Rheintal, mit einem uralten Kulturzentrum von europäischer Bedeutung: St. Gallen, dessen Kloster zu den ganz großen kulturhistorischen Sehenswürdigkeiten des Landes zählt (Kirche, Bibliothek). Mittendrin – wie »das Gelbe vom Ei« – hockt das Appenzeller Land, »Puppenstube« der Schweiz, gegen den Säntis (2502 m) ansteigend, berühmt für seinen Käse und mit fast noch mehr »Beizen« (Wirtschaften) als Bergen.

Jenseits des Rheintals liegt Liechtenstein, ebenfalls »mini« und mehr Berg als Tal, mit einem schönen Schloß (samt Fürstenfamilie) und einem sehr freundlichen Steuergesetz. Passend zu den vielen Briefkastenfirmen werden hier auch eigene Briefmarken ausgegeben, was Sammler en masse anzieht und den Fiskus freut. Wanderer verschicken natürlich auch ab und zu einen Kartengruß, vielleicht nach der Tour über die Drei Schwestern. Da kann man nicht nur auf den Fürsten (bzw. sein Château) hinuntergucken, bei schönem Wetter – etwa wenn der hier recht häufige Föhn durchs Rheintal pfeift – zeigen sich fast alle Bergketten der Nordostschweiz im Panorama. Über die Senke von Wildhaus (1090 m) schaut man hinein ins Toggenburg, das links von dem Zackengrat der Churfirsten flankiert wird. An ihrem Südfuß wiederum liegt der Walensee, vor vielen Jahren im Volksmund als Nadelöhr zwischen Groß-Zürich und den Ferienorten Graubündens zum »Qualensee« verballhornt. Inzwischen kommt man meistens staufrei ins »Heidiland«, das zwischen Rätikon und Pi-

zol (2844 m) ungeniert mit dem berühmten Kinderbuch von Johanna Spyri wirbt. Bad Ragaz ist hier das touristische Zentrum, altberühmte Therme und günstiger Ausgangspunkt für Wanderungen in den östlichen Ausläufern der Glarner Alpen.

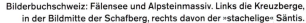

Bilderbuchschweiz: Fälensee und Alpsteinmassiv. Links die Kreuzberge, in der Bildmitte der Schafberg, rechts davon der »stachelige« Säntis.

Blick von der Simplon-Nordrampe über das Rhonetal auf die Berner Alpen.

Führer & Landkarten

Beim Bergverlag Rother gibt es einen Wanderführer »Appenzeller Land« (Helmut Dumler); mehr auf die Bedürfnisse der Bergsteiger und Kletterer zugeschnitten ist der SAC-Führer »Säntis-Churfirsten«. Zuverlässige Begleiter auf allen Wegen ist die Landeskarte der Schweiz mit Wanderrouten (1:50 000), redaktionell bearbeitet von den »Schweizer Wanderwegen«. (Blätter 227 T, 237 T, 247 T). Wer zu Fuß in Liechtenstein unterwegs ist, benützt die Wanderkarte des Fürstentums (1:25 000). Kümmerly + Frey bietet zwei Wanderkarten zur Region an: (Blätter 0864 und 0865).

Alle Wanderungen auf einen Blick

Tourenziel/Charakteristik	Ausgangspunkt	Wegverlauf & Gehzeit	Markierung	Einkehr am Weg
01 Hundwiler Höhi, 1306 m Gemütliche Kammwanderung vor der großen Kulisse des Alpsteins. Zwischenabstiege möglich.	Jakobsbad (869 m, 🚆), Weiler an der Strecke Appenzell – Urnäsch; 🚠 Talstation der Kronberg-Seilbahn.	Jakobsbad – Untergeren – Hundwiler Höhi (1½ Std.) – Himmelberg – Appenzell (785 m; 4 Std., 🚆)	Wegweiser, gelbe Mark.	Hundwiler Höhi (1306 m)
02 Kronberg, 1663 m Bergabwanderung vom Seilbahnberg nach Appenzell, verschiedene Varianten möglich.	🚠 Bergstation der Kronberg-Seilbahn (1650 m), Talstation Jakobsbad (869 m, 🚆)	Kronberg – Scheidegg – Kaubad (1042 m; 1¾ Std.) – Appenzell (785 m; 2½ Std.)	Wegzeiger, gelbe Mark.	Kronberg, Scheidegg (1353 m), Kaubad (1042 m)
03 Gäbris, 1251 m Der Gäbris gilt als echter Logenplatz des Appenzeller Landes: Aussicht vom Bodensee bis zu den Vorarlberger und Bündner Alpen.	Gais (933 m, 🚆), typisches Appenzeller Dorf an der Strecke von Appenzell nach Altstätten.	Gais – Sommersberg (1172 m; 1 Std.) – Gäbris (2¼ Std.) – Gais (3 Std.)	Wegzeiger, gelbe Mark.	Sommersberg (1172 m), Unter Gäbris (1198 m), Gäbris
04 Hirschberg, 1167 m Aussichtsreiche Runde zwischen Appenzell und dem St. Galler Rheintal. Sehenswert: Ortszentrum von Appenzell.	Appenzell (785 m, 🚆), Hauptort des Halbkantons Appenzell-Innerrhoden.	Appenzell – Bifig – Eggli (1¾ Std.) – Eggerstanden (2½ Std.) – Hirschberg (3½ Std.) – Guggerloch (897 m) – Appenzell (4¾ Std.)	Wegzeiger, gelbe Mark.	Eggli (1192 m), Eggerstanden (892 m), Höch Hirschberg
05 Hoher Kasten, 1794 m – Sämtisersee Überschreitung des bekannten Aussichtsgipfels; Auf- oder Abstieg auch bequem per Seilbahn möglich.	Brülisau (922 m, 🚆), Zufahrt von Appenzell 6 km.	Brülisau – Ruhsitz (1368 m; 1¼ Std.) – Hoher Kasten (2½ Std.) – Sämtisersee (1209 m; 3¾ Std.) – Brülisau (4¾ Std.)	Wegzeiger, rot-weiße Mark.	Ruhsitz (1368 m), Hoher Kasten (1794 m), Plattenbödeli (1279 m)
06 Hoher Kasten, 1794 m – Fälensee Klassische Höhenwanderung auf dem ersten geologischen Lehrpfad der Schweiz (Infotafeln) mit einigen bei Nässe etwas heiklen Passagen. Läßt sich leicht um die Schleife über den Zwinglipaß (2011 m) zur ganz großen Runde erweitern (gesamt 8½ Std., mark.).	🚠 Bergstation der Seilbahn am Hohen Kasten (1794 m), Talstation Brülisau (922 m, 🚆).	Hoher Kasten – Stauberen (1¾ Std.) – Saxer Lücke (1649 m; 3 Std.) – Fälensee (1452 m; 3½ Std.) – Sämtisersee (1209 m) – Brülisau (5 Std.)	Wegzeiger, rot-weiße Mark.	Hoher Kasten (1794 m), Gh. Stauberen (1750 m), Bollenwees (1470 m), Plattenbödeli (1279 m)
07 Alp Sigel; Zahme Gocht, 1662 m Aussichtsbalkon vor den großen Alpsteingipfeln, auf der Alp Sigel reiche Flora.	Schwende (838 m, 🚆), Weiler 4 km südöstlich von Appenzell.	Schwende – Zahme Gost (2½ Std.) – Alp Sigel – Mans – Wasserauen (868 m; 4¾ Std.) – Schwende (5¼ Std.)	Wegzeiger, rot-weiße und gelbe Mark.	Wasserauen (868 m)
08 Widderalpsattel, 1856 m Anstrengende Drei-Seen-Runde, vermittelt einzigartige Einblicke in den Bau der Alpsteinregion.	Wasserauen (868 m, 🚆), Zufahrt von Appenzell 6 km.	Wasserauen – Seealpsee (1141 m; 1 Std.) – Meglisalp (2¼ Std.) – Widderalpsattel (3½ Std.) – Fälensee (4¾ Std.) – Sämtisersee (1209 m) – Brülisau (922 m; 6¼ Std.)	Wegzeiger, rot-weiße Mark.	Seealpsee (1141 m), Meglisalp (1517 m), Bollenwees (1470 m), Plattenbödeli (1279 m)
09 Säntis, 2502 m Große Tour auf den berühmten, höchsten Gipfel des Alpsteins; am Lisengrat gesicherter Steig, für den »Gross Schnee« sind Teleskopstöcke vorteilhaft. Alternativ Auf- oder Abfahrt mit der 🚠 Säntis-Seilbahn von/nach Schwägalp.	🚠 Bergstation der Ebenalp-Seilbahn (1640 m), Talstation Wasserauen (868 m, 🚆).	Ebenalp – Mesmer (1¾ Std.) – Wagenlücke (2075 m; 3 Std.) – Säntis (4¼ Std.) – Lisengrat – Rotsteinpaß (5¼ Std.) – Meglisalp (6¼ Std.) – »Schrennenweg« – Wasserauen (8¼ Std.)	Wegzeiger, rot-weiße Mark.	Ebenalp (1640 m), Mesmer (1613 m), Säntis, Meglisalp (1517 m)
10 Schäfler, 1924 m Abwechslungsreiche Runde für Geübte, am Schäfler und an der Ageteplatte einige gesicherte Passagen. Nicht bei Nässe gehen! Unterhalb der Ebenalp die berühmten Wildkirchlihöhlen (prähistorische Fundstätte, später Einsiedelei); von Wasserauen 1¾ Std., guter Weg, bis zur Ebenalp 2¼ Std.	🚠 Bergstation der Ebenalp-Seilbahn (1640 m), Talstation Wasserauen (868 m, 🚆).	Ebenalp – Schäfler (1 Std.) – Mesmer (2¼ Std.) – Ageteplatte (1896 m; 3 Std.) – Meglisalp (3½ Std.) – Seealpsee (1141 m) – Wasserauen (5¼ Std.)	Wegzeiger, rot-weiße Mark.	Ebenalp (1640 m), Schäfler (1924 m), Mesmer (1613 m), Meglisalp (1517 m), Seealpsee (1141 m)
11 Tierwis, 2085 m Ganz im Banne des Säntis (ab Tierwis zusätzlich 1½ Std., mark.) steht diese Wanderung. Am Anstieg zum Gh. Tierwis Drahtseilsicherungen. Schwindelfreiheit und ein sicherer Tritt sind unerläßlich! Steinbockrevier.	Parkplatz bei der 🚠 Talstation der Säntis-Seilbahn auf der Schwägalp (1352 m, 🚆), Anfahrt von Urnäsch (832 m) bzw. Nesslau (759 m), je gut 10 km.	Schwägalp – Tierwis (2 Std.) – Lauchwis (1827 m; 3½ Std.) – Ober Hohfeld (1421 m; 4½ Std.) – Lutertannen (1030 m; 5½ Std., 🚆)	Wegzeiger, rot-weiße Mark.	Schwägalp, Gh. Tierwis (2085 m)
12 Hochalp, 1530 m – Spicher, 1520 m Auf interessanten Wegen von Urnäsch zum Fuß des Säntis. Sehenswert: Urnäsch mit Heimatmuseum.	Urnäsch (832 m, 🚆), Appenzeller Dorf, 10 km zur Schwägalp.	Urnäsch – Färenstetten (1172 m; 1¼ Std.) – Hochalp (2½ Std.) – Spicher (3¾ Std.) – Schwägalp (5¼ Std.)	Wegzeiger, gelbe Mark.	Hochalp (1522 m)

Handschriftliche Notizen am linken Rand:
24.10.04
21.06.05
Leicht
Leicht
Schwer
17.08.05

Alle Wanderungen auf einen Blick

Tourenziel/Charakteristik	Ausgangspunkt	Wegverlauf & Gehzeit	Markierung	Einkehr am Weg
13 Säntis, 2502 m Spannende Runde über den Lisengrat auf den Säntis; gesicherter Steig, auch am Abstieg leichte Felsen.	Thurwis (1207 m), etwa 4 km von Unterwasser (906 m, 🚠) im Obertoggenburg.	Thurwis – Rotsteinpaß (2120 m; 3 Std.) – Lisengrat – Säntis (4½ Std.) – Tierwis (5½ Std.) – Chlingen (1662 m) – Thurwis (7 Std.)	Wegzeiger, rot-weiße Mark.	Rotsteinpaß (2120 m), Säntis, Gh. Tierwis (2085m), Gh. Schafboden (1729 m)
14 Wildhuser Schafberg, 2373 m Eine prächtige Tour für erfahrene Berggänger, die sich in Fels, Geröll und Steilgras sicher zu bewegen wissen. Mehrere seilgesicherte Passagen.	Wildhaus (1090 m, 🚠), Ferienort am Übergang vom Toggenburg ins Rheintal (Strecke Wattwil – Buchs). Parkmöglichkeit am Ortsrand.	Wildhaus – Gamplüt – Mietplätz (1848 m) – Schafberg (3½ Std.) – Alp Tesel – Flürentobel – Wildhaus (5¾ Std.)	Wegzeiger, Mark.	–
15 Chreialpfirst, 2126 m Abwechslungsreiche Wanderrunde mit zwei kleinen Gipfeln. Geübte können vom Zwinglipaß aus den Altmann (2435 m), zweithöchster Gipfel des Alpsteins, besteigen (1½ Std. über den Altmannsattel; mark., leichte Kletterstellen, I).	Wildhaus (1090 m, 🚠), Ferienort am Übergang vom Toggenburg ins Rheintal (Strecke Wattwil – Buchs). Parkmöglichkeit am Ortsrand.	Wildhaus – Tesel – Mutschen (2122 m; 3¾ Std.) – Chreialpfirst – Zwinglipaß (2011 m; 4¾ Std.) – Tesel – Wildhaus (6¾ Std.)	Wegzeiger, rot-weiße Mark.	Zwinglipaß
16 Churfirsten; Hinterrugg, 2306 m Interessante Wanderrunde an der Nordabdachung der Churfirsten; am Gamserrugg geologischer Lehrpfad. Vom Hinterrugg packender Tiefblick auf den Walensee.	🚠 Bergstation des Gamsalp-Sessellifts (1767 m), Talstation Wildhaus (1090 m, 🚠).	Gamsalp – Gamserrugg (2058 m; 1 Std.) – Sattel (1944 m) – Hinterrugg (2 Std.) – Vorder Selamatt (1429 m) – Iltios (🚠, 1342 m) – Wildhaus (4½ Std.)	Wegzeiger, rot-weiße und gelbe Mark.	Gamsalp (1767 m), Hinterrugg (2262 m), Iltios (1342 m)
17 Selun, 2205 m Alm- und Gipfelwanderung an der Nordflanke der Churfirsten; vom Selungipfel packender Tiefblick auf den Walensee. Sehenswert: Wildmannisloch (mark. Zugang).	🚠 Bergstation des Selamatt-Sessellifts (1390 m), Talstation Alt St. Johann (890 m, 🚠).	Selamatt – Breitenalp (1626 m; 1½ Std.) – Selun (3¾ Std.) – Breitenalp (5¼ Std.) – Alt St. Johann (6¾ Std.)	Wegzeiger, gelbe und rot-weiße Mark.	Selamatt (1390 m)
18 Speer, 1959 m Nagelfluhberg am Alpenrand mit großem Panorama; Trittsicherheit unerläßlich. Gesicherte Passagen, nicht bei Nässe gehen! Nordgrat nur für erfahrene Bergsteiger.	🚠 Bergstation des Rietbach-Sessellifts (1121 m), Talstation Krummenau (713 m, 🚠) im Toggenburg.	Rietbach – Wannenspitzli (1509 m) – Bütz (1¾ Std.) – Leiterli – Stelli (1725 m; 2 ¾ Std.) – Speer (3½ Std.) – Stelli – Leiterli – Seilchöpf (1520 m) – Blässchopf (1457 m) – Nesslau (7½ Std., 🚠)	Wegzeiger, gelbe und rot-weiße Mark.	Rietbach (1121 m)
19 Mattstock, 1936 m Massiger Felsgipfel über Amden mit interessantem Anstieg und großer Umschau. Trittsicherheit notwendig.	🚠 Bergstation des Niederschlag-Sessellifts (1290 m), Talstation Amden (908 m, 🚠).	Niederschlag – Mattstock (2 Std.) – Ober Furgglen – Durschlegi (1123 m) – Amden (4¾ Std.)	Wegzeiger, gelbe und rot-weiße Mark.	–
20 Leistchamm, 2101 m Überschreitung des Churfirstenkamms von Amden nach Quinten am Walensee; Rückfahrt nach Weesen mit dem Schiff. Vom Leistchamm sagenhafter Tiefblick auf den Walensee; langer Abstieg.	Amden (908 m, 🚠) Ferienort in sonniger Lage über dem Walensee, Zufahrt von Weesen (423 m) bis Amden-Arfenbüel (1273 m, 🚠).	Arfenbüel – Leistchamm (2½ Std.) – Säls (4 Std.) – Hag (1542 m) – Laubegg (1377 m) – Quinten (434 m; 6½ Std., 🚢)	Wegzeiger, gelbe und rot-weiße Mark.	Quinten (434 m)
21 Churfirsten-Höhenweg Mäßig anstrengende, aber sehr aussichtsreiche Höhenrunde über dem Walensee. Empfehlenswert: Norduferweg, etwa 6 Std. bis Weesen, Rückfahrt per Schiff!	Walenstadtberg (967 m, 🚠), Zufahrt von Walenstadt (425 m, 🚠) bis Hochrugg (1290 m) möglich, 9 km.	Hochrugg – Schrina-Obersäss (1727 m; 1¾ Std.) – Tschingel (2½ Std.) – Hochrugg (3½ Std.)	Wegzeiger, gelbe und rot-weiße Mark.	Hochrugg (1290 m), Tschingel (1527 m)
22 Murgseen, 1820 m Rundwanderung zwischen Mürtschenstock (2441 m) und Spitzmeilen (2501 m).	Merlen (1089 m) im Murgtal, gebührenpflichtige Zufahrt von Murg (427 m, 🚠) am Südufer des Walensees, 7,5 km. Wanderparkplatz.	Merlen – Mornen (1335 m; ¾ Std.) – Murgseen (2¼ Std.) – Murgseefurggel (1985 m; 2¾ Std.) – Mürtschen – Merlen (4¾ Std.)	Wegzeiger, rot-weiße Mark.	Fischerhütte (1817 m) am Oberen Murgsee
23 Leist – Gulmen, 2317 m Aussichtsreiche Höhenwanderung über mehrere kleine Gipfel(chen) in den Flumser Bergen. Ab Chrüzen Rückweg zur Seilbahn (gesamt 4¾ Std.) oder Abstieg nach Tannenboden möglich.	🚠 Bergstation der Maschgenkamm-Seilbahn (2019 m), Talstation Tannenboden (1364 m, 🚠). Anfahrt von Flums, 11 km, oder mit der 🚠 Seilbahn ab Unterterzen am Walensee.	Maschgenkamm – Zigerfurgglen (1997 m) – Leist (2222 m) – Rainissalts (2242 m) – Gulmen (2¼ Std.) – Hoch Camatsch (2229 m) – Mütschüel (2018 m) – Chrüzen (1907 m; 4 Std.) – Großsee (1618 m) – Tannenboden (6 Std.).	Wegzeiger, rot-weiße Mark.	Maschgenkamm (2019 m), Seebenalp (1622 m) am Großsee.

Alle Wanderungen auf einen Blick

Tourenziel/Charakteristik	Ausgangspunkt	Wegverlauf & Gehzeit	Markierung	Einkehr am Weg
24 Fansfurggla, 2275 m Ausgedehnte Höhenwanderung von den Flumser Bergen ins Weisstannental.	🚠 Bergstation der Maschgenkamm-Seilbahn (2019 m), Talstation Tannenboden (1364 m, 🚌). Anfahrt von Flums, 11 km.	Maschgenkamm – Spitzmeilenhütte (2087 m; 2 Std.) – Fansfurggla (3¼ Std.) – Obersiezsäss (1661 m) – Vorsiez (1175 m) – Weisstannen (1004 m; 6¼ Std., 🚌)	Wegzeiger, rot-weiße Mark.	Maschgenkamm (2019 m), Spitzmeilenhütte (2087 m)
25 Madfurggl, 2149 m Almrunde über dem Weisstannental; von der Madfurggl kann man leicht den Madchopf (2236 m) besteigen (¼ Std.).	Weisstannen (1004 m, 🚌), Zufahrt von Mels 14 km.	Weisstannen – Ringgaberg – Obergalans – Madfurggl (3½ Std.) – Matells – Steinegg (906 m; 5½ Std.) – Weisstannen (6 Std.)	Wegzeiger, rot-weiße Mark.	Obergalans (1889 m)
26 Fünf-Seen-Wanderung; Wildseeluggen, 2493 m Beliebte Runde unter dem Pizol (2844 m); diesen felsigen Gipfel besteigen Geübte von der Wildseeluggen in 1½ Std. über die schwach vergletscherte Nordflanke (evtl. Steigeisen, Pickel).	🚠 Bergstation der Sportbahnen Bad Ragaz (2226 m), Talstation Bad Ragaz (514 m, 🚌), berühmter Kurort.	Liftstation Laufböden – Wildseeluggen (1½ Std.) – Schwarzsee (2372 m) – Baseggla (2456 m; 3¾ Std.) – Baschalvasee – Liftstation Laufböden (5½ Std.)	Wegzeiger, rot-weiße Mark.	Pizolhütte (2227 m)
27 Taminaschlucht Klamm- und Talwanderung; faszinierend der Gang durch die wildromantische Taminaschlucht. Sehenswert: das alte Bad Pfäfers mit Museum.	Bad Ragaz (514 m, 🚌), berühmter Kurort im Rheintal, an der Strecke Sargans – Chur.	Bad Ragaz – Bad Pfäfers (680 m; 1¼ Std.) – Valens (925 m) – Stausee Mapragg (865 m; 2¾ Std.) – Vättis (943 m; 4¼ Std., 🚌)	Wegzeiger, gelbe Mark.	Bad Pfäfers (680 m), Valens, Vättis
28 Heubützlipaß, 2468 m Ausgedehnte Wanderrunde an der Nordflanke des Calfeisentals; großartig der Blick auf das mächtige Massiv der Ringelspitze (3247 m).	St. Martin (1350 m), Weiler am oberen Ende des Gigerwaldsees, 8 km ab Vättis (943 m, 🚌).	St. Martin – Sardona-Untersäss (1798 m; 1¾ Std.) – Heubützlipaß (3¾ Std.) – Chüetal (4¾ Std.) – Malanseralp (1832 m) – St. Martin (6½ Std.)	Wegzeiger, rot-weiße Mark.	–
29 Alvier, 2343 m Berühmter Aussichtsberg im Winkel zwischen dem Rhein- und dem Seeztal. Kurze felsige Passage am Chemmi (Kamin). Längere Anstiege vom Seveler Berg bzw. vom Grabser Berg.	Chamm (1711 m), Sattel im Rücken des Gonzen (1829 m; ¾ Std., sehr lohnend!), auf schmaler Bergstrecke erreichbar, etwa 15 km ab Azmoos (495 m, 🚌)	Chamm – Palfris (1688 m) – Alvier (2¼ Std.); Abstieg auf dem gleichen Weg (gesamt 3¾ Std.)	Wegzeiger, rot-weiße Mark.	Berghaus Palfris (1668 m)
30 Gamserrugg, 2076 m Rundwanderung hoch über dem Rheintal; am Gamserrugg geologischer Lehrpfad. Variante über den Höchst (2024 m) nur für Geübte (steile Grashänge, bei Nässe gefährlich!).	Voralpsee (1124 m, 🚌), Zufahrt von Grabs auf ordentlicher Bergstraße, 10 km.	Voralpsee – Sattel (1944 m; 2½ Std.) – Gamserrugg (3¼ Std.) – Gamsalp (🚠, 4 Std.) – Voralpsee (5¾ Std.)	Wegzeiger, gelbe und rot-weiße Mark.	Voralpsee (1218 m), Gamsalp (1767 m)
31 Goldlochspitz, 2110 m Höhenwanderung über dem inneren Saminatal, mit Abstieg durch das Lawenatal nach Triesen; kürzere Variante mit Abstieg ab Wanghöhe (1877 m), dann gesamt 5 Std.	Steg (1303 m, 🚌), Häusergruppe im Saminatal, Zufahrt von Triesen bzw. Vaduz über Triesenberg (884 m), 11 km.	Steg – Kulm (1433 m) – Heubühl (1936 m; 2 Std.) – Wanghöhe – Goldlochspitz (3¼ Std.) – Rappensteinsattel (2071 m) – Lawena (4¾ Std.) – Triesen (512 m; 7 Std., 🚌)	Wegzeiger, rot-weiße Mark.	Lawena (1516 m)
32 Augstenberg, 2359 m Beliebte Malbuner Wanderrunde, läßt sich um die Besteigung des Naafkopfs (2570 m) erweitern (1½ Std. von der Pfälzer Hütte, mark.).	🚠 Bergstation des Kuhgrat-Sessellifts (2003 m), Talstation Malbun (1602 m, 🚌).	Liftstation – Augstenberg – Pfälzer Hütte (1¾ Std.) – Tälihöhe (2056 m) – Malbun (3¼ Std.)	Wegzeiger, rot-weiße Mark.	Kuhgrat (2003 m), Pfälzer Hütte (2108 m)
33 Schönberg, 2104 m Hinauf und rund herum: Gipfeltour mit anschließender Talwanderung. Trittsicherheit.	Malbun (1602 m, 🚌), Ferienort; Zufahrt von Vaduz 15 km.	Malbun – Fürkle (1771 m; ¾ Std.) – Schönberg (2¼ Std.) – Guschg (1713 m; 3 Std.) – Valorschtal – Steg (1303 m; 5 Std., 🚌)	Wegzeiger, rot-weiße Mark.	Steg (1303 m)
34 Fürstensteig – Drei Schwestern, 2052 m Klassische Überschreitung des Drei-Schwestern-Massivs (Kuhgrat, 2123 m); »Fürstensteig« komfortabler Felsenweg (Sicherungen), am »Drei-Schwestern-Steig« etwas anspruchsvollere gesicherte Passagen.	Gaflei (1483 m, 🚌), 12 km von Vaduz. Parkmöglichkeit vor dem Hotelkomplex.	Gaflei – »Fürstensteig« – Kuhgrat (2¼ Std.) – Drei Schwestern – Sarojasattel (1628 m; 4¼ Std.) – Gafadurahütte – Planken (786 m; 6 Std., 🚌)	Wegzeiger, rot-weiße Mark.	Gafadurahütte (1428 m)
35 Hoher Kasten, 1794 m Steiler Weg auf einen der schönsten Aussichtsgipfel der Region. Ausdauer und Trittsicherheit erforderlich.	Sennwald (457 m, 🚌), Dorf im St. Galler Rheintal, an der Strecke Altstätten – Buchs.	Sennwald – Rohr – Rohrsattel (1590 m) – Kastensattel (1678 m) – Hoher Kasten (4 Std.) – Kastensattel – Rüthi (428 m; 6½ Std., 🚌)	Wegzeiger, rot-weiße Mark.	Hoher Kasten

Meine Favoriten

06 Hoher Kasten, 1794 m – Fälensee

Höhenwandern

Lehr- und Schaupfad in einem ist der Höhenweg vom Hohen Kasten zur Saxer Lücke, er bietet gleichermaßen Einblicke in das Werden des Alpsteinmassivs (Schautafeln am ersten geologischen Wanderweg der Schweiz) und herrliche Ausblicke, hinab ins Rheintal, zum Sämtisersee, auf die höchsten Gipfel des Alpsteins mit dem stachelbewehrten Säntis (2502 m) und weit hinein in die Vorarlberger Nachbarschaft. Hinterher kann man dann auf der Terrasse des Gasthauses Bollenwees die Tour Revue passieren lassen, mit Blick über den Fälensee zum Altmann (2435 m) und einer ordentlichen Brotzeit – Wurst und »Appezöller«, gar keine Frage.

➡ Nach der luftigen Seilbahnfahrt zunächst gegen den Uhrzeigersinn um den felsigen Kopf des Hohen Kasten herum, dann mehr oder weniger am Kamm entlang in anregendem Auf und Ab, fast ständig mit reizvollen Aus- und Tiefblicken, zur Stauberenhütte. Kurz ansteigend rechts an den Chanzeln (1860 m) vorbei, dann über leichte Felsen steil abwärts (Drahtseil) und flach durch die Ostabhänge des Furgglenfirsts. Über den Bollenweeser Schafberg im Zickzack

hinunter in die Saxer Lücke (1649 m). Wer nicht weiter zum Zwinglipaß will, nimmt hier den rechts abgehenden Weg, der durch eine Rinne hinableitet zum Fälensee (1446 m).

Zurück zum Sämtisersee entweder auf dem oberen Weg über Leck (1483 m) oder steil durch die felsige Rinne des Stifel hinunter in den weiten Sämtisboden. Links am See vorbei und mit leichtem Anstieg zum Gasthaus Plattenbödeli (1279 m). Dahinter durch den Brüeltobel abwärts und hinaus nach Brülisau.

Einladend (wie so viele Appenzeller Wirtschaften) ist auch das Haus am Fälensee.
En Guete!

13 Säntis, 2502 m

Auf den höchsten Gipfel des Alpsteins

Wege auf den höchsten Gipfel des Alpsteins gibt es mehrere, keiner ist ganz leicht, etwas Ausdauer und einen sicheren Tritt braucht's auf jeden Fall. Das gilt besonders für den Lisengrat, der felsig vom Rotsteinpaß zum Gipfel ansteigt und einen spannenden Anstieg vermittelt. Der bereits zu Beginn unseres Jahrhunderts angelegte Steig ist an allen etwas kniffligen Stellen gesichert, wie auch der Abstieg nach Tierwis. Insgesamt eine sehr abwechslungsreiche Runde, die von den Almen am Südfuß des Alpsteins direkt nach Utopia führt. Oder schaut die riesige Kommunikationsanlage auf dem Gipfel etwa nicht aus wie eine Mondstation?

➡ Von Thurwies steigt man unter den Westabstürzen des Wildhuser Schafbergs (2372 m) auf zum Gasthaus Schafboden. Eine Halbstunde höher zweigt links der direkte Säntisweg ab; geradeaus kommt man zum Rotsteinpaß (2120 m). Hier setzt westlich der Lisengrat an; der originelle Steig folgt dem felsigen Kamm, zunächst kräftig ansteigend, dann um und über mehrere Gratzacken, durchwegs mit soliden Sicherungen. Am Chalbersäntis (2377 m) mündet links der Zustieg vom Schafboden. Weiter am Kamm entlang und hinauf zum total verbauten Gipfel.

Der Abstieg beginnt im Berg (Stollen), führt dann durch eine sehr steile, mit künstlichen Tritten gangbar gemachte Verschneidung hinunter in den engen Girensattel (2397 m; Vorsicht bei Schnee!). Aus der Scharte kurz aufwärts und flach zu einer Weggabelung unter dem Girenspitz (2448 m). Hier links im Zickzack bergab, über ein ausgedehntes Karrenfeld (auf Mark. achten!) und unter dem Grauchopf zum Berggasthaus Tierwis (2085 m). Links über zerklüftetes Karstgelände abwärts, am Hundstein (1903 m) vorbei und hinunter zum Ausgangspunkt nach Thurwies.

Meine Favoriten

26 Fünf-Seen-Wanderung; Wildseeluggen, 2493 m

Wanderklassiker am Pizol

Bad Ragaz bietet beides: Wanderungen in den Berg (in die wilde Taminaschlucht) und auf den Berg. Das ist hier vor allem der Pizol (2844 m), höchstes der zerklüfteten Grauen Hörner und ein Aussichtsgipfel ersten Ranges. Seine Besteigung ist allerdings nicht ganz einfach, die Route führt über ein (arg geschwundenes) Gletscherchen und brüchige Felsen. Ganz auf gebahnten Wegen bewegt man sich dagegen auf der beliebten Seenrunde.

➡ Von der Seilbahnstation Laufböden (2226 m) führt der vielbegangene Weg zunächst fast eben über einen breiten Wiesenrücken zum Wängser See und zur Pizolhütte (2227 m). Das erste Etappenziel, die Wildseeluggen, ist bereits sichtbar, in mäßig steilem Anstieg über dem Valplona auch bald gewonnen. Prachtblick auf den Pizol, gleich jenseits der Scharte liegt der Wildsee (2438 m). Rechts an ihm vorbei und im Geröll hinab zum Schottensee. Weiter mit schöner Sicht auf die Zacken-

reihe der Churfirsten über Wiesenböden, dann steil bergan gegen den Schwarzplangggrat (2505 m). Dahinter liegt in einer Karmulde der Schwarzsee (2368 m), den man absteigend erreicht. Anschließend über ein breites Band hinauf zum Baseglarücken, einem besonders schönen Aussichts- und Rastplatz. Knapp unter dem Gamidaurspitz (2309 m) spitzwinklig rechts hinunter zum fünften und kleinsten See der Tour, dem Baschalvasee. Nun südlich ins Täli und in leichtem Gegenanstieg zur Pizolhütte, wo sich die Runde schließt.

34 Fürstensteig – Drei Schwestern, 2052 m

Aussichtstour im »Ländle«

Bereits ein kurzer Blick auf die Landkarte macht es klar: Die Überschreitung des Drei-Schwestern-Massivs ist der Wanderklassiker schlechthin im Fürstentum. Einmalig die Aus- und Tiefblicke auf dieser Tour, faszinierend die felsige Kulisse am Gipsberg und am Grat zu den Drei Schwestern. Hier wird aus dem Wanderpfad auch ein (teilweise gesicherter) Steig. Am »Fürstensteig«, der aufwendig

in das felsige Gelände mit der wenig vertrauenerweckenden Bezeichnung »Gipsberg« trassiert ist, droht Gefahr vor allem von oben (Steinschlag); der »Drei-Schwestern-Steig« dagegen wartet mit einigen Passagen auf, die trotz guter Sicherungen »Nur-Wanderer« leicht überfordert. Sie umgehen diesen Wegabschnitt östlich über die Garsellaalp.

➡ Von Gaflei zunächst auf einem Fahrweg bergan, dann links zum »Fürstensteig«. Er quert ansteigend die zerklüftete Flanke des Gipsberges, überwiegend meterbreit und mit Seilgeländer versehen. Von der Grathöhe ganz kurz abwärts, dann hoch über dem Saminatal wieder ansteigend zum Gafleispitz (2000 m) weiter zum Kuhgrat (2123 m), dem höchsten Punkt des Massiv. Felsiger wird's am Übergang zum Garsellikopf (2105 m), und der Abstieg von den Drei Schwestern zum Sarojasattel (1628 m) schlängelt sich dann durch ein wildromantisches Felslabyrinth. Weiter im Zickzack abwärts zum Sarojasattel (1628 m); eine Viertelstunde westlich unterhalb der grünen Senke steht die Gafadurahütte des Liechtensteinischen Alpenvereins. Auf dem Sträßchen hinab zum Weiler Planken.

Am »Fürstensteig«; Blick ins Rheintal, rechts der Gonzen.

Nord- und Mittelbünden

Täler und Berge zwischen Prättigau und Hinterrhein

Schesaplana (2964 m), Piz Kesch (3418 m), Rheinwaldhorn (3402 m) und Tödi (3614 m) bilden sozusagen die markanten Eckpunkte einer Alpenregion, die in ihrer Vielfalt ihresgleichen sucht. Wer möchte etwa die Bergsturzlandschaft der Ruinaulta mit dem an nordische Landschaften erinnernden Ödland der Greina vergleichen, die weite, von hohen Gipfeln umrahmte Talmulde des Oberhalbsteins (Surses) mit dem grünen Prättigau, das burgenreiche Domleschg mit dem Walserland des Hinterrheins? Nur eines ist absolut klar: Wandern kann man überall in der »Ferienecke der Schweiz« (Werbeslogan), die touristische Infrastruktur läßt keine Wünsche offen. Das Tü-tä-tä der Postbusse ertönt noch im hintersten Talwinkel, und in den großen Tälern verkehrt die Rhätische Bahn, von der ein Zyniker einmal (zu Unrecht) behauptet hat, »sie hätte mehr Tunnels und Viadukte als Passagiere«. International bekannte Fremdenverkehrsorte in Nord- und Mittelbünden sind das verstädterte Davos, weiter Arosa und Flims; kulturell Interessierte werden einen Besuch der Kantonshauptstadt nicht versäumen: 5000 Jahre Geschichte reklamiert Chur für sich, was in der Schweiz einmalig ist. Kulturhistorische Sehenswürdigkeiten entdeckt man aber auch weitab der großen Zentren. Es sei nur an das karolingische Kirchlein von Mistail (bei Tiefencastel) oder an die einzigartige bemalte Decke in der Kirche von Zillis – ein UNESCO-Weltkulturdenkmal – erinnert.

In Graubünden, das sei hier noch angemerkt, vertragen sich nicht nur Bergnatur und Kultur problemlos; auch die Küche hat viel Eigenständiges anzubieten. Und nach der Tour schmecken Maluns mit Salsiz oder Churer Capuns zusammen mit einem Calandabräu besonders gut, wetten?

Das Kirchlein von Avers-Cresta.

Führer & Landkarten

Über Nord- und Mittelbünden gibt es beim Bergverlag Rother den Wanderführer »Davos-Prättigau«. Vor allem Bergsteiger greifen gerne auf die Clubführer des SAC zurück, Band 1 »Tamina- und Plessurgebirge«, Band 2 »Lukmanier bis Domleschg«, Band 3 »San Bernardino bis Septimer«, Band 6 »Albula«, und Band 7 »Rätikon«. Acht Blätter der 50 000er Landeskarte der Schweiz, redaktionell bearbeitet von den »Schweizer Wanderwegen«, decken Nord- und Mittelbünden ab; Kümmerly + Frey bietet ebenfalls Wanderkarten über die gesamte Region.

Alle Wanderungen auf einen Blick

Tourenziel/Charakteristik	Ausgangspunkt	Wegverlauf & Gehzeit	Markierung	Einkehr am Weg
Prättigau, Davos				
01 Falknis, 2562 m Tolle Überschreitung, die Ausdauer und Bergerfahrung verlangt. Einige gesicherte Passagen.	Luziensteig (713 m, 🚆), kleiner Straßenpaß im Rücken des Fläscher Berges, an der Strecke Balzers – Maienfeld.	Luziensteig – Guscha (1116 m; 1 Std.) – Mittlerspitz (1897 m; 3¼ Std.) – Falknis (5½ Std.) – Enderlinhütte (7¼ Std.) – Luziensteig (8½ Std.)	Wegzeiger, rot-weiße Mark.	Enderlinhütte (1501 m), an Sommerwochenenden einfach bew.
02 Vilan, 2376 m Grasberg mit teilweise steilen Flanken und großer Aussicht. Platz in der »Älplibahn« vorab in Malans reservieren! Bei Nässe nicht steilen Aufstieg über Messhaldenspitz (2176 m), sondern längeren Weg über Jeninser Alp gehen.	🚠 Bergstation der Älplibahn (1801 m); Talstation bei Malans (568 m, 🚆).	Älpli – Vilan (1¾ Std.) – Frumaschan (2063 m) – Fadärastein (1163 m; 4½ Std.) – Malans (5½ Std.)	Wegzeiger, gelbe und rot-weiße Mark.	Seilbahn Älpli (1801 m), Gh. Fadära (1057 m), etwa 10 Min. vom Abstiegsweg.
03 Schesaplana, 2964 m Zweitagetour mit Nächtigung im Schesaplanahaus. Der »Schweizerweg« verlangt einen sicheren Tritt, ebenso der Steig über die Gamsluggen; Vorsicht bei Nebel auf dem Karstgelände der Toten Alpe.	Seewis (947 m, 🚆), Bergdorf über dem untersten Prättigau, 10 km von Landquart.	Seewis – Schesaplanahaus (4 Std.) – »Schweizerweg« – Schesaplana (7 Std.) – Gamsluggen (2380 m; 8¼ Std.) – Schesaplanahaus (9½ Std.) – Seewis (12 Std.)	Wege gelb, rot-weiß und blau-weiß mark.	Schesaplanahaus (1908 m), bew. Mitte Juni bis Mitte Okt.; Totalphütte (2381 m), bew. Juli bis Mitte Okt.
04 Glattwang, 2376 m Ausgedehnte Kammwanderung hoch über dem Prättigau; alternativ erheblich kürzere Runde vom Fideriser Heuberg (1939 m, gebührenpflichtige Zufahrt ab Fideris 12 km) möglich (gesamt 4 Std.).	Fideris (897 m, 🚆), Dorf im Prättigau, an der Strecke Landquart – Klosters.	Fideris – Schlegel – Larein (1950 m; 3½ Std.) – Glattwang (4¾ Std.) – Arflinafurgga (2247 m; 5¾ Std.) – Fideriser Heuberg (6½ Std.) – Fideris (8½ Std.)	Wegzeiger, gelbe und rot-weiße Mark.	Fideriser Heuberg (1939 m)
05 Chrüz, 2195 m Gipfelrunde vor dem Rätikon, bei Nässe nicht ratsam! Alternativer Ausgangspunkt Stelser Berg (1664 m), Zufahrt von Schiers 12 km.	St. Antönien Platz (1420 m, 🚆), Walserdorf im gleichnamigen Tal, Zufahrt von Küblis 12 km.	St. Antönien – Valpun (1882 m) – Chrüz (2½ Std.) – Sattel (1820 m; 3¼ Std.) – St. Antönien (4¾ Std.)	Wegzeiger, rot-weiße Mark.	–
06 Sulzfluh, 2817 m Einer der Hauptgipfel des Rätikon, Aufstieg durch das Gemstobel mit kurzer Felspassage (I), für das Schneefeld unter dem Gipfel Teleskopstöcke angenehm.	Partnun (1763 m), Häusergruppe am Ende der St. Antönier Talstraße, 17 km von Küblis via St. Antönien (1420 m, 🚆).	Partnun – Einstieg Gemstobel (1 Std.) – Sulzfluh (3 Std.) – Tilisunahütte (4 Std.) – Partnun (5¼ Std.)	Wegzeiger, rot-weiß mark. Wege	Partnunstafel (1763 m), Tilisunahütte (2208 m)
07 Prättigauer Höhenweg Aussichtsreiche Höhenwanderung, läßt sich gut mit dem »Madrisa-Erlebnisweg« verbinden (zusätzlich 2 Std, rot-weiß mark., Infoschrift bei der Seilbahn). Vom Fürggli kleiner Abstecher zum Jägglischhorn (2290 m).	🚠 Bergstation der Madrisa-Gondelbahn (1887 m), Talstation Klosters Dorf (1124 m, 🚆).	Madrisa – Zastia (1922 m; 1¼ Std.) – Fürggli (2255 m; 2¼ Std.) – St. Antönien Platz (1420 m; 4¼ Std., 🚆)	Wegzeiger, rot-weiß mark. Wege	Madrisa (1887 m), St. Antönien
08 Rätschenhorn, 2703 m Abwechslungsreiche Kamm- und Gipfelwanderung an der geologischen »Nahtstelle« zwischen Kalk und Gneis.	🚠 Bergstation der Madrisa-Gondelbahn (1887 m), Talstation Klosters Dorf (1124 m, 🚆).	Madrisa – Mässplatten – Rätschenhorn (3 Std.) – Rätschenjoch (2602 m) – Chüecalanda – Madrisa (5 Std.)	Wegzeiger, rot-weiß Mark.	Madrisa (1887 m)
09 Über den Fergenkamm Grandiose Runde für ausdauernde Berggänger, die gern mit der Natur allein sind. Rauhe Wege, am Abstieg zum innersten Schlappintal einige leichte Kletterstellen (I) und Blockwerk. Nächtigung in der Fergenhütte ratsam.	Monbiel (1291 m, 🚆), Weiler 3 km von Klosters Platz (1206 m, 🚆). Gebührenpflichtiger Parkplatz.	Monbiel – Fergenhütte (2½ Std.) – Fergenturgga (2652 m) – Schlappintal – Schijenfurgga (2571 m; 6 Std.) – Sardasca (1646 m; 8 Std.) – Monbiel (10 Std.)	Wegzeiger, gut mark. Wege, im Frühsommer (Schnee) in den nordseitigen Karwinkeln schwierige Wegsuche.	Fergenhütte (2141 m), unbew.; Seetalhütte (2065 m), an Sommerwochenenden bew., Sardasca (1646 m)
10 Silvrettahaus, 2341 m Tal- und Hüttenwanderung, privater Kleinbus bis Sardasca. Keinesfalls versäumen sollte man den Abstecher zur Zunge des Silvrettagletschers (zusätzlich 1½ Std. hin und zurück)!	Sardasca (1646 m), 11 km von Klosters Platz; Kleinbus nach Voranmeldung.	Sardasca – Silvrettahaus (2 Std.) – Sardasca (3¼ Std.) – Monbiel – Klosters Platz (6 Std.)	Wegzeiger, rot-weiß mark. Wege	Sardasca (1646 m), Silvrettahaus (2341 m), Spärra (1586 m) und Garfiun-Untersäss (1373 m)
11 Pischahorn, 2980 m Halbtagesrunde auf einen »Fast-Dreitausender« mit großem Panorama; bei einem Abstieg über das Hüreli (2444 m) nach Davos gesamt 6¼ Std.	🚠 Bergstation Mitteltälli der Pischabahn (2483 m), Talstation an der Flüela-Paßstraße (1800 m, 🚆).	Mitteltälli – Pischahorn (2 Std.) – Pischa – Mitteltälli (3½ Std.)	Wegzeiger, rot-weiße Mark.	Mitteltälli (2483 m)

Alle Wanderungen auf einen Blick

Tourenziel/Charakteristik	Ausgangspunkt	Wegverlauf & Gehzeit	Markierung	Einkehr am Weg
12 Jöriseen und Flüela Wisshorn, 3085 m Herrliche Seenrunde mit Gipfelabstecher. Am Nordwestgrat des Wisshorns Schrofen und leichte Kletterstellen (I), nur für Geübte!	Flüela-Paßstraße, Wägerhus (2207 m, 🚌) an der Nordrampe, knapp 10 km von Davos.	Wägerhus – Winterlücke (2787 m; 1¾ Std.) – Wisshorn (3 Std.) – Winterlücke (3¾ Std.) – Jöriseen (2519 m) – Jöriflüelafurgga (2725 m; 5¼ Std.) – Wägerhus (6¼ Std.)	Wegzeiger, rotweiße Mark., am Wisshorn Steinmännchen.	–
13 Weissfluh, 2843 m Aussichtsreicher Wanderklassiker über dem Landwassertal, auch ohne Gipfel (auch 🚠 Seilbahn) lohnend. Kürzere Variante mit Abstieg vom Strelapaß nach Davos.	🚠 Bergstation der Weissfluhjoch-Standseilbahn (2693 m), Talstation Davos Dorf (1560 m, 🚌).	Weissfluhjoch – Weissfluh (¾ Std.) – Strelapaß (2350 m; 2 Std.) – Latschüelfurgga (2409 m; 2¾ Std.) – Chörbschhorn (2650 m; 3¾ Std.) – Stafelalp (1894 m; 5½ Std.) – Davos (6½ Std.)	Wegzeiger, rotweiße Mark.	Mehrere Gasthäuser und Berghütten am Weg
14 Scalettapaß – Sertigpaß, 2739 m Abwechslungsreiche Paßwanderung zwischen den Tälern von Dischma und Sertig – mit einem kleinen Abstecher ins Engadin.	Dürrboden (2007 m, 🚌) im Dischmatal, 13 km von Davos.	Dürrboden – Scalettapaß (2606 m; 1¾ Std.) – Val Funtauna – Lai da Ravaisch Sur (2562 m; 3¼ Std.) – Sertigpaß (3¾ Std.) – Sertig-Dörfli (1861 m; 5¾ Std., 🚌)	Wegzeiger, rotweiße Mark.	–
15 Fanezfurgga, 2580 m Vom Sertig- ins Landwassertal; während des Anstiegs packende Blicke auf die zerklüfteten Duncangipfel. Empfehlenswert ein Abstecher von der Fanezfurgga zur nahen Ducanfurgga (2666 m; ¼ Std.).	Sertig-Dörfli (1861 m, 🚌), im Sertigtal, 12 km von Davos.	Sertig-Dörfli – Fanezfurgga (2½ Std.) – Monstein (1626 m; 4¼ Std.) – Frauenkirch (1505 m; 6¼ Std.)	Wegzeiger, rotweiße Mark.	Monstein (1626 m)
16 Stams, 1645 m Weinberge, Schluchten und alte Walsersiedlungen: abwechslungsreiche Runde über dem Rheintal. Steiler Aufstieg zum Tritt (einige Drahtseile), bei Nässe unangenehm.	Igis (563 m, 🚌), Dorf im Rheintal, an der Strecke Landquart – Chur.	Igis – Tritt (1203 m; 2 Std.) – Stams (4 Std.) – Says (1095 m) – Trimmis (643 m; 6 Std., 🚌)	Wegzeiger, rotweiße und gelbe Mark.	Says (1095 m)

Rund um Chur, Arosa

Tourenziel/Charakteristik	Ausgangspunkt	Wegverlauf & Gehzeit	Markierung	Einkehr am Weg
17 Haldensteiner Calanda, 2806 m Mächtiger, isoliert aufragender Bergstock zwischen Tamina- und Rheintal mit großem Panorama. Nächtigung in der Calandahütte (2300 Höhenmeter!) ratsam.	Haldenstein (572 m, 🚌), Nachbarort von Chur.	Haldenstein – Funtanolja (1514 m; 2¼ Std.) – Calandahütte (3¾ Std.) – Calanda (5¾ Std.); Abstieg auf dem gleichen Weg (gesamt 9¾ Std.)	Wegzeiger, rotweiße Mark.	Calandahütte (2073 m), bew. Juni bis Okt. an Wochenenden
18 Montalin, 2266 m Prächtiger »Guck-ins-Land« über der Mündung des Schanfigg. Vogelschaublick auf die Kantonshauptstadt Chur.	Maladers (1000 m, 🚌), 5 km von Chur an der Aroser Strecke.	Maladers – Montalin (3¼ Std.) – Platten (1803 m; 4 Std.) – Calfreisen (1249 m; 5¼ Std., 🚌)	Wegzeiger, rotweiße Mark.	–
19 Aroser Höhenweg Aussichtsreiche, nur mäßig anstrengende Höhenwanderung über den Quelltälern der Plessur, auch kürzere Varianten möglich. Alte Walsersiedlungen.	Langwies (1377 m, 🚌), Ortschaft im Schanfigg, an der Strecke Chur – Arosa.	Langwies – Strassberg (1¾ Std.) – First (1922 m; 3 Std.) – Sapün-Chüpfen (1763 m; 3½ Std.) – Medergen (1994 m; 4¾ Std.) – Arosa (6½ Std.)	Wegzeiger, rotweiße Mark.	Strassberg (1919 m), Sapün, Medergen (1994 m)
20 Hörnlihütte, 2513 m Panoramawanderung von oben nach unten, Start auf dem 🚠 Weisshorn. Verschiedene kürzere Abstiegsvarianten möglich.	🚠 Bergstation der Weisshorn-Seilbahn (2653 m), Talstation Arosa (1775 m, 🚌).	Weisshorn – Carmänna (2367 m) – Hörnlihütte (1½ Std.) – Älplisee (2156 m) – Arosa (3¼ Std.)	Wegzeiger, rotweiße Mark.	Weisshorn (2653 m), Hörnlihütte
21 Aroser Rothorn, 2980 m Anspruchsvolle Wanderrunde, Ausdauer und ein sicherer Tritt unerläßlich. Viel Schutt, im Frühsommer unter dem Erzhornsattel Schneefelder (Stöcke). Reiche Flora.	Arosa (1775 m, 🚌), berühmter Urlaubsort im innersten Plessurtal, 29 km von Chur.	Arosa – Älplisee (2156 m; 1½ Std.) – Erzhornsattel (2744 m; 3½ Std.) – Aroser Rothorn (4¼ Std.) – Erzhornsattel (4¾ Std.) – Ramozhütte (5½ Std.) – Welschtobel – Arosa (7½ Std.)	Wegzeiger, rotweiße und blauweiße Mark.	Ramozhütte (2293 m), nur zeitweise bew.
22 Stätzer Horn, 2574 m – Dreibündenstein Ausgedehnte Kamm- und Gipfelwanderung. Vorsicht bei Restschneelage am Nordgrat des Stätzer Horns!	🚠 Bergstation des Alp-Stätz-Sessellifts (1824 m), Talstation Churwalden (1209 m, 🚌).	Alp Stätz – Stätzer Horn (2 Std.) – Fulenberg (2572 m) – Dreibündenstein (2174 m; 3¾ Std.) – Malixer Alp (1759 m; 4½ Std.) – Malix (1116 m; 5¾ Std., 🚌)	Wegzeiger, rotweiße Mark.	Sessellift Alp Stätz (1824 m)
23 Parpaner Rothorn, 2899 m Hinauf mit der Luftseilbahn, bergab zu Fuß. Alternativ auch südseitiger Abstieg nach Lenzerheide möglich (via Alp Sanaspans, 3 Std., mark.)	🚠 Bergstation der Rothornbahn (2863 m), Talstation Lenzerheide (1476 m, 🚌), am Ostufer des idyllischen Heidsees (1484 m).	Seilbahn – Rothorn (¼ Std.) – Gredigs Fürggli (2619 m; 1 Std.) – Urdenfürggli (2546 m; 1¾ Std.) – Alp Scharmoin – Lenzerheide (3¾ Std.)	Wegzeiger, rotweiße Mark.	Rothornbahn, Scharmoin

Alle Wanderungen auf einen Blick

Tourenziel/Charakteristik	Ausgangspunkt	Wegverlauf & Gehzeit	Markierung	Einkehr am Weg
Albula, Oberhalbstein				
24 Höhenwanderung Lantsch – Wiesen Lange, ziemlich anstrengende Höhenwanderung mit einigem Auf und Ab; freie Sicht auf die Albulaberge. Zwischenabstiege nach Alvaneu (1181 m) und Schmitten (1263 m) möglich.	Lantsch/Lenz (1314 m, 🚂), hübsch gelegenes Dorf an der Strecke Lenzerheide – Tiefencastel.	Lantsch – Propissi (1768 m; 1½ Std.) – Plaun Crappa Naira (1627 m; 2¼ Std.) – Aclas Davains (1714 m; 3 Std.) – Wiesner Alp (1945 m; 5¾ Std.) – Wiesen (1437 m; 6¾ Std., 🚂).	Wegzeiger, rot-weiße Mark.	Wiesner Alp (1945 m)
25 Büelenhorn, 2808 m Große Wanderrunde von Stugl/Stuls über den Stulser Grat mit herrlichen Aus- und Tiefblicken. Trittsicherheit und Ausdauer wichtig.	Stugl/Stuls (1551 m, 🚂), 4 km von Bergün an der Albulastrecke.	Stugl – Pnez (1753 m; 1½ Std.) – Muchetta (2585 m; 4¼ Std.) – Stulser Grat – Büelenhorn (5½ Std.) – Alp da Stugl (2048 m; 6¾ Std.) – Runsolas (1724 m; 7½ Std.) – Stugl (8 Std.)	Wegzeiger, rot-weiße Mark.	–
26 Keschhütte, 2632 m Abwechslungsreiche Runde über zwei Hochpässe. Der Piz Kesch (3418 m) ist ein Hochtourenziel für entsprechend ausgerüstete Alpinisten!	Chants (1822 m, 🚂), Sommersiedlung im Val Tuors, gebührenpflichtige Zufahrt von Bergün, 7 km.	Chants – Lai da Ravais-ch (2562 m; 2 Std.) – Keschhütte (2632 m; 3½ Std.) – Chants (5 Std.)	Wegzeiger, rot-weiße Mark.	Keschhütte (Chamanna digl Kesch, 2632 m)
27 Tschimas da Tisch, 2872 m Kammroute mit Talabstieg; Trittsicherheit, teilweise weglos. Alternativ (wenn Lift nicht verkehrt) mit Ausgangspunkt Chants und Abstieg via Darlux nach Bergün möglich (gesamt 5½ Std., mark.).	🚡 Bergstation des Darlux-Sessellifts (1985 m), Talstation Bergün (1367 m, 🚂).	Darlux – Piz Darlux (2642 m) – Tschimas da Tisch (2½ Std.) – Murtel da Lai – Alp da Tisch (1985 m; 4½ Std.) – Bergün (5¾ Std.)	Wegzeiger, rot-weiße Mark.	Darlux (1985 m)
28 Fuorcla Zavretta, 2890 m Hochalpine Runde am Albulapaß; reichlich Geröll an der Zavretta-Scharte, idyllisch dagegen der Lai da Palpuogna.	Preda (1789 m, 🚂) am Nordportal des Albulatunnels. Interessant: Bahnhistorischer Lehrpfad Preda – Bergün entlang der Bahnstrecke, 2 Std.	Preda – Alp Zavretta (2271 m; 1½ Std.) – Fuorcla Zavretta (3¼ Std.) – Albulapaß (2312 m; 4¼ Std.) – Lai da Palpuogna (1918 m; 5½ Std.) – Preda (5¾ Std.)	Wegzeiger, rot-weiße Mark.	Albulapaß (2312 m)
29 Fuorcla da Tschitta, 2831 m – Pass digl Orgels, 2699 m Hochalpine Tour für Weitläufer ohne Konditionsprobleme; von der Fuorcla da Tschitta kann man auch direkt nach Tinizong absteigen (gesamt dann 7¼ Std.).	Preda (1789 m, 🚂) am Nordportal des Albulatunnels.	Preda – Fuorcla da Tschitta (3½ Std.) – Laiets (2564 m; 4 Std.) – Pass d'Ela (2724 m; 4½ Std.) – Cotschen (2821 m) – Pass digl Orgels (5 Std.) – Lai Tigiel (2460 m) – Tinizong (1232 m; 8¼ Std., 🚂)	Wegzeiger, rot-weiße Mark.	–
30 Ziteil, 2433 m Höhenwanderung im untersten Oberhalbstein (Surses); Ziteil gilt als höchstgelegener Wallfahrtsort der Alpen.	🚡 Bergstation der Somtgant-Bahn (2112 m), Talstation Savognin (1207 m, 🚌). Sehenswert: Museum Regiunal mit Kräutergarten.	Somtgant – Som igls Mellens (1951 m; 1½ Std.) – Ziteil (3 Std.) – Munter (1944 m; 3¾ Std.) – Salouf (1258 m; 5½ Std., 🚌)	Wegzeiger, rot-weiße Mark.	–
31 Forcellina, 2672 m Dreipässewanderung, am Septimerpaß (Pass da Sett) auf den Spuren der Römer.	Bivio (1769 m, 🚌) an der Nordrampe der Julierstrecke.	Bivio – Fuorcla da la Valletta (2586 m; 3 Std.) – Forcellina (3¾ Std.) – Septimerpaß (2310 m; 4¾ Std.) – Bivio (6¾ Std.)	Wegzeiger, rot-weiße Mark.	–
32 Fuorcla Leget, 2711 m Hochalpiner Übergang vom Val d'Agnel nach Bivio.	Julier-Hospiz (La Vaduta, 2233 m, 🚌) am Julierpaß (2284 m).	La Vaduta – Val d'Agnel – Fuorcla Leget (1¾ Std.) – Natons (1963 m; 3½ Std.) – Bivio (1769 m; 4¼ Std., 🚌)	Wegzeiger, rot-weiße Mark.	Julier-Hospiz (2233 m)
33 Fuorcla Grevasalvas, 2688 m Paßübergang ins Engadin; von der Scharte herrlicher Blick auf den Silser See.	Julier-Hospiz (La Vaduta, 2233 m, 🚌) am Julierpaß (2284 m).	La Vaduta – Leg Grevasalvas (2390 m) – Fuorcla Grevasalvas (2 Std.) – Sils im Engadin (1799 m; 4 Std., 🚌)	Wegzeiger, rot-weiße Mark.	–
34 Heinzenberg; Tguma, 2163 m Ausgedehnte Kammwanderung: viel Aussicht, wenig Anstrengung. Verschiedene Alternativen möglich.	Obertschappina (1577 m, 🚌), Weiler am Heinzenberg, Zufahrt von Thusis 12 km.	Obertschappina – Bischolapaß (1999 m) – Tguma (2 Std.) – Präzer Höhi (2119 m; 2¾ Std.) – Alp Sura (1771 m; 4½ Std.) – Bonaduz (655 m; 7 Std., 🚂)	Wegzeiger, gelbe und rot-weiße Mark.	–
Thusis, Rheinwald				
35 Viamala Spannende Tour durch die berühmte Schlucht, Schwindelfreiheit und ein sicherer Tritt sind wichtig. Interessant: der 48 m lange Holzsteg über den Traversina-Tobel, Treppenweg in den Schluchtgrund, Hohenrätien.	Thusis (723 m, 🚂), stattlicher Ort im Domleschg, an der Strecke zum San Bernardino.	Thusis – Sils im Domleschg (683 m) – Hohenrätien (947 m) – Viamala (2½ Std.) – Zillis (945 m; 3¾ Std., 🚂)	Wegzeiger, Kulturweg Viamala mark.	Viamala (Kiosk)

Alle Wanderungen auf einen Blick

Tourenziel/Charakteristik	Ausgangspunkt	Wegverlauf & Gehzeit	Markierung	Einkehr am Weg
36 Piz Beverin, 2997 m Wahrzeichen des Domleschg, vom Schams (Schons) aus vergleichsweise leicht zu besteigen. Schlüsselstelle: eine 10 m-Eisenleiter. Wer's noch etwas knackiger mag, wählt Obertschappina (1577 m, 🚌) oder den Glaspaß (1846 m) als Ausgangspunkt (4¼ Std., blau-weiße Mark., bei Schneelage gefährlich!).	Mathon (1527 m, 🚌), Bergdörfchen im Schams, Zufahrt von Zillis 10 km.	Mathon – Val Mirer – Beverin Ping (2587 m; 3 Std.) – Piz Beverin (4¼ Std.); Abstieg auf dem gleichen Weg (gesamt 7 Std.)	Wegzeiger, rot-weiße Mark.	–
37 Von Andeer ins Avers Abwechslungsreiche Hangwanderung hoch über dem klammartig eingerissenen Val Ferrera, Zwischenabstieg nach Ausserferrera möglich.	Andeer (982 m, 🚌), Hauptort des Schams (Schons), an der Strecke Thusis – Splügen.	Andeer – Bagnusch Sura (1723 m; 2½ Std.) – Cresta (1660 m; 4 Std.) – Alp Samada Sut (1730 m; 5½ Std.) – Innerferrera (1480 m; 6¼ Std., 🚌)	Wegzeiger, rot-weiße Mark.	–
38 Tälifurgga, 2822 m Große Runde in teilweise wilder Hochgebirgslandschaft. Ausdauer wichtig; zur Fuorcla Curtegns rund 200 m Gegenanstieg, zum Guggernüllrücken 400 m!	Cresta (1959 m, 🚌), Hauptort im Avers; Zufahrt von Andeer 21 km.	Cresta – Tällifurgga (2¾ Std.) – Fuorcla Curtegns (2658 m; 4 Std.) – Alp Starlera (2078 m; 4¼ Std.) – Guggernüll (5½ Std.) – Cresta (6½ Std.)	Wegzeiger, rot-weiße Mark.	–
39 Lai da Vons, 1991 m Hübsche Alm- und Seenrunde, faszinierend die teilweise licht bewaldete Buckellandschaft von Caschlera. Vom Lai da Vons kann man alternativ den für seine Aussicht berühmten Piz Vizan (2471 m) besteigen (2 Std. via Cuferclahütte (2385 m, mark.).	Sufers (1426 m; 🚌) am gleichnamigen Stausee, 9 km von Andeer.	Sufers – Lai da Vons (1½ Std.) – Caschlera (2150 m) – Lai Long (1833 m; 3 Std.) – Pastgaglias (1847 m; 3¾ Std.) – Molas – Gruöbli (2103 m; 4¾ Std.) – Glattenberg (2000 m) – Sufers (6 Std.)	Wegzeiger, rot-weiße Mark.	–
40 Suvrettaseen, 2266 m Wenig anstrengende Höhen- und Bergabwanderung; da man die Splügenstraße quert, sind auch kürzere Varianten möglich.	Berghaus Splügen (2022 m, 🚌) nördlich unterhalb der Splügen-Paßhöhe (2113 m).	Berghaus Splügen – Tanatzhöhi (2163 m; ½ Std.) – Bodmenstafel (1790 m; 1¼ Std.) – Suvrettaseen (3 Std.) – Splügen (1457 m; 4½ Std., 🚌)	Wegzeiger, rot-weiße Mark.	–
41 Strec de Vignun, 2373 m Von Nufenen nach San Bernardino, aber nicht über den Passo del San Bernardino. Ein lohnendes Ziel für Geübte: der Piz Uccello (2718 m), 1½ Std. von Motta de Caslasc (Spur, Steinmännchen).	Nufenen (1569 m, 🚌), Dörfchen im Rheinwald an der San-Bernardino-Route.	Nufenen – Alp de Rog (1812 m; 1¼ Std.) – Stre de Vignun (3 Std.) – Motta de Caslasc (2299 m; 3½ Std.) – San Bernardino (1608 m; 5 Std.)	Wegzeiger, rot-weiße Mark.	–
42 Chilchalphorn, 3040 m Dreitausender mit großem Panorama; besonders schön der Blick auf das Rheinwaldhorn (3402 m) und seine vergletscherten Trabanten. Für den (harmlosen) Chilchalpgletscher sind Teleskopstöcke nützlich.	Hinterrhein (1620 m, 🚌), hinterstes Dorf im Rheinwald am Nordportal des San-Bernardino-Tunnels.	Hinterrhein – Chilchalp (2082 m; 1¼ Std.) – Chilchalplücke (2813 m; 3¼ Std.) – Chilchalphorn (4 Std.); Abstieg auf dem gleichen Weg (gesamt 6½ Std.)	Wegzeiger, Steinmännchen	–

Flims, Oberland

Tourenziel/Charakteristik	Ausgangspunkt	Wegverlauf & Gehzeit	Markierung	Einkehr am Weg
43 Piz Fess, 2880 m Felsiger Aussichtsgipfel über dem unteren Safiental; Trittsicherheit erforderlich.	Tenna (1642 m, 🚌), 11 km von Versam.	Tenna – Tällihütte (2188 m; 1¾ Std.) – Piz Fess (4 Std.); Abstieg auf dem gleichen Weg (gesamt 6½ Std.)	Wegzeiger, rot-weiße Mark.	–
44 Cassonsgrat, 2694 m Wenig beschwerliche Höhen- und Bergabwanderung; am Cassonsgrat Naturlehrpfad. Steinbockrevier.	🚡 Bergstation der Cassonsbahn (2634 m), Talstation Flims (1081 m, 🚌).	Seilbahn – Cassonsgrat – Flimserstein – Bargis (3 Std.) – Flims (4 Std.)	Wegzeiger, rot-weiße Mark.	Cassonsgrat (2634 m), Bargis (1552 m)
45 Pass dil Segnas, 2627 m Recht anspruchsvolle Tour von ausgeprägt alpinem Zuschnitt. Führt nahe an die Tschingelhörner mit dem berühmten Martinsloch (Felsenfenster) heran. Trittsicherheit, am Segnaspaß Kettensicherungen. Abstieg läßt sich durch 🚡 Bergbahnen verkürzen.	🚡 Bergstation der Cassonsbahn (2634 m), Talstation Flims (1081 m, 🚌).	Seilbahn – Fuorcla Raschaglius (2551 m) – Pass dil Segnas (2¾ Std.) – Segnashütte (4¼ Std.) – Flims (6¾ Std.)	Wegzeiger, rot-weiße Mark.	Cassonsgrat (2634 m), Camona da Segnas (2102 m)
46 Ruinaulta Einzigartige Schluchtlandschaft, größtes Bergsturzgelände der Schweiz. Rückfahrt mit der Rhätischen Bahn durch die Ruinaulta!	Castrisch (705 m; 🚌), Nachbarort von Ilanz.	Castrisch (705 m, 🚌) – Station Valendas (669 m; 1 Std.) – Station Versam (635 m; 2½ Std.) – Digg (814 m; 4½ Std.) – Station Trin (609 m; 5 Std.)	Wegzeiger, gelbe und rot-weiße Mark.	Station Versam (635 m), Digg (814 m)

Alle Wanderungen auf einen Blick

Tourenziel/Charakteristik	Ausgangspunkt	Wegverlauf & Gehzeit	Markierung	Einkehr am Weg
47 Valser Seenrundtour Drei-Seen-Wanderung mit Start am Zervreila-Stausee. Man kann auch bei der 🚡 Bergstation der Gadastatt-Sesselbahn (1810 m) losgehen (2 Std. bis Zervreila, mark.).	Zervreila-Stausee (1868 m, 🚌), Zufahrt von Vals (1252 m, 🚌) 8 km.	Zervreila-Stausee – Guraletschsee (2409 m; 1¾ Std.) – Ampervreilsee (2377 m) – Selvasee (2297 m; 3 Std.) – Marcheggen (1932 m) – Vals (5 Std.)	Wegzeiger, rot-weiße Mark.	Zervreila
48 Läntahütte, 2090 m Talwanderung an den Fuß der Adula-Dreitausender.	Zervreila-Stausee (1868 m, 🚌), Zufahrt von Vals (1252 m, 🚌) 8 km.	Zervreila – Lampertschalp (1996 m; 2 Std.) – Läntahütte (3 Std.); Rückweg auf der gleichen Route (gesamt 5¾ Std.)	Wegzeiger, rot-weiße Mark.	Zervreila, Läntahütte (2090 m)
49 Piz Mundaun, 2064 m Alm- und Höhenwanderung über dem Lugnez (Val Lumnezia). Vom Piz Mundaun herrliche Schau über das Bündner Oberland (Surselva).	Vella (Villa, 1244 m, 🚌), schmuckes Bergdorf im Lugnez, Zufahrt von Ilanz 9 km.	Vella – Morissen (1346 m; ½ Std.) – Gh. Bündner Rigi – Piz Mundaun (3 Std.) – Hitzeggen (2112 m; 3¾ Std.) – Triel – Vella (5½ Std.)	Wegzeiger, rot-weiße Mark.	Gh. Bündner Rigi (1618 m), Rest. Triel
50 Piz Val Gronda, 2820 m Nicht ganz leichte Runde über den höchsten Gipfel der Obersaxner Berge. Großes Panorama, gute Kondition wichtig.	Obersaxen an der Strecke Ilanz – Meierhof (1281 m, 🚌) – Tavanasa. Zufahrt bis zur Lumbreiner Brücke (1623 m) im Val Gronda, 5 km von Meierhof.	Lumbreiner Brücke – Inneralp (2137 m; 1¾ Std.) – Blausee (2374 m; 2¾ Std.) – Piz Val Gronda (4¼ Std.) – Bi de Seeli (2563 m; 4¾ Std.) – Alp Gren (2154 m; 5¾ Std.) – Lumbreiner Brücke (7 Std.)	Wegzeiger, rot-weiße Mark.	–
51 Panixer Talschlußrunde; Fluaz, 2427 m Sehr abwechslungsreiche, aber auch lange Rundtour im innersten Panixer Tal (Val da Pigniu). Ausdauer und ein sicherer Tritt sind hier unerläßlich. Faszinierende Gebirgsbilder.	Pigniu (Panix, 1301 m, 🚌), Zufahrt von Rueun (788 m) 7 km. Parkplatz oberhalb des Dorfes.	Pigniu – Ranasca Dadens (1830 m; Plaun da Cavals (2130 m; 2¾ Std.) – Fluaz (3¾ Std.) – Cuolm da Nuorsas (2236 m) – Alp Sura (2059 m; 6 Std.) – Cuolm d'Andiast – Pigniu (8¾ Std.)	Wegzeiger, rot-weiße Mark. Aufstieg nach Fluaz teilweise schlecht bez.	–
52 Kistenpaß, 2730 m Wanderung in die Hochgebirgsregion um Bifertenstock (3421 m), Selbsanft (3029 m) und Hausstock (3158 m). Abstieg vom Kistenpaß (2730 m) über die Muttseehütte ins Glarnerland möglich.	🚡 Bergstation des Berleun-Lifts (1700 m), Talstation Brigels/Breil (1287 m, 🚌).	Berleun – Rubi Sura (2172 m; 1½ Std.) – Kistenpaß (3½ Std.) – Rubi Sura (4¾ Std.) – Chischarolas (1506 m) – Brigels (6½ Std.)	Wegzeiger, rot-weiße Mark.	Burleun (1700 m); Bifertenhütte (2482 m; nur Getränke).
53 Camona da Punteglias, 2311 m Hüttenwanderung, alternativ auch von der Alp Schlans Sut (1723 m; 3 Std.) aus möglich. Steinbockkolonie im Val Punteglias.	Trun (980 m, 🚌), alter Flecken im Bündner Oberland, an der Strecke Ilanz – Disentis.	Trun – Alp Punteglias (1631 m; 2 Std.) – Punteglias-Hütte (4¼ Std.); Abstieg auf dem gleichen Weg (gesamt 7 Std.)	Wegzeiger, rot-weiße Mark.	Punteglias-Hütte (2311 m)
54 Greina-Hochplateau Grandios-eigenartige Hochgebirgslandschaft zwischen Nord (Surselva) und Süd (Blenio). Sollte in einem Stausee ertränkt werden – doch Volkes Stimme war (für einmal) stärker…	Tenigerbad (1305 m) im Val Sumvitg, Zufahrt von Sumvitg (1056 m, 🚌) 8 km. Parkmöglichkeit etwas weiter talein bei einem kleinen Stausee (Runcahez, 1277 m).	Val Sumvitg – Terrihütte (3½ Std.) – Passo della Greina (2357 m; 5 Std.) – Plaun la Greina – Terrihütte (6½ Std.) – Val Sumvitg (8¾ Std.)	Wegzeiger, rot-weiße Mark.	Camona dil Terri (2170 m), bew. Mitte Juni bis Okt.
55 Lag Serein – Lag Brit, 2361 m Höhen- und Seenwanderung hoch über dem Zusammenfluß von Medelser und Vorderrhein (Disentis).	🚡 Bergstation der Caischavedra-Seilbahn (1860 m), Talstation Disentis (1142 m, 🚌). Sehenswert: Kloster und Museum.	Caischavedra – Lag Serein (2072 m; 1 Std.) – Lag Crest Ault (2268 m) – Lag Brit (2¾ Std.) – Umens (2510 m) – Alp Lumpegna (1858 m; 4½ Std.) – Disentis (6 Std.)	Wegzeiger, rot-weiße Mark.	Caischavedra (1860 m)
56 Brunnigrätli, 2739 m Hochalpine Runde über den Westgrat des Brichlig (2964 m) und den Brunnifirn zur Cavardiras-Hütte. Unter dem Grat Felsen (Sicherungen), am Gletscher meistens Spur (Spätsommer evtl. Steigeisen notwendig).	🚡 Bergstation der Caischavedra-Seilbahn (1860 m), Talstation Disentis (1142 m, 🚌).	Caischavedra – Lag Serein (2072 m; 1 Std.) – Brunnigrätli (3 Std.) – Cavardiras-Hütte (3½ Std.) – Alp Cavrein Sut (1540 m; 6 Std.) – Val Russein – Punt Gronda (1032 m; 7½ Std., 🚌)	Wegzeiger, rot-weiße und blau-weiße Mark.	Caischavedra (1860 m), Camona da Cavardiras (2649 m), bew. Mitte Juli bis Mitte Sept.
57 Medelser Hütte, 2524 m Lohnende Hüttentour, Abstieg ins Val Sumvitg und nach Surrein (895 m, 🚌) möglich (gesamt 8 Std., mark.).	Curaglia (1332 m, 🚌) an der Lukmanier-Paßstraße, 6 km von Disentis.	Curaglia – Val Plattas – Alp Sura (1982 m; 2 Std.) – Medelser Hütte (3½ Std.); Abstieg auf dem gleichen Weg (gesamt 6 Std.)	Wegzeiger, rot-weiße Mark.	Camona da Medel (2524 m) an der Fuorcla da Lavaz
58 Pazolastock, 2740 m Vom Oberalppaß über den Aussichtsberg zur Quelle des Vorderrheins. Vom Tomasee besteigt man in knapp 2 Std. den Piz Badus (2928 m), einen hervorragenden Aussichtsgipfel (Spur, Steinmännchen, leichte Felsen).	Oberalppaß (2044 m, 🚌), Übergang vom Bündner Oberland ins Urserental (Strecke Disentis – Andermatt).	Oberalppaß – Pazolastock (2 Std.) – Lai da Tuma (Tomasee, 2345 m; 2¾ Std.) – Oberalppaß (4½ Std.)	Wegzeiger, rot-weiße Mark.	Oberalppaß (2044 m), Badushütte (2505 m)

Meine Favoriten

01 Falknis, 2562 m

Ein großer Berg

Höhen sind relativ und Gipfelhöhen sowieso. Das macht einem der Falknis drastisch klar, und wer seiner Kondition nicht so recht traut, nimmt sich besser eine etwas kürzere Tour vor. Denn hier sind die Wege lang, teilweise rauh, zwischen Startpunkt und Gipfel liegen fast 1900 Höhenmeter. Eine bequemere Möglichkeit, den prächtigen Aussichtsgipfel zu erreichen, bietet die »Älplibahn« → Vilan. Nach der luftigen Fahrt benötigt man zum Falknis nur noch drei Stunden. Verlockend, nicht wahr?

➡ Die Runde beginnt recht gemütlich, an manchen Tagen allerdings vom Geballere des Schießplatzes Luziensteig begleitet: eine Stunde hinauf zu der alten Walsersiedlung Guscha. Oberhalb des verlassenen Weilers leiten die Markierungen in den Guschtobel. Man verläßt ihn bald wieder nach links, steigt über den bewaldeten Hang (Pilze!) hinauf zu den Guschner Alpen und – weit rechts ausholend – zum Mittlerspitz (1987 m). Weiter mit wenig Höhengewinn am Guschagrat entlang in die Mazorahöhi, dann in anstrengendem Zickzack am Nordgrat des Mazorakopfs bergan. Unter dem felsigen Gipfel rechts in seine Südflanke und in etwas heikler Querung über eine ab-

schüssige Schieferzone (Drahtseile). Nun im Zickzack auf einen felsdurchsetzten Rücken und über Schrofen zum großen Gipfelkreuz.

Der Abstieg führt zunächst ins Fläscher Fürggli (2247 m), dann im Zickzack über einen Wiesenhang in einen felsigen Trichter, den man nach rechts über teilweise schmale und exponierte Bänder verläßt. Das Weglein quert unter den bizarren Falknistürmen ein paar Gräben und zieht anschließend steil hinab zur Enderlinhütte (1501 m). Weiter im Zickzack – nun angenehm schattig – bergab ins »Loch« und zuletzt auf einer Forstpiste hinaus nach Luziensteig.

Eine große, spannende Tour: die Falknis-Überschreitung. Hier am Weg vom Fläscher Fürggli hinab zur Enderlinhütte.

Senda Sursilvana

Rund 100 km langer Höhenweg vom Oberalppaß durch das Bündner Oberland (Sursilva) bis Chur. Der bestens markierte Weg verläuft an der Sonnseite des Vorderrheintals, Teilbegehungen und Zwischenabstiege sind möglich. Übernachtungsmöglichkeiten in allen Dörfern. Zum »Senda Sursilvana« gibt's eine spezielle Routenkarte im Maßstab 1:40000. Verlauf: Oberalppaß (2044 m) – Sedrun (4 Std.) – Disentis (6 Std.) – Trun (10½ Std.) – Brigels/Breil (13½ Std.) – Ruschein (18½ Std.) – Flims (22 Std.) – Chur (27 Std.)

09 Über den Fergenkamm

Einsame Wege in der Silvretta

Wer Touren mit leicht abenteuerlichem Touch mag, den Massen lieber aus dem Weg geht und über eine gute Kondition verfügt, ist am Fergenkamm genau richtig: mehr Gemsen als Menschen und noch viel mehr Gipfel rundum, dazu ein paar Bilder, die sich tief ins Gedächtnis einprägen: weil sie so schön sind.
Aber Vorsicht: Dieser Weg über zwei hohe Scharten und hinaus nach Klosters ist nichts für Gelegenheitsbergsteiger!

➡ Die große Runde beginnt bei Baretschrüti (1332 m), einen Kilometer hinter Monbiel, mit dem Anstieg zur Fergenhütte: erst flache Kehren im Pardennwald, dann steiles Zickzack, ehe nach einer Rechtsquerung das Refugium ins Blickfeld kommt. Hinter der Hütte über Wiesen aufwärts gegen einen von den Fergenhörnern herabziehenden Felssporn, dann halbrechts in die Inner Fergen und im Zickzack über den Geröllhang zur Fergenfurgga (2652 m). Jenseits abwärts in unübersichtliches Blockgelände, vorbei an einer winzigen Lacke und im Gegenanstieg auf einen felsigen Rücken, der den Übergang ins Rüeditäli vermittelt. Nun links durch den Graben abwärts, wobei Wegpassagen mit leichten Kletterstellen (I) abwechseln; zuletzt balanciert man über Felsblöcke hinunter in den weiten Boden des innersten Schlappintals. Hier rechts über Schnee und Geröll, dann in Kehren bergan und zuletzt aus einer schneegefüllten Karmulde an Fixseilen zum »Überstieg« etwas oberhalb der Schijenfurgga (2571 m). Einmalig schöner Rastplatz mit Blick bis zum Silvrettagletscher. Über gestufte Felsen erst steil und etwas heikel, dann auf ausgetretener Spur hinab ins Seetal, über den Bach und in leichter Steigung zum Talweg. Auf ihm zum See, an der kleinen Seetalhütte vorbei und bergab in die Sardasca (1648 m). Zuerst auf der Sandstraße, dann rechts des Vestanclabachs – das Rauschen des Wassers im Ohr – durch eine romantische Waldschlucht und über Garifun hinaus nach Monbiel.

Meine Favoriten

38 Tälifurgga, 2822 m
Averser Runde

*Was für Kontraste! Eng, felsig, kaum
Sonne im Talboden des Val Ferrara, von
lichtdurchfluteter Weite dagegen das
Avers, hohe Grate rundum zwar, doch die
krönen offene Hänge, die im Winter viele
Tourengeher anziehen. Lifte fehlen hier
im Quellgebiet des Averser Rheins, große
Siedlungen auch, dafür ist das letzte Dorf
an der Straße auch gleich das höchstgelegene, ganzjährig bewohnte im Alpenraum (Juf, 2140 m). Und auf der Wanderrunde um die Wissberge setzen sich die
Gegensätze fort: helle Kalkfelsen stoßen
an dunkle Gneise, saftige Almböden
(Blumen!) gehen in riesige Geröllteppiche über, schroffe Felszacken wie der Piz
Forbesch (3262 m) ragen neben verwit-
terten grauen Buckeln auf. Ein kleines
Paradies und gut versteckt, das Avers!*

➡ Von Cresta auf einem alten Almweg bergan, dann über ein paar Kehren ins Täli. Am
Fuß des Büel knickt das Tal nach links um,
öffnet sich ganz unvermittelt eine Szenerie
von archaischer Schönheit, bunt, wild. Den
Markierungen folgend über Geröll hinauf in
die Tälifurgga. Dahinter steil hinab in den
obersten Boden des Val Gronda und gleich
wieder links aufwärts in die weite Senke der
Fuorcla Curtegns (2694 m).
Aus dem Sattel leitet die Wegspur hinunter
ins Val Starlera; man folgt ihr bis zur Alp
Starlera und nimmt dann die rund 400 Höhenmeter zum abgeflachten Rücken von
Guggernüll in Angriff. Jenseits über Wiesenhänge talein und hinab nach Cresta.

46 Ruinaulta
Durch den Grand Canyon
Graubündens

*Manchmal lohnt es sich wirklich, nicht
nur nach den Gipfeln zu gucken. Etwa
bei der Rheinschlucht zwischen Ilanz und
Bonaduz, die zu den Landschaftswun-
dern Graubündens zählt. Bahnreisende
kennen sie von der Fahrt ins Oberland;
der Autoverkehr dagegen zwängt sich
durch den Ferienort Flims und gewährt
keinen einzigen Blick in die rund 15 Kilometer lange, einzigartige Klamm. Entstanden ist sie aus einem nacheiszeit-
lichen Bergsturz, bei dem nicht weniger
als 12 000 Millionen Kubikmeter Gestein
in Bewegung gerieten! Sie bedecken eine
Fläche von etwa 40 Quadratkilometern,
bis zu 800 Meter hoch. Der Vorderrhein
wurde aufgestaut, bis er sich schließlich
einen Weg durch das lockere Material
bahnte: die Ruinaulta.*

Traumhafte Bündner Hochalpen: Die Bernina-
gruppe vom Keschmassiv aus gesehen.

➡ Von Castrisch zunächst entlang der
Bahntrasse, dann hinab ins Bergsturzgelände der Isla Sut und am rechten Ufer
des Vorderrheins zur Station Valendas. Nun
neben und unterhalb der Bahn bis zur
Mündung des Carreratobels. Hier unter der
Bahn hindurch und leicht steigend im Wald
zur großen Lichtung von Isla. In leichtem
Auf und Ab, vorbei an bizarren Gesteins-
formationen zur Station Versam. Weiter zur
bewaldeten Halbinsel von Chrumwag, dann
auf solider Brücke über den Fluß und steil
bergan zum Waldplateau von Ransun. Auf
Fahrwegen nach Digg (814 m), wo man
dem rauschenden Straßenverkehr recht
nahe kommt, dann rechts hinunter zur
Bahnstation Trin (609 m). Zurück nach
Castrisch mit der »Rhätischen«.

51 Panixer Talschluß-
runde; Fluaz, 2427 m
Große Runde am Panixer Paß

*Im Schweizer Schulunterricht, Fach Ge-
schichte, taucht der Panixer Paß unwei-
gerlich auf, und stets in Zusammenhang
mit einem russischen General (der in der
Schöllenenschlucht sogar ein Denkmal
hat): Suworow. Vor zwei Jahrhunderten,
als in Europa die Koalitionskriege tobten,
war auch Graubünden Schauplatz von
Kampfhandlungen. Das russische Heer
sollte, von Italien anmarschierend, den
Österreichern zu Hilfe kommen, doch das
Unternehmen schlug fehl, und Suworow
trat mit seinen 20 000 Mann einen ent-
behrungs- und verlustreichen Rückzug
an, der ihn auch über den Panixer Paß
(Pass dil Veptga, 2407 m) führte.
Heute gibt es im Glarnerland einen
Suworow-Weg und ein Museum; der alte
Paßweg ist in weiten Teilen noch er-*

*halten. Geblieben ist natürlich auch die
Landschaft, faszinierend in ihrer Vielfalt
an Formen und Farben: Erdgeschichte
zum Anfassen. Da gurgelt das Wasser aus
tiefen Gräben im weichen Untergrund,
blüht es auf weiten Almböden, ziehen
riesige Geröllteppiche von zerklüfteten
Felsflanken herab, haben die Gletscher
haushohe Moränen zurückgelassen.*

➡ Von Pigniu/Panix zunächst auf breitem
Karrenweg bergan, über die Lichtung Stavel
da Maner in das weite Almgelände von
Ranasca Dado. Weiter im Linksbogen zur
Hütte Ranasca Dadens und auf einem vom
Vieh arg in Mitleidenschaft gezogenen Pfad
um den Bergrücken herum zum Kreuz von
Muladera (2031 m). Der Paßweg führt
hoch am Hang talein, senkt sich dann zwischen bizarren Schiefertürmen in den Talboden. An der Brücke hinter Plaun da Ca-
vals (2130 m) verläßt man ihn nach links,
steigt über den schroffen Hang an zur Alp
da Bovs und wandert über die Hochalp zu
der winzigen Scharte von Fluaz.
Der Weg läuft nun, mehrfach ab- und wieder ansteigend, durch das unübersichtliche
Gelände im Vorfeld der beiden vom Haus-
stock herabziehenden Gletscher. Am Cuolm
da Noursa (2236 m) beginnt der Abstieg zu
den Alpen von Andiast. Bei der Alp Sura
stößt man auf eine Straße, beginnt der
(lange) Weg zurück: erst an einem Rücken
entlang, dann in Kehren hinunter zum Sied-
lungsrand von Andiast. Bei den Häusern
von Pattadiras (1291 m) links und – vorbei
an Panix, das vom gegenüberliegenden Tal-
hang grüßt – bis man schließlich über den
Bach kommt.

Das Engadin

Traumlandschaft zwischen Silvretta und Bernina

Mit Superlativen soll man bekanntlich sparsam umgehen, doch wer bei schönem Wetter am Oberlauf des Inn (En) unterwegs ist, kommt da schwer in Versuchung – und das nicht erst seit heute oder gestern. Immerhin gilt das Engadin seit über einem Jahrhundert als eines der attraktivsten Reiseziele in den Alpen, und mit einiger Berechtigung bezeichnet sich St. Moritz – dessen Emblem übrigens weltweit geschütztes Markenzeichen ist – als »Top of the World«. Eine ältere Werbung hat aus dem Oberengadin gleich das »Dach Europas« gemacht, was natürlich eine Übertreibung ist, aber dennoch das Unvergleichliche umschreibt: mitten im Hochgebirge gelegen, nahe der Baumwuchsgrenze, und dennoch keine bedrückende Enge, der Horizont ist weit und offen – Kulissenberge rundum, aber in respektvollem Abstand. Und dann sind da noch die Seen, aufgereiht wie Perlen an einer Schnur, entstanden aus Toteismulden des Inngletschers – sozusagen das Tüpfchen aufs »I« einer alpinen Bilderbuchlandschaft. Ganz anders als das Oberengadin, aber kaum weniger reizvoll ist das Engadina Bassa: tief eingeschnitten das Tal, die Dörfer sitzen auf sonnseitigen Terrassen über dem Inn und schauen hinüber zu den bizarren Dolomitzinnen.

Wer das Engadin richtig kennenlernen will, muß auch einen Blick über den berühmten »Tellerrand« hinaus tun, in die benachbarten Bündner Südtäler. Am bequemsten geht das oben am Maloja, der eigentlich kein Paß ist, sondern bloß das Ende der Seenplatte signalisiert. Dahinter öffnet sich eine Landschaft, die sich kaum mit dem rätoromanischen Engadin vergleichen läßt: der tiefe, von wilden Granitzinnen überragte Graben des Bergells (Val Bregaglia). Hier sprechen die Einheimischen italienisch, sucht man vergebens nach Hotelpalästen, dafür gibt es jede Menge Natur pur – fast wie hinter der Bernina, im Puschlav, und im südöstlichsten Zipfel der Schweiz, dem Val Müstair.

Die Oberengadiner Seenplatte, links der Piz de la Margna, rechts der Piz Güglia, in der Bildmitte St. Moritz.

Führer & Landkarten

Führerliteratur über das Engadin findet sich im Bücherregal – wen wundert's? – in großer Auswahl. Zur Einstimmung empfiehlt sich Bruckmanns Länderporträt »Engadin« von Reinhard Eisele und Eugen E. Hüsler. Bruckmanns »Wandern kompakt Engadin« (Eugen E. Hüsler) stellt die schönsten Touren der Region vor; bei Rother gibt es zwei Wanderführer »Unterengadin« und »Oberengadin«. Mehr auf Bergsteiger zugeschnitten sind die SAC-Führer, Bände 4, 5, 9 und 10. Wer hoch hinaus will, kann auch den »Tourenführer Engadin« von Siegfried Garnweidner (Bruckmann) in den Rucksack packen.

Kümmerly + Frey bietet auch zwei Wanderkarten an: »Unterengadin« und »Oberengadin-Bergell-Puschlav«, beide im Maßstab 1:60 000. Zuverlässige Begleiter sind natürlich die von den »Schweizer Wanderwegen« bearbeiteten Blätter der Landeskarte der Schweiz: 249 T »Tarasp«, 258 T »Bergün«, 259 T »Ofenpass«, 268 T »Julierpass«, 269 T »Passo del Bernina«.

Alle Wanderungen auf einen Blick

Tourenziel/Charakteristik	Ausgangspunkt	Wegverlauf & Gehzeit	Markierung	Einkehr am Weg
Unterengadin, Val Müstair				
01 Muttler, 3294 m Großer Aussichtsberg mit etwas monotonem Anstieg, häßliche Sendeanlage am Gipfel. Viel Geröll, im Frühsommer Schnee. Teleskopstöcke nützlich.	Samnaun (1840 m, 🚌), bekannter Wintersportplatz und Zollausschlußgebiet; Zufahrt von Vinadi (1086 m) bzw. Pfunds (970 m), 16 km.	Samnaun – Val Maisas – Nordgrat – Muttler (4½ Std.); Abstieg über die Nordwestflanke ins Val Maisas (gesamt 7 Std.)	Rot-weiße Mark., Steinmännchen	–
02 Inntal; Scuol – Martina Gemütliche Talwanderung entlang des grünen Inn, abseits der Straße.	Scuol (1243 m, 🚌), Kur- und Ferienort im Unterengadin.	Scuol – Sur En (1124 m; 1¾ Std.) – San Niclà (1066 m; 3½ Std.) – Martina (1035 m; 4½ Std., 🚌)	Wegzeiger, gelbe Mark.	Mehrere Gh. unterwegs
03 Fuorcla Champatsch, 2730 m Abwechslungsreiche Paß- und Talabwanderung, an der Fuorcla Champatsch im Frühsommer meist noch Schnee.	🚠 Bergstation der Motta-Naluns-Gondelbahn (2142 m), Talstation Scuol (1243 m, 🚌).	Motta Naluns – Fuorcla Champatsch (2 Std.) – Zuort (4¼ Std.) – Val Sinestra – Sent (1430 m; 6¼ Std., 🚌)	Wegzeiger, rot-weiße Mark.	Motta Naluns (2142 m), Hof Zuort (1711 m)
04 Lais da Rims – Val d'Uina Großartige Überschreitung vom Val S-charl ins Uinatal; Aufstieg durch die Forca da l'Aua mühsam, beim Abstieg exponierter Felssteig durch die wilde Klamm »Il Quar«. Bei Nebel Orientierungsprobleme auf dem Seenplateau.	S-charl (1810 m, 🚌), Weiler im gleichnamigen Tal; Zufahrt von Scuol 15 km.	S-charl – Alp Sesvenna (2098 m; 1 Std.) – Forca da l'Aua – Rimsgletscher (2920 m; 3¾ Std.) – Lais da Rims (2687 m) – Alp Sursass (2157 m; 5¼ Std.) – Il Quar – Uina Dadaint (6 Std.) – Sur En (1124 m; 8 Std., 🚌)	Wegzeiger, rot-weiße Mark.	Uina Dadaint (1770 m)
05 Il Foss, 2317 m Beliebte Nationalparkwanderung, sehr eindrucksvoll das Val Plavna mit seinen riesigen Geröllströmen. Sehenswert: Schloß Tarasp.	🚌 Bushaltestelle »Val Mingèr« im Val S-charl (1664 m), 13 km von Scuol (1243 m, 🚌).	Val S-charl – Il Foss (2¼ Std.) – Val Plavna – Fontana (1402 m; 4¾ Std., 🚌) – Vulpera – Scuol (1243 m; 6 Std., 🚌)	Wegzeiger, rot-weiße und gelbe Mark.	Mehrere Gh. in Fontana und Vulpera
06 Höhenweg Lavin – Guarda – Scuol Beliebte Wanderung über die (pittoresken) Dörfer an der Sonnenseite des Unterengadins. Besonders sehenswert: Guarda, Sgraffiti-malereien in Ardez, Ruine Steinsberg.	Lavin (1412 m, 🚌), Dorf im Unterengadin, an der Strecke Scuol – Zernez.	Lavin – Guarda (1653 m; 1½ Std.) – Ardez (1464 m; 3 Std.) – Chanoua (1617 m; 3½ Std.) – Ftan (1633 m; 4¼ Std.) – Scuol 1243 m; 5¼ Std.)	Wegzeiger, rot-weiße Mark.	Mehrere Gh. am Weg
07 Piz Cotschen, 3030 m Prächtiger Aussichtsgipfel über dem Unterengadin. Trittsicherheit, Gipfelgrat kann im Frühsommer an einigen Stellen ostseitig überwächtet sein. Teleskopstöcke.	Bos-cha (1664 m), Weiler auf einer Anhöhe zwischen Guarda (1653 m, 🚌; knapp 2 km) und Ardez.	Bos-cha – Chamanna Clèr (2476 m; 2½ Std.) – Piz Cotschen (4¼ Std.) – Muot da l'Hom (2330 m) – Bos-cha (7 Std.)	Bis Chamanna Clèr rot-weiße Mark., dann Spur und einige Steinmännchen.	–
08 Lai Blau, 2613 m Recht anstrengende, aber unschwierige Wanderrunde. Herrlich die Aussicht auf den Piz Buin (3312 m). Üppige Blumenwiesen über dem Val Tuoi.	Guarda (1653 m, 🚌), schmuckes Engadiner Dorf in aussichtsreicher Lage über dem Inn; Zufahrt 3 km von der Talstraße.	Guarda – Val Tuoi – Alp Suot (2018 m; 1½ Std.) – Lai Blau (3½ Std.) – Alp Sura (2122 m; 4¾ Std.) – Guarda (5¾ Std.)	Wegzeiger, rot-weiße Mark. (im Aufstieg von Alp Suot sehr sparsam gesetzt!)	–
09 Jöriseen; Jöriflesspaß, 2561 m Abwechslungsreiche Seenrunde, im Aufstieg zum Flesspaß eine felsige Passage.	Flüela-Paßstraße, Bushalt »Röven« (1848 m).	Röven – Jöriflesspaß (2¼ Std.) – Jöriseen – Frömdvereina (3¾ Std.) – Flesspaß (5¼ Std.) – Röven (6½ Std.)	Wegzeiger, rot-weiße Mark.	Berghaus Vereina (1943 m), ¼ Std. vom Weg
10 Schwarzhorn, 3147 m Stattlicher Dreitausender mit großem Panorama und markiertem Anstieg. Bei guten äußeren Bedingungen leicht.	Flüelapaß (2383 m), Straßenübergang von Davos ins Engadin. Ausgangspunkt 1,5 km südlich unterhalb der Scheitelhöhe 🚌.	Flüelastraße – Schwarzhornfurgga (2883 m; 1½ Std.) – Schwarzhorn (2½ Std.); Abstieg auf dem gleichen Weg (gesamt 4 Std.)	Wegzeiger, rot-weiße Mark.	–
11 Macun; Fuorcletta da Barcli, 2850 m Die hochalpine Talmulde von Macun mit ihren Bergseen zählt zu den schönsten Landschaften des Engadins. Gute Kondition für die Überschreitung unerläßlich.	Zernez (1473 m, 🚌), stattlicher Flecken im Unterengadin, an der Abzweigung der Ofenpaßstraße. Im Sommer Jeepfahrten bis Munt Baselgia.	Zernez – Plan Sech (2286 m; 2¼ Std.) – Fuorcletta da Barcli (4½ Std.) – Macun (2616 m; 5 Std.) – Alp Zeznina Dadaint (1958 m; 6¼ Std.) – Lavin (1412 m; 7¼ Std., 🚌)	Wegzeiger, rot-weiße Mark.	–
12 Murtèrgrat – Val Cluozza Große Nationalparkwanderung mit steilem Aufstieg. Verlassen der mark. Wege ist im Nationalpark untersagt!	Parkplatz 3 an der Ofenpaßstraße (1770 m), 10 km von Zernez.	Ofenpaßstraße – Murtèrgrat (2545 m; 3¼ Std.) – Cluozzahütte (4¾ Std.) – Zernez (1473 m; 7 Std.)	Wegzeiger, rot-weiße Mark.	Chamanna Cluozza (1882 m)
13 Munt la Schera, 2587 m Mäßig anstrengende, sehr dankbare Parkwanderung. Wildbeobachtung, reiche Flora.	Il Fuorn (1794 m, 🚌), Gasthof an der Ofenpaßstraße, 14 km von Zernez.	Il Fuorn – Munt la Schera (2¾ Std.) – Buffalora (1968 m; 4¾ Std., 🚌)	Wegzeiger, rot-weiße Mark.	Il Fuorn (1794 m)

Alle Wanderungen auf einen Blick

Tourenziel/Charakteristik	Ausgangspunkt	Wegverlauf & Gehzeit	Markierung	Einkehr am Weg
14 Piz Daint, 2968 m Etwas für Liebhaber archaischer Landschaften, die sich auch von viel Geröll nicht abschrecken lassen.	Ofenpaß (Pass dal Fuorn, 2149 m, 🚍), Übergang vom Unterengadin (Zernez) ins Val Müstair.	Ofenpaß – Piz Daint (2½ Std.) – Muliniersch – Tschierv (1693 m; 4¾ Std., 🚍)	Wegzeiger, rot-weiße Mark.	–
15 Val Mora Ausgedehnte, aber nur wenig anstrengende Talwanderung.	Ofenpaß (Pass dal Fuorn, 2149 m, 🚍), Übergang vom Unterengadin (Zernez) ins Val Müstair.	Ofenpaß – Jufplaun (2351 m; 1 Std.) – Alp Mora (1¾ Std.) – Döss Radond (2234 m; 3½ Std.) – Val Vau – Valchava (1440 m; 6 Std., 🚍)	Wegzeiger, rot-weiße Mark.	Ofenpaß (2149 m)
16 Piz Umbrail, 3033 m Wenig Anstieg, dafür ein langer (nicht langweiliger!) Abstieg. Trittsicherheit am Piz Umbrail erforderlich.	Pass Umbrail (2501 m, 🚍), Grenzpaß zur italienischen Stilfser-Joch-Strecke.	Pass Umbrail – Piz Umbrail (1½ Std.) – Lai da Rims (2¾ Std.) – Val Vau – Santa Maria (1375 m; 5¼ Std., 🚍)	Wegzeiger, rot-weiße Mark.	Pass Umbrail (2501 m)
17 Senda Val Müstair Aussichtsreiche, leichte Höhenwanderung mit Aussicht auf das Münstertal und die Berge zu Italien. Unbedingt sehenswert: Kloster Müstair mit karolingischen Fresken.	Ofenpaß (Pass dal Fuorn, 2149 m, 🚍), Übergang vom Unterengadin (Zernez) ins Val Müstair.	Ofenpaß – Alp da Munt (2213 m; ¾ Std.) – Lü (1920 m; 2¼ Std.) – Craistas (1876 m; 3½ Std.) – Müstair (1247 m; 5 Std., 🚍)	Wegzeiger, rot-weiße Mark.	Ofenpaß (2149 m), in Lü (1920 m), Craistas (1877 m)

Oberengadin, Puschlav, Bergell

Tourenziel/Charakteristik	Ausgangspunkt	Wegverlauf & Gehzeit	Markierung	Einkehr am Weg
18 Val Trupchun Familienwanderung in das Nationalparktal; sehenswerter Talschluß. Wege nicht verlassen!	S-chanf (1662 m, 🚍) im Oberengadin, an der Strecke Zernez – Samedan. Parkplatz am Inn.	S-chanf – Alp Trupchun (2040 m; 2¾ Std.) – Varusch (1771 m) – S-chanf (5¼ Std.)	Wegzeiger, rot-weiße Mark.	–
19 Fuorcla Muragl, 2891 m Hoher Übergang von Muottas Muragl in das einsame Val Chamuera. Ausdauer erforderlich.	🚠 Bergstation der Muottas-Muragl-Standseilbahn (2453 m), Talstation Punt Muragl (1738 m; 🚍).	Muottas Muragl – Fuorcla Muragl (2 Std.) – Alp Prüna (2270 m; 3½ Std.) – Serlas (2017 m; 4¼ Std.) – La Punt-Chamues-ch (1697 m; 6½ Std.)	Wegzeiger, rot-weiße Mark.	Muottas Muragl (2453 m)
20 Steinbockweg – Val Languard Wanderklassiker im Engadin; große Schau vor der Berninagruppe. Trittsicherheit für den »Steinbockweg«, am Piz Albris Steinbockkolonie. Geübte besteigen vom inneren Val Languard aus den Piz Languard (3226 m): 1½ Std., mark., am Gipfel leichte Felsen (I), grandioses Panorama.	🚠 Bergstation der Muottas-Muragl-Standseilbahn (2453 m), Talstation Punt Muragl (1738 m, 🚍) auf halber Strecke zwischen Samedan und Pontresina.	Muottas Muragl – Segantinihütte (1½ Std.) – »Steinbockweg« – Abzw. Languard (2730 m; 3 Std.) – Paradis (3¾ Std.) – Alp Languard – Pontresina (1805 m; 5¼ Std., 🚍)	Wegzeiger, rot-weiße Mark.	Mehrere Hütten am Weg
21 Chamanna Boval, 2495 m Frequentierter Stützpunkt für Hochtouren in der Bernina, einzigartige Lage vor dem Morteratschgletscher.	Pontresina (1805 m, 🚍), berühmter Oberengadiner Ferienort. Alternativ Bahnstation Morteratsch (1898 m), 6 km von Pontresina (Gletscherlehrpfad »Morteratsch«, 2 Std.).	Pontresina – Chünetta (2050 m; 2¼ Std.) – Bovalhütte (3¾ Std.); Rückweg auf der gleichen Route (gesamt 6½ Std.)	Wegzeiger, rot-weiße Mark.	Chamanna Boval (2495 m)
22 Diavolezza – Morteratschgletscher Gletscherwanderung, vom Panoramapunkt Diavolezza hinab zur Bovalhütte und hinaus nach Morteratsch. Treffpunkt der Führungen an der Seilbahnbergstation während der Sommersaison 10–11.45 Uhr (nur bei gutem Wetter). Keinesfalls ohne Führer auf den Gletscher gehen!	🚠 Bergstation der Diavolezza-Seilbahn (2973 m), Talstation an der Berninabahn (2093 m, 🚍).	Diavolezza – Morteratschgletscher – Isla Persa (2720 m) – Bovalhütte (2½ Std.) – Station Morteratsch (1898 m; 4 Std., 🚍)	Ab Bovalhütte rotweiße Mark.	Diavolezza (2973 m), Chamanna Boval (2495 m)
23 Piz Lagalb, 2959 m Bergabwanderung, bei der man den Piz Lagalb praktisch umrundet. Im Val Minor wurde früher Silber geschürft.	🚠 Bergstation der Lagalb-Seilbahn (2893 m), Talstation an der Berninabahn (2107 m).	Seilbahn – Piz Lagalb – Fuorcla Minur (2435 m; 1½ Std.) – Val Minor – Berninabahn (2¾ Std.)	Wegzeiger , rot-weiße Mark.	Bergstation der Lagalb-Seilbahn
24 Sassal Mason, 2355 m – Alp Grüm – Poschiavo Höhen- und Bergabwanderung ins Puschlav. Herrliche Ausblicke auf die Bergkulisse des Bündner Südtals. Sehenswert: Trulli auf Sassal Mason, alter Ortskern von Poschiavo und »Spaniolenviertel«.	Berninapaß (2328 m) oder Bahnstation Ospizio Bernina (2243 m).	Berninapaß – Sassal Mason (1¼ Std.) – Alp Grüm (1¾ Std.) – Cavaglia (1693 m; 2¾ Std.) – Poschiavo (1014 m; 4½ Std., 🚍)	Wegzeiger , rot-weiße Mark.	Mehrere Gasthäuser am Weg

Alle Wanderungen auf einen Blick

Tourenziel/Charakteristik	Ausgangspunkt	Wegverlauf & Gehzeit	Markierung	Einkehr am Weg
25 Val Viola; Pass da Val Viola, 2528 m Hochromantische Runde zu den Seen des Val Viola und hinauf zum Grenzpaß. Steinbock-kolonie im benachbarten Val Mera (Fußweg zum Plan da Val Mera, 1¼ Std.).	Sfazù (1622 m, 🚂) an der Südrampe der Bernina-Paß-straße, etwa auf halber Strecke zwischen Poschiavo und der Scheitelhöhe.	Sfazù – Lagh da Saoseo (2028 m; 1½ Std.) – Lagh da Val Viola (2159 m; 2¼ Std.) – Pass da Val Viola (3½ Std.) – Plan da Genzana – Alp Camp (4¾ Std.) – Sfazù (6 Std.)	Wegzeiger, rot-weiße Mark.	Rif. Saoseo (1985 m), Alp Camp (2065 m)
26 San Romerio, 1795 m Uraltes Gotteshaus in herrlicher Aussichtslage über dem unteren Puschlav. Tiefblick zum Lago di Poschiavo und Fernsicht hinauf zur Bernina. Alternativ Abstieg nach Miralago (965 m, 🚂) am Puschlaver See möglich (2 Std.).	Poschiavo (1014 m, 🚂), Hauptort der Talschaft mit sehenswertem historischem Kern.	Poschiavo – Barghi (1412 m; 1¾ Std.) – San Romerio (3¼ Std.) – Viano (1281 m; 5½ Std.) – Brusio (780 m; 6¾ Std., 🚂)	Wegzeiger, rot-weiße Mark.	San Romerio, Viano (1281 m)
27 Coazhütte, 2610 m Höhen- und Talwanderung vor der grandiosen Kulisse der Bernina. Ganz Ausdauernde gehen gleich in St. Moritz los und steigen zu Fuß zur Fuorcla Surlej hinauf (3½ Std., mark.). Für Abstieg zum Gletschersee Tritt-sicherheit notwendig, Direktabstieg von der Fuorcla Surlej zum Hotel Roseggletscher möglich (gesamt 3¾ Std.).	🚡 Station Murtèl der Cor-vatsch-Seilbahn (2699 m), Talstation Surlej bei Silvaplana (1815 m, 🚌). Hotel Rosegg-letscher – Pontresina: Pferde-kutschen.	Murtèl – Fuorcla Surlej (2755 m, ½ Std.) – Coazhütte (2¾ Std.) – Gletschersee (2159 m) – Hotel Roseggletscher (5 Std.) – Pontresina (1815 m; 6¾ Std., 🚌)	Wegzeiger, rot-weiße Mark. Abzweig hinunter zum Gletschersee nicht übersehen!	Fuorcla Surlej (2755 m), Chamanna Coaz (2610 m), Hotel Roseggletscher (1998 m)
28 Via Engiadina St. Moritz – Maloja Die Seenpromenade: wenig Anstrengung, viel Aussicht.	🚡 Bergstation der Signal-Seilbahn (2130 m), Talstation St. Moritz-Bad (1773 m, 🚌).	Signal – Orchas (2220 m; 1½ Std.) – Julierstraße – Sils-Baselgia (3¼ Std.) – Grevasalvas (1941 m; 4½ Std.) – Maloja (1809 m; 5¾ Std., 🚌)	Wegzeiger, gelb-blaue Mark.	Sils-Baselgia
29 Piz Güglia, 3380 m Mächtiger Felsklotz mit gesichertem Anstieg. Trittsicherheit erforderlich; Vorsicht bei Alt-schnee!	🚡 Bergstation der Signal-Seilbahn (2130 m), Talstation St. Moritz-Bad (1773 m, 🚌).	Signal – Alp Suvretta (2211 m) – Fuorcla Albana (2870 m; 3 Std.) – Piz Güglia (4½ Std.); Abstieg auf dem gleichen Weg (gesamt 7 Std.)	Wegzeiger, rot-weiße Mark.	Am Weg zur Alp Suvretta
30 Val Fex Gemütliche Bergabwanderung; wer's lieber etwas alpiner mag, kann den oberen Weg zum Lej Sgrischus (2618 m) nehmen (gesamt 4½ Std., mark.). Sehenswert: Alp-siedlung Curtins, Crasta, Nietzsche-Museum.	🚡 Bergstation der Furtschel-las-Seilbahn (2317 m), Tal-station außerhalb von Sils-Maria (1809 m, 🚌).	Furtschellas – Marmorè (2275 m) – Curtins (1973 m; 1½ Std.) – Crasta (1951 m) – Sils-Maria (3 Std.)	Wegzeiger, rot-weiße Mark.	Hotel Fex (1960 m), Crasta (1973 m)
31 Lej da la Tscheppa, 2616 m Aussichtsreiche Seenwanderung; teilweise steile Pfade.	Silvaplana (1815 m, 🚌) am Ausgangspunkt der Julier-route.	Silvaplana – Muttaun (2474 m; 2¼ Std.) – Lej da la Tscheppa (3 Std.) – Fiuors (1865 m; 4½ Std.) – »Via Engiadina« – Silvaplana (5½ Std.)	Wegzeiger, rot-weiße Mark.	–
32 Val Forno; Capanna del Forno, 2574 m Aufs Eis des Fornogletschers! Interessante Tal- und Hüttenwanderung; am Gletscher nicht von der markierten Route abweichen (Spalten). Lohnend auch die kleine Seen-runde Lägh da Chavloc – Lägh da Bitabergh (1½ Std., mark.).	Maloja (1809 m, 🚌) am gleichnamigen Übergang vom Oberengadin ins Bergell (Val Bregaglia).	Maloja – Lägh da Chavloc (1907 m; 1 Std.) – Plan Canin (1968 m; 1½ Std.) – Capanna del Forno (3½ Std.); Abstieg auf dem gleichen Weg (gesamt 6 Std.)	Wegzeiger, rot-weiße Mark., Stan-genmarkierungen auf dem Gletscher.	Lägh da Chavloc, Capanna del Forno (2574 m)
33 Piz Lunghin, 2700 m Herrlicher Aussichtspunkt über dem Maloja-paß mit der doppelten Wasserscheide am Pass Lunghin (Rhein-Inn-Po). Trittsicherheit erforderlich.	Maloja (1809 m, 🚌) am gleichnamigen Übergang vom Oberengadin ins Bergell.	Maloja – Lägh dal Lunghin (2484 m; 2 Std.) – Piz Lunghin (3¼ Std.) – Pass dal Lunghin (2645 m) – Septimerpaß (Pass da Sett, 2310 m; 4¼ Std.) – Casaccia (1458 m; 6¼ Std.)	Wegzeiger, rot-weiße Mark.	–
34 La Panoramica Die Bergeller Aussichtspromenade; eine alpi-nere Variante führt durchs Val Maroz und über das Val da Cam (2463 m) auf die Nord-flanke des Bergells und via Cadrin (2127 m) nach Soglio (6 Std., mark.)	Casaccia (1458 m, 🚌), oberstes Dorf im Bergell. Sehenswert: Soglio.	Casaccia – »La Panoramica« – Durbegia (1410 m; 2 Std.) – Soglio (1097 m; 5 Std., 🚌)	Wegzeiger, rot-weiße Mark.	Soglio
35 Sentiero storico Talweg von Maloja durch das Bergell zum Grenzort Castasegna. Sehenswert: Ortsbilder, Talmuseum in der Ciäsa Granda (Stampa), Palazzo Castelmur mit Museum, Kastanien-haine. Teilbegehungen möglich.	Maloja (1809 m, 🚌) am gleichnamigen Übergang vom Oberengadin ins Bergell.	Maloja – Casaccia (1458 m; 1½ Std.) – Vicosoprano (1067 m; 3¼ Std.) – Stam-pa – Soglio (1097 m; 4¾ Std.) – Casta-segna (686 m; 6¾ Std.) – Promontogno (821 m; 8 Std., 🚌)	Wegzeiger, gelbe und rot-weiße Mark.	In den Dörfern

Meine Favoriten

08 Lai Blau, 2613 m
Wanderrunde unter dem Piz Buin

Natürlich ist der Blick vom blauen Lai Blau auf den Doppelgipfel der Buine ein Highlight auf dieser Runde, doch zu sehen gibt es unterwegs weit mehr. Da ist der Clozzabach, der am Fuß des berühmten Gipfels entspringt, sich an der Mündung des Val Tuoi tief ins weiche Gestein gegraben hat; oberhalb der Alp Suot wandert man über üppige Wiesen, aus denen es bunt leuchtet, und am Abstieg zur Alp Sura zeigen sich die grauen Felshörner der »Unterengadiner Dolomiten«. Schließlich Guarda selbst, eines der schönsten Engadiner Dörfer, das hinterher zu einem kleinen Bummel einlädt.

➡ Vom Dorfeingang nur kurz abwärts, dann über den Bach und taleinwärts. Den felsigen Riegel der Foura Turnina umgeht der Weg in steilem Anstieg bergseitig; anschließend wandert man durch das malerische Val Tuoi mit Sicht auf den Piz Buin (3312 m) zur Alp Suot. Hier erneut über den Clozzabach, dann rechts auf den weiten Almwiesen von Tuoi bergan. Die dünne Spur passiert die Heuhütten von Stafels, weicht im weiteren Anstieg einer felsigen Flanke links aus und steuert dann – nurmehr leicht steigend – den Lai Blau an. Vom Südufer zunächst hinab in einen seichten Graben, dann in langer, aussichtsreicher Hangtraverse, allmählich an Höhe verlierend, zur Alphütte von Marangun und auf einer Piste flach hinaus zur Alp Sura. Die Straßenschleifen abkürzend, durch den Laretwald hinab nach Guarda.

12 Murtèrgrat – Val Cluozza
Steile Parkwanderung

Mitten ins steinige Herz des Nationalparks – das wilde Val Cluozza – führt diese Wanderung. Der Einstieg erfolgt von oben, über den Murtèrgrat: gut 900 Höhenmeter stehen da an, steil und erst noch der Morgensonne ausgesetzt. Am Kamm gibt's zur Belohnung einen Prachtblick auf den über vier Tälern aufragenden Piz Quattervals (3165 m); in den steinigen Wiesen kann man dazu meistens Murmeltiere, mit etwas Glück auch Gemsen beobachten. Drunten in der Cluozzahütte ist dann eine längere Rast fällig, denn vor dem endgültigen Abstieg nach Zernez stehen nochmals gut 300 Steigungsmeter an: schön, aber halt etwas mühsam, diese Parkwanderung.

➡ Von der Ofenpaßstraße zunächst hinunter zur Spölbrücke, wo der Anstieg zum Murtèrgrat beginnt: links-rechts, über hundert Serpentinen. Der Hang ist wenigstens weit hinauf bewaldet, was zwar die Aussicht einschränkt, aber auch – hochwillkommen! – für Schatten sorgt. Vom Plan dals Poms (2338 m) bietet sich dann eine herrliche Sicht über das Parkareal; in der Tiefe milchiggrün schimmernd der Spölstausee.
Jenseits des Murtèrgrats leiten die Markierungen hinab ins Val Cluozza. Unterhalb der Hütte überquert man den Bach, dann geht's an der linken Flanke des sich mehr und mehr zur Schlucht verengenden Tals nochmals anhaltend bergauf. Der Rest ist dann gemütliches Bergabschlendern auf einem ordentlichen Waldweg, mit Aussicht auf die ebenmäßig gebaute Pyramide des Piz Linard (3411 m).

15 Val Mora
Im hintersten Winkel Bündens

Buchstäblich »hinter den sieben Bergen« liegt das Val Mora, und das will in der Schweiz, in Graubünden schon etwas heißen. Wer es entdecken will, muß sich per pedes (oder mit dem Bike) zu einer langen, aber nie langweiligen Höhen- und Talwanderung in den abgelegensten Winkel des Kantons aufmachen.

➡ Vom Ofenpaß zunächst unter den bizarren Felsen des Jalet aufwärts zu den Wiesen von Davo Plattas, dann in weitem Bogen um den geröllbedeckten Piz Daint herum zu der offenen Wasserscheide am Jufplaun (2289 m). Beim Abstieg zur Alp Mora hat man freie Sicht über das langgestreckte Hochtal bis hinauf zum Piz Umbrail (3033 m). Nun auf einer Sandstraße flach taleinwärts, dann leicht steigend hinauf zur Paßhöhe von Döss Radond (2234 m). Dahinter abwärts in das malerische Val Vau und (links abbiegen) hinaus nach Valchava.

27 Coazhütte, 2610 m
Wo der Gletscher kalbt

Bei Pontresina öffnet sich von Süden das längste, wohl auch schönste Tal der Bernina: das Val Roseg, umrahmt von einem Kranz stark vergletscherter Gipfel. Seit dem Bau der Corvatsch-Seilbahn ist der »Einstieg« nurmehr ein Katzensprung, die Wanderung zur Coazhütte und durch das lange Tal hinaus nach Pontresina aber immer noch ein Tagespensum, das Ausdauer voraussetzt. Wer vorzeitig schlapp macht, kann sich ab Hotel Roseggletscher von echten Pferdestärken talauswärts kutschieren lassen …

Berge im Licht: der Piz Badile (3308 m) mit seiner berühmten Nordkante.

Meine Favoriten

Bernina-Gipfelparade
von der Chamanna
Paradis aus: links Piz
Palü, rechts der Bild-
mitte Piz Bernina
(4049 m), ganz rechts
Piz Morteratsch.

➡ Von der Seilbahnstation Murtèl im Aus-
flüglerpulk zunächst hinüber zur Fuorcla
Surlej (2755 m), wo man ganz unvermittelt
dem Piz Bernina (4049 m) und seinen Trabanten gegenübersteht. Faszinierend der
Tschiervagletscher, dessen Zunge weit ins
Rosegtal hinabhängt.

Nun mit freier Sicht auf die Gipfel- und
Gletscherkulisse hoch an der linken Flanke
des Val Roseg taleinwärts zur Coazhütte, die
auf einer Kuppe über dem phantastisch zerklüfteten Abbruch des Rosegggletschers
thront. Was für ein Bild!

Auf dem Hinweg etwa 20 Minuten zurück,
dann rechts über Wiesen und einen felsdurchsetzten Hang abwärts zum milchiggrünen Gletschersee. Wenn's hier kracht,
droht kein Steinschlag: Der Gletscher
»kalbt«, wobei mehr oder weniger große
Eisbrocken ins Wasser stürzen.

Weiter flach talauswärts, vorbei an der
mächtigen Randmoräne des Tschierva-
gletschers. Das Hotel Rosegggletscher lädt
zu einer Rast, ehe man die restlichen zwei
Wanderstunden in Angriff nimmt: erst auf
der Straße, dann auf einem schönen Waldweg rechts der Ova da Roseg.

33 Piz Lunghin, 2780 m
Nordsee, Schwarzes Meer oder Adria?

*Er zählt weder zu den formschönsten
noch zu den höchsten Bergen des En-
gadins, nur knapp 2800 Meter verzeichnet die Schweizer Landeskarte. Die verrät
aber auch gleich, weshalb der Piz
Lunghin zu den beliebtesten Gipfelzielen
der Region zählt: des Panoramas wegen.
Denn dank seiner Lage direkt über dem
Malojapaß bietet er freie Sicht nach zwei
Seiten, ins Oberengadin, das mit seinen
Seen prunkt, und in den tiefen Graben
des Bergells, über dem bizarre Granitzacken in den Himmel stechen (Piz
Badile, 3308 m). Und mit einer geographischen Besonderheit kann der Berg
auch noch aufwarten. Der Pass dal
Lunghin (2645 m) scheidet nämlich das
vom Himmel fallende Wasser gleich
mehrfach: über das Oberhalbstein zum
Rhein, über den Inn zur Donau und über
die Mera zum Po – ein Knotenpunkt
der kontinentalen Hauptwasserscheiden
also!*

➡ Der Weg zum großen Gipfel beginnt eine
Viertelstunde nördlich von Maloja bei der
Häusergruppe Pila: im Zickzack hinauf zur
Weggabelung am Plan di Zoch. Hier links
und über einen steilen, felsdurchsetzten
Hang in eine kleine Talmulde, hinter der
sich der Lägh dal Lunghin versteckt. Am See
vorbei und dann – abkürzend – auf einer
Geröllspur mühsam hinauf zum Westgrat
des Piz Lunghin. Über ein paar leichte
Felsen zum höchsten Punkt und zur gran-
diosen Rundschau.

Hinunter zur doppelten Wasserscheide des
Pass dal Lungin und links über offene, wenig steile Geröll- und Wiesenhänge abwärts
in den Septimerpaß (2310 m), einem uralten Alpenübergang, nachweislich bereits
vor der Römerzeit benutzt. Die kunstvoll
angelegte Trasse, über die der Wanderer
heute ins Bergell absteigt, stammt allerdings aus dem Spätmittelalter. Bauherren
waren gegen Ende des 14. Jahrhunderts die
Churer Bischöfe, die natürlich auch Weg-
zoll kassierten.Drunten im Val Maroz wechselt man dann auf eine moderne Alpstraße;
sie zieht in ein paar Schleifen hinunter nach
Casaccia.

Das Glarnerland

Vom Walensee zum Tödi

Der Volksmund nennt den Ostschweizer Kanton liebevoll-spöttisch »Zigerschlitz« und spielt damit auf den bekannten Kräuterkäse (Schabziger) sowie auf die ungewöhnliche Topographie des Glarnerlands an. Kommt man von Zürich, so öffnet sich hinter Niederurnen ein breiter, flacher Talboden, links wie rechts von schwindelnd steilen und hohen Bergen flankiert. Der Glärnisch (2914 m) etwa überragt den Kantonshauptort Glarus um fast zweieinhalb Kilometer! So etwas verursacht bei Menschen, die an offene Landschaften und weite Horizonte gewöhnt sind, leicht ein gewisses Gefühl von Beklemmung.

Wer aus der geographischen Enge der Heimat allerdings den Schluß zieht, hier wären bloß Heidi und Peter nebst ein paar glücklichen Kühen zuhause, liegt falsch. Der Kanton Glarus war einst ein industrielles Zentrum der Schweiz; die im 18. Jahrhundert gegründeten Webereien exportierten ihre bedruckten Stoffe bald in die ganze Welt. Das Wasser trieb die Spinnräder, und an billigen Arbeitskräften herrschte ebenfalls kein Mangel.

Heute lebt die Region (auch) vom Tourismus; an schönen Wochenenden hat die Mehrzahl der Autos auf den Parkplätzen am Klöntaler See, im Sernftal und ganz hinten an der jungen Linth ein ZH im Nummernschild: Glarnerland – Wanderland.

Die höchsten Gipfel der Glarner Alpen – Tödi (3614 m), Bifertenstock (3421 m), Clariden (3267 m) – sind für Bergwanderer allerdings tabu; sie bleiben anspruchsvolle Ziele für erfahrene, entsprechend ausgerüstete Alpinisten.

Der unscheinbare Rücken des Ochsenstocks, eigentlich nur letzter Ausläufer des langen Tödi-Nordostgrates, ist ein herrlicher Aussichtspunkt. Blick zum Claridenstock. In der Bildmitte der felsige Spitzalpelistock (2929 m), rechts der Bocktschingel (3079 m), links über dem Claridenfirn der Clariden (3267 m). Außerhalb des Bildes der Zuetribistock (2644 m), von dessen Südostflanke vor ein paar Jahren ein gewaltiger Bergsturz abging, der die Alp Vorder Sand teilweise verschüttete.

Führer & Landkarten

Viel Interessantes über das Glarnerland und seine Geschichte ist nachzulesen in den »Glarner Überschreitungen« von François Meienberg (Rotpunkt, Zürich). Die Blätter 236 T »Lachen«, 237 T »Walenstadt«, 246 T »Klausenpaß« und 247 T »Sardona« decken das gesamte Kantonsgebiet ab.

Alle Wanderungen auf einen Blick

Tourenziel/Charakteristik	Ausgangspunkt	Wegverlauf & Gehzeit	Markierung	Einkehr am Weg
01 Hirzli, 1641 m Nagelfluhgipfel am Alpenrand; Besteigung läßt sich durch Seilbahnbenützung erheblich verkürzen.	Niederurnen (435 m, �82), stattlicher Flecken am Eingang ins Glarnerland. 🚡 Seilbahn Morgenholz.	Niederurnen – Morgenholz (1¾ Std.) – Schwinfärch (1174 m) – Hirzli (3½ Std.) – Unter Nideren (1212 m; 4½ Std.) – Bilten (420 m; 6 Std., �82)	Wegzeiger, rot-weiße Mark.	–
02 Rautispitz, 2283 m Felsiger Gipfel direkt über Netstal bzw. Glarus; toller Tiefblick ins Linthtal. Trittsicherheit erforderlich.	Obersee (989 m), verstecktes Landschaftsidyll (Naturschutzgebiet), Zufahrt von Näfels (437 m, �82) 7 km.	Obersee – Grappliwald – Tann – Rautispitz (4 Std.) – Rautialp (1647 m; 5½ Std.) – Grappliwald – Obersee (6¾ Std.)	Wegzeiger, rot-weiße Mark.	Obersee
03 Uf den Schijen, 2023 m Schauwandern vor der gewaltigen Nordfront des Glärnischmassivs; faszinierende Tiefblicke auf den Alpenfjord des Klöntaler Sees (schöner Süduferweg, 1¾ Std., mark.).	Klöntaler See (848 m, �82), Zufahrt von Netstal (458 m, �82) bzw. Glarus, 7 km.	Klöntaler See – Dejen (1740 m; 2¾ Std.) – Uf den Schijen (3½ Std.) – Aueren-Unter Stafel (1507 m; 5 Std.) – Netstal (7 Std.)	Wegzeiger, rot-weiße Mark.	Klöntaler See (Rodannenberg, 851 m)
04 Schilt, 2300 m Bekannter Aussichtsberg über dem vorderen Glarnerland. Ab Großberg (1242 m, Zufahrt von Ennenda) mäßig anstrengende Tour, als Runde vom Tal aus großes Pensum. Reiche Flora, Gemsen, Murmeltiere.	Ennenda (478 m, �82), Nachbarort von Glarus. Sehenswert: Tröckniturm.	Ennenda – Großberg (2¼ Std.) – Ober Stafel (1816 m; 3¾ Std.) – Rotärd (2216 m; 4¾ Std.) – Schilt – Rotärd (5¼ Std.) – Brand-Äugsten (6¾ Std.) – Ennenda (8¼ Std.)	Wegzeiger, rot-weiße Mark.	Ennetberg (937 m), Äugsten (1499 m)
05 Glarner Kärpfwanderung; Wildmad-furggeli, 2294 m Höhenwanderung vom Stausee Garichte in das älteste Wildschutzgebiet Europas, malerische Bergkulisse.	🚡 Bergstation der Luftseilbahn Mettmen (1610 m), Talstation Kies (1029 m, �82). Zufahrt von Schwanden (528 m, �82) 6 km.	Mettmen – Stausee Garichte – Wildmadfurggeli (2¼ Std.) – Unter Ämpächli (🚡 1485 m; 4 Std.) – Elm (977 m; 5¼ Std., �82)	Wegzeiger, rot-weiße Mark.	Mettmenalp (1610 m), Empächli (1485 m)
06 Kärpf, 2794 m »Zentralberg« des Glarnerlands mit entsprechend umfassender Schau. Teleskopstöcke vorteilhaft; am Gipfel leichte Felsen (I).	🚡 Bergstation der Luftseilbahn Mettmen (1610 m), Talstation Kies (1029 m, �82). Zufahrt von Schwanden (528 m, �82) 6 km.	Mettmen – Leglerhütte (2½ Std.) – Kärpftor (2649 m; 3¾ Std.) – Kärpf (4½ Std.); Abstieg auf dem gleichen Weg (gesamt 7½ Std.)	Wegzeiger, rot weiße Mark. bis Leglerhütte, dann Spur, Steinmännchen.	Mettmenalp (1610 m), Leglerhütte (2273 m), bew. Juli bis Okt.
07 Wissmilen, 2483 m Ausgedehnte Tal- und Almwanderung; von Wissmilen bemerkenswerte Rundschau. Alternativer Ausgangspunkt 🚡 Seilbahn Weissenberge (1266 m).	Matt (831 m, �82), Dorf im Sernftal, 10 km von Schwanden.	Matt – Chrauchtal – Schönbüelfurggel (2206 m; 4¼ Std.) – Wissmilen (5¼ Std.) – Mülibach Oberstafel (1949 m; 6¼ Std.) – Gams – Engi (812 m; 8½ Std., �82)	Wegzeiger, rot-weiße Mark.	–
08 Martinsmadhütte, 2002 m Am Nordfuß des Vorab (3028 m) gelegene Hütte; beide Zugänge lassen sich zu einer abwechslungsreichen Runde verbinden. Kleine 🚡 Seilbahn zur Niderenalp. Hüttengipfel: Mittagshorn (2415 m; 1¼ Std.).	Elm (977 m, �82), hinterstes Dorf im Sernftal mit Mineralquelle. Sehenswert: das Martinsloch in den Tschingelhörnern.	Elm – Firstboden (1744 m; 2¼ Std.) – Nideren (1480 m; 2¾ Std.) – Martinsmadhütte (4¼ Std.) – Nideren (5¼ Std.) – Tschinglenschlucht – Elm (6½ Std.)	Wegzeiger, rot-weiße Mark.	Martinsmadhütte (2002 m), bew. Mitte Juni bis Mitte Okt.
09 Oberblegisee, 1422 m Prächtige Höhenwanderung: von einer Aussichtskanzel zur nächsten. Auch Teilbegehungen und verschiedene Alternativen möglich.	🚡 Bergstation des Gumen-Sessellifts (1901 m), Talstation ist das (autofreie) Braunwald (1256 m).	Gumen – Seblengrat (1845 m) – Oberblegisee (2 Std.) – Iljenstock (1674 m; 2¾ Std.) – Guppensee (1516 m) – Schwanden (528 m; 5¾ Std.)	Wegzeiger, rot-weiße Mark.	Gumen (1901 m), Bösbächi-Mittlerstafel (1383 m)
10 Brunnalpelihöchi, 2252 m Interessante Wanderung über die schier endlosen Karrenfelder zwischen Bös Fulen (2802 m) und Silberen. Nur bei gutem Wetter (kein Nebel!) gehen. Im Frühsommer wegen der schneebedeckten Klüfte gefährlich.	🚡 Bergstation des Gumen-Sessellifts (1901 m), Talstation ist das (autofreie) Braunwald (1256 m), erreichbar mit der Standseilbahn von Linthal (648 m, �82).	Gumen – Butzi (2155 m; 1½ Std.) – Brunnalpelihöchi (3 Std.) – Chäseren (5¾ Std.) – Vorauen (850 m; 7¾ Std., �82)	Wegzeiger, rot-weiße Mark.	Gumen (1901 m), Chäseren (1272 m; Hüttentaxi bis Vorauen)
11 Chüetalsattel, 2412 m Große, einsame Runde ins geologisch interessante Kärpfgebiet; als Tagestour nur absoluten Konditionsbolzen zu empfehlen. Wer in der Leglerhütte übernachtet, kann zusätzlich den → Kärpf (2794 m) besteigen.	Dornhaus (595 m), Dörfchen auf halber Strecke zwischen Schwanden und Linthal.	Dornhaus – Diestalstafel (1543 m; 2¾ Std.) – Leglerhütte (4¾ Std.) – Chüetalsattel (6 Std.) – Sasberg (1970 m; 7½ Std.) – Dornhaus (10¼ Std.)	Wegzeiger, rot-weiße Mark.	Leglerhütte (2273 m), bew. Juli bis Okt.
12 Richetlipaß, 2261 m Große Paßwanderung von Linthal ins innerste Sernftal. Bei Schießbetrieb auf dem Panzerplatz Wichlen Alternativroute über den Erbserstock (2161 m, mark.).	Linthal (648 m, �82), Dorf am Ostfuß der Klausen-Paß-straße.	Linthal – Durnachtal – Unter Stafel (1386 m; 2¼ Std.) – Richetlipaß (4¾ Std.) – Walenbrugg (1297 m; 6½ Std.) – Elm (977 m; 7¾ Std., �82)	Wegzeiger, rot-weiße Mark.	Walenbrugg (1297 m)

Tourenziel/Charakteristik	Ausgangspunkt	Wegverlauf & Gehzeit	Markierung	Einkehr am Weg
Alle Wanderungen auf einen Blick				
13 Chamerstock, 2124 m Höhenwanderung über dem Urner Boden; vom Chamerstock herrlicher Blick auf Bifertenstock und Selbsanft.	Bushalt Chlus (1697 m, 🚌) an der Klausenstrecke, knapp unterhalb der Paßhöhe.	Chlus – Fisetenpaß (2026 m; 2¼ Std.) – Chamerstock (3 Std.) – Urner Boden (1346 m; 4¾ Std., 🚌)	Wegzeiger, rot-weiße Mark.	Urner Boden
14 Beggilücke, 2537 m Große Runde vor hochalpiner Kulisse, läßt sich gut mit der Tour zur ➡ Fridolinshütte verbinden.	Tierfed (805 m), Häusergruppe 5 km hinter Linthal (648 m, 🚌).	Tierfed – Altstafel (1527 m; 2¼ Std.) – Claridenhütte (4½ Std.) – Beggilücke (5 Std.) – Ober Sand (1937 m; 6 Std.) – Hinter Sand (1300 m; 7¼ Std.) – Tierfed (8¾ Std.)	Wegzeiger, rot-weiße Mark.	Claridenhütte (2453 m), bew. Juli bis Sept.
15 Fridolinshütte – Ochsenstock, 2260 m Mitten in die großartige Hochgebirgslandschaft der Glarner Alpen führt diese Rundwanderung.	Tierfed (805 m), Häusergruppe 5 km hinter Linthal (648 m, 🚌).	Tierfed – Hinter Sand (1300 m; 2 Std.) – Fridolinshütte (4½ Std.) – Ochsenkopf (5 Std.) – Ober Sand (1937 m; 5¾ Std.) – Hinter Sand (7 Std.) – Tierfed (8½ Std.)	Wegzeiger, rot-weiße Mark.	Fridolinshütte (2111 m), bew. Juli/August.
16 Muttseehütte, 2501 m Hochgebirgsnatur und Technik prägen diese Runde; großartig die Limmerenschlucht und die zerklüfteten Ostabstürze des Selbsanft (3029 m). Limmerenstollen beleuchtet.	🚠 Bergstation Kalktrittli der Limmeren-Seilbahn (1860 m), Talstation Tierfed (805 m), 5 km von Linthal (648 m, 🚌).	Kalktrittli – Werkstollen – Limmerensee (¾ Std.) – Muttseehütte (2½ Std.) – Muttenwändli – Baumgarten (1590 m; 5 Std.) – Pantenbrugg – Tierfed (6½ Std.)	Wegzeiger, rot-weiße Mark.	Muttseehütte (2501 m)

Mein Favorit

15 Fridolinshütte – Ochsenstock, 2260 m

Glarner Hochalpentour

Tödi (3614 m), Selbsanft (3029 m), Bifertenstock (3421 m) und Clariden (3267 m) bilden mit ihren Gletschern die hochalpine Kulisse auf dieser ausgedehnten Tour, zu der die Talwanderung von Tierfed nach Hinter Sand den stimmungsvollen Auftakt bildet. Die Pantenbrugg erlaubt einen leicht gruseligen Blick hinab in die wilde Linthschlucht, dann wandert man unter den himmelhoch ragenden Wänden des Selbsanft talein, im Vorblick den mächtigen Tödi. Das junge Bergsturzgelände bei Sand belegt eindrucksvoll, daß auch die Alpen nicht für alle Ewigkeit gebaut sind. Besonders eindrucksvoll ist der Vogelschaublick vom Ochsenstock auf das Trümmerfeld, doch da guckt man dann vor allem hinüber zum Clariden und seinem mächtigen Gletscher – wirklich ein alpines Traumbild!

➡ Von Tierfed auf dem Natursträßchen taleinwärts bis Hinter Sand, zuletzt auf neuer Trasse über den riesigen Bergsturzkegel hinweg. Weiter auf gutem Weg in Kehren bergan, über den wilden Schlund des Bifertenbachs, dann an einer alten Randmoräne des Bifertengletschers aufwärts und in Kehren über die Ölplanggen hinauf zu der schön gelegenen Fridolinshütte. Herrlicher Blick zum Selbsanft und auf die markant geschichteten Abstürze des Bifertenstocks.

Hinter dem Haus erst flach, dann schräg ansteigend hinauf und hinaus zur Aussichtskanzel des Ochsenstocks. Nun in leichtem Auf und Ab durch die felsige Nordflanke des Bifertengrätli, dann über Unter Röti hinab zum Alpboden Ober Sand (1937 m). Bei

Ein felsiger, markant gebänderter Kamm verbindet Selbsanft und Bifertenstock (3421 m).

der betonierten Wasserfassung über den Bach und auf steilem Pfad in vielen Kehren abwärts zum Hinter Sand.

Zentralschweiz

Vom Vierwaldstätter See bis zum Gotthard

Tief eingeschnittene Talgräben und schroffe Grate prägen die Urner Alpen. In der Bildmitte das vergletscherte Sustenhorn (3504 m), rechts die Kletterzacken des Salbitschijen und der Fleckistock (3416 m).

Die Innerschweiz. Der Ausdruck ist viel mehr als nur eine geographische Bezeichnung. Denn am Vierwaldstätter See, dem See der »vier Waldstätte« Uri, Schwyz, Ob- und Nidwalden, wurde die Schweiz »erfunden«, hier schlägt das patriotische Herz der Eidgenossenschaft auch heute noch besonders heftig. Die Rütliwiese, Tell und Schiller, der Gotthard, Schlachtenplätze wie Morgarten – historische Reminiszenzen überall. Und das in einer Kulisse, wie sie kein Disneyland-Manager perfekter hätte erfinden können: Berge und Seen, Almen und gleißender Firn. Das lockte schon früh Besucher an, die Rigibahnen feierten bereits das Hundertjährige und die großen Hotels in Luzern sind in diesem Jahrhundert höchstens aus- und umgebaut worden. Natürlich profitiert auch der Wanderer von einer erstklassigen Infrastruktur, zu der hier – wie überall in der Schweiz – auch ein bestens funktionierendes Verbundsystem von Bahn, Bus und Schiff gehört. So ist es oft möglich, Streckenwanderungen zu unternehmen und trotzdem am Abend wieder zurück im Ferienort zu sein.

Die Zentralschweiz ist aber nicht nur Erholungsregion, sie ist auch Transitland, und wenn sich auf der Gotthardstrecke zur Hauptreisezeit kilometerlange Blechschlangen bilden, holt der Alltag die Alpenidylle rasch ein. Im Reusstal serbelt der Wald, werden immer aufwendigere Lawinenverbauungen notwendig, damit der gefahrlose Transport von Menschen und Gütern gewährleistet ist. Aus der Festung St. Gotthard ist die Armee – früher allgegenwärtig in den Schweizer Bergen – inzwischen ausgezogen; dafür arbeiten jetzt die Mineure an einem Jahrhundertwerk, dem 54 Kilometer langen Gotthard-Basistunnel: Transit untendurch, und erst noch auf der Schiene.

Führer & Landkarten

Bei Rother gibt es einen kleinen Wanderführer »Vierwaldstätter See«, für Bergsteiger interessant sind die SAC-Führer »Zentralschweizerische Voralpen« und »Urner Alpen«. Kümmerly + Frey bietet Wanderkarten im Maßstab 1:40 000 bzw. 1:60 000 an: »Brunnen/Schwyzerland«, »Kanton Uri«, »Luzern«, »Schwyz-Zug-Vierwaldstätter See«, »St. Gotthard«. Sehr detailgenau ist die von den »Schweizer Wanderwegen« betreute Landeskarte im Maßstab 1:50 000. Für die Zentralschweiz benötigt man die Blätter 235 T »Rotkreuz«, 236 T »Lachen«, 244 T »Escholzmatt«, 245 T »Stans«, 246 T »Klausenpaß«, 255 T Sustenpaß«, 256 T »Disentis/Mustér«.

Der »Weg der Schweiz«

Auch so etwas gibt's: einen Weg als Geburtstagsgeschenk. Zum 700jährigen Bestehen der Eidgenossenschaft (1991) bekam die Schweiz »ihren« Weg. Er führt rund um den Urner See, das oberste Becken des Vierwaldstätter Sees, ist 35 Kilometer lang und durchgehend markiert. Ausgangs- bzw. Endpunkt sind die Schiffsanlegestelle Rütli und der Fremdenort Brunnen. Die gut ausgebaute Route berührt einige für's schweizerische Selbstverständnis wichtige Plätze wie die Tellskapelle (wo Schiller den Helden im Föhnsturm aus dem Boot fliehen läßt), und natürlich die Rütliwiese, auf der am 1. August 1291 der Bund der Eidgenossen beschworen worden sein soll (das Treffen fand vermutlich etwas früher bei Brunnen statt).
Wegverlauf/Gehzeiten: Rütli – Seelisberg (1¼ Std.) – Bauen (4½ Std.) – Flüelen (7¼ Std.) – Sisikon (9¼ Std.) – Brunnen (12 Std.). Natürlich sind Teilbegehungen möglich, Rückfahrt jeweils per Bahn/Schiff/Postauto.

Alle Wanderungen auf einen Blick

Tourenziel/Charakteristik	Ausgangspunkt	Wegverlauf & Gehzeit	Markierung	Einkehr am Weg
01 Chli Aubrig, 1642 m Hübsche Kamm- und Gipfelrunde; alternativer Ausgangspunkt Sattelegg (1190 m), Straßenpaß zwischen Sihlsee und Wägital (1¾ Std., mark.)	Euthal (892 m, 🚌), Dörfchen am oberen Sihlsee, 8 km von Einsiedeln.	Euthal – Wildegg (1504 m) – Chli Aubrig (2¼ Std.) – Büel (1331 m; 3¼ Std.) – Sattel (1269 m) – Euthal (4½ Std.)	Wegzeiger, rot-weiße Mark.	Wildegg (1504 m)
02 Fluebrig, 2093 m Beliebtes Gipfelziel mit Aussicht auf Wägitaler See, Sihlsee und Zürichsee. Trittsicherheit erforderlich.	Studen (895 m, 🚌) im Sihltal, 12 km von Einsiedeln.	Studen – Heimegg – Fläschlihöchi (1408 m; 1¾ Std.) – Fluebrig (4 Std.) – Waldhütte (1428 m) – Studen (6 Std.)	Wegzeiger, rot-weiße Mark.	–
03 Druesberghütte, 1581 m Wenig anstrengende Höhen- und Bergabwanderung; läßt sich leicht mit einer Besteigung des Druesbergs (2281 m) verbinden (3 Std. hin und zurück, mark.). Herrliche Aussicht sowohl auf die Hochalpen als auch hinaus ins flache Land.	🚠 Bergstation der Hochybrig-Seilbahn (1478 m), Talstation Weglosen (1035 m, 🚌), 17 km von Einsiedeln.	Hochybrig – Druesberghütte (1½ Std.) – Unteriberg (925 m; 4 Std.)	Wegzeiger, rot-weiße Mark.	Hochybrig (1478 m), Druesberghütte (1581 m)
04 Großer Mythen, 1899 m Zusammen mit dem Kleinen Mythen (1811 m) alpines Wahrzeichen von Schwyz und eines der schönsten Gipfelduos der Schweiz; von der Holzegg mit Drahtseilen gesicherter Felssteig. Nicht vom Weg abweichen, vor allem bei Nässe sehr gefährlich!	🚠 Bergstation der Holzegg-Seilbahn (1405 m), Talstation Brunni (1102 m, 🚌), 11 km von Einsiedeln.	Holzegg – Mythen (1¾ Std.) – Holzegg (3 Std.) – Brunni (3¾ Std.)	Wegzeiger, rot-weiße Mark.	Holzegg (1405 m), Gipfelhütte (1899 m)
05 Wildspitz, 1580 m Berühmt geworden ist der Rossberg durch den verheerenden Bergsturz von 1860, der in Goldau fast 500 Menschenleben forderte. Abwechslungsreiche Höhentour.	🚠 Bergstation der Zuger-Berg-Standseilbahn (925 m), Talstation Zug-Schönegg (558 m, 🚌). Sehenswert: Zuger Altstadt.	Zuger Berg – Walchwiler Berg (1 Std.) – Buschenchappeli (1022 m) – Alpli (1135 m; 2¾ Std.) – Wildspitz (4 Std.) – Gnipen (1559 m; 4½ Std.) – Spitzbühel – Goldau (510 m; 6¼ Std., 🚌)	Wegzeiger, rot-weiße Mark.	Zuger Berg, Alpli (1135 m), Gh. Wildspitz (1580 m)
06 Rigi-Höhenwanderung Die große Aussichtstour vom Rigi Kulm (1797 m) bis zum Urmiberg und hinab nach Brunnen. Vom Urmiberg (Timpel, 1130 m) auch bequemerer »Abstieg« mit der 🚠 Seilbahn möglich.	🚠 Bergstation Rigi Kulm (1752 m) der Zahnradbahn, Talstation Goldau (510 m, 🚌).	Rigi Kulm – First (1453 m; 1 Std.) – Rigi Scheidegg (1656 m; 2½ Std.) – Gätterli (1190 m; 3½ Std.) – Urmiberg (4¾ Std.) – Brunnen (438 m; 6½ Std.)	Wegzeiger, Farbmark.	Mehrere Gasthöfe am Weg
07 Rigi Kulm, 1797 m Klassische Rigitour, läßt sich natürlich auch als Bergabwanderung machen. Gute, vielbegangene Wege, herrliche Aussicht auf den Vierwaldstätter See und seine Berge.	Weggis (435 m, 🚌), Ferienort am Nordufer des Vierwaldstätter Sees, zwischen Küssnacht und Brunnen.	Weggis – Bodenberg (659 m; ¾ Std.) – Romiti (1195 m; 2¼ Std.) – Rigi Kaltbad (1438 m; 3 Std.) – Rigi Staffel (1603 m; 3¾ Std.) – Rigi Kulm (4¼ Std., 🚌)	Wegzeiger, rot-weiße Mark.	Mehrere Gasthäuser am Weg
08 Rigi Hochflue, 1699 m Keckes Felshorn im Osten des Rigimassivs, auf keinem Weg ganz leicht. Leiter zum Gipfel, am südseitigen Abstieg Drahtseilsicherungen. Nur für Geübte!	Gätterli (1190 m), Übergang von Gersau nach Lauerz. Zufahrt nur von Gersau (436 m, 🚌) 8 km.	Gätterli – Hochflue (1½ Std.) – Chälen – Gätterli (2½ Std.)	Wegzeiger, rot-weiße Mark.	Gätterli (1190 m)
09 Rund um die Mythen Eine Fülle schönster Bergbilder bietet diese Runde; etwas kürzere Variante über den Zwüschet Mythen (1438 m) möglich (gesamt 3½ Std.).	🚠 Bergstation der Rotenflue-Seilbahn (1520 m), Talstation Rickenbach (586 m, 🚌) bei Schwyz.	Rotenflue – Holzegg (1405 m; ½ Std.) – Haggenegg (1414 m; 2 Std.) – Günterigs (1124 m) – Schwyz (4 Std.)	Wegzeiger, rot-weiße Mark.	Rotenflue, Holzegg (1405 m), Haggenegg (1414 m)
10 Silberen, 2319 m Interessante Runde über die riesigen Karrenfelder des Silberen. Nur bei sichtigem Wetter gehen, im Frühsommer sind die schneebedeckten Klüfte gefährlich! Besuchenswert: die Höllochgrotten, größtes Höhlensystem Europas (Führungen von Muotathal aus).	Pragelpaß (1550 m), Straßenverbindung zwischen Muotatal und Klöntal, 23 km von Schwyz. An Wochenenden bleibt die Strecke Muotathal – Vorauen gesperrt!	Pragelpaß – Butzen (1780 m) – Silberen (2¾ Std.) – Underist Twärenen – Charental – Pragelpaß (5¼ Std.)	Wegzeiger, rot-weiße Mark.	Pragelpaß (1550 m)
11 Glattalpsee, 1852 m Abwechslungsreiche Runde über dem innersten Bisistal; bei Übernachtung in der Glattalphütte Besteigung des Ortstocks (2717 m) möglich (3 Std., mark.).	Bisisthal (853 m, 🚌), Weiler, 7 km von Muotathal. Seilbahn Sali – Glattalp (beschränkte Kapazität).	Bisisthal – Mälchberg (1846 m; 3 Std.) – Glattalpsee (4½ Std.) – Sali – Bisisthal (7 Std.)	Wegzeiger, rot-weiße Mark.	Glattalphütte (1896 m), Glattalp

Alle Wanderungen auf einen Blick

Tourenziel/Charakteristik	Ausgangspunkt	Wegverlauf & Gehzeit	Markierung	Einkehr am Weg
12 Chlingenstock, 1935 m Aussichtsreiche Kammwanderung; Aufstieg zum Fronalpstock alternativ mit dem 🚡 Sessellift. Am Grat kurze gesicherte Passagen; Trittsicherheit!	Stoos (1265 m), Hotel- und Chaletsiedlung über dem untersten Muotatal, Zufahrt von Schlattli (569 m, 🚡) mit der Standseilbahn oder von Morschach (646 m, 🚡) per Luftseilbahn.	Stoos – Fronalpstock (1921 m; 2 Std.) – Huserstock (1904 m) – Chlingenstock (4 Std.) – Metzg (1540 m) – Stoos (5½ Std.)	Wegzeiger, rot-weiße Mark.	Fronalpstock (1921 m), Obertritt (1505 m)
13 Chaiserstock, 2515 m Kühnes Felshorn über dem Riemerstaldental; Kletterberg, Besteigung auch auf dem einfachsten Weg recht anspruchsvoll. Am Gipfelgrat leichte Felsen, gesicherte Passage.	Riemenstalden (1030 m, 🚡), Weiler im gleichnamigen Tal, schmale Straße von Sisikon (446 m, 🚆), 6 km, Weiterfahrt bis Chäppeliberg (1182 m) möglich.	Chäppeliberg – Lidernenhütte (1½ Std.) – Chaiserstock (4 Std.); Abstieg auf dem gleichen Weg (gesamt 6¾ Std.)	Wegzeiger, Mark.	Lidernenhütte (1727 m)
14 Schächentaler Höhenweg Prächtige Höhenwanderung an der Sonnseite des Schächentals; kürzere Variante bis Biel (1637 m), dann Talfahrt mit der 🚡 Seilbahn nach Bürglen.	Klausenpaß (1948 m, 🚆), Straßenverbindung zwischen Altdorf und dem Glarnerland.	Klausenpaß – Chäseren (1832 m; 1¼ Std.) – Rietlig (1677 m; 3½ Std.) – Abzw. Biel (1720 m; 4¾ Std.) – Ruegig (1706 m) – Hüenderegg (1874 m; 6 Std.) – Eggberge (1443 m; 7 Std., 🚡)	Wegzeiger, rot-weiße Mark.	Mehrere Gasthäuser am Weg
15 Brunnital – Klausenpaß, 1948 m Abwechslungsreiche Tour, großartig die Kulisse des Brunnitals mit Gross Ruchen (3138 m) und Gross Windgällen (3187 m), aussichtsreich dann die Höhenwanderung über die Oberalp zum Klausenpaß.	Unterschächen (995 m, 🚆), Dorf an der Klausenstraße, etwa auf halber Strecke zwischen Altdorf und der Paßhöhe.	Unterschächen – Trogen (1500 m; 2¼ Std.) – Chelli (1624 m, 🚡) – Nidernalp (1652 m; 3¾ Std.) – Chammli (2049 m; 5½ Std.) – Klausenpaß (6¼ Std., 🚆)	Wegzeiger, rot-weiße Mark.	Klausenpaß (1948 m)
16 Schartihöreli, 1693 m Abwechslungsreiche Runde; Tiefblicke auf den Urner See, im Süden mächtig der Uri Rotstock (2928 m).	Isenthal (771 m, 🚆), winziges Dörfchen mit abenteuerlicher Zufahrt vom Urner-See-Westufer, 12 km von Altdorf.	Isenthal – Schartihöreli (3 Std.) – Chleital – Isenthal (5¼ Std.)	Wegzeiger, rot-weiße Mark.	–
17 Brisen, 2404 m Beliebter Aussichtsgipfel mit großem Panorama, mit anschließender Kammwanderung zum Risetenstock besonders lohnend. Naturlehrpfad Gitschenen.	🚡 Bergstation der Gitschenen-Seilbahn (1530 m), Talstation St. Jakob (990 m, 🚆), 4 km von Isenthal.	Gitschenen – Brisen (3 Std.) – Steinalper Jochli (2157 m) – Risetenstock (2290 m; 4¼ Std.) – Ober Bolgen (1823 m) – Gitschenen (6¼ Std.)	Wegzeiger, rot-weiße Mark.	Gh. Gitschenen (1530 m)
18 Maderanertal; Windgällenhütte, 2032 m Beliebte Wanderrunde in dem wildromantischen Urner Alpental. Naturkundlicher Höhenweg zur Wildgällenhütte.	🚡 Bergstation der Golzeren-Seilbahn (1392 m), Talstation hinter Bristen (770 m, 🚆), Zufahrt von Amsteg (526 m, 🚆) 5 km.	Golzeren – Windgällenhütte (2 Std.) – Tritt (3¼ Std.) – Sass (1465 m) – Bristen (5¾ Std.)	Wegzeiger, rot-weiße Mark.	Golzeren, Windgällenhütte (2032 m)
19 Arnisee, 1368 m Gemütliche Höhen- und Bergabwanderung, größtenteils auf Fahrwegen.	🚡 Bergstation der Arnisee-Seilbahn (1300 m); Talstation Amsteg (526 m, 🚆).	Arnisee – Gurtnellen (928 m) – Wiler (745 m; 2¼ Std.)	Wegzeiger	Mehrere Gasthäuser am Weg
20 Sustlihütte, 2257 m Gemütlicher Hüttenbummel mit steiler Wegvariante (Leitern).	Chli Sustli (1907 m, 🚆) im Meiental, knapp unterhalb des Sustenpasses.	Chli Sustli – Leitersteig – Sustlihütte (1 Std.) – Chli Sustli (1¾ Std.)	Wegzeiger, Mark.	Sustlihütte (2257 m)
21 Bergseehütte – Voralphütte Hochalpine Route am Horefellistock (3175 m), nur für erfahrene Bergsteiger bei besten Verhältnissen. Teilweise weglos, eine Passage gesichert.	Göschener-Alp-See (1797 m, 🚆), Zufahrt von Göschenen (1106 m, 🚆) 10 km.	Göschener-Alp-See – Bergseehütte (2 Std.) – Bergseeschijen (2550 m) – Voralphütte (6 Std.) – Wiggen (1319 m; 8¼ Std., 🚆)	Wegzeiger, Hüttenzugänge rot-weiß, alpine Route blau-weiß mark.	Bergseehütte (2370 m), Voralphütte (2126 m), beide bew. Mitte Juni bis Anfang Okt.
22 Albert-Heim-Hütte, 2541 m Hüttenrunde über dem Urserental vor hochalpiner Kulisse; alternativ kann man auch über den Höhenweg via Rossmettlen (2060 m) nach Andermatt (1444 m, 🚆) absteigen (gesamt dann 5½ Std.).	Tiefenbach (2106 m, 🚆) an der Furkastraße, etwa auf halber Strecke zwischen Realp und der Paßhöhe.	Tiefenbach – Heimhütte (1¾ Std.) – Lochberg – Tiefenbach (3½ Std.)	Wegzeiger, rot-weiße Mark.	Hotel Tiefenbach (2106 m), Albert-Heim-Hütte (2541 m)
23 Pilatus, 2120 m Trotz Bergbahnen auch für Wanderer ein lohnendes Ziel; verschiedene Varianten möglich mit/ohne Bahn. Am Grat gesicherte Passagen; Trittsicherheit!	🚡 Zwischenstation Fräkmünt (1416 m) der Pilatus-Seilbahn; Talstation Kriens (480 m, 🚆), Nachbarort von Luzern.	Fräkmünt – Pilatus (2¼ Std.) – Tomlishorn (2128 m; 2¾ Std.) – Felli (1701 m; 4¼ Std.) – Lütoldsmatt (5½ Std.) – Alpnach (452 m; 7 Std.)	Wegzeiger, rot-weiße Mark.	Pilatus Kulm (2106 m), Lütoldsmatt (1149 m)

Alle Wanderungen auf einen Blick

Tourenziel/Charakteristik	Ausgangspunkt	Wegverlauf & Gehzeit	Markierung	Einkehr am Weg
24 Bürgenstock, 1128 m Inselberg mit prächtiger Aussicht auf den Vierwaldstätter See und seine Bergkulisse. Luftiger Lift an freistehender Konstruktion zur Hammetschwand.	Ennetbürgen (435 m, 🚂), Dorf am Vierwaldstätter See.	Ennetbürgen – Bürgenstock (874 m; 1½ Std.) – Hammetschwand (2 Std., Lift) – Mattgrat (792 m) – Ennetbürgen (3½ Std.)	Wegzeiger, gelbe und rot-weiße Mark.	Hotels, Gasthäuser in Bürgenstock (874 m)
25 Buochser Horn, 1807 m Aussichtskanzel über dem Vierwaldstätter See, besonders lohnend der Höhenweg von der Klewenalp herüber.	🚠 Bergstation der Klewenalp-Seilbahn (1593 m), Talstation Beckenried (436 m, 🚂) am Südufer des Vierwaldstätter Sees.	Klewenalp – Stafel (1532 m) – Bärenfallen (1580 m; 1 Std.) – Musenalper Grat (1785 m) – Buochser Horn (3¼ Std.) – Unter Spis (1219 m; 4 Std.) – Beckenried (5½ Std.)	Wegzeiger, gelbe und rot-weiße Mark.	Klewenalp (1593 m)
26 Stanser Horn, 1898 m Noch ein berühmter Zentralschweizer Aussichtsgipfel, natürlich mit Bergbahn. Überschreitung zur Seilbahn Dallenwil – Wirzweli.	Station Kälti (714 m) der Stanserhornbahn, Talstation Stans (452 m, 🚂).	Kälti – Bluematt (1204 m; 1½ Std.) – Stanser Horn (3½ Std.) – Wirzweli (1206 m; 5 Std., 🚠)	Wegzeiger, rot-weiße Mark.	Stanser Horn, Kurhaus Wirzweli (1206 m)
27 Benediktusweg Aussichtsreiche Höhenwanderung über dem Engelberger Tal; von Brunni Abfahrt mit der 🚠 Seilbahn möglich. Naturlehrpfad Brunni.	🚠 Bergstation der Seilbahn zum Bannalpsee (1587 m), Talstation bei Oberrickenbach (894 m, 🚂). Zufahrt von Wolfenschiessen (511 m).	Bannalpsee – Walegg (1943 m; 1¼ Std.) – Stock (1730 m) – Brunnihütte – Brunni (Ristis, 1606 m; 3 Std., 🚠) – Engelberg (1000 m; 4½ Std., 🚂)	Wegzeiger, rot-weiße Mark.	Bannalpsee, Brunnihütte (1860 m), Ristis (1606 m)
28 Surenenpaß, 2291 m Große Paßwanderung von Engelberg ins Reusstal, ab Brüsti (1525 m) wahlweise mit der 🚠 Seilbahn.	Engelberg (1000 m, 🚂), bekannter Ferienort. Start auch in Herrenrüti (1165 m) bzw. auf der Fürenalp (1840 m, 🚠).	Engelberg – Herrenrüti (2 Std.) – Alpenrösli (3 Std.) – Blackenalp (4¾ Std.) – Surenenpaß (6¼ Std.) – Brüsti (8 Std., 🚠) – Attinghausen (469 m; 10 Std., 🚂)	Wegzeiger, rot-weiße Mark.	Alpenrösli (1258 m), Blackenalp (1773 m)
29 Vier-Seen-Wanderung; Jochpaß, 2207 m Innerschweizer Wanderklassiker, herrliche Tour vor Titlis (3238 m) und Wendenstöcken (3042 m). Bei Benützung der Bergbahnen läßt sich das Pensum erheblich abkürzen. Talfahrt von Melchsee-Frutt zur Stöckalp (1075 m) mit der 🚠 Gondelbahn.	Engelberg (1000 m, 🚂), bekannter Ferienort, 35 km von Luzern. Sehenswert: Kloster mit Bibliothek.	Engelberg – Gerschnialp (1262 m; ¾ Std., 🚠) – Trüebsee (1764 m; 2 Std., 🚠) – Jochpaß (3½ Std., 🚠) – Engstlenalp (1834 m; 4½ Std., 🚌) – Melchsee-Frutt (1902 m; 6½ Std., 🚠)	Wegzeiger, rot-weiße Mark.	Mehrere Gasthäuser am Weg
30 Wandelen, 2105 m Interessante Grattour für Ausdauernde; bei Nässe oder Altschnee gefährlich. Kürzere Alternativen möglich.	Melchtal (890 m, 🚌), Dorf im gleichnamigen Tal, 11 km von Sarnen.	Melchtal – Arni (1533 m; 1¾ Std.) – Vorstegg (2045 m; 3¼ Std.) – Wandelen (4¼ Std.) – Arnigrat – Höch Dossen (1877 m; 5¾ Std.) – Unter Büelen – Flüeli-Ranft (743 m; 8 Std., 🚌)	Wegzeiger, rot-weiße und gelbe Mark.	–
31 Güpfli, 2043 m Aussichtsreiche Überschreitung an dem Kamm zwischen Lungerer See und Klein Melchtal. Trittsicherheit; üppige Flora.	Lungern (752 m, 🚂) an der Brünigstrecke.	Lungern – Brunnenmad (1230 m; 2 Std.) – Höhgrat (4 Std.) – Egg (1809 m) – Güpfli (5 Std.) – Hüttstett (1662 m; 5¾ Std.) – Lungern (7 Std.)	Wegzeiger, gelbe und rot-weiße Mark.	–
32 Brienzer Rothorn, 2350 m Berühmter Aussichtsgipfel zwischen Innerschweiz und Berner Oberland. Einmalig: die dampfbetriebene Zahnradbahn Brienz – Brienzer Rothorn.	🚠 Bergstation der Schönbüel-Seilbahn (2011 m), Talstation bei Lungern (752 m, 🚂).	Schönbüel – Arnihaggen (2207 m; 1¼ Std.) – Eiseesattel (2025 m) – Brienzer Rothorn (2½ Std.) – Eiseesattel (3¼ Std.) – Chäseren (1766 m; 4½ Std.) – Wileralp (1434 m; 6¼ Std.) – Brünigpaß (1008 m; 7½ Std., 🚂)	Wegzeiger, rot-weiße Mark.	Schönbüel (2011 m), Brienzer Rothorn (2266 m), Brünigpaß (1008 m)
33 Napf, 1408 m Zwischen Entlebuch und Emmental gelegen, bietet der Napf vor allem eine große Aussicht, ins Mittelland, zum Jura und in die Alpen. Schattige Anstiegswege.	Schüpfheim (719 m, 🚂) im Entlebuch, an der Strecke Wolhusen – Emmental.	Schüpfheim – Gemeinwerch (1077 m; 2 Std.) – Champechnubel (1261 m; 2¾ Std.) – Napf (4¼ Std.) – Breitnäbit (1188 m) – Romoos (791 m; 6¾ Std., 🚌)	Wegzeiger, Mark.	Hotel Napf (1406 m)
34 Beichlen, 1769 m Aussichtspunkt über dem Entlebuch, auch Abstieg nach Escholzmatt und nach Marbach.	Schüpfheim (719 m, 🚂) im Entlebuch, an der Strecke Wolhusen – Emmental.	Schüpfheim – Ober Lammberg (1101 m; 1¾ Std.) – Beichlen (4 Std.) – Flüeli (883 m; 6¼ Std.)	Wegzeiger, gelbe und rot-weiße Mark.	–
35 Schrattenflue, 2051 m Lohnende Höhen- und Gratwanderung an dem mächtigen Karstmassiv der Schrattenflue. Abstieg auch alternativ nördlich durch das Hilferental nach Marbach möglich (mark., gesamt 6 Std.).	🚠 Bergstation der Marbachegg-Seilbahn (1483 m), Talstation Marbach (871 m, 🚂) im Entlebuch.	Marbachegg – Imbrig (1460 m; 1¼ Std.) – Schrattenflue (3 Std.) – Schibengütsch (1992 m; 3½ Std.) – Ober Wisstannen (1507 m; 4½ Std.) – Kemmeribodenbad (976 m; 5¾ Std., 🚌)	Wegzeiger, rot-weiße Mark.	Marbachegg (1483 m)

Meine Favoriten

04 Großer Mythen, 1899 m
Wahrzeichen von Schwyz

Was für ein Profil! Zwei felsige, steile Pyramiden, durch eine tiefe Senke mit dem bezeichnenden Namen »Zwüschet Mythen« getrennt, isoliert über grünen Hügeln aufragend: Da muß man einfach hinauf. Und das geht vergleichsweise leicht, besitzt der Große Mythen (im Gegensatz zum Kleinen Mythen, 1811 m) einen schön angelegten Gipfelsteig, der sich von der Holzegg durch die steile Ost-flanke zum großen Panorama hinauf-schlängelt, da und dort mit Fixseilen ge-sichert. Unterwegs bieten sich packende Aus- und Tiefblicke und oben dann die Schau über tausend Gipfel, tief hinein ins Hochgebirge und hinaus, übers Schweizer Mittelland bis zu den Schwarz-waldhöhen.

➡ Der Weg zum Gipfel ist nicht zu verfeh-len; an Schönwettertagen gehen meistens größere Wandergruppen an der Seilbahn-station auf der Holzegg (1405 m) los. In ein paar Minuten ist der Felsfuß erreicht, wo eine Tafel vor allerhand alpinen Gefah-ren warnt. Der bereits 1864 angelegte, teil-weise aus dem Fels geschlagene Mythen-steig führt in 47 Spitzkehren zum Gipfel. Unter abschüssigen Grasflanken lauern senkrechte Abstürze – also auf keinen Fall den Weg verlassen!

08 Rigi Hochflue, 1699 m
Der stille Nachbar des berühmten Gipfels

Wenn an Schönwettertagen die Zahnrad-bahnen im Viertelstundentakt Rigi Kulm ansteuern, sich die Ausflügler vor dem großen Panorama drängen und man auf Staffel für seine Bratwurst anstehen muß, herrscht auf der Hochflue geradezu paradiesische Ruhe. Ein paar Bergsteiger, die ihre Brotzeit mit ewig hungrigen Dohlen teilen, die Aussicht genießen. Die muß man sich hier allerdings erst einmal verdienen, und das markante Felsprofil verrät schon, weshalb hier kein Massen-andrang zu befürchten ist: zu steil, zu felsig – und die Bahn fehlt auch.

➡ Der Weg zum Gipfel ist klar vorgezeich-net: vom Gätterli (1190 m) über den Nord-rücken, zuerst am Kamm, auf halber Höhe kurz in die Westflanke ausweichend, dann in kurzen Kehren (bei Nässe unangenehm rutschig) bis unter die Gipfelfelsen. Hier hilft eine 10-Meter-Leiter über den letzten Aufschwung.
Der Abstieg führt über die schräge Gipfel-wiese in die Felsen. Mit Drahtseilsicherung an einer harmlosen Verschneidung hinun-ter in die leicht bewaldete Südflanke, bei der Chälen (Verzweigung) rechts über den Südwestgrat der Hochflue und via Alp Scharteggli zurück zum Gätterli.
Die Gipfelbesteigung läßt sich auch mit der → Rigi-Höhenwanderung verbinden; der markierte Abstieg zum Egg (1288 m) weist allerdings einige etwas heikle Passagen auf. Schlüsselstelle ist dabei eine fast senkrech-te, aber gut gesicherte Stelle (Eisenbügel, Seil), die vom Grat nordseitig über einen Felsriegel hinunterleitet. Anschließend ent-weder nördlich des Kamms oder direkt am Grat auf markiertem Weglein (ein paar Drahtseile) bergab zum Egg, wo man auf den vielbegangenen Rigi-Höhenweg stößt.

Föhnstimmung über dem Vierwaldstätter See. In der Bildmitte Seelisberg, rechts oben die bei Flüelen in den Urner See mündende Reuss.

Meine Favoriten

Der Anstieg zum Großen Mythen wartet mit einigen (teilweise gesicherten) Felspassagen auf. Vorsicht bei Nässe, keinesfalls vom Weg abgehen!

29 Vier-Seen-Wanderung; Jochpaß, 2207 m

Innerschweizer Wanderklassiker

Natürlich ist der Titlis (3238 m) hochalpines Schaustück von Engelberg, noch vor den versteckten Spannörtern, mit Drehkabinen-Seilbahn, Gletscherpfad und immensem Panorama. Der Wanderer interessiert sich eher für die Route, die am Nordfuß von Titlis und Wendenstöcken (3042 m) entlangzieht, vom Trüebsee über den Jochpaß hinüber zur Seenplatte von Melchsee: eine einzige Abfolge schönster alpiner Sujets, und wer nicht so gut zu Fuß ist, kann den Aufstieg zum Jochpaß (teilweise oder zur Gänze) bequem per Lift absolvieren.

➡ Den ersten der vier Bergseen, den Trüebsee (1764 m), erreicht man von Engelberg in gut zweistündigem, teilweise ziemlich steilem Anstieg über die Gerschnialp (1262 m). Links am See vorbei und auf dem alten Saumpfad in Kehren hinauf zum Jochpaß. Herrlicher Blick auf die zerklüfteten Nordabstürze der Wendenstöcke und auf den Engstlensee (1850 m), das nächste Etappenziel. Hinter der gleichnamigen Alm rechts aufwärts zur Tannalp (1974 m), dann vorbei am Tannensee und leicht abwärts nach Melchsee-Frutt.

32 Brienzer Rothorn, 2350 m

Mit Dampf, am Drahtseil oder mit Muskelkraft

Da kommt das »Kind im Manne« schwer in Versuchung, wenn es zischt und dampft, Pleuelstangen und Räder sich in Bewegung setzen. Gemeint ist die Brienzer Rothornbahn, die einzige mit Dampf betriebene Zahnradbahn der Schweiz. Ziemlich genau eine Stunde benötigt sie für die Bergstrecke; sehr viel geschwinder (aber nicht so romantisch) ist die Fahrt von Sörenberg herauf mit der Luftseilbahn. Natürlich kommt man auch zu Fuß auf das Brienzer Rothorn, am schönsten vom Brünigpaß aus. Und noch eine Möglichkeit, ebenso reizvoll, aber weniger anstrengend: *von Lungern mit der Seilbahn nach Schönbüel (2011 m) und anschließend auf dem Höhenweg zum Rothorn.*

➡ Beim Gibel, eine Viertelstunde von der Seilbahnstation Schönbüel, fädelt man in den Gratweg ein. Nun westlich auf dem Felsensteig durch die Südflanke der Höch Gumme ins Zwischenegg und am Grat auf den Arnihaggen (2207 m). Hier kommt das Gipfelziel ins Bild, rechts unter dem Kamm liegt in einer schattigen Karmulde der winzige Eisee. Nun etwas ausgesetzt in die Senke des Eiseesattels und steil hinauf zum Brienzer Rothorn.

Auf dem aussichtsreichen Höhenweg zurück bis zum Gibel (2040 m). Dann rechts am schmalen Kamm bergab in den Tüfengratsattel (1858 m) und durch die abschüssigen Hänge des Wilerhorns (2004 m) weiter hinunter ins Almgebiet von Wiler. Vorsicht bei der Querung der teilweise recht steilen Rinnen; das Gestein ist hier extrem brüchig. Nun im Wald abwärts und zuletzt auf Straßen zum weiten Sattel des Brünigpasses (1008 m).

Das Tessin

Vom Luganer See bis hinauf zum Alpenhauptkamm

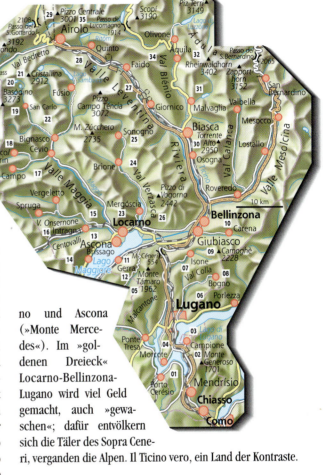

»Ohne diesen fatalen Paß würde das Tessin nicht existieren!« Gemeint ist natürlich der St. Gotthard, zentraler Alpenübergang und Herzstück des schweizerischen Réduitgefühls, untertunnelt und befestigt, sagenumwoben und verklärt. Meist bläst oben ein kühler Wind, und die rundgeschliffenen Felshöcker, zwischen denen da und dort dunkel Wasser schimmert, verraten noch nichts von der Nähe des Südens.

Das Tessin: eine malerische Berg-Seen-Landschaft, schon mediterran-italienisch anmutend, aber noch ordentlich helvetisch, Frühlingsdüfte statt Nebelgrau. Il Ticino vero? Nicht ganz, aber halt eine Vorstellung davon. Die Kehrseite des Postkartenbildes ist weniger bunt, ganz anders: wilde Täler, riesige Granitfluchten, kühne Wege, einst von Bauern Stein auf Stein gebaut, verlassene Dörfer – ein Paradies für Naturfreunde, alpin bis hochalpin. Da begegnet man einer ganz anderen Welt, die von Entbehrungen, vom harten Leben früher erzählt. Oft sind die Menschen ausgewandert, meist notgedrungen, um Armut und Hunger zu entkommen, in die Neue Welt, aber auch in die italienische Nachbarschaft, wie die Kaminfegerkinder noch zu Beginn unseres Jahrhunderts. Manche Tessiner brachten es im Ausland sogar zu Wohlstand und großem Ruhm, als Architekten, Baumeister, Stukkateure oder Maler. Sie schrieben ganz wesentlich mit an der Kulturgeschichte Europas, arbeiteten überall zwischen Palermo und Moskau, von Sevilla bis Konstantinopel. So war Marco von Carona erster Baumeister am Mailänder Dom, Carlo Maderna entwarf die Fassade des Petersdoms und Domenico Trezzini schuf St. Petersburg aus dem Nichts. Was für eine Fülle von Talenten!

Die jüngste Geschichte machte aus dem Ticino dann ein Einwanderungsland; erst kamen die »Spinner« vom Monte Verità mit ihren skurril-avantgardistischen Ideen, dann besetzte der Geldadel aus Nachkriegsdeutschland die besten Hanglagen um Locarno und Ascona (»Monte Mercedes«). Im »goldenen Dreieck« Locarno-Bellinzona-Lugano wird viel Geld gemacht, auch »gewaschen«; dafür entvölkern sich die Täler des Sopra Ceneri, verganden die Alpen. Il Ticino vero, ein Land der Kontraste.

Führer & Landkarten

Viel Interessantes über den Südzipfel der Schweiz findet sich in »Wandern kompakt Tessin« von Eugen E. Hüsler (Bruckmann); im Werd-Verlag ist ein Führer »20 Bergwanderungen Tessin« erschienen, bei Rother ein Wanderführer »Tessin«. Wanderkarten über den Kanton gibt es bei Kümmerly+Frey und der Landestopographie (im Maßstab 1:50000 mit Wanderwegeaufdruck).

Berge- und Seenlandschaft Ticino: die Kirche von Vico Morcote, ein Zipfel des Luganer Sees und der mächtige Monte Generoso.

Alle Wanderungen auf einen Blick

Tourenziel/Charakteristik	Ausgangspunkt	Wegverlauf & Gehzeit	Markierung	Einkehr am Weg
Sotto Ceneri				
01 Monte San Giorgio, 1097 m Bewaldeter Gipfel am Südrand der Alpen, berühmt für seine Versteinerungen. Reiche Flora und Fauna (Museum in Meride).	Riva San Vitale (273 m, 🚂) am Südende des Luganer Sees. Sehenswert: Baptisterium (um 500) und Kirche Santa Croce.	Riva San Vitale – Monte San Giorgio (2½ Std.) – Meride (578 m; 3½ Std., 🚌) – Riva San Vitale (4¼ Std.)	Wegzeiger, Mark.	In Meride (578 m)
02 Monte Generoso, 1701 m Überschreitung des »Rigi der Südschweiz«. Großes Panorama, im Frühsommer üppige Flora. »Abstieg« alternativ auch mit der Zahnradbahn nach Mendrisio möglich.	Arogno (586 m, 🚌), Bergdorf im Valle Mara, 5 km von Maroggia.	Arogno – Pianca dell'Alpe (1360 m; 2¼ Std.) – Monte Generoso (4 Std.) – Bellavista (1221 m; 5¼ Std.) – Rovio (495 m; 7 Std.)	Wegzeiger, rot-weiße Mark.	Generoso-Vetta (1601 m), Bellavista (1221 m)
03 Sighignola, 1321 m Aussichtsbalkon über dem Luganer See, gegenüber von Lugano. Hin- und Rückfahrt per Schiff! Straße von Lanzo d'Intelvi (907 m, 5 km) zum Gipfel.	Cantine di Gandria (273 m, 🚢), Häusergruppe am Ufer des Luganer Sees, gegenüber von Gandria. Interessant: Schmugglermuseum.	Cantine di Gandria – Sighignola (3 Std.) – Arogno (586 m; 4½ Std., 🚌) – Bissone (276 m; 5½ Std., 🚌)	Wegzeiger, rot-weiße und gelbe Mark.	Arogno (586 m)
04 Monte San Salvatore, 912 m – Morcote Wanderklassiker im Sotto Ceneri, wenig beschwerliche Höhenwege. Sehenswert: Carona, Morcote mit Parco Scherrer.	🚠 Bergstation der San-Salvatore-Standseilbahn (912 m), Talstation Lugano-Paradiso (272 m, 🚌).	Monte San Salvatore – Carona (599 m; 1 Std.) – Alpe Vicania (659 m; 2¼ Std.) – Morcote (272 m; 3 Std., 🚌)	Wegzeiger, gelbe Mark.	Mehrere Einkehrmöglichkeiten unterwegs
05 La Traversata; Monte Tamaro, 1961 m Berühmte Kammwanderung über dem Malcantone mit herrlichen Ausblicken. Bei Liftbenützung nur mäßig anstrengend.	🚠 Bergstation des Monte-Lema-Sessellifts (1550 m), Talstation Miglieglia (706 m, 🚌), 17 km von Lugano.	Liftstation – Monte Lema (1620 m) – »La Traversata« – Monte Tamaro (3½ Std.) – Alpe Foppa (1530 m; 4½ Std., 🚠) – Rivera-Bironico (471 m; 6½ Std., 🚌)	Wegzeiger, rot-weiße Mark.	Ostello Monte Lema (1580 m), Capanna Tamaro (1867 m), Alpe Foppa (1530 m)
06 Monte Boglia, 1516 m Auf den Hausberg von Lugano, mit Abstieg zum Fischerdörfchen Gandria. Sehenswert: Altstadt von Lugano mit Museen, Gandria.	🚠 Bergstation der Monte-Brè-Standseilbahn (925 m), Talstation Lugano-Cassarate (273 m, 🚌)	Monte Brè – Brè (800 m) – Monte Boglia (2½ Std.) – Alpe Bolla (3¼ Std.) – Brè (4¼ Std.) – Gandria (273 m; 5½ Std., 🚢) – Lugano (6¼ Std.)	Wegzeiger, gelbe und rot-weiße Mark.	Mehrere Gasthöfe am Weg
07 Monte Bar, 1816 m Sehr sonnige Wanderrunde, öfters Schießlärm vom nahen Militärübungsplatz.	Bidogno (804 m, 🚌), Dörfchen im unteren Val Colla, 14 km von Lugano.	Bidogno – Caval Drossa (1632 m; 2½ Std.) – Monte Bar (3¼ Std.) – Monte Bar – Bidogno (5½ Std.)	Wegzeiger, rot-weiße Mark.	Capanna Monte Bar (1600 m, nur an Wochenenden)
08 Monte Gazzirola, 2116 m Große Wanderrunde über dem Val Colla, verschiedene Teilbegehungen möglich, z.B. Abstieg von San Lucio nach Bogno (gesamt 6¾ Std.) oder Runde über die Cima di Fojorina (ab Bogno gesamt 4¼ Std.).	Bidogno (804 m, 🚌), Dörfchen im unteren Val Colla, 14 km von Lugano.	Bidogno – Capanna Monte Bar (2½ Std.) – Monte Gazzirola (4¾ Std.) – San Lucio (1542 m; 6 Std.) – Cima di Fojorina (1809 m; 7¼ Std.) – Capanna Pairolo (8 Std.) – Cimadera (1080 m; 8¾ Std.)	Wegzeiger, rot-weiße Mark.	Rif. Garzirola (1974 m), Capanna Pairolo (1344 m)
Sopra Ceneri				
09 Camoghè, 2227 m Felsiger Nachbar der Gazzirola, höchster Gipfel des südlichen Tessin mit großem Panorama. Alternativ Abstieg nach Colla möglich (gesamt dann 8 Std., mark.).	Carena (958 m, 🚌), Bergdörfchen im Valle Morobia, 12 km von Giubiasco.	Carena – Alpe Poltrinetto (1503 m; 2¼ Std.) – Alpe Levén (1667 m) – Bocchetta di Revolte (1970 m; 4¼ Std.) – Camoghè (5¼ Std.); Abstieg auf dem gleichen Weg (gesamt 8½ Std.)	Wegzeiger, rot-weiße Mark.	–
10 Motto d'Arbino, 1694 m Höhenwanderung über Bellinzona mit Aussicht bis zum Alpenhauptkamm und auf den Lago Maggiore. Sehenswert: die Burgen von Bellinzona.	Carena (958 m, 🚌), Bergdörfchen im Valle Morobia, 12 km von Giubiasco.	Carena – Alpe Croveggia (1546 m) – Alpe di Gesero (1706 m; 2¼ Std.) – Alpe della Costa (1615 m) – Motto d'Arbino (3¼ Std.) – Motto della Croce (1254 m; 4¼ Std.) – Castello di Sasso Corbaro – Bellinzona (241 m; 6½ Std., 🚌)	Wegzeiger, rot-weiße und gelbe Mark.	Capanna Gesero (1774 m), 15 Min. von der Alpe Gesero
11 Monti di Gambarogno »Strada alta« des Gambarogno, verbindet die Maiensäße an der Nordflanke des Monte Gambarogno.	Piazzogna (356 m, 🚌), Dorf des Gambarogno über dem Lago-Maggiore-Südufer, knapp 20 km von Bellinzona.	Piazzogna – Monti di Piazzogna (767 m; 1¼ Std.) – Monti di Gerra (2½ Std.) – Monti di Caviano (695 m; 4¼ Std.) – Caviano (274 m; 5 Std.)	Wegzeiger, rot-weiße Mark.	Monti di Piazzogna (767 m), Monti di Gerra
12 Monte Gambarogno, 1734 m Prächtiger Aussichtsgipfel über dem schweizerischen Südufer des Lago Maggiore, abwechslungsreiche Runde ab Indemini.	Indemini (939 m, 🚌) im obersten Valle Veddasca, 17 km von Vira über den Paß Corte di Neggia (1395 m).	Indemini – Sant'Anna (1342 m) – Alpe Cedulle (1287 m; 1½ Std.) – Monte Gambarogno (3 Std.) – Corte di Neggia (1395 m) – Indemini (4¾ Std.)	Wegzeiger, rot-weiße Mark.	Indemini (939 m)

Alle Wanderungen auf einen Blick

Tourenziel/Charakteristik	Ausgangspunkt	Wegverlauf & Gehzeit	Markierung	Einkehr am Weg
13 Pizzo Leone, 1659 m Erst angenehm schattige, dann aussichts-reiche Höhenwanderung über die Corona dei Pinci; Ausdauer erforderlich. Kürzere Varianten möglich, z.B. Abstieg von der Corona dei Pinci nach Ronco (gesamt dann 5½ Std.).	Arcegno (387 m, 🚌), Dorf westlich über dem Maggia-delta, 5 km von Locarno.	Arcegno – Corona dei Pinci (1293 m; 3 Std.) – Pizzo Leone (4½ Std.) – Ronco (353 m; 7 Std.) – Arcegno (8 Std.)	Wegzeiger, gelbe und rot-weiße Mark.	Ronco sopra Ascona (353 m)
14 Gridone, 2188 m Mächtiger Bergstock über Brissago, bei den Italienern Monte Limidario, mit weitem Panorama und herrlichem Seeblick.	Cortaccio (1087 m), altes Almdörfchen (heute Ferien-häuser); Zufahrt von Brissago (215 m,) via Piodina 8 km. Parkmöglichkeit bei den ersten Häusern.	Cortaccio – Alpe Voiee (1643 m; 2 Std.) – Bocchetta di Valle (1946 m) – Gridone (3¾ Std.); Abstieg auf dem gleichen Weg (gesamt 6 Std.)	Wegzeiger, rot-weiße Mark.	–
15 Salmone, 1560 m Steiler Weg zum Hochsitz über den Tälern von Maggia und Centovalli; faszinierend der Blick auf das Maggiadelta. Im Hochsommer zu heiß!	Verscio (274 m, 🚌) im Pede-monte, 7 km von Locarno.	Verscio – Vii (1126 m; 2¾ Std.) – Sal-mone (4½ Std.) – Passo della Garina (1076 m; 5¾ Std.) – Loco (691 m; 6½ Std.)	Wegzeiger, rot-weiße Mark.	–
16 Pizzo Rudasca, 2004 m Steinige Überschreitung vom Valle Onsernone ins Centovalli, Einsamkeit garantiert; Tritt-sicherheit. Nur spärlich mark., etwas Orien-tierungssinn notwendig.	Camologno (1085 m, 🚌), Bergnest im hintersten Onser-nonetal.	Camologno – Pizzo Rudasca (4 Std.) – Pianascio (1642 m) – Monte Comino (6 Std.) – Verdasio – Verdasio-Stazione (530 m; 7 Std.)	Rot-weiße Mark.	Riposo Romantico auf dem Monte Comino (1138 m), Verdasio (711 m)
17 Bocchetta di Sascola, 2135 m Einsam-mühsame, aber sehr dankbare Run-de; wer noch genügend Schnauf hat, kann den Pizzo Alzasca (2261 m) mitnehmen (weglos, leicht).	Celentino (761 m, 🚌) an der Strecke Cevio – Bosco/Gurin.	Celentino – Alpe Orsalii (1701 m; 3 Std.) – Bocchetta di Cansegéi (2036 m; 4½ Std.) – Bocchetta di Sascola (4¾ Std.) – Lago di Sascola (1740 m; 5 Std.) – Cevio (418 m; 7¾ Std.)	Wegzeiger, rot-weiße Mark.	–
18 Üsser See, 2393 m Abwechslungsreiche Wanderrunde oberhalb der Walsersiedlung Gurin. Im Sommer auf den Wiesen oberhalb des Dorfes zahllose Türkenbund. Sehenswert: Walserhäuser, Museum.	Bosco/Gurin (1503 m, 🚌), 16 km von Cevio.	Bosco/Gurin – Üsser See (2½ Std.) – Schwarzsee (2315 m) – Bann (2104 m; 4½ Std.) – Bosco/Gurin (5½ Std.)	Wegzeiger, rot-weiße Mark.	–
19 Bocchetta dei Laghi della Crosa, 2480 m Anstrengende Tour in einen der einsam-sten Winkel des Sopra Ceneri. Trittsi-cherheit notwendig (einige Seilsicherun-gen). Nur für erfahrene Berggänger bei sicherem Wetter. Sehenswert: Gerra (1045 m), verlassene Almsiedlung, Wasserfall von Foroglio.	San Carlo (938 m, 🚌), Häu-sergruppe im innersten Val Bavona, 11 km von Bignasco.	San Carlo – Rifugio Piano delle Creste (3½ Std.) – Bocchetta dei Laghi della Crosa (2480 m; 4½ Std.) – Laghi della Crosa (2116 m) – Calnegia (1108 m) – Foroglio (684 m; 8½ Std., 🚌)	Wegzeiger, rot-weiße Mark.	Rifugio Piano delle Creste (2108 m), bew. Juni bis Oktober.
20 Seenrunde; Lago Sfundau, 2392 m Wanderung zu den (Stau-)Seen im obersten Val Bavona; auch kürzere Varianten möglich. Beeindruckende Granitlandschaft.	🚡 Bergstation der Robiei-Seilbahn (1891 m), Talstation San Carlo (938 m, 🚌) am Ende der Talstraße.	Robiei – Lago dei Cavagnöö (2310 m; 1¾ Std.) – Lago Sfundau – Lago Nero (2387 m; 3 Std.) – Robiei (4 Std.)	Wegzeiger, rot-weiße Mark.	Robiei
21 Cristallina, 2912 m Höchster Gipfel zwischen der Vallemaggia und dem Bedrettotal mit großer Aussicht. Nur für geübte Bergwanderer, die sich auch in weglosem Terrain zurechtfinden.	🚡 Bergstation der Robiei-Seilbahn (1891 m), Talstation San Carlo (938 m, 🚌) am Ende der Talstraße.	Robiei – Lago Sfundau – Passo Cristallina (2568 m; 2½ Std.) – Cristallina (4 Std.); Abstieg auf dem gleichen Weg (gesamt 6½ Std.)	Wegzeiger, rot-weiße Mark., ab Paß Steinmännchen, Spur	Robiei
22 Alpe Fiorasca, 2086 m Abenteuerpfad zu den (verlassenen) Almen über dem Valle di Larèchia. Einzigartig die kunstvoll in schwierigstes Gelände trassierten Wege, grandios-wild die Kulisse.	Fontana (616 m, 🚌), Weiler im Val Bavona.	Fontana – Larèchia (1596 m) – Alpe Fiorasca (4 – 5 Std.); Abstieg auf dem gleichen Weg.	Wegzeiger, rot-weiße Mark.	–
23 Cima della Trosa, 1869 m Hausberg von Locarno, mit Seilbahnhilfe ver-gleichsweise bequeme Tour. Große Schau auf den Lago Maggiore und in die Tessiner Hoch-alpen.	🚡 Bergstation des Cimetta-Lifts (1671 m), Talstation Locarno (198 m, 🚌), Zwi-schenstationen Madonna del Sasso und Cardada.	Cimetta – Cima della Trosa (1 Std.) – Faedo (1351 m) – Mergoscia (731 m; 3¼ Std.)	Wegzeiger, rot-weiße Mark.	Cimetta (1671 m)

Alle Wanderungen auf einen Blick

Tourenziel/Charakteristik	Ausgangspunkt	Wegverlauf & Gehzeit	Markierung	Einkehr am Weg
24 Poncione d'Alnasca, 2301 m Steiler Pfad auf einen steilen Zahn mit packender Umschau. Nur für Bergerfahrene, am Gipfel leichte Kletterstellen (I).	Alnasca (757 m, 🚌), Häusergruppe 1 km nördlich von Brione (756 m). Zufahrt ins Val Verzasca von Górdola (205 m, 🚌), 18 km bis Brione.	Alnasca – Poncione d'Alnasca (4½ Std.); Abstieg auf dem gleichen Weg (gesamt 7 Std.)	Rot-weiße Mark.	–
25 Lago d'Efra, 1836 m Dankbare Talwanderung zu idyllisch gelegenem Bergsee. Gut eine Halbstunde höher steht die Capanna d'Efra (2039 m).	Frasco (885 m, 🚌), Dorf im inneren Val Verzasca.	Frasco – Lago d'Efra (3 Std.); Abstieg auf dem gleichen Weg (gesamt 5 Std.)	Wegzeiger, rot-weiße Mark.	–
26 Sassariente, 1768 m Markanter Felszacken über der Mündung des Verzascatals mit packendem Tiefblick auf die Magadinoebene. Alternativ (und kürzer) Aufstieg von den Monti di Motti (1067 m, schmale Zufahrt).	Berzona (502 m, 🚌), Häusergruppe am Stausee von Vogorno, etwa 6 km von Górdola.	Berzona – Lignasca (844 m) – Monti della Scesa – Sassariente (3¾ Std.) – Monti di Motti (1067 m; 5 Std.) – Górdola (6½ Std., 🚌)	Wegzeiger, rot-weiße Mark.	Monti di Motti (1067 m)
27 Doro, 1537 m Almrunde fernab vom rauschenden Verkehr auf der Gotthard-Transitachse.	Chironico (782 m, 🚌), Dorf in der unteren Leventina. Zufahrt von Lavorgo an der Gotthardstrecke.	Chironico – Cala (1467 m; 2¼ Std.) – Doro (2¾ Std.) – Ces (1446 m; 3¼ Std.) – Chironico (4½ Std.)	Wegzeiger, rot-weiße Mark.	–
28 Lago Tremorgio, 1830 m Höhenweg auf der linken Talseite der Leventina zum kreisrunden Bergsee.	🚠 Bergstation der Sasso-della-Boggia-Seilbahn (2057 m), Talstation Airolo (1175 m, 🚌)	Sasso della Boggia – Zemblasca (1809 m; 1 Std.) – Pian Mott (1815 m) – Lago Tremorgio (4½ Std.) – Rodi-Fiesso (940 m; 6¼ Std., 🚌)	Wegzeiger, rot-weiße Mark.	Lago Tremorgio
29 Pizzo Centrale, 3001 m Zentralgipfel des Gotthardmassivs mit großem Panorama. Trittsicherheit unerläßlich. Sehenswert: Museo Nazionale del San Gottardo.	Gotthard-Hospiz (2091 m, 🚌) am Passo del San Gottardo (2108 m).	Gotthard – Lago della Sella (2256 m; ¾ Std.) – Pizzo Centrale (3 Std.); Abstieg auf dem gleichen Weg (gesamt 5 Std.)	Wegzeiger, teilweise Farbmark., zum Gipfel Steinmännchen, Spur.	Am Gotthardpaß
30 Forcarella di Lago, 2256 m Ticino vertikal! Die Runde eignet sich nur für Konditionsbolzen, bietet aber garantiert Ungewöhnliches. Tiefblicke en masse.	Biasca (301 m, 🚌), Städtchen an der Mündung der Leventina und des Valle di Blenio.	Biasca – Piansgera (1409 m) – Forcarella di Lago (5½ Std.) – Forcella di Cava (2090 m; 6 Std.) – Svall (1407 m; 7½ Std.) – Biasca (9¾ Std.)	Wegzeiger, rot-weiße Mark.	Capanna Cava (2066 m) zwischen den beiden Scharten, unbew., aber stets zugänglich
31 Val Malvaglia; Cusiè, 1666 m Rundwanderung in dem wilden Graben des Val Malvaglia, grandios der Talschluß mit dem Rheinwaldhorn (3402 m).	🚠 Bergstation der Dagro-Gondelbahn (1413 m), Talstation Malvaglia (380 m, 🚌).	Dagro – Cusiè (1¾ Std.) – Bacino di Val Malvaglia (990 m; 3½ Std.) – Malvaglia (4¾ Std.)	Wegzeiger, rot-weiße Mark.	Dagro (1413 m)
32 Capanna Adula, 2012 m Tal- und Paßwanderung im Banne des Rheinwaldhorns. Ausdauer und Trittsicherheit erforderlich, evtl. Nächtigung in der Adulahütte.	Olivone (902 m, 🚌) am Fuß des Lukmanierpasses, 21 km von Biasca.	Olivone – Compietto (1573 m; 2 Std.) – Val Carassino – Capanna Adula (4¾ Std.) – Dongio (7 Std., 🚌)	Wegzeiger, rot-weiße Mark.	Capanna Adula (2012 m).
33 Passo della Greina, 2357 m Große Wanderrunde am Alpenhauptkamm; unvergleichlich das Greina-Hochplateau, umrahmt von hohen Gipfeln, mit Nächtigung im Rif. Motterascio besonders lohnend.	Ghirone (1285 m, 🚌) bei Campo Blenio (1216 m), 7 km von Olivone.	Ghirone – Lago di Luzzone (1590 m; 1 Std.) – Rif. Motterascio (3¾ Std.) – Crap la Crusch (2259 m; 4½ Std.) – Passo della Greina (5½ Std.) – Pian Gereitt (2012 m; 6½ Std.) – Daigra (1408 m) – Ghirone (8½ Std.)	Wegzeiger, rot-weiße Mark.	Rif. Motterascio (2172 m), im Sommer bew.
34 Sentiero alto di Blenio Aussichtsreicher Höhenweg an der Westflanke des Bleniotals. Etwas für Langstreckenläufer, Nächtigung in der Capanna Piandios oder Capanna Püsced (beide unbew.).	Acquacalda (1758 m, 🚌) an der Strecke Olivone – Lukmanierpaß.	Acquacalda – Passo Bareta (2274 m; 2½ Std.) – Capanna Piandios (3¾ Std.) – Alpe del Gualdo (1774 m; 5 Std.) – Capanna Püsced (6¼ Std.) – Ludiano (466 m; 8¼ Std., 🚌)	Wegzeiger, rot-weiße Mark.	Acquacalda (1758 m)
35 Capanna Cadlimo, 2573 m – Val Piora Einzigartige Seen- und Paßwanderung zwischen Lukmanierpaß und Leventina. Gute Bergwege, Ausdauer erforderlich.	Lukmanierpaß (Passo del Lucomagno, 1914 m), Übergang von Disentis nach Olivone und Biasca.	Lukmanierpaß – Capanna Cadlimo (3½ Std.) – Bassa del Lago Scuro (2470 m; 4 Std.) – Lago di Tom (2022 m) – Capanna Cadagno (5½ Std.) – Passo dell'Uomo (2218 m) – Lukmanierpaß (8 Std.)	Wegzeiger, rot-weiße Mark.	Lukmanierpaß (1914 m), Capanna Cadlimo (2573 m), Lago Cadagno (1921 m), Capanna Cadagno (1987 m)

Meine Favoriten

Am Monte Generoso, dem »Rigi der Südschweiz« (1701 m); Blick zum Monte Rosa in den Walliser Alpen.

04 Monte San Salvatore, 912 m – Morcote

Die schönste Wanderung am Luganer See?

Wenn's eine Hitliste der Tessiner Wanderwege gäbe, die Tour vom Monte San Salvatore nach Carona und hinunter nach Morcote müßte ganz oben stehen. Zigtausende sind alljährlich auf dem teilweise bewaldeten Höhenrücken unterwegs, lassen sich von der altehrwürdigen Standseilbahn zum San Salvatore befördern, genießen am Gipfelchen die große Schau auf den Luganer See, hinab zur Stadt, auf die Tessiner Alpen. Kunst aus mehreren Jahrhunderten gibt's dann in und rund um Carona zu bewundern, zum »Zvieri« lädt die Alpe Vicania ein, und schließlich steigt man über gezählte 404 Stufen von der Kirche Madonna del Sasso ab nach Morcote.

➡ Die Höhenwanderung beginnt mit dem etwas rauhen Abstieg vom Monte San Salvatore. Bei Ciona (612 m) stößt der Weg auf die Straße nach Carona. Am südlichen Ende

des malerisch-verwinkelten Dorfes, in der Nähe des Sportzentrums, weist eine Tafel nach Madonna d'Ongero. Kurz vor dem prächtigen Barockbau zweigt links der Weg zur Alpe Vicania ab. Er quert die bewaldete Westflanke der Cima Pescia und trifft in der Senke unter dem Monte Arbòstora auf einen breiten Güterweg, der in ein paar Schleifen zur Alm hinabzieht. Weiter in Kehren mit schöner Aussicht auf die Hügelketten des Varesotto abwärts, durch Rebberge nach Madonna del Sasso (15./18. Jh.). Neben der Kirche Antoniuskapelle, ein interessanter Barockbau mit achteckigem Grundriss. Hinab ins alte Fischerstädtchen Morcote mit seinen malerischen Lauben über den alten Treppenweg.

18 Üsser See, 2393 m

Walser-Wander-Wege

Das klingt gar nicht italienisch, so wenig wie Wandfluhhorn, Strahlbann oder Grossalp. Gurin ist eine alte Walsersiedlung, die einzige deutschsprachige Gemeinde des Kantons Tessin, im 13. Jahr-

hundert vom benachbarten Pomat (Val Formazza) aus begründet. Daß sich hier Sprache und Kultur recht gut erhalten haben, liegt vor allem an der Abgeschiedenheit des Fleckens, der erst spät Straßenanschluß bekam. Heute ist Bosco/Gurin beliebtes Ausflugsziel. Ein gutes Bild von diesem Teil der Tessiner Alpen vermittelt die Runde über die drei winzigen Bergseen unter dem wildzerklüfteten Kamm des Pizzo d'Orsalia (2664 m).

➡ Durch den Ort aufwärts zu den malerischen Heustadeln, dann auf markiertem Weg durch lichten Wald bergan. Vorbei an Inner Stafel (1931 m) bis zur Weggabelung der Alphütte Üsser Stafel. Hier über den zunehmend steinigeren Hang zum Üsser See, dann links abwärts zum Schwarzsee (2313 m) und über eine kleine Scharte zum dritten, namenlosen Gewässer. Nun hinter dem felsigen Grat des Heijbarg hindurch und im Bogen unter dem Wandfluhhorn (2856 m) hinab zu den weiten Almwiesen von Bann. Auf einem altem Almweg zurück nach Bosco/Gurin.

Meine Favoriten

35 Capanna Cadlimo, 2573 m – Val Piora

Seenrunde zwischen Lukmanier und Piora

Berühmt ist das Val Piora vor allem für seinen Käse, doch der spielt hier nur eine Nebenrolle. Die Landschaft ist es, die fasziniert: brauner Gotthardgranit und tiefblaue Seen, aufgereiht an der Wanderroute wie Perlen an einer Kette, dazu überraschende Szenenwechsel und Fernblicke bis zum Tödi (3614 m) und zu den Viertausendern der Berner Alpen. Und am Cadagnosee gibt's sogar den richtigen Käse dazu, den »Piora« …

➡ Die große Runde beginnt am Lukmanier-Stausee (Lai da Sontga Maria, 1908 m), führt dann über eine Steilstufe in das langgestreckte, nach Westen ansteigende Val Cadlimo. Der Lago dell'Isra (2322 m)

bleibt links; die markierte Spur steigt über abgerundete Granitbuckel, zwischen denen es spärlich grünt, hinauf zur Capanna Cadlimo. Kurz abwärts in die gleichnamige Scharte (2539 m), dann querend zum Lago Scuro (2451 m) und in die Bassa di Lago Scuro. Faszinierender Tiefblick auf den Lago di Tom (2021 m) und den Stausee von Ritom (1850 m). Auf gutem Weg abwärts

zur Alpe Tom, dann links hinauf in einen kleinen Wiesensattel (2077 m), hinter dem das Weglein zum Lago Cadagno (1923 m) hinabläuft. Hier beginnt der nur mäßig steile, aber recht anhängliche Anstieg durch das Val Piora hinauf zum Passo dell'Uomo (2218 m). Dahinter geht's auf einer gräßlichen Schotterpiste hinunter zum Stausee am Lukmanierpaß.

Strada Alta

Der bekannteste Tessiner Höhenweg, verläuft an der linken Flanke der Leventina von Airolo nach Biasca, vorwiegend in Höhen zwischen 1000 und 1400 Meter. Für die gesamte, etwa 45 Kilometer lange Wegstrecke (teilweise Sträßchen) rechnet man mit einer Gehzeit von 13 Stunden. Zahlreiche Übernachtungsmöglichkeiten unterwegs. Wegverlauf: Airolo (1175 m) – Altanca (1391 m) – Luregno (1324 m) – Osco (1156 m; 4¾ Std.) – Gianón (1388 m) – Anzonico (984 m; 8¼ Std.) – Sobrio (1128 m) – Biasca (301 m; 13 Std.)

Hoch über der Leventina, an der Bassa del Lago Scuro: der Ritom(stau)see und der Lago di Tom.

Berner Oberland

Eiger, Mönch und Jungfrau

Die Berner behaupten ja recht gerne von sich, sie hätten den Alpentourismus erfunden, was angesichts der Oberländer Fels- und Eiskulisse so sehr nicht erstaunt. Immerhin waren es die Mutzenstädter, die im Jahr 1805 ein Mega-Event auf die Beine stellten, neben dem sich heute ein Konzert der Zillertaler Schürzenjäger wie eine bescheidene Kirmesveranstaltung ausnimmt: das erste Unspunnenfest. Die erlauchten Gesellschaften strömten aus halb Europa herbei, wurden per Schiff über den Thuner See nach Interlaken befördert, wo man sich für ein paar Tage an den Darbietungen eines gesund-kräftigen Alpenvolks delektierte. Jean-Jacques Rousseau und Albrecht Haller grüßten als geistige Väter der aufkommenden Alpenromantik – die modernen Grünen gab's damals noch nicht.

In den zwei Jahrhunderten, die seither ins (Schweizer)Land gegangen sind, hat das Berner Oberland nichts von seiner Anziehungskraft eingebüßt, sogar die Aussicht vom Grand Hôtel Beau Rivage auf die Jungfrau ist noch unverbaut – weil die Hoteliers von Interlaken die Wiese vor ihren Palästen vorsorglich gleich aufkauften. Überhaupt bewiesen die Oberländer Weitsicht: Bahnen wurden gebaut, seit 1832 bereits steht eine Herberge auf dem Faulhorn und später verhalf der »heroische« Kampf um die berühmteste Nordwand der Alpen – die des Eiger (3970 m) – der Region zu weiterer Publicity.

Schier unerschöpflich sind die Wandermöglichkeiten zwischen Haslital und Saanenland, mit den beiden großen Seen von Thun und Brienz im Vorfeld der Hochalpen, leicht erreichbaren Aussichtsgipfeln und Höhenpromenaden vor der einmaligen Kulisse der Viertausender: Eiger, Mönch und Jungfrau.

Im Reich der Viertausender: Blick vom Sidelhorn auf Grimselsee, Unteraargletscher und Lauteraarhorn.

Führer & Landkarten

Da sind zuerst einmal die beiden Führer des Ur-Berners Daniel Anker zu nennen: »Berner Oberland Ost« und »Berner Oberland West«, erschienen beim Bergverlag Rother. Aus dem gleichen Verlag stammt ein Gebietsführer »Berner Alpen«. Gute Dienste unterwegs leisten die von den »Schweizer Wanderwegen« bearbeiteten 50 000er Blätter der Landeskarte der Schweiz: 253 T »Gantrisch«, 254 T »Interlaken«, 255 T »Sustenpaß«, 263 T »Wildstrubel«, 264 T »Jungfrau«.

Alle Wanderungen auf einen Blick

Tourenziel/Charakteristik	Ausgangspunkt	Wegverlauf & Gehzeit	Markierung	Einkehr am Weg
Haslital, Brienzer See				
01 Hochstollen, 2481 m Gipfel- und Höhenrunde, je nach Liftbenützung kurz bis sehr weit. Besonders schön der Höhenweg vom Balmeregghorn nach Planplatten.	🚡 Bergstation des Käserstatt-Lifts (1831 m), Talstation Hasliberg (Wasserwendi, 1160 m), 6 km vom Brünigpaß.	Käserstatt – Hochsträss (2119 m; 1 Std., 🚡) – Hochstollen (2 Std.) – Melchsee-Frutt (1902 m; 3½ Std., 🚡) – Balmeregghorn (2255 m; 4½ Std., 🚡) – Planplatten (2245; 5½ Std., 🚡) – Reuti/Wasserwendi (7½ Std.)	Wegzeiger, rot-weiße Mark.	Käserstatt (1831 m), Melchsee-Frutt (1902 m)
02 Gental Sonnige Talwanderung mit Aussicht auf die Bergketten des Haslitals.	Engstlenalp (1834 m, 🚌) im Gental, wenig unterhalb des idyllischen Engstlensees (1850 m).	Engstlenalp – Baumgarten (1702 m; 1 Std.) – Underbalm (1551 m) – Reuti (1045 m; 3½ Std.) – Meiringen (595 m; 4½ Std., 🚌)	Wegzeiger, rot-weiße Mark.	Engstlenalp (1834 m), Reuti (1045 m)
03 Sätteli, 2119 m Auf hohen Wegen vom Gental ins Gadmental. Großartig die Dolomitwände der Gadmerflue, üppige Flora. Trittsicherheit.	Engstlenalp (1834 m, 🚌) im Gental, wenig unterhalb des idyllischen Engstlensees (1850 m).	Engstlenalp – Sätteli (2¾ Std.) – Tällihütte (3¾ Std.) – Gadmen (1205 m; 5 Std., 🚌)	Wegzeiger, rot-weiße Mark.	Engstlenalp (1834 m), Tällihütte (1717 m)
04 Tierberglihütte, 2795 m Auf einem felsigen Rücken zwischen den Eisströmen des Steingletschers und des Steinlimmigletschers gelegene Hütte. Grandiose Kulisse! Gletscherpfad Steinalp (Infoschrift im Gh. Steingletscher), 3 Std., mark.	Gasthaus Steingletscher (1865 m, 🚌) an der Susten-Paßstraße. Mautpflichtiges Sträßchen am Steinsee vorbei bis zur Zunge des Steinlimigletschers, ca. 3 km.	Steingletscher – Tierberglihütte (3½ Std.); Abstieg auf dem gleichen Weg (gesamt 6 Std.)	Wegzeiger, rot-weiße Mark.	Gh. Steingletscher (1865 m), Tierberglihütte (2795 m)
05 Furtwangsattel, 2568 m Grandiose Paßwanderung in einem wilden Winkel des Haslitals. Einmalig die Tiefblicke auf den mächtigen Triftgletscher.	Furen (1149 m, 🚌), Weiler an der Sustenstraße, 2 km westlich von Gadmen.	Furen – Windegghütte (3 Std.) – Furtwangsattel (5¼ Std.) – Holzhüs (1931 m; 6½ Std.) – Guttannen (1057 m; 8¼ Std., 🚌)	Wegzeiger, rot-weiße Mark.	Windegghütte (1887 m), nur Selbstversorger
06 Wannisbordsee, 2103 m Große Tour über dem oberen Haslital mit packenden Aus- und Tiefblicken. Trittsicherheit und Ausdauer unerläßlich, Wegspuren teilweise ziemlich dünn.	Guttannen (1057 m, 🚌), Bergdörfchen an der Grimselstrecke.	Guttannen – Wannisbordsee (3¼ Std.) – Bänzlaualp (4½ Std.) – Innertkirchen (625 m; 7½ Std., 🚌)	Wegzeiger, rot-weiße Mark.	–
07 Gaulihütte, 2505 m Hüttenwanderung durch das von einem schönen Gipfelkranz umrahmte Urbachtal.	Urbach (880 m), schmale Zufahrt von Innertkirchen (625 m, 🚌), 5 km.	Urbach – Schrätteren (1439 m) – Gaulihütte (4½ Std.); Abstieg auf dem gleichen Weg (gesamt 7¼ Std.)	Wegzeiger, rot-weiße Mark.	Gaulihütte (2505 m)
08 Gelmerhütte, 2412 m Vor dem Drachenrücken der Gelmerhörner hoch über dem Gelmersee gelegene Hütte.	Chüenzentennlen (1596 m, 🚌) an der Grimsel-Paßstraße, zwischen Handegg und Räterichsboden-Stausee.	Chüenzentennlen – Gelmersee (1¼ Std.) – Gelmerhütte (3 Std.); Abstieg auf dem gleichen Weg (gesamt 5 Std.)	Wegzeiger, rot-weiße Mark.	Gelmerhütte (2412 m)
09 Lauteraarhütte, 2392 m Natur und Technik prägen die Grimsellandschaft – und sorgen für Konflikte: das Projekt »Grimsel West« bedroht ein einzigartiges Naturschutzgebiet. Auf dem Unteraargletscher nur markierte Spur; Vorsicht bei Nebel!	Grimsel-Hospiz (1980 m, 🚌) zwischen den beiden Staumauern des Grimselsees.	Grimsel-Hospiz – Lauteraarhütte (4 Std.); Rückweg auf der gleichen Route (gesamt 7¼ Std.)	Wegzeiger, rot-weiße Mark.	Grimsel Hospiz (1980 m), Lauteraarhütte (2392 m)
10 Sidelhorn, 2764 m Prächtiger Aussichtsgipfel auf der Grenze zwischen Haslital und Goms.	Grimselpaß (2165 m, 🚌), Übergang vom Haslital ins Obergoms.	Grimselpaß – Sidlhorn (1¾ Std.); Abstieg auf dem gleichen Weg (gesamt 3 Std.)	Wegzeiger, rot-weiße Mark.	–
11 Reichenbachfall und Aareschlucht Zwei Naturwunder, die man einfach besuchen muß. Aareschlucht Juli/August jeweils Mi/Fr abends beleuchtet! 🚡 Reichenbachfall.	Meiringen (595 m, 🚌), Hauptort des Haslitals. Sehenswert: Sherlock-Holmes-Museum.	Meiringen – Reichenbachfall – Geissholz (786 m) – Innertkirchen (625 m; 2 Std.) – Aareschlucht – Meiringen (3½ Std.)	Wegzeiger, gelbe und rot-weiße Mark.	Mehrere Gasthäuser am Weg
12 Engelhornhütte, 1901 m Hüttentour unter den bizarren Kletterzacken der Engelhörner. Unbedingt besuchenswert: Gletscherschlucht Rosenlaui.	Kaltenbrunnsäge (1223 m, 🚌) an der Strecke Meiringen – Schwarzwaldalp.	Kaltenbrunnsäge – Groß Rychenbach (1575 m) – Engelhornhütte (2½ Std.) – Rosenlaui (1328 m; 4 Std., 🚌)	Wegzeiger, rot-weiße Mark.	Engelhornhütte (1901 m)
13 Brienzer Rothorn, 2350 m Klassische Höhenwanderung mit »rauchigem« Finale: Talfahrt per Dampfbahn vom Rothorn hinab nach Brienz. Großes Panorama, Tiefblicke! Trittsicherheit erforderlich.	Brünigpaß (1008 m, 🚌), Übergang von Obwalden ins Berner Oberland.	Brünigpaß – Wileralp (1½ Std.) – Tüfengratsattel (1858 m) – Gibel (2040 m; 3½ Std.) – Arnihaggen (2207 m; 4¼ Std.) – Brienzer Rothorn (5¾ Std.)	Wegzeiger, rot-weiße Mark.	Brünigpaß (1008 m), Rothorn Kulm (2266 m)

Alle Wanderungen auf einen Blick

Tourenziel/Charakteristik	Ausgangspunkt	Wegverlauf & Gehzeit	Markierung	Einkehr am Weg
14 Augstmatthorn, 2137 m Herrliche Kammwanderung mit Fernsicht bis zu den Viertausendern der Berner Hochalpen. Steinwild, üppige Blumenwiesen.	🚠 Bergstation der Harder-Standseilbahn (1306 m), Talstation Interlaken (563 m, 🚉).	Harder Kulm – Horet (1¾ Std.) – Augstmatthorn (3½ Std.) – Habkern (1055 m; 6 Std., 🚌)	Wegzeiger, rot-weiße Mark.	Harder Kulm (1306 m)
15 Hohgant, 2197 m Felsiger Bergstock zwischen Berner Oberland und Emmental. Trittsicherheit notwendig.	Habkern (1055 m, 🚌), Bergdorf 9 km nördlich von Interlaken.	Habkern – Widegg (1738 m; 2 Std.) – Hohgant (3½ Std.) – Widegg (4½ Std.) – Traubach – Habkern (6½ Std.)	Wegzeiger, rot-weiße Mark.	–
16 Gemmenalphorn, 2061 m Gratwanderung vor der grandiosen Kulisse der Berner Hochalpen. Trittsicherheit erforderlich; Steinbockrevier. »Abstieg« nach Beatenberg wahlweise mit dem 🚡 Sessellift.	Habkern (1055 m, 🚌), Bergdorf 9 km nördlich von Interlaken.	Habkern – Bäreneyhütten (1683 m) – Gemmenalphorn (3¼ Std.) – Burgfeldstand (2063 m) – Niederhorn (1963 m; 4¾ Std., 🚡) – Beatenberg (1157 m; 6½ Std., 🚌)	Wegzeiger, rot-weiße Mark.	Niederhorn (1932 m)

Lütschinentäler

Tourenziel/Charakteristik	Ausgangspunkt	Wegverlauf & Gehzeit	Markierung	Einkehr am Weg
17 Bällehöchst, 2095 m Aussichtspunkt weitab der Trampelpfade; wer gut drauf ist, kann zusätzlich noch die höhere Sulegg (2413 m) über die Ostflanke besteigen (zusätzlich 2½ Std., unmark.)	Saxeten (1103 m, 🚌), kleines Bergdorf im gleichnamigen Tal, 10 km von Interlaken.	Saxeten – Underberg (1457 m; 1 Std.) – Bällehöchst (3¼ Std.) – Saxetwald – Saxeten (5½ Std.)	Wegzeiger, rot-weiße Mark.	–
18 Faulhorn, 2681 m Die ganz große Höhentour vor der Viertausenderparade. Besondere Gags: Mondscheinwanderungen im Sommer, Faulhorn-Besteigung im Winter (Schlitten!) oder eine Übernachtung im Berghotel Faulhorn.	🚠 Bergstation der Zahnradbahn auf die Schynige Platte (2067 m), Talstation Wilderswil (584 m, 🚉) bei Interlaken. Alpengarten »Schynige Platte«.	Schynige Platte – Männdlenen (2½ Std.) – Faulhorn (3¾ Std.) – Bachsee (2265 m; 4½ Std.) – First (2167 m; 5¼ Std., 🚡)	Wegzeiger, rot-weiße Mark.	Schynige Platte (2067 m), Männdlenen (2344 m), Faulhorn (2681 m), First (2167 m)
19 Wildgärst, 2891 m Rund um das Schwarzhorn (2928 m; gesicherter Steig, 3 Std. ab First, nur für Geübte!) verläuft diese abwechslungsreiche Tour. »Blau Gletscherli«: winziges Eisfeld unter dem Wart.	🚠 Bergstation der First-Gondelbahn (2167 m), Talstation Grindelwald (1034 m; 🚉)	First – Hagelseeli (2339 m; 1½ Std.) – Wart (2704 m; 3 Std.) – Wildgärst (3½ Std.) – Wart – Große Scheidegg (1962 m; 5½ Std., 🚌)	Wegzeiger, rot-weiße Mark.	First (2167 m), Große Scheidegg (1962 m)
20 Glecksteinhütte, 2317 m Mitten ins eisige Herz der Berner Hochalpen. Trittsicherheit auf dem kühn angelegten Steig unerläßlich.	Grindelwald (1034 m, 🚉), 20 km von Interlaken. Haltestelle »Gleckstein« (1540 m) an der Straße zur Großen Scheidegg.	Scheideggstraße – Glecksteinhütte (2¾ Std.) – Grindelwald (5¼ Std.)	Wegzeiger, rot-weiße Mark.	Glecksteinhütte (2317 m)
21 Oberer und Unterer Grindelwaldgletscher; Stieregg, 1650 m Nicht umsonst hat Grindelwald den Beinamen »Gletscherdorf«: Eisgrotte, Gesteinslehrpfad, Gletscherschlucht.	Grindelwald (1034 m, 🚉), berühmter Ferienort im Oberland, 20 km von Interlaken.	Grindelwald – Oberer Gletscher (Eisgrotte; 1¼ Std.) – Pfingstegg (1392 m; 2½ Std., 🚡) – Stieregg (3½ Std.) – Unterer Gletscher (Gletscherschlucht; 4½ Std.) – Grindelwald (5½ Std.)	Wegzeiger, gelbe und rot-weiße Mark.	Mehrere Gasthäuser am Weg
22 Eiger-Trail Nordwandgefühle ganz gefahrlos: wandern auf dem neuen »Eiger-Trail« unter der berühmtesten Wand der Alpen.	Kleine Scheidegg (2061 m, 🚉), Scheitelpunkt der Wengernalpbahn Grindelwald – Wengen.	Kleine Scheidegg – Station Eigergletscher (2320 m; ¾ Std.) – »Eiger Trail« – Alpiglen (1616 m; 2½ Std., 🚉) – Rinderalp – Unterer Grindelwaldgletscher – Grindelwald (1034 m; 5 Std., 🚌)	Wegzeiger, rot-weiße Mark.	Kleine Scheidegg (2061 m), Alpiglen (1616 m)
23 Männlichen, 2342 m Kleiner Gipfel vor großem Panorama: Eiger, Mönch und Jungfrau. Eines der frequentiertesten Ausflugsziele des Oberlands. Abstieg alternativ nach Wengen (mark., 1¾ Std.).	Kleine Scheidegg (2061 m; 🚉), Scheitelpunkt der Wengernalpbahn Grindelwald – Wengen; alternativ 🚠 Bergstation der Männlichen Bahnen (2229 m).	Kleine Scheidegg – Honegg – Männlichen (1½ Std.); Abstieg auf dem gleichen Weg (gesamt 2½ Std.)	Wegzeiger, rot-weiße Mark.	Mehrere Gasthäuser am Weg
24 Eigergletscher, 2320 m Packende Bilder der Hochgebirgsregion über dem innersten Lauterbrunnental bietet diese eher gemütliche Tour.	Kleine Scheidegg (2061 m, 🚉), Scheitelpunkt der Wengernalpbahn Grindelwald – Wengen.	Kleine Scheidegg – Station Eigergletscher (2320 m; ¾ Std., 🚉) – Stalden (1665 m; 2¼ Std.) – Wengen (1275 m; 3½ Std.)	Wegzeiger, rot-weiße Mark.	Kleine Scheidegg (2061 m), Eigergletscher (2320 m)
25 Oberhornsee, 2065 m Viel Auf und Ab vor grandioser Kulisse; Naturschutzgebiet. Auf den teilweise rauhen Wegen braucht's einen sicheren Tritt.	Gimmelwald (1363 m), Terrassendörfchen über dem Lauterbrunnental; 🚠 Zwischenstation der großen Schilthorn-Seilbahn.	Gimmelwald – Sefinental – Busen – Oberhornsee (4 Std.) – Schmadribach (4¾ Std.) – Schiirboden (1379 m) – Stechelberg (7½ Std.)	Wegzeiger, rot-weiße Mark.	Obersteinberg (1778 m), 5 Min. vom Weg; Trachsellauenen (1201 m)

Alle Wanderungen auf einen Blick

Tourenziel/Charakteristik	Ausgangspunkt	Wegverlauf & Gehzeit	Markierung	Einkehr am Weg
26 Sefinenfurgge, 2612 m Vom »Piz Gloria« auf rauhen Wegen ins Kiental. Am Westgrat des Schilthorns Sicherungen (Drahtseile, Leitern). Phantastische Hochgebirgskulisse, Abstieg alternativ nach Mürren (1638 m, 🚠) (gesamt 3½ Std., mark.).	🚠 Bergstation der Schilthorn-Seilbahn (2970 m, Drehrestaurant »Piz Gloria«), Talstation Stechelberg (862 m, 🚠).	Schilthorn – Rote Härd (2683 m; ¾ Std.) – Poganggen (2094 m; 1¾ Std.) – Sefinenfurgge (3¼ Std.) – Bürgli (1617 m; 5 Std.) – Kiental (1408 m; 5½ Std.)	Wegzeiger, rotweiße Mark.	Schilthorn (2970 m); Rotstockhütte (2039 m), 10 Min. unterhalb Weggabelung Poganggen.
27 Bietenhorn, 2756 m Einen unvergleichlichen Vogelschaublick auf das Lauterbrunnental bietet der felsige, selten besuchte Gipfel. Steile Wege; Vorsicht bei Altschnee nördlich der Bietenlücke (2639 m)!	🚠 Station Grütschalp (1486 m) der Bahn Lauterbrunnen – Wengen.	Grütschalp – Soustal – Oberberg (2000 m; 2 Std.) – Bietenhorn (4½ Std.) – Schilthornhütte (5½ Std.) – Mürren (1638 m; 7 Std., 🚠)	Wegzeiger, Mark., Gipfelgrat nur Spur.	Schilthornhütte (2432 m), Allmendhubel (1907 m)

Thuner See, Kander- und Engstligental

Tourenziel/Charakteristik	Ausgangspunkt	Wegverlauf & Gehzeit	Markierung	Einkehr am Weg
28 Sigriswiler Rothorn, 2051 m Markanter Felsgrat über dem Thuner See, vom Gipfel Sicht ins Mittelland und auf die Berner Hochalpen. Trittsicherheit wichtig.	Grönhütte (1124 m) an der (gebührenpflichtigen) Straße Beatenberg – Sigriswil (So. gesperrt).	Grönhütte – Justistal – Alp Püfel (1270 m; ½ Std.) – Sigriswiler Rothorn (3½ Std.) – Mittagshorn (2014 m; 4½ Std.) – Gross Mittelberg (1309 m; 6 Std.) – Grönhütte (7 Std.)	Wegzeiger, rotweiße Mark.	–
29 Blueme, 1391 m Ein Berg für fast das ganze Jahr, mit Aussichtsturm und schönem Panorama. Schattige Wege.	Schwanden (1024 m, 🚠), Dörfchen über dem Nordufer des Thuner Sees, 7 km von Gunten (565 m, 🚢).	Schwanden – Sagi (1077 m; ¼ Std.) – Blueme (1½ Std.) – Tschingelallmi – Schwanden (2½ Std.)	Wegzeiger, gelbe Mark.	–
30 Morgenberghorn, 2249 m Felsiger Gipfel über dem Sulz- und dem Saxetental, herrlicher Tiefblick auf den Thuner See. Gesicherter Kamin, leichte Felsen (I), exponierte Passagen.	Suld (1080 m) im Suldtal, 8 km von Aeschi (862 m, 🚌). Weiterfahrt nur gegen Gebühr bis zu den Alphütten von Schlieri (1420 m) möglich.	Suld – Brunni (1644 m; 1¾ Std.) – Morgenberghorn (3¾ Std.) – Renggli (1879 m; 4½ Std.) – Schlieri – Suld (6 Std.)	Wegzeiger, Mark.	Gh. Suld-Pochtenfall (1080 m), Brunni (Getränke)
31 Kientaler Wildwasserweg Abwechslungsreiche Wanderung entlang rauschender Wasser. Alte Bauernhäuser im Kiental. Von der Griesalp besteigt man in 1½ Std. den Aabeberg (1964 m; Rundweg, mark.).	Kiental (958 m, 🚌), typisches Oberländer Dorf, 14 km von Spiez.	Kiental – Tschingelsee (1150 m; 2 Std.) – Griesalp (1408 m; 3 Std., 🚌)	Wegzeiger, Mark.	Mehrere Gasthäuser am Weg.
32 Gspaltenhornhütte, 2455 m Blüemlisalp (3664 m) und Gspaltenhorn (3436 m) bilden den grandiosen Abschluß des Kiental – eine Szenerie, die (fast) an Himalayalandschaften erinnert.	Griesalp (1408 m, 🚌), Zufahrt von Kiental (958 m, 🚌) auf der steilsten Bergstraße der Schweiz (28%), 8 km.	Griesalp – Bürgli (1617 m; ¾ Std.) – Gspaltenhornhütte (3¼ Std.); Abstieg auf dem gleichen Weg (gesamt 5½ Std.)	Wegzeiger, rotweiße Mark.	Griesalp (1408 m), Gspaltenhornhütte (2455 m)
33 Hohtürli, 2778 m Klassische Paßwanderung in den Berner Hochalpen; grandios die Nordabstürze der Blüemlisalp, malerisch der wald- und felsumsäumte Oeschinensee. Ausdauer und Bergerfahrung.	Griesalp (1408 m, 🚌), Zufahrt von Kiental (958 m, 🚌) auf der steilsten Bergstraße der Schweiz (28%), 8 km.	Griesalp – Oberi Bundalp (1840 m; 1¼ Std.) – Hohtürli (4¼ Std.) – Oeschinensee (1578 m; 6½ Std.) – Kandersteg (1176 m; 7½ Std., 🚌)	Wegzeiger, rotweiße Mark.	Griesalp (1408 m), Oberi Bundalp (1840 m); Blüemlisalphütte (2834 m), Oeschinensee.
34 Oeschinensee, 1578 m Beliebtestes Ausflugsziel in der Umgebung von Kandersteg.	🚠 Bergstation des Oeschinensee-Sessellifts (1682 m), Talstation Kandersteg (1176 m, 🚠).	Liftstation – Oeschinensee (½ Std.) – Kandersteg (1½ Std.)	Wegzeiger, gelbe Mark.	Oeschinensee
35 Hockenhorn, 3293 m Hochalpine Tour auf einen Dreitausender im Alpenhauptkamm. Kondition und Bergerfahrung müssen stimmen; am »Römerweg« Sicherungen, am Gipfel ganz leichte Felsen. Alternativ über den Lötschenpaß nach Ferden (gesamt 6½ Std., mark.)	Selden (1537 m, 🚌) im wildromantischen Graben des Gasterntals, Zufahrt von Kandersteg mautpflichtig und zeitlich geregelt.	Selden – Gfelalp (1¼ Std.) – Schönbüel (1993 m; 2 Std.) – »Römerweg« – Lötschenpaß (2690 m; 3½ Std.) – Hockenhorn (5½ Std.) – Lötschenpaß (6¾ Std.) – »Alter Weg« – Selden (9¼ Std.)	Wegzeiger, rotweiße bzw. blauweiße Mark., zum Gipfel Spur und Steinmännchen	Gfelalp (1847 m); Lötschenpasshütte (2690 m), bew. Mitte Juni bis Mitte Okt.
36 Gemmipaß, 2322 m Prächtige Hochgebirgsbilder; Abstieg nach Leukerbad setzt Schwindelfreiheit und einen sicheren Tritt voraus. Aufstieg von Kandersteg alternativ mit der 🚠 Sunnbüel-Seilbahn.	Kandersteg-Eggenschwand (1194 m, 🚠) bei der Talstation der Sunnbüel-Seilbahn.	Kandersteg – Sunnbüel (1928 m; 2¼ Std.) – Daubensee – Gemmipaß (4½ Std., 🚠) – Leukerbad (1402 m; 6 Std., 🚌)	Wegzeiger, gelbe und rot-weiße Mark.	Mehrere Hütten am Weg

Alle Wanderungen auf einen Blick

Tourenziel/Charakteristik	Ausgangspunkt	Wegverlauf & Gehzeit	Markierung	Einkehr am Weg
37 First, 2548 m Steile Runde an einem felsigen »Dach« hoch über Kandersteg; einzigartig der Blick auf Blümlisalp und Balmhorn. Am First kurze gesicherte Passage, Abstieg ab Allmenalp alternativ per 🚠 Seilbahn.	Kandersteg (1176 m, 🚃), Ferienort am Nordeingang des Lötschbergtunnels. Interessant: Bahnlehrpfad an der BLS-Strecke Frutigen – Kandersteg (braun mark.).	Kandersteg – Alp Golitsche (1833 m; 2 Std.) – Golitschepaß (2180 m; 3 Std.) – Stand (2320 m; 3½ Std.) – First (4½ Std.) – Allmenalp (1723 m; 5¾ Std.) – Kander (7 Std.) – Kandersteg (7½ Std.)	Wegzeiger, rot-weiße Mark.	Alp Golitsche (1833 m), Allmenalp (1723 m)
38 Engstligengrat, 2659 m Einsame Rundtour zum klassischen Klettergipfel von Adelboden, dem Tschingellochtighorn (2735 m). Viel Geröll, Trittsicherheit.	🚠 Bergstation der Engstligenalp-Seilbahn (1964 m); Talstation Birg (1400 m, 🚃), 3 km südlich von Adelboden (1348 m, 🚃).	Engstligenalp – Ärtelengrat – Punkt 2659 (2¼ Std.) – Engstligengrat – Chindbettipaß (2623 m; 3 Std.) – Engstligenalp (4½ Std.)	Wegzeiger, rot-weiße Mark.	Engstligenalp
39 Hahnenmoospaß, 1950 m Uralter Paßweg vom Engstligental ins Obersimmental, läßt sich bei Seilbahnbenützung auf einen Höhenspaziergang reduzieren.	Adelboden (1348 m, 🚃), Ferienort im oberen Engstligental, 31 km von Spiez.	Adelboden – Gilbach (¾ Std.) – Geilsbüel (1707 m; 1¾ Std., 🚃) – Hahnenmoospaß (2¾ Std., 🚠) – Büelberg (1659 m; 3¾ Std.) – Lenk (1068 m; 4¾ Std., 🚃)	Wegzeiger, rot-weiße und gelbe Mark.	Mehrere Gasthäuser unterwegs

Simmental, Saanenland

Tourenziel/Charakteristik	Ausgangspunkt	Wegverlauf & Gehzeit	Markierung	Einkehr am Weg
40 Gantrisch, 2175 m Rund herum und hinauf: zum Gantrisch, einem Hauptgipfel der Berner Voralpen. Trittsicherheit erforderlich. Achtung: Außerhalb der Saison unter der Woche häufig Schießbetrieb der »Swiss Army«!	Scheitelpunkt der Gantrischstraße (Wasserscheide, 1590 m, 🚃), die Riggisberg mit Plaffeien verbindet.	Wasserscheide – Leiteren (1905 m; 1¼ Std.) – Gantrisch (2¼ Std.) – Morgetepaß (1959 m; 2¾ Std.) – Wasserscheide (3¾ Std.)	Wegzeiger, rot-weiße Mark.	Gantrischstraße
41 Kaiseregg, 2185 m Höhen- und Gipfelwanderung an der Grenze zwischen dem Freiburgischen und dem Berner Oberland. Der Anstieg läßt sich durch Benützung des 🚠 Sessellifts Riggisalp (1493 m) verkürzen.	Schwarzsee (1047 m) am gleichnamigen See, 26 km von Fribourg.	Schwarzsee – Salzmatt (1637 m; 1¾ Std.) – Kaiseregg (3¼ Std.) – Ober Euschels (1567 m; 4¾ Std.) – Schwarzsee (5½ Std.)	Wegzeiger, gelbe und rot-weiße Mark.	Schwarzsee (1047 m)
42 Stockhorn, 2190 m Seilbahnfahrt und Seenwanderung: am Stockhorn eine gute Mischung. Vom Gipfel herrliche Schau ins Hochgebirge und hinaus ins (fast) flache Land.	🚠 Bergstation der Stockhorn-Seilbahn (2130 m), Talstation Erlenbach (707 m, 🚃) im Simmental.	Stockhorn – Oberstockensee (1660 m) – Hinterstockensee (1592 m) – Chrindi (1637 m; 2¼ Std., 🚠) – Erlenbach (4¼ Std.)	Wegzeiger, rot-weiße Mark.	Stockhorn, Seilbahnstation Chrindi (1637 m)
43 Abendberg, 1851 m Wanderung auf einen schönen Aussichtsbalkon über dem Diemtigtal. Prächtige Bauernhäuser im Tal, vor allem in und um Diemtigen.	Zwischenfluh (1041 m, 🚃), Weiler im Diemtigtal, 15 km von Wimmis.	Zwischenfluh – Rinderalp (1704 m; 2¼ Std.) – Abendberg – Rinderalp (3 Std.) – Diemtigen (4¾ Std., 🚃)	Wegzeiger, rot-weiße Mark.	–
44 Seebergsee, 1831 m Verträumte Idylle über dem Diemtigtal. Empfehlenswert: Abstecher zum Meniggrat (1949 m; ½ Std. hin und zurück).	Zwischenfluh (1041 m, 🚃), Weiler im Diemtigtal, 15 km von Wimmis.	Zwischenfluh – Menigwald (1583 m; 2 Std.) – Stand (1939 m) – Seebergsee (3¾ Std.) – Meniggrund – Zwischenfluh (5 Std.)	Wegzeiger, rot-weiße und gelbe Mark.	–
45 Ammertenspitz, 2613 m Abwechslungsreiche Runde: erst Wiesenwanderung, dann (fast) Klettersteig, dann Almweg und Finale mit dem Tosen der Simmenfälle im Ohr.	🚠 Bergstation der Metsch-Seilbahn (1470 m), Talstation knapp 2 km südlich von Lenk (1064 m, 🚃).	Metsch – Metschhorn (1901 m; 1½ Std.) – Bummerepaß (2055 m; 2¼ Std.) – »Äugiweg« – Ammertenspitz (4 Std.) – Ammertenpaß (2443 m; 4¼ Std.) – Simmenfälle – Metschbahn (7¼ Std.)	Wegzeiger, rot-weiße, blau-weiße und gelbe Mark.	Hotel Simmenfälle (1103 m)
46 Tierbergsattel, 2654 m Recht anspruchsvolle Tour unter dem mächtigen, stark vergletscherten Wildstrubel. Ausdauer und Bergerfahrung sind wichtig. Gesicherte Passagen im Abstieg.	Iffigenalp (1584 m, 🚃), Zufahrt von Lenk 8 km.	Iffigenalp – Rawilseeleni (2489 m) – Tierbergsattel (3½ Std.) – Flueseeli (2045 m; 5¼ Std.) – Rezlibergli (6½ Std.) – Simmenfälle (1103 m; 7¼ Std., 🚃)	Wegzeiger, rot-weiße Mark.	Gh. Rezlibergli (1405 m)
47 Höhenweg Rinderberg – Leiterli, 1943 m Aussichtsreiche Almwanderung. Am Heuberg herrliche Blumenwiesen, interessant die Gipslöcher von Gryden.	🚠 Bergstation der Rinderberg-Gondelbahn (2004 m), Talstation Zweisimmen (941 m, 🚃). Talfahrt vom Betelberg mit dem 🚠 Sessellift nach Lenk (1064 m, 🚃).	Rinderberg – Obere Zwitzeregg (1726 m; 1¼ Std.) – Heuberg – Trüttlisbergpaß (2038 m; 4 Std.) – Leiterli (1943 m; 5¼ Std.)	Wegzeiger, rot-weiße Mark.	Rinderberg, Leiterli

Alle Wanderungen auf einen Blick

Tourenziel/Charakteristik	Ausgangspunkt	Wegverlauf & Gehzeit	Markierung	Einkehr am Weg
48 Hundsrügg, 2047 m Höhenwanderung zwischen Simmental und Freiburger Voralpen.	Jaunpaß (1509 m, 🚌), Übergang vom Simmental ins (käseberühmte) Gruyère.	Jaunpaß – Hundsrügg (2 Std.) – Rellerligrat (1831 m; 4¼ Std., 🚠) – Saanen (1011 m; 6 Std., 🚌)	Wegzeiger, rotweiße Mark.	Jaunpaß (1509 m)
49 Giferspitz, 2542 m Ausgedehnte Gratwanderung, am Giferspitz felsig und abschnittsweise ausgesetzt. Nicht bei Nässe gehen!	Lauenen (1241 m, 🚌), Bergdorf 7 km südlich von Gstaad.	Lauenen – Lauenehore (2477 m; 3½ Std.) – Giferspitz (4 Std.) – Scheidbach (1271 m; 6 Std.) – Gstaad (1101 m; 6¾ Std., 🚌)	Wegzeiger, Mark.	–
50 La Palette, 2171 m Höhenwanderung zwischen Idylle und Felsgiganten, vom Walighürli (2050 m) zur Palette.	Gsteig (1184 m, 🚌), kleines Bergdorf am Nordfuß des Col du Pillon.	Gsteig – Walighürli (2½ Std.) – La Palette (5 Std.) – Col du Pillon (1546 m; 6 Std., 🚌)	Wegzeiger, rotweiße Mark.	Lac Retaud (1685 m), Col du Pillon (1546 m)

Meine Favoriten

05 Furtwangsattel, 2568 m

Rauschende Wasser, bizarre Grate, gleißender Firn

Wer große, einsame Wanderungen liebt, wo es buchstäblich »über Stock und Stein« geht, der wird an dieser Tour seine Freude haben, garantiert. Sie führt durch eine Region des Berner Oberlands, wo die Berge zwar hoch, Seilbahnen und ähnliche Annehmlichkeiten dagegen fern und Mitmenschen entsprechend selten sind. Doch was stört das angesichts der grandiosen Landschaft um den Triftgletscher oder bei der Schau von hoher Warte über das Haslital hinweg auf den Sägezahngrat des Ritzlistocks?

➡ Die lange Tour beginnt mit dem überwiegend schattigen, aber recht steilen Einstieg ins Trifttal. Der erfolgt sozusagen von oben, weil die Talmündung ungangbar ist und es zusätzlich gilt, eine gefährliche Hangrutschung aus jüngster Zeit zu umgehen. Anschließend wandert man taleinwärts, erst hinab zu den Hütten Im innere Hori (1331 m) und in leichtem Anstieg zur Bachfassung Underi Trift (1357 m). Hier wechselt der Weg die Talseite, um über einen Hang diagonal zu einer Wegteilung anzusteigen: rechts direkt hinauf zur Windegghütte, links über grasige Bänder und Blockgelände in das Vorgelände des Triftgletschers mit seinen vom Eis rundgeschliffenen Felsbuckeln (½ Std. länger, Sicherungen). Am Weiterweg hat man dann am Rücken oberhalb der Hütte nochmals ausgiebig Gelegenheit, den mächtigen Eisstrom zu bewundern, ehe die markierte Spur durch einen schmalen Spalt ins Trifttälli wechselt. Am kleinen Triftseeli vorbei und über Geröll hinauf zum Furtwangsattel. Dahinter steil abwärts zur Alp Holzhüs und weiter, die Schleifen einer Straße abkürzend, hinunter nach Guttannen.

Kaltes Eis: die Zunge des Steingletschers am Sustenpaß.

18 Faulhorn, 2681 m

Vor der Viertausenderparade

Die Tour übers Faulhorn gehört zu einer Wanderwoche im Oberland wie die goldbraune, butterig glänzende »Röschti« zu Ferien im Bernerland, auch wenn bei Schönwetter viel Volk unterwegs ist und die besten Plätze auf der Terrasse des altehrwürdigen Gipfelhotels natürlich belegt sind. Doch das stört höchstens marginal angesichts der grandiosen Kulisse: Eiger, Mönch und Jungfrau! Ein Tip: Besonders Schlaue nehmen den Extrafrühzug auf die Schynige Platte.

➡ Von der Bahnstation Schynige Platte zunächst über die Iseltenalpen, dann rechts um das Loucherhorn herum in die Egg (2067 m). Weiter unter den felsigen Sägisse hindurch und zur Bodenhütte. Der Weg quert über den geröllbedeckten Nordhang des Wintereggs, steigt dann zum Westgrat des Faulhorns an.
Vom Gipfelhotel kurz abwärts zum Gassenboden und linkshaltend zum Bachsee (2265 m). Weiter bergab nach First.

Meine Favoriten

35 Hockenhorn, 3293 m
Anspruchsvolle Gipfeltour am Alpenhauptkamm

Das Hockenhorn gehört zu jenen Dreitausendern, die in einschlägigen Tourenführern stets mit dem Vermerk »leicht« versehen sind. Doch was heißt schon leicht, wenn etwa Nebelschwaden über dem Lötschenpaß heraufziehen oder es oben am langen Westrücken des Hockenhorns zu graupeln beginnt?

Doch auch bei gutem Wetter ist die Besteigung des Hockenhorns kein Spaziergang: 1700 Steigungsmeter, am »Römerweg« gesicherte Passagen, Geröll und Blockwerk. Da muß die Kondition schon stimmen, und einen sicheren Tritt braucht's auch. Oben darf man dann rätseln, was mehr beeindruckt, die Fernsicht übers Rhonetal oder die schwindelnden Tiefblicke in den Graben des Gasterntals.

➡ Zum Auftakt der großen Tour geht's auf schwankender Hängebrücke übers Wasser, dann schattig in Hörweite des rauschenden Leitibachs bergan. Das Gasthaus Gfelalp bleibt zurück, bald auch der Wald, im Rückblick hat man den wildzerklüfteten Südabsturz des Doldenhorns. Am Schönbüel gabelt sich die Route; rechts zieht der alte Weg in Kehren zur Zunge des Lötschengletschers hinauf, halblinks steigt der »Römerweg« über Geröll an zu einem felsigen Aufschwung. Drahtseile und eine Leiter sichern die exponierte Route. Über Moränenschutt und leichte Felsstufen erreicht man schließlich die weite Senke des Lötschenpasses. Bei der Hütte links und über den breiten Rücken (Steinmännchen) bergan gegen den schroffen Zacken des Kleinhockenhorns (3163 m). Links um ihn herum und über Blockwerk und Felsstufen zum Gipfel.

37 First, 2548 m
Vogelschublick auf Kandersteg

Stand und First sind Namen, die für sich sprechen; da weiß man gleich, daß die Wege steil, die Aus- und vor allem die

Tiefblicke dafür umso schöner sind. Fast anderthalb Kilometer hoch über Kandersteg reckt das steinige »Dach« seinen First in den blauen Himmel; von hoher Warte schaut man hinunter auf die winzigen Züge der Lötschbergbahn, auf die Dächer des Ferienorts. Und gleich gegenüber – noch viel höher – ragt urgewaltig das Doldenhorn in den blauen Himmel. Ganz anders dagegen der Blick nach Westen: viel grün im Engstligental und darüber die Berner Voralpengipfel.

➡ Vom Bahnhof Kandersteg zunächst in das bewaldete Hügelgelände »Uf der Höh«, dann auf dem alten Alpweg steil über einen felsigen Hang ins Golitschetälchen und zur prächtig gelegenen Alp. Eine knappe Stunde höher, am Golitschepaß, beginnt die

Ein Landschaftjuwel des Berner Oberlands: der Oeschinensee am Fuß der Blüemlisalp (3664 m).

Meine Favoriten

Das berühmteste Gipfeltrio der Alpen: Eiger (3970 m), Mönch (4108 m) und Jungfrau (4158 m). Links hinter dem Eiger das Wetterhorn (3701 m).

Kammroute zum First: erst am Grat, dann den Felsen rechts ausweichend auf die Gipfelwiese am Stand. Dahinter kurz abwärts, auf gutem Weg durch die schrofige Westflanke aufwärts und über harmlose Felsen (Drahtseile) zum First.
Südseitig in Serpentinen über den Grashang bergab zur Alphütte Steintal. Bald schon wird die Seilbahnstation Allmenalp sichtbar. Der Weg umgeht sie in weitem Bogen rechts, wird dann zum Sträßchen, auf dem man bequem ins Kandertal hinunterwandern kann. Kürzer, steiler und schöner ist der Weg, der in Kehren hinabtaucht in die Tiefe, den Felsabbrüchen elegant ausweichend. Der Kander entlang in den Ort.

45 Ammertenspitz, 2613 m

Im Banne des Wildstrubel

Vor dem mächtigen Wildstrubel (3243 m), der das innerste Simmental beherrschend überragt, nimmt sich der Ammertenspitz recht bescheiden aus. Seine Überschreitung auf dem neuen

»Äugiweg« ist aber keineswegs langweilig, der felsige Nordgrat sorgt für etwas Spannung, und die Schau vom Gipfel beschränkt sich keineswegs auf das übermächtige Gegenüber. Sehr abwechslungsreich auch der Abstieg durch das Ammertentäli, der schließlich bei den Simmenfällen im Flachen ausläuft.

➡ Viel Aussicht auf die Bergumrahmung des Lenker Talkessels bietet bereits der Anstieg von Metsch zum Bummerepaß; an dem Wiesensattel wird dann auch der Blick auf Adelboden und den (wenig ansprechenden) Liftzirkus am Hahnenmoos frei. Im

Südosten ragt düster der Ammertenspitz auf. Der Weg läuft links um das Regenboldshorn herum und peilt den Felsfuß an. In Serpentinen gewinnt der »Äugisteig« rasch an Höhe (Ketten, Treppe), dann durch einen engen Felsspalt (»Jumpfere Zwick«) in die bröselige Südflanke des Ammertengrates und links über Geröll auf dem flachen Rücken des Ammertenspitz. Jenseits im Zickzack hinunter in den Ammertenpaß. Aus der Scharte rechts etwas heikel (Vorsicht bei Nässe!) zwischen Schieferfelsen bergab. Unterhalb des Schafbodens in Kehren über eine Steilstufe, dann am Bach entlang und hinab zur Simme.

Hintere Gasse

Paßroute vor der grandiosen Hochgebirgslandschaft des Berner Oberlands, von Meiringen bis Gsteig. Veschiedene Varianten möglich, Gesamtgehzeit (verteilt auf etwa acht Tage) rund 50 Stunden. Verlauf in Stichworten: Meiringen – Große Scheidegg – Grindelwald – Kleine Scheidegg – Stechelberg – Sefinenfurgge – Griesalp – Hohtürli – Kandersteg – Bunderchrinde – Adelboden – Hahnenmoospaß – Lenk – Tube – Lauenen – Gsteig.

Das Wallis

Vom Rhonegletscher zum Genfer See

Vom Rhonegletscher bis hinunter zum Genfer See ist das Wallis (Valais) nicht einmal 150 Kilometer lang, klimatisch reicht es locker vom Mittelmeer bis zu den polaren Eiswüsten. Während drunten im Rhonetal Aprikosen und Reben reifen, steigt die Temperatur auf den Viertausendern nur an wenigen Tagen im Jahr überhaupt nennenswert über den Gefrierpunkt. Die hohen Gipfel bescheren dem Tal viel Sonne, aber wenig Niederschläge, was die Urlauber natürlich freut, nicht unbedingt aber die Bauern. Die haben schon vor Jahrhunderten begonnen, das kostbare Naß von den gerade im trockenen Sommer schmelzwassergefüllten Gletscherbächen mittels kilometerlanger Leitungen (die Bisse de Saxon mißt 33,5 km!) auf ihre Felder zu leiten – wie im Südtiroler Vinschgau. Heute wird das Wasser der meisten Gletscherbäche in riesigen Speicherbecken auf-

gefangen und zur Energieerzeugung genutzt; die Turbinen drunten im Rhonetal produzieren Strom fürs Schweizer Mittelland. Tradition und Moderne – im Wallis ist beides allgegenwärtig; während die »Herrgottsgrenadiere« im Lötschental – wie seit Jahrhunderten – ihre Karfreitagsprozession abhalten, fressen sich Tunnelbohrmaschinen ein paar Kilometer weiter durch das Gestein des Lötschbergs, werden in Verbier und Montana noch mehr Chalets gebaut.

Doch über allem stehen die Berge, buchstäblich, und die sind nirgendwo so hoch, so grandios wie zwischen Zermatt

und dem Lötschental, zwischen dem Aletschgletscher und dem Mont-Blanc-Massiv. Der Wanderer sieht's, er erlebt es auf vielen Wegen (von denen einige der schönsten erst in den letzten Jahren entstanden sind). Und ehrlich: Das Matterhorn, das »Horu« der Zermatter, ist halt doch nicht ein Berg wie tausend andere. Stimmt's?

Millionenfach abgelichtet, Traumziel ganzer Generationen von Bergsteigern: das Matterhorn (4478 m), bei den Zermattern schlicht das »Horu«.

Führer & Landkarten

An Literatur über das Wallis fehlt es natürlich nicht. Beim Bergverlag Rother gibt es zwei Wanderführer »Oberwallis« und »Unterwallis«, bei Bruckmann in der Reihe Wandern & Erleben das Buch »Oberwallis«; Bergsteiger greifen zu den Clubführern des SAC.
Die einmalig exakten Blätter der Schweizer Landeskarte (Maßstab 1:25 000 und 1:50 000) decken das gesamte Wallis ab; bei Kümmerly+Frey sind mehrere Wanderkarten erschienen.

Alle Wanderungen auf einen Blick

Tourenziel/Charakteristik	Ausgangspunkt	Wegverlauf & Gehzeit	Markierung	Einkehr am Weg
Goms, Aletsch, Simplon				
01 Tälligrat, 2762 m Kammwanderung mit herrlich freier Sicht auf das Goms; Geübte können die Tour zum Gross Muttenhorn (3099 m) fortsetzen (zusätzlich 2 Std., nur Spur und leichte Felsen, I).	⛷ Bergstation des Hungerberglifts (1780 m), Talstation Oberwald (1368 m, 🚂).	Hungerberg – Galestafel (2199 m) – Tälligrat (3 Std.) – Bidmer – Gand (1914 m) – Hungerberg (5 Std.)	Wegzeiger, rot-weiße Mark.	Hungerberg (1780 m)
02 Brudelhorn, 2791 m Aussichtsgipfel über dem Obergoms, mit Abstieg ins Tal besonders lohnend.	Ladstafel (1925 m, 🚌) an der Nufenen-Paßstraße, 8 km von Ulrichen (1346 m, 🚂).	Ladstafel – Vorderdistel (2322 m; 1¼ Std.) – Distelsee – Brudelhorn (2¾ Std.) – Follebode (2161 m; 4 Std.) – Münster (1370 m; 5¾ Std., 🚂)	Wegzeiger, rot-weiße Mark.	–
03 Gommer Höhenweg Sonniger Hangweg an der rechten Flanke des obersten Rhonetals, überall Abstiege zu den Dörfern möglich. Talfahrt von Bellwald mit der ⛷ Seilbahn nach Fürgangen (1202 m, 🚂)	Oberwald (1368 m, 🚂), oberstes Dorf im Goms.	Oberwald – Münster (1388 m; 4 Std.) – Bellwald (9 Std.)	Wegzeiger, gelbe Mark.	In den Dörfern.
04 Blinnental – Grathorn, 2673 m Abwechslungsreiche Tal- und Höhenrunde; vom Grathorn prächtige Umschau.	Reckingen (1326 m, 🚂), Dorf im Goms. Sehenswert: alte Walliser Häuser.	Reckingen – Chäller (1845 m; 2 Std.) – Grathorn (4¼ Std.) – Mannlibode (2452 m) – Reckingen (7¼ Std.)	Wegzeiger, rot-weiße Mark.	–
05 Risihorn, 2875 m Kein markanter Gipfel, aber ein prächtiger Aussichtspunkt und im Gegensatz zum benachbarten Eggishorn recht einsam. Im Frühsommer Blumenpracht auf den Wiesen.	Bellwald (1559 m, 🚌), Bergdörfchen in hübscher Lage über dem Fiescher Tal.	Bellwald – Richinen (2075 m; 1½ Std., ⛷) – Steibechriz (2433 m; 2½ Std.) – Risihorn (4 Std.); Abstieg auf dem gleichen Weg (gesamt 6¾ Std.)	Wegzeiger, rot-weiße Mark.	Richinen
06 Eggerhorn, 2503 m Aussichtsberg über dem Eingang ins mineralienreiche Binntal. Sehenswert: Walliser Dorf Ernen (1195 m).	Binn (1400 m, 🚌), Zufahrt von Fiesch via Ernen 12 km.	Binn – Sattulti (2128 m; 2¼ Std.) – Eggerhorn (3½ Std.) – Alp Frid (1889 m; 4¾ Std.) – Ernen (1195 m; 6¼ Std.)	Wegzeiger, rot-weiße Mark.	–
07 Albrunpaß, 2409 m Etwas für Mineralienliebhaber! Das Binntal gehört zu den ergiebigsten Fundregionen der Schweizer Alpen. Bis Chiesstafel zwei Talwege.	Imfeld (1519 m), gebührenpflichtiger Parkplatz unterhalb des Weilers Fäld. Zufahrt von Fiesch via Binn (1400 m, 🚌), 14 km.	Imfeld – Blatt (2109 m; 2 Std.) – Albrunpaß (3 Std.) – Imfeld (5¼ Std.)	Wegzeiger, rot-weiße Mark.	Binntalhütte (2267 m)
08 Eggishorn, 2927 m Bergab- und Höhenwanderung mit grandioser Fernsicht. Einmalig der Aletschgletscher, der größte Eisstrom der Alpen. Vielbegangene Wege; wer zu Fuß nach Fiesch absteigt, muß mit einer Gehzeit von 5¾ Std. rechnen.	⛷ Bergstation der Eggishorn-Seilbahn (2869 m), Talstation Fiesch (1049 m) im Goms, Zwischenstation Kühboden (2212 m).	Eggishorn – Märjelensee (2300 m; 1¼ Std.) – Bettmergrat (2647 m; 3 Std.) – Kühboden (2212 m; 4 Std.)	Wegzeiger, rot-weiße Mark.	Bettmergrat (2647 m), Eggishorn (2869 m)
09 Rund um das Eggishorn; Bettmergrat, 2647 m Hochgebirge pur auf dieser recht langen, aber wenig beschwerlichen Runde. Faszinierend der Eisstrom des Aletschgletschers.	⛷ Zwischenstation Kühboden (2212 m) der Eggishorn-Seilbahn; Talstation Fiesch (1049 m, 🚌).	Kühboden – Bettmergrat (1½ Std.) – Märjelensee (2300 m; 2¾ Std.) – Unteres Tälli – Kühboden (5½ Std.)	Wegzeiger, rot-weiße Mark.	Kühboden (2212 m), Bettmergrat (2647 m)
10 Aletschwald – Märjelensee, 2300 m Wanderklassiker in der Aletschregion, auch verschiedene kürzere Varianten möglich, z.B. von Biel zurück zur Riederalp (gesamt 3¼ Std., mark.). Besuchenswert: Villa Cassel mit Naturschutzzentrum und Alpengarten. Interessant: geführte Überquerung des Aletschgletschers nach Belalp!	Riederalp (1905 m), Chaletsiedlung, erreichbar von Mörel (759 m, 🚂) mit der Seilbahn.	Riederalp – Riederfurka (2065 m; ½ Std.) – Aletschwald – Biel (2292 m; 1¾ Std.) – Märjelensee (3½ Std.) – Kühboden (2212 m; 6¼ Std., ⛷)	Wegzeiger, rot-weiße Mark.	Riederfurka (2065 m), Kühboden (2212 m)
11 Massaweg Rekonstruierter Waalweg, abschnittsweise kühn in steile Felsabstürze trassiert (Seilsicherungen). Interessant die Überreste der 1385 erstmals in einer Urkunde erwähnten »Riederi«. Tour kann auch in Fiesch (1049 m, 🚂) gestartet werden (gesamt dann 6¾ Std., mark.)	Ried-Mörel (1189 m); Zwischenstation der Riederalp-Seilbahn, Talstation Mörel (759 m, 🚂).	Ried-Mörel – Massaschlucht – Blatten (1327 m; 2¾ Std., 🚂)	Wegzeiger, rot-weiße Mark.	In den Ortschaften

Alle Wanderungen auf einen Blick

Tourenziel/Charakteristik	Ausgangspunkt	Wegverlauf & Gehzeit	Markierung	Einkehr am Weg
35 Wiwannihütte, 2470 m Traumhaft gelegene Hütte auf einem Höhenrücken unter dem Wiwannihorn (3001 m). »Baltschieder Klettersteig« → »Hüslers Klettersteigatlas Alpen«	Ausserberg (1008 m), Station an der Lötschberg-Bahnlinie, Zufahrt von Visp.	Ausserberg – Lerchwald (2065 m; 3 Std.) – Wiwannihütte (4½ Std.); Abstieg auf dem gleichen Weg (gesamt 7¼ Std.)	Wegzeiger, rot-weiße Mark.	Wiwannihütte (2470 m)
36 Höhenweg Lötschberg Süd Technik und Natur: (interessante) Einsichten und (schöne) Aussicht vermittelt der beliebte Höhenweg.	Station Hohtenn (1077 m) an der Lötschberg-Südrampe.	Hohtenn – Ausserberg (931 m; 3 Std.) – Lalden (801 m; 5½ Std., 🚊)	Wegzeiger, Mark.	Ausserberg, Eggerberg (846 m)
37 Lötschentaler Höhenweg Wenig anstrengende Höhenwanderung; läßt sich talabwärts bis zur Faldumalp (2037 m) verlängern; mit Abstieg nach Goppenstein (1216 m, 🚊) 6½ Std. Sehenswert: Bergdörfer im Lötschental.	Fafleralp (1787 m, 🚊) am Endpunkt der Talstraße, 23 km vom Rhonetal.	Fafleralp – Tellinalp (1865 m) – Weritzstafel (2099 m) – Lauchernalp (1969 m; 2½ Std., 🚊) – Wiler (1419 m; 3¾ Std., 🚊)	Wegzeiger, rot-weiße Mark.	Fafleralp (1787 m), Lauchernalp (1969 m)
38 Albinen – Leukerbad, 1402 m Alter Talweg abseits der Straße über die berühmten Albinenleitern (historischer »Klettersteig«). Sehenswert: das Städtchen Leuk, Albinen, die moderne Therme in Leukerbad.	Leuk (731 m, 🚊), historischer Flecken im Rhonetal, 24 km von Sion.	Leuk – Albinen (1274 m; 2¼ Std., 🚊) – Albinenleitern – Leukerbad (4½ Std.)	Wegzeiger, gelbe und rot-weiße Mark.	Albinen
39 Gemmipaß, 2322 m Klassisches Wanderziel in der Umgebung von Leukerbad (🚠), kunstvoll angelegter Felsensteig. Trittsicherheit. Empfehlenswert: Rundwanderung um den Daubensee (2208 m, knapp 2 Std.)	Leukerbad (1402 m, 🚊), Ferienort und Heilbad, 16 km von Leuk.	Leukerbad – Gemmipaß (2¼ Std.)	Wegzeiger, rot-weiße Mark.	Gemmipaß (2322 m)
40 Flüealp, 2040 m Leichte Höhenwanderung vor den wildzerklüfteten Südabstürzen des Rinderhorns (3453 m).	🚠 Bergstation Feuillerette (1917 m) der Sesselbahn Obere Maressen, Talstation Leukerbad (1402 m, 🚊).	Feuillerette – Flüealp (1¼ Std.) – Flüekapelle (2070 m) – Leukerbad (3 Std.)	Wegzeiger, rot-weiße Mark.	Flüealp (2040 m), Buljes
41 Bisse de Varen – Pfynwald Abwechslungsreiche Runde im Rhonetal. Landschaft und Kultur: Rebweg, Bisse de Varen, Föhrenbestände im Pfynwald (Naturlehrpfad).	Sierre (533 m, 🚊), Städtchen im Rhonetal, 18 km von Sion. Besuchenswert: Walliser Reb- und Weinmuseum.	Sierre – »Sentier viticole« – Salgesch (581 m) – Bisse de Varen (1030 m) – Varen (760 m) – Susten (624 m) – Pfynwald – Sierre (Tagesunternehmung mit diversen Besichtigungen, gesamt 6 bis 7½ Std.)	Wegzeiger, gelbe und rot-weiße Mark.	Mehrere Gh. am Weg
42 Bella Tola, 3025 m Berühmter Aussichtsgipfel über dem untersten Val d'Anniviers.	🚠 Bergstation des Tignousa-Sessellifts (2169 m), Talstation St-Luc (1655 m).	Tignousa – Bella Tola (3 Std.); Abstieg auf dem gleichen Weg (gesamt 5 Std.)	Wegzeiger, rot-weiße Mark.	Tignousa (2169 m)
43 Höhenweg St-Luc – Zinal Aussichtsroute über dem Val d'Anniviers, großartig der Talschluß mit dem Dent Blanche (4357 m).	St-Luc (1655 m, 🚊), Dorf im Val d'Anniviers, 19 km von Sierre.	St-Luc – Nava Secca (2162 m; 2¾ Std.) – Zinal (1675 m; 5½ Std., 🚊)	Wegzeiger, rot-weiße Mark., zusätzliche grüne Bez. (»Tour du Val d'Anniviers«)	Zinal (1675 m)
44 Roc de la Vache, 2581 m Aussichtskanzel über dem Talschluß des Val d'Anniviers.	Zinal (1675 m, 🚊), letzte Siedlung im Tal, 24 km von Sierre.	Zinal – Roc de la Vache (2¾ Std.) – Ar Pitetta – Zinal (5 Std.)	Wegzeiger, rot-weiße Mark.	–
45 Petit Mountet, 2142 m Aussichtswanderung vor der stark vergletscherten Hochgebirgskulisse um Zinalrothorn (4221 m) und Dent Blanche (4357 m).	🚠 Bergstation der Sorebois-Seilbahn (2438 m), Talstation Zinal (1675 m, 🚊).	Sorebois – Petit Mountet (2¾ Std.) – Zinal (4 Std.)	Wegzeiger, rot-weiße Mark.	Cabane du Petit Mountet (2142 m)
46 Sasseneire, 3254 m Dreitausender zwischen den Tälern von Anniviers und Hérens, grandioses Panorama. Am Gipfelgrat ist Trittsicherheit unerläßlich; nur bei sicherem Wetter gehen!	Lac de Moiry (2250 m, 🚊), Zufahrt von Sierre über Grimentz (1564 m), 28 km.	Lac de Moiry – Col du Torrent (2918 m; 2½ Std.) – Sasseneire (3½ Std.); Abstieg auf dem gleichen Weg (gesamt 6 Std.)	Wegzeiger, rot-weiße Mark., zum Gipfel Spur (Steinmännchen)	Lac de Moiry (2250 m)
47 L'Ar du Tsan, 2184 m Alte Wasserwege, ein malerisch-verwunschenes Tal, interessante Vegetation (Naturschutzgebiet): der Vallon de Réchy.	🚠 Bergstation der Crêt du Midi-Seilbahn (2331 m), Talstation Vercorin (1322 m, 🚊).	Crêt du Midi – Ar du Tsan (1¼ Std.) – La Lé (1661 m; 2 Std.) – Vercorin (3½ Std.)	Wegzeiger, rot-weiße Mark.	Crêt du Midi (2331 m)

Alle Wanderungen auf einen Blick

Tourenziel/Charakteristik	Ausgangspunkt	Wegverlauf & Gehzeit	Markierung	Einkehr am Weg
Montana, Val d'Hérens				
48 Varneralp – Leukerbad Wenig anstrengende, aber recht lange Höhenwanderung; phantastische Aussicht auf das Rhonetal und die Walliser Alpen.	🚠 Bergstation der Petit Mont Bonvin-Seilbahn (2383 m), Talstation Animona (1514 m, 🚆).	Petit Mont Bonvin – Montagne du Sex (2027 m; 1 Std.) – Varneralp (2181 m; 3½ Std.) – Chäller (1875 m; 4½ Std.) – Leukerbad (1402 m; 6¼ Std., 🚆)	Wegzeiger, rot-weiße Mark.	–
49 Bisse du Ro Spektakulär angelegter Waal über dem wilden Graben der Ertentse. Schwindelfreiheit unerläßlich!	Plan Mayens (1620 m, 🚆), Chaletsiedlung etwas oberhalb von Crans Montana.	Plan Mayens – Bisse du Ro – Er de Chermignon (1733 m; 1¼ Std.) – Pra du Taillour (1399 m; 2 Std.) – Pas de l'Ours (1520 m; 3¼ Std.) – Plan Mayens (4 Std.)	Wegzeiger, rot-weiße Mark.	–
50 Grande Bisse de Lens Gemütliche Höhenwanderung an der 11 km langen Wasserleitung (Bisse).	Chermignon (910 m, 🚆), Terrassendorf über dem Rhonetal, 7 km von Sierre.	Chermignon – Bisse de Lens – Liène (1178 m; 3½ Std.) – Pra du Taillour (1399 m; 4 Std.) – Crans (1476 m; 5½ Std., 🚆)	Wegzeiger, rot-weiße Mark.	Icogne (1026 m)
51 La Selle, 2709 m Anspruchsvolle Runde am Wildhornmassiv (3248 m), faszinierend die Felsregion der Audannes mit dem Lac des Audannes (2453 m). Trittsicherheit erforderlich, nicht bei Nebel gehen! Beim Abstieg heikle Felspassage.	🚠 Bergstation des Pas de Maimbré-Sessellifts (2362 m), Talstation Chaletsiedlung Anzère (1515 m).	Pas de Maimbré – La Selle (1¾ Std.) – Cabane des Audannes (2453 m; 2¾ Std.) – Serin (1937 m; 4¼ Std.) – Anzère (5¾ Std.)	Wegzeiger, Mark.	Cabane des Audannes (2453 m)
52 Pas de Lovégno, 2695 m Großzügige Paß- und Höhenwanderung über der Mündung des Val d'Hérens.	Nax (1265 m, 🚆), Dorf in schöner Terrassenlage, 12 km von Sion.	Nax – Col de Cou (2528 m; 3½ Std.) – Lac Louché (2567 m; 4¼ Std.) – Pas de Lovégno (4¾ Std.) – Suen (1429 m; 7¼ Std., 🚆)	Wegzeiger, rot-weiße Mark.	–
53 Col de la Meina, 2702 m Tagestour zwischen den Tälern von Hérens und Hérémence; von der Paßregion lohnender Aufstieg zum Pic d'Artsinol (2997 m; 1 Std., mark.).	Evolène (1371 m, 🚆), hübsches Walliser Dorf im Val d'Hérens, 23 km von Sion.	Evolène – Col de la Meina (4¼ Std.) – Pralong (1608 m; 6 Std., 🚆)	Wegzeiger, rot-weiße Mark.	–
54 Cabane des Aiguilles Rouges, 2810 m Hochalpine Runde über dem Val d'Arolla, großartig die Aussicht auf Gipfel und Gletscher im Talschluß.	Arolla (1956 m, 🚆), höchstgelegener Flecken im Val d'Hérens, 34 km von Sion.	Arolla – Cabane des Aiguilles Rouges (2½ Std.) – Lac Bleu (2090 m; 4 Std.) – Arolla (4¾ Std.)	Wegzeiger, rot-weiße Mark.	Cabane des Aiguilles Rouges (2810 m)
55 Mont Blava, 2932 m Natur contra Technik: ein Gipfelweg zum Nachdenken. Riesig der Stausee von Dix (2364 m), noch größer die Gebirgskulisse.	Le Chargeur (2141 m, 🚌), Endpunkt der Straße zum Lac des Dix, 26 km von Sion.	Le Chargeur – Cabane de Prafleuri (1½ Std.) – Col des Roux (2804 m; 2 Std.) – Mont Blava (2½ Std.) – Col des Roux – Lac des Dix – Le Chargeur (4 Std.)	Wegzeiger, rot-weiße Mark.	Cabane de Prafleuri (2642 m), La Barma (2458 m)
56 Bisse de Vex Gemütliche Wanderung auf den Mittelgebirgsterrassen von Nendaz und Veysonnaz. Verschiedene Varianten möglich.	Haute-Nendaz (1252 m, 🚆), Ferienort über dem Rhonetal, 15 km von Sion.	Haute-Nendaz – Planchouet (1505 m; 1¾ Std.) – Bisse de Vex – Mayens de Sion (1350 m; 4½ Std.) – Vex (939 m; 5¼ Std., 🚆)	Wegzeiger, gelbe und rot-weiße Mark.	Veysonnaz (1233 m)
Rund um Martigny				
57 Croix de la Cha, 2351 m Auf hohen Wegen ins wildromantische Tal von Derborence.	Mosson (1560 m, 🚆), 11 km von Conthey (511 m, 🚆) im Rhonetal.	Mosson – Flore (1953 m; 1½ Std.) – Croix de la Cha (3¾ Std.) – Derborence (1455 m; 6 Std., 🚆)	Wegzeiger, rot-weiße Mark.	–
58 Grand Garde, 2145 m Auf einen prächtigen Ausguck hoch über dem Unterwallis.	Ovronnaz (1332 m, 🚆), kleiner Ferienort in sonniger Lage über dem Rhonetal, 10 km von Leytron.	Ovronnaz – Petit Pré (1998 m; 2 Std.) – Grand Garde (3¼ Std.) – Ovronnaz (4¾ Std.)	Wegzeiger, rot-weiße Mark.	–
59 Pierre Avoi, 2473 m Phantastische Aussichtskanzel über dem Rhoneknie, im Blickfeld auch das landschaftsfressende Siedlungsgeflecht von Verbier. Am felsigen Gipfelaufbau solide Stiege.	Pas du Lin (1656 m), Zufahrten von Martigny und Sembrancher.	Pas du Lin – Bisse de Saxon – Torrent de Vella (1584 m; 1¼ Std.) – Savoleyres (2354 m; 3½ Std, 🚠) – Pierre Avoi (4¼ Std.) – L'Aroley – Pas du Lin (6 Std.)	Wegzeiger, rot-weiße Mark.	–

Alle Wanderungen auf einen Blick

Tourenziel/Charakteristik	Ausgangspunkt	Wegverlauf & Gehzeit	Markierung	Einkehr am Weg
60 Tour du Val de Bagnes Die schönste Höhenwanderung des Val de Bagnes, Ausdauer und Trittsicherheit unerläßlich. Kürzere Variante über den »Sentier des Chamois« mit Abstieg vom Col Termin nach Fionnay 3 Std. (mark.).	⛰ Seilbahnstation Les Ruinettes (2195 m), Talstation Verbier (1490 m, 🚠).	Les Ruinettes – »Sentier des Chamois« – Col Termin (2648 m; 2½ Std.) – Le Da (2365 m; 4½ Std.) – Ecuire du Crêt (2298 m; 6 Std.) – Mauvoisin (1841 m; 8 Std., 🚌)	Wegzeiger, rot-weiße Mark.	Les Ruinettes (2195 m), Ref. du Mont Fort (2457 m), Mauvoisin (1841 m)
61 Cabane de Chanrion, 2462 m Rund um den Alpenfjord des Lac de Mauvoisin und hinauf in die arktische Landschaft nahe dem Hauptkamm der Walliser Alpen.	Mauvoisin (1841 m, 🚌), Endpunkt der Straße ins Val de Bagnes, 36 km von Martigny.	Mauvoisin – Westuferweg – Boussine (2015 m; 2 Std.) – Cabane de Chanrion (3½ Std.) – Col de Tsofeiret (4¼ Std.) – Mauvoisin (6¼ Std.)	Wegzeiger, rot-weiße Mark.	Mauvoisin (1841 m), Cabane de Chanrion (2462 m)
62 Col des Otanes, 2846 m Große, hochalpine Tour zum Galcier de Corbassière, über dem der Grand Combin (4314 m) aufragt.	Mauvoisin (1841 m, 🚌), Endpunkt der Straße ins Val de Bagnes, 36 km von Martigny.	Mauvoisin – La Tseumette (2297 m; 1½ Std.) – Col des Otanes (3 Std.) – Cabane de Panossière (3½ Std.) – Fionnay (1490 m; 5¼ Std., 🚌)	Wegzeiger, rot-weiße Mark.	Mauvoisin (1841 m), Cabane de Panossière (2645 m)
63 Le Catogne, 2598 m Inselberg über dem untersten Drancetal, faszinierend die Aus- und Tiefblicke. Nur für erfahrene Berggänger, einige leichte Kletterstellen (I) und mehrere exponierte Stellen. Alternative für Genußwanderer: Belvedere (1811 m), 1 Std. ab Champex.	Champex (1477 m, 🚌), kleiner Ferienort an dem Straßenpaß im »Rücken« des Catogne, 10 km ab Orsières.	Champex – Crête du Bonhomme (1¾ Std.) – Le Catogne (3¾ Std.); Abstieg auf dem gleichen Weg (gesamt 6¼ Std.)	Wegzeiger, rot-weiße Mark.	–
64 Col des Cheveaux, 2757 m Drei-Pässe-Runde am Großen St. Bernhard, mit faszinierenden Ausblicken auf das Mont-Blanc-Massiv und den Grand Combin. Rauhe Wege, Trittsicherheit!	Col du Grand St-Bernard (2469 m, 🚌), historischer Übergang vom Wallis ins Aostatal, 44 km ab Martigny.	Col du Grand St-Bernard – Col des Cheveaux (2714 m) – Col des Bastillons (2757 m; 2¾ Std.) – Col de Ferret (2698 m; 4 Std.) – Col du Grand St-Bernard (5 Std.)	Wegzeiger, rot-weiße Mark.	Col du Grand St-Bernard (2469 m)
65 Bisse du Trient – Col de Balme, 2204 m Vom Col de la Forclaz über einen alten Wasserweg zum Trientgletscher und zum Mont-Blanc-Blick am Col de Balme.	Col de la Forclaz (1526 m, 🚌) an der Strecke vom Wallis nach Chamonix, 16 km von Martigny.	Col de la Forclaz – Bisse du Trient – Chalet du Glacier (1583 m; ¾ Std.) – Les Grands (2113 m; 2½ Std.) – Col de Balme (3¾ Std.) – Trient (1279 m; 5½ Std.)	Wegzeiger, rot-weiße Mark	Chalet du Glacier (1583 m), Les Grands (2113 m), Col de Balme (2204 m)
66 Vallée du Trient Gemütliche Wanderung durch das tief eingerissene Tal des Trient. Rückweg per Bahn oder auf mark. Wegen via Salvan (gesamt 4½ Std.). Unbedingt sehenswert: Gorges du Trient, Steig von Vernayaz aus.	Vernayaz (452 m, 🚌), Dorf an der Mündung der Gorges du Trient.	Vernayaz – Pont du Gueuroz (625 m) – Les Marécottes (1030 m; 2¾ Std., 🚌)	Wegzeiger, rot-weiße Mark.	In den Ortschaften
67 Lacs de Fully, 2135 m Spannende Runde über den Diabley-Grat (2469 m), packende Tiefblicke ins Rhonetal.	⛰ Bergstation der Seilbahn nach Champex d'Alesse (1120 m), Talstation Dorénaz (451 m) im Rhonetal.	Champex d'Alesse – Cabane du Sex Carro – Le Diabley – Cabane Demècre (4 Std.) – Lac de Fully (4½ Std.) – Cabane Sorgno – Portail de Fully (2267 m) – Sex Carro (2091 m) – Champex d'Alesse (8 Std.)	Wegzeiger, rot-weiße Mark.	Hütten: Selbstversorger
68 Dent de Morcles, 2969 m Mächtiges Kalkmassiv über dem Rhoneknie, phantastische Rundschau, einmalige Tiefblicke. Ausgesetzter, aber ordentlicher Felssteig zum Gipfel.	Morcles (1160 m, 🚌), Bergdorf über dem Rhonetal mit kurvenreicher Zufahrt, 8 km von St-Maurice. Weiterfahrt bis etwa 1600 m wird toleriert. Praktischer ist ein Bike.	Morcles – Rionda (2156 m; 3 Std.) – Dent de Morcles (5½ Std.); Abstieg auf dem gleichen Weg (gesamt 9 Std.)	Wegzeiger, Mark.	Cabane Tourche (2198 m), 10 Min. vom Weg, Juli/August bew.
69 Refuge d'Antème, 2035 m Höhenwanderung unter dem mächtigen Kalkstock der Dents du Midi (3257 m), Teilstück der »Tour des Dents du Midi«.	Champéry (1055 m, 🚌), Ferienort, 13 km von Monthey.	Champéry – Refuge d'Antème (3½ Std.) – Signal de Soi (2054 m; 5 Std.) – Val d'Illiez (995 m; 7¾ Std., 🚌)	Wegzeiger, rot-weiße Mark.	Ref. d'Antème (2035 m)
70 Col des Esserts, 2029 m Abwechslungsreiche Alm- und Paßwanderung unter den Südabstürzen der Diablerets.	Solalex (1469 m, 🚌), Zufahrt von Villars-sur-Ollon (1253 m, 🚌) 10 km.	Solalex – Anzeindaz (1876 m; 1½ Std.) – Col des Esserts (2¼ Std.) – La Vare (1756 m; 3 Std.) – Solalex (5 Std.)	Wegzeiger, rot-weiße Mark.	Anzeindaz (1876 m)
71 Rochers de Naye, 2042 m Überschreitung des berühmten Aussichtsbergs statt Bahnfahrt. Faszinierende Tiefblicke auf den Genfer See, großes Alpenpanorama. Taschenlampe für Naye-Grotte.	Les Avants (968 m, 🚌), Dörfchen oberhalb von Montreux, 8 km.	Les Avants – Col de Jaman (1512 m; 2 Std.) – Grottes de Naye – Rochers de Naye (5 Std., 🚌) – Caux (1048 m; 7 Std., 🚌)	Wegzeiger, rot-weiße Mark.	Mehrere Gh. am Weg

Meine Favoriten

10 Aletschwald – Märjelensee, 2300 m

Ein Strom aus Eis

Er ist der größte unter den Alpengletschern, ein wirklicher Eisstrom, rund 23 Kilometer lang und eines der Naturwunder des Wallis. Seine Fläche entspricht etwa jener des Zürichsees, das Gefälle vom Jungfraujoch bis hinunter zu seiner Zunge beträgt mehr als 1500 Meter. Daß aber auch dieser arktisch anmutende Riesengletscher von der Klimaerwärmung nicht verschont bleibt, belegt der ursprünglich vom Eis aufgestaute Märjelensee, heute nurmehr ein kümmerlicher Tümpel. Über die Aletschregion informiert übrigens sehr anschaulich die Dauerausstellung in der Villa Cassel nahe der Riederfurka.

➡ Von der Hotel- und Chaletsiedlung Riederalp hinauf in die Furka (2065 m); hier rechts und in einem weiten Bogen durch den Aletschwald mit zunehmend freier Sicht auf den Großen Aletschgletscher. Unter dem Sattel von Biel hindurch und in die Westflanke des Bettmerhorns (2857 m), dann um den Nordgrat des Eggishorns herum zum Märjelensee (2300 m). Schöner Blick westlich auf den Mittelaletschgletscher und zum Aletschhorn. An ein paar Seeaugen vorbei, in leichtem Anstieg um den Täligrat herum und hinab zur Station Kühboden der Eggishorn-Seilbahn.

26 Höhenweg Grächen – Zermatt

Der schönste Weg nach Zermatt

Ganz neu ist er, ganz lang auch, der Höhenweg im Mattertal, der Grächen mit Zermatt verbindet. Und der schönste Weg zum schönsten Berg der Alpen ist er fraglos auch, aber garantiert kein Spaziergang. Auch konditionsstarke Dauerläufer sind hier einen ganzen Tag unterwegs, zahlreiche Gräben und ein paar Seitentäler sind auf der 31 Kilometer langen Strecke zu queren, ganz allmählich nur kommen Zermatt und das Matterhorn (4478 m) näher. Wem's zuviel wird, der kann die Übung unterwegs abbrechen und nach Randa oder Täsch absteigen.

➡ Von Grächen zunächst nach Gassenried, dahinter über den Graben des Riedbachs und steil bergan zum Grathorn (2273 m). In der zerklüfteten Westflanke des Breithorns (3178 m) gewinnt der Weg seinen höchsten Punkt (ca. 2680 m). Weiter in leichtem Auf und Ab über felsdurchsetzte Steilhänge. Man kreuzt den Weg zur Domhütte; hinter dem Springelbode (2230 m) Abstiegsmöglichkeit nach Täsch. Am Höhenweg in einer weiten Schleife ins Täschtal; dann ohne größere Höhenunterschiede weiter talein nach Tuftern (2215 m), wo sich der Weg gabelt: links nach Sunnegga, rechts nach Zermatt.

34 Baltschiedertal

Wo das Wallis besonders romantisch ist

Im Baltschiedertal gibt es weder Hotels noch Seilbahnen, es führt auch keine Straße in diesen malerischen, unter Naturschutz stehenden Winkel am Südrand der Berner Alpen. Dafür kommt das Wasser auf den Feldern von Ausserberg und Eggerberg aus dem Baltschiedertal, seit Jahrhunderten schon. Bewundernswert die kühn trassierten Suonen, auf denen man ins Tal und auch wieder heraus wandert, vor einer Kulisse, wie man sie sich romantischer kaum vorstellen kann: hochaufragend die Felsen links wie rechts und erst recht im Talhintergrund, frei nur der Blick übers Rhonetal zum Mischabelmassiv.

➡ Von Ausserberg, den Wegzeigern »Baltschiedertal« folgend, auf einem Sträßchen bergan bis zu einer Linkskehre (1264 m), wo man auf das Niwärch stößt. Dem Waal folgend taleinwärts, teilweise ziemlich exponiert. Allmählich kommt der Baltschiederbach näher; bei den Hütten von Zu Steinu ist der Talboden erreicht. Kurz zuvor weist eine Tafel zur Groperi-Wasserfuhre; es lohnt sich aber, taleinwärts noch bis zur Alphütte von Eultini (1476 m) zu gehen. Auf dem Groperi-Suone wandert man dann talauswärts; bei Eggen rechts vom Waal ab und hinunter nach Eggerberg.

Wasserweg im Baltschiedertal. Bei den Wallisern heißen die oft kunstvoll trassierten Wasserleitungen Suonen oder Bisses.

Meine Favoriten

Was für ein Platz! Die gemütliche Wiwannihütte vor dem Mischabelmassiv (Dom, 4545 m).

54 Cabane des Aiguilles Rouges, 2810 m

Drei-Sterne-Hüttenwanderung

Die Gipfel rund um Arolla sind nicht die höchsten, auch nicht die berühmtesten der Walliser Alpen, die Hüttenrunde aber eine der lohnendsten, abwechslungsreichsten Wanderungen im Val d'Hérens. Dabei entfaltet sich mit zunehmender Höhe die prächtige Eis- und Felskulisse mehr und mehr; ein toller »Guck-ins-Land« ist der Tête du Tronc (2549 m) wenig abseits der Hüttenwegs. Das Refugium selbst erfreut sich einer schönen Lage vor dem Zackengrat der Aiguilles Rouges d'Arolla (3646 m).

➡ Von Arolla, die Kehren einer Alpstraße abkürzend, durch lichten Zirbenwald bergan, über Wiesen zu den obersten Alphütten, dann hinter dem Tête du Tronc vorbei und flach in den Geröllkessel von Les Ignes. Über Gletscherbäche und an einem steilen Moränenhang hinauf zur Cabane des Aiguilles Rouges.
Von der Hütte noch kurz aufwärts, dann rechts über einen Schutthang hinunter zu den Almwiesen von Louché und weiter zum glasklaren Lac Bleu (2090 m). Hier rechts und über dem innersten Val d'Arolla zurück zum Ausgangspunkt der Runde.

68 Dent de Morcles, 2969 m

Großer Unbekannter

Auch wenn sich seine Höhe im Vergleich mit den Walliser Viertausendern sehr bescheiden ausnimmt, ist er ein ganz »Großer«; immerhin überragt der Dent de Morcles den Boden des Rhonetals um zweieinhalb Kilometer. Und wer's auf einen Konditionstest ankommen lassen will, startet gleich in St-Maurice, mit dem 24-Gänge-Bike natürlich: in endlosen Serpentinen (etwa 50!) über Morcles hinauf bis zu den Hütten von Riondaz, wo man dann die Schuhe wechselt.

➡ Wer zu Fuß in Morcles startet, hat zunächst noch einen recht langen, aber zunehmend aussichtsreichen Straßenhatscher. Besonders schön der Blick über das Rhonetal auf den siebengipfligen Bergstock der Dents du Midi (3297 m). Von Riondaz kurz auf dem Höhenweg »Tour de Morcles«, bis links der Steig Richtung Gipfel abgeht. Erst im Zickzack hinauf zu den Felsen, dann über ein horizontales Band (Grande vire) hinaus gegen den Südwestgrat und schließlich überraschend leicht durch die türmebesetzte, zerklüftete Gipfelflanke zum höchsten Punkt. Vorsicht: Es ist Steinschlag durch Voraussteigende möglich!

Lago Maggiore & Valli d'Ossola

Vom »Lago mediterrano« ins eisige Hochgebirge

Natürlich kennt jede/r den Lago Maggiore, in der Nachkriegszeit noch Traumziel wenig verwöhnter Bundesbürger, und wer weiß etwa nicht, wo der Monte Rosa steht? Doch dazwischen? Bergketten, wildromantische Täler, Industrieorte am Toce, Spuren der spätmittelalterlichen Walseransiedlung, ein Nationalpark und zahlreiche Seen – also Tourenziele en masse. Und eine Landschaft, die ihren ganz eigenen Zauber hat, mit starken Kontrasten aufwartet. Den besten Überblick bietet der Mottarone (1491 m), ein Voralpenberg in Gugelhupfform, übererschlossen und verbaut, aber mit grandioser Südalpenschau. Da hat man alles im Blick, den weiten, im Sonnenlicht schimmernden Spiegel des Lago Maggiore und den »Minore«, den Lago d'Orta, im Nordwesten die Eisriesen der Walliser Alpen. Genau nördlich öffnet sich jenseits des Tocetals das Val Grande, heute Nationalpark und eine Landschaft von extremer Wildheit, menschenleer, unzugänglich schier, doch bloß ein paar Kilometer von den belebten Uferpromenaden Verbanias entfernt. Nicht zu übersehen sind auch die modernen Industrieansiedlungen im Tal des Toce und das Betonband der Superstrada, die (noch mehr) Ausflügler aus der Poebene anlockt.

Gegensätze. Sie prägen diesen Winkel der Alpen, und entsprechend präsentiert sich auch die touristische Infrastruktur, von inexistent bis vorzüglich. So findet der Wanderer etwa im Val Cannobina ein bestens ausgeschildertes und markiertes Wegnetz, während es andernorts ausgiebiger Spurensuche bedarf, damit man nicht vom richtigen Pfad abkommt. Doch ein Hauch Abenteuer gehört halt bei manchen Touren im alpinen Hinterland des Lago Maggiore, in den Ossolatälern und im Val Sesia einfach dazu – »Outdoor adventure« heißt sowas heute …

Steine, kleine und große:
Alphütten im Ossola
vor den Viertausendern
der Walliser Alpen.

Solo per esperti: der Sentiero Bovè

Wer leicht abenteuerliche Touren mag, wird im Hinterland des Lago Maggiore leicht fündig: alte Bauernpfade, Wege ins »Niemandsland« und wilde Jagsteige gibt es hier en masse. Und sogar einen prächtigen Kammweg, vor über einem Jahrhundert angelegt, mittlerweile neu markiert und an einigen Stellen mit Sicherungen versehen. Leider nur noch eine Ruine ist die Hütte des CAI Verbano an der Bocchetta di Campo; dafür gibt es am Monte Zeda ein stets zugängliches Biwak. *Der Wegverlauf:* Falmenta (669 m) – Biv. all'Alpe Fornà – Monte Zeda (2156 m) – La Piota (1925 m) – Passo delle Crocette – Monte Torrione (1984 m) – Marsicce (2135 m) – Cima dei Fornaletti (1815 m) – Finero (896 m). Gehzeit etwa 12 Std., Nächtigung im Bivacco all'Alpe Fornà (1649 m) dringend empfohlen.
Eine großartige, alpine Tour für ausdauernde Fährtensucher. Kein bewirtschafteter Stützpunkt unterwegs. *Literatur:* »Val Cannobina« von Erminio Ferrari (Alberti Editore, Intra).

Führer & Landkarten

Bei Rother ist ein Wanderführer »Ossola-Täler« erschienen; wer am Lago Maggiore unterwegs ist, greift auf die Führer »Lago Maggiore« (ebenfalls Rother) oder das Buch »Lago Maggiore, Comer See und Luganer See« von Eugen E. Hülser in der Reihe Wandern & Erleben (Bruckmann) zurück.
Bei Kompass gibt es mehrere 50 000er Karten, die das Gebiet abdecken: 88 »Monte Rosa«, 89 »Domodossola«, 90 »Lago Maggiore-Lago di Varese«, 97 »Omegna-Varallo-Lago d'Orta«. Das Istituto Geografico Centrale (Torino) bietet zwei Blätter an, ebenfalls im Maßstab 1:50 000: 10 »Monte Rosa-Alagna-Macugnaga« und 11 »Domodossola e Val Formazza«.

Alle Wanderungen auf einen Blick

Tourenziel/Charakteristik	Ausgangspunkt	Wegverlauf & Gehzeit	Markierung	Einkehr am Weg
Lago Maggiore				
01 Monte Torriggia, 1703 m Rundwanderung im Valle Cannobina, schöner Blick auf die Tessiner Berge.	Cúrsolo (886 m, 🚌), Dorf im inneren Valle Cannobina, 20 km von Cannobbio (214 m, 🚌).	Cúrsolo – Monte Vecchio (1094 m; ¾ Std.) – Monte Torriggia (2¾ Std.) – Pluni (1454 m; 3½ Std.) – Monti di Cúrsolo (4¼ Std.) – Cúrsolo (5 Std.)	Gut bez. Wege, Hinweistafeln	Rif. al Monte Vecchio di Orasso (1094 m)
02 La Borromea Historischer Talweg im Valle Cannobina, Frühlings- oder Spätherbstwanderung.	Cannobio (214 m, 🚌), Ferienort am Westufer des Lago Maggiore.	Cannobio – Traffiume (245 m) – Cavaglio (501 m) – Gurrone (697 m) – Spocchia (798 m) – Cúrsolo (886 m; 4¾ Std., 🚌)	Mark. Wege	In den Dörfern
03 La Piota, 1925 m Rundwanderung auf einen Nebengipfel des Monte Zeda; im Sommer massenhaft Heidelbeeren am Weg.	Gurro (812 m), »Schottendorf« (soll von Schotten gegründet worden sein) im Valle Cannobina.	Gurro – Alpone (1539 m; 2¾ Std.) – La Piota (3¾ Std.) – Passo delle Crocette (5 Std.) – Gurro (7¼ Std.)	Wegzeiger, gute Mark.	–
04 Monte Zeda, 2156 m Großartiger Aussichtspunkt über dem Lago Maggiore. Alte Militärwege, auch für Biker interessant. Abstieg alternativ nach Miazzina (736 m, 🚌) möglich (6½ Std., mark.).	Passo Folungo (1369 m); Zufahrt von Intra via Premeno (804 m, 🚌) und Pian Cavallo, 33 km.	Passo Folungo – Monte Zeda (2½ Std.); Abstieg auf dem gleichen Weg (gesamt 4 Std.)	Sparsam markiert.	–
05 Cima Sasso, 1916 m Felsiger Grat hoch über der Wildnis des Val Grande. Ausdauer und Trittsicherheit wichtig.	Cicogna (732 m), Weiler im unteren Val Pogallo, Zufahrt von Intra via Santino (304 m, 🚌).	Cicogna – Casa dell'Alpino (1½ Std.) – Monte Spigo (1439 m) – Colma di Belmello (1589 m) – Cima Sasso (4¼ Std.); Abstieg auf dem gleichen Weg (6¾ Std.)	Bis Casa dell'Alpino mark., dann weitgehend ohne Bez.	Casa dell'Alpino (1250 m)
06 Val Grande Interessante Runde im untersten Val Grande; wilde Kulisse. Wichtig: Der direkte Zugang durch das schluchtartig eingerissene Tal ist zerstört, nicht mehr begehbar!	An der Straße nach Cicogna, etwa 3 km hinter Rovegro (weiter bis Cicogna Parkverbot!) knapp unterhalb von Bignugno.	Bignugno – Alpe Scellina – Ponte di Velina (470 m; 2½ Std.) – Alpe Vota (872 m) – Ponte Casletto – Bignugno (6 Std.)	Weg zur Velinabrücke gut bez., weiter gelegentlich rote und gelbe Punkte	–
Valli d'Ossola, Val Sesia				
07 Monte Faiè, 1352 m Trotz der vergleichsweise geringen Höhe sehr dankbarer Aussichtsberg.	Ruspesso (ca. 930 m), Anfahrt von Intra über Santino (304 m, 🚌), 14 km.	Ruspesso – Colma di Vercio – Monte Faiè (1¾ Std.) – Ruspesso (2¾ Std.)	Mangelhaft bez.	Rif. Fantoli (980 m)
08 Massa del Turlo, 1959 m Aussichtsreiche Höhenwanderung südlich über dem Val Strona; Fortsetzung der Überschreitung von der Massa del Turlo zum Rif. Traglio möglich (etwa 6 Std., Fährtensuche).	Alpe Camasca (1180 m), Zufahrt von Omegna über Quarna Sotto (796 m, 🚌), 11,5 km. Parkplatz.	Alpe Camasca – Monte Croce (1643 m; 2 Std.) – Colle del Campo (1571 m) – Massa del Turlo (3¾ Std.); Rückweg auf der gleichen Route (gesamt 6¼ Std.)	Spärlich mark., Vorsicht bei Nebel!	–
09 Altenberg, 2394 m Gipfel im hintersten Val Strona mit alpinem Touch. Herrlicher Blick auf die Walliser Alpen.	Kampel (1305 m), alte Walsersiedlung; Zufahrt von Omegna via Forno (892 m, 🚌), 19,2 km.	Kampel – Rif. Traglio (2¼ Std.) – Altenberg (3 Std.); Abstieg auf dem gleichen Weg (gesamt 5 Std.)	Rot-weiße Mark., Nrn. 1 und 3	Kampel
10 Monte Massone, 2161 m Aufgrund seiner weit gegen den Lago Maggiore vorgeschobenen Lage besonders lohnender Aussichtsgipfel. Unschwierig, aber recht weite Wege.	Alpe Quaggione (1175 m), Zufahrt von Omegna via Germagno 11 km.	Alpe Quaggione – Monte Cerano (1702 m; 2 Std.) – Poggio Croce (1765 m) – Bocchetta di Bagnone (1589 m; 2¾ Std.) – Monte Massone (4¾ Std.) – Bocchetta di Bagnone – Alpi Morello – Alpe Quaggione (7¼ Std.)	Mangelhaft, rote Tupfer und »3M«	Alpe Quaggione (1175 m)
11 Pizzo Proman, 2099 m Anstrengende Gipfeltour, faszinierender Blick in die Wildnis des verzweigten Val Grande; Trittsicherheit.	Colloro (523 m), 4,5 km oberhalb von Premosello Chiovenda (222 m, 🚌) im Tocetal.	Colloro – Lut (½ Std.) – La Motta – La Colma (3½ Std.) – Pizzo Proman (5 Std.); Abstieg auf dem gleichen Weg (gesamt 8 Std.)	Mangelhaft bez., aber kaum Orientierungsprobleme	Bar in Colloro
12 Pizzo Castello, 1607 m Wanderrunde über dem untersten Valle Anzasca, herrliche Aussicht auf die Walliser Alpen. Bemerkenswert: die alten Wege und Rustici (soweit noch nicht umgebaut).	Cimamulera (484 m, 🚌), Fraktion der Gemeinde Piedimulera; Zufahrt über die Talstraße, 4 km.	Cimamulera – Alpe Ceresole (953 m; 1¼ Std.) – Pizzo Castello (3¾ Std.) – Alpe della Colma (1509 m; 4½ Std.) – Drocala (940 m) – Meggiana – Cimamulera (7½ Std.)	Spärlich bis gar nicht mark., bei gutem Wetter Orientierung einfach	–
13 Rifugio Zamboni-Zappa, 2070 m Hüttentour vor der größten Wand der Alpen, dem Ostabbruch des Monte Rosa.	Macugnaga (1358 m, 🚌), Ferienort im Valle Anzasca, 30 km von Piedimulera.	Macugnaga – Alpe Rosareggio (1825 m; 1½ Std.) – Rif. Zamboni-Zappa (3 Std.) – Macugnaga (5 Std.)	Gut mark. Wege	Rif. Zamboni-Zappa (2070 m), Rif. Saronno (1932 m)

Alle Wanderungen auf einen Blick

Tourenziel/Charakteristik	Ausgangspunkt	Wegverlauf & Gehzeit	Markierung	Einkehr am Weg
14 La Forcola, 1914 m Wanderrunde über dem inneren Valle Antrona, Aufstieg selten begangen, Abstieg teilweise auf der Straße.	Antronapiana (908 m, 🚌), Zufahrt von Villadossola 16 km.	Antronapiana – Alpe Fornalei (1094 m) – La Forcola (3 Std.) – Cheggio (1497 m; 4 Std.) – Antronapiana (5½ Std.)	Aufstieg sparsame gelbe Bez., Abstieg nicht zu verfehlen.	Cheggio (1497 m)
15 Moncucco, 1899 m Anspruchsvolle Überschreitung mit bezaubernden Aus- und Tiefblicken. Trittsicherheit, gelegentliche Wegsuche unvermeidlich. Kürzerer Anstieg von der Alpe Lusentino (1089 m, 10 km ab Domodossola), 2¾ Std.	Haltestelle »Cresti« (520 m) an der Straße von Villadossola (257 m, 🚌) ins Valle Antrona.	Cresti – Sasso – Aulamia (1070 m; 2 Std.) – Colle del Pianino (1620 m; 3¾ Std.) – Moncucco (5 Std.) – La Colma (1261 m; 6¼ Std.) – Villadossola (8 Std.)	Nur teilweise bez.	–
16 Cima Camughera, 2249 m Nicht ganz einfache Rundtour, ziemlich rauhe Wege; Ausdauer erforderlich. Vom Gipfel Schau über die Täler und Gipfel der Ossola.	Bognanco Fonti (669 m, 🚌), kleiner Kurort im Valle di Bognanco, 8 km von Domodossola.	Bognanco Fonti – Alpe Manzano (1299 m; 2¼ Std.) – Cima Camughera (5 Std.) – Alpe Pezza Lunga (1174 m; 7 Std.) – Bognanco Fonti (8¼ Std.)	Teilweise bez.	Alpe Manzano (1299 m), Alpe Garione (1634 m)
17 Laghi di Campo, 2279 m Alm- und Seenwanderung im innersten Valle di Bognanco, Ausdauer erforderlich. Im Frühsommer reiche Flora.	Pizzanco (1142 m), Häusergruppe 5 km von Bognanco Fonti (669 m, 🚌).	Pizzanco – Alpe Oracchia (1651 m; 1½ Std.) – Alpe Laghetto (2¾ Std.) – Laghi di Campo (3¾ Std.) – Alpe Campo (1889 m; 5 Std.) – Pizzanco (7¼ Std.)	Nur teilweise mark.	Rif. Alpe Laghetto (2046 m)
18 Alpe Veglia, 1760 m Rundwanderung im Naturpark Alpe Veglia. Startet man in San Domenico, erhöht sich die Gehzeit auf 6 Std.	🚡 Bergstation des Ciamporino-Sessellifts (1975 m), Talstation San Domenico (1410 m); Zufahrt von Varzo.	Ciamporino – Alpe Veglia (2½ Std.) – Ponte Campo (1320 m) – San Domenico (4½ Std.)	Mark. Wege	Rif. Città di Arona (1760 m)
19 Corna Troggi, 2230 m Aussichtsreicher Kammrücken über den Stauseen von Agaro und Dévero; im Sommer üppige Blumenwiesen. Alternativ kann man auch durch die Westflanke der Corna Troggi zu den Laghi del Sangiatto (2034 m) queren (mark.).	Goglio (1133 m), Zufahrt von Baceno (655 m, 🚌) 7 km. Sehenswert: Ausone (Ospo), alte Walsersiedlung.	Goglio – Auseno (1462 m; 1 Std.) – Stollen – Lago d'Agaro (1597 m; 1¾ Std.) – Corna Troggi (4¼ Std.) – Bocchetta di Scarpia (2248 m; 5 Std.) – Laghi del Sangiatto – Crampiolo (1767 m; 6 Std.) – Alpe Dévero (1634 m) – Goglio (7½ Std.)	Mark. Wege; Taschenlampe für den Werksstollen.	Goglio (1133 m), Rif. Castiglioni (1640 m) auf der Alpe Dévero
20 Salecchio, 1509 m Auf den Spuren der Walser, jahrhundertealter Talweg.	Fondavalle (Stafelwald, 1220 m, 🚌), Weiler im Val Formazza (Pomat).	Fondavalle – Altillone (Puneiga, 1249 m) – San Antonio (1448 m; 2 Std.) – Salecchio (Am obru Bärg; 3¼ Std.) – Passo (787 m; 5 Std., 🚌)	Mark. Wege	–
21 Passo di Nefelgiù, 2573 m Hochalpine Runde der Kontraste: faszinierende Natur und (weniger schöne) Technik. Sehenswert: der Toce-Wasserfall (wenn nicht »abgestellt«).	Canza (Früttwald, 1412 m), oberstes Dörfchen im Val Formazza, 42 km von Domodossola. 🚡 Sessellift Valdo – Sagersboden (1772 m).	Canza – Sagersboden (1772 m; 1¼ Std.) – Rif. Margaroli (2194 m; 2¾ Std.) – Passo di Nefelgiù (3¾ Std.) – Alpe Stafel – Cascata del Toce (5¾ Std.) – Canza (6¾ Std.)	Mark. Wege, zuletzt Straße	Rif. Myriam (2050 m), Rif. Margaroli (2194 m), Albergo Cascata
22 Griespaß, 2479 m Grenzüberschreitende Pässe- und (Stau)Seenwanderung. Ausweis mitführen!	Nufenen-Paßstraße, Abzw. (2303 m, 🚌) der Zufahrt zum Gries-Stausee, 12 km von Ulrichen.	Nufenenstraße – Griespaß (¾ Std.) – Riale (1731 m; 2¼ Std.) – Passo di San Giacomo (2313 m; 4½ Std.) – Passo del Corno (2485 m; 6½ Std.) – Nufenenstraße (7 Std.)	Wegzeiger, rotweiße Mark.	Rif. Maria Luisa (2157 m), 10 Min. von der San-Giacomo-Paßstraße; Capanna Corno Gries (2338 m)
23 Bocchetta di Ruggia, 1990 m Auf alten Wegen zu sonnigen Höhen über dem Val Vigezzo. Alternativ kommt auch die 🚡 Seilbahnstation Piana di Vigezzo (1706 m) als Ausgangspunkt in Frage.	Arvogno (1247 m) im Hochtal des Melezzo, Zufahrt von Santa Maria Maggiore (816 m, 🚌) 7 km.	Arvogno – San Pantaleone (1992 m; 2¼ Std.) – Bocchetta di Ruggia (3¼ Std.) – Bocchetta di Muino (1977 m; 4 Std.) – Piana di Vigezzo (4¾ Std.) – Arvogno (6 Std.)	Aufstieg gut bez., Abstieg nur spärlich mark.	Rif. Arvogno (1247 m), Piana di Vigezzo (1706 m)
24 Pizzo Tracciora, 1917 m Leicht erreichbarer Panoramapunkt über den Tälern von Mastallone und Sermenza.	Rossa (813 m), Weiler im Valle Sermenza, 4 km von Balmuccia (560 m, 🚌).	Rossa – Selletto – Pizzo Tracciora (3¼ Std.); Abstieg auf dem gleichen Weg (gesamt 5 Std.)	CAI-Mark. 400	–
25 Cima Sajunchè, 2344 m Einer der schönsten Aussichtsgipfel der Region; steiler, mühsamer Anstieg, grandiose Umschau. Nicht bei Nässe gehen!	Mòllia (880 m, 🚌) in der Valsesia, 26 km von Varallo.	Mòllia – Alpe Ortigosa (1307 m; 1½ Std.) – Punta Massarei (2061 m; 4 Std.) – Cima Sajunchè (5 Std.); Abstieg auf dem gleichen Weg (gesamt 7¾ Std.)	Mark. 83	–
26 Rif. Città di Vigevano, 2864 m Aussichtsreiche Höhen- und Bergabwanderung über dem inneren Valsesia. Faszinierende Ausblicke auf den Monte Rosa.	🚡 Zwischenstation Bocchetta delle Pisse (2396 m) der Punta-Indren-Seilbahn, Talstation Alagna (1191 m).	Seilbahn – Rif. Città di Vigevano (1¾ Std.) – Passo Foric (2432 m; 2¾ Std.) – Follù (1664 m) – Alagna Valsesia (5½ Std.)	Mark. 10B, 5E, 5, 3B, 3	Seilbahnstation, Rif. Città di Vigevano (2864 m)

Meine Favoriten

05 Cima Sasso, 1916 m
Wildnis am Südalpenrand

Was für ein Kontrast! Drunten auf der Ufermeile Intras stauen sich die Autos, rund um die mächtige, kuppelgekrönte Basilika San Vittore herrscht geschäftiges Treiben, am Hafen legt gerade die Ferry ab, irgendwo rattern Baumaschinen. Und nicht einmal zehn Kilometer landeinwärts ist man allein, allein in einer menschenleeren Wildnis, höchstens das Rauschen eines Bachs im Ohr: das Val Grande, ein »letztes Paradies«, fern unserer hektischen Alltagswelt, seit ein paar Jahren unter Schutz.

Mitten im Parco Nazionale della Val Grande erhebt sich die Cima Sasso, ein felsiger Gipfel – nomen est omen! – in dem langgestreckten Grat, der die Gräben des Val Grande und des Val Pogallo trennt. Die Gipfeltour vermittelt einen guten Eindruck von der ungezähmten Wildheit dieser Bergregion am Südrand der Alpen – »Lichtjahre« fern vom Trubel am Lago Maggiore …

➡ Ein alter Weg führt von Cicogna angenehm schattig hinauf zur Alpe Prà. Hinter der Casa Alpino (1250 m) links in den Wald, um einen ersten Gratzacken herum und durch eine enge Scharte auf die Ostseite. Die verfallene Alp Leciuri bleibt abseits, der Weg führt zurück in den Wald und über ein paar Felsen auf den Monte Spigo (1439 m). Weiter der unmarkierten Spur folgend über den Colma di Belmello und am Grat, zuletzt ein paar Zacken rechts umgehend, in die Scharte vor der Cima Sasso. Packender Blick ins innerste Val Pogallo und zum Monte Zeda (2156 m); links das verästelte Grabensystem des Val Grande, Kernregion des Nationalparks »Val Grande«. Nun über ein Blockfeld mühsam aufwärts (Steinmännchen) und durch die Ostflanke zum Grat. Links in leichter Kletterei zum Gipfel.

12 Pizzo Castello, 1607 m
Alte Wege, große Aussicht

Die großen Gipfel stehen zwar nur im Panorama, doch das mindert den Reiz der Tour über den Monte Castello in keiner Weise. Hier ist der Weg das Ziel, und der ist ganz besonders kunstvoll angelegt, schraubt sich über steile Hänge, vom Dorf zur Maiensäß, weiter zur Hochalm. Und überall die Rustici mit ihren Plattendächern, manchmal einzelnstehende Bauten, mitunter verfallend, dann wieder ganze Dörfchen wie etwa Drocala. Weniger schön wirken daneben die neuen, oft brutal ins Gelände geschlagenen Straßen. Die Bauern sind ja längst fort, subventioniert wird hier höchstens noch ein Freizeitbedürfnis der Mailänder: Wochenende auf dem Land, TV inklusive.

➡ In einer Stunde steigt man von Cimamulera hinauf zur Alpe Ceresole (953 m), wo sich ein erster Prachtblick auf den Monte Rosa und seine gigantische Ostwand bietet. Weiter am licht bewaldeten Rücken bergauf; der Testa del Frate (1258 m) wird links auf schmalem Band umgangen, hinter der Alpe Castello steuert das Weglein den Gipfel des Pizzo Castello an.

Der Abstieg beginnt als Kammwanderung, führt westlich zu den Almhütten von Colma (1509 m), dann links in Serpentinen hinunter zum Alpdörfchen von Drocala. Hier kann man direkt zur Talstraße absteigen; interessanter ist der alte Pfad, der über die Weiler an der Sonnseite des Valle Anzasca zurückleitet nach Cimamulera.

Am Südsaum der Alpen: der Lago Maggiore.

Das Aostatal

Zwischen Walliser Alpen, Mont Blanc und Gran Paradiso

Die Parallelen sind augenfällig, unübersehbar: hier wie dort ein riesiges Tal, umrahmt, geschützt von den höchsten Alpengipfeln, uralter Kulturboden, geschichtsträchtig. Legendäre Gipfel und jede Menge Gipfelgeschichten im Wallis wie im Aostatal, ein Tourismusboom im Sog des Wintersports, Bergbauernwelt und Transitland. Die Liste ließe sich fast beliebig verlängern; man denke nur an die kilometerlangen, oft halsbrecherisch dem Steilgelände abgerungenen Wasserleitungen, über die kostbares Naß aus den Seitentälern auf die Felder vor den Dörfern geleitet wurde, oder an die Mehrsprachigkeit – Wal(li)ser auf beiden Seiten des Alpenkamms. Ein großer Paßübergang verbindet das Wallis mit dem Aostatal, spätestens seit der Bronzezeit begangen und benannt nach einem Heiligen: der Große St. Bernhard (2469 m). Daß der Namensgeber aus Frankreich kam, hat einen historischen Grund: Das Val d'Aoste war in seiner Geschichte lange Zeit Teil des Herzogtums Savoyen, mit Hauptstadt Chambéry und später Turin. Der heilige Bernhard stammte aus Menthon am Lac d'Annecy und richtete vor ziemlich genau tausend Jahren zwei Hospize am Großen und Kleinen St. Bernhard ein. Die »Barrys« wurden allerdings von den Wallisern okkupiert; das berühmteste Exemplar, das »une quantaine des personnes« gerettet haben soll, kann im Naturhistorischen Museum von Bern bewundert werden – ausgestopft.

Fast noch bekannter als die Lawinenhunde vom Großen St. Bernhard sind die Steinböcke des Gran Paradiso, einst königliche Jagdobjekte und als solche vor den Nachstellungen des gemeinen Volkes geschützt. Paradoxerweise rettete gerade die Jagdleidenschaft des »Gran Rey« der Bergziege mit den mächtigen Hörnern, lateinisch Capra ibex, alpenweit das Überleben. Mittlerweile geht ihre Population als Ergebnis zahlreicher Wiederansiedlungen in die Tausende (allein im Nationalpark Grand Paradiso sollen es über 4000 Exemplare sein), da und dort wird der Steinbock auch bejagt, ganz legal.

Natürlich sind die Viertausender des Aostatals das Revier der Alpinisten, doch wie drüben im Wallis (noch eine Parallele) bietet auch das Aostatal vielfältige Wandermöglichkeiten, vom Burgenbummel über die alpine Paßwanderung bis zum Dreitausender. Und über den Tälern stehen (fast) die gleichen berühmten Gipfel: Monte Rosa (4634 m), Matterhorn (4478 m), Grand Combin (4314 m), Mont Blanc (4807 m) – und dazu der Gran Paradiso (4061 m).

Unbekannte Westalpen: die Paßregion des Col del Nivolet mit seinen Seen vom Monte Taou Blanc.

Führer & Landkarten

Die deutschsprachigen Publikationen über das Aostatal sind leicht an den Fingern einer Hand abzuzählen. Wer sich eingehender informieren will, muß auf die zahlreichen Führer in italienischer und französischer Sprache zurückgreifen, die man aber nur vor Ort (oder in großen Buchhandlungen des Piemonts) bekommt.
Beim Bergverlag Rother sind zwei Wanderführer über die Region erschienen: »Aostatal« und »Mont Blanc«. Drei Wanderkarten des Istituto Geografico Centrale im Maßstab 1:50 000 decken das gesamte Gebiet ab: 3 »Parco Nazionale del Gran Paradiso«, 4 »Massicio del Monte Bianco«, 5 »Cervino e Monte Rosa«.

Alle Wanderungen auf einen Blick

Tourenziel/Charakteristik	Ausgangspunkt	Wegverlauf & Gehzeit	Markierung	Einkehr am Weg
Walliser Alpen				
01 Colle Valdobbia, 2480 m Übergang vom Valle di Gressoney ins Val Sesia, Teilstück des großen »Walserweges«; Abstieg alternativ nach Alagna Valsesia 3 Std. (mark.). Großer Viertausenderblick vom Corno Valdobbia (2755 m, ¾ Std., weglos).	Gressoney-St-Jean (1385 m, 🚌) im Valle di Gressoney, 27 km von Pont-St-Martin.	Gressoney-St-Jean – Colle Valdobbia (3 Std.); Abstieg auf dem gleichen Weg (gesamt 5 Std.)	Mark. rot-weiß, Nr. 11	Rif. Ospizio Sottile (2480 m)
02 Testa Grigia, 3314 m Großes Gipfelziel vor der Viertausenderparade; Aufstieg über den Südgrat des Grauhauptes (Testa Grigia) nur bei sicherem Wetter. Tagestour für Konditionsbolzen. Sehenswert: Walsersiedlungen.	Gressoney-St-Jean (1395 m, 🚌); Abzweigung des Weges hinter dem Weiler Chemonal (1407 m), 4 km nördlich von St-Jean.	Chemonal – Alpenzu (1779 m; 1¼ Std.) – Alpe Loage (2355 m) – Colle Pinter (2777 m; 4¼ Std.) – Testa Grigia (6¼ Std.); Abstieg auf dem gleichen Weg (gesamt 10½ Std.)	Rot-weiße Mark., Nrn. 6, 11A	Biv. Lateltin (3120 m) am Monte Pinter, unbew.
03 Lago Gabiet, 2367 m Runde im innersten Lystal (Val di Gressoney), herrliche Bergkulisse, aber auch diverse unschöne Eingriffe (Lifte, Skipisten, Stausee). Übergang ins Val Sésia möglich; vom Lago Gabiet über den Col d'Olen (2881 m) nach Alagna etwa 4½ Std. (mark.).	Gressoney-la-Trinité (1624 m, 🚌), Urlaubsort, 33 km von Pont-St-Martin. 🚠 Sessellift zur Punta Jolanda (2240 m).	Gressoney-la-Trinité – Punta Jolanda (2240 m; 1¾ Std.) – Lago Gabiet – Rif. del Lys (3 Std.) – Mostal – Stafal (1825 m; 4¼ Std., 🚌)	Rot-weiße Mark., Nrn. 5, 7A	Rif. del Gabiet (2357 m), Rif. del Lys (2342 m)
04 Rifugio Quintino Sella, 3589 m Ganz nah an die Region des ewigen Eises heran führt diese Hochgebirgswanderung. Trittsicherheit erforderlich, einige kurze gesicherte Felspassagen, Schnee (Spur). Nur bei sicherem Wetter!	🚠 Bergstation der Gondelbahn zum Colle di Bettaforca (2672 m), Talstation am Ende der Talstraße bei den Häusern von Stafal (1825 m, 🚌), 4 km von Gressoney-la-Trinité.	Colle di Bettaforca – Passo di Bettolina (2905 m; 1 Std.) – Rifugio Sella (3¼ Std.); Abstieg auf dem gleichen Weg (gesamt 5¼ Std., bis Stafal 7½ Std.)	Rot-weiße Mark., Nr. 9	Rif. Quintino Sella (3589 m)
05 Mont de Boussolaz, 3023 m Großartige Seen- und Gipfelrunde; Pensum läßt sich mehrfach variieren. Für den Mont de Boussolaz (Corno Bussola) Bergerfahrung unerläßlich (leichte Felsen)! Auch ohne Gipfel sehr dankbar (gesamt 6½ Std.)	Brusson (1338 m, 🚌), Ferienort im Valle d'Ayas, 16 km von Verres.	Brusson – Lac de Bringuez (2519 m; 3½ Std.) – Lac Long (2632 m; 4½ Std.) – Mont de Boussolaz (5¾ Std.) – Lac de la Bataille (2487 m; 7¼ Std.) – Lavassey (1998 m) – Brusson (9½ Std.)	Mark. 3, 3B, 3C, 4	Rif. ARP (2440 m), ½ Std. vom Lac de la Bataille, bew. Mitte Juni bis Mitte Sept.
06 Lac Perrin, 2635 m Rundwanderung über dem mittleren Valle d'Ayas, herrlicher Blick auf den Hauptkamm der Walliser Alpen. Läßt sich auch mit der Tour am → Mont de Boussolaz (3023 m) verbinden.	Champoluc (1568 m, 🚌), Zufahrt von Verres 27 km.	Champoluc – Chavannes (2105 m; 1½ Std.) – Lac Perrin (3 Std.) – Cuénaz (2032 m; 4¼ Std.) – Champoluc (5 Std.)	Mark. 14A, 13	–
07 Refuge Mezzalama, 3009 m Anstrengende Hüttentour in hochalpines Gelände. Faszinierend die Eis- und Felskulisse unter dem Breithorn. Lohnend auch die Wanderung zum Lac Bleu (2215 m; Mark. 7, 7A, gesamt 3½ Std.).	St-Jacques (1689 m, 🚌) im hintersten Valle d'Ayas, 31 km von Verres.	St. Jacques – Plan de Verraz (2069 m; 1¼ Std.) – Plan de Verraz superieure (2388 m; 2¼ Std.) – Ref. Mezzalama (4 Std.); Abstieg auf dem gleichen Weg (gesamt 6½ Std.)	Mark. 7	Ref. Mezzalama (3009 m)
08 Monte Zerblon, 2722 m Einer der lohnendsten Aussichtsgipfel des Aostatals, leichtester Anstieg von Ayas.	Artagnod (1694 m, 🚌), Ortsteil von Ayas im gleichnamigen Tal, 24 km von Verres	Artagnod – Colle Portola (2410 m; 2¼ Std.) – Monte Zerbion (3¼ Std.); Abstieg auf dem gleichen Weg (gesamt 5¼ Std.)	Mark. 105, 2	–
09 Colle de Nana, 2775 m Auf einer Etappe der »Alta via No. 1« vom Valle d'Ayas ins Val Tournenche. Große Kulisse; der Aufstieg von St-Jacques zieht sich ganz ordentlich.	St-Jacques (1689 m, 🚌) im hintersten Valle d'Ayas, 31 km von Verres.	St-Jacques – Colle de Nana (3¾ Std.) – Cheneil (2105 m; 5½ Std.) – Valtournenche-Paquier (1528 m; 7 Std., 🚌)	Rot-weiß, Dreieck mit Nr. 1	Cheneil (2105 m)
10 Monte Roisetta, 3334 m Ein großes Panorama der Walliser Alpen samt Matterhorn – aber ohne den Liftzirkus rund um Breuil. Trittsicherheit erforderlich, im Gipfelbereich leichte Felsen (I) und reichlich Geröll.	Cheneil (2105 m), Zufahrt von Valtournenche-Paquier (1528 m, 🚌) 6,5 km.	Cheneil – Alpe Lezan (2684 m; 2 Std.) – Monte Roisetta (4 Std.); Abstieg auf dem gleichen Weg (gesamt 6½ Std., ab Paquier 9½ Std.)	Mark. 23A	Cheneil (2105 m)

Alle Wanderungen auf einen Blick

Tourenziel/Charakteristik	Ausgangspunkt	Wegverlauf & Gehzeit	Markierung	Einkehr am Weg
11 Finestra di Cignana, 2441 m Auf der »Grande Balconata del Cervino« ins innerste Val Tournenche. Läßt sich mit Tour 12 verbinden.	Valtournenche-Paquier (1528 m, 🚌), großer Urlaubsort im Val Tournenche, 18 km von Châtillon.	Paquier – Lago di Cignana (2158 m; 1¾ Std.) – Finestra di Cignana (2¾ Std.) – Alpe Bayettes (2288 m; 4¼ Std.) – Breuil-Cervinia (5 Std.)	Mark. 5, 6A, 8A, 9, 10	Rif. Barmasse (2169 m) am Lago di Cignana
12 Rifugio Jumeaux, 2769 m Höhenwanderung mit großer Matterhorn-Schau; teilweise rauhe Wege, Trittsicherheit. Rif. Jumeaux (Bobba) nur Selbstversorgerhütte.	Perrères (1830 m, 🚌), Kraftwerk an der Straße Valtournenche – Breuil-Cervinia.	Perrères – Alpe Bayettes (2288 m; 1¾ Std.) – Rif. Jumeaux (3½ Std.) – Breuil-Cervinia (2012 m; 4¾ Std., 🚌)	Mark. 9, 10, 11	–
13 Grande Balconata del Cervino Auf Höhenwegen nach Breuil-Cervinia; auch Teilbegehungen möglich.	Chamois (1836 m), Chaletsiedlung über dem Val Tournenche, Zufahrtsstraße, 🚡 Seilbahn von Buisson (1115 m).	Chamois – Cheneil (2105 m; 1½ Std.) – Lago Bleu – Breuil-Cervinia (2012 m; 4¾ Std., 🚌)	Mark. GB	Cheneil (2105 m)
14 Becca d'Avert, 2489 m Durch Wälder und über Wiesen auf den schönen »Guck-ins-Land« zwischen den Tälern von Tournenche und St-Barthélemy.	Grand Villa (1412 m), Dörfchen in schöner Terrassenlage über dem mittleren Aostatal. Zufahrt von Nus (529 m, 🚌) oder Chambaye, je etwa 15 km.	Grand Villa – Becca d'Avert (3 Std.); Abstieg auf dem gleichen Weg (gesamt 5 Std.)	Mark. 5	–
15 Becca di Viou, 2855 m Fast zweieinhalb Kilometer über Aosta – was für eine Aussichtskanzel! Alternativ Abstieg nach Valpelline (960 m, 🚌) möglich (mark., 3½ Std.).	Blavy (1471 m), Weiler über der Mündung des Valpelline; Zufahrt von Aosta via Veynes 15 km.	Blavy – Alpe di Viou (2062 m; 2 Std.) – Colle di Viou (2698 m; 4 Std.) – Becca di Viou (4½ Std.); Abstieg auf dem gleichen Weg (gesamt 7 Std.)	Mark. Weg	–
16 Lac Mort, 2843 m Seenrunde im inneren Valpelline in großartiger Hochgebirgskulisse.	La Lechère (1808 m), Häusergruppe unter der Staumauer des Lago di Place Moulin; Zufahrt von Aosta durch das Valpelline, 32 km via Oyace (1365 m).	La Lechère – Lac de Mont Ros – Lac Mort (3½ Std.) – Lac Long – Greyssema (2128 m) – La Lechère (5½ Std.)	Bis Lac de Mont Ros mark., Geröllspur	–
17 Grande Chenalette, 2889 m Gipfelüberschreitung auf gesichertem Steig zu den Lacs de Fenêtre (2456 m), teilweise weglos; Blickfang in der großen Kulisse ist natürlich der Mont Blanc. Nur für Geübte!	Col du Grand-St-Bernard (2469 m, 🚌), Übergang vom Wallis ins Aostatal.	Großer St. Bernhard – Grande Chenalette (1½ Std.) – Pointe de Drône (2949 m) – Lacs de Fenêtre (3 Std.) – Col de Ferret (Fenêtre de Ferret, 2698 m; 4 Std.) – Paßstraße – Großer St. Bernhard (5¼ Std.)	Mark.	Großer St. Bernhard (2469 m)

Mont Blanc, Grajische Alpen

Tourenziel/Charakteristik	Ausgangspunkt	Wegverlauf & Gehzeit	Markierung	Einkehr am Weg
18 Tête entre deux Sauts, 2729 m Rundwanderung mit Gipfelabstecher; vom »Kopf« grandioser Mont-Blanc-Blick.	La Vachey (1642 m, 🚌), Weiler im Val Ferret; Zufahrt von Courmayeur 10 km.	La Vachey – Armina (2009 m; 1 Std.) – Pas entre deux Sauts (2524 m; 2¾ Std.) – Tête (3¼ Std.) – Pas entre deux Sauts – Vallon de Malatra – La Vachey (5½ Std.)	Mark. Wege, teilweise identisch mit T.M.B.	–
19 Mont Chétif, 2343 m Aussichtskanzel vor dem Mont Blanc und seinen Gletschern; besonders eindrucksvoll der Blick auf den riesigen, zerrissenen Glacier de la Brenva. An der Ostflanke leichter Klettersteig → »Hüslers Klettersteigatlas Alpen«	Chalets Purtud (1489 m) an der Straße ins Val Veny, 6 km von Courmayeur (1226 m, 🚌).	Purtud – Rif. Monte Bianco (1703 m; ¾ Std.) – Col Chécroui (1956 m) – Mont Chétif (2¾ Std.); Abstieg auf dem gleichen Weg (gesamt 4½ Std.)	Mark., teilweise identisch mit T.M.B.	Rif. Monte Bianco (1703 m), Col Chécroui (1956 m)
20 Alpe superieure de l'Arp Vieille, 2303 m Aussichtswanderung über dem Val Veny mit einzigartigen Blicken auf die Südabstürze des Mont-Blanc-Massivs.	Cantine de la Visaille (1659 m, 🚌) im Val Veny, 9,5 km ab Courmayeur.	Cantine de Visaille – Lac du Miage (1 Std.) – Alp de l'Arp Vieille (2 Std.) – Col Chécroui (3½ Std.) – Chalets Purtud (4¼ Std.)	Mark., teilweise identisch mit T.M.B.	Bar du Miage, Col Chécroui (1956 m), Rif. Monte Bianco (1703 m)
21 Punta della Croce, 2478 m Aussichtsbalkon südlich über Pré-St-Didier (1004 m), läßt sich in eine wenig beschwerliche Rundwanderung einbeziehen.	Colle San Carlo (1971 m), Straßenverbindung von Morgex nach La Thuile. Lohnend: Spaziergang zum Tête d'Arpi (2022 m) mit traumhaftem Mont-Blanc-Blick (½ Std.).	Colle San Carlo – Lac d'Arpi (2066 m; ¾ Std.) – Col de la Croix (2381 m; 1¾ Std.) – Punta della Croce (2¼ Std.) – Col de la Croix – Colle San Carlo (3¼ Std.)	Mark. 4, 4A, 2; Gipfel nur Spur.	Colle San Carlo (1971 m)

Alle Wanderungen auf einen Blick

Tourenziel/Charakteristik	Ausgangspunkt	Wegverlauf & Gehzeit	Markierung	Einkehr am Weg
22 Rifugio Deffeyes, 2494 m Recht lange, landschaftlich aber sehr reizvolle Hüttenwanderung im Rutormassiv. Sehenswert: Wasserfälle, Bergseen, Rutorgletscher.	La Thuile (1441 m, 🚌), Dorf an der Nordrampe der Paßstraße über den Kleinen St. Bernhard (2188 m). Zufahrt bis La Joux möglich (1607 m), 3,5 km. Parkplatz.	La Thuile – La Joux (1 Std.) – Rifugio Deffeyes (4¾ Std.); Abstieg auf dem gleichen Weg (gesamt 7½ Std.)	Rot-weiß, Dreieck mit Nr. 2	Rifugio Deffeyes (2494 m)
23 Chalet de l'Epée, 2370 m Höhenwanderung über dem mittleren Val Grisenche, zuletzt Straßenhatscher am Stausee von Beauregard entlang.	Valgrisenche (1664 m, 🚌), Hauptort des gleichnamigen Tals; Zufahrt von Rochefort 16 km.	Valgrisenche – Alpage de Plontaz (2302 m; 2¾ Std.) – Chalet de l'Epée (3¾ Std.) – Arp Nouvaz (2135 m; 4¼ Std.) – Valgrisenche (6 Std.)	Mark. 6, Dreieck mit Nr. 2, 9	Chalet de l'Epée (2370 m)
24 Col di Entrelor, 3007 m Hochalpiner Übergang vom Val di Rhêmes ins Val Savarenche. Herrliche Aussicht auf das Gran-Paradiso-Massiv. Ausdauer und Trittsicherheit erforderlich.	Rhêmes-Notre-Dame (1723 m, 🚌), letzter Ort im Val di Rhêmes; Zufahrt von Villeneuve 20 km.	Rhêmes-Notre-Dame – Col di Entrelor (4½ Std.) – Eaux Rousses (1666 m; 7 Std., 🚌)	Rot-weiß, Dreieck mit Nr. 2	–
25 Monte Taou Blanc, 3428 m Große Gipfeltour vom innersten Val Savarenche aus; lohnend auch bereits die Talwanderung zu den Hochgebirgsseen am Col del Nivolet (2612 m). Tolles Panorama vom Gipfel, oberhalb des Col de Leynir Geröll und leichte Felsen.	Pont (1960 m, 🚌), Endpunkt der Talstraße, 25 km von Villeneuve. Die (in einigen Karten noch herumgeisternde) Nordrampe der Nivolet-Straße wurde nie vollendet.	Pont – Rif. Savoia (2½ Std.) – Monte Taou Blanc (5¼ Std.); Abstieg auf dem gleichen Weg (gesamt 8½ Std.)	Mark. Wege	Rif. Savoia (2532 m)
Gran Paradiso				
26 Rifugio Vittorio Emanuele, 2732 m Aussichtsreiche Wanderrunde im innersten Val Savarenche; zur Hütte bei Schönwetter jeweils viel »Verkehr«.	Pont (1960 m, 🚌), Endpunkt der Talstraße, 25 km von Villeneuve.	Pont – Rif. Vittorio Emanuele (2¼ Std.) – Alpage de Lavaciau (2456 m) – Terre (1834 m; 4¾ Std.) – Pont (5¼ Std.)	Mark. Wege	Rif. Vittorio Emanuele (2732 m)
27 Col Lauson, 3298 m Über einen hochalpinen Paß ins Zentrum der Gran-Paradiso-Gruppe: vom Val Savarenche ins Valle di Cogne. Ausdauer wichtig, evtl. Nächtigung im Rif. Vittorio Sella.	Valsavarenche (1540 m, 🚌), 17 km von Villeneuve.	Valsavarenche – Lévionaz d'en Bas (2303 m; 2¼ Std.) – Col Lauson (5 Std.) – Rif. Vittorio Sella (6¾ Std.) – Valnontey (1666 m; 8½ Std., 🚌)	Rot-weiß, Dreieck mit Nr. 2	Rif. Vittorio Sella (2594 m), bew. Pfingsten bis Ende Sept.
28 Col di Trajoz, 2877 m Interessante, aber ausgedehnte Runde nördlich der Grivola (3969 m). Phantastisch die Nordabstürze des Fast-Viertausenders.	Epinel (1452 m, 🚌), Weiler an der Straße von Aosta nach Cogne.	Epinel – Trajoz (2037 m; 1¾ Std.) – Col di Trajoz (4 Std.) – Alpe Gran Nomenon (2309 m; 5¼ Std.) – Trajoz (7½ Std.) – Epinel (8½ Std.)	Mark. 108, 111	–
29 Bivacco Money, 2872 m Lohnendes Wanderziel im innersten Valnontey: Gipfel, Gletscher, Steinböcke. Sehenswert: Alpengarten in Valnontey.	Valnontey (1666 m, 🚌), knapp 3 km von Cogne.	Valnontey – Valmianaz (1729 m) – Money (2325 m; 2¼ Std.) – Biv. Money (4 Std.); Abstieg auf dem gleichen Weg (gesamt 6½ Std.)	Mark.	Valnontey (1666 m)
30 Colle Bardonney, 2833 m Ruhige Talwanderung im Osten des Gran-Paradiso-Nationalparks; vom Paß herrliche Aussicht in den unberührten Gebirgsraum des Forzotals.	Lillaz (1617 m, 🚌), hinterste Siedlung im Valle di Cogne, 3 km von Cogne.	Cogne – Les Goilles (1854 m; ¾ Std.) – Alpe Bardonney (2323 m; 2½ Std.) – Colle Bardonney (4 Std.); Abstieg auf dem gleichen Weg (gesamt 6½ Std.)	Mark. 102	–
31 Laghi di Lussert, 2907 m Abwechslungsreiche Tal- und Seenwanderung unter dem Monte Emilius (3559 m).	Gimillan (1787 m, 🚌), Dörfchen in schöner Terrassenlage oberhalb von Cogne; Zufahrt 3 km.	Gimillan – Alpe di Pralognan (2418 m; 2½ Std.) – Laghi di Lussert (4¼ Std.); Abstieg auf dem gleichen Weg (gesamt 7½ Std.)	Mark.	–
32 Monte Barbeston, 2482 m Abwechslungsreiche Runde über dem untersten Aostatal, einsam. Naturpark Monte Avic.	Barbustel (1240 m), ehemalige Walsersiedlung; Zufahrt von Verres bzw. Champdepraz (523 m, 🚌) 10 km.	Barbustel – D'Hérin (1463 m; 1 Std.) – Monte Barbeston (4 Std.) – Col de Valmeriana (2281 m) – Praz Orsie – Barbustel (6¾ Std.)	Mark. 8, 7B, 7	–
33 Lago Veroche, 2202 m Alm- und Seewanderung in einem Seitental des Valle di Champorcher.	Mellier, Ortsteil von Champorcher (1427 m); Zufahrt von Bard (400 m) 15 km.	Mellier – Alpe Leurty – Lago Veroche (2¾ Std.); Abstieg auf dem gleichen Weg (gesamt 4½ Std.)	Mark.	–

Meine Favoriten

02 Testa Grigia, 3314 m

Großes Belvedere vor den Walliser Viertausendern

Ein kurzer Blick auf die Landkarte macht es deutlich: der »graue Kopf«, stattlicher Dreitausender zwischen den Tälern von Gressoney und Ayas, ist eine hervorragende Aussichtswarte vor dem Hauptkamm der Walliser Alpen. Da stehen sie Parade, die Viertausender, weiße Grate und schroffe Zacken: Grand Combin (4314 m), Dent d'Hérens (4171 m), Matterhorn (4478 m), Breithorn (4164 m), Castor und Pollux (4226 m), der riesige, mehrgipflige Monte Rosa (4634 m). Im Westen schließt das Mont-Blanc-Massiv wuchtig den tiefen Graben des Aostatals ab. Sehr instruktiv auch der Blick nach Süden, auf die Gran-Paradiso-Gruppe. Besonders auffallend hier der Monte Emilius (3559 m), Aosta um drei Kilometer überragend; links dahinter Grivola (3969 m) und Gran Paradiso (4061 m). Das grandiose Panorama muß man sich allerdings recht hart verdienen: fast 2000 Höhenmeter sind nicht jedermanns Sache. Also ganz früh aus den Federn und dann hinauf, Schritt um Schritt bis zu jenem Punkt, wo der Blick rundum ins Weite geht - Gipfelglück.

➡ Die große Tour beginnt mit dem Aufstieg von Chemonal zu den verlassenen Alpsiedlungen an der Westflanke des Val di Gressoney. Bald schon kommt man aus dem Wald; über dem Talschluß zeigen sich die Ewigschneegipfel des Lyskamms und des Monte Rosa (4634 m), mit der Kapelle von Groß Alpenzu (1779 m) ein besonders schönes Bild. Hinter der ex-Alpe Loage (2255 m) leitet der Pfad in den Vallone Pinter und in dem rauhen Tal steil hinauf in den Colle Pinter (2777 m). Nun nordwärts über einen felsdurchsetzten Geröllhang in die kleine Senke im Rücken des Monte Pinter (3132 m) und am Grat leicht zum Gipfel des Testa Grigia.

Die »Rückseite« eines weltberühmten Berges: das Matterhorn (Monte Cervino, 4478 m) von Süden.

Burgenwandern im Aostatal

Es lohnt sich, im Aostatal den Spuren der Geschichte nachzugehen. Die hat hier viele alte Mauern zurückgelassen, vor allem Burgen, in Aosta auch einen römischen Triumphbogen; im Val di Cogne kann man ein kunstvoll gebautes Aquädukt aus dem 3. Jh. v. Chr. bewundern, bei Pont St-Martin einen »ponte romano«. Zu den schönsten Schlössern des Tals gehört die Burg von Fénis, eine mächtige Anlage, im Kern wohl romanisch, später dann mehrfach aus- und umgebaut.
Ein Tip: Besonders gut läßt sich das Tal der Dora Baltea mit dem Radl erkunden, auf den kleinen Sträßchen abseits von Autobahn und Hauptstraße.

Meine Favoriten

➡ Nach der Erkundung des eigenartigen »Gartens« und einem Abstecher zum Lac du Miage führt der Weg über die beiden Almen von Arp Vieille bergan gegen den Nordgrat des Mont Favre (2967 m). Anschließend wandert man auf dem Höhenweg, allmählich etwas Höhe verlierend, hinüber zum Col Chécroui. Hier führt links ein Weg hinab ins Val Veny; bei gutem Wetter empfiehlt sich aber unbedingt ein Abstecher auf den Mont Chétif, einen besonders lohnenden Aussichtspunkt mit einer monumentalen Statue am Ostsporn.

27 Col Lauson, 3298 m
Hoch hinaus am Gran Paradiso

Mitten durch die Hochgebirgswelt des Gran Paradiso verläuft dieser Paßweg, vom Val Savarenche ins Valnontey – eine Route der Superlative. Dabei überschreitet man den Hauptkamm des Massivs, der die beiden höchsten Gipfel, die wuchtige Grivola (3969 m) und den Gran Paradiso (4061 m) verbindet. Entsprechend großartige Bilder vermittelt die Tour, und wer im Rifugio Vittorio Sella übernachtet, kann sich mit der Punta Rossa (3630 m) einen stattlichen Wanderdreitausender vornehmen (4 Std. von der Hütte über den Col de la Rousse, bez.).

➡ Von Valsavarenche auf steilem Pfad bergan zur Alm Lévionaz, wo sich ein Prachtblick auf die Punta Bianca (3427 m) und die Punta Bioula bietet. Nun flacher taleinwärts, dann links in vielen Kehren, zuletzt reichlich mühsam, in den Col Lauson. Jenseits zunächst etwas heikel bergab (Drahtseile), weiter im Zickzack zum großen Rifugio Vittorio Sella. Auf dem komfortablen (ehemalig) königlichen Jagdweg mit schöner Sicht auf den Torre del Gran San Pietro (3692 m) hinunter nach Valnontey.

08 Monte Zerbion, 2722 m
Aussichtswarte über dem Aostatal

Die ideale Eingehtour bei einem längeren Aufenthalt in der Region: nicht zu weit, aber gerade hoch hinauf, um ein fast lückenloses Panorama des riesigen Tourenreviers zu bieten. Da stehen die Viertausender Parade, schaut man hinunter ins Tal der Dora Baltea, geht der Blick zum hohen Eisdom des Mont Blanc, zum Matterhorn und zum Monte Rosa. Berge rundum, tiefe Talgräben – und zahllose Wege, steile, gemütliche, alte und neue. Wohin gehen wir morgen?

➡ Von Artagnod folgt man den Markierungen, die Schleifen einer Erschließungsstraße abkürzend, über Wiesen und Wald, zuletzt durch eine Karmulde in den Colle Portola. Hier links und am Kamm entlang, steileren Aufschwüngen in die Westflanke ausweichend, zum Gipfel.

19/20 Mont Chétif, 2443 m
Schauen, schauen, schauen

Der schönste Ausflug von Courmayeur führt ins Val Veny und hinauf zu den Aussichtswegen und -kanzeln vor dem grandiosen Südostabsturz des Mont-

Das »Dach der Alpen«, der Mont Blanc (4807 m) vom Mont Chétif aus.

Blanc-Massivs. Da hat man sie dann alle im Blick, die Gipfel und Grate, an denen Alpingeschichte geschrieben wurde: Dent du Géant (4013 m), Grandes Jorasses (4208 m), Peutereygrat, Brenvaflanke. Sehenswertes auch im Talboden: der Jardin du Miage im Vorfeld des mächtigen (in den letzten Jahren stark geschwundenen) Glacier du Miage und die beiden Flachwasser hinter dem Moränenriegel des Gletschers, der winzige Lac du Miage und der Lac de Combal.

Alta via No. 1

Höhenweg an der Südflanke der Walliser Alpen, vom Val Gressoney zum Mont Blanc, verläuft über mehrere hohe Pässe und läßt sich mit der »Alta via No. 2«, die vom Mont-Blanc-Massiv durch die Rutorgruppe zum Gran Paradiso führt, zu einer hochalpinen Zwei-Wochen-Runde verbinden. Wegverlauf der »Alta via No. 1«: Gressoney-St-Jean – Colle di Pinter (2777 m) – St-Jacques – Colle de Nana (2775 m) – Valtournenche – Fenêtre de Tzan (2482 m) – Oyace – Col de Breuson (2492 m) – Ollomont – Col Champillon (2708 m) – St-Rhémy – Colle Malatrà (2928 m) – Courmayeur. Insgesamt acht Tagesetappen mit Gehzeiten zwischen 5 und 10 Std., Nächtigungen auf Hütten oder in den Tälern. Durchgehend rot-weiß und mit einem Triangel (1) markiert.

Die Piemonteser Alpen

Täler und Berge zwischen Gran Paradiso und Ligurischen Alpen

Monviso (Monte Viso, 3841 m) heißt der Berg und das zu Recht, man sieht ihn einfach von überall her und nicht nur im Piemont. Wer beispielsweise an einem klaren Wintertag einen der Hausberge von Lugano, etwa den Brè (925 m) besucht, kann ihn im südöstlichen Horizont entdecken, eine felsige Pyramide, alles um sich beherrschend, überragend. Viel zu »visitare« gibt's auch, wenn man einmal oben steht; die überwältigende Schau geht bis in das französische Zentralmassiv, zur Bernina, übers Wasser nach Korsika! Und rundum erstreckt sich jenes Bergland, das den Turinern so nahe, deutschsprachigen Bergsteigern aber ferner als das ferne Nepal ist: die Täler und Berge der Piemonteser Alpen, Kette hinter Kette, tief gestaffelt. Wer hier unterwegs ist, wandert meistens auf der GTA, dem großen Fernwanderweg der italienischen Westalpen, vom Monte Rosa bis hinunter zu den Alpi Liguri. Ein gutes Dutzend langgestreckter Täler, die zur französischen Grenze hin ansteigen, sind dabei allein auf dem Weg vom Gran-Paradiso-Massiv zum Colle di Tenda zu queren, jedes von ihnen ein eigenes Tourenrevier, manche (mittlerweile) fast entvölkert, andere, an Transitrouten gelegen, mit den gleichen Problemen kämpfend wie das Wipptal oder Uri. Die Vergletscherung ist hier trotz beachtlicher Gipfelhöhen nurmehr gering, sodaß viele hohe Berge ausdauernden und trittsicheren Wanderern zugänglich sind. Insgesamt ein Alpenrevier von unglaublicher landschaftlicher Vielfalt, aus der Poebene bis auf weit über 3000 Meter ansteigend, aber für die meisten »terra incognita«. Warum nicht einmal in den »heimischen« Alpen auf Entdeckungsreise gehen statt zigtausende Kilometer weit weg? Und hinterher, nach der Tour, kann man sich ja von der piemontesischen Küche verwöhnen lassen, vielleicht mit einer schönen Portion Agnolotti und einem Glas Barbera dazu.

Übrigens: Von Stuttgart oder Karlsruhe ist es nach Turin gar nicht so viel weiter als in die Dolomiten, und die Berge über den Quelltälern des Po sind fast so schön wie Drei Zinnen & Co.

Führer & Landkarten

In deutscher Sprache gibt es zwei Führer von Werner Bätzing über die »Grande Traversata delle Alpi«. Wer sich darauf einstimmen will, nimmt Eberhard Neubronners »Der Weg – Vom Monte Rosa zum Mittelmeer« zur Hand (J. Berg, München).
Brauchbare Wanderkarten bietet das Istituto Geografico Centrale in Turin, insgesamt fünf Blätter: 1 »Valli di Susa-Chisone-Germanasca«, 2 »Valli di Lanzo e Moncenisio«, 6 »Monviso«, 7 »Valli Maira-Grana-Stura«, 8 »Alpi Marittime e Liguri«.

Was für ein Berg! Der Monviso (3841 m), höchster Gipfel der Cottischen Alpen.

Alle Wanderungen auf einen Blick

Tourenziel/Charakteristik	Ausgangspunkt	Wegverlauf & Gehzeit	Markierung	Einkehr am Weg
Cottische Alpen				
01 Rifugio Chiaromonte, 2014 m Lohnende Hüttentour über dem Valchiusella; im Frühsommer herrliche Flora. Sehenswert: Felszeichnungen im Tal (»Sentiero delle Anime«, Dokumentationszentrum in Traversella).	Traversella (827 m, 🚌), Hauptort des Tals; Zufahrt von Ivrea 20 km.	Traversella – Pianacrosa (1601 m) – Rif. Chiaromonte (3¼ Std.); Abstieg auf dem gleichen Weg (gesamt 5¼ Std.)	CAI-Mark. 719	Rif. Chiaromonte (2014 m)
02 Colle della Porta, 3002 m Anstrengende Runde um die Cima di Courmaon (3162 m), Bergerfahrung notwendig. Am Paß meistens Schneefelder.	Ceresole Reale (1612 m, 🚌), kleiner Ferienort im inneren Valle di Locana; Zufahrt von Cuorgnè 39 km.	Ceresole Reale – Lago Lillet (2765 m; 3½ Std.) – Colle della Porta (4¼ Std.) – Alpe di Breuil (2387 m; 5½ Std.) – Colle Sià (2274 m; 6¼ Std.) – Ceresole Reale (7¾ Std.)	CAI-Mark. 540, 550, 542, GTA	–
03 Monte Taou Blanc, 3438 m Wander-Dreitausender am Col del Nivolet mit großem Panorama; am Gipfel Geröll, ganz leichte Felsen.	Col del Nivolet (2612 m), Übergang vom Valle di Locana ins Val Savarenche (Nordrampe nie fertiggestellt).	Col del Nivolet – Lago Rousset (2703 m) – Col di Leynir (3084 m) – Monte Taou Blanc (3 Std.); Abstieg auf dem gleichen Weg (gesamt 5 Std.)	Mark. 16 bis Col di Leynir, dann Spur	Rif. Savoia (2532 m), Rif. Città di Chivasso (2604 m), beide am Col del Nivolet.
04 Il Forte, 2366 m See- & Gipfeltour; vom Forte Prachtblick über das Val di Ala und seine Bergumrahmung.	Balme (1432 m, 🚌), Dorf im Val di Ala; Zufahrt von Lanzo Torinese 28 km.	Balme – Lago di Afframont (1986 m; 1½ Std.) – Il Forte (2¾ Std.); Abstieg auf dem gleichen Weg (gesamt 4¼ Std.)	CAI-Mark. 213	–
05 Passo delle Mangioire, 2768 m Anspruchsvolle Runde am Alpenhauptkamm; Ausdauer und Trittsicherheit erforderlich. Evtl. Übernachtung im Rif. Gastaldi.	Pian della Mussa (1781 m) im innersten Val di Ala; Zufahrt von Lanzo Torinese 32 km.	Pian della Mussa – Rif. Gastaldi (3 Std.) – Collarin d'Arnas (2851 m) – Lago della Rossa (2718 m; 4½ Std.) – Passo delle Mangioire (2768 m; 5½ Std.) – Pian della Mussa (8¼ Std.)	CAI-Mark. 222, 122, 218	Rif. Gastaldi (2659 m), bew. Ende Juni bis Mitte Sept.
06 Monte Palon, 2965 m Aussichtsgipfel im Kamm zwischen dem Valle di Viù und dem Susatal; weite Aussicht. Am Gipfel leichte Felsen.	Lago di Malciaussia (1805 m) am Endpunkt der Straße ins Valle di Viù, 41 km von Lanzo Torinese.	Lago di Malciaussia – Colle Croce di Ferro (2558 m; 2 Std.) – Monte Palon (3¼ Std.); Abstieg auf dem gleichen Weg (gesamt 5¼ Std.)	CAI-Mark. 114, zum Gipfel Spur.	–
07 Rocciamelone, 3538 m Einer der schönsten Aussichtsgipfel der Piemonteser Alpen, bei guten Bedingungen mäßig schwierig. Zum Gipfel Seilsicherungen. Immenses Panorama bis zur Bernina!	La Riposa (2205 m), Endpunkt des schmalen, aber größtenteils asphaltierten Rocciamelone-Sträßchens, 20 km ab Susa (503 m, 🚌).	La Riposa – Rif. Cà d'Asti (1¾ Std.) – Rocciamelone (3¾ Std.); Abstieg auf dem gleichen Weg (gesamt 6 Std.)	CAI-Mark. 558 bis Cà d'Asti	Rif. Cà d'Asti (2854 m)
08 Colle del Villano, 2506 m Abwechslungsreiche Wanderrunde um die Costa Cravera; vom Colle del Villano besteigen Geübte in 45 Min. die Punta Il Villano (2663 m; mühsam, unmark.). Naturpark Orsiera-Rocciavrè.	Adret (1140 m), Häusergruppe über dem Eingang ins Val Gravio; Zufahrt von San Giorio di Susa (486 m, 🚌) 10 km.	Adret – Rif. GEAT (¾ Std.) – Colle del Villano (3¾ Std.) – Rif. Toesca (5¼ Std.) – Rif. Amprimo – Adret (7 Std.)	CAI-Mark. 506, 509, 511, 510, 513	Rif. GEAT (1340 m), Rif. Toesca (1710 m), Rif. Amprimo (1385 m)
09 Cima della Vallonetto, 3217 m Prächtiger Aussichtspunkt über dem Valle di Susa, am Gipfelgrat leichte Felsen.	Rif. Levi-Molinari (1849 m), Zufahrt von der Strada Statale No. 24 (Abzweig zwischen Exilles und Salbertrand) 9 km.	Rif. Levi-Molinari – Passo Galambra (3050 m; 3¼ Std.) – Cima della Vallonetto (4¼ Std.); Abstieg auf dem gleichen Weg (gesamt 7 Std.)	CAI-Mark. 544 bis Passo Galambra, zum Gipfel Spur	Rif. Levi-Molinari (1849 m)
10 Rocca del Lago, 2744 m Schöner Aussichtspunkt über Oulx, alte Kriegswege.	Pourachet (2027 m) am Endpunkt einer Militärstraße, 12 km von Oulx (1075 m, 🚌).	Pourachet – Passo di Desertes (2545 m; 1¾ Std.) – Rocca del Lago (2½ Std.); Abstieg auf dem gleichen Weg (gesamt 4 Std.)	CAI-Mark. 536 bis Paß, dann Spur.	–
11 Punta Nera, 3040 m Grenzgipfel nordwestlich von Bardonecchia mit schöner Aussicht auf das Vanoise-Massiv. Ausdauer unerläßlich, reichlich Geröll.	Bardonecchia (1312 m, 🚌), bekannter Piemonteser Ferienort, Autobahn-Schnellstraße von Turin. Zufahrt auf schlechter Strecke bis Granges la Rhô (1686 m) möglich.	Bardonecchia – Granges la Rhô (1 Std.) – Colle della Rhô (2562 m; 3¾ Std.) – Punta Nera (5¼ Std.); Abstieg auf dem gleichen Weg (gesamt 8¼ Std.)	CAI-Mark. 721 bis Colle della Rhô, dann Pfadspur (Steinmännchen)	–
12 Punta Ramière/Bric Froid, 3303 m Mächtiges Bergmassiv über dem Valle Argentiera mit großer Rundschau über die Cottischen Alpen.	Argentiera (1897 m), Weiler im Valle Argentiera; Zufahrt von Cesana Torinese (1344 m, 🚌) via Sauze di Cesana 8 km.	Argentiera – Colle della Ramière (3007 m; 3¼ Std.) – Punta Ramière (4 Std.); Abstieg auf dem gleichen Weg (gesamt 6½ Std.)	CAI-Mark. 612 bis Colle della Ramière, dann Wegspur.	–

Alle Wanderungen auf einen Blick

Tourenziel/Charakteristik	Ausgangspunkt	Wegverlauf & Gehzeit	Markierung	Einkehr am Weg
13 Punta Rognosa, 3280 m »Hausberg« des Agnelli-Retortenortes Sestriere; wegen der gegen das obere Valle del Chisone vorgeschobenen Lage besonders schöne Rundschau. Trittsicherheit, am Gipfelgrat leichte Felsen.	Sestriere (2035 m), Skiort auf dem gleichnamigen Paß, der die Täler von Susa und Chisone verbindet (Cesana Torinese – Perosa Argentina 37 km).	Sestriere – Passo di San Giacomo (2638 m; 2 Std.) – Punta Rognosa (4 Std.); Abstieg auf dem gleichen Weg (gesamt 6½ Std.)	CAI-Mark. 321 bis Passo di San Giacomo, dann Spur (Steinmännchen)	–
14 Bric Ghinivert, 3037 m Aufstieg von Westen, durch den Naturpark Val Troncea (Blumen, Wild), große Rundschau. Am Gipfelgrat leichte Felsen.	Laval (1677 m), Häusergruppe am Taleingang; Zufahrt von Pragelato (1521 m, 🚌) 6 km.	Laval – Troncea (1915 m; 1 Std.) – Colle del Beth (2785 m; 3¼ Std.) – Bric Ghinivert (4 Std.); Abstieg auf dem gleichen Weg (gesamt 6½ Std.)	CAI-Mark. 320 bis Colle del Beth, dann Spur.	–
15 Forte di Fenestrelle, 1150–1800 m Größte der zahlreichen Festungsanlagen in den Tälern von Susa und Chisone.	Fenestrelle (1154 m, 🚌) im Valle del Chisone. Infos zur Besichtigung im Ort.	Aufstieg innerhalb der Anlage bis zum Forte delle Valli, Besichtigung der gesamten Anlagen (einen Tag einplanen)	Führungen	Fenestrelle
16 Tredici Laghi, 2386 m Wenig anstrengende Seenrunde (13 Seen) unter der Punta Cornour (2867 m); bei Start in Malzat Gesamtgehzeit 5½ Std.	🚠 Station Plan dell'Alpet (2232 m) des 13-Laghi-Sessellifts, Talstation Ghigo-Malzat (1490 m), 13 km von Perrero (844 m, 🚌).	Plan dell'Alpet – Lago dell'Uomo (2360 m; ¾ Std.) – Lago Verdi – Lago la Drago – Miande Lausarot (1772 m) – Malzat (3½ Std.)	Mark. Wege	–
17 Col Manzol, 2701 m Rundwanderung im obersten Valle Pellice; Ausdauer erforderlich. Steiler Schlußaufstieg zum Col Manzol.	Rif. Barbara Lowrie (1753 m), Zufahrt von Bobbio Pellice (734 m, 🚌) 10 km. Interessant: Waldensermuseum in Torre Pellice.	Rif. Barbara Lowrie – Col Manzol (3 Std.) – Rif. Battaglione Granero (3¾ Std.) – Rif. Jervis (5¼ Std.) – Colle del Baracun (2373 m; 7¼ Std.) – Rif. Barbara Lowrie (8½ Std.)	CAI-Mark. 112, 116, GTA	Rif. Barbara Lowrie (1753 m), Rif. Battaglione Granero (2377 m), Rif. Jervis (1732 m)
18 Punta Sea Bianca, 2721 m GTA-Übergang vom Valle Pellice ins Quelltal des Po; Abstieg nach Pian Melzè möglich (gesamt 5½ Std.).	Ponset (1481 m), Hütten an der Straße zum Rif. Barbara Lowrie (1753 m), von Bobbio Pellice (734 m, 🚌) 7,5 km.	Ponset – Granges della Gianna (1750 m; 1 Std.) – Colle della Gianna (3 Std.) – Punta Sea Bianca (3¾ Std.); Abstieg auf dem gleichen Weg (gesamt 6¼ Std.)	Mark. 113, V 12, GTA	–
19 Punta d'Ostanetta, 2375 m Prächtiger Aussichtsgipfel zwischen Poebene und Alpenhauptkamm; faszinierende Schau über das Valle del Po auf den Monviso.	Ostana (1282 m; 🚌), Dorf im Valle del Po, 10 km von Paesana.	Ostana – Colle Bernardo (2245 m; 2¾ Std.) – Punta d'Ostanetta (3¼ Std.); Abstieg auf dem gleichen Weg (gesamt 5¼ Std.)	Mark. V 8	–
20 Rifugio Quintino Sella, 2640 m Klassische Hüttenwanderung vor dem riesigen Monviso (3841 m). Der Gipfel ist ein Ziel für erfahrene Bergsteiger (mark., Kletterstellen I–II, ca. 5 Std.)!	Pian del Re (2020 m), Endpunkt der Straße ins Valle del Po, 18 km von Paesana via Crissolo (1318 m, 🚌).	Pian del Re – Rif. Sella (2¾ Std.); Abstieg auf dem gleichen Weg (gesamt 4½ Std.)	Rot-weiß GTA, V 13	Pian del Re (2020 m), Rif. Quintino Sella (2640 m)
21 Rifugio Giacoletti, 2741 m Auf alpinen Wegen rund um die Rocce Alte (2837 m), zu Füßen »seiner Majestät«, dem Monviso. Von der Hütte besteigt man in 20 Min. die Rocce Alte.	Pian del Re (2020 m), Endpunkt der Straße ins Valle del Po, 18 km von Paesana.	Pian del Re – Rif. Giacoletti (2½ Std.) – Lago Superiore (2313 m) – Pian del Re (4 Std.)	Mark. V 19, V 14, V 17	Pian del Re (2020 m), Rif. Giacoletti (2741 m)
22 Passo della Losetta, 2872 m Großzügige Tal- und Paßwanderung, große Felskulisse unter dem Monviso.	🚠 Bergstation des Sessellifts Tre Chiosis (2350 m), Talstation Pontechianale (1614 m, 🚌) im Valle Varaita.	Tre Choisis – Rif. Vallanta (2½ Std.) – Passo della Losetta (4 Std.) – Agnello-Paßstraße (ca. 2100 m; 6 Std.)	Mark. U 12, U 13, U 18, rot-weiß GTA	Rif. Vallanta (2430 m)
23 Colle del Lupo, 3052 m Großzügige Tour am Alpenhauptkamm, malerisch die Seen am Weg zum Col du Longet. Blumen!	Chianale (1797 m, 🚌), höchstgelegene Siedlung im Valle Varaita, 57 km von Saluzzo.	Chianale – Col du Longet (2649 m; 2¾ Std.) – Colle del Lupo (4 Std.) – Grange Genzana (2212 m) – Pontechianale (1614 m; 6½ Std., 🚌)	Mark. U 21, U 17, U15, rot-weiß GTA	–
24 Rocce del Pelvo, 2321 m Aussichtsreiche Höhenwanderung über dem Valle di Bellino. Prachtblicke zum Monviso.	Chiazale (1705 m, 🚌), Weiler im Valle di Bellino, 8 km von Casteldelfino.	Chiazale – Rutund (2367 m; 2 Std.) – Rocce del Pelvo (3¾ Std.) – Chiesa (1480 m; 5¼ Std., 🚌)	Mark. U 24, U 22, rot-weiß GTA	–
25 Rund um den Monte Castello; Colle Gregouri, 2319 m Wanderung um den markanten Kletterzacken; vermittelt ein gutes Bild der geologisch hochinteressanten Region des innersten Valle Maira. Blumen! Normalweg auf den Rocca Provenzale (2402 m) leichte Kletterei (I–II).	Chiappera (1661 m) im innersten Valle Maira, 8 km von Acceglio (1261 m, 🚌).	Chiappera – Vallone del Maurin – Grange Turre (2071 m; 1¾ Std.) – Colle Gregouri (2½ Std.) – Chiappera (4 Std.)	Rot-weiß GTA, rote Bez.	–

Alle Wanderungen auf einen Blick

Tourenziel/Charakteristik	Ausgangspunkt	Wegverlauf & Gehzeit	Markierung	Einkehr am Weg
26 Colle della Cavalla, 2539 m Interessante Seen- und Paßwanderung, faszinierende Felskulisse mit bizarren, oft ganz isoliert über grünen Matten aufragenden Zacken.	Saretto (1530 m), Dörfchen im innersten Valle Maira, 6 km von Acceglio (1261 m, 🚌).	Saretto – Grange Pause (2055 m; 2 Std.) – Passo della Fea (2493 m) – Colle della Cavalla (3½ Std.) – Biv. Bonelli (2330 m; 4¼ Std.) – Lago Visaisa – Saretto (6¼ Std.)	Rot-weiß GTA, S 17, S 13 rot-gelb, rotblau.	–
27 Passo della Gardetta, 2457 m Einmalige Biketour mit einem halben Dutzend Pässen über dem Valle Stura, Abfahrten auch in die Täler von Maira und Grana möglich.	Demonte (780 m, 🚌), Hauptort im Valle Stura.	Demonte – San Giacomo (1312 m; 9,5 km) – Colle Valcava (2416 m; 23 km) – Colle Cologna (2394 m; 28 km) – Passo Gardetta (38 km)	Ehemalige Militärstraßen	–
28 Monte Nebius, 2600 m Landschaftlich sehr abwechslungsreiche Runde; auch ohne Gipfelabstecher lohnend. Faszinierende Felskulisse des Valle della Madonna.	Sambuco (1184 m, 🚌), Dörfchen im oberen Valle Stura, 20 km von Demonte.	Sambuco – Gias Salè (1969 m; 2½ Std.) – Colle Serour (2432 m) – Colle Moura delle Vinche (2434 m; 4½ Std.) – Monte Nebius (5 Std.) – Rif. Nebius – Vinadio (904 m; 8 Std., 🚌)	Mark. P 34, P 12	Rif. Nebius (1586 m)
29 Monte Scaletta, 2840 m Spannende Gipfelüberschreitung, kurze gesicherte Passagen, ein alter Kriegstunnel. Großes Panorama, stimmungsvolle Bergseen.	Argentera (1684 m, 🚌) an der Straße zum Colle della Maddalena/ Col de Larche (1991 m), 35 km von Demonte.	Argentera – Lago superiore di Roburent (2426 m; 2¼ Std.) – Colle della Scaletta (2614 m; 3 Std.) – Monte Scaletta (3¾ Std.) – Laghi inferiore di Roburent (2330 m; 5 Std.) – Argentera (6 Std.)	Blaue Pfeile, rotblaue Mark.	–

Seealpen, Ligurische Alpen

Tourenziel/Charakteristik	Ausgangspunkt	Wegverlauf & Gehzeit	Markierung	Einkehr am Weg
30 Rund um die Cima del Rous Wanderrunde durch zwei Seitentäler des Valle Stura; alte Militärwege.	Pietraporzio (1246 m, 🚌), Dorf im Valle Stura, 15 km von Vinadio.	Pietraporzio – Vallone di Pontebernardo – Rif. Talarico (2 Std.) – Passo Sottano delle Scolettas (2223 m; 3½ Std.) – Pietraporzio (5¾ Std.)	Mark. P 30, P 29, rot-weiß GTA	Rif. Talarcio (1750 m)
31 Cima d'Ischiator, 2906 m Grenzgipfel zu Frankreich mit stimmungsvoller Rundschau; im Vallone dell'Ischiator schöne Lärchenwälder.	Bagni di Vinadio (1279 m), altes Thermalbad, Zufahrt von Pianche (966 m, 🚌) 5 km.	Bagni di Vinadio – Rif. Migliorero (2100 m; 2½ Std.) – Cima d'Ischiator (5 Std.); Abstieg auf dem gleichen Weg (gesamt 8½ Std.)	Mark. P 26	Rif. Migliorero (2100 m), bew. Juli bis Sept.
32 Lacs Lausfer, 2360 m Wenig anstrengende, grenzüberschreitende Runde, läßt sich leicht zum Colle della Lombarda (2351 m) ausweiten (gesamt dann knapp 6 Std., mark.).	Santa Anna di Vinadio (2010 m), alpiner Wallfahrtsort an der Straße von Vinadio (904 m, 🚌) zum Colle della Lombarda.	Santa Anna – Passo Tesina (2400 m) – Passo del Lausfer (2460 m; 1½ Std.) – Lacs Lausfer – Passo di Santa Anna (2308 m) – Santa Anna (3 Std.)	Mark. Wege	Santa Anna di Vinadio (2010 m)
33 Rifugio Bianco, 1910 m Beliebte Hüttenwanderung im Parco dell'Argentera; in 1¼ Std. steigt man vom Rif. auf zu dem malerischen, felsumschlossenen Lago Soprano della Sella (2329 m, mark.).	Santa Anna di Valdieri (1011 m, 🚌), Dörfchen im Val Gesso, 8 km von Valdieri.	Santa Anna – Rif. Bianco (3 Std.); Abstieg auf dem gleichen Weg (gesamt 5 Std.)	Rot-weiße Mark.	Rif. Bianco (1910 m)
34 Rifugio Questa – Colle del Valasco, 2429 m Großartige Seenrunde zwischen den Tälern von Valasco und Valletta; einmalig der Blick auf die Westabstürze des Argentera-Massivs. Gemsen, Steinböcke, Murmeltiere.	Terme di Valdieri (1368 m, 🚌), Thermalbad im Val Gesso, 15 km von Valdieri. Parkplatz oberhalb der Siedlung.	Terme di Valdieri – Pian del Valasco (1¼ Std.) – Lago inferiore di Valscura (2¾ Std.) – Rif. Questa (4 Std.) – Colle del Valasco (5¼ Std.) – Gias delle Mosche (1591 m; 7 Std.) – Terme di Valdieri (7¾ Std.)	Rot-weiß, teilweise GTA	Rif. Questa (2388 m), bew. Mitte Juni bis Mitte Sept.
35 Colle di Fenestrelle, 2463 m Kontraste im Parco dell'Argentera: (herrliche) Hochgebirgslandschaft, (häßliche) Kraftwerkanlagen. Grandios die Cima dell'Argentera, Steinböcke, Gemsen.	Lago della Rovina (1535 m), Zufahrt von Valdieri 14 km. Parkplatz am Südende des Sees.	Lago della Rovina – Lago del Chiotas (1978 m; 1½ Std.) – Colle di Fenestrelle (3 Std.); Abstieg auf dem gleichen Weg (gesamt 5 Std.)	Gelbe Mark. bis Stausee, dann GTA-rot-weiß	Rif. Genova-Figari (2015 m) am Lago del Chiotas, 10 Min. vom Weg
36 Lago Bianco del Gelas – Rifugio Pagari, 2650 m Große, anspruchsvolle Runde unter dem Haupt- und Grenzkamm der Alpi Marittime. Ausdauer und Trittsicherheit unerläßlich, viel Geröll und Blockwerk.	San Giacomo (1213 m), Zufahrt von Valdieri bzw. Entracque 13 bzw. 9 km.	San Giacomo – Prà del Rasur (1430 m; 1 Std.) – Lago Bianco del Gelas (2549 m; 4¼ Std.) – Rif. Pagari (5¾ Std.) – Prà del Rasur (8¼ Std.) – San Giacomo (9 Std.)	Rote Mark.	Rif. Pagari (2650 m), bew. Mitte Juni bis Mitte Sept.
37 Passo di Monte Carbonè, 2800 m Auf alten Kriegswegen zu schönem Aussichtspunkt; jenseits der Gratsenke liegt der Lago Carbonè (2569 m).	San Giacomo (1213 m), Zufahrt von Valdieri bzw. Entracque, 13 bzw. 9 km.	San Giacomo – Prà del Rasur (1430 m; 1 Std.) – Lago del Vei del Bouc (2054 m; 2¾ Std.) – Passo del Monte Carbonè (5 Std.); Abstieg auf dem gleichen Weg (gesamt 8¼ Std.)	Rote Mark.	–

Alle Wanderungen auf einen Blick

Tourenziel/Charakteristik	Ausgangspunkt	Wegverlauf & Gehzeit	Markierung	Einkehr am Weg
38 Rocca dell'Abisso, 2755 m Alte Festungen am Weg vom Colle di Tenda hinauf zur großen Schau über die Seealpen. Bike und Hike.	Colle di Tenda (1871 m), Zufahrt von Limone Piemonte 14 km.	Colle di Tenda – Forte di Giare (2253 m; 2¼ Std.) – Rocca dell'Abisso (3¾ Std.); Abstieg auf dem gleichen Weg (gesamt 6¼ Std.)	Straße, Gipfelweg mark.	–
39 Bric Costa Rossa, 2404 m Auf hohen Graten am Val Colla; eine Tour für Dauerläufer. Trittsicherheit am Bisalta-Grat wichtig.	San Giacomo (800 m) im Valle Colla, Zufahrt von Boves (600 m, 🚂) 6 km.	San Giacomo – Passo Ceresola (1620 m; 2½ Std.) – Monte Piané (1835 m) – Bric Costa Rossa (4½ Std.) – Cima della Besimauda (2231 m; 6 Std.) – Colle della Bercia (1220 m; 7½ Std.) – San Giacomo (8¼ Std.)	Mark. Wege	–
40 Giro delle Carsenne; Passo del Duca, 1989 m Wanderrunde im innersten Valle Pesio; interessante Karstlandschaft (Conca delle Carsenne). Exponiertes Wegstück am Passo di Barban.	Pian delle Gorre (992 m), Zufahrt von Chiusa di Pesio (575 m) 14 km.	Pian delle Gorre – Rif. Garelli (2½ St.) – Passo del Duca – Gias dell'Ortica (1836 m; 4¼ Std.) – Passo di Barban – Pian delle Gorre (6¼ Std.)	Mark. H 8, H 7, H 10, H 11, rot-weiß GTA	Rif. del Parco (1044 m) am Pian delle Gorre, Rif Garelli (1970 m)
41 Giro delle Gole del Tanaro; Rifugio Saracco-Volante, 2220 m Wildromantische Gräben und interessante Karstformationen prägen diese Runde; vom Colle dei Signori (2112 m; 20 Min. ab Valle dei Maestri) besteigen Geübte in 1¾ Std. die Punta Marguareis (2651 m, mark.).	Carino Superiore (1397 m), Zufahrt von Ormea (736 m, 🚂) via Viozene 23 km.	Carino Superiore – Gola della Chiusetta – Vallone dei Maestri – Rif. Saracco-Volante (3 Std.) – Passo di Mastrelle (2061 m; 3½ Std.) – Carino Superiore (4¾ Std.)	Mark. Wege	Rif. Saracco-Volante (2220 m)
42 Sentiero degli Alpini Spannende Runde auf alten Kriegswegen, der »Sentiero degli Alpini« ist kühn in steiles Felsgelände trassiert. Im Frühsommer artenreiche Flora.	Colla Melosa (1540 m), Zufahrt von Ventimiglia über Pigna (281 m) und dem Paß Colla Langan (1127 m), 43 km.	Colla Melosa – Straßenkehre (ca. 1670 m) – »Sentiero degli Alpini« – Passo di Fonta Dragurina (1810 m; 3 Std.) – »Alta via dei Monti Liguri« – Passo della Valletta (1918 m) – Colla Melosa (5 Std.)	Mark. Wege	Rif. Allavena (1540 m) am Colla Melosa

Meine Favoriten

07 Rocciamelone, 3538 m
Was für eine Aussicht!

Hier ist der Gipfel das Ziel: drei Kilometer hoch ragt er über Susa in den Himmel, was ein überwältigendes Panorama verspricht. Da muß bloß das Wetter mitspielen, dann kann man spätestens am Mittag mit dem Gipfelsuchen in der 360°-Rundschau beginnen: Montviso, Aiguille de Chambeyron, Barre des Ecrins, Mont Blanc, Matterhorn, Monte Rosa ...

➡ Vom Straßenendpunkt La Riposa auf vielbegangenem Weg in zahlreichen Kehren über die Grashänge zum Rifugio Cà d'Asti. Weiter am schiefrigen Südgrat aufwärts, in Serpentinen, zuletzt mit Seilsicherung zum Gipfel mit Kapelle, Biwak, einer riesigen Marienstatue und einer (kleinen) Büste des Königs Vittorio Emanuele II.

Nur noch ein paar Schritte zur großen Aussicht. Am Gipfel des Rocciamelone.

Meine Favoriten

26 Colle della Cavalla, 2539 m

Hinter den »sieben Bergen«

Abgelegen ist keine schlechte Charakterisierung für die Berge zwischen dem Col de Larche (Colle della Maddalena) und dem hintersten Valle Maira. Allein schon die Anfahrt von Cúneo zieht sich schier endlos; noch ein Seitental, dann ein Dörfchen – bis schließlich hinter Acceglio ganz unvermittelt halblinks ein phantastisch schlanker Felszahn (2720 m, namenlos!) auftaucht, scheinbar schwerelos über dem Vallonasso del Sautron schwebend. Da ist die Neugierde geweckt, führt die Runde über den Colle della Cavalla doch unmittelbar an diesem Campanile vorbei und in einem weiten Bogen bis nahe an den Grenzkamm heran: eine Überraschungstour hinter die »sieben Berge«.

➡ Von Saretto zunächst auf der Teerstraße taleinwärts bis zur zweiten Kehre, hier links in den Wald und, von deutlichen Markierungen geleitet, an einem Hang aufwärts zu einer alten Mulattiera. Sie steigt in bequemen Serpentinen an zu den verfallenen Häusern von Pausa und in einer großen Schleife weiter gegen den Passo della Fea. Abkürzend auf dünner Wegspur zum Nordostgrat des Monte Soubeyran (2701 m) und auf dem breiten Weg in den Paß, dann rechts über einen Geröllhang mühsam zum Colle della Cavalla. Dahinter erstreckt sich ein welliges Almgelände mehrere Kilometer weit unter dem zerklüfteten Grenzkamm. Zwischen dem Grün der kargen Almöden liegen einige kleine Seeaugen, die im Spätherbst allerdings jeweils fast austrocknen. Auf alten Kriegswegen hinab und hinüber zum Bivacco Bonelli, das etwas oberhalb des stillen Lago d'Apzoi steht. Nun unter den senkrechten Felswänden des Auto Vallonasso (2885 m) in Kehren hinab zum abflußlosen Lago Viasaia (1916 m), hoch über dem Gewässer quer durch steile Hänge und dann hinunter nach Saletto, zuletzt auf einer Sandstraße.

29 Monte Scaletta, 2840 m

Zackiger Grat, großes Panorama

Der Col de Larche war seit jeher ein wichtiger und deshalb schwer befestigter Übergang vom (italienischen) Valle Stura ins (französische) Ubaye. Mächtige Forts entdeckt man vor allem auf der Westseite des Passes, etwa hoch am Tête de Viraysse (2772 m; Bikertour) und schräg gegenüber am Roche la Croix (1908 m). Auch den Monte Scaletta »zieren« Schützengräben und Wege, was in diesem Fall kein Nachteil ist, kommt man so doch vergleichsweise leicht auf den felsigen Gipfel. Und das lohnt sich allemal, bietet er doch eine berauschende Aussicht auf große Teile der Alpes du Sud, wo das Meer nicht mehr weit und das Licht klarer ist.

➡ Der Aufstieg von Argentera zu den Laghi di Roburent ist zwar nur sehr spärlich bezeichnet, bei guter Sicht aber kaum zu verfehlen: erst schräg am Hang aufwärts zur Tinetta (2026 m), dann flach in das Tälchen und in einem Rechtsbogen aufwärts zum Abfluß des unteren Sees. Auf deutlicher Spur hinauf zum Lago superiore di Roburent (2426 m) und rechts über einen Steilhang in den Colle della Scaletta. Aus der Scharte, von rot-blauen Markierungen geleitet, steil über die felsige Nordwestflanke des Monte Scaletta bergan, dann durch einen auszementierten, aber ziemlich engen Tunnel auf die Nordseite. Über Schrofen zum Kamm und an ihm entlang problemlos zum Gipfel.
Der Abstieg folgt zunächst dem mit einigen bizarren Türmen besetzten Südostgrat des Bergstocks; zwei kurze Passagen sind dabei gesichert. Dann rechts über einen Geröllhang abwärts und unter den Felsen des Rocca Peroni hindurch, bis man auf einen spitzwinklig abgehenden, unmarkierten Weg stößt. Auf ihm hinab zu den beiden unteren Seen von Roburent und zum Anstiegsweg.

34 Rifugio Questa – Colle del Valasco, 2429 m

Im Parco dell'Argentera

Die Cima dell'Argentera (3297 m) darf man durchaus als den letzten (oder ersten?) wirklich großen Berg im Alpenbogen bezeichnen; bis zu den Badestränden der Riviera sind es lediglich noch 50 Kilometer. Das garantiert einen herrlichen Meerblick; den wiederum kann die Runde im innersten Valdieri nicht bieten, dafür gibt es mehrere kleine Gewässer zu bestaunen und (mit etwas Glück) Gemsen, Steinböcke, Murmeltiere, viele Blumen sowie jede Menge schroffer Zacken rundum. Das reicht allemal für einen ausgefüllten Wandertag im Naturpark Argentera, und das phantastische Schlußbild liefert – so gehört es sich auch – dann die mehrgipflige Cima dell'Argentera.

➡ Die große Runde folgt weitgehend alten, mehr oder weniger gut erhaltenen Militärwegen. Bis hinauf zum Lago inferiore di Valscura hat man eine kunstvoll trassierte Straße, deren Schleifen sich gelegentlich abkürzen lassen. Im weiten, stimmungsvollen Talboden von Valasco steht das ehemalige Jagdschloß von König Umberto, leider in desolatem Zustand. Vom See auf einem Plattenweg in aussichtsreicher Hang- und Karquerung hinüber zum Lago del Claus (2344 m) und weiter zum Rifugio Questa, das auf einer kleinen Anhöhe über dem Lago delle Portette steht. Nun kurz abwärts zum Valle del Prefouns und hinüber ins Valle Morta. Auf komfortabler Trasse bei angenehmer Steigung in den Colle del Valasco, hinter dem sich in einer Karmulde unter dem felsigen Testa di Bresses (2830 m) der Lago di Fremamorta versteckt. Grandioser Blick auf die Westabstürze der Cima dell' Argentera. In vielen Kehren, unterbrochen von einer längeren Hangtraverse, hinab nach Gias delle Mosche und auf der Sandstraße durch das Valle Gesso della Valletta hinaus nach Terme die Valdieri.

Sentiero Roberto Cavallero

Fünf-Tage-Trekking im alpinen Niemandsland der Cottischen Alpen. Grandios-einsame Tour, Übernachtungen in Biwaks und einem Posto Tappa GTA. Der Wegverlauf in Stichworten.
1. Tag: Chiappera – Punta Terre Nere (3035 m) – Biv. Barenghi (2815 m) *2. Tag:* Biv. Barenghi – Monte Viraysse (2838 m) – Biv. Bonelli (2360 m) *3. Tag:* Biv. Bonelli – Casermetta Feuillas (2590 m) *4. Tag:* Feuillas – Monte Scaletta (2840 m) – Chialvetta GTA (1494 m) *5. Tag:* Chialvetta – Il Colletto (2680 m) – Chiappera
Durchgehend rot-blau markiert, kurze gesicherte Passagen.

36 Lago Bianco del Gelas – Rifugio Pagari, 2650 m

Zu den südlichsten Dreitausendern der Alpen

Der Mont Clapier (3045 m) ist der südlichste Dreitausender der Alpen; die Gestade des Mittelmeers, Palmen, Jetset und Spielcasino sind gerade noch 40 Kilometer weit weg. Doch von all dem spürt man auf der Wanderrunde zum Rifugio Pagari nichts, noch weht ein rauh-alpiner Wind, die Wege sind steil, die Gipfel abweisend

Meine Favoriten

schroff. Für den Bergsteiger kommt hier von Süden höchstens der Wind, und der ist meistens feucht, was Nebel und Regen bedeutet – vermasselt der Tourentag.

➡ Die Wanderrunde beginnt – wie so oft in dieser Grenzregion – auf einer alten Kriegsstraße. Hinter der Prà del Rasur über den Bach; am Eingang in den Vallone Muraion verläßt man die Mulattiera (Hinweistafel) und folgt dem schmalen Pfad, der diagonal ansteigt zur verfallenen Hütte von Pantacreus (1862 m). Über einen Felsriegel gelangt man ins einsame Vallone Pantacreus (Gemsen, Steinböcke). Nun auf gut markiertem Weglein über Wiesenhänge und Schrofen bergan zum dunklen, von riesigen Geröllhängen umrahmten Lago Bianco del Gelas (2549 m). Hier nicht weiter aufwärts zum Bivacco Moncalieri, sondern links über Blockwerk (Hinweis »Rifugio«) abwärts, unter Felswänden hindurch, dann erneut ansteigend in ein wildes Kar. Mühsam hinauf zu einem Gratrücken, dem ein schroffer Felszahn entragt. Dahinter weiter aufwärts, dann nur mehr leicht steigend durch mehrere Karmulden und schließlich nochmals kurz bergan zum Rifugio Pagarì. Wer in den Hütte übernachtet, kann anderntags die Cima Peirabroc (2940 m; 1 Std.) besteigen. Der Anstieg verläuft über den Passo del Pagarì (2819 m, bis hierher mark.). Anspruchsvoller gestaltet sich die Besteigung des Monte Clapier (3045 m): vom Passo del Pagarì südlich abwärts, bis man auf die vom Refuge de Nice heraufkommende Spur trifft, dann links bergan gegen den Grenzkamm und über den felsigen Westgrat (Kletterstellen I-II) zum Gipfel. Nur für erfahrene Bergsteiger, keinesfalls bei schlechter Sicht gehen; einige alte Markierungen.

Für den Rückweg vom Rifugio Pagarì ins Tal nimmt man den kunstvoll angelegten, kehrenreichen alten Kriegsweg. Er bietet bemerkenswerte Ausblicke auf die Bergkulisse des Vallone Muraion.

Willkommene Einkehr auf der langen Tour: das Rifugio Questa am Lago delle Portette.

Hochsavoyen
Vom Genfer See zum Mont Blanc

Die Haute Savoie ist eine Bergregion mit Superlativen: im Norden grenzt sie an den größten (Vor)Alpensee, den Lac Léman, im Osten steigen die Bergketten allmählich an bis zum »Dach Europas«, dem Mont Blanc (4807 m). Der zieht natürlich Gipfelstürmer aus aller Welt an; doch wer kennt die Chaîne des Aravis oder die bizarren Kalkzacken über dem Karstplateau Désert de Platé, die idyllische See- und Berglandschaft von Annecy, die Aussichtsgipfel über den grünen Almen des Chablais? Die Genfer, natürlich; für sie ist Hochsavoyen, was Isarwinkel, Karwendel und Wilder Kaiser für die Münchner sind: alpines Hinterland, Ausflugs- und Tourengebiet. Nicht zufällig war es auch ein Genfer, der Naturforscher Horace Bénédict de Saussure, der die Erstbesteigung des höchsten Alpengipfels durch Paccard und Balmat initiierte (1786), und Genfer Alpinisten sicherten am Salève noch vor der Jahrhundertwende luftige Bänderrouten: Klettersteige – nichts so Neues unter der Alpensonne!

Neuland für die meisten Bergwanderer deutscher Zunge ist dagegen Hochsavoyen. Da fährt man ins Berner Oberland oder ins Wallis, den »Sprung« über den Genfer See wagen nur die wenigsten. Schade, denn zwischen der mondänen UNO-Stadt und dem Gletscher- und Felsrevier des Mont-Blanc-Massivs gibt es viel zu entdecken, idyllische Täler, Höhenwege vor großer Kulisse, interessante Gipfel. Und das Käsefondue schmeckt südlich des Lac Léman genau so gut wie in der Westschweiz; immerhin reklamieren die Savoyards die Erfindung des berühmten Gerichtes für sich.

Hochgebirge in Savoyen: die Aiguille Verte (4122 m), rechts flankiert vom Dru (3754 m).

Voralpines Savoyen: Blick vom Croix du Nivolet (1547 m) auf den Lac du Bourget.

Führer & Landkarten

Der Blick ins Bücherregal verrät einiges über die Schräglage der Alpensicht, wie man sie in München oder Zürich vorzugsweise pflegt. Immerhin gibt es beim Bergverlag Rother einen Wanderführer »Rund um den Mont Blanc« sowie einen Großen Führer »Montblanc«. Wer sich über die Berge des Chablais, des Faucigny oder der Bauges informieren will, muß auf die Führer von Didier Richard zurückgreifen. Vous comprenez?
Gutes Kartenmaterial bietet Didier Richard mit seinen 50 000er Karten auf der Basis des IGN: Blätter 2 »Bornes-Bauges«, 3 »Chablais-Faucigny-Genevois«, 8 »Mont Blanc«. Sehr detailgenau ist die Serie »TOP 25« des IGN im Maßstab 1:25 000, ebenfalls mit farbigen Weg- und Hütteneintragungen.

Alle Wanderungen auf einen Blick

Tourenziel/Charakteristik	Ausgangspunkt	Wegverlauf & Gehzeit	Markierung	Einkehr am Weg
01 Le Salève, 1309 m Genfer Hausberg mit steilen (Kletter-) Flanken und einem breiten Rücken, Höhenstraße sowie Seilbahn. Faszinierende Tiefblicke auf die UNO-Stadt. Trittsicherheit, luftige Passagen am »Sentier de la Corraterie« (Drahtseile).	Collonges-sous-Salève (550 m), südlich von Genf unweit der Grenze.	Collonges – La Grande Gorge – Salève (1309 m; 2¼ Std.) – »Sentier de la Corraterie« – Grotte de l'Orjobet – Collonges (4¼ Std.)	Mark. Wege	–
02 Pic des Mémises, 1674 m Aussichtsbalkon über dem Südufer des Genfer Sees, am Gipfelgrat felsige Passagen. Aufstieg statt Liftfahrt: 1¾ Std. zusätzlich.	🚠 Bergstation der Gondelbahn (1598 m), Talstation Thollon (937 m, 🚠).	Gondelbahn – Pic des Mémises (½ Std.) – Col de Pertuis (1512 m) – Thollon (2¼ Std.)	Gratweg Teilstück des »Balcon du Léman«	–
03 Dent d'Oche, 2221 m Markanter Gipfel über dem Genfer See mit sehr stimmungsvollem Panorama. Gesicherte Passagen, leichte Felsen.	La Fétiuère (1206 m), Zufahrt von Evian-les-Bains via Bernex (936 m) 18 km.	La Fétiuère – Chalets d'Oche (1660 m; 1½ Std.) – Ref. de la Dent d'Oche – Dent d'Oche (3 Std.) – Col de Planchamp – Chalets d'Oche – La Fétiuère (5¼ Std.)	Im Talbereich Straßen, Wege mark.	–
04 Mont de Grange, 2432 m Aussicht auf das gesamte Chablais bietet der Mont Grange, besonders lohnende Überschreitung. Abstieg über den Arête du Pertuis teilweise weglos, nur für Geübte; Vorsicht bei Altschneeresten im Frühsommer!	Les Plagnes (1191 m) am gleichnamigen kleinen See, 5,5 km von Abondance (930 m, 🚠).	Les Plagnes – Chalets de Lens (1588 m; 1¼ Std.) – Les Covagny (1726 m; 2¼ Std.) – Mont de Grange (4 Std.) – Arête du Pertuis – L'Enquernaz (6 Std.) – Les Plagnes (7 Std.)	Mark. Wege	Les Plagnes (1191 m)
05 Les Hauts Forts, 2466 m Bekannter Aussichtsgipfel an der Grenze zur Schweiz; am luftigen Westgrat heikle Passagen, leichte Felsen. Anstiege von Avoriaz kürzer (2¼ Std., mark.), aber mit Dauerblick auf Hochhäuser und Wintersportanlagen.	Le Crêt (1097 m), Häusergruppe 3 km südöstlich von Morzine (976 m, 🚠).	Le Crêt – Col du Pic à Talon (2041 m; 3 Std.) – Les Hauts Forts (4¼ Std.); Abstieg auf dem gleichen Weg (gesamt 6½ Std.)	Mark. Weg	–
06 Roc d'Enfer, 2243 m Einer der schönsten Aussichtspunkte der Savoyer Voralpen. Am Grat steile Grasflanken, gestufte Felsen.	Häusergruppe Le Foron (1355 m) an der Route über den Col d'Encrenaz (1433 m), Zufahrt von Taninges (640 m, 🚠) 14 km.	Le Foron – Col de Foron (1832 m; 1½ Std.) – Roc d'Enfer (3¼ Std.) – Col Ratti – Le Foron (5 Std.)	Mark. Wege	–
07 Cirque des Fonts Prächtiger Talschluß mit zahlreichen Wasserfällen; weniger spektakulär als der Cirque du Fer à Cheval, aber auch weniger überlaufen.	Salvagny (860 m, 🚠) 2 km südlich des Dorfes Sixt-Fer-à-Cheval (757 m, 🚠).	Salvagny – Refuge des Fonts (1368 m; 2 Std.); Abstieg auf dem gleichen Weg (gesamt 3¼ Std.)	Mark.	Ref. des Fonts (1368 m)
08 Lac de la Vogealle, 2016 m Packende Bilder des Talschlusses Cirque du Fer à Cheval vermittelt der Aufstieg. Am Pas du Boret exponierte Passagen.	Straßenende am Plan du Lac (950 m, 🚠), 13 km von Samoëns (701 m, 🚠).	Plan du Lac – Chalets du Boret (1388 m; 1¾ Std.) – Ref. de la Voegalle (3¼ Std.) – Lac de la Vogealle (3¾ Std.); Abstieg auf dem gleichen Weg (gesamt 6 Std.)	Rot-weiße Mark.	Ref. de la Vogealle (1901 m)
09 Le Môle, 1863 m Beliebtes Wanderziel, dank der isolierten Lage mit schönem Panorama von Genf bis zum Mont Blanc. Auch kürzere Varianten.	Bonneville (450 m, 🚠), Städtchen an der Arve, 28 km von Genf.	Bonneville – Chez Béroud (1150 m; 2¼ Std.) – Le Môle (4½ Std.) – Marignier (476 m; 7½ Std., 🚠)	Mark. Wege	–
10 Pointe d'Areu, 2478 m Nördlicher Eckpfeiler der Araviskette mit weitreichender Aussicht. Steiler Schlußanstieg; Trittsicherheit.	Romme (1297 m), Bergnest südlich über Cluses (485 m, 🚠), Zufahrt 10 km.	Romme – Chalets de Vormy (1903 m; 1¾ Std.) – Pointe d'Areu (4 Std.); Abstieg auf dem gleichen Weg (gesamt 6½ Std.)	Mark. Weg	–
11 Désert de Platé Interessante Wanderrunde über das riesige Karrenplateau mit Aussicht bis zum Mont Blanc. Vorsicht bei Nebel oder Altschnee (Klüfte)!	🚠 Bergstation der Seilbahn Les Grandes Platières (2480 m), Talstation Flaine (1577 m, 🚠), Zufahrt von Cluses via Arâches 27 km.	Les Grandes Platières – Lacs du Laochets (2135 m) – Refuge de Sales (1¾ Std.) – Combe des Foges – Les Verdets (2385 m; 4½ Std.) – Flaine (6 Std.)	Mark., GR 96 rot-weiß	Les Grandes Platières (2480 m), Ref. de Sales (1877 m)
12 Le Marteau, 2289 m Ein »Hammer« (= marteau), das Profil dieses Berges! Aufstieg vom Plateau d'Assy mit gesicherter Passage du Dérochoir.	Station de Plaine Joux (1337 m, 🚠), Zufahrt von St-Gervais-les-Bains via Passy 20 km.	Plaine Joux – Ayères des Pierrières (1637 m; 1¼ Std.) – Passage du Dérochoir – Le Marteau (3¾ Std.); Abstieg auf dem gleichen Weg (gesamt 6 Std.)	Mark. Wege	–
13 Lac de Pormenaz, 1945 m Stimmungsvolle Wanderrunde abseits vom Trubel rund um den Mont Blanc.	Häusergruppe Le Mont (970 m), Zufahrt von Servoz (812 m, 🚠) 2 km.	Le Mont – Chalets de Pormenaz (3 Std.) – Lac de Pormenaz (4 Std.) – Chalets du Souay – Le Mont (6¾ Std.)	Gute Wege, bez.	–

Alle Wanderungen auf einen Blick

Tourenziel/Charakteristik	Ausgangspunkt	Wegverlauf & Gehzeit	Markierung	Einkehr am Weg
14 Refuge de Bel Lachat, 2136 m Bergabwanderung vom aussichtsberühmten Brévent (2525 m) nach Chamonix. Blickfang: der Mont Blanc und seine Gletscher.	🚡 Bergstation der Brévent-Seilbahn (2525 m); Talstation Chamonix (1037 m, 🚂).	Le Brévent – Ref. de Bel Lachat (¾ Std.) – Merlet (1563 m; 2 Std.) – Chamonix (3¼ Std.)	Mark. Wege, GR 5 rot-weiß	Le Brévent (2525 m), Ref. de Bel Lachat (2130 m)
15 Grand Balcon; Planpraz, 1995 m Berühmter Panoramaweg vor der grandiosen Kulisse des Mont-Blanc-Massivs; Start auch am Col des Montets (1461 m) möglich (bis La Flégère 3½ Std., mark.).	Chamonix (1037 m, 🚂), Ferienort/Bergsteigerdorf am Fuß des Mont Blanc (4807 m).	Chamonix – La Flégère (1877 m; 3 Std., 🚡) – Planpraz (4¾ Std., 🚡)	Mark. Wege	Flégère, Planpraz (1995 m)
16 Aiguillette des Posettes, 2201 m Aussichtsreiche Wanderrunde über dem obersten Arvetal; besonders schön der Blick zum mächtigen Glacier du Tour.	🚡 Bergstation des Col de Balme-Sessellifts (2190 m), Talstation Le Tour (1453 m, 🚂).	Liftstation – Col de Balme (2204 m) – Col des Posettes (1997 m) – Aiguillette des Posettes (1½ Std.) – Le Tour (3 Std.)	Mark. Wege	Col de Balme (2204 m)
17 Col de la Terrasse, 2645 m Grenzüberschreitende Runde über dem Stausee von Emosson. Dinosaurierspuren (180 Mio. Jahre alt) oberhalb des Lac du Vieux Emosson (ca. 2400 m).	Lac d'Emosson (1930 m, 🚂), Zufahrt von Finhaut (1298 m, 🚂) 8 km.	Lac d'Emosson – Lac du Vieux Emosson (2205 m; 1½ Std.) – Col de la Terrasse (3¾ Std.) – Vallorcine (1256 m; 6 Std., 🚂)	Mark. Wege	–
18 Bec du Corbeau, 2221 m Grandiose Hochgebirgsbilder prägen diese Runde; faszinierend die zerschrundenen Eiskatarakte von Bossons- und Taconnaz-Gletscher, am Gratrücken leichte Felsen.	Les Bossons (1012 m, 🚂), Talstation des Mont-Sessellifts.	Les Bossons – Glacier de Taconnaz – Bec du Corbeau (3½ Std.) – Chalet des Pyramides (1895 m; 4¼ Std.) – Les Bossons (6 Std.)	Mark. Wege	Chalet du Glacier (Sessellift Mont, 1420 m), Chalet des Pyramides (1895 m)
19 Col de Tricot, 2120 m Rundwanderung im Vorfeld des vergletscherten Mont-Blanc-Massivs; schöner Blick auf die Zunge des Glacier de Bionnassay. Sehenswert: Gorges de la Gruvaz.	Val Montjoie, Anfahrt von St-Gervais-les-Bains (795 m, 🚂) bis zum Weiler La Gruvaz (Gemeinde Les Contamines-Montjoie), 6,5 km. Parkplatz.	La Gruvaz – Bionnassay (1314 m; 2 Std.) – Col de Tricot (4¼ Std.) – Chalets de Miage (1559 m) – La Gruvaz (7 Std.)	Rot-weiße Mark.	Bionnassay (1314 m), Chalet de l'Are, Chalet de Miage (1559 m)
20 Refuge de Tré-la-Tête, 1970 m Frequentiertes Wanderziel vor dem Glacier de Tré la Tête.	Les Contamines-Montjoie (1167 m, 🚂), 11 km von St-Gervais-les-Bains (795 m, 🚂).	Les Contamines – Notre Dame-de-la-Gorge (1210 m; 1 Std.) – Ref. du Nant-Borrant (1½ Std.) – Ref. de Tré-la-Tête (3 Std.) – Les Contamines (4½ Std.)	Mark. Wege	Ref. du Nant-Borrant (1392 m), Ref. de Tré-la-Tête (1970 m)
21 Croisse Baulet, 2236 m Schönster Aussichtsberg von Megève, liegt außerhalb des Skizirkus. Prachtblick zum Mont Blanc.	🚡 Bergstation des Jaillet-Gondellifts (1568 m), Talstation Megève (1082 m, 🚂). Alternativ Les Frasses (1540 m), 5 km von Megève.	Le Jaillet (1568 m) – Col de Jaillet (1723 m; 1¼ Std.) – Petit Croisse Baulet (2009 m; 2 Std.) – Grand Croisse Baulet (3¼ Std.); Abstieg auf dem gleichen Weg (gesamt 5½ Std.)	Mark. P	Chalet des Frasses (1620 m)
22 La Belle Etoile, 1843 m Prächtiger Aussichtspunkt über Albertville. Am Grat einige etwas heikle Passagen (Sicherungen), bei Nässe z.T. schmierige Wege.	Col de Tamié (907 m), Übergang von Faverges nach Albertville. Zufahrt bis zu einer Lichtung oberhalb von La Ramaz (1066 m, 2,5 km).	La Ramaz – La Belle Etoile (2 Std.) – Chalet de l'Alpette (1580 m; 2¾ Std.) – La Ramaz (4¼ Std.)	Wegzeiger, spärlich mark.	–
23 La Tournette, 2352 m Mächtiges, isoliertes Felsmassiv über dem Ostufer des Lac d'Annecy; weites Panorama, Steinbockrevier. Gesicherte, mäßig schwierige Passagen.	Montmin (1060 m), Häusergruppe an der Straße über den Col de la Forclaz (1150 m; Menthon – Faverges).	Montmin – Pointe des Frêtes (2019 m; 3 Std.) – Pas de Bajaluz – La Tournette (4½ Std.) – Ref. de la Tournette – Chalet de l'Aulp (1424 m) – Montmin (7 Std.)	Mark. Wege	Ref. de la Tournette (1774 m)
24 Tête du Parmelan, 1832 m Mit seiner markanten Felsstirn beherrscht der Parmelan die Bergumrahmung von Annecy. Unter dem Grat felsige Steilpassage.	La Blonnière (950 m), Zufahrt von Annecy via Dingy-St-Clair 17 km.	La Blonnière – Grand Montoir – Tête du Parmelan (2½ Std.) – Col du Pertuis (1565 m; 4¼ Std.) – La Blonnière (5¼ Std.)	Mark. Wege	Chalet-Hôtel du Parmelan (1825 m)
25 Mont Veyrier, 1291 m Hausberg von Annecy mit Prachtblick auf den See und seine Bergkulisse. Kurze gesicherte Passage am Grat.	Col de Bluffy (630 m, 🚂) an der Straße von Veyrier nach Thônes.	Col de Bluffy – Col des Contrebandiers (1050 m; 1½ Std.) – Mont Veyrier (2½ Std.) – Annecy (453 m; 4¼ Std., 🚂)	Mark. Wege	–
26 Champ Laitier, 1354 m Steiler Weg zu einem idyllischen Almrevier. Im Zweiten Weltkrieg war die Gegend ein Zentrum der Résistance. Am Aufstieg kettengesichertes Band.	Thorens-Glières (670 m), Anfahrt auf der Straße zum Plateau des Glières bis zur Brücke (947 m) oberhalb von Nant Sec.	Nant Sec – Pas du Roc – Champ Laitier (1½ Std.); Abstieg auf dem gleichen Weg (gesamt 2½ Std.)	Mark. Weg	–

Meine Favoriten

06 Roc d'Enfer, 2243 m
Felsiger Aussichtspunkt zwischen Chablais und Faucigny

Teuflisch ist an der Tour gar nichts, und bei der Aussicht vom Gipfel könnte man sogar leicht euphorisch werden: einfach himmlisch! Vorsicht statt Euphorie ist allerdings an den schmalen, teilweise ziemlich ausgesetzten und felsigen Graten des Roc d'Enfer geboten. Oben gibt's bei schönem Wetter das bereits angesprochene Panorama, das fast alle Bergketten des Chablais und des Faucigny umfaßt, darüber hinaus bis in die Vanoise und zu den Waadtländer Alpen reicht. Den »Weißen Berg« im Südosten, alles überstrahlend, den kennt dann wohl jede/r ...

➡ Von Foron führt ein Sträßchen in den Talschluß. Weiter auf ordentlichem Weg hinauf in den Col de Foron, wo die Gratüberschreitung beginnt: erst gemütlich am breiten Wiesenrücken, dann zunehmend steiler, auch luftiger. Zwei felsige Kuppen werden rechts umgangen. Nun aufwärts zu einer markanten Gratscharte und zum höchsten Punkt.
Der Abstieg folgt dem Nordgrat des Roc d'Enfer bis zur Brèche de la Golette (1992 m). Hier rechts hinunter in das Kar Chaux de Vie und anschließend steil aufwärts zum Col de Ratti. Dahinter über die Almwiesen von Aulp bergab zu den Häusern von Foron.

15 Grand Balcon; Planpraz, 1995 m
Die Mont-Blanc-Promenade

Der Name verrät es: der »Grand Balcon« ist die große Aussichtswanderung vor dem Mont-Blanc-Massiv. Und wer die Tour gleich am Col des Montets startet, bekommt sie alle vors Objektiv, die Gletscher und Viertausender, vom Glacier du Tour bis zum Glacier des Bossons, dessen

Zunge – der Klimaveränderung (noch) trotzend – bis fast in den Talboden von Chamonix herunterhängt. Der Weg zur Seilbahnstation La Flégère bietet auch einen Blick ins »eisige Herz« des Mont-Blanc-Massivs, über das Mer de Glace hinweg zum Dent du Géant (4013 m).

➡ Zuerst einmal muß man hinauf zum »Balkon«, was vom Col des Montets aus nur wenig Anstrengung kostet – eineinhalb Stunden bergan. Dann heißt es: Augen auf! Am Weg hinüber nach La Flégère und weiter bis Planpraz bieten sich immer neue Blickpunkte, gibt ein hoher granitsplittriger Grat nach dem andern Einblick in eben noch verborgene Gletscherwinkel. Sozusagen im »Genußtempo« ziehen die Gipfel vorbei – Aiguille d'Argentière (3900 m), Aiguille Verte (4122 m), Grandes Jorasses (4208 m), Dent du Géant (4013 m), Aiguille du Midi (3842 m), Mont Blanc (4807 m): was für eine Parade!
Der vielbegangene Höhenweg führt an den winzigen Seeaugen der Lacs des Chéserys (2133 m) vorbei; hier ist auch ein Abstecher zu dem herrlich gelegenen Lac Blanc

(2352 m) möglich (knapp 1 Std. zusätzlich, im Aufstieg Sicherungen). Hinter La Flégère quert man zwei Gräben unter den Aiguilles Rouges; dann läuft der »Grand Balcon« über die Montagne de la Parsa, zuletzt kurz ansteigend nach Planpraz.

22 La Belle Etoile, 1843 m
Kleiner Berg – große Aussicht

Manchmal sind es ja auch ganz unscheinbare Gipfel, die eine besonders schöne Aussicht bieten, auf die »Großen« und steil hinab in die Täler. Genau das zeichnet auch den »Schönen Stern« aus, der sich westlich über Albertville erhebt. Wenn es allerdings geregnet hat oder in den Nächten bereits gefriert, tut man gut daran, sich einen anderen (Gipfel-)Stern zu suchen; dann sind die Wege zumindest matschig oder sogar gefährlich!

➡ Oberhalb von Ramaz informiert ein Schild über die Wege am Belle Etoile. Zunächst geht's im Wald in ausholenden Serpentinen bergan, dann in ganz kurzem Links-rechts-Rhythmus am Grat entlang zu einem ersten Kreuz (1843 m) und über ein paar Kuppen zum Hauptgipfel. Ein Panorama von 1913 informiert über all die Gipfelprominenz rundum.
Der Abstiegsweg folgt dem schmalen Nordgrat, ist abschnittsweise ziemlich luftig, an zwei Stellen auch gesichert (Drahtseile, Klammern). Aus der Wiesensenke unter dem Roc Rouge (Chalet d'Alpette, 1580 m) links auf gutem Weg zunächst fast eben durch die Westflanke des Belle Etoile, wobei mehrere Gräben zu queren sind (Vorsicht bei Nässe oder Vereisung!), dann hinab zu einer Forstpiste und auf ihr zurück zum Ausgangspunkt.

Tour du Mont Blanc

Einer der klassischen Weitwanderwege der Alpen, durchgehend als TMB markiert, Übernachtung auf Hütten bzw. in den Talorten. Teilbegehungen und verschiedene Varianten möglich; beste Jahreszeit Ende Juli bis Mitte September (Hüttenreservierung sehr empfehlenswert). Normalerweise begeht man die »Tour du Mont Blanc« in zehn Tagesetappen. Der Verlauf: Les Houches – Col de Tricot (2120 m) – Les Contamines-Montjoie – Col du Bonhomme (2329 m) – Col des Fours (2716 m) – Col de la Seigne (2516 m) – Courmayeur – Grand Col Ferret (2537 m) – Ferret – Champex – Fenêtre d'Arpette (2671 m) – Col de Balme (2204 m) – Grand Balcon – Le Brévent (2525 m) – Les Houches.

Täler & Berge in Savoyen

Chambéry, die Tarentaise und die Maurienne

Daß Savoyen ein paar Jahrhunderte lang ein Herzogtum war, ab 1713 Königreich und unabhängig von Frankreich, dürfte hierzulande nicht überall bekannt sein. Hauptstadt war zunächst Chambéry, das sich heute noch als »Capitale des Alpes« sieht, später Turin, von wo aus König Charles Albert die italienische Einigung betrieb. Das Ergebnis: Savoyen fiel an Frankreich, die Grenze zu Italien verlief fortan am Alpenhauptkamm. Parallelen zu Tirol, das ein halbes Jahrhundert später ebenfalls geteilt werden sollte, sind unübersehbar. Wie der Brenner wurde auch der Col du Mont Cenis, den möglicherweise Hannibal auf seinem Feldzug gegen die Römer überquert hatte, zum Grenzpaß.

Am Ende des 20. Jahrhunderts verschwinden die Grenzen innerhalb Westeuropas, die Zöllner vom Mont Cenis haben sich längst verabschiedet, und bald werden deutsche Skiurlauber in den Trois Vallées, in La Plagne, Tignes und Val d'Isère nicht mehr mit Francs, sondern mit Euro bezahlen. Bei den Wintersportlern ist die Tarentaise recht bekannt, viel weiße Pracht, herrliche Pisten und eine Infrastruktur, die kaum Wünsche offen läßt. Im Sommer allerdings, wenn der Schnee geschmolzen ist, sieht manches nicht mehr so unschuldsweiß aus, und etwa in den »Drei Tälern« mit ihren zahllosen Liftanlagen und häßlichen Bettenburgen wird wohl niemand gerne wandern. Ganz anders dagegen die oberste Maurienne, wo man bewußt auf sanften, einigermaßen naturverträglichen Tourismus setzt. Wie im alten Bergsteigerdorf Pralognan ist auch hier der Parc national de la Vanoise Hauptanziehungspunkt für Alpinisten, Trekker und Wanderer.

Über den Tälern: auf Hochtour am Kamm der Pointe de Ronce (3612 m), in der Tiefe der Stausee von Mont Cenis. Am Horizont das Pelvoux-Massiv und die Aiguilles d'Arves.

Führer & Landkarten

Didier Richard, in Grenoble ansässig, bietet Führer und Kartenmaterial über alle Berggruppen Savoyens. Von den 50 000er Karten benötigt man für die Region die Blätter 2 »Bornes-Bauges«, 4 »Chartreuse-Belledonne-Maurienne«, 8 »Mont Blanc«, 11 »Vanoise«. Detailgetreuer ist die Serie »TOP 25« des IGN im Maßstab 1:25 000, ebenfalls mit farbigen Weg- und Hütteneintragungen.

Alle Wanderungen auf einen Blick

Tourenziel/Charakteristik	Ausgangspunkt	Wegverlauf & Gehzeit	Markierung	Einkehr am Weg
Rund um Chambéry, Albertville, Beaufortin				
01 Croix du Nivolet, 1547 m Höhenwanderung mit felsigem Finale zum 25 m hohen Gipfelkreuz. Faszinierend die Tiefblicke auf den Lac du Bourget. Am Pas de l'Echelle (gesicherter Kamin) Trittsicherheit.	Passage du Croc (1419 m), Zufahrt von der Mont-Revard-Ringstraße, 2,5 km ab La Féclaz (1319 m, 🚌).	Passage du Croc – Hangweg – Pas de l'Echelle – Croix du Nivolet (2½ Std.) – Chalets du Sire – Passage du Croc (4 Std.)	Blau-gelbe und rot-weiße Mark.	Passage du Croc (Le Sire)
02 Mont Granier, 1933 m Mit seinem mächtigen Nordabsturz beherrscht er den Talkessel von Chambéry; Trittsicherheit unerläßlich. Interessant: die Grotte de la Balme.	La Plagne (1108 m), Häusergruppe am Westfuß des Mont Granier; Zufahrt vom Col du Granier (1134 m) via Epernay, 7 km.	La Plagne – Grotte de la Balme (1726 m) – Mont Granier (3 Std.) – Col de l'Alpette (1547 m; 4¼ Std.) – La Plagne (6¼ Std.)	Mark. Wege, GR 9A rot-weiß	Refuge de l'Alpette
03 Mont Trélod, 2181 m Markanter Felszacken im Herzen der Bauges, sehr abwechslungsreiche Überschreitung. Exponierte Grate und leichte Felsen; Trittsicherheit erforderlich, nicht bei Nässe gehen!	Magnoux (930 m), 6 km von Ecole (729 m, 🚌) via Compôte. Alternativ Wanderparkplatz Les Cornes (1204 m), 4 km von Magnoux.	Magnoux – Mont Trélod (3¼ Std.) – Les Cornes (5 Std.) – Magnoux (6 Std.)	Mark. 6	–
04 Fort du Mont, 1127 m Interessante Runde über Albertville: vom mittelalterlichen Mini-Städtchen Conflans hinauf zum Fort du Mont (19. Jh.). Auch Bikerziel.	Albertville (339 m, 🚌), Olympiastädtchen mit reizvollem Ortskern (19. Jh.).	Albertville – Conflans (¼ Std.) – Farette (557 m) – Fort du Mont (3 Std.) – Le Pommaray – Albertville (5 Std.)	Mark. Wege	Conflans
05 Col du Grand Fond, 2671 m Große Wanderrunde zwischen Lac de Roselend und dem gleichnamigen Paß, als Teilstück der »Tour du Beaufortin« gut bez. Achtung: Combe de la Neuva Schießplatz!	Refuge du Plan de la Laie (1818 m) an der Straße über den Cormet de Roselend (1967 m; Albertville – Bourg-St-Maurice). Parkplatz.	Refuge du Plan de la Laie – Col du Bresson (2469 m) – Ref. de Presset (5¼ Std.) – Col du Grand Fond (5¾ Std.) – Cormet de Roselend (8½ Std.) – Refuge du Plan de la Laie (9 Std.)	Rot-weiße Mark., GR 5	Ref. du Plan de la Laie (1818 m); Ref. de Presset (2514 m), unbew.
06 Le Grand Mont, 2686 m Ein großer Berg mit großem Panorama; alternativ auch Anstieg aus der Tarentaise möglich (Zufahrt durch das Vallée de la Grande Maison, ab Grande Maison, 1629 m, 3½ Std.).	Lac de St-Guérin (1557 m), Zufahrt von Beaufort (743 m, 🚌) via Arêches 12 km.	Lac de St-Guérin – Col de la Louze (2119 m; 1½ Std.) – Le Grand Mont (3½ Std.) – Col de la Forclaz (2374 m; 4¼ Std.) – Lac de St-Guérin (5¾ Std.)	Bis in den Col de la Louze gut bez., dann nurmehr spärliche Mark.	–
Tarentaise				
07 Le Grand Arc, 2482 m Dankbarer Aussichtsgipfel; am Grat etwas heikle Passagen.	Hütten von Barbet (ca. 1480 m), Zufahrt ab Aiguebelle (319 m, 🚌) 12 km.	Barbet – Lac Noir – Le Grand Arc (4 Std.); Abstieg auf dem gleichen Weg (gesamt 6½ Std.)	Mark. Wege	–
08 Refuge du Saut, 2126 m Weitgehend von Seilbahnen und Pisten verschonter, sehr reizvoller Winkel der Trois Vallées; Naturschutzgebiet Plan de Tenda.	Méribel-Mottaret (1680 m, 🚌), Chaletsiedlung, Zufahrt von Moûtiers via Méribel-les-Allues 21 km.	Méribel-Mottaret – Refuge du Saut (2¾ Std.); Abstieg auf dem gleichen Weg (gesamt 4½ Std.)	Rot-weiße Mark.	Ref. du Saut (2126 m)
09 Petit Mont Blanc, 2677 m Kleiner Gipfel mit großer Schau auf die vergletscherten Dreitausender des Vanoise-Massivs.	Ref. Les Prioux (1711 m), 5 km von Pralognan-la-Vanoise. Parkplatz.	Ref. Les Prioux – »Sentier du Secheron« – Petit Mont Blanc (3 Std.) – »Sentier des Diés« – Les Planes (5 Std.) – Pralognan (5¾ Std.)	Rote und blaue Mark.	Ref. Les Prioux (1711 m)
10 Refuge de la Valette, 2505 m Wanderrunde vor großer Kulisse im Parc National de la Vanoise.	Pralognan-la-Vanoise (1418 m, 🚌), altes Bergsteigerdorf im Zentrum des Vanoisemassivs.	Pralognan – Pas de l'Ane (2020 m; 2 Std.) – Ref. de la Valette (4 Std.) – Les Prioux (1711 m; 5½ Std.) – Pralognan (6½ Std.)	Rote und blaue Mark.	Ref. de la Valette (2585 m), Ref. Les Prioux (1711 m)
11 Col de la Vanoise, 2517 m Mit Seilbahnfahrt zum Mont Bochor nur mäßig anstrengende, landschaftlich sehr eindrucksvolle Tour.	🚠 Bergstation der Mont-Bochor-Seilbahn (2023 m), Talstation Pralognan-la-Vanoise (1418 m, 🚌).	Mont Bochor – Ref. Les Barmettes (½ Std.) – Col de la Vanoise (2½ Std.) – »Sentier des Arollets« – Pralognan (4½ Std.)	Rote und blaue Mark.	Ref. Les Barmettes (2010 m), Ref. du Col de la Vanoise (2517 m)
12 Refuge du Mont Pourri, 2370 m Hüttenrunde am Fuß des Mont Pourri (3779 m); vom Plan de la Plagne lohnender Abstecher zum Lac de la Plagne (2144 m; 1 Std. hin und zurück).	Les Lanches (1524 m), Zufahrt von Landry über Peisey-Nancroix (1298 m) 12 km.	Les Lanches – Refuge du Mont Pourri (2½ Std.) – Plan de la Plagne (2092 m; 4 Std.) – Les Lanches (5¾ Std.)	Mark. Wege	Ref. du Mont Pourri (2370 m), Ref. de Rosuel (1589 m)
13 Lancebranlette, 2936 m Panoramapunkt über dem Col du Petit-St-Bernard (2188 m).	Altes Hospiz (2149 m) am Kleinen St. Bernard (2188 m).	Ancien Hospice – Lancebranlette (2¼ Std.); Abstieg auf dem gleichen Weg (gesamt 3¾ Std.)	Mark. Weg	–

Alle Wanderungen auf einen Blick

Tourenziel/Charakteristik	Ausgangspunkt	Wegverlauf & Gehzeit	Markierung	Einkehr am Weg
14 Refuge de la Martin, 2154 m Höhen- und Hüttenwanderung über dem obersten Isèretal.	Tignes-le-Lac (2093 m, 🚌), Skistation, Zufahrt von Tignes am Lac du Chevril 6 km.	Tignes-le-Lac – Le Glattier (2191 m) – Sache d'en bas (2047 m; 1¼ Std.) – Ref. de la Martin (2¾ Std.) – Les Brévières (1559 m; 4 Std., 🚌)	Mark. Wege	Ref. de la Martin (2154 m)
15 Col de la Bailletta, 2852 m Hochalpine Runde zwischen Val d'Isère und dem Stausee von Sassière; an der Passage de Picheru viel Geröll. Naturschutzgebiet.	Val d'Isère (1840 m, 🚌), berühmte Skistation am Col de l'Iseran (2764 m), 24 km von Bourg-St-Maurice.	Val d'Isère – Col de la Bailletta (4 Std.) – Lac de la Sassière (2461 m; 5 Std.) – Passage de Picheru (2760 m; 5¾ Std.) – Val d'Isère (7½ Std.)	Mark. Wege	–
Maurienne				
16 Refuge du Carro, 2759 m Höhenwanderung über dem Quellgebiet des Arc mit herrlicher Aussicht auf die Grenzgipfel um die Levanne und den Albaron (3637 m).	Pont de l'Ouillette (2476 m) an der Südrampe der Iseran-Paßstraße, 10 km von Bonneval-sur-Arc (1835 m, 🚌). Keine Buslinie.	Pont de l'Ouillette – »Sentier Balcon« – Ref. du Carro (4 Std.) – L'Ecot (2027 m; 5¾ Std.) – Bonneval (6½ Std.)	Mark. Wege	Ref. du Carro (2759 m)
17 La Grande Turra, 2796 m Auf alten Kriegswegen über dem Col du Mont Cenis – auch tolle Bikergegend mit Touren für Konditionsbolzen (z.B. Mont Malamot, 2917 m, vom Lac du Mont Cenis aus).	Col du Mont Cenis (2081 m, 🚌), uralter Paßübergang (Hannibal?) von der Maurienne ins Susatal.	Col du Mont Cenis – Petite Turra (2507 m; 1¼ Std.) – Grande Turra (2 Std.) – Col des Sollières (2639 m; 2¾ Std.) – Lac du Mont Cenis – Col du Mont Cenis (5¼ Std.)	Spärliche Bez.	Col du Mont Cenis (2081 m)
18 Col de la Vanoise, 2517 m Wenig anstrengende Talwanderung in die weite Senke unter der Grande Casse (3855 m).	Bellecombe (2307 m) im Vanoisepark, Zufahrt von Termignon-la-Vanoise (1340 m, 🚌) 15 km. Großer Parkplatz.	Bellecombe – Ref. de Plan du Lac (½ Std.) – Ref. d'entre deux Eaux (1½ Std.) – Col de la Vanoise (3½ Std.); Rückweg auf der gleichen Route (gesamt 6½ Std.)	Rot-weiße Mark.	Ref. de Plan du Lac (2364 m), Ref. d'entre deux Eaux (2120 m), Ref. du Col de la Vanoise (2517 m)
19 Pointe de l'Observatoire, 3015 m Nomen est omen: von dem Dreitausender hat man eine umfassende Schau über die Vanoise und auf die Grenzberge zu Italien. Trittsicherheit, bei Altschnee heikel.	Plan d'Amont (2078 m), Stausee oberhalb von Aussois (1483 m, 🚌), Zufahrt 7,5 km. Parkplatz. Sehenswert: die Festungen von Esseillon.	Plan d'Amont – Ref. du Fond d'Aussois (1½ Std.) – Col d'Aussois (2916 m; 3½ Std.) – Pointe de l'Observatoire (4 Std.); Abstieg auf dem gleichen Weg (gesamt 6½ Std.)	Bis in den Paß mark., dann Spur	Ref. du Fond d'Aussois (2324 m)
20 Col de Chavière, 2796 m Hochalpiner Übergang von der Maurienne nach Pralognan-la-Vanoise; läßt sich in eine abwechslungsreiche Runde einbeziehen. Naturlehrpfad.	Porte de l'Orgère (1935 m), Zufahrt von Modane (1057 m, 🚌) via St-André 15 km.	Porte de l'Orgère – Col de Chavière (3¾ Std.) – Grand Planay (2322 m; 4½ Std.) – Polset (1770 m; 5¼ Std.) – Porte de l'Orgère (6 Std.)	Mark. Weg, GR rot-weiß	Ref. de l'Orgère (1935 m)
21 Aiguille de l'Epaisseur, 3230 m Ganz im Banne der Aiguilles d'Arves (3513 m) steht diese Tour. Zum Gipfel hin weglos, mühsam. Lohnend auch die Hüttenwanderung.	Bonnenuit (1697 m), Häusergruppe an der Straße zum Col du Galibier, 5 km von Valloire (1401 m, 🚌).	Bonnenuit – Ref. des Aiguilles d'Arves (1¾ Std.) – Aiguille d'Epaisseur (4¾ Std.); Abstieg auf dem gleichen Weg (gesamt 7½ Std.)	Bis zur Hütte rot-weiß, dann nurmehr spärlich bez.	Ref. des Aiguilles d'Arves (2260 m), bew. Ende Juni bis Mitte Sept.
22 Mont Charvin, 2207 m Aussichtsgipfel über dem Tal des Arvan; besonders schön der Blick auf das elegante Felstrio der Aiguilles d'Arves (3513 m). Kürzer: Aufstieg von St-Jean d'Arves (2¾ Std.).	Corbier (1686 m), Retortensiedlung über dem Arctal, Zufahrt von St-Jean-de-Maurienne (537 m, 🚌) 16 km.	Corbier – Col d'Arves (1748 m; ¾ Std.) – Le Villard (1510 m; 1¼ Std.) – Mont Charvin (3½ Std.) – Forêt du Roset – Roset (1305 m; 5½ Std.) – Corbier (6½ Std.)	Im Forêt du Roset unmark., sonst bez. Wege	St-Jean-d'Arves (1549 m)
23 Trois Lacs, 2502 m Seenwanderung am Col de la Croix de Fer; Geübte besteigen von den Drei Seen aus die Cime de la Valette (2858 m; 1½ Std., spärlich bez.).	St-Sorlin-d'Arves (1510 m, 🚌) an der Straße zum Col de la Croix de Fer, 22 km.	St-Sorlin-d'Arves – Combe de la Balme – Ref. Durand (2½ Std.) – Trois Lacs (Lac Tournant; 4 Std.) – Col de la Croix de Fer (2064 m; 5½ Std.) – St-Sorlin-d'Arves (6½ Std.)	Rot-weiß, Straßen	Ref. Durand (2171 m), Ref. de l'Etendard (2430 m)
24 Grand Truc – Col de Bellard, 2233 m Aussichtsreiche Kammwanderung, Abstieg durch die Combe de Bellard.	St-Colomban-des-Villards (1108 m, 🚌) an der Strecke zum Col du Glandon (1924 m), 12 km von La Chambre.	St-Colomban – Grand Truc (2209 m; 3¼ Std.) – Tête de Bellard (2225 m) – Col de Bellard (4½ Std.) – Combe de Bellard – St-Colomban (6½ Std.)	Mark. Wege	–
25 Le Cheval Noir, 2832 m Markanter Felsgipfel über dem Col de la Madeleine (1984 m), zum Gipfel hin leichte Felsen. Großes Panorama.	Chalets Penat (1795 m) an der Straße von St-François-Longchamp zum Col de la Madeleine.	Chalets Penat – Le Roc Blanc – Le Cheval Noir (3 Std.); Abstieg auf dem gleichen Weg (gesamt 5 Std.)	Mark. Weg	–

Meine Favoriten

01 Croix du Nivolet, 1547 m

Hausberg von Chambéry

Das riesige Kreuz steht ja nicht zufällig auf diesem markanten Bugfelsen über Chambéry; von keinem anderen Platz aus bietet sich ein so schöner Blick auf die alte Hauptstadt Savoyens und den Lac du Bourget. Da lohnt sich der vergleichsweise kurze Weg (mit felsigem Finale) allemal, und wenn das Wetter mitspielt, kann man gleich Maß nehmen für größere Unternehmungen – es muß ja nicht unbedingt der Mont Blanc sein!

➡ Die kleine Runde beginnt mit dem Anstieg zu den Chalets de Sire (1544 m). Hier rechts über zwei Serpentinen abwärts, dann flach auf der riesigen, schütter bewaldeten Terrasse hinüber zum Südwestsporn des Dent du Nivolet, wobei man den von Pragondran heraufkommenden Weg kreuzt. Ansteigend in die Südflanke des Gipfels und über die »Pas de l'Echelle«, eine Rinne mit künstlichen Tritten, auf den Rücken und links kurz zum Kreuz.
Der Abstieg verläuft über den breiten, nur nach Westen steil abfallenden Rücken teilweise schattig hinüber zu den Chalets de Sire. Dann auf dem Schottersträßchen hinunter zur Passage du Croc.

Kletterwände, Aussichtsgipfel: die Chaîne des Aravis.

Für Gipfelstürmer

Natürlich zieht's auch die Bergwanderer immer wieder auf die Gipfel, manche sollen sie ja sogar »sammeln« (braucht wohl viel Platz …). Gerade die Voralpen Savoyens sind da ein schier unerschöpfliches Revier. Hier ein paar (zusätzliche) Tourenziele aus dem Aravis, den Bauges, den Bornes, dem Beaufortin und der Chaîne de Belledonne.
Mont Charvin (2407 m), 3½ Std. ab Le Bouchet, wenig schwierig. Pointe Percée (2752 m), 4 Std. von Le Grand-Bornand, anspruchsvoll. Arcalod (2217 m), 4 Std. von Faverges, nicht leicht. Roche Parnal (1896 m), 3 Std. von Orange bei Thorens-Glières, wenig schwierig. Mont Joly (2525 m), 3 Std. von Megève, leicht, großes Panorama. Tête Nord des Fours (2756 m), knapp 4 Std. vom Cormet de Roselend, mäßig schwierig. Mont Jovet (2554 m), verschiedene Anstiegsmöglichkeiten, u.a. von La Plagne und von Bozel, Straßen bis knapp unter den Gipfel (Bike & Hike), einmaliges Panorama.

13 Lancebranlette, 2936 m

Die Totale

Eigentlich ist die Lancebranlette nur eine unauffällige Kuppe in dem vom Sommet des Rousses nach Südosten abstreichenden Grat. Daß der Touring Club de France ausgerechnet hier eine Panoramatafel montiert hat, läßt allerdings vermuten, daß es einiges zu sehen gibt. Und bei schönem Wetter lohnt sich der Aufstieg allemal, bietet die Lancebranlette doch einen grandiosen Mont-Blanc-Blick, dazu einen Rundumblick auf Walliser Alpen, Gran Paradiso, den Grenzkamm der Grajischen Alpen und die Vanoise. Nicht schlecht für einen Gipfel, der eigentlich gar keiner ist … Übrigens: Eine hübsche Aussicht, allerdings nicht so umfassend wie die von der Lancebranlette, bietet der Col de la Traversette (2383 m) südlich über dem Paßscheitel des Kleinen St. Bernhard. Genau nördlich der Mont Blanc (4807 m), rechts davor sein Namensvetter, der felsige Mont Bério Blanc (3252 m). Aufstieg zum Col de la Traversette etwa 1 Std. vom Hospiz (Weg, mark.).

➡ Vom alten Hospiz auf der französischen Seite des Kleinen St. Bernhard (2188 m) auf markiertem Weglein bergan zu den steinigen Wiesen von Les Rousses, dann etwas flacher zum Südrücken der Lancebranlette und in kurzem Zickzack zur Gratkuppe.

Rund um Grenoble

Vom Chartreuse-Massiv bis zur Meije

Grenoble, die historische Hauptstadt der Dauphiné, ist heute ein Hightech-Zentrum Frankreichs, Cité Universitaire und urbaner Mittelpunkt der gesamten französischen Alpen, immer weiter in den flachen Boden des Isèretals hinauswuchernd, mit einem hohen Horizont rundum. Neben Innsbruck die einzige größere Stadt, die nicht vor, sondern in den Alpen liegt. Grate und Gipfel, wohin man auch schaut: Im Norden sind es die gebänderten Kalkketten der Chartreuse, im Südwesten steht das Karstplateau des Vercors, über steile Felsflanken zur Isère und zum Drac abfallend, im Osten die Chaîne de Belledonne. Nach Süden hin erstrecken sich der Trièves, ein weites, welliges Talbecken, von dem mehrere Täler tief ins Pelvoux-Massiv hineingreifen. Den schönsten Blick auf dieses große Panorama hat man vom Fort de la Bastille über Grenoble, und wer genau hinaschaut, entdeckt fern am südlichen Horizont ein unglaubliches Profil: den Mont Aiguille (2087 m), eines der »sieben Wunder der Dauphiné«. Er wurde 1492 auf Befehl König Charles VIII. von einem Trupp Soldaten bestiegen – eine der frühesten alpinistischen Unternehmungen überhaupt.

Viel höher und mindestens so berühmt ist ein anderer Gipfel der Dauphiné, die stark vergletscherte Meije (3982 m). Sie liegt am Nordrand des 920 Quadratkilometer großen Parc National des Ecrins (Pelvoux-Massiv). Ganz in der Nähe kommt im Hochsommer meistens auch die Tour de France vorbei, auf dem Weg über die großen Pässe, und eine »Königsetappe« endet dann auf Alpe d'Huez: tausend Höhenmeter und 22 Serpentinen oberhalb von Le Bourg-d'Oisans. Allez, allez!

Glacier de l'Homme
und Meije (3982 m)
vom Col du Lautaret.

Führer & Landkarten

Beim Bergverlag Rother gibt es einen Gebietsführer »Dauphiné«, allerdings ist er nicht sehr aktuell. Ansonsten muß man auf die (franzözischsprachigen) Führer von Didier Richard zurückgreifen.
Didier Richard bietet auch Wanderkarten im Maßstab 1:50 000; für Touren in der Dauphiné benötigt man die Blätter 4 »Chartreuse-Belledonne-Maurienne«, 6 »Ecrins«, 12 »Vercors«.

Alle Wanderungen auf einen Blick

Tourenziel/Charakteristik	Ausgangspunkt	Wegverlauf & Gehzeit	Markierung	Einkehr am Weg
Chartreuse, Belledonne				
01 La Grande Sure, 1920 m Abwechslungsreiche Überschreitung, leichte Felsen und einige alte Sicherungen. Vom Gipfel stimmungsvolle Aussicht über den Alpenrand hinaus.	Les Trois Fontaines (760 m), Zufahrt vom Col de la Placette (587 m; Strecke Voreppe – St-Laurent-du-Pont) etwa 4 km. Wanderparkplatz.	Les Trois Fontaines – Jusson – Grande Sure (4 Std.) – Pas de Miséricorde – Les Trois Fontaines (6¼ Std.)	Mark. Wege	–
02 Charmant Som, 1867 m Trotz der Straße, die von Süden bis in Gipfelnähe führt (Chalets de Charmant Som, 5 km vom Col de Porte) lohnende Wanderrunde. Nicht bei Nässe gehen!	Habert de la Malamille (929 m), Zufahrt von St-Pierre-de-Chartreuse (888 m, 🚌) 5 km. Parkplatz.	Habert de la Malamille – Le Collet (1562 m; 2 Std.) – Chalets de Charmant Som (1669 m; 2½ Std.) – Charmant Som (3¼ Std.) – »Chemin de la Cochette« – Habert de la Malamille (5½ Std.)	Mark. Wege	–
03 Chamechaude, 2082 m Höchster Gipfel des Chartreuse-Massivs mit markantem Felsprofil. Gesicherte Passage.	Col de Porte (1326 m) an der Strecke Grenoble – St-Pierre-de-Chartreuse.	Col de Porte – Cabane du Bachasson – Chamechaude (2½ Std.); Abstieg auf dem gleichen Weg (gesamt 4 Std.)	Mark. Wege	Col de Porte (1326 m)
04 Dent de Crolles, 2062 m Spannende Runde mit packenden Tiefblicken ins Graisivaudan. Vom Gipfel großes Panorama. Einige Felspassagen. Kürzerer Anstieg vom Col du Coq (1434 m; 2¼ Std., mark.).	Perquelin (978 m), Zufahrt von St-Pierre-de-Chartreuse (888 m, 🚌) 3 km. Parkplatz.	Perquelin – Source du Guiers Mort (1350 m; 1¼ Std.) – Dent de Crolles (3¾ Std.) – Col des Ayes (1538 m; 4¾ Std.) – Perquelin (6 Std.)	Mark. Wege	–
05 Grand Som, 2026 m Aussichtsgipfel. Kurze exponierte Passage, im Abstieg eine Stelle gesichert. Sehenswert: Kloster Grande Chartreuse.	La Coche (938 m, 🚌), 1 km nördlich von St-Pierre-de-Chartreuse (888 m, 🚌) in Richtung Col du Cucheron.	La Coche – Col du Frenay (1610 m; 2 Std.) – Grand Som (3½ Std.) – Col des Aures (1690 m; 4¼ Std.) – La Coche (5½ Std.)	Mark. Wege	–
06 Les Lances de Malissard, 1913 m Interessante Runde über dem romantischen Talschluß von St-Même. Am Pas de la Mort leichte Kletterei mit gesicherten Passagen (Drahtseile, Leiter).	Pont de Drugey (859 m) vor dem Cirque de St-Même, Zufahrt ab St-Pierre-d'Entremont (703 m, 🚌) 4,5 km.	Pont de Drugey – Pas de la Mort (1½ Std.) – Forêt de l'Aulp du Seuil – Les Lances de Malissard (3¾ Std.) – Col de Fontanieu (1481 m; 4¾ Std.) – Pont de Drugey (6 Std.)	Mark. Wege	–
07 Le Grand Charnier, 2561 m Lohnender Aussichtsgipfel im Norden der Belledonne-Kette, steil-luftiges Finale (bei Nässe gefährlich!).	Super Collet (1621 m), Sportstation, Zufahrt von Allevard (475 m, 🚌) 15 km.	Super Collet – Col de Claran (1956 m; 1¾ Std.) – Grand Charnier (3¾ Std.); Abstieg auf dem gleichen Weg (gesamt 6¼ Std.)	Mark. Wege	Super Collet (1621 m)
08 Col des Sept Laux, 2184 m Herrliche Seenwanderung, Ausdauer erforderlich. Alternativ Abstieg südseitig ins Défilé de Maupas möglich (gesamt 6¾ Std.).	Fond de France (1100 m) im Talschluß des Vallée du Haut Bréda, 17 km von Allevard (475 m, 🚌).	Fond de France – Lac Noir (3½ Std.) – Col des Sept Laux (4¼ Std.); Abstieg auf dem gleichen Weg (gesamt 7 Std.)	Mark. Weg	Ref. des Sept Laux (2135 m)
09 Col de la Mine de Fer, 2400 m Recht lange, landschaftlich sehr reizvolle Runde unter dem Hauptkamm der Chaîne de Belledonne.	Vallon du Muret (ca. 1290 m), Zufahrt von Brignoud über Prabert 12 km.	Vallon du Muret – Lac de Crop (1944 m; 2 Std.) – Col de la Mine de Fer (3¾ Std.) – Ref. Jean Collet (4½ Std.) – Pré Marcel (1291 m; 6 Std.) – Vallon du Muret (7½ Std.)	Mark. Wege, bis Ref. Jean Collet rot-weiß GR 549	Ref. Jean Collet (1947 m), bew. Mitte Juni bis Mitte Sept.
Oisans				
10 Taillefer, 2857 m Ein ganz großer Aussichtsberg zwischen dem Talkessel von Grenoble und den Hochgipfeln des Pelvoux-Massivs. Achtung: In der Nordflanke liegt bis weit in den Sommer hinein Schnee (evtl. Steigeisen, Pickel).	La Grenonière (1280 m), Häusergruppe bei Ornon; Zufahrt von der Strecke Le Bourg-d'Oisans – La Mure.	La Grenonière – Lac Fourchu (2050 m; 2½ Std.) – Taillefer (5 Std.); Abstieg auf dem gleichen Weg (gesamt 8½ Std.)	Mark. Weg	Ref. du Taillefer (2056 m) am GR 50, ¾ Std. vom Lac Fourchu, mark.
11 Lac de la Fare, 2641 m Seen- und Höhenrunde unter den Grandes Rousses, läßt sich bis zum Col du Couard (2234 m) verlängern (mit Rückweg über die Chalets Roche Melon gesamt etwa 6 Std.).	🚠 Zwischenstation der Grandes-Rousses-Seilbahn (2616 m), Talstation Alpe-d'Huez (1860 m).	Seilbahnstation – Col du Lac Blanc (2722 m) – Lac de la Fare (1 Std.) – L'Alpette (2055 m; 2¼ Std.) – Lac Besson (3¼ Std.) – Alpe-d'Huez (4 Std.)	Mark. Wege	Ref. de la Fare (2280 m)
12 Höhenweg Lac du Chambon – La Grave Tolle Aussichtswanderung über das Plateau de Paris, mit herrlicher Aussicht auf die vergletscherte Nordflanke des Pelvoux-Massivs (La Meije, 3982 m).	Lac du Chambon (1044 m, 🚌), Stausee an der Strecke zwischen Le Bourg-d'Oisans und La Grave.	Lac de Chambon – Mizoën (1185 m; ½ Std.) – Chalets du Fay (2258 m; 4 Std.) – Col du Souchet (2365 m) – Le Chazelet (6½ Std.) – La Grave (1481 m; 7½ Std., 🚌)	Rot-weiß GR 54 bzw. GR 50	–

Alle Wanderungen auf einen Blick

Tourenziel/Charakteristik	Ausgangspunkt	Wegverlauf & Gehzeit	Markierung	Einkehr am Weg
13 Refuge Adèle Planchard, 3169 m Großartige Hüttentour im Pelvoux-Massiv (Massif des Ecrins), einige leichte gesicherte Passagen. Ausdauer erforderlich, evtl. Nächtigung auf der Hütte.	Le Pied du Col (1705 m), Häusergruppe am Col du Lautaret, Zufahrt von La Grave 6,5 km. Parkplatz für Parkbesucher.	Le Pied du Col – Ref. de l'Alpe de Villard-d'Arène (1½ Std.) – Ref. Planchard (5½ Std.); Abstieg auf dem gleichen Weg (gesamt 9 Std.)	Rot-weiße Mark.	Ref. Adèle Planchard (3169 m), bew. Mitte Juli bis Mitte Sept.
14 Refuge de la Selle, 2673 m Talwanderung zum Südfuß der Meije (3982 m), spektakuläre Hochgebirgskulisse.	St-Christophe-en-Oisans (1501 m, 🚌), Bergdörfchen im Vallée du Vénéon.	St-Christophe – Vallée de la Selle – Ref. de la Selle (4 Std.); Abstieg auf dem gleichen Weg (gesamt 6½ Std.)	Rot-weiße Mark.	Ref. de la Selle (2673 m)
15 Tête de la Maye, 2518 m Schönster Aussichtspunkt im Zentrum des Pelvoux-Massivs (Massif des Ecrins), Aufstieg mit einigen leichten Felspassagen.	La Bérarde (1713 m, 🚌), winziges Bergsteigerdorf, 31 km von Le Bourg-d'Oisans (719 m, 🚌)	La Bérarde – Tête de la Maye (2½ Std.); Abstieg auf dem gleichen Weg (gesamt 4 Std.)	Rot-weiße Mark.	–
16 Refuge de la Pilatte, 2577 m Tal- und Hüttenwanderung, Hin- und Rückweg größtenteils auf verschiedenen Wegen; faszinierende Hochgebirgskulisse.	La Bérarde (1713 m, 🚌), winziges Bergsteigerdorf, 31 km von Le Bourg-d'Oisans (719 m, 🚌).	La Bérarde – Ref. du Plan du Carrelet (1¼ Std.) – Ref. de la Pilatte (3¾ Std.) – Torrent du Chardon – La Bérarde (gesamt 6½ Std.)	Rot-weiße Mark.	Ref. du Plan du Carrelet (1909 m), Ref. de la Pilatte (2577 m)
Dévoluy, Trièves				
17 Cabane du Vallon, 1978 m Talwanderung in das Steinbockrevier von Valsenestre.	Valsenestre (1294 m), Zufahrt von Valbonnais (783 m, 🚌) 17 km.	Valsenestre – Cabane du Vallon (2½ Std.); Abstieg auf dem gleichen Weg (gesamt 4¼ Std.)	Mark. Weg	–
18 Le Gargas, 2208 m Kahler Aussichtsgipfel zwischen dem Trièves und dem Pelvoux-Massiv. Kurzer, aber weniger interessanter Anstieg vom Wallfahrtsort Notre Dame de la Salette (1770 m; 1¼ Std.).	Le Villard (934 m), Weiler knapp 3 km südöstlich von Entraigues (806 m, 🚌).	Le Villard – Col d'Hurtières (1827 m; 2½ Std.) – Le Gargas (3¾ Std.); Abstieg auf dem gleichen Weg (gesamt 6¼ Std.)	Rot-weiße Mark. als GR 50 bis auf den Paß	–
19 L'Obiou, 2790 m Freistehendes Massiv zwischen den grünen Tälern des Trièves und des Dévoluy. Ein Ziel für Bergerfahrene; leichte Kletterei (I–II) und viel Geröll. Superbes Panorama mit faszinierenden Tiefblicken. Nur bei sicherem Wetter!	Chalet des Baumes (1562 m), Zufahrt auf schmalem Sträßchen von Corps (937 m, 🚌) über die Barrage du Sautet und den Weiler Les Payas, 14 km.	Chalet des Baumes – Pas du Vallon (1896 m; 1 Std.) – Combe du Petit Obiou – Obiou (4 Std.); Abstieg auf dem gleichen Weg (gesamt 6¼ Std.)	Spärlich bez.	–
20 Rund um den Mont Aiguille Wanderrunde um den freistehenden, allseits steil abbrechenden Felszahn des Mont Aiguille (2087 m).	Donnière (1022 m), Häusergruppe am Südfuß des Mont Aiguille; Zufahrt von Clelles (744 m, 🚌) 7 km.	Donnière – Trésanne – Col des Pellas (1330 m; 2½ Std.) – Col de l'Aupet (1627 m; 4¾ Std.) – Donnière (6 Std.)	Gelbe Mark., einige Wegzeiger	Donnière (1022 m), Trésanne (990 m)
Vercors				
21 Le Grand Veymont, 2341 m Der höchste Gipfel des Vercors ist ein lohnendes Tourenziel; vom Vercors-Hochplateau aus ein volles Tagespensum. Bei Schnee oder Nebel Orientierungsprobleme!	La Coche (1350 m), Zufahrt von der Strecke La Chapelle-en-Vercors – Col de Rousset. Parkplatz.	La Coche – Pas de la Ville (1925 m; 2¾ Std.) – Grand Veymont (4 Std.) – Pas des Chattons (1827 m; 5¼ Std.) – La Grande Cabane (1563 m) – La Coche (7 Std.)	Mark. Wege	–
22 Tête de la Dame, 1506 m Aussichtswanderung entlang der Südabbrüche des Vercors.	Station de Font-d'Urle (1435 m), Zufahrt von Vassieux-en-Vercors (1057 m).	Font-d'Urle – Tête de la Dame (3½ Std.) – Ref. d'Ambel (4½ Std.) – Plateau d'Ambel – Font-d'Urle (7¼ Std.)	Mark. Wege	Ref. d'Ambel (1222 m), Ref. du Tubanet (1337 m)
23 Pas de l'Allier, 1171 m Weite Wälder und senkrechte Felsabstürze im Vercors. Unbedingt sehenswert: die Grotten von Choranche (Führungen).	Les Baraques-en-Vercors (674 m) oberhalb der Grands Goulets (Klamm).	Les Baraques – Col de l'Allier (2½ Std.) – Pas des Voûtes (1160 m; 3½ Std.) – Bois de l'Allier – Pas de l'Allier (4½ Std.) – Les Baraques (6 Std.)	Mark. Wege	–
24 Tours Playnet, 1994 m Abenteuerliche Runde an den Ostabstürzen des Vercors-Hauptkamms. Einige delikate, sehr exponierte Passagen, leichte Felsen. Keinesfalls bei Nässe gehen, Absturzgefahr!	St-Andéol (1020 m), Weiler; Anfahrt von Vif über den Col de d'Arzelier.	St-Andéol – Pas Ernadant (1833 m; 2½ Std.) – 1ère Tour Playnet – Pas Morta (1899 m; 2¾ Std.) – St-Andéol (4⅓ Std.)	Nur teilweise bez., Spuren; etwas für Pfadfinder	–
25 Le Moucherotte, 1901 m Berühmter Aussichtsgipfel. Die alte Seilbahn ist außer Betrieb; Normalweg leicht, Ostanstieg bei Nässe gefährlich. Schmale, abschüssige Pfade, Felspassagen.	St-Nizier-de-Moucherotte (1170 m, 🚌), hübsch gelegenes Dorf, 15 km von Grenoble. Sehenswert: Grotte von Vallier (Steig).	St-Nizier – Rocher de Château Bouvier – Moucherotte (2½ Std.) – St-Nizier (4 Std.)	Mark., Abstieg rot-weiß als GR 91	–

Meine Favoriten

15 Tête de la Maye, 2518 m

Der Aussichtshügel

Besonders hoch ist er nicht, der Tête de la Maye, mehr ein abgerundeter Felsbuckel als ein richtiger Gipfel, aber halt der schönste Aussichtspunkt mitten im Pelvoux-Massiv. Da hat man sie alle im Blick, die großen Ziele dieser stark vergletscherten, wilden Alpenregion, Fels und Eis rundum, tief drunten der Graben des Vallée du Vénéon. Besonders schön ist die Barre des Ecrins (4102 m), der einzige Viertausender des Massivs, links flankiert vom Roche Faurio (3730 m); ziemlich genau nördlich ragt der berühmteste Gipfel im Parc National des Ecrins, die Meije (3982 m), in den blauen Himmel.

➡ Von La Bérarde zunächst unter dem Tête taleinwärts, dann links und auf gutem Pfad in ziemlich steilen Kehren bergan, größeren Felsaufschwüngen ausweichend. Über sanft geneigte Hänge erreicht man schließlich das herrliche Belvedere.

Ein unglaublicher Berg!
Die Breitseite des Mont Aiguille (2087 m).

La Grande Traversée du Vercors

Wanderroute quer durch das Vercors, 140 Kilometer lang. Der Wegverlauf: Méaudre (974 m) – La Moulière (1709 m) – Les Allières (1426 m) – Corrençon-en-Vercors (1100 m) – Château Julien (1550 m) – La Chapelle-en-Vercors (900 m) – Vassieux-en-Vercors (1057 m) – Font-d'Urle (1435 m) – Lente (1070 m). Eine Wochentour, wobei verschiedene Varianten, auch Teilbegehungen möglich sind. Übernachtung wahlweise in Hütten, Bauernhöfen und Gasthäusern. Infos bei ADT Vercors, Villard-de-Lans.

20 Rund um den Mont Aiguille

Einzigartig, wirklich!

Wouuwh! Wer ihn zum ersten Mal zu Gesicht bekommt, etwa auf der Fahrt von Grenoble zum Col de la Croix Haute, wird wohl unwillkürlich für ein paar Augenblicke die Luft anhalten: was für ein Gipfel, ein echter Solitaire, freistehend (oder schwebend?) über dem Waldgrün der Umgebung! Daß die Tour rund um den Mont Aiguille dann ganz im Banne dieses unglaublichen Felsstocks steht, versteht sich von selbst.

➡ Die Runde beginnt bei den Häusern von Donnière und führt zunächst leicht steigend talauswärts. Oberhalb von Ruthière mündet der Weg in ein Sträßchen. Nach ein paar hundert Metern links ab und auf rauher Spur aufwärts gegen die Serre Buisson, dann wieder abwärts zur Straße nach Trésanne. Hinter dem Weiler bergan zum Col de Papavet und abseits der Straße am Grat entlang in den Col des Pellas (1330 m). Aus der Senke leiten Markierungen, die Serpentinen der Schotterpiste abkürzend, hinunter nach Les Pellas. Hier auf einer Straße flach links zum Bach und weiter taleinwärts. Allmählich steiler aufwärts, zuletzt im Wald in Serpentinen an die vom Mont Aiguille herabziehenden Schuttreißen heran. Übers Geröll zum Ansatzpunkt des Westgrats und hinunter in den Col de l'Aupet (1627 m). Nun links und auf gutem Weg in Kehren talabwärts, zuletzt auf einer Waldstraße zurück nach Donnière.

Alpes du Sud
Von Briançon bis zu den Seealpen

Bei Briançon, das als »höchstgelegene Stadt Europas« mit über 300 Sonnentagen im Jahr für sich wirbt, beginnt er wirklich, der alpine Süden. Wer aus der Maurienne über den Col du Galibier (2642 m) anreist, spürt den ersten Hauch – mehr eine Ahnung – bereits droben am Paß. Auf der anschließenden Talfahrt nimmt einen dieser »alpine Süden« dann zunehmend gefangen, man staunt über die bunten Farben, allerdings mit weniger Grün als drüben im Savoyischen, registriert die aufgerissenen Bergflanken, auch in Talnähe; Fels, Geröll dominiert hier, die Szenerie wirkt fast wie eine erdgeschichtliche Baustelle – und dann das Licht, intensiv, durchscheinend. La lumière de la Provence, das Generationen von Künstlern fasziniert hat. Wenn die Alpen irgendwo exotisch sind, dann hier, hinter dem Pelvoux-Massiv, in den Tälern der Durance, der Ubaye, des Var und der Tinée, die sich tief in den felsigen Untergrund gegraben haben. Schluchten. Sie prägen das Landschaftsbild ebenso wie die kahlen Bergflanken mit ihren grünen Oasen. Und erst ganz zuletzt stürzen die Alpen ab ins Mittelmeer, und da ist es dann kein Wunder, daß man von so manchem Gipfel übers Wasser bis nach Korsika schauen kann – und im Norden stehen fern am Horizont die Eisriesen der Walliser Alpen. Eine grandiose Landschaft, sogar mit einem ganzen Tal voller Wunder – dem Vallée des Merveilles.

Touristische Schwerpunkte der Region sind Briançon, das Vallouise mit seinen Gletschern, das Ubayetal, dann die Gegend des Grand Canyon du Verdon und das oberste Tinéetal. Als besonders schönes Wandergebiet gilt das Queyras mit seinen kleinen Dörfern, die weitere Umgebung von Digne ist geologisch hochinteressant, und im Hauptkamm der Alpes Maritimes stehen die südlichsten Dreitausender der Alpen.

Am Col du Galibier (2642 m) beginnt der Süden. Blick auf den Grand Galibier (3229 m).

Führer & Landkarten

Didier Richard bietet auch für die Südalpen Frankreichs Führer und Landkarten. Von den 50 000er Landkarten mit farbigen Weg- und Hütteneindrucken benötigt man hier die Blätter 1 »Alpes de Provence«, 6 »Ecrins«, 7 »Massifs de Gapencais«, 9 Mercantour«, 10 »Queyras-Haute Ubaye«, 19 »Haute Provence-Verdon«. Mehr Details zeigen die Kartenblätter der Serie »TOP 25« des IGN im Maßstab 1:25 000.

Alle Wanderungen auf einen Blick

Tourenziel/Charakteristik	Ausgangspunkt	Wegverlauf & Gehzeit	Markierung	Einkehr am Weg
Briançonnais, Queyras				
01 Col d'Arsine, 2340 m Übergang vom Guisane- ins Romanchetal; von der Scheitelhöhe Prachtblick auf La Grande Ruine (3765 m) und Pic Gaspard.	Le Casset (1512 m), Weiler im obersten Guisanetal, 17 km von Briançon (1326 m, 🚌).	Le Casset – Col d'Arsine (2¾ Std.); Abstieg auf dem gleichen Weg (gesamt 4½ Std.)	Rot-weiße Mark., GR 54	–
02 Rund um die Aiguillette du Lauzet Wanderrunde mit prächtiger Aussicht auf das Pelvoux-Massiv (Massif des Ecrins).	Pont de l'Alpe (1710 m) an der Strecke zum Col du Lautaret, 20 km von Briançon (1326 m, 🚌).	Pont de l'Alpe – Alpe du Lauzet (1940 m; ¾ Std.) – »Sentier du Roy« – Col de l'Aiguillette (2534 m; 3 Std.) – Col du Chardonnet (2638 m; 3½) – Alpe du Lauzet – Pont de l'Alpe (5 Std.)	GR 50 und GR 57 rot-weiße Mark., sonst teilweise schlecht bez.	–
03 Crête de Peyrolle, 2645 m Große Wanderrunde an dem felsigen Kamm zwischen Guisane- und Claréetal. Herrliche Aus- und Tiefblicke.	Les Etieux (1847 m), Zufahrt von Briançon (1326 m, 🚌) über die schmale und kurvenreiche D 232T, ca. 7 km.	Les Etieux – Croix de Toulouse (1962 m) – Grande Peyrolle (2645 m; 2½ Std.) – Col de Barteaux (2382 m; 3¾ Std.) – Les Etieux (6½ Std.)	Gratweg rot-weiß, GR 5C	–
04 Lac Blanc, 2695 m Ausgedehnte Talwanderung in wildromantischer Kulisse; kleiner Abstecher zum Col du Vallon (2645 m; ½ Std.) empfehlenswert.	Névache (1650 m, 🚌) im Vallée de la Clarée, 21 km von Briançon.	Névache – Chalets du Vallon (2174 m; 2 Std.) – Lac Blanc (4 Std.); Abstieg auf dem gleichen Weg (gesamt 7 Std.)	GR 57A, rot-weiße Mark.	–
05 Mont Thabor, 3178 m Berühmter Aussichtsgipfel zwischen den großen Westalpenmassiven der Vanoise und des Pelvoux. Im Frühsommer meistens noch Schnee am Schlußanstieg.	Granges de la Vallée Etroite (1765 m), Zufahrt von Bardonecchia 10 km, von Briançon über den Col de l'Echelle (1762 m) 35 km.	Granges de la Vallée Etroite – Maison des Chamois (2118 m; 1½ Std.) – Col des Méandes (2719 m; 3½ Std.) – Mont Thabor (4¾ Std.); Abstieg auf dem gleichen Weg (gesamt 7¼ Std.)	Rot-weiße Mark., teilweise GR 57	Granges de la Vallée Etroite (1765 m)
06 Sommet du Charra, 2844 m Interessante Runde am Grenzkamm zu Italien; Aufstieg zum Col de la Grande Hoche über einen rekonstruierten Kriegssteig (»Ferrata degli Alpini«). Am Gipfelgrat leichte Felsen; insgesamt anspruchsvolle Tour, aber kein echter Klettersteig.	Plampinet (1482 m, 🚌), Weiler im Vallée de la Clarée, 15 km von Briançon. Sträßchen ins Val des Acles gesperrt.	Plampinet – St-Roch (1846 m; 1¼ Std.) – Col des Acles (2212 m) – Passo della Mulattiera (2412 m; 2¾ Std.) – Col de la Grande Hoche (2642 m) – Sommet du Charra (4¼ Std.) – Col de la Grande Hoche – Val des Acles – Plampinet (7¼ Std.)	GR 5B mit rot-weißen Mark. bis in den Col des Acles, dann nurmehr spärliche Bez.	–
07 Mont Chaberton, 3131 m Stattlicher Dreitausender, ganz unverkennbar mit seiner »Festungskrone«, großes Panorama.	Montgenèvre (1850 m, 🚌), Skistation am gleichnamigen Alpenübergang (Briançon – Susa).	Montgenèvre – Sept Fontaines (2253 m; 1½ Std.) – Col du Chaberton (2674 m; 2¾ Std.) – Mont Chaberton (4¼ Std.); Abstieg auf dem gleichen Weg (6¾ Std.)	Bis zum Col du Chaberton rot-weiße Mark., dann alte Kriegsstraße	–
08 Sommet des Anges, 2459 m Die Festungstour! Briançon, selbst Festung, ist von einem ganzen Kranz von Forts umgeben. Besichtigung teilweise möglich, schöne Aussicht über das Briançonnais. Läßt sich beliebig variieren. Praktisch: ein Bike!	Briançon (1326 m, 🚌), malerisches Städtchen, mauerumgürtet und von einer Zitadelle überragt.	Briançon – Fort de Randouillet (1604 m; 1½ Std.)- Fort d'Anjou – Fort de l'Infernet (2377 m; 3½ Std.) – Fort du Gondran (2459 m; 5 Std.) – Poët Morand (1929 m) – Briançon (8 Std.)	Militärstraßen	–
09 Refuge du Glacier Blanc, 2542 m Beliebte Hüttenwanderung im Pelvoux-Massiv, führt unmittelbar an der Zunge des Glacier Blanc vorbei.	Pré de Madame Carle (1874 m), Zufahrt von Argentière-la-Bessée (978 m, 🚌) durch das Vallouise 24 km.	Pré de Madame Carle – Ref. du Glacier Blanc (2 Std.); Abstieg auf dem gleichen Weg (gesamt 3¼ Std.)	Rot-weiße Mark.	Ref. Cézanne (1874 m), Ref. du Glacier Blanc (2542 m)
10 La Blanche, 2953 m Einer der schönsten Aussichtsgipfel des Briançonnais; Aufstieg etwas monoton, Panorama superb.	Puy-Aillaud (1580 m), Weiler im unteren Vallouise, 15 km von Argentère-la-Bessée (978 m, 🚌).	Puy-Aillaud – Croix du Chastellet (2475 m; 2½ Std.) – La Blanche (4 Std.); Abstieg auf dem gleichen Weg (gesamt 6½ Std.)	Mark. Weg	–
11 Crête de Gilly, 2576 m Leichte Höhenwanderung; schöner Blick über das Queyras, im Süden der Monviso (3841 m).	🚠 Bergstation des Gilly-Sessellifts (2150 m), Talstation Abriès (1538 m, 🚌).	Liftstation – Gilly (2467 m; 1 Std.) – Crête de Gilly – La Monta (1661 m; 3¼ Std.) – Abriès (4½ Std.)	Rot-weiß, GR 58D	Ristolas (1604 m)
12 Le Pain de Sucre, 3208 m Grenzgipfel mit großem Panorama der Cottischen Alpen; dominierend der Montviso. Einige leichte Kletterstellen (I), viel Geröll.	Ref. Agnel (2580 m) an der Nordwestrampe der Straße zum Col Agnel (2744 m), 23 km von Château-Queyras.	Ref. Agnel – Col Vieux (2806 m; 1 Std.) – Pain de Sucre (2½ Std.); Abstieg auf dem gleichen Weg (gesamt 4 Std.)	Mark. Weg	Ref. Agnel (2580 m)
13 Tête de la Cula, 3121 m Ein malerisches Tal und ein schöner Gipfel, dazu im Frühsommer eine üppige Flora – und viel Bergesruh'.	Parkplatz im Val Cristillan (Les Claux, 2010 m), 7 km von Ceillac (1643 m, 🚌).	Les Claux – Ancienne Cabane des Douanes (2620 m; 2¼ Std.) – Tête de la Cula (3¾ Std.); Abstieg auf dem gleichen Weg (gesamt 6 Std.)	Spärlich bez.	–

Alle Wanderungen auf einen Blick

Tourenziel/Charakteristik	Ausgangspunkt	Wegverlauf & Gehzeit	Markierung	Einkehr am Weg
14 La Mortice Nord, 3186 m Anspruchsvolle Runde in grandioser Kulisse; am Übergang vom Lac Vert über den Nordrücken der Mortice (3186 m) leichte Kletterpassagen (I–II). Beide Pässe sind für sich lohnende Wanderziele.	Val d'Escreins (1781 m), Zufahrt von Guillestre (1040 m, 🚌) 12 km. Wanderparkplatz im Naturpark Val d'Escreins.	Val d'Escreins – Col des Houerts (2871 m; 3¼ Std.) – Lac Vert (2677 m; 3½ Std.) – Scharte (3061 m; 4¾ Std.) – Mortice Nord – Col de Sarenne (2674 m; 6 Std.) – Vallon Laugier – Val d'Escreins (8¼ Std.)	Beide Paßwege mark., Übergang nur ein paar Steinmännchen.	–
15 Pic d'Escreins, 2734 m Landschaftlich sehr reizvolle, aber ziemlich lange Gipfeltour; besonders dankbar die Überschreitung nach Ceillac (gesamt 6½ Std.).	Val d'Escreins (1781 m), Zufahrt von Guillestre (1040 m, 🚌) 12 km. Wanderparkplatz im Naturpark Val d'Escreins.	Val d'Escreins – Südwestsporn Sommet de Cugulet (2201 m; 2 Std.) – Sommet de Cugulet (2520 m; 3 Std.) – Pic d'Escreins (4 Std.); Abstieg auf dem gleichen Weg (gesamt 7 Std.)	Mark. Weg	–
Rund um Gap				
16 Mont Guillaume, 2550 m Der schönste Aussichtsberg des Embrunais; faszinierend der Blick auf den mehrarmigen Stausee von Serre Ponçon.	Chalets de Pré Clos (1587 m), Zufahrt von Embrun (870 m, 🚌) 11 km. Wanderparkplatz.	Chalets de Pré Clos – Les Séyères – Mont Guillaume (3 Std.) – Col de Trempa-Latz (2537 m; 3½ Std.) – Chalets de Pré Clos (5¼ Std.)	Wegsuche erforderlich, da schlecht mark.	–
17 Le Pouzenc, 2898 m Einsamer Gipfel über dem des Vallon de Muretier; mühsam, aber lohnend. Große Schau vom Gipfel. Trittsicherheit und Erfahrung in weglosem Gelände wichtig.	Station Les Orres (1618 m, 🚌), Zufahrt von Embrun 17 km.	Les Orres – Source de Jérusalem (1960 m; 1½ Std.) – Col de Pouzenc (2678 m; 3¾ Std.) – Pouzenc (4½ Std.); Abstieg auf dem gleichen Weg (gesamt 7½ Std.)	Rote Mark.	–
18 Val de la Muande Etwas für Liebhaber einsamer Wandertage; herrliche Flora, Überreste der aufgegebenen Berglandwirtschaft. Ausdauer für die lange Rundtour notwendig.	Molines-en-Champsaur (1222 m), 10 km von St-Bonnet via La-Motte-en-Champsaur. Parkplatz vor dem Weiler.	Parkplatz – Val de la Muande – Cabane de Londonnière (1532 m) – Le Sellon – Bois du Roy – Parkplatz (7 Std.)	Schlecht bez. Weg, etwas für Spurensucher	–
19 Refuge de Vallonpierre, 2271 m Interessante Hüttenrunde unter der wilden, stark vergletscherten Nordflanke des Sirac (3440 m). Vom Ref. de Chabournéou Prachtblick über das innere Valgaudemar.	Ref. Xavier Blanc (1399 m) im innersten Valgaudemar, Zufahrt über La Chapelle-en-Valgaudemar (1091 m, 🚌).	Ref. Xavier Blanc – Ref. de Vallonpierre (2¾ Std.) – Ref. de Chabournéou (4¼ Std.) – Ref. Xavier Blanc (5¾ Std.)	Rot-weiße Mark.	Ref. Xavier Blanc (1399 m), Ref. de Vallonpierre (2271 m), Ref. de Chabournéou (2050 m)
20 Col de Chétive – Chaudun, 1313 m Ausgedehnte Wanderrunde im Dévoluy, vom Bois Poligny ins Tal des Petit Buëch. Mufflonkolonie, reiche Flora, Versteinerungen.	Bois de Poligny (ca. 1375 m), Zufahrt von St-Bonnet (1025 m, 🚌) via Poligny ca. 8 km. Parkplatz.	Bois de Poligny – Col de Chétive (Kote 1858 m oberhalb; 1¾ Std.) – Petit Buëch (1266 m) – Chaudun – Col de Chétive (6 Std.) – Bois de Poligny (7½ Std.)	Mark. Wege, teilweise GR 93 rot-weiß	–
21 Bric de Bure, 2709 m Höchster Punkt der Montagne d'Aurouze mit großem Panorama, eigenartiges Hochplateau (oft sehr windig). Am Westgipfel (2563 m) Radioteleskop.	Maison des Sauvas (1343 m), Zufahrt von Montmaur an der Strecke Gap – Serres über den Col des Gaspardon (1433 m) 10 km.	Maison des Sauvas – Bric de Bure (4¼ Std.); Abstieg auf dem gleichen Weg (gesamt 7 Std.)	Rot-weiße Mark., GR 94B	–
22 Cirque d'Archiane, 1160 m Eindrucksvoller Talschluß im Süden des Vercors, von hohen Wänden und bizarren Felsen umschlossen. Vom Belvédère phantastischer Blick auf den Cirque.	Archiane (784 m), Zufahrt von Menée (636 m, 🚌) an der Strecke Clelles – Châtillon-en-Diois 5 km. Parkplatz vor dem Weiler.	Archiane – Abzweigung vor Bénevise (1 Std.) – Belvédère (1160 m; 1½ Std.); Abstieg auf dem gleichen Weg (gesamt 2¾ Std.)	Bis Bénevise GR 93 rot-weiß, dann unmarkiert, aber Wegzeiger	Archiane (784 m)
23 Pic de Céüse, 2016 m Wie ein Hörnchen gebogener Bergkamm im Westen von Gap mit schönem Mischwald. Exponierte Bänder am Pas du Loup.	Manteyer (1013 m; 🚌), Zufahrt von Gap 11 km.	Manteyer – Pic de Céüse (3 Std.); Abstieg auf dem gleichen Weg (gesamt 5 Std.).	Gelbe Mark.	–
Ubaye				
24 Les Eaux Tortes, 2251 m Rundwanderung im Südwesten von Barcelonnette, stimmungsvolle Landschaft unter den kahlen Gipfeln der Trois Evêches (2819 m) und des Tête de l'Estrop (2927 m). Uraltes Bauernland, mäandernde Bäche.	Abbaye de Laverq (ca. 1580 m), schmale Zufahrt von Le Martinet (972 m) an der Strecke Lac de Serre Ponçon – Barcelonnette, 10 km.	Laverq – Plan Bas (1839 m; 1¾ Std.) – Les Eaux Tortes (3 Std.) – Cabane de la Séléta (2243 m; 3½ Std.) – Plan Bas (4¼ Std.) – Laverq (5¾ Std.)	Gut mark. Wege	Laverq

Alle Wanderungen auf einen Blick

Tourenziel/Charakteristik	Ausgangspunkt	Wegverlauf & Gehzeit	Markierung	Einkehr am Weg
25 Grande Séolane, 2909 m Aussichtsreiche Kamm- und Gipfelwanderung über den Tälern der Ubaye und des Verdon. Sehr sonnig, zuletzt leichte Felspassagen (I).	Col d'Allos (2240 m), Übergang von Barcelonnette (1136 m, 🚍) ins Hochtal des Verdon.	Col d'Allos – Tête de Vescal (2516 m; 1 Std.) – Col de la Sestrière (1½ Std.) – Col des Thuiles (2376 m; 2¼ Std.) – Grande Séolane (4¼ Std.); Rückweg auf der gleichen Route (gesamt 7½ Std.)	Rot-weiß mit GR 56 bis Col des Thuiles, dann gelbe Bez.	Col d'Allos (2240 m)
26 Lac des Neuf Couleurs, 2841 m Hütten- und Seenwanderung vor grandioser Hochgebirgskulisse. Geübte besteigen vom Ref. du Chambeyron aus den Pointe d'Aval (3320 m; 2½ Std., Spur).	Fouillouse (1907 m), Weiler im obersten Ubayetal, 7,5 km von St-Paul (1466 m, 🚍)	Fouillouse – Ref. de Chambeyron (2½ Std.) – Lac des Neuf Couleurs (3½ Std.); Abstieg auf dem gleichen Weg (gesamt 5¾ Std.)	Rot-weiße Mark.	Ref. de Chambeyron (2626 m)
27 Bric de Rubren, 3340 m Großes Gipfelziel im Hauptkamm der Cottischen Alpen, grandios-einsame Landschaft. Viel Ausdauer notwendig. Für Konditionsriesen Rückweg über Pas de Salsa (3175 m) und Lac du Loup möglich (10 Std.).	Maljasset (1910 m), hinterster Weiler im Ubaye, 36 km von Barcelonnette (1136 m, 🚍).	Maljasset – Ubayebrücke (2196 m; 1¾ Std.) – Cabane de Rubren (2449 m; 2¼ Std.) – Pas de Mongioia (3085 m; 4¼ Std.) – Bric de Rubren (5¼ Std.); Abstieg auf dem gleichen Weg (gesamt 8¾ Std.)	Mark. Weg	–
28 Rund um die Rochers de St-Ours Faszinierendes Ödland: Felsen, Geröll – und darüber der blaue Himmel der Provence. Ausdauer erforderlich.	St-Ours (1775 m), Weiler im Hochtal der Ubayette; Zufahrt von Barcelonnette via Jausiers und Meyronnes, 25 km.	St-Ours – Col du Vallonnet (2524 m; 2¼ Std.) – Fouillouse (1907 m; 3¾ Std.) – Col de Mirandol (2433 m; 5½ Std.) – St-Ours (6¾ Std.)	Mark. Wege, GR rot-weiß	Fouillouse (1907 m)
29 Lac de l'Orrenaye, 2411 m Gemütliche Talwanderung, stimmungsvoll der Lac de l'Orrenaye, faszinierend der wildzerklüftete Bergstock des Tête de Moïse.	Parkplatz (1948 m) am Col de Larche, knapp vor der Scheitelhöhe, von Barcelonnette 33 km.	Col de Larche – Lac de l'Orrenaye (2 Std.); Abstieg auf dem gleichen Weg (gesamt 3½ Std.)	Mark. Weg	–
30 Dormillouse, 2505 m Aussichtsgipfel über dem untersten Ubayetal mit Tiefblick auf den Lac de Serre Ponçon, in Verbindung mit der Seenrunde besonders lohnend. Ab Col de St-Jean gesamt 8 Std.	🚡 Bergstation der Télésiège du Plateau (1850 m), Talstation Col de St-Jean (1333 m) an der Strecke Le Lauzet-Ubaye – Seyne.	Liftstation – Dormillouse (2 Std.) – Lac du Milieu (2053 m; 3 Std.) – Vallon de Provence – Col Bas (2153 m; 4 Std.) – Liftstation (5¼ Std.)	Mark. Wege	–

Rund um Digne, Verdon

Tourenziel/Charakteristik	Ausgangspunkt	Wegverlauf & Gehzeit	Markierung	Einkehr am Weg
31 Pic des Têtes, 2661 m Hauptgipfel der Montagne de la Blanche mit großer Schau auf die Bergketten des Ubaye und der Gegend um Digne. Viel Geröll, zum Gipfel hin brüchige Felsen.	Fahrweg zur Cabane de Mulets; Parkmöglichkeit bei der Brücke hinter den Häusern von Les Martins (ca. 1460 m), 7 km von Seyne.	Les Martins – Cabane des Mulets (1710 m; 1½ Std.) – Pic des Têtes (4 Std.); Abstieg auf dem gleichen Weg (gesamt 6½ Std.)	Mark. Route	–
32 Les Monges, 2111 m Recht ausgedehnte, abwechslungsreiche Wanderung auf einen dankbaren Aussichtsgipfel. Stimmungsvoll der Lac des Monges.	Barles (998 m, 🚍), kleines Dorf an der Strecke Digne-Seyne. Sehenswert: die Clues de Barles.	Barles – Col de Clapouse (1692 m; 2¼ Std.) – Lac des Monges (1544 m; 3 Std.) – Les Monges (5 Std.) – Col de Clapouse (5¾ Std.) – Barles (7 Std.)	Gelbe Mark., GR 6 rot-weiß	–
33 Sommet de Cousson, 1516 m Belvedere über dem weiten Talbecken von Digne. Die Gegend ist geologisch hochinteressant; es besteht ein 1500 Quadratkilometer großes »Réserve Géologique«.	Digne-les-Bains (608 m, 🚍), Lavendelstadt an der Bléone. Sehenswert: Historischer Ortskern, Museum der Orientalistin Alexandra David-Neél.	Digne – Sommet de Cousson (2¾ Std.); Abstieg auf dem gleichen Weg (gesamt 4½ Std.)	Gelbe und rot-weiße Mark.	–
34 Gorges du Trévans Spannende Klammwanderung, Schwindelfreiheit und ein sicherer Tritt sind wichtig. Kurze gesicherte Passage; alternativ Rückweg von der Naturbrücke via Gros Jas (914 m) und Trévans möglich (mark.).	Estoublon (508 m, 🚍), Dorf im Tal der Asse, 21 km von Digne. Auf schmalem Sträßchen taleinwärts, 4 km bis zum Ausgangspunkt des Schluchtweges.	Parkplatz – St-André – Gorges du Trévans – Pont de Tuf (806 m; 3 Std.) – Tourquet – Parkplatz (5¼ Std.)	Gute Mark. rot, gelb und grün	–
35 Le Chiran, 1905 m Einer der schönsten Aussichtspunkte der Region; am Gipfel Observatorium (Übernachtung mit Blick ins Firmament möglich, Infos in Castellane).	Blieux (965 m), Zufahrt von Barrême (720 m) via La Tuilière (809 m) 15 km.	Blieux – Le Villard (1356 m) – Portail de Blieux (1595 m; 3 Std.) – Chiran (4 Std.); Abstieg auf dem gleichen Weg (gesamt 7 Std.)	Mark. Wege	Blieux (965 m)
36 Sentier Martel Die Tour im Grand Canyon du Verdon schlechthin; Trittsicherheit erforderlich, für die Tunnels Taschenlampe. Im Sommer sehr heiß!	Chalet de la Maline (893 m) an der »Route des Crêtes«, 33 km von Castellane. Rückfahrt vom Point Sublime per Taxi.	Chalet de la Maline – »Sentier Martel« – Brèche Imbert (710 m) – Point Sublime (6 Std.)	Mark., nicht zu verfehlen!	Chalet de la Maline (893 m), Point Sublime

Alle Wanderungen auf einen Blick

Tourenziel/Charakteristik	Ausgangspunkt	Wegverlauf & Gehzeit	Markierung	Einkehr am Weg
37 Sentier de l'Imbut Kürzer, aber etwas anspruchsvoller als der »Sentier Martel«, am »Sentier de l'Imbut« gesicherte Passagen, ebenso im Aufstieg zur »Corniche Sublime«.	Auberge des Cavaliers (802 m) an der »Corniche Sublime«, 40 km von Castellane.	Cavaliers – Passerelle de l'Estellié (zerstört, ¾ Std.) – Imbut (2¼ Std.) – »Corniche Sublime« (3¼ Std.) – Cavaliers (4 Std.)	Mark. Wege	Auberge des Cavaliers (802 m)
38 Cadières de Brandis, 1545 m Abwechslungsreiche Runde, die ein gutes Bild der provenzalischen Berglandschaft vermittelt. Einige originelle Passagen, der höchste Punkt des Bergstocks (1626 m) wird nicht betreten. In den Wäldern der Region zahlreiche Wildschweine (sangliers).	Col des Lèques (1146 m, 🚌), Übergang von Castellane nach Barrême an der »Route Napoléon«.	Col des Lèques – Crête de Colle Bernaiche – Cadières de Brandis (1¾ Std.) – Col des Lèques (3¾ Std.)	Gelbe Mark.	Col des Lèques (1146 m)
39 Mont Pelat, 3050 m Geröllhaufen mit großer Aussicht, unbedingt früh starten (Sonne)! Auch die Wanderung zum Lac d'Allos sehr lohnend. Alternativer Ausgangspunkt ist der Col de la Cayolle (2326 m), 2¾ Std. über den Col de la Petite Cayolle, mark.	Parkplatz am Endpunkt des Serpentinensträßchens zum Lac d'Allos (ca. 2100 m), 13 km von Allos (1425 m, 🚌).	Parkplatz – Lac d'Allos (2230 m; ½ Std.) – Mont Pelat (3 Std.); Abstieg auf dem gleichen Weg (gesamt 5 Std.)	Mark. Weg	Ref. du Lac d'Allos (2250 m)
40 Gorges de St-Pierre Abwechslungsreiche Höhen- und Klammwanderung; ein sicherer Tritt und Schwindelfreiheit sind unerläßlich. Viele Gemsen, im Frühsommer eine reiche südalpine Flora.	Beauvezer (1150 m, 🚌), Dorf am Verdon, 24 km von St-André-les-Alpes.	Beauvezer – Le Couguyon (2147 m; 3 Std.) – Cabane de Chabanal (1905 m; 4 Std.) – Gorges de St-Pierre – Villars Heyssier (6 Std.) – Beauvezer (6½ Std.)	Mark. Wege	–
41 Sommet de la Mulatière, 2283 m Wanderrunde an dem hohen Kamm der Montagne du Cheval Blanc; schöne Kiefernwälder. Ausdauer notwendig.	Château Garnier (1098 m, 🚌) bei Thorame-Basse (1126 m), Zufahrt von St-André-les-Alpes 14 km.	Château Garnier – Cabane du Cheval Blanc (1850 m; 2½ Std.) – Sommet de la Mulatière (2283 m; 4½ Std.) – Baisse de Paluet (2197 m; 4¾ Std.) – Château Garnier (7¾ Std.)	Mark. Wege	–
Seealpen				
42 Rund um die Montagne de l'Estrop Abwechslungsreiche Wanderrunde durch eine einsame Bergregion von archaischer Wildheit. Am Col de la Roche Trouée leichte Felsen.	Ref. d'Estenc (1845 m) an der Straße von Entraunes zum Col de la Cayolle.	Ref. d'Estenc – Col de la Roche Trouée (2¾ Std.) – Ref. de Gialorgues (3¼ Std.) – Col de Gialorgues (2519 m; 4 Std.) – Ref. d'Estenc (5¾ Std.)	Mark. Wege	Ref. d'Estenc (1845 m), Ref. de Gialorgues (2283 m)
43 Ravin de la Grave Interessantes, sehr abgelegenes Hochtal; malerisches Alpdörfchen Aurent, Überreste einer Römersiedlung bei Argenton, Kastanienhaine. Lohnende Abstecher von Aurent zu den Cascades de Coulomp (1 Std.) und zu den verfallenen Cabanes de Pray (1597 m; 1½ Std.).	Col de Fam (1320 m), Zufahrt von Enriez via Castillet-les-Sausses knapp 10 km. Unbedingt sehenswert: Daluis-Schluchten.	Col de Fam – Aurent (1212 m; 1¼ Std.) – Argenton (1323 m; 2½ Std.) – Col de Fam (4 Std.)	Spärlich mark. Wege	Argenton (1323 m)
44 Mont Mounier, 2817 m Mächtiger Bergstock zwischen den Tälern des Var und der Tinée, luftiger Gipfelgrat. Gute Kondition unerläßlich.	Beuil (1442 m), Ferienort im Quellgebiet des Cians, 22 km von der Pont de Cians (Varstal). Unbedingt besuchen: Gorges du Cians.	Beuil – Col des Moulinés (1981 m; 2 Std.) – Petit Mounier (2727 m; 4¼ Std.) – Mont Mounier (4¾ Std.); Abstieg auf dem gleichen Weg (gesamt 8 Std.)	Mark. Wege, z.T. rot-weiß auf dem GR 5	–
45 Lacs de Vens, 2327 m Seenwanderung auf einem alten Militärweg.	Parkplatz »Vens« (ca. 1540 m) an der Straße zur Bonette, 8 km.	Vens – Lacs de Vens (3 Std.); Abstieg auf dem gleichen Weg (gesamt 5 Std.)	Mark. 21, 23	Ref. de Vens (2380 m)
46 Refuge de Rabuons, 2523 m Herrlich gelegene Hütte am Lac Rabuons; von der Hütte besteigen Geübte in 2½ Std. den Mont Ténibre (3031 m), den höchsten Gipfel der Gegend (mark., leichte Felsen).	St-Etienne-de-Tinée (1161 m, 🚌), Ferienort im oberen Tinéetal.	St-Etienne-de-Tinée – Ref. de Rabuons (4 Std.); Abstieg auf dem gleichen Weg (gesamt 6¾ Std.)	Mark. Weg	Ref. de Rabuons (2523 m), bew. Mitte Juni bis Mitte Sept.
47 Cime de la Valette de Prals, 2496 m Lohnende Gipfelüberschreitung vor dem Hauptkamm der Alpes Maritimes. Teilweise weglos.	Madone de Fenestre (1903 m), Zufahrt von St-Martin-Vésubie (960 m, 🚌) 13 km.	Madone de Fenestre – Baisse de Prals (2339 m; 1¾ Std.) – Cime de la Valette de Prals (2¼ Std.) – Baisse de Ferisson (2254 m; 3 Std.) – Madone de Fenestre (4 Std.)	Mark. Wege	Ref. de la Madone de Fenestre (1903 m)

Alle Wanderungen auf einen Blick

Tourenziel/Charakteristik	Ausgangspunkt	Wegverlauf & Gehzeit	Markierung	Einkehr am Weg
48 Mont Clapier, 3045 m Südlichster Dreitausender der Alpen mit großem Panorama bis nach Korsika und zu den Walliser Viertausendern.	Vallon de la Gordolasque, Zufahrt aus dem Vésubietal via Belvédère bis zum Pont du Countet (1670 m) 19 km.	Pont du Countet – Ref. Nice (2 Std.) – Mont Clapier (5 Std.); Abstieg auf dem gleichen Weg (gesamt 8 Std.)	Hüttenweg rot-weiß bez., zum Gipfel Steinmännchen	Ref. de Nice (2232 m), bew. Mitte Juni bis Ende Sept.
49 Vallée des Merveilles; Baisse de Valmasque, 2549 m Wanderklassiker in den Seealpen. Hochinteressante Felszeichnungen im Vallée des Merveilles und am Mont Bégo (2872 m). Ausdauer notwendig.	Lac des Meches (1390 m), Zufahrt von St-Dalmas-de-Tende (696 m, 🚆) 10 km. Parkplatz.	Lac des Meches – Ref. des Merveilles (2¾ Std.) – Baisse de Valmasque (4½ Std.) – Ref. de Valmasque (5¾ Std.) – Casterino (1543 m; 7½ Std.) – Lac des Meches (8¼ Std.)	Rot-weiße Mark.	Ref. des Merveilles (2111 m), Ref. de Valmasque (2221 m), Casterino (1543 m)

Meine Favoriten

07 Sommet du Charra, 2844 m
Kriegswege – Grenzwege

Die »Ferrata degli Alpini« ist eine Hinterlassenschaft der Geschichte, allerdings stammt sie – im Gegensatz zum berühmten »Alpinisteig« in den Sextener Dolomiten – aus dem Zweiten Weltkrieg. Bergwanderer brauchen nun nicht zu erschrecken; was da hochtrabend als Klettersteig daherkommt, ist in Wirklichkeit eine aussichtsreiche Panoramastrecke durch die zerklüfteten Nordabstürze des Sommet du Charra (Punta Charra). Die »Ferrata« folgt im wesentlichen einem markanten, mit Drahtseilen versehenen Felsband, das, fast überall meterbreit, auf den Col de la Grande Hoche mündet. Faszinierend die Ausblicke, hinab ins Talbecken von Bardonecchia und auf den Kranz der Dreitausender mit dem Mont Thabor als Blickfang. Noch umfassender ist natürlich die Schau vom Gipfel, südlich bis zum Monviso, nach Westen hin vom eisgepanzerten Pelvoux-Massiv dominiert.

➡ Die interessante Gipfelrunde beginnt auf der Schotterpiste, die von Plampinet über ein paar Serpentinen ins Val des Acles fuhrt. Hinter der winzigen Kapelle St-Roch links ab und, den rot-weißen Markierungen folgend, hinauf in die weite Senke des Col des Acles. Anschließend auf einer schotterigen Trasse leicht steigend zum Passo della Mulattiera (2412 m). Hier weist ein Schild zur »Ferrata degli Alpini«: erst im Zickzack bergan, anschließend auf dem breiten Diagonalband (Drahtseile) durch die gesamte Nordflanke des Sommet du Charra bis in den Col de la Grande Hoche (2642 m). Aus der Scharte rechts und am breiten Grat entlang mit ein paar ganz leichten Felspassagen (I) zum Gipfel.
Zurück zum Paß, dann südseitig auf einem unmarkierten, aber deutlichen Weg über

ein paar Serpentinen abwärts und in längerer Querung durch die Südflanke des Bergstocks zurück in den Col des Acles, wo man auf den Anstiegsweg stößt.

14 Mortice Nord, 3196 m
Am End' der Welt

Eine Tour der Superlative: länger, anstrengender, einsamer und noch schöner. Wer's wagt und gut drauf ist, erlebt einen garantiert unvergeßlichen Tag. Den Auftakt macht der Weg aus dem Val d' Escreins hinauf zum Col de Houerts. Dahinter versteckt sich der grandiosweltabgeschiedene Talkessel des Lac Vert, dem man kraxelnd über eine Schrofenflanke entsteigt. Es folgt die Kammüberschreitung zur Mortice Nord (Aussicht!) und schließlich, nach dem Abstieg in den Col de Sarenne, die gemütliche Wanderung durch das Murmeltiertal hinaus und hinab zum Ausgangspunkt, mit einem prächtigen Himbeerschlag zum guten Schluß. Bon appétit!

➡ Die große Runde startet im Naturschutzgebiet des Val d'Escreins als gemütliche Talwanderung, teilweise schattig und mit Aussicht auf den zerklüfteten Bergstock der Pics de la Fonte Sancte (3385 m). Unter dem Zackengrat der Montagne de la Selette steigt der Weg in Serpentinen über einen Hang an zum obersten Talboden, schließlich über Geröll in den Col des Houerts (2871 m). Dahinter auf einer Spur kurz abwärts zum Lac Vert, dann durch eine Steilrinne in leichter Kletterei (unmark., I–II) mühsam hinauf in die Karmulde unter dem Pic des Houerts (3235 m) und links in eine namenlose Scharte (3061 m). Achtung: Nun nicht jenseits absteigen, sondern links am Grat auf die Nordkuppe der Mortice (Steinmann). Vom Gipfel südseitig über Felsstufen und Geröll abwärts zum Col de Sarenne (2674 m). Hier stößt man auf einen guten Weg, rot-weiß markiert, der durch den Vallon Laugier hinausläuft. Zuletzt über die Combe de l'Ubac im Zickzack bergab ins Val d'Escreins. Dabei bietet sich nochmals freie Sicht auf die »Einsamkeitsberge« rund um das Val d'Escreins.

Fernab aller Trampelpfade, Einsamkeit pur: der Lac Vert vor der Aiguille de Chambeyron (3411 m).

Meine Favoriten

Die größte Schlucht der Alpen: der Grand Canyon du Verdon.

36 Sentier Martel

Durch die größte Schlucht der Alpen

Mit dem Grand Canyon muß man sie ja nicht unbedingt vergleichen, die Verdon-Schlucht, aber in Amerika – das wissen wir – ist sowieso alles etwas größer. Für alpine Verhältnisse sind die Dimensionen des Grand Canyon du Verdon einmalig: rund 25 Kilometer lang, bis 900 Meter tief in das Plateaugebirge eingegraben, mit schwindelerregenden Felsabstürzen. Nicht zufällig schwärmen Kletterer von diesen Wänden; drunten im Verdon tummeln sich die Kanuten. Für die Wanderer hat der französische Touringclub einen Klammweg angelegt, vom Chalet de Maline zum Point Sublime sechs Erlebnisstunden lang, mit einigen spektakulären Passagen, etwa an der romantischen Brèche Imbert mit ihren steilen Leitern. Achtung: Im Sommer kann's in der Schlucht sehr heiß werden; also ausreichend Getränke mitnehmen!

➡ Vom Chalet de la Maline zunächst in Kehren steil hinab zum Verdon. Die Abzweigung zur Hängebrücke von Estellié (zerstört) bleibt rechts; der »Sentier Martel« führt flußaufwärts durch den romantischen Pas des Cavaliers. Dahinter geht rechts der Stichweg zur Mescla ab (sehr lohnend, 30 Min. hin und zurück). Nun steil hinauf zur Brèche Imbert mit einmaligem Tiefblick auf den Verdon. Aus der Scharte über 249 Leiterntritte steil, aber nicht ausgesetzt abwärts, unter Felsen hindurch und mit einer kurzen Gegensteigung zum »Plage«. Nun etwa zwei Kilometer fast eben flußaufwärts zum Chaos de Trescaïre und durch einen 100 Meter langen Tunnel weiter zum wildesten Engpaß der Klamm, dem Couloir Samson. Zwischen den himmelhoch ragenden Felsmauern, verschwindet der »Sentier Martel« erneut im Berg (Leiternzugang zur Taubenhöhle). Schließlich über Treppen hinunter zum Verdon, kurz an seinem Ufer entlang und hinauf zum Point Sublime, wo der Weg endet. Zurück zum Chalet de Maline per Taxi.

39 Mont Pelat, 3050 m

Der Wüstenberg

Schön ist der Berg auf gar keinen Fall, und dennoch geht von dem mächtigen Geröllhaufen eine eigenartige Faszination aus. Hier zeigt sich der Süden der Westalpen von seiner »afrikanischen« Seite, als Steinwüste unter sengender Sonne. Was für ein Kontrast zu dem von lichtem Lärchenwald umrahmten, türkisblauen Lac d'Allos! Wichtig: Früh losgehen, denn im Sommer verwandelt sich der Schutthang in einen riesigen Glutofen. Getränke!

➡ Die Gipfeltour beginnt am Nordufer des Sees, zu dem man vom Endpunkt der Straße leicht in einer halben Stunde aufsteigt. Zunächst fast eben in den Graben von Méouille, dann im weiten Bogen zu einer Weggabelung. Hier links zur Barre du Pelat, zwischen den Felsstufen hinauf und in weiten Schleifen über den Geröllhang zum Gipfel.

Meine Favoriten

49 Vallée des Merveilles; Baisse de Valmasque, 2549 m

Das Tal der Wunder

Gar keine Frage: eine wunderbare Tour, bestimmt eine der lohnendsten Wanderungen in den Alpes Maritimes, sehr alpin, aber trotzdem bereits geprägt von der Nähe des Mittelmeers. Besucht wird die Gegend ja bereits seit Jahrtausenden, was durch unzählige Felsgravuren im Vallée des Merveilles und am Mont Bégo belegt ist. Am Anstieg vom Refuge des Merveilles zur Baisse de Valmasque kann man einige besonders gut erhaltene Zeichnungen bewundern. Am Paß oben geht der Blick dann über die drei (Stau) Seen, die noch aus der Frühzeit der Wasserkraftnutzung stammen (1909–1915): moderne Zeichen am Berg?

➡ Die große Runde beginnt gemütlich mit dem Anstieg durch den Vallon de la Minière. Etwa auf halber Strecke zwischen dem Lac des Mesches und dem Refuge des Merveilles signalisiert eine große Tafel die Grenze des Nationalparks Mercantour, ein Stück weiter lassen sich dann die ausholenden Schleifen der Fahrspur auf einem schmalen Pfad abkürzen. Hinter der Hütte in einem Bogen ins Vallée des Merveilles, zuletzt steil hinauf in die Baisse de Valmasque (2549 m). Von der Höhe aus kann man den Mont Bégo (2872 m) in etwa 1½ Stunden besteigen (Spur, leichte Felsen).

Aus der Baisse nördlich hinab und auf schönem Weg an den drei Stauseen vorbei. Das Refuge Valmasque bleibt links; über den Serpentinenweg wandert man bergab ins Valmasque und auf einer alten Kriegsstraße hinaus nach Casterino. Zuletzt auf Asphalt zurück zum Lac des Mesches.

Gipfel und Gletscher des Südens: im Pelvoux-Massiv. Blick auf den Pic Coolidge (3774 m).

REGISTER

A abeberg 260
Aare 11
Aareschlucht 258
Abendberg 261
Achensee 61
Achselköpfe 54
Acles, Col des 306, 310
Adamello 197, *202*, 214
Adelboden 261, 264
Adèle Planchard, Ref. 303
Admonter Haus 102, 104
Admonter Kaibling 102
Adolf-Munkel-Weg 162
Adolf-Noßberger-Hütte 123
Aggenstein 27
Agostini, Rif. 200
Ahornspitze 67
Aiárnola, Monte 168
Aiblsattel 90
Aiguille de Chambeyron *310*
Aiguille de l'Epaisseur 299
Aiguille Verte *293*
Aiguille, Mont 301, 303, 304
Aiguilles d'Arves *297*
Aiguillette des Posettes 295
Aiguillette du Lauzet 306
Aiplspitz 56
Albani, Rif. 214
Alben, Monte 213, 214
Albert-Appel-Haus 90
Albert-Heim-Hütte 247
Albertville 295, 298
Albinen 269
Albrunpaß 266
Albula 230
Aletschgletscher 10, 265, 266, 272
Aletschwald 266, 272
Alexander-Enzinger-Weg 81
Allgäu 25
Allières, Les 304
Allos, Lac d' 309, 311
Almageller Alp 268
Almerhorn 128
Almtaler Felsenwege 98
Almweg 2000 155
Alp Grüm 237
Alp Siegl 222
Alpbach 73, 75
Alpbacher Höhenweg 75
Alpe d'Huez 301
Alpe de l'Arp Vieille 281, 284
Alpe Fiorasca 253
Alpe Veglia 277
Alpeiner Ferner 49
Älpelesattel 27
Alpen, Die 10
Alpenrose, Gh. 80
Alpes du Sud 305
Alpi Orobie 211
Alpigia, Passo dell' 217
Alpini, Rif. 5° 210
Alpini, Rif. 7° 167, 170
Alpinsteig *121*, 123, 124
Alpsee 30
Alta Badia 159
Alta via CAI Pontebba 144, 148
Alta via dei Monti Liguri 289

Alta via dell'Adamello 214
Alta via della Valmalenco 210
Alta via No. 1 284
Altar, Passo 200
Altausseer See 92
Altenberg 276
Altipiano del Montasio 140, 142
Altissimo di Nago, Monte *203*, 205, 206
Alvier 224
Am Gampen 38
Amariana, Monte 149
Amberger Hütte 39
Ameisbühel 109
Ameringkogel 112
Ammertenspitz 261, 264
Ampezzaner Dolomiten 168, 175
Andeer 231
Anderleen 114
Anello naturalistico del Grappa 179
Angheraz, Valle d' 170
Ankogel 86, 121
Anlaufalm 99
Anlauftal 84, 86
Anna-Schutzhaus 120
Annecy, Lac d' 279
Anniviers, Val d' 268
Ansbacher Hütte 34
Antelao 169
Antème, Ref. d' 271
Aostatal 279, 283
Apostoli, Rif. XII 200
Appenzeller Land 221
Apriacher Berg 123
Arbiskogel 67
Arcalod 300
Archenkanzel 71
Ardez 236
Ar du Tsan 269
Arfenbüel 223, 225
Argentera, Cima dell' 290
Arigscheis 268
Arlberg 34
Arlhöhe 84
Armelenhütte 39
Arnisee 247
Arnitzalm 131
Arolla 270, 273
Arosa 227, 229
Aroser Höhenweg 229
Aroser Rothorn 229
Arsine, Col d' 306
Arthur-Hartdegen-Höhenweg 154
Arthur-von-Schmid-Haus 122
Arthurhaus 85
Arzker See 186, 189
Ascona 251
Astjoch 162
Attersee 87, *91*
Atzmännig 225
Auernig 122
Auerspitz 56
Äugiweg 261, 264
Augsburger Höhenweg 32
Augsburger Hütte 34
Augstborderi 268

Augstbordhorn 268
Augstenberg 224
Augstmatthorn 259
Aupet, Col de l' 303, 304
Auronzo, Rif. 168, 174
Äußere Steineralm 128
Äußerer Hahlkogel 39
Avanza, Monte 146
Avers 231, 234
Avers-Cresta *227*, 231, 234
Aviola, Monte 212

B aba Grande 140
Bacino del Truzzo 217
Backenstein 90
Bad Gastein 83
Bad Ischl 87
Bad Pfäfers 224
Bad Ragaz 221
Bad Reichenhall 71, 72
Bad Tölz 53, 54
Bailletta, Col de la 299
Baisse de Valmasque 310, 312
Bait del Vescovo 198
Baita Rododendro 198, 201
Baldo, Monte 203, 205
Ball, Passo di 173, 176
Bällehöchst 259
Balme, Col de 271
Balme, Col de 296
Baltschiedertal 268, *272*
Bambasel, Laghi di 178
Bar, Monte 252
Barbellino, Lago 213
Barbeston, Monte 282
Bärenschützklamm 112
Barmer Hütte 128
Bassano del Grappa 177
Bauen 245
Baumgartenschneid 55
Bayreuther Hütte 62
Bayrischzeller Berge 55
Beaufortin 298
Bec du Corbeau 295
Becca d'Avert 281
Becca di Viou 281
Becco di Filadonna 180, 182
Bedin, Biv. 171
Beggilücke 243
Bégo, Mont 310, 312
Begunjščica *133*, 135
Beichlen 248
Bel Lachat, Ref. de 295
Bella Tola 269
Bellard, Col de 299
Belle Etoile, La 295, 296
Belledonne, Chaîne de 301, 304
Belluneser Dolomiten 159
Belluno 167, 170
Belvedere di Mezzodì 170
Benediktenwand 54, 57
Benediktusweg 248
Bérarde, La 303, 304
Berchtesgadener Alpen 69, 71
Berg-Welt-Panoramaweg 75
Bergamasker Alpen 211
Bergell 235, 237
Bergerseehütte 131

Bergkastlspitze 35, 36
Bergseehütte 247
Berliner Höhenweg 66, 68
Berner Alpen *220*
Berner Oberland 257
Bernina 10
Bernina 235, 238
Bernkogel 81
Bertacchi, Rif. 217, 219
Bertahütte 135, 136
Besler 26
Bettelwurfhütte 61
Bettmeralp 266
Bettmergrat 266
Bianco del Gelas, Lago 288, 290
Bianco, Rif. 288
Biberacher Hütte 20
Biberkopf *29*, 31
Bietenhorn 260
Bifertenstock 241, 243
Binasia, Passo 201
Binate, Rif. 219
Bindelweg 171
Birkkarspitze 63
Birnhorn 82
Birnlückenhütte 154
Bischofsmütze 91, 93
Bisse de Lens 270
Bisse de Veran 269
Bisse de Vex 270
Bisse du Ro 270
Bisse du Trient 271
Bistinepaß 267
Bivacco → Eigenname
Bivera, Monte 146
Blanc, Lac (Aiguilles Rouges) 296
Blanc, Lac (Briançonnais) 306
Blanc, Mont 10, 11, 279, *293*
Blanche, La 306
Blankaseen 35
Blankenstein *57*
Blaser 49
Blauberge 55, 61
Blaue Schneid 186, 189, 192
Blaueishütte 71
Blava, Mont 270
Bletterbachschlucht 187
Bleu, Lac 270, 273
Blinnental 266
Blueme 260
Bocca di Savàl 204
Bocca Vecchia 205
Bocchel de Torno 209
Bocchetta Campiglia 182
Bocchetta dei Buoi 213
Bocchetta dei Laghi della Crosa 253
Bocchetta dell'Acqua Fredda 200
Bocchetta di Ruggia 277
Bocchetta di Sascolo 253
Bocchetta di Val Pianella 208
Böckstein 84, 86
Bodenschneid 55
Bodensee 221
Bodenwies 99

Boèhütte 172
Boffalora, Rif. 219
Boglia, Monte 252
Bollettone, Monte 216
Boltigen 263
Bondone 180, 181
Bonelli, Biv. 288, 290
Bonhomme, Col du 296
Bonn-Matreier-Hütte 129
Borgà, Monte 147
Bormio 207
Borromea, La 276
Bosco/Gurin 253, 255
Bosconero, Rif. 169
Böses Weibele 126, *130*
Böses Weibl 123, 127
Bosruck 102
Boussolaz, Mont de 280
Bovški Gamsovec 138, 141
Boymont, Ruine 189
Bozen 183, 185
Branchino, Passo 213
Brandberger Kolm 67
Branderschrofen 30
Brasca, Rif. 217
Braunarlspitze 20, 20, 23
Brauneck 54
Braunedlkogel 88
Brè, Monte 252, 285
Brèche Imbert 308, 311
Brecherspitz 56
Brechhorn 75
Brechsee 38
Bregenzerwald 19, 20
Breitenberg 27
Breitenstein 56
Breithorn 82
Brennerin 88, 91
Brenningerbiwak 157
Brenta 197, 202
Brentei, Rif. 199, 202
Breslauer Hütte 40
Bretthöhe 114, 116
Breuil-Cervinia 281
Brévent, Le 295, 296
Briançon 305
Briançonnais 306
Bric Costa Rossa 289
Bric de Bure 307
Bric de Rubren 308
Bric Froid 286
Bric Ghivert 287
Brienzer Rothorn 248, 250, 258
Brienzer See 257, 258
Brig 267, 273
Brigels 233
Brisen 247
Britanniahütte 268
Brixner Hütte 152, 157
Broglessattel 161
Bronzone, Monte 212
Brudelhorn 266
Bruneck 151
Brunnalpelihöchi 242
Brunnen 245
Brunnenkogelhaus 40
Brunnenkopf 35
Brunnigrätli 232
Brunnital 247
Brunnkogel 88
Brünnstein 56

Brunone, Rif. 214
Bschießer 27
Buchauer Sattel 104
Buchstein *52*, 55
Buchsteinhaus 102, 104
Buchwald 187, 189
Büelenhorn 230
Büllelejoch 164
Bündner Oberland 231
Buochser Horn 248
Bürgenstock 248
Burggraben 88
Bürglhütte 80, 82
Bürstegg 20

Cabane de Chanrion 271
Cabane des Aiguilles
    Rouges 270, 273
Cabane Rambert 273
Cabane Tourche 273
Cadagno, Lago 256
Cadières de Brandis 309
Cadin, Monte 140
Cadria, Monte 204, 206
Calvi, Rif. 214
Cam, Val da 238
Camoghè 252
Camona da Punteglias 232
Campagnassa 179
Campo della Flavona 198
Campo, Laghi di 277
Cannobina, Val 275, 276
Capanna Adula 254
Capanna Cadlimo 254, 256
Capanna del Forno 238
Carè Alto, Rif. 200
Càrnia 143
Carona 252, 255
Carone, Monte 204
Carro, Ref. du 299
Casale, Monte 204
Casarota, Rif. 180, 182
Cassonsgrat 231
Castelletto, Monte 178
Castello, Monte
    (Gardasee) 205
Castello, Monte
    (Valle Maira) 287
Catogne, Le 271
Cauriol 178
Cavallo, Monte 144, 148
Ceška koča 135
Cellon 144
Cercen, Monte 200
Cernobbio 219
Chaberton, Mont 15, 306
Chabournéou, Ref. de 307
Chaiserstock 247
Chalet de l'Epée 282
Chalet de Maline 308, 311
Chamanna Boval 237
Chambéry 297, 298, 300
Chambon, Lac de 302
Chamechaude 302
Chamerstock 243
Chamonix 295, 296
Champ Laitier 295
Champillon, Col 284
Chapelle-en-Vercors,
    La 304
Charmant Som 302
Chartreuse 301, 302
Charvin, Mont 299, 300
Chaudon 307
Chavière, Col de 299
Chétif, Mont 281, 284
Chétive, Col de 307
Cheval Noir, Le 299
Cheveaux, Col des 271
Chiampon, Monte 140
Chiappera 290

Chiaromonte, Rif. 286
Chiavals, Monte 145, 148
Chiemgauer Alpen 69, 70
Chiggiato, Rif. 169
Chilchalphorn 231
Chiran, Le 308
Chli Aubrig 246
Chlingenstock 247
Chreialpfirst 223
Chrüz 228
Chüetalsattel 242
Chur 227, 229, 233
Churburg 194
Churfirsten 221, 223
Churfirsten-Höhenweg
    223
Cigolade, Passo delle 160,
    166, 172
Cima Bocche 172
Cima Camughera 277
Cima Canali 176
Cima Carega 180
Cima d'Asta 177, 178, 179
Cima d'Ischiator 288
Cima de l'Albero 169
Cima del Cacciatore 139
Cima del Rous 288
Cima della Trosa 253
Cima della Vallonnetto 286
Cima della Vezzana 173
Cima di Cece 178
Cima di Fojorina 252
Cima di Vezzena 179
Cima Dodici 179
Cima Nodic 204
Cima Palombino 145
Cima Palon 180
Cima Peirabroc 291
Cima Sajunchè 277
Cima Sasso 276, 278
Cima SAT 204, 206
Cima Tre Croci 180
Cima Undici 179
Cima Verde 180, 181
Cime de la Valette de
    Prais 309
Cime di San Sebastiano 170
Cimon della Cavallo 147,
    148
Cimone della Bagozza 212
Cimone della Pala 176
Cinque Torri, Rif. 167
Cirque d'Archiane 307
Cirque des Fonts 294
Città di Fiume, Rif. 167
Città di Vigevano, Rif. 277
Civetta 159
Clap Forât 140
Clapier, Mont 310
Clapier, Monte 290, 291
Clarahütte 129
Claudenstock *241*
Cluozza, Val 236, 239
Coazhütte 238, 239
Coburger Hütte *43*, 45
Coca, Pizzo di 211
Coca, Rif. 213, 214
Coca, Rifugio 213
Codera, Val 217, *219*
Cogne, Val di 282, 283
Col (Paß) → Eigenname
Col Becchei di sopra 163
Col de la Pieres 161, 166
Col di Lana 163, 171
Col Manzol 287
Col Rean 170, 171
Col Rodella 172
Colbricon 178
Coldai, Monte 170
Coldai, Rif. 167, 170
Colle Bardonney 282

Colle del Lupo 287
Colle del Valasco 288, 290
Colle del Vilano 286
Colle della Cavalla 288, 290
Colle della Porta 286
Colle di Fenestrelle 288
Colle di Nana 280, 284
Colle di Zambla 213, 214
Colle Gregouri 287
Colle Malatrà 284
Colle Pinter 280, 284
Colle Valdobbia 280
Colma 276, 278
Colma del Piano 216
Coltignone, Monte 216
Comer See 215, 218
Comer, Cima 205
Comptonhütte 119
Comugna, Val 147
Confinale di sopra 210
Contamines-Montjoie,
    Les 295, 296
Cordèvole 169
Corna Piana 205
Corna Trentapassi 212
Corna Troggi 277
Cornetto, Monte 180
Corno 204
Corno Battisti, Monte 180
Corno di Tres 187
Corona dei Pinci 253
Corrençon-en-Vercors 304
Corsi, Rif. 139
Cortina d'Ampezzo 159
Costa Brunella, Lago di 178
Cottbuser Höhenweg 39, 41
Cottische Alpen *285*, 286,
    290
Courmayeur 281, 284, 296
Crespeina-Hochfläche 163
Crête de Gilly 306
Crête de Peyrolle 306
Cristallina 253
Cristallo, Passo del 212, 214
Cristina, Rif. 209
Črna prst 138
Crocione, Monte 217
Croda da Lago 169, 175
Croisse Baulet 295
Croix de la Cha 270
Croix de Nivolet *293*,
    298, 300
Croz dell'Altissimo 200
Cuel de la Bareta 140
Curò, Rif. 213, 214
Curtins 238
Cusiè 254
Cuzzer, Monte 140

Dachstein 87, *92*, 93,
    94, 96
Dachstein-Südwand-
    hütte 94
Dambóckhütte 106, 108
Damüls 20
Daniel 44
Dannkopf 119, 120
Darmstädter Hütte 34
Dasile 217
Daubensee 260
Daubensee 269
Dauphiné 301
Davos 227, 228, 229
De Gasperi, Rif. 146, 149
Deferegger Alpen 128
Deferegger Pfannhorn 155
Degenhorn 128
Del Mas, Biv. 167
Demècre, Col du 273
Demeljoch 60

Demignone, Passo del 209
Deneck 95
Dent d'Oche 294
Dent de Crolles 302
Dent de Morcles 271, 273
Denza, Rif. 199, 202
Derborence 270, 273
Désert de Platé 293, 294
Dévoluy 303
Diavoletta 237
Dickeralm 192
Dientner Sattel 85
Digne 308
Disentis 233
Disgrazia, Monte *207*
Dobratsch 118
Dolada, Monte 147
Dolomiten 11, 14, 159
Dolomiten-Höhenwege
    15, 167
Dom *273*
Dom Stanica 141
Dom Tamar 139, 141
Domleschg 227, 230, 231
Dorfer See 128
Dorigoni, Rif. 199
Dormillouse 308
Doro 254
Dosdè, Passo 209
Döss Radond 237, 239
Dosso della Torta 204
Dosso Pasò 209
Dosso Tresero 209
Dr.-Angerer-Höhenweg 35
Dr.-Bachmann-Weg 40
Dr.-Steinwender-Hütte
    144, 148
Dr.-Vogelsang-Klamm 98
Drachensee 45
Drachenwand 88
Drau 11
Draugstein 84
Drautal 117, 126
Drei Schwestern 221, 224,
    226
Drei-Seen-Weg 129
Drei Zinnen *158*, 159, 167,
    168, 174
Drei-Zinnen-Hütte 164,
    167, 168, 174
Dreibündenstein 229
Dreieckspitze 155
Dreifernerweg 193
Dreiländereck 135
Dreischusterspitze 164
Dremelspitze 31
Dresdner Hütte 50
Druesberg 246
Druesberghütte 246
Duca, Passo del 289
Duisitzkarsee 95
Dumlerhütte 98
Durakogel 155
Duràn, Passo 167, 170
Durance 11
Dürre Wand 106
Durreck-Höhenweg 153
Dürrenschöberl 102
Dürrenstein
    (Dolomiten) 164
Dürrenstein (Ötscher) 97,
    99
Düsseldorfer Hütte 193

Eaux Tortes, Les 307
Ebenalp 222
Ebenstein 103
Ebner Joch 62
Eckbauer 45
Edelrauthütte 157
Egetjoch 152

Eggerhorn 266
Eggespitzl 153
Eggishorn 266
Eibsee 45
Eidechsspitze 153
Eiger 257, 259, *264*
Eiger-Trail 259
Eigergletscher 259
Einachtspitze 152
Einstein 27
Eisenerz 103, 104
Eisenerzer Reichenstein 103
Eisenhut 112
Eisenkappel 134, 136
Eisenkappeler Hütte 134
Eisenwurzen 97
Eishof 192
Eiskogel 85
Eisriesenwelt 85
Eisseehütte 129
Elberfelder Hütte 123
Elferspitze 194
Ellmauer Tor 74, 76
Elmaualm 85
Enderlinhütte 228, 233
Endkopf 194
Eng 60, 63
Engadin 235
Engelhornhütte 258
Engstlensee 248, 250, 258
Engstligengrat 261
Engstligental 260
Enns 11, *101*
Ennstaler Alpen 102
Ennstaler Hütte 103
Entlebuch 248
Entroler, Col di 282
Eppan *183,*
Eppzirler Scharte 60
Era, Valle di 216
Ercavalli, Laghetti di 213
Erdemolo, Lago 181
Eremo dei Santi Benigno
    e Caro 205
Erfa, Lago d' 254
Erichhütte 85
Erlanger Hütte 39
Erlenbach 261, 263
Erlspitze 61
Erzberg 101, 103
Erzherzog-Johann-
    Klause 55
Escreins, Pic d' 306
Escreins, Val d' 307, 310
Esserts, Col des 271
Etsch 11
Ettaler Manndl 44

Fadner 156
Faiè, Monte 276
Falbesoner See 49
Fälensee *221,* 222
Falkenhütte *58,* 60, 62
Falkenstein, Burg 30
Falknis 228, 233
Falzalm 71
Fanealm 152
Faneshütte 163, 167, 168
Fanezfurgga 229
Fansfurggla 224
Fare, Lac de la 302
Fassatal 159, 172
Faulhorn 257, 259, 262
Fea, Passo della 288, 290
Feichtauhütte 99
Feisterscharte 94
Feistritzer Spitze 134, 136
Felbertauern 80
Feldberg 74
Feldner Hütte 120
Feldseekopf 122

Feldthurns 184
Fellhorn 70
Fellhornkamm 26
Feltre, Biv. 173
Fenêtre d'Arpette 296
Fenêtre de Tzan 284
Fénis 283
Fergenfurgga 228, 233
Fergenkamm 228, 233
Ferlacher Horn 134
Ferrata degli Alpini 306, 310
Ferret, Grand Col 296
Fersental 181
Feuer am Bichl 126
Feuerstätterkopf 20
Fex, Val 238
Fieberbrunner Höhen-
   weg 76
Finailjoch 192
Finestra di Cignana 281
First 259, 262
First 261, 263, 264
Fischleintal 164, 167
Flaggerschartenhütte 184,
   188
Flégère, La 295, 296
Fleimstal 177
Fleimstaler Alpen 177, 178
Flims 227, 231, 233
Flop, Monte 149
Fluaz 232, 234
Flüealp 269
Fluebrig 246
Flüela Wisshorn 229
Flüelen 245, 249
Focchetti del Focobon 171
Fockenstein 55
Foggenhorn 267
Follhorn 267
Fölzsattel 103
Font-d'Urle 303, 304
Forcarella di Lago 254
Forcel Rosso 200
Forcella Ambrizola 169
Forcella Besausega 171
Forcella d'Oltro 173
Forcella dei Cadini 146
Forcella dei Camosci 168
Forcella della Méscola 146
Forcella della Pecora
   145, 149
Forcella di Valmaggiore 178
Forcella Piccola 169
Forcella Sedole 173
Forcella Staulanza 170, 175
Forcella Val d'Arcia 170, 175
Forcellina 230
Forcola, La 277
Formico, Monte 213
Forno, Val 238
Fort du Mont 298
Forte di Fenestrelle 287
Forte, Il 286
Foss, Il 236
Fours, Col des 296
Fradusta 173
Fraganter Hütte 122
Franz-Fischer-Hütte 96, 114
Franz-Senn-Hütte 49, 50
Frascola, Monte 147
Frauenberg 104
Frauenmauerhöhle 103
Fravort, Monte 178
Freiberg 134
Freienstein 94
Freiungen-Höhenweg 61,
   63
Fridolinshütte 243
Friedrich-August-Weg
   161, 172
Friedrich-Haller-Haus 106

Friesenberghaus 68
Frischaufov dom 135
Frischenkofel 144
Fuldaer Höhenweg 39, 41
Füllhorn 267
Fully, Lacs de 271
Fünf-Seen-Wanderung
   224, 226
Fuorcla Champatsch 236
Fuorcla Curtegns 231, 234
Fuorcla da Tschitta 230
Fuorcla Grevasalvas 230
Fuorcla Leget 230
Fuorcla Muragl 237
Fuorcla Surlej 238, 239
Fuorcla Zavretta 230
Fuorcletta da Barcli 236
Fürggele 20
Furgler 34
Fürstensteig 224, 226
Furtschaglhaus 66, 68
Furtwangsattel 258, 262
Fusine, Laghi di 139

Gabel 85
Gabiet, Lago 280
Gabriele Rosa, Rif. 212, 214
Gäbris 222
Gadertal 162
Gafadurahütte 224, 226
Gahns 106
Gaichtspitze 30
Gailtal 117
Gailtaler Alpen 117, 118
Gaipahöhe 114
Gaisbergsattel 77
Gaissspitze 34
Galibier, Col du 305
Galtjoch 30
Gambarogno, Monte 252
Gampen 187
Gampenjoch 198, 201
Gamsecksteig 107
Gamserrugg 224
Gamsfeld 89
Gamsgrubenweg 123
Gamshag 75
Gamshütte 66, 68
Gamskarkogel 84
Gamskogel 74
Gamsspitz 146
Gamssteig 75
Ganatschalpe 34
Gandria 252
Gänsekragen 39
Gantkofel 187, 189, 198
Gantrisch 261
Gap 307
Gardasee 14, 110, 203
Gardetta, Passo della 288
Gargas, Le 303
Gargglerin 49
Garibaldi, Rif. 213, 214
Garmisch-Partenkirchen
   43, 45
Garnitzenklamm 144
Gartl 172
Gartnerkofel 143, 144
Gasteiner Tal 83
Gasterntal 260, 263
Gatterl 45
Gätterli 246, 249
Gaudeamushütte 74, 76
Gaulihütte 258
Gazzirola, Monte 252
Gebrakapelle 77
Gehrengrat 21
Gehrenspitze (Tannheimer
   Berge) 30
Gehrenspitze (Leutasch) 45
Geierstein 55

Geigelstein 70
Geigensee 128
Geiselstein 30
Geislerspitzen 159, 166
Geißspitze 22
Geißstein 80
Gelmerhütte 258
Gemmenalphorn 259
Gemmipaß 260, 269
Generoso, Monte 251, 252
Genfer See 265
Gental 258
Geraer Hütte 50
Gerlitzen 115
Gernkogel 80
Gerzkopf 94
Gesäuse 101
Gesäusehütten-Rund-
   wanderung 104
Giacoletti, Rif. 287
Giaf, Rif. 146
Gianetti, Rif. 208
Gianpace, Rif. 213
Giferspitz 262
Giro degli Cadini 168
Giro dei Cinque Laghi
   199, 202
Giro delle Carsenne 289
Giro delle Gole del
   Tanara 289
Giro delle Rocchette 173
Gitschberg 153
Giussani, Rif. 169, 175
Glacier Blanc, Ref. du 306
Glanzalm 128
Glarner Kärpf-
   wanderung 242
Glarnerland 241
Glärnisch 241
Glarus 241
Glaspaß 231
Glattalpsee 246
Glattwang 228
Gleck 186
Glecksteinhütte 259
Gleiwitzer Hütte 79, 81
Glemmbachklamm 56
Gletscherweg Innerg-
   schlöß 129
Gletscherweg Pasterze 123
Glingspitze 85
Glödis 127
Glorer Hütte 127, 130
Glungezer 50
Glurner Köpfl 194
Gmeineck 122
Gnutti, Rif. 212, 214
Goetheweg 61
Göflaner Scharte 193
Göflaner See 193
Goldeck 118
Goldlochspitz 224
Goldseen 35, 36
Goldseeweg 193
Golica 135
Göller 107
Gollinghütte 95, 96
Golz 135
Golzentipp 126
Gommer Höhenweg 266
Goms 266
Gondo 267, 273
Gornergrat 268
Gosaukamm 89, 91
Gotzenalm 71
Grächen 268, 272
Gran Cir 161

Gran Paradiso 279, 282,
   283, 285
Grand Arc, Le 298
Grand Balcon 295, 296
Grand Canyon du Verdon
   308, 309, 311
Grand Charnier, Le 302
Grand Fond, Col du 298
Grand Galibier 305
Grand Garde 270
Grand Mont, Le 298
Grand Som 302
Grand Truc 299
Grand Veymont 303
Grande Balcone del
   Cervino 281
Grande Chenalette 281
Grande Séolane 308
Grande Sure, La 302
Grande Turra, La 299
Grande, Val 276, 278
Grande-Camerini, Rif. 209
Grange, Mont de 294
Granier, Mont 298
Grappa, Monte 177, 179
Grasleitenhütte 160
Graslitzen 118
Grastalsee 39
Grathorn 266
Gratlspitz 75
Graukogel 84
Graun 194
Grave, La 302
Grawand 192
Grazer Bergland 111
Grazer Hütte 114, 116
Grebenzen 112
Greifenberg 95
Greina, Passo della 254
Greina-Hochplateau 227,
   232, 254
Greizer Hütte 67, 68
Grenoble 10, 301
Grenzeckkopf 34, 36
Grenzweg 155
Gressoney-St-Jean 280, 284
Gridone 253
Griesalp 260, 264
Griespaß 277
Grießkarsteig 98
Grigne 215, 218
Grignetta 216, 218
Grignone 216
Grimming 94, 96
Grimsel 258
Grindelwald 259, 264
Grindelwaldgletscher 259
Grintovec 133, 135
Gritzer Hörndl 128
Gröden 159, 160
Grödner Tal 11
Grona, Monte 217
Gronlait, Monte 178
Groperi-Suone 268, 272
Großarl 83, 86
Große Arnspitze 45
Große Kanzel 106
Große Laugenspitze 198
Große Scheidegg 264
Großer Bösenstein 95
Großer Buchstein 102
Großer Daumen 27
Großer Donnerkogel 89
Großer Galtenberg 75
Großer Hengst 95, 96
Großer Höllkogel 88
Großer Ifinger 185
Großer Königstuhl 113, 114
Großer Moosstock 154
Großer Mythen 246,
   249, 250

Großer Pleißlingkeil 95
Großer Priel 98
Großer Pyhrgas 98
Großer Rettenstein 75, 77
Großer Riesenkopf 56
Großer Rosennock 115
Großer Scheiblingstein 102
Großer Schwarzsee 185
Großer Silberpfennig 84
Großer Solstein 61
Großer Sonnleitstein 107
Großer Sonnstein 89
Großer Speikkogel 112
Großer St. Bernhard 279
Großer Traithen 56
Großer Trögler 49
Großer Zunig 129
Großes Bärneck 95
Großes Beil 75
Großes Höllental 105,
   106, 109
Großes Hundshorn 74
Großes Reißeck 122
Großes Tragl 90
Großes Walsertal 19
Großglockner 10
Großglockner 121, 125, 130
Großglockner-Hochalpen-
   straße 79
Großlitzner 19, 24
Großraming 100
Großvenediger 125
Grotta dei Pagani 213, 214
Grubenkopf 49
Grüblspitze 66
Grünausee 47, 50
Gründegg 84
Grünhorn 26
Grünhörndl 74
Grünkopf 45
Grünsee 186
Grünstein 71
Grünten 25, 27
Gsieser Törl 155
Gspaltenhornhütte 260
Gsponer Höhenweg 267
Gstatterboden 102, 104
Gsteig 262, 264
Guarda 236, 239
Guarda, Monte 140
Guben-Schweinfurter-
   Hütte 39
Gufelsee 32
Guffert 62, 63
Guglielmo, Monte 212
Guillaume, Mont 307
Gulmen 223
Gunggl 65
Güpfli 248
Gurgler Ferner 37
Gurktaler Alpen 111
Gurpitscheck 114
Gürtelscharte 185
Gurtisspitze 21

Habachtal 80
Habicht 51
Haflinger Höhenweg 186
Hafner 115
Haggenegg 246
Hahnenmoospaß 261, 264
Hahnkampl 60
Haindlkarhütte 102
Haldensteiner Calanda 229
Hallstatt 87, 89, 92
Hallstätter Gletscher 92
Hallstätter See 87
Halserspitz 55, 61
Hamberg 66
Hanicker Schwaige 160
Hannemannweg 67

Hans-Frieden-Felsenweg 185, 188
Hasenöhrl 186, 189, 192
Haslital 257, 258
Hauersee 39
Haunoldköpfl 164
Hauts Forts, Les 294
Heidelberger Hütte 34
Heilbronner Kreuz 90, 92
Heiligenblut 123
Heiligkreuz 162, 166
Heiligkreuzkofel 162, 163, 166
Heimgarten 54
Heinrich-Noé-Steig 60
Heinzenberg 230
Helm 126, 145
Hemerkogel 39
Hennenkopf 44, 46
Hérens, Val d' 270
Herminensteig 106, 108, *109*
Herrstein 164
Herzogensteig 63
Herzogstand *53*, 54
Heßküche 102, 104
Heuberg 62
Heubützlipaß 224
Heukuppe 105, 107
Hindelang 25, 27, 28
Hindenburghöhe 122, 124
Hinteralmhaus 107
Hintere Gasse 264
Hintere Goinger Halt 74, 76
Hintere Schöntaufspitze 193, 193, 195
Hintere Tarrentonalpe 30
Hinterer Gosausee 89
Hinterer Rauschberg 70
Hinteres Schöneck 193
Hinteres Sonnwendjoch 56
Hintergrathütte 193
Hinterrrhein 227
Hinterrugg 223
Hintertux 65, 66
Hirschberg (Appenzell) 222
Hirschberg (Hindelang) 27
Hirschberg (Tegernsee) 55
Hirschhörnlkopf 54
Hirzelweg 160
Hirzer 185, 188
Hirzli 242
Hittisberg 20
Hochabtei 159, 160
Hochalmscharte 71
Hochalmsee 163
Hochalp 222
Hochalpenkopf 164, 166
Hocharn 121
Hochblanken 20
Hochblaser 103
Hochebenkofel 164
Hocheck (Stubaier Alpen) 152
Hocheck (Wien) 106
Hocheppan, Burg 189
Hochfeiler *65*, *68*
Hochfeilerhütte 152
Hochfeld 67
Hochfelln 70
Hochgang 185, 189, 195
Hochganghaus 185, 188, 189, 195
Hochgerach 21
Hochgern 70
Hochgolling 93, 95, 113, 114
Hochgrabe 126
Hochgrat 26
Hochgründeck 85
Hochhäderich 20

Hochiss 62
Hochkalmberg 89
Hochkeil 85
Hochkogel 99
Hochkönig 83, 85, 86
Hochkreuz 120
Hochlandhütte 60
Hochlantsch 112
Hochmaderer 22
Hochmut 185, 188
Hochnissl 61
Hochobir 134
Hochplatte (Chiemgau) 70
Hochplatte (Karwendel) 61
Hochries 69, 70
Hochsavoyen 293
Hochschober 127
Hochschoberhütte 127
Hochschwab 101, 103, 104
Hochsölden 40
Höchst 224
Hochstaufen 71, 72
Hochstein 126
Höchstein 95
Höchsterhütte 186
Hochstollen 258
Hochstubaihütte 40
Hochstuhl 133, 134, 136
Hochtausing 94
Hochtor 102, 104
Hochturm (Hochschwab) 103
Hochturm (Koschuta) 135
Hochunnutz 62
Hochveitsch 107
Hochwart (Deutschnonsberg) 198
Hochwart (Ulten) 186
Hochwarter Höhe 118
Hochwechsel 105, 108
Hochweißstein 143, 145, 146
Hochwildstelle *96*
Hochzeiger 38
Hochzirl 63
Hockenhorn 260, 263
Höfats 25, 27, 28
Hofmahdjoch 201
Hofpürglhütte 89, 94, 96
Höhbalmen 268
Hohe Aifner Spitze 35
Hohe Dirn 99
Hohe Eggen 39
Hohe Kammerscharte 81
Hohe Kisten 44
Hohe Kugel 21
Hohe Munde 45
Hohe Reisch 184
Hohe Schrott 89
Hohe Wand 106
Hohe Warte 143, 144, 145
Hohenschwangau 30
Hohenwart 112
Höhenweg Grächen – Saas Fee 268, 272
Höhenweg Grächen – Zermatt 268
Höhenweg Lötschberg Süd 269
Höhenweg Simplon Süd 267
Höhenweg Weissflue – Almageller Alp 268
Hohenwerfen 86
Hoher Burgstall 48
Hoher Dieb 186
Hoher Frassen 21
Hoher Freschen 21
Hoher Fricken 44
Hoher Gjadstein 90

Hoher Göll 71
Hoher Ifen 26, 28
Hoher Kasten 222, 224, 225
Hoher Nock 99
Hoher Riffler (Verwall) 34
Hoher Riffler (Zillertal) 66, 68
Hoher Sadnig 122, 123
Hoher Sarstein 90
Hoher Tauern 84, 86
Hoher Trieb 144, 148
Hoher Zahn 152
Hohes Rad 22
Hohes Tor 128
Hohes Törl 130
Hohgant 259
Hohtürli 260, 264
Höllensteinspitze 155
Höllental 45, 46
Höllentalklamm 45, 46
Höllritzereck 26
Holzegg 246, 249
Hörndlwand 70
Hörnlihütte (Arosa) 229
Hörnlihütte (Matterhorn) 268
Höttinger Alm 61
Houches, Les 296
Houerts, Col des 306, 310
Hugo-Gerbers-Hütte 120
Hundalm-Eishöhle 56
Hundegg 84
Hundskopf (Karwendel) 61
Hundskopf (Sarntaler Alpen) 184
Hundsrügg 262
Hundstein 81
Hundwiler Höhi 222

Ignaz-Mathis-Hütte 95, 96
Ilmenspitze 186
Im Hinteren Eis 192
Imbachhorn 81
Imst 37, 38
Imster Höhenweg 38, 41
Inn 11, 235, 240
Innerfeldtal 164
Innergschlöß 129
Innergsell 164
Innsbrucker Hütte 50, 51
Innsbuck 59
Interlaken 257, 259
Isarwinkel 53, 54
Ischgl 33, 34
Itonskopf 22

Jagdhausalm 128
Jägerkamp 56
Jägersteig 189
Jalovec 138, 141
Jamtal *33*, 34, 36
Jauernik 136
Jenner 71
Jochart 106
Jochberg 54
Jochkopf 56
Jöchlspitze 31
Jochpaß 248, 250
Jôf di Miezegnot 140
Jôf di Montasio 140, *141*, 142
Jôf di Somdogna 139
Jôf Fuart 139, *142*
Johann-Stüdl-Weg 127, 130
Johannestal 60
Johannishütte 129
Johnsbach 101, 102, 104
Johnsbacher Höhenweg 102
Joly, Mont 300

Jöriflesspaß 236
Jöriseen 229, 236
Jovet, Mont 300
Jubiläumssteig 51
Juf 234
Juifen 61
Jukbichl 119
Julijske Alpe 138
Julische Alpen 137, 142
Jumeaux, Rif. 281
Jungfrau 257, 259, *264*

Kahlkogel 135
Kaiserau 102
Kaiseregg 261
Kaisergebirge 74
Kaiserschild 103
Kals-Matreier-Törl 128
Kalser Tauernhaus 128
Kaltenberghütte 22, 34
Kammspitze 94
Kamniska koča 136
Kampalpe 107
Kampen 55
Kampenwand 70
Kampl 90
Kandersteg 260, 261, 263, 264
Kandertal 260
Kanin 139, *142*
Kanisfluh 20, 23
Kanjavec 138, 141
Kanjavec-Nordwestwandsteig 138
Kanzberg 31
Kappeler Kop 34
Karawanken 133, 134, 142
Karawankenwanderweg 136
Karbacher Berg 155
Karersee 160
Karhorn 20
Kärlinger Haus 71
Karlsbader Hütte 126, 130
Karnische Alpen 143, 145
Karnische Voralpen 145
Karnischer Hauptkamm 14, 143, 144
Karnischer Höhenweg 143, 149
Kärntner Storschitz 134
Kärpf 242
Karspitze 186
Karwendel 59, 60
Karwendelhaus 63
Kaserer Höhenweg 154
Kasseler Hütte 67
Kasseler Hütte 67, 68
Kassianspitze 184, 188
Katharinaberg 189
Kattowitzer Hütte 115
Kaunertal 33
Keeskogel 80
Keinprechthütte 96
Kellerbauerweg 153, 156
Kellerjoch 66
Kepa 135
Kerschbaumer Sattel 66
Kerschbaumer Törl 126
Keschhütte 230
Kesselberghütte 188
Kienberg 62
Kieneck 106
Kientaler Wildwasserweg 260
Kienthaler Hütte 106
Kirchberg 74
Kirchdachspitze 192
Kirchdachspitze 49, 51
Kistenpaß 232
Kitzbühel 73

Kitzbüheler Alpen 73, 75
Kitzlochklamm 81
Klafferkessel 93, 95, *96*
Klagenfurter Becken 133
Klagenfurter Hütte 134, 136
Klausenberg 70
Klausenpaß 247
Klausner Hütte 184, 188
Klaussee 153
Kleblealm 40
Kleine Scheidegg 259, 264
Kleiner Ahornboden 60
Kleiner Ifinger 185
Kleiner Pal 144
Kleiner Priel 98
Kleiner St. Bernhard 298, 300
Kleines Walsertal *25*
Klomnock 115
Klöntaler See 241
Klostertal 22
Klosterwappen 105
Knappenhütte 48
Kneifelspitze 71
Koča na Planina pri Jezeru 138
Kobernock 118
Kochelsee *53*, 54
Kofel 44
Kofler zwischen den Wänden 154
Koflraster See 186
Kogelseespitze 31, 32
Köllenspitze 30
Kollinkofel 144
Kolm-Saigurn 81, 82, 83
Kölnbreinspeicher 115, 116
Königsberg 99
Königssee 69, 71, 72
Königsspitze *190*
Königswiese 187
Köpfelplatte 194
Koralpe *111*, 112
Koschuta-Karweg 134
Koschutahaus 134, 136
Krähe 44
Kramerspitz 44
Kranzberg 45
Kraspessee 48
Kremsmauer 98
Kreuzberge *221*
Kreuzbergpaß 164
Kreuzeck 45
Kreuzeck-Trekking 120
Kreuzeckgruppe 117, 119
Kreuzjoch (Sarntaler Alpen) 186
Kreuzjoch (Zillertal) 67
Kreuzjöchl (Kaunertal) 35
Kreuzjöchl (Tuxer Voralpen) 50
Kreuzkofelscharte 162, 163, 166
Kreuzkogel 67
Kreuzspitze (Ammergauer Alpen) 44
Kreuzspitze (Osttirol) 129, 131
Kreuzspitze (Ötztaler Alpen) 40
Kreuzspitze (Passeier) 185
Krimmler Wasserfälle 80, 82
Krinnenspitze 31
Krippeneck 90, 92
Krn 139
Krnsko jezero 139
Kronberg 222
Kronenjoch *33*, 34, 36
Krottenkopf 54
Krumbacher Höhenweg 26

Kufstein (Ennstal) 94
Kugelspitze 187
Kuhgrat 224, 226
Kühtai 47, 48
KulturLandschaftsWeg Hindelang 28

Laberberg 44
Labyrinthsteig 160
Lac, Lacs → Eigenname
Lackenhof 100
Lag Brit 232
Lag Serein 232
Lagazuoi, Rif. 167
Lagginbiwak 267
Laghi Gemelli, Rif. 213, 214
Lago, Laghi → Eigenname
Lagoraikamm 181
Lahngangsattel 90
Lai Blau 236, 239
Lai da Rims 237
Lai da Vons 231
Lainltal-Wasserfall 54, 57
Lais da Rims 236
Laka 118
Lakaiensteig 60, 63
Lamsenjochhütte 60, 61
Lamsenspitze 61
Lancebranlette 298, 300
Lances de Malissard, Les 302
Landawirseehütte 96
Landeck 33
Landsberger Hütte 27, 28
Landschitzseen 114
Langenecksattel 54, 57
Langental 161
Längental 48
Langer See 189
Langfenn 186
Langkofel 11, 159
Langkofelgruppe161
Langtaler Ferner 37
Langtauferer Höhen- weg 194
Languard, Val 237
Lanischseen 115
Läntahütte 232
Lantsch 230
Larche, Col de 288, 290
Larcher, Rif. 199
Larmkogel 80
Larsec 172
Lasaberg 114
Laserzwand 126
Lasörling-Höhenweg 131
Lasörlinghütte 131
Latemar 160, 165
Latschur 118
Latzfonser Kreuz 184, 188
Laufbacher Eck 27, 28
Lausa, Passo di 172
Lausfer, Lacs 288
Lausitzer Weg 154, 157
Lauson, Col 282, 284
Lautaret, Col du 301, 303
Lauteraarhütte 258
Lavamünd 136
Lavanttaler Höhenweg 111
Lavin 236
Lecco 215
Lech 29
Lech de Crespëina 161
Lech de Lagacio 163
Lechtal 29
Lechtaler Höhenweg 32
Legnone, Monte 215, 217, 219
Leiferer Höhenweg 187
Leist 223
Leistchamm 223

Leitenkopf 122
Leiteralm 185, 189, 195
Leiterfall 123
Leiterli 261
Lej da la Tscheppa 238
Léman, Lac 293
Lenggries 53, 54
Lenggrieser Hütte 54
Lenk 261, 263
Lenkjöchlhütte 154
Lente 304
Leonsberg 89
Lesach-Riegel-Hütte 127
Leuk 269
Leukerbad 260, 269, 270
Leutkircher Hütte 31, 34
Liechtenstein 221
Liechtensteinklamm 83
Lienz 125
Lienzer Dolomiten 125, 126, 130
Lienzer Höhenweg 127
Lienzer Hütte 127
Ligurische Alpen 285, 288
Limojoch 168
Linderhof 44, 46
Lindlähnekopf 60
Lisengrat 223, 225
Lissone, Rif.
Ljetzan 181
Ljubljana 133
Locarno 11
Locarno 251, 253
Lodnerhütte 192
Lodron 75
Loferer Alpe 74
Loferer Steinberge 73, 74, 77
Loser 90
Losetta, Rif. 287
Lötschenpaß 260, 263
Lötschental 265, 268
Lötschentaler Höhen- weg 269
Lotterweg 193, 196
Lucknerhaus 127, 131
Luganer See 251
Lugano 252
Lugauer 102
Lukmanierpaß 254, 256
Luknja 138, 141
Lumkofel 119
Lungau 113, 114
Lunghin, Pass dal 239, 240
Lüsner Alpe 162
Lussert, Laghi di 282
Lütschinentäler 259
Lutterkopf 155
Luziensteig 228, 233

Macun 236
Maderanertal 247
Madfurggl 224
Madleinsee 34
Madonna della Corona 205
Madonna di Campiglio 199, 202
Madritschjoch 193, 195
Magdeburger Hütte 152
Maggiore, Lago 11
Maggiore, Lago 275, 276, 278
Magno, Monte 180
Mairspitze 49, 50
Malcèsine 203, 205
Malè 197
Malga Pila 209
Mallestiger Mittags- kogel 135
Mallnitz 122, 124
Maloja 238

Malojapaß 235
Mals 191
Maltatal 113, 115
Malvaglia, Val 254
Mandrie, Le 199
Mandrón, Rif. 200
Mangart 139
Mangfallgebirge 53
Mangioire, Passo delle 286
Manzi, Biv. 208
Märchenwiese 134
Maria Elend 81
Maria Schnee 112
Mariazell 97
Marinelli-Bombardieri, Rif. 209, 210
Marsicce 275
Martean, Le 294
Marteller Höhenweg 192
Marteller Hütte 193
Martelltal 191
Martigny 270
Martin, Ref. de la 299
Martina 236
Martinsmadhütte 242
Marzola, La 179
Massa del Turlo 276
Massaweg 266
Massone, Monte 276
Matatz 189
Matatzspitze 185
Matrashaus 85, 86
Matscher Almweg 194
Matscher Tal 191, 194
Matterhorn 265, 278, 279, 283
Mattstock 223
Maurerkopf 164, 167
Maurienne 297, 299
Mayrhofen 65, 66, 68
Méaudre 304
Medelser Hütte 232
Meije, La 301, 303
Meilerhütte 45
Meina, Col de la 270
Meiringen 258, 264
Melchsee-Frutt 248, 250
Mello, Val 210
Mendelkamm 187, 198
Mendrisio 252
Meran 183
Meraner Höhenweg 189, 192
Merveilles, Vallée des 310, 312
Meßnern 103
Mezdì, Passo dei 199
Mezzalama, Ref. 280
Michlreiser Alm 153, 156
Millstätter Alpe 115
Mine de Fer, Col de la 302
Misone, Monte 204
Mistail 227
Mittagsfluh 20
Mittagskofel 160
Mittagskogel 135
Mittelbünden 227
Mittelstaufen 72
Mittenwald 43, 59
Mitteralm 103
Mitterhorn 74, 76
Mittertaler Scharte 48
Mitterspitz 228, 233
Mödlinger Hütte 102, 104
Mohar 123
Môle, Le 294
Mölltal 117
Molteni, Biv. 208, 210
Mönch 257, 259, 264

Moncucco 277
Mondsee 87, 88
Money, Biv. 282
Monges, Les 308
Mont Blanc 10, 11, 279, 293
Mont Cenis, Col du 297, 299
Mont Pourri, Ref. du 298
Mont, Monte → Eigenname
Mont-Blanc-Massiv 265, 281, 283, 284, 293
Montafon 19, 21
Montagne de l'Estrop 309
Montalin 229
Montana 270
Monte 198, 201
Monte Carbonè, Passo di 288
Monte-Leone-Hütte 267
Monteróvere 179
Monti di Gambarogno 252
Monti Lessini 177, 180
Monviso 285
Mooserboden, Stausee 81
Mora, Val 237, 239
Morcles 271, 273
Morcote 252, 255
Moregallo, Monte 216
Morgenberghorn 260
Mort, Lac 281
Morteratschgletscher 237
Mortice Nord, La 307, 310
Moschelitzen 115
Moschenkreuz 198
Mosermandl 96, 114
Motta, Monte 209
Mottarone 275
Motto d'Arbino 252
Moucherotte 303
Mounier, Mont 309
Muande, Val de la 307
Mühlrüti 225
Muhs-Panoramaweg 129
Mulaz, Monte 173
Mullwitzaderl 129
Munt la Schera 236
Murgseen 223
Murtèrgrat 236, 239
Muslone 205
Müstair, Val 235, 236
Muthenaualm 38
Muttekopf 38, 41
Muttler 236
Muttseehütte 243
Mythen 246

Naafkopf 224
Nadelscharte 161, 166
Namloser Wetterspitze 31
Napf 248
Narrenkogel 39
Nassereithhütte 192
Naßfeldjoch 144, 148
Naßköhr 107
Nationalpark Berchtes- gaden 15
Nationalpark Hohe Tauern 15, 79, 121, 125
Nationalpark Kalkalpen 97, 100
Nationalpark Nock- berge 116
Nationalpark Stilfser Joch 15
Nationalpark Val Grande 15, 275, 278
Naturfreundehaus 81, 82
Naturns 191
Naturpark Trudner Horn 183, 187
Nauderer Höhenweg 35

Nava Secca 269
Nebius, Monte 288
Nefelgiù, Passo di 277
Nero, Lago 213
Nesselwängler Scharte 30
Neualplseen 125, 127, 130
Neue Prager Hütte 129
Neue Regensburger Hütte 49, 50
Neue Traunsteiner Hütte 71
Neuf Couleurs, Lac des 308
Neuschwanstein 30
Neustift 50, 51
Neveser Höhenweg 153
Nice, Ref. de 291, 310
Niedere Tauern 84, 93, 96
Niederl 50
Niederreicherscharte 48
Niedersachsenhaus 81
Niederthai 39
Nigglbergkopf 160
Nivolet, Col del 279, 286
Niwärch 268, 272
Nockberg 113, 114
Nockspitze 192
Nordbünden 227
Nördlicher Grafen- steig 106
Nößlachjoch 49
Notkarspitze 44
Novellaschlucht 198
Nufenen-Paßstraße 266, 277
Nürnberger Hütte 49, 50
Nurracher Höhenweg 74, 76, 77
Nuvolau 169

Oberalppaß 233
Oberammergau 43, 44
Oberblegisee 242
Oberbozen 184
Oberengadin 11, 235, 237
Oberengadiner Seen 235
Oberes Ennstal 93
Oberetteshütte 194
Oberhalbstein 227, 230
Oberhornsee 259
Oberjuval 192, 195
Oberlahmsjöchl 31
Oberlech 20
Obernberger See 49, 51
Obernberger Tribulaun 49, 51
Oberrothorn 268
Obersberg 107
Obersee (Königssee) 71, 72
Obersee (Niedere Tauern) 95
Oberseite 128
Oberst-Klinke-Hütte 102, 104
Oberstdorf 25, 27
Obersulzbachtal 80
Obertauern 95, 96
Obervellach 120
Obervinschgau 193
Obiou, L' 303
Obstanser-See-Hütte 145
Ochsenstock 241, 242
Ödenwinkel 80
Oeschinensee 260, 263
Oetz 39
Ofen 135, 136
Ofenpaß 237, 239
Oisans 302
Oistra 134
Olen, Col d' 280
Ölgrubenjoch 35
Olpererhütte 66
Orrenaye, Lac de l' 308

Orta, Lago d' 275
Ortigara, Monte 179
Ortler 10
Ortlergruppe 191, 197
Ortstock 246
Ossola, Valli d' 275, 276
Osterfelderkopf 45
Osternig 144
Ostpreußenhütte 85
Osttirol 124
Otanes, Col des 271
Ötscher *97*, 99, 100
Ötschergraben 100
Ötscherhaus 99, 100
Otto-Schutzhaus 106, 109
Ottohöhe 162
Ötztal 37, 39
Ötztaler Alpen 37, 191

Padova, Rif. 147
Pagarì, Rif. 288, 290
Pain de Sucre, Le 306
Pala 172
Pala Granda 182
Palaplateau 171, 176
Palette, La 262
Palon, Monte 286
Panixer Paß 234
Panixer Talschlußrunde
  232, 234
Panoramaweg Tiefen-
  bach – Vent 40, 41
Panoramica, La 238
Panüeler Kopf 24
Papa, Rif. 180, 182
Parc National de
  Mercantour 15
Parc National des
  Ecrins 301
Paresberg 162
Parpaner Rothorn 229
Partnachklamm *42*, 45
Pas de le Sèle 172
Pas de Lovégno 270
Pass digl Orgels 230
Passauer Hütte 82
Passeirer Höhenweg 185
Passo → Eigenname
Pasubio, Monte 14
Pasubio, Monte 177,
  180, 182
Patérnsattel 159, 174
Patscherkofel 50
Pavione, Monte 173
Paznaun 33
Pazolastock 232
Peilstein 186
Peitlerkofel 161
Pejo 197
Pelat, Mont 309, 31l
Pellas, Col des 303, 304
Pelmo, Monte 159, 170, **175**
Peloschen 118
Pelvoux-Massiv 301, 302,
  303, 305, 306, *312*
Pendling 56
Penegal 198
Penser Joch 184, 188
Peralba, Monte 145, 146
Perrin, Lac 280
Perugini, Biv. 147
Pesariner Dolomiten
  146, 149
Peter-Sika-Weg 84
Peter-Wiechenthaler-
  Hütte 82
Petit Mont Blanc 298
Petit Mountet 269
Petzeck 121, 124
Petzen 134
Pezinerspitze 34

Pfaffenstein 103, 104
Pfandler Alm 185
Pfeishütte 61
Pfelderer Höhenweg 185
Pfitscher See 186, 189
Pflerscher Höhenweg
  152, 156
Pflerscher Tribulaun 151
Pfunderer Höhenweg 157
Pfunderer Tal 153
Pfynwald 269
Pian dei Buoi 168
Piana, Monte 164
Piavetal 168
Pic Coolidge *312*
Pic d'Artsinol 270
Pic de Céüse 307
Pic des Mémises 294
Pic des Têtes 308
Pichler Alm 122, 123, 124
Piemonteser Alpen 285
Pierre Avoi 270
Pietra Grande 199
Pigniu/Panix 232, 234
Pihapperspitze 80
Pilatte, Ref. de la 303
Pilatus 247
Piller See 76
Pin, Monte 199
Pinnistal 49, 51
Pinter, Monte 283
Pinzgau 79, 80
Pinzgauer Hütte 82
Pinzgauer Spaziergang
  81, 82
Piora, Val 254, 256
Piota, La 276
Piovere 205
Pirchkogel 48
Pischahorn 228
Pisciadù, Rif. 163
Pitschberg 161
Pitztal 37, 38
Piz Badile *239*
Piz Badus 232
Piz Beverin 231
Piz Boè 163, 171, 172, 175
Piz Buin 239
Piz Chavalatsch 193
Piz Cotschen 236
Piz d'Lavarela 162
Piz da Peres 163
Piz Daint 237
Piz Fess 231
Piz Güglia *235*, 238
Piz Kesch 227, *234*
Piz Kesch 230, *234*
Piz Lagalb 237
Piz Languard 237
Piz Lat 194, 196
Piz Lunghin, 238, 240
Piz Mundaun 232
Piz Tri 212
Piz Umbrail 237
Piz Val Gronda 232
Piz Vizan 231
Pizol 221, 224, 226
Pizzini, Rif. 209
Pizzo Alto 216
Pizzo Arera 213
Pizzo Camino 212
Pizzo Castello 276, 278
Pizzo Centrale 254
Pizzo Filone 210
Pizzo Guardiello 217
Pizzo Leone 253
Pizzo Marinello 209
Pizzo Proman 276
Pizzo Rudasca 253
Pizzo Tracciora 277
Pizzocco, Monte 173

Pizzocolo, Monte 205
Plagne, La 297
Planjava 136
Planner Seekarspitze 95
Planpraz 295, 296
Planskopf 35
Planspitze 102, 104
Plassen 89
Plattkofel 162
Plattkofelhütte 161
Plauener Hütte 67
Pleisenspitze 60
Pleiskopf 38, 41
Pleschischg 122
Plöckenpaß 144, 145
Plose 162
Pogačnikov dom 138, 141
Point Sublime 308, 311
Pointe d'Areu 294
Pointe de l'Observatoire
  299
Pointe de Ronce *297*
Pointe Percée 300
Polinik (Karnischer Kamm)
  144
Polinik (Mölltaler) 117,
  119, 120
Polinikhütte 120
Poncione d'Alnasca 254
Pongau 83
Ponten 27
Ponti, Rif. 208
Pordoijoch 171, 175
Porè, Monte 170
Pormenaz, Lac de 294
Porta di Zumella 212
Porta, La 170
Porta, Rif. 218
Portlessspitze 194
Porze 145
Poschiavo 237
Posporcora, Passo 169
Poststeig 161
Potsdamer Hütte 48
Pouzenc, Le 307
Pozzi, Passo dei 199, 202
Pradidali, Passo 173, 176
Pradidali, Rif. 173, 176
Prägratener Höhenweg
  129, 131
Pragser Dolomiten 162,
  166
Pragser Wildsee 164, 167
Pralongia 163
Pramaggiore, Monte 143,
  146
Pramperet, Rif. 167
Prättigau 227, 228
Prättigauer Höhen-
  weg 228
Prax-Eishöhle 74
Preber 114, 116
Predigtstuhl (Berchtes-
  gaden) 71
Predigtstuhl (Salz-
  kammergut) 89
Preiner Gscheid 107
Preiner Wand 107
Prelunge 163
Presanella 197, 202
Presolanamassiv 211, 214
Prettau, Bergbaumuseum
  154, 156
Priel-Schutzhaus 98
Prinz-Luitpold-Haus 27
Prisojnik *139*, 138, 141
Prudenzini, Rif. 214
Puez-Plateau 11
Puezhütte 161
Puflatsch 160
Pühringer Hütte 98

Punta d'Ostanetta 287
Punta della Croce 281
Punta di Rims 210
Punta Marguareis 289
Punta Nera 286
Punta Ramière 286
Punta Rognosa 287
Punta Sea Sea Bianca 287
Pürschling 44
Purtschellersteig 88
Puschlav 235, 237
Pustertal 151
Pyhrgasgatterl 98
Pyhrn 97
Pyhrnpaß 101, 102
Pyramidenspitze 74

Questa, Rif. 288, 290
Queyras 305, 306
Quintino Sella, Rif. 287

Rabbi 197, 201
Rabenkopf 54
Rabuons, Ref. de 309
Raccolana 140, 142
Radlseehütte 184
Raduha 136
Radurschlschlucht 35
Raggaschlucht 119
Rai, Monte 216
Rammelstein 155
Ramolhaus *37*, 40
Ramsjoch 66
Rappenkopf 38
Rappenlochschlucht 21
Rappensee *28*
Rappenseehütte 26, 31
Rasaßspitze 194
Rastkogel 66
Rätikon-Höhenwege 23
Rätschenhorn 228
Raucheck 85, 86
Rauchkofel 145
Rauhhorn 27, 28
Rauhkofel 154, 157
Rauhkopf 129
Rauhtaljoch 152
Raut, Monte 147
Rautispitz 242
Ravin de la Grave 309
Rax 105
Regenstein 126
Reichenbachfall 258
Reichenberger Hütte 128
Reichraminger Hinter-
  gebirge 97, 99
Rein 154, 157
Reinbach-Wasserfälle 154
Reiner Höhenweg 154
Reißkofel 117, 119, 120
Reither Kopf 66
Reither Spitze 60, 61, 63
Rennfeld 112
Resartico, Valle del 140
Reschner Alm 194, 196
Reschner Alm 194, 196
Resegone, Monte 215, 216
Rhein 11
Rheintal 19, 21
Rheinwald 233
Rheinwaldhorn 227
Rhone 11
Rhonegletscher 265
Richetlipaß 242
Ridnauner Höhenweg 152
Riederalp 266, 272
Riemannhaus 82
Rieserfernergruppe 151
Rieserfernerhütte 154
Riffelsee 39, 41
Riffelspitze 185
Rifugio → Eigenname

Rigi 246
Rigi Hochflue 246, 249
Rigi Kulm 246, 249
Rindalphorn 26
Rinderberg 261
Rinnerkogel 89
Rinnkogel 88
Rinsennock 115
Risihorn 266
Risserkogel 55, *57*
Ristfeuchthorn 70
Rite, Monte 169
Rittner Horn 184
Rittner-Horn-Haus 184, 188
Ritzenjoch 34
Riva *110*, 203, 206
Roburent, Laghi di 288, 290
Roc d'Enfer 294, 296
Roc de la Vache 269
Rocca d'Abisso 289
Rocca del Lago 286
Rocca Piana 187, 198
Rocce del Pelvo 287
Rocchetta 204
Rocciamelone 286, 289
Roccoli Lorla, Rif. 217, 219
Roche Parnal 300
Rochers de Naye 271
Rochers de St-Ours 308
Roèn, Monte 187
Rofan 59, 61
Rofanspitze 62
Rohrauerweg 51
Roisetta, Monte 280
Römerweg 263
Römerweg Welsberg –
  Toblach 155
Rosa, Monte 10
Rosa, Monte 275, 279, 283
Rosalba, Rif. 216
Roseg, Val 239, 240
Rosegger-Wanderung 107
Rosengarten 159, 160, 166
Rosengartenrunde 160
Rosengartenschlucht 38
Rosetta, Rif. 171
Rosimboden 193
Rossberg 246
Roßbrand 94
Roßkofel (Karnischer
  Kamm) 144, 148
Roßkofel (Pragser
  Dolomiten) 164
Roßkogel 90
Roßkopf 89
Roßlauf Nord 51
Roßstein *52*, 55
Rostocker Eck 129
Rote Flüh 31
Rote Furka 22
Rote Wand 21
Roteck 116
Rötelstein 90
Rötelstein 94, 96
Rotenkogel 128
Roter Stein 30
Rotes Kinkele 127
Rotgschirr 98
Rotgüldenseen 114
Röthbach-Wasserfall 71
Rötkarljoch 39
Rötlspitz 193
Rotondo, Lago 208
Rotpleiskopf 35
Rotwand (Lechtal) 31
Rotwand (Mangfall) 56
Rotwand (Staller
  Sattel) 155
Rotwandhütte 160
Rubihorn 27

Rudl-Eller-Weg 126, 130
Rudnigsattel 144, 148
Ruinaulta 231, 234
Rüsselsheimer Weg 39
Rütli 245, *249*

Saalbacher Höhenweg 82
Saalfelden 79, 81
Saanenland 257, 261
Saas Fee 268
Säben, Kloster 184
Sagtaler Spitze 75
Sagzahn 62
Saile 48
Sajat-Höhenweg 129
Sajathütte 129, 131
Salecchio 277
Salève, Le 293, 294
Salfains 48
Salmhütte 123, 124
Salmone 253
Salten 186
Salzkammergut 87
Salzkofelhütte 120
Salzsteigjoch 98
Sambock 153, 157
Samnaungruppe 33
Sämtisersee 222
San Benedetto 217
San Giorgio, Monte 252
San Martino (Comer See)
   215, 217
San Martino (Val Mello)
   208, 210
San Nicolò, Passo di 172
San Pellegrino 211
San Primo, Monte 216
San Romedio 198
San Romerio 238
San Salvatore, Monte
   252, 255
San Simeone, Monte 147
Sandfeldkopf 122
Sandling 90
Sanntaler Sattel 134
Santa Caterina in
   Valfurva 207
Säntis 221, 222, 223, 225
Santnerpaß 172
Saracco-Volante, Rif. 289
Sardasca 228
Sarenne, Col de 306, 310
Sarlkofel 164
Sarner Joch 201
Sarntaler Alpen 184
Sarntaler »Hufeisen-
   tour« 188
Sarnthein 184, 188
Sart, Monte 140
Sass dla Para 163
Sassal Mason 237
Sassariente 254
Sasseneire 269
Sasso Bianco
   (Dolomiten) 171
Sasso Bianco (Veltlin) 208
Sasso Canale 217
Sasso Gordona 217
Sasso Rotto 178, 181
Sasso Vernale 171
Sassongher 163
Sätteli 258
Saualpe 111, 112
Saukarkopf 84
Säuleck 122, *124*
Säuling 30
Saut, Ref. du 298
Savetal 133
Savoyen 297
Saxer Lücke 222
Scaletta, Monte 288, 290

Scalettapaß 229
Schachen 45
Schächentaler Höhen-
   weg 247
Schafberg *221*
Schafberg 88
Schäfler 222
Schafreuter 60
Schafsiedel 75
Scharnick 119
Schartihöreli 247
Schattberg 81
Schatzbichl 119
Scheffauer 74
Scheibelsee 95, 96
Schellebergsteig 153
Schellschlicht 44, 46
Schesaplana 19, 22, 23,
   227, 228
Schiaron, Monte 146
Schiestlhaus 103, 104
Schijenfurgga 228, 233
Schillerkopf 22
Schilt 242
Schilthorn 260
Schinder 55
Schladming 93
Schlanders 193, 195
Schlandersberg 193, 195
Schleinitz *125,* 127, 130
Schlern 159, 160, 161, *165*
Schlernbödelehütte 160
Schlierseer Berge 55
Schmidt-Zabierow-Hütte 74
Schmittenhöhe 81, 82
Schnalser Waalweg 192
Schnalstal 191
Schneealpe 107, 109
Schneeberg
   (Hochkönig) 85
Schneeberg (Südtirol) 156
Schneeberg (Wien) 105,
   106, 108
Schneeberghütte 184
Schneibstein 71
Schober 88
Schobergruppe 121, 127
Schoberspitze 95, 112
Schoberstein 91, 99
Schönberg (Liechten-
   stein) 224
Schönberg (Pustertal) 153
Schönbichl 155
Schönbichler Horn
Schönbüel 248, 250
Schöne Aussicht, Gh. 192
Schöttelkarspitze *59,* 60, 63
Schrabachersteig 103, 104
Schrattenflue 248
Schrüttenseen 184
Schuhflicker 84
Schwägalp 222
Schwarzenbergalpen 38
Schwarzenberghütte 81
Schwarzensteinhütte 153
Schwarzhorn (Berner
   Oberland) 259
Schwarzhorn (Flüela) 236
Schwarzhorn (Reggl-
   berg) 160
Schwarzkogel 75
Schwarzsee (Salz-
   kammergut) 88
Schwarzsee (Tessin)
   253, 255
Schwarzseespitze 184
Schweizer Lücke 22, 24
Schweizerischer National-
   park 15
Schwyz 249
Schynige Platte 259

Scuol 236, 236
Scura, Val 179
Scuro, Lago 256
Sëceda 161
Seealpen 15, 288, 309
Seebachsee 80
Seebachtal 122
Seebensee *43*
Seeberg (Steiermark) 101
Seebergsee 261
Seebergspitze 61
Seefeld 59
Seefeldsee 153
Seehorn *19,* 24
Seejöchl 48
Seekarscharte 80
Seekofel 164, 168
Seelisberg 245, *249*
Seespitz (Pyhrn) 98
Seespitz (Zillertal) 67
Seespitze 128
Seespitzhütte 128
Sefinenfurgge 260, 264
Segantini, Rif. 200
Segonzano *177*
Seigne, Col de la 296
Seinskopf 60, 63
Seiser Alm 159, 161
Sella del Montòz 198, 202
Sella di Grubia 140
Sella di Sennes, Monte 163
Sella Nevea 140, 142
Selle, La 270
Selle, Ref. de la 303
Sellero, Monte 212
Sellrain 48
Selun 223
Selvata, Rif. 200
Selve del Confinale 210
Senda Sursilvana 233
Senda Val Müstair 237
Sendersjöchl 48
Sengsengebirge 97, 99
Senneshütte163, 167, 168
Sentier de l'Imbut 309
Sentier des Chamois 271
Sentier Martel 308
Sentiero 4 Luglio 212
Sentiero Aldo
   Bonacossa 201
Sentiero alto di Blenio
   254
Sentiero Banch dal Se 163
Sentiero Bonacossa 168,
   174
Sentiero Bovè 275
Sentiero CAI Monte-
   belluna 179
Sentiero Corbellini 146, 149
Sentiero degli Alpini 289
Sentiero dei Fiori 213
Sentiero dei Larici 213
Sentiero dei Tedeschi 199
Sentiero dei tre Fratelli 212
Sentiero del Re di
   Sassonia 139
Sentiero del Sengio Alto 180
Sentiero dell'Anglone 204
Sentiero della Porta 214
Sentiero delle Orobie 214
Sentiero delle Orobie
   Orientale 214
Sentiero ESCAI U.
   Pacifico 140
Sentiero Mondino 198
Sentiero Orsi 200
Sentiero Roberto
   Cavallero 290
Sentiero storico 238
Sentiero Tivan 170
Sentiero Vidi 199

Sepp-Huber-Steig 98
Sept Laux, Col des 302
Septimerpaß 230, 238
Serles 49
Sernftal 241
Seròdoli, Lago 199, 202
Serva, Monte 170
Sesia, Val 275, 276
Sesvennahütte 194
Sette Selle, Rif. 181
Sextener Dolomiten
   159, 162
Sfundau, Lago 253
Sidelhorn 258
Sieben Gemeinden 14
Sieben-Seen-Tal 138, 141
Siera, Passo 146, 149
Sierre 269
Sighignola 252
Signater Kirchsteig 184
Sigriswiler Rothorn 260
Silberen 246
Sillian 149
Silvretta 33, 233, 235
Silvretta-Hochalpen-
   straße 19
Silvretta-Stausee 19, 22
Silvrettahaus 228
Simetsberg 54
Similaunhütte 192
Simile-Mahdalm 157
Simmental 261
Simmentaler Hausweg 263
Simonyhütte 90
Simplon 266, 267, 273
Simplon Dorf 267, 273
Sinabell 94
Singol, Valle del 205
Siplingerkopf 26
Sirmione 203
Sisikon 245
Slatnica 139
Slowenische Berg-
   transversale 133, 142
Soboth *111*
Soglio 238
Soiernspitze 60
Soinsee 56
Sölden 40
Söldener Grieskogel 40
Sole, Val di 197
Solsteinhaus 61, 63
Sommariva, Rif. 170
Sommet de Cousson 308
Sommet de la Mulatière
   309
Sommet des Anges 306
Sommet du Charra
   306, 310
Sonfora 168
Sonnbergalm 40
Sonnenköpfe 27
Sonnenspitz 54
Sonnenspitze *43,* 45
Sonnjoch 61
Sonnschienhütte 103
Sonntagshorn 69, 70
Sonnwendstein 108
Sopra Ceneri 251, 252
Sorapìss, Lago di 168
Sotto Ceneri 252
Souchet, Col du 302
Spadolazzo, Piz 217, 219
Spannagelhaus 66
Sparafeld 102
Sparber *87,* 88, 91
Sparrhorn 267
Speer 223
Speiereck 114
Speikboden 153, 156
Spering 98

Spicher 222
Spielberghorn 82
Spieser 27
Spießnägel 77
Spik 138
Spitzegel 118
Spitzenstein 126
Spitzige Lun 194
Splügenpaß 219, 231
Spronser Seenplatte 185,
   186, 188
Spusagang 22, 24
St-Luc 269
St. Anton am Arlberg 33
St. Gallen 221
St. Gotthard 245, 251, 254
St. Helena 186
St. Martin im Kofel 193, 195
St. Moritz 235, 238
St. Niklaus 268
St. Pöltner Hütte 129
Stager 119
Stams 229
Stand 261, 263, 264
Staniwurzen 123
Stanser Horn 248
Stanser Joch 61
Stanskogel 31
Stanzer Tal 33
Starkenburger Hütte 48, 50
Stätzer Horn 229
Staufen 21
Stegovnik 135
Steiglpaß 91
Steinbockweg 237
Steiner Alpen 133, 135, 142
Steinfalk 60, 62
Steinfeldspitze 95
Steingletscher *262*
Steinkogel 80
Steinwand 145
Steirische Kalkspitze 95
Steirisches Salzkammer-
   gut 90
Sterigpaß 229
Sternspitze 115
Sterzing *150,* 151, 152
Stettiner Hütte 185,
   189, 192
Stevia 161
Stieregg 259
Stierjoch 60
Stino, Monte 205
Stivo, Monte 204
Stockalperweg 273
Stockhorn 261
Stoderzinken 94
Stònar 179
Storžič 135
Storile, Monte 209
Strada delle Gallerie
   180, 182
Strec di Vignun 231
Streicher 70
Stripsenjoch 74
Stubai 47, 48
Stubaier Höhenweg 50
Stubeck 115
Stüdlhütte 127, 130
Stuiben 26
Stumpfmauer 99
Südlicher Grafensteig 106
Südtiroler Bergbau-
   museum 151, 15
Südwiener Hütte 96
Sulden 191, 193
Sulzenauhütte 49, 50
Sulzfluh 22, 23
Sulzfluh 228
Sulztal 37
Sundergrund 67

Sunnegga 268, 272
Surenenpaß 248
Surses 227
Surwoltesee 267
Sustenhorn *244*
Sustlihütte 247
Suvrettaseen 231

Tabarettakugel 193
Tagewaldhorn 184
Taghaube 85
Taillefer 302
Tälifurgga 231, 234
Tälligrat 266
Tamaro, Monte 252
Taminaschlucht 224
Tamischbachturm 102
Tannheimer Höhenweg 27
Tanzboden 225
Tanzboden 99
Taou Blanc, Monte *279,* 282
Taou Blanc, Monte 286
Tappenkarsee 85
Tarentaise 297, 298
Tarscher See 192
Taschachhaus 39, 41
Taschachtal 37
Tauern-Höhenweg 124
Tauerngold-Rundweg 81, 82
Tauernhaus 80, 82
Tauernkogel 85
Tauferer-Ahrntal 153
Tegelberg 30
Tegernseer Berge 55
Tegernseer Hütte *52,* 55
Tenda, Colle di 285, 289
Tende 15
Tennengebirge 83
Tenno, Lago di 204
Teplitzer Hütte 152
Terme di Valdieri 288, 290
Terrasse, Col de la 295
Tessin 251
Testa Grigia 280, 283
Tête de la Cula 306
Tête de la Dame 303
Tête de la Maye 303, 304
Tête du Parmelan 295
Tête Nord des Fours 300
Tettensjoch 66
Texelgruppe 188, 189
Tguma 230
Thabor, Mont 306
Thaneller 30, 32
Thomas-Penz-Höhenweg 35
Thörl-Maglern 136
Thuner See 257, 260
Thurntaler 126
Thusis 230
Tiefenbach 40, 41
Tiefrastenhütte 157
Tierberglihütte 258
Tierbergsattel 261
Tierwis 222
Tignes 297, 299
Tilisunahütte 22
Timmelsjoch 183
Tinisa, Monte 146
Tissi, Rif. 170, 171
Toblacher Pfannhorn 127
Toblacher Pfannhorn 155
Tödi 227
Tödi 241, 243
Tofana di Rozes 169, 175
Toggenburger Höhenweg 225
Tonion 100
Tonolini, Rif. 212, 214
Törlkopf 122
Törlweg 106

Torre di Pisa, Rif. 160, 165
Torriggia, Monte 275, 276
Torrione, Monte 275
Tour des Muverans 273
Tour du Mont Blanc 296
Tour du Val de Bagnes 271
Tournette, La 295
Tours Playnet 303
Tovel, Lago di 198, 202
Tovel, Val 198, 201
Tržaška koča 138, 141
Traglio, Rif. 276
Trainsjoch 56
Trajoz, Col di 282
Translagorai 182
Traunstein 89
Travenanzes, Val 169
Traversata, La 252
Tre Cornini 208
Tre Signiori, Pizzo dei 208, 211
Tré-la-Tête, Ref. de 295
Tredici Laghi 287
Trélod, Mont 298
Tremorgio, Lago 254
Trenchtling 103
Treviso, Rif. 173
Tricot, Col de 295, 296
Trient, Vallée du 271
Trièves 303
Triglav 138, 141
Triglav-Nationalpark 15, 141
Triglavski dom 138
Trisselwand 90, 92
Trogalm 123
Trogkofel 144
Troi dai Sachs 139
Troi Paian 161
Trois Lacs 299
Trois Vallées 297
Trüebsee 248, 250
Trunajoch 49
Trupchun, Val 237
Tschager Joch 160, 166
Tscharser Waalweg 192
Tscharser Wetterkreuz 192
Tschaukofall 134
Tscheppaschlucht 134
Tschiernock 115
Tschigat 195
Tschimas da Tisch 230
Tschirgant 38
Tuckett, Rif. 199
Tudaio, Monte 147
Tuenno 198, 201
Türchlwand 84
Türkenscharte 98
Tuxer Joch 50
Tuxer-Joch-Hütte 50, 66

Ubaye 305, 307
Uf den Schijen 242
Uina, Val d' 236
Ulrichshorn 74, 76
Umbalfälle 129
Unterberg 106
Unterengadin 235, 236
Unterer Pochkarsee 84
Untersulzbachkees *79*
Untervinschgau 192
Uomo, Passo dell' 256
Urmiberg 246
Urner See 245, *249*
Uschowa-Felsentore *132,* 134, 136
Üsser See 253, 255

Vajolethütte 172
Val d'Isère 297, 299
Val Gronda, Fuorcla da 34

Val Viola, Pass da 238
Val Viola, Rif. 210
Val, Valle → Eigenname
Valacia 172
Valcalda, Monte 147
Valdritta, Cima 205
Valette, Ref. de la 298
Vallette, Passo della 289
Vallonpierre, Ref. de 307
Valpolicella 177
Valscura, Lago inferiore di 288, 290
Valser Seerundtour 232
Valtournenche 280, 281, 284
Vanoise, Col de la 298, 299
Vanoise-Nationalpark 297
Varneralp 270
Vassieux-en-Vercors 303, 304
Vazzoler, Rif. 167, 170
Vegetationsweg 154, 157
Veliki vrh 135
Vellacher Kotschna 134
Veltlin 207
Venetberg 35, 38
Venezia, Rif. 170, 175
Vens, Lacs de 309
Vent 40, 41
Ventina, Passo 208
Vercors 301, 303, 304
Verdinser Waal 185
Verdon 308
Vermunt-Stausee 24
Vernagthütte 40
Veroche, Lago 282
Versam 231, 234
Versettla-Höhenweg 22
Vert, Lac 307, *310*
Vertatscha 135
Verwallgruppe 33
Veyrier, Mont 295
Via Alta 140, 142
Via dei Monti Lariani 219
Via delle Bocchette 197, 202
Via Engiadina 238
Viamala 230
Viaz dei Cengioni 170
Viaz del Bus 171
Vicentiner Alpen 177, 179
Vico Morcote *251*
Videgg 185
Vier-Seen-Wanderung 248, 250
Vierwaldstätter See 245, *249*
Vilan 228
Villanderer Berg 184
Villard-de-Lans 304
Villnöß 159, 160
Vilsalpsee 28
Vinschgau 191
Viola, Val 238
Vioz, Monte 197, 199
Viraysse, Monte 290
Virgen 131
Virgental 131
Vispertäler 267
Visperterminen 267
Vittorio Emanuele, Rif. 282
Vittorio Sella, Rif. 282, 284
Voderer Gufelkopf *32*
Voderkaiserfelden 74
Vogealle, Lac de la 294
Vogel 138
Voldöppberg 62
Voralphütte 247
Vorarlberg 19

Vordere Rotspitze 193
Vordere Tormäuer 99
Vorderer Gosausee 89
Vorderes Sonnwendjoch 62
Vršič 138, 141
Vrtaca 135

Waale 191
Walchenseeberge 54
Waldner See 154, 157
Walensee 221, 241
Walgau 19
Wallberg 55
Wallis 265
Walliser Alpen *275,* 279, 280, 283, 284
Waltenberger Haus 26
Wandberg *72*
Wandelen 248
Wandspitze 66
Wangenitzsee-Hütte 123, 124
Wangspitze 21
Wank 44
Wankspitze 38
Wannejöchl 38
Wannig 38
Wannisbordsee 258
Warscheneck 98, 100
Warteck 72
Wasenhorn 267
Wasserfallweg 102, 104
Watzmann 69, 72
Weg der Schweiz 245
Weichtalklamm 106
Weiherkopf 26
Weißeck 114
Weißenbach 188
Weißenfelser Seen 139
Weißensee 117, 118, *120*
Weissflue 268
Weissfluh 229
Weissfluhjoch 229
Weißhorn 160
Weißhorn 184
Weißhorn 187
Weißkugelhütte 194
Weissmieshütte 267
Weißsee 80
Weißwand 152
Welser Hütte 98
Wendelstein 56, 57
Werdenfelser Land 43
Werfener Hütte *83,* 85, 86
Werner-Ritzler-Steig 32
Westfalenhaus 48
Westliche Plattenspitze 24
Westliches Salzkammergut 88
Wetterhorn *264*
Wetterkreuz 39
Wetterspitze 152
Widderalpsattel 222
Widdersbergscharte 48
Widderstein 20, 25, 26, *28*
Wiener Hausberge 105
Wiesen 230
Wieslerhorn 88
Wil 225
Wilde Kreuzspitze 152
Wilder Freiger 50
Wilder Kaiser 73
Wilder-Freiger-Ferner *47*
Wildes Mannle 40
Wildgärst 259
Wildgößl 90
Wildgrat 38
Wildhaus 221, 223, 225
Wildhuser Schafberg 223
Wildkirchlihöhlen 222
Wildmadfurggeli 242

Wildmoosalm 45
Wildschrofen 66, 68
Wildsee (Kitzbühel) *73, 76,* 77
Wildsee (Pizol) 224, 226
Wildseeloder 76, 77
Wildseeloderhaus *73,* 76, 77
Wildseeluggen 224, 226
Wildspitz 246
Wildspitze 37
Wimmis 263
Windberg 107, 109
Windeck 153
Windegghütte 258, 262
Windgällenhütte 247
Winklerner Alm 122, 123, 124
Winterstaude 20
Wintertaler Nock 112, 114, 116
Wipptal 47, 49
Wischberggruppe 139, *142*
Wissmilen 242
Wiwannihütte 269, *273*
Wocheiner See 138, 141
Wochenbrunner Alm 73, 76
Wolayer Kopf 146
Wolayer See 144
Wolfendorn 152
Wolfgangsee 87, 88
Wösterhorn 31
Wurzenpaß 136, 137
Wurzeralm 100

Ybbstaler Alpen 97

Zacchi, Rif. 139
Zahme Gocht 222
Zamboni-Zappa, Rif. 276
Zammer Loch 35
Zasavska koca 138, 141
Zavetišče pod Špičkom 138, 141
Zeda, Monte 275, 276
Zehnerkarspitze 95
Zell am See 79, 81
Zell am Ziller 65, 67
Zentralschweiz 245
Zerbion, Monte 280, 284
Zermatt 265, 268, 272
Zervreila-Stausee 232
Zillertal 65
Zillis 227
Zimba 24
Zinal 269
Ziolera, Monte 178
Zirbenweg 50
Zirbitzkogel 112
Zireinsee 62
Zirmhöhenweg 162
Zirmsee 123
Zischgeles 48
Ziteil 230
Zittauer Hütte 67
Zittauer Tisch 84
Zoldano 169
Zösenberg 153
Zsigmondyhütte 164, 167
Zucco di Sileggio 216
Zuccone di Campelli 216
Zufallhütte 193, 195
Zugspitze 10, 43, 45, *46*
Zupalseehütte 131
Zweisimmen 261, 263
Zwiesel (Bad Tölz) 54
Zwiesel (Chiemgau) 71, 72
Zwischenelendscharte 115, 116
Zwölferhorn 88
Zwölferkogel 81

Basel
Rhein
Bodensee

Zürich

Allg
25

Bodensee
und Pizol
221

Vorarlberg
19

Lan
3

Bern

Glarner-
land
241

Zentralschweiz
244

Tödi
3614

Nord-
und
Mittelbünden
227

Piz Linard
3411

Lausanne

Berner Oberland
257

Jungfrau
4158

Finsteraarhorn
4274

Rheinwaldhorn
3402

Engadin
235

Genfer See

Rhône

Piz Bernina
4049

Genève

Wallis
265

Tessin
251

Veltlin
207

Adar

Hochsavoyen
292

Matterhorn
4478

Lago Maggiore,
Ossolatäler
274

Comer
See
215

Bergamasker Alper
211

Mont Blanc
4807

Monte Rosa
4634

Como

Lyon

Aostatal
279

Gran Paradiso
4061

Bérgamo

Bréscia

Grande Casse
3852

Milano

Novara

Savoyen
297

Grenoble

Dauphiné
301

Barre des Ecrins
4102

Po

Adda

Ticino

Torino

Isère

Piemonteser
Alpen
285

Monviso
3841

Durance

Hautes Alpes,
Haute Provence,
Seealpen
305

Cima dell'Argentera
3297

Nice

Mittelmeer